菅野則子編

続編孝義録料

第一冊

總記
畿内

続編孝義録料　第一冊　目　次

凡　例

本書は、国立公文書館所蔵の「続編孝義録料」を底本とした。なお、表紙の右脇に付した番号は本史料の函架番号である。

（1）体裁は、なるべく原本に沿うよう努めたが、諸事の都合もあり全体のバランスを考慮して適宜調整した。たとえば、名前のリストは意味を変えない限りで横並びを縦に追い込んだり、被表彰者に附された肩書きの位置変更などである。

（2）本文の翻刻に当たり、文中に適宜読点「、」を施し読みやすくした。また、改ページ箇所には「　　」を施した。

（3）旧字体、異体字、変体仮名などの扱いについては、

・人名は、原則として原本通りとしたが、その他については、常用の字体に改めた。

・次の字は、原本に従って使い分けた。

　等—抔、籠—篭、歌—哥、總—総、体—躰、精—情、出精—出情、寄特—奇特、娵—娶、弔—吊、証—證、灯—燈、控—扣、

　艸—草、愈—癒、性—姓、嘩—咜、歩—卜、分—卜、脈—脉、鉛—鈆　など

・「」は「候」、「」は「等」とした。

・ミ・ハ・ワ・セ・ニは、原本に従ったが、その他、変体仮名は、適宜平仮名に直した。

（4）文意が通じないと思われる場合や方言、また当時常用されていたと思われる文字などについては、当該箇所に（ママ）を付した。

（5）脱字・誤字・別字があると思われる箇所には、その旨を（　）で註記した。

（6）虫損・破損・解読不能箇所には、□・▭で示し、その傍にその旨を記した。

（7）朱書・抹消・下ケ札・貼紙などは、その範囲を「　　」で示し、傍注でその旨を示した。

（8）擡頭・平出は、一字空けで示した。

（9）原文以外のふりがなには、（　）を付した。

（10）錯簡・乱丁・重複については、当該箇所に適宜その旨を註記した。

『続編孝義録料』全七冊　総目次

（ ）内は飛地所在国。飛地は領主の本拠国（地）に連動して登載される。（解題参照）

続編孝義録料

解題

本書の原本は、国立公文書館所蔵「続編孝義録料」[1]で、首巻および一から九十九までの全百冊からなる。それらは、首巻、總記一〜七、畿内一〜七、東海道一〜十五、東山道一〜二十、北陸道一〜八、山陰道一〜六、山陽道一〜十四、南海道一〜十、西海道一〜十二であり、当初、この百冊が存在していたが、現在では、その中の十冊（總記四、東海道十三・十四、山陽道七〜十三まで）が欠本となっている。

いつ、この十冊が失われたのか、何故、この部分が欠本となったのかは明らかではない。ある段階で本史料全体が点検されて、そのおり、欠本が確認されている。その様子は、首巻の目次で欠本の旨が朱書されている。また、六十九の表紙裏に「次七十ヨリ七十六マテ七冊　従来欠」と朱書きされた貼紙が施されている。[2]

欠本部分の内容については、不詳であるが、とくに山陽道の後半にまとまっている事が留意される。山陽道七〜十一は安芸、同十二・十三は備後の事例がまとめられた部分である。また、東海道十三は、武蔵・下野の、同十四は、常陸の事例を収載した巻である。また、總記四には、摂津・伊勢以下十七カ国に及ぶ事例が収められている。これらの巻が、嘉永元年の整理以降、何らかの必要に応じて貸し出され、それが返済されないままに、推移したものであろう。ともあれ、これらの地域に関して、どのような事情があったのかが問われなくてはならないのかも知れない。

体裁についてみると、各冊の大きさ（寸法）及び分量については、**付表**に示す通り区々である。首巻・總記の部分は、勘定所によってまとめられ統一のとれた編集がなされている。それ以外の部分は、支配・地域ごとに一応の区分整理はされているものの、總記のようには統一されていない。提出されてきたものをそのまま綴じ込んでいる巻もある。たとえば、八（畿内二）の場合のように、折り紙という形で提出された書上げを開いたまま綴じ込んでいるような類である。また、一部、大判のものがある場合には、上部を折り畳んで綴じられているもの、提出されたものをそのまま綴じ込んだ為、多様な体裁、多彩な文字などが交錯する巻もある。また、提出されたものを編集する過程で何らかの手違いによる錯簡・乱丁が見られたり、中には、同内容のものが、重複して収載されている巻もある。さらには、まとめられた冊子を再検討した際、必要に応じて補足の貼り紙が施されている巻もある。たとえば、六十五にみるように、一部の被表彰者の父母および本人の生没年の記事を補足した貼り紙が多数施されているといった類である。

この六十五や六十八のように貼り紙が多いもの、六十五のように分厚い為ノドの部分が見えにくいもの、さらに、朱筆や虫損・破損が多いもの（たとえば十一・廿五・廿九・九十三）など、それぞれの巻にはそれなりの特徴が見られる。

また、『官刻孝義録』(3)と同じ体裁で作成された書上げが、そのまま収載されている巻もある。卌八に収められている事例「孝心善行者名前帳」（下野国）（文化六年十二月戸田越前守内　沢田五郎兵衛名で記された）をみよう。そこには、善行者を孝行者・忠義者・貞節者・奇特者・潔白者・実直者（この徳目は『官刻孝義録』にはない）・農業出精者に分類し、各自の出身地・肩書き・年齢・表彰時などが『官刻孝義録』と同体裁でリストされている。

さらに、南海道八〜十には、きちんと編集され目録も付せられた「土佐国鏡草」が収載されている。恰も、そのまま刊行されてもよいようなかたちで提出されたもので、そこに収載されている個々人に付せられた伝文は流れるような和文で綴られている。また、五十二のように、個人の「書初之写」三十五通（元文二年から安永六年まで）が提出されたまま収載され、一冊の半分を構成しているのもまた特徴的である。

これらのことを勘案してみると、全国から書き上げられた提出物を、勘定奉行所で首巻目次に示されたように大きく区分し、まずは幕府領から、編集整理し「總記」とした。恐らくこれに続く巻も、さらなる点検・修正を加え、順次これに近づ

付表　「続編孝義録料」原本サイズと丁数

巻	請求番号	縦×横（cm）	丁数	巻	請求番号	縦×横（cm）	丁数	巻	請求番号	縦×横（cm）	丁数
首巻	90-1	27 ×20	12	卅四	90-32	27 ×19.5	193	六十八	90-66	26.5×19.5	155
一	90-2	27 ×20	162	卅五	90-33	26.5×20	97	六十九	90-67	26 ×20	80
二	90-3	27 ×20	214	卅六	90-34	31.5×22	147	七十	欠本		
三	90-4	27 ×20	175	卅七	90-35	27 ×19.5	96	七十一	欠本		
四	欠本			卅八	90-36	26.5×19.5	235	七十二	欠本		
五	90-5	27 ×20	203	卅九	90-37	31.5×22.5	202	七十三	欠本		
六	90-6	27.5×20	23	四十	90-38	31.5×22.5	176	七十四	欠本		
七	90-7	27 ×20	112	四十一	90-39	27 ×18.5	174	七十五	欠本		
八	90-8	27 ×20	72	四十二	90-40	27 ×18.5	170	七十六	欠本		
九	90-9	27 ×19.5	115	四十三	90-41	32.5×23	101	七十七	90-68	26 ×19.5	151
十	90-10	23 ×16.5	97	四十四	90-42	29.5×21	203	七十八	90-69	31 ×22	33
十一	90-11	27 ×21	22	四十五	90-43	26.5×19.5	181	七十九	90-70	27 ×19.5	46
十二	90-12	25 ×19	263	四十六	90-44	29.5×20.5	47	八十	90-71	30 ×21	78
十三	90-13	26.5×19.5	53	四十七	90-45	27 ×20	224	八十一	90-72	29 ×20.5	198
十四	90-14	31.5×22.3	106	四十八	90-46	26.5×20	316	八十二	90-73	26 ×19.5	155
十五	90-15	27.5×20	282	四十九	90-47	26.5×20	295	八十三	90-74	28 ×20.5	225
十六	90-16	27 ×19	153	五十	90-48	27 ×19.5	133	八十四	90-75	27 ×19.5	234
十七	90-17	27 ×19.5	38	五十一	90-49	29 ×20	164	八十五	90-76	28 ×21	71
十八	90-18	29.5×21	51	五十二	90-50	28 ×19.5	136	八十六	90-77	28 ×21	135
十九	90-19	29 ×20	105	五十三	90-51	27 ×20	113	八十七	90-78	28 ×21	65
二十	90-20	26.5×20	97	五十四	90-52	26.5×20	137	八十八	90-79	28 ×21	146
廿一	90-21	26.5×20	102	五十五	90-53	28.5×21	195	八十九	90-80	26.5×20	373
廿二	90-22	29.5×21	188	五十六	90-54	27 ×19.5	245	九十	90-81	26 ×19.5	151
廿三	90-23	23.5×17	180	五十七	90-55	24.5×17.5	52	九十一	90-82	26.5×19.5	212
廿四	90-24	31 ×22	72	五十八	90-56	26.5×19.5	223	九十二	90-83	30 ×21.1	42
廿五	90-25	27 ×20	170	五十九	90-57	29 ×21	49	九十三	90-84	26 ×20	102
廿六	90-26	26 ×19	207	六十	90-58	26.5×19.5	162	九十四	90-85	26.5×20	197
廿七	欠本			六十一	90-59	26.5×19.5	187	九十五	90-86	27.5×20	83
廿八	欠本			六十二	90-60	26.5×19.5	210	九十六	90-87	26 ×19.5	276
廿九	90-27	26 ×19	177	六十三	90-61	26.5×19.5	91	九十七	90-88	26.5×19.5	96
三十	90-28	27 ×20	114	六十四	90-62	30 ×21	303	九十八	90-89	29 ×20	17
卅一	90-29	27.5×19.5	185	六十五	90-63	26 ×20	352	九十九	90-90	26.5×20	143
卅二	90-30	30.5×21.5	146	六十六	90-64	28 ×20.5	79				
卅三	90-31	19.5×20.5	122	六十七	90-65	26 ×19.5	299				

けていく作業努力が続けられたかのようにもみえる。膨大な史料を、先ずは、「總記」からまとめ、以下、逐次点検整理を加え、『官刻孝義録』の続編として刊行していく構想があったと思われる。しかし、残念なことに、刊行し一般に供するというようなかたちでの「完成」を見る事なく、加えて、欠本まで実現させてしまって、現在に至っているのが現状である。

作成の経緯

本史料作成に至る経緯について、「首巻」の「例言」は次のように記す。「寛政元酉年御勘定奉行より相達書出候分は相除、其後御褒美被下候程之者并其節洩候者も有之候は此度一同書上候様可致之由文化四年丁卯九月牧野備前守殿御書付を以仰渡され」たことを承けて編まれたと。(4) これに呼応するかのように各所から事例が提出された。その様子を語る文が、本史料中の随所にみられる。その一例を示しておく。文化六年十二月に、松平加賀守内大地縫殿左衛門が提出した書上げの前文は以下のように記している。「寛政元年御触達ニ付同四年書出候後、文化四年御触達之趣ニ付、重而褒美等与候者并先年書出候内をも猶詮索致シ如此御座候」(五十三　北陸道四)と。

その後、文化四年に続いて文化七年に事例提出の達が再出された。「此月（文化七年十二月）孝行奇特ものゝ事によて。去りし卯年（文化四年）に巳とし（同六年）まで書いだすべく令せられしが。猶も来ん未とし（同八年）まで書いだすべしと令せらる。」(5) と述べ、書上提出事例の対象時期を文化六年から八年への延長を指示した。同様のことは、右に引用した「例言」の続きにも述べられている。すなわち、格別のことがなくても、前回書き洩らしたものなどを大目付に提出する旨が「同年庚午（文化七）十二月御同人（牧野備前守）」より申し渡されたと。従って、本史料には、この再度の達に呼応して提出された文化八年までの事例が包含されている。その辺の事情を示す記事がやはり提出された書き上げにみることができる。

文化八年十二月の榊原兵部大輔家来柴田定右衛門の書き上げ事例の末尾には「右者榊原兵部大輔領分孝行成もの并奇特成もの、去ル寛政四子年書上候処、右之外格別之儀無之とも領主ニ而誉置候類書上候様去午（文化七）年十二月被　仰出候ニ付相糺候処、格別之儀ニも無御座候得共褒美等相与候分書面之通御座候　以上」（五十三　北陸道四）と、第一弾に続く取組の経緯が記されている。恐らく、文化四年の触れでは、提出事例が少なかったのであろうか、文化七年の再度提出方の催促に応えたのがこれである。

ともあれ、こうして全国から書き上げられてきた「材料」は、「式部少輔韡朝臣」[6]の指揮のもと、作成の意図を語る例言および国分目録を収載する「首巻」、幕府領に関する「總記」、以下、「畿内」を皮切りに「東海道」・「東山道」……と街道ごとに国別に区分され、この区分に沿って排列された。

「總記」一〜七（四欠本）は、代官所・預所関係のものを扱っており、いずれも勘定所管轄の許で手が加えられ整理編輯されている。そのうち「六」は代官限りで褒め置いた事例、「七」は預所手限りでの表彰事例を聚めた巻である。

この「總記」で留意されるのは、幕領下における善行者表彰の過程が段階的に示されていることである。まず、各事例の冒頭に、その事例が何時、誰に提出されたのかが朱書きされている。次いでその事例を検討した結果が記され、そのあとに検討素材としての「善行者」の伝文が付せられている。大要、この三項目が右の順に配された。これらをみていると表彰の「軽重」、すなわちそれぞれの事例にどのような褒美が下されるのか、その背景を知る事ができる。個々の事例にどの程度の褒美を与えるのか、とくに問題のない場合はよいが、時には難航することもあった。判断に行き詰まったような場合には、前例を博捜し、当該事例と対比して褒美内容が査定される。少なくとも、幕領間においては、表彰事情に格差がないように「配慮」したものであろうか。いずれにせよ、幕領に限ったことではないが、評価査定に際しては、前例が重視されている。

また、書き上げられた表彰事例が、複数回の場合、前回の表彰内容が問われ、それを踏まえて検討される。とくに、支配替えにより幕領になった場合、前回の「私領」下での表彰の査定が妥当であったかを問い、時には、クレームがつくこともあった。たとえば、「私領」下で免された「苗字帯刀」が、必ずしも「幕領」下では通用しないとされる場合があるように、褒美内容査定の基準に「幕領」と「私領」との間には少なからず差異があったようで、表彰内容評価のあり方にも留意したいところである。

続く「畿内」以下については、「總記」のように勘定奉行所で一律に編集整理されることなく、各領主から提出されたものが、ほぼ、そのまま収載されているようだ。そのよい例が、先述したように「折紙」がそのまま綴じられていたり、「五十二」のように書き上げられてきたものがそのまま収載されている類である。さらには、いくつかの巻に見られるように、一人の伝文が長文であったり、記述内容に反復が多くみられることもある。これらは、一見、まわりくどいようにもみえるが、思いがけない人びとの生活面での機微を垣間見ることもでき、また、当時の人びとの「こだわり」のありかたをも窺い知ることもできる。ともあれ、「畿内」以下の巻は、各領分に於ける表彰の査定は、各領分内で完結する。書き上げられた各事例の末尾には、各領内で検討された結果、善行内容に見合った褒美内容が記載されており、幕領を対象とする「總記」とは異なる。

「畿内」についてみると、「一〜四」までの事例は、すべて畿内に限定されているが、「五」以下には、畿内以外の地域の事例が含まれている場合がある。たとえば、「六」をみよう。そこには、畿内の摂津・和泉の外に播磨・遠江・武蔵・下野の事例も含まれている。その所以は、次のような事情による。たとえば「一橋領分」は、和泉をはじめ播磨・遠江・武蔵・下野に分布しているが、このような場合には、「和泉」を首に他の地域の事例はそれに連動して畿内に排列されるという具合である。

以下、「七道」についても、領主が、分散支配しているような場合には、各領主が領有する主地を首とし、他地域はそれに連動して主地が位置する巻に配される。このように、「領主」ごとに排列するが、国を越えての領有支配もあり、大枠は「五畿七道」に区分されるものの、実際には「国」「地域」が錯綜する場合が少なくなく、本史料の整理整頓は難航を極めたであろう事が推測される。

『官刻孝義録』その後——大田南畝の足どり——

寛政元年、勘定奉行からの達を承け全国から書き上げられた善行の事例は、整理され寛政十二年編輯が終わり、翌享和元年に『官刻孝義録』として刊行され、一般に供された。その経緯については、菅野則子校訂『官刻孝義録』の解題(7)を参照されたい。

『官刻孝義録』編纂終了後、林大学頭（述斎）・柴野栗山・尾藤二洲・古賀精里・山上藤一郎などに褒賞があり、出版された「孝義録」は書肆より一般に販売された。この作業に携わった大田南畝も白銀十枚を褒美として賜った。この事業への関与は、その後の南畝の大切な履歴となった。その辺の事情について『蜀山人の研究』(8)から、いくつかの事柄を抄出しておこう。南畝の「由緒書」についていては「同（寛政）十一未年正月廿七日、林大学頭へ被仰付候、孝行奇特者之儀取調御用之方へ、出役被仰渡（中略）同（寛政十二）年八月廿九日、孝義録編集御用相勤に付、銀子被下候旨、於躑躅之間、太田備中守殿被仰渡、白銀拾枚拝領仕、同十二月廿四日、諸帳面取調御用相勤候に付、銀子被下旨、於御右筆部屋御椽頬（ママ）、松平伊豆守殿被仰渡」（七七六頁）という。

また、南畝の「著作物のリスト」については、「孝義録（官刻）五十冊。享和元年刊。寛政十一年官命により編纂したる孝行奇特者の伝記。南畝は編纂の一員に過ぎざりしも、其の和文を草したのは専ら南畝であった。大坂からの南畝書簡中に「夫々年孝行奇特者八百人も伝を書候」と自ら云って居り、文章は南畝の作である。板本帝國図書館蔵」（八二二頁）と記されている。

さらに「年譜」には、寛政十一年「正月二十七日、孝行奇特者取調御用を命ぜられ、聖堂の史館に於いて孝義録の編纂をなす（中略）九月、「孝義録編集御用簿」(9)を記す。此の年、孝義録編纂に際し和文を練習の為め、友人と毎月自家に会し和文を作る」（八五〇頁）、寛政十二年八月二十九日「孝義録編集御用骨折の為め、銀子を賜る」（同）などの記載がある。

ともあれ『官刻孝義録』は、一般に供され、その効果を発揮していった。もちろんこれ以前に作られた多くの孝義伝もいろいろな局面で有用利用されていたが、『官刻孝義録』は、刊行直後から「孝義録」として、人びとを教導していくための素材として利用されたり、善行者への褒美として与えられたりする事例がみられる。その様子を本史料「続編孝義録料」の中に見ることができる。

「続編孝義録料」八十一（南海道四）に収載された文化八年提出の事例をみよう。讃岐香川郡の医師亮中は日ごろから孝行者として称えられていた。時折、手跡指南などもしながら生活していた。彼は「孝義録を相求近村内男女子供ニ至迄呼集メ孝道之事ともを解聞せ」たが、孝行奇特者の彼が語るため、「諸人感服仕出席仕候者も相増至極志宜敷者ニ御座候」であったという。まさに「孝義録」（『官刻孝義録』）の企図が見事に貫かれているのを確認することができる。因みにこの時、医師亮中には米二俵の褒美が与えられている。（文化八年八月二四日）

このように、人びとの精神涵養のために『官刻孝義録』は、各地で利用され、その本来の目的を遂げていった。善行者を表彰し、その事実を広く人びとに知らしめていくことが、人びとを教化し風俗を矯正していくのに有用であったことはいうまでもない。そのため、これに続く第二弾の事業を推し進めていくことが重要事項であり、幕府はそれを意図してその続編の編纂を『官刻孝義録』刊行後直ちに開始したのであった。

『官刻孝義録』とくらべて

『官刻孝義録』は、提出された事例がきれいに整理編集され全体の統一が図られている。

まず、国別・領主別に分類し、各事例を時代順に排列する。次いで被表彰者の氏名・出身・身分・年齢・表彰時などを一律に整理し、全事例の「善行」を十一種の徳目（孝行・忠義・忠孝・貞節・兄弟睦・家内睦・一族睦・風俗宜・潔白・奇特・農業出精）のいずれかに分類し、それをリストする。その上で、全事例のリストの中から、約一割ほどの事例を選出し、その事例に○を施し、その者の伝文を収載する。これらの伝文はすべて平易な和文で綴られている。右に見た大田南畝は、この伝文作成の段階でスカウトされた。南畝は、各地からそれぞれの形態で提出された伝文を解り易いように統一した和文で書き直すのが任務であった。『官刻孝義録』は、このような編集過程を経ているので、全五十冊は体裁・内容ともに一貫している。

一方、本書「続編孝義録料」は、これとは大きく異なる。書き上げられてきた事例は国別・領主別に大別されたが、それらの事例は、『官刻孝義録』のように徳目別に分類されることもなく、また、全事例の伝文などは、ほぼそのまま収載されている。それ故に、各人の身分や年齢が不記載であったり、表彰徳目がはっきりとしないような事例も少なくない。提出されたものはあまり手を加えられることなく、不統一のまま分冊された。尤も、提出されたものが、書き直されていると思われる場合もあるが、精々清書する程度の手直しであったと思われる。

いずれにせよ、あまり内容に手を加えられないままに綴じられているため全体を通してみると、体裁・文体・書上要件など不統一ではある。しかし、却って、そのことがまた、表彰内容・表彰に至る事情などを具に語ることとなる。操作をしないままの記事から多様な「ナマ」の情報を読み取ることができるのが、本史料の『官刻孝義録』にはない大きなメリットであるといえよう。

既に多くの研究が重ねられているように、『官刻孝義録』から幕府本来の意図の外に、多彩な事柄を知ることができる。これと同様に本史料にもまた実に多くの情報が詰め込まれている。たとえば、崩壊しつつある村落を再興したり村を繁栄させることは、領主にとって重要なことであり、それに寄与した者は当然のことながら表彰の対象となる。そのような時、大庄屋・庄屋など村落における「支配的」立場にいる者たちをしきりに「奇特者」として表彰する領主がいる一方、村民自らの家を相続したり再興したりすることで村を繁栄させたとして村民を「孝行者」として表彰する領主もいる。同じように、村落の繁栄に寄与したといっても、主として大庄屋・庄屋など村落上層を表彰対象とするか、村民を主たる対象とするか、領主のあり方の特徴を知る事ができる。さらには、神社や寺院に携わる者達をしきりと表彰する領主、災害などの折に献金や施行をした者達を数十人に亘ってその氏名を書き上げ奇特者として称している領主も少なくない。なかには女性を集中的に表彰する領主もいる。いずれにしても、全国レベルで地域の特質・領主の姿勢を知ることができる。どのような行為が「善行」と評価され受けとめられたのか、それぞれの「善行」の内容がどのようなものであったのか、表彰することを通して領主は何を意図したのか、などなど多種多様な情報満載である。

とくに、書き上げられている事例の具体相の最多は、いわゆる介護に関わる事柄である。老々介護あり、介護のために結婚しない、否、できない息子や娘たちの姿、極老者や障害者を抱えた家族や周囲の人びとの対応のあり方、さらには、老親たちの心身が壊れていく事態についてもつぶさに記されている。「乱心」と漠然と表現されることも多いが、行方不明となった老親たちの行方を捜し回る人びと、「子どもがえり」をした親に寄り添っていく家族の姿、不安と倦怠に陥った老親の心を慰めようと腐心する息子や娘たち、などなど、そのあり方は事例の数だけある。現在では「認知症」と捉えられている事柄の実態が、当時はどのようであったのか、それへの人びとの対峙の仕方はどのようであったか、今一度当時の人びとの営為を見直すことも一考であろう(10)。

そして、当時の権力である幕府や藩がここに収載されたような行為を「善行」として表彰した背景にも思いを巡らせることを忘れてはならない。書き上げられてきた「善行」の裏側はどうだったのだろう。恐らくそこには、それとは反対の状況があったであろうことが推測される。何を「善」とするのか、一般に道徳的な面もあろうが、まずは、時の「権力」にとって好ましいものを「善」としてそれを称える事が素直な解釈であろう。人びとの日常の営みの中から何が「善行」として抽出されるのか、それは、多様であろうけれどもその抽出された「事例」には、それぞれの地域の「権力」のあり方が反映されている。見方を換えれば、権力にとって好ましい「善行」のその裏側には、好ましからざる事柄が横行していたとも考えられる。好ましからざる事情や風俗を糺すあり方のひとつが、それとは逆の行為を「善行」として人びとに示すことが本書のねらいであったから。提出された数多の「善行」事例の裏側には、また、それと同じくらい数多の好ましくないような事柄があったであろうことを看過することはできないだろう。このように、本書に収載されている多くの事例の表と裏の双方に目を向けていくならば、得られる情報はさらに倍増する。

註

（1）本史料の同館の目録の記述は以下のようである。

書名　　続編孝義録料
請求番号　一五七―四〇一　（九〇―□）
階層　　内閣文庫　和書
人名　　編者　林　復斎
数量　　九十冊
書誌事項　写本　文化～写本　嘉永
旧蔵者　昌平坂学問所

なお、本書について『補訂版　國書總目録』（岩波書店刊行　一九九〇）は次のように記している。「「続編孝義録料」九九巻序目一巻　(類)伝記　(著)林韑等編　(成)嘉永元　(写)内閣（一〇巻欠、稿本、九〇冊）」と。なお、本稿では行論の都合で適宜、「本書」または「本史料」と記述する。

（2）この「従来」が何時であったのかは不明であるが、本史料が、必要に応じて利用されていたことを暗示するものであろう。

（3）『官刻孝義録』：寛政改革時における諸政策の中で、教化策の一環として編まれたもの。幕府が、全国に向けて触れを出し、善行者の事例を提出させ、それを、幕府が整理して、享和元年（一八〇一）に刊行。巻一～五十の全五十冊からなり、飛騨国を除く全国の事例を収載。登載された八六〇〇人余は、国・支配・年代ごとに区分され、各人全員について、氏名・職業または身分・年齢・表彰時・表彰徳目などがリストされる。その際の表彰徳目は、孝行・忠義・忠孝・貞節・兄弟睦・家内睦・一族睦・風俗宜・潔白・奇特・農業出精の十一種である。また、全事例の約一割の者には〇が付され、彼らの善行の事跡を記した略伝が付されている。なお、その全貌については菅野則子校訂『官刻孝義録』（東京堂出版　一九九九）を参照されたい。

（4）この部分は、「御触書天保集成」に収められている。とりあえず、『御触書天保集成　下』（高柳真三・石井良助編　岩波書店　一九四一・一九七七　三六八頁）から、関連の部分を抄出しておく。

①　文化四卯年八月　　『御触書天保集成』　五一九七

三奉行え

前々より孝行奇特成儀有之もの、其行状等書出し有之候様、寛政元年御勘定奉行より相達し、書出し有之候分は相除、其後褒美等致し候程之者并其節書出しニ洩候者も有之候ハヽ、此度一同可被書出候、認方之事は、都て以前之振合等相心得可申候右之趣、向々え寄々可被達候、来ル巳年迄ニ相揃候様可被致候

八月

②　文化四卯年九月　（『御触書天保集成』　五二九八）

書取

今度忠孝其外善行之者書出し之儀は、先達て官刻被　仰付候孝義録続編書継仕候様ニとの御事ニて、先年書上ニ洩候をも此度続編ニ書載、其行状名前等永く後世ニ伝り候為之事ニ候間、あなかち先年書出候以後之もの而已と申事ニは無之、古キ處も猶詮索致し可申候、且先年取調等行届兼、出し後れ候ハヽ、勿論此度書出し、新古共不洩様可被達候

③　文化四卯年九月　（『御触書天保集成』　五二九九）

大目付え

孝行奇特者行状等書出之儀ニ付、向々より問合有之候ハヽ、委細林大学頭申談候様可被致候

(5)　『続徳川実紀』　第一篇　六二二頁（『新訂増補　国史大系』四八　吉川弘文館）

(6)　林復斎のこと。一八〇〇～一八五九。『官刻孝義録』刊行の中心人物である林述斎の六男で嘉永六年、大学頭となる。

(7)　註（3）拙著、四九四頁以下参照。

(8)　玉林晴朗著『蜀山人の研究』（東京堂出版　一九九六　一九四四の復刊）

(9)　この「孝義録編集御用簿」については、『森銑三著作集』第十一巻　四五一頁（中央公論社　一九八九）が以下のように記している。「この本は、『孝義録編集御用簿第　一巻　写』（十頁）。この本は現に岩崎文庫に所蔵せられている。扉の中央に「孝義奇特者糺方一件」とあり、その右に「寛政十一未年九月」左に「掛り岸彦十郎、大田直次郎」としてあり、最後に「文政元年戊寅七月装釘《（ママ）》七十翁」として、「杏園」の印を捺してゐる。墨附六十四張あって、二冊に綴じられてゐる。」と。しかし、これは南畝没後二十余年後には、大田家を出てしまったとしている。

(10)　菅野則子「江戸時代庶民の養育」（『扶養と相続』比較家族史学会監修　早稲田大学出版部　二〇〇四）参照。

第一冊

（表紙）

例言
国分目録
続編孝義録料　首巻
（157—401・90—1）

続編孝義録料

例言

一前々より孝行奇特成儀有之は其行状等書出之儀寛政元酉年御勘定奉行より相達書出候分は相除、其後御褒美被下候程之者并其節洩候者も有之候は此度一同」書上候様可致之由文化四年丁卯九月牧野備前守殿御書付を以仰渡され大目付井上美濃守掛りにて向々より書上しに、尚又格別之事無之とも領主地頭にて誉置候歟又は先達而書出候節相洩候類とも可成丈取調追書上可致、尤書出候者無之候は其段も大目付御目付へ相届候様可」致之由同年庚午十二月御同人仰渡され夫々より書上ありしなり、是は享和元年官刻ありし孝義録の続編の材料に備らるへきとの事にて追々林祭酒の許へ掛り御右筆もて御下けありしを学問所へ廻されそのまゝ御文庫へ秘め置しが、未編纂の期も」あらず空しく蠧蝕とならんも本意なけれハとてこたび式部少輔煒朝臣の指揮により書上のまゝに整頓して異日編輯の料に充んとするのミ

一巻の序次五畿七道に排列し各国に頒つといへども菅（ママ）内封邑の限り書上しなれハ」分裂すへからさるものハ其公衙城邑の国に入、たとへば大坂町奉行の書上に河内讃岐あり松平遠江守書上に播州あるの類是なり、また御勘定奉行書上ハ各国御料所御預所の分編年に記し出したれハ国もて分つへからす、故に總記と題し巻首に置り、」よりて今別に各国に分てる目録を纂録して以て捷覧に備ふと云

一孝義の事跡半切紙にて書出せしハ別に謄写して冊中に収む、又分封の諸侯ハ本封よりも書上しあり、比校するに全重複なるハ抹去せり

嘉永紀元戊申十一月」

国分目録

總記　（朱書）「六」七本　（朱書）「四欠」

五畿内　（朱書）「丶」七本

山城　畿内壱　東海道壱　同弐
大和　惣記三　同五　同六　畿内弐　東海道壱　同
弐」
河内　惣記三　畿内弐　同三　同五　東海道八　同
十一　東山道壱　同弐
和泉　惣記壱　畿内弐　同三　同六
摂津　惣記四　同五　畿内四　同五　同六　同七
東海道十一　同十三　東山道弐　山陰道壱
山陽道四
東海道　（朱書）「三」十五本（朱書）「十三、十四欠」」
伊賀　東海道壱　同弐
伊勢　惣記弐　同四　東海道壱　同弐　同三　同四
南海道壱　同弐
志摩　欠
尾張　東海道五
三河　惣記弐　同三　東海道六　同十二　同十八」
遠江　惣記四　畿内六　東海道六　同七
駿河　惣記壱　同五　東海道七　同八　東山道弐

甲斐　惣記三　同四　同五
伊豆　惣記壱　同四　同五　東海道七
相模　惣記弐　東海道八　同十　東山道九」
武蔵　惣記壱　同弐　同三　同四　同五　畿内六
東海道八　同九　同十　同拾壱　同拾弐　同十三
東山道壱　同七
安房　畿内六　東海道拾壱　同拾弐
上総　惣記四　東海道拾　同拾壱　同拾弐
下総　惣記弐　同三　同四　同五　東海道壱　同七
同拾壱　同拾三　同拾五　東山道八
常陸　惣記三　同五　同六　東海道八　同十四　同十
五　東山道拾　同拾六　同拾八」
東山道　（朱書）「、」弐拾本
近江　惣記壱　東海道六　東山道壱　同拾八
北陸道壱
美濃　惣記弐　同三　同四　東海道五　東山道弐
同十八
飛驒　惣記四　同五
信濃　惣記壱　同弐　同三　同四　同五　同六

　　　東山道弐　同三　同四　同五　同六」
上野　惣記壱　同弐　同三　同四　東海道拾　同拾弐
　　　東山道七　同八
下野　惣記弐　同三　同四　同五　同六　同七　畿内
　　　六　東海道十三　同十四　東山道壱　同七
　　　同九　同拾三
陸奥　惣記壱　同弐　同三　同四　同五　同七　東海
　　　道拾四　同拾五　東山道拾　同拾壱　同拾弐
　　　同拾三　同拾四　同拾五　同拾六　同拾七　同拾
　　　八
出羽　惣記壱　同三　同四　同五　東海道拾三　同拾
　　　五　東山道拾九　同弐拾」
　北陸道（朱書）「丶」八本
若狭　北陸道壱
越前　惣記七　東山道弐　北陸道壱　同弐　同三
加賀　北陸道四
能登　北陸道四
越中　北陸道四」
越後　惣記壱　同弐　同三　同五　同七　東山道八
　　　同拾三　同拾五　同拾九　北陸道五　同六　同
　　　七
佐渡　北陸道八
　山陰道（朱書）「丶」六本
丹波　惣記弐　畿内六　山陰道壱　同弐」
丹後　惣記弐　同五　山陰道三　同四
但馬　惣記三　山陰道四
因幡　山陰道五
伯耆　山陰道五
出雲　山陰道五」
石見　惣記壱　同六　山陰道六
隠岐　惣記弐
　山陽道（朱書）「七」拾四本（朱書）「自七至十三欠」
播磨　惣記壱　同三　畿内六　同七　東海道拾　同
　　　拾三　東山道七　山陽道壱　同弐　南海道
　　　五」
美作　惣記弐　同三　同四　同五　同七　東海道八
　　　同十三　同拾五　東山道八　山陰道四

　　山陽道三
備前　山陽道四
備中　惣記壱　同弐　同五　山陰道壱　山陽道四
備後　惣記弐　山陽道四　同五　同六　同拾弐　同拾
　　三　西海道弐
安芸　山陽道五　同六　同七　同八　同九　同拾　同拾
　　壱」
周防　山陽道拾四
長門　山陽道拾四
　南海道　（朱書）「〻」拾本
紀伊　南海道壱　同弐」
淡路　南海道三
阿波　南海道三
讃岐　畿内五　南海道四　同五
伊予　南海道六　同七
上佐　南海道八　同九　同拾」
　西海道　（朱書）「〻」拾弐本
筑前　西海道弐
筑後　西海道壱
豊前　惣記四　西海道弐
豊後　惣記五　同七　西海道弐　同三　同四　同五
　　同九　同拾」
肥前　西海道六　同七　同八
肥後　惣記壱　同弐　同七　西海道九　同拾
日向　西海道拾　同拾壱　同拾弐
大隅　西海道拾弐
薩摩　西海道拾弐」
対馬　西海道拾弐
　通計九十九本首巻一本
　　合百本　」

（表紙）　（157—401・90—2）

總記一

續編孝義録料　一

（朱書）「肥後　陸奥　駿河　出羽　信濃　伊豆　越後
武蔵　播磨　和泉　上野　備中　石見　近江」
宝暦
安永
天明
寛政元酉ゟ同五丑年迄
御代官所御預所
孝行奇特者行状書

（朱書）「一」

御勘定奉行

（朱書）「宝暦十一巳年三月十六日松平右近将監殿江上ル」

戸田因幡守御預り所
肥後国天草郡本村孝行者之儀申上候書付
石谷備後守

戸田因幡守御預り所肥後国天草郡本村助左衛門娘両親江孝行之訳相糺候書付差出候ニ付一覧之上」何レも評議仕候処、天草郡之儀古来ゟ仕癖不宜候ゆへ兼而因幡守ニ而も風儀相直度世話仕候得共国風になつミ改兼候ニ付此度之者奇特成儀ニも御座候上、以来風儀相直り候方便旁因幡守ゟも心付等申付候得共猶又従
公儀も御誉之御沙汰ニ而も有之候ハヽ、一入響ニも罷成自然と国風も相直り可申哉之旨申立候趣」無余儀相聞候間因幡守家来差出候書付写相添申上候処、為褒美銀拾枚被下候旨
宝暦十一巳年三月廿八日御書付を以被仰渡候　以上」

戸田因幡守御預り所役人差出候
肥後国天草郡本村孝行者之儀ニ付書付写
石谷備後守

覚

戸田因幡守御預り所肥後国天草郡之儀至而片気之所ニ而古来ゟ疱瘡相煩候儀を嫌ひ右之病人有之候得は人家離候山中に小屋を掛過分之賃」銭を以疱瘡仕廻候者を雇看病ニ附置親子兄弟にても未疱瘡不相煩ものは一切寄附不申、尤煩出し候家に残り居候事も不仕外之山中江引籠り或は他所江逃去申事に御座候、然ル処同郡本村助左衛門と申者去辰四月

中右病に煩付山中江遣候処無程病死仕候、右助左衛門娘ひめと申女常々孝心ニ付父之看病をも不仕儀を悔ミ愁歎仕居候内」に又母親煩付山中江遣候節、右ひめ附添罷越看病可仕旨申候処、親子兄弟ニ而も疱瘡不煩以前看病ニ附添候事終に無之儀と親類其外之者色々差留候得共縦自分及落命候共不苦候由ニ而母同様山中ニ罷在候処、右ひめ儀も同病に煩付聢々看病も仕兼候内母病死仕、ひめ儀は無恙相煩罷帰候、時節悪敷自分煩付母之看病不任心底ニ」儀至而愁傷仕候、右疱瘡を嫌ひ候儀無益之物入夥敷所困窮仕候儀ニ付右風俗相直し申度常々役人とも利解申聞候得共中々聞入不申儀ニ御座候処、右躰之者出来仕候儀郡中江押移り風様相直り候方便ニも可相成儀と奉存吟味仕候処相違無御座候ニ付、右ひめ江因幡守ゟ軽き品当座之為褒美為取之天草郡中江も右之段一通為触知申候、尚又従」　公儀　御言葉之御褒美ニ而も被成下候様仕度奉存候、然ル上は弥右躰之風俗押移り此上郡中江も申触度旨在所役人共ゟ申越候ニ付申上之候

以上

巳二月

「戸田因幡守家来
八木安左衛門」

(朱書)「安永三午年正月廿五日松平右近将監殿江上ル」

布施弥市郎御代官所
奥州伊達郡柱田村孝行者之儀申上候書付

川井越前守

布施弥市郎御代官所奥州伊達郡柱田村百姓小四郎儀母江孝行仕候段村役人共申出候ニ付相尋候」趣申立弥市郎書付差出申候間則写奉入御覧候、右小四郎江御褒美被下置候様仕度申上候処銀二十枚被下候旨安永三午年二月七日御書付を以被仰渡候　以上

午正月」

御代官
布施弥市郎差出候書付写

川井越前守

私御代官所奥州伊達郡柱田村役人訴出候は右村百姓小四郎と申者平日身持宜農業等出精仕候得共連々困窮相募日雇稼等仕漸渡世仕候躰ニ御座候処、」幼年ゟ親孝行仕何に寄らす食事等相好候得は可及程之儀は任望且極老ニ付歩行不相叶近年は平日臥居り候ニ付老母退屈ニも相見候節は様子を尋負ひ候而仏参又は隣家等江成共任望連参り保養致させ、或は近所江日雇稼等に参り候節も休息之内宿江立帰り母之

安否を尋着類等も自分は暑寒に苦ミ候而も親江は其節之着類を与へ」万事孝行を尽し近村々江も相聞候程之儀ニ候旨注進申出候間、小四郎呼出し母并小四郎年齢其外同人是迄独身ニ而罷在候訳相尋候処、母は当午八拾五歳小四郎儀は五十七歳ニ相成独身ニ而罷在候訳は、右之者儀数代柱田村百姓ニ而高拾石余所持仕罷在候得共山寄場末之悪地計所持仕候ニ付連々不如意に罷成奉公人等召仕候事も難叶纔三四反歩」を手作仕其余は小作ニ入、農業之間は日雇なと相稼母壱人を介抱仕漸其日を送り候仕合ニ付、母死後ハ格別存命之内妻引入艱難を見セ候も不本意ニ御座候間無拠此節迄無妻ニ而罷在候段申之候間、村役人呼出し右小四郎平日身持暮方等相尋候処、小四郎親は門兵衛と申数代柱田村百姓に御座候処平日至而律儀ニ而村内之者江対し候而も聊不埒之筋無之常々」農業相励候得共山寄之田畑所持仕其上壱人稼之儀ニ付連々困窮仕候、且小四郎困窮に迫り独身にて罷在候と申而已ニ無之懇意之者ゟ相応之者も有之候ハヽ、妻引入候様度々申聞候得共心底見届も無之者引入母江之当り悪敷候歟又は妻子之愛に溺レ自然と取扱麁末に相成候而は不本意ニ候間母存命之内は差免呉候様申之得心不仕、右小四郎孝心之儀は近辺」不存者も無之旨申之候間、近村并私陳（ママ）屋元役人共呼出し相尋候処隣村之事ニ付小四郎平日身持宜、尤母極老ニ而歩行不自由ニ付寺院参詣等致度段申候節は勿論近辺ニ見物事等有之節ハ手を引或は負ひ罷越候事抔時々見請候段相違無御座、右に不限孝心紛無之旨申之候、私御代官所奥州村々之儀は多分山寄辺鄙之場所」にて人気不宜者も間々有之候ニ付ケ様ニ孝心之者江御手当ニ而も被下置候得は自然と郡中江も響取治之基ニも可相成哉、第一右小四郎儀は孝心紛無御座極貧之者ニも御座候間母為介抱相応之御手当にても被下置候様仕度奉存候、依之申上候　以上

午正月　布施弥市郎」

（朱書）「天明八申年八月十日鳥居丹波守殿江上ル」

東海道吉原宿次右衛門孝心之儀申上候書付
書面次右衛門江為御褒美銀弐拾枚被下
候旨其段可申渡旨被仰渡奉畏候

申八月廿五日　大屋遠江守
根岸肥前守

平岡彦兵衛
武嶋左膳　当分御預所」

東海道吉原宿内西歩行町　次右衛門

右之もの儀年来母江孝行いたし候趣宿役人とも彦兵衛左膳方江訴出候ニ付相糺候処、次右衛門親伊右衛門は拾八年以前病死いたし母は当年六十三歳に相成弟伊兵衛は病身ニ而渡世之業無之三人暮ニ而罷在、屋敷高三斗所持いたし候外田畑も無之貧」窮致し刻多葉粉小売又は近村江賃刻等いたし日々渡世仕得候共年来母江孝心いたし稼に出候先ニ而貰ひ候餅菓子等少したり共持帰り母江為給、気分少しも不勝候得は側を不離附添労り候之間女房呼迎ひ養育致させ候様申勧候得共若母江当り不宜節は却而不孝に相成候旨申独身にて罷在、毎朝母眼覚不申内先江起食」物拵為給他江稼に出候節は昼食之手当も致し置、右躰困窮ニ付蚊帳も無之候間次右衛門心底を感し近所より紙帳遣候処、母弟を為臥自分ハ夜更まて多葉粉刻罷在紙帳之外ニ臥り、寒夜ニは損料出し蒲団を借り母江為着極寒に候得は母寝入候を待自分衣類を脱母江為着置夜壱人ニ而働母并病身之弟を養育致し候ニ付、」右蒲団貸候ものも損料用捨いたし遣一躰次右衛門は歩行役勤候ものに候得共右之通ニ付宿内より助合遣孝心之程隣郷迄も及承往来之面々よりも手当等被呉候儀も有之、孝心之いたし方無相違由宿役人五人組其外共申之

(朱書)「一先達而越中守殿御通行之節次右衛門孝行致し弟を労寄特成もの之由宿役人共訴状差上候処」其筋江相願候様被仰渡候ニ付本文之通御代官所江申立

候由ニ御座候」

母之心に不叶儀無之様平日次右衛門心附呉候間、当申六十三歳に成候得共達者に罷在、弟伊兵衛ハ近年別而病身ニ成り稼も不相成次右衛門養を受罷在候旨母伊兵衛申之相糺候趣相違無御座外響キにも相成候間相応之御褒美被下候様」仕度旨彦兵衛左膳申聞候

右之通次右衛門儀母江孝行仕候上病身之弟をも労り独身ニ而罷在養育いたし候段奇特成儀ニ御座候間相応之御褒美被下置候様仕度奉存候、依之奉伺候　以上

申八月」

(朱書)「同八申年十二月九日松平伊豆守殿江上ル」

広瀬伊八郎御代官所
出羽国上新田村孝行者之儀申上候書付
書面久次郎江為御褒美銀弐拾枚被下候間
其段可申渡旨被仰渡奉承知候
申十二月十四日　　久保田十左衛門

広瀬伊八郎御代官所出羽国置賜郡上新田村百姓久次郎養父

母江孝行仕候段村役人訴出」候之に付相尋候趣伊八郎申立書付差出候間則写奉入御覧候、右久次郎江御褒美被下置候様仕度奉存候、依之申上候　以上

申十二月」

御代官
広瀬伊八郎差出候書付写

久保田十左衛門

私御代官所羽州置賜郡上新田村百姓久次郎儀養父母江孝行いたし候旨村役人共訴出候ニ付吟味仕候処、同人養父久太郎儀は当申五十歳同人」女房は四十歳娘は弐十五歳に罷成、高八石余所持仕農業之間萱葮を刈商内又は四季共野菜物を作置米沢城下江持参り商ひいたし渡世仕候処、十二ケ年以前申年上杉弾正大弼御預り所同郡川井村百姓彦左衛門次男久次郎を聟養子に貰請男子弐人出生、惣領は当申拾歳次男は八歳に罷成久次郎は当申三十二歳に罷成都合六人暮に御座候、然処」養子久次郎儀一躰実躰成者ニ而久太郎一同農業ニ罷出候而も同人は先江帰し為相休其身は跡江残り農業を仕舞、宿江帰り候得は早速母之仕事に代り養父母之骨折を厭ひ朝暮大切に仕聊も病気ニ候へは早速医師をかけ附添罷在致介抱、養父久太郎儀は兼而酒を好母は干烏賊を好候処久次郎儀農業之間野菜物をもち米沢城下江参商ひいたし帰之節」は夜分拵置候履草鞋を売払右代銭を以酒弐合干烏賊弐ツ調持参養父母江為給候儀城下江罷越候度毎ニ御座候、扨又養父久太郎城下江商ひに罷越候節は近郷村境に松川と申川有之候処久次郎儀右河原迄出迎待請罷在養父を負越連帰り、且又寒夜ニは火風呂と申ものを拵置養父母臥り候得は夜具之裾江いれ暖め遣し不依何事父母之心に随ひ朝暮懇に」致介抱候ニ付、久太郎夫婦は久次郎心遣を気之毒に存右躰迎ニ出候儀并酒干烏賊等持参候儀致迷惑候旨度々相断候得共少分之儀ニ候間心遣致間敷旨申之、年来右之通之由孝心之始末猶又養父母江相尋候処、毎日七ツ時より起夜は九時迄履草鞋を作り溜農業之余日米沢城下江持行売払其助成を以両親孝養衣食之手当に仕、其身は朝夕麁食」仕候得共両親江は右履草鞋を作り溜売代なし候助成を以甘食を給させ其外彼者孝心之始末言語にも難演尽、常々極寒極暑之節も厭ひ不申如何程疲れ草臥候而も身（ママ）分之労苦両親江は勿論他人江も咄為聞候事なく一日たりとも愁之色を不見セ日々朝夕顔色を和らけ両親心之侭に随ひ孝行仕殊更轉（ママ）奕大酒喧嘩争論訴訟ケ間敷儀」一度も不仕、村中之老人を尊ミ幼少之者を憐ミ村中之者と平日睦敷仕農

業に怠らす出精仕候事ゆへ小高なから心安く渡世仕候段
養父母申之候、尤村役人共申候も第一
公儀を重し御法度筋五人組帳之掟等を大切に慎ミ相守村
役人共之差図に随ひ聊成共違背不仕御年貢米金是迄未進
等曽而不仕、既ニ去ル卯年」は一統之凶作に御座候処、
此者に限り未進も無之御年貢之儀は是非年内上納皆済仕
候旨村役人一同申之候ニ付尚又近郷村役人共呼出相糺候
処、久次郎孝心之儀は兼而及承罷在最寄ニ不存者無之旨
申之候
右相糺候趣書面之通御座候、久次郎儀年来養父母江孝行仕
候段相違無御座、置賜郡之儀は山寄辺鄙之」村方ニ御座候
故人気不宜者も御座候間右躰孝心之者江相当之御褒美ニ而
も被下置候ハヽ自然と郡中江も響、人々行跡相改候基ニも
相成可申奉存候間可罷成儀ニ御座候ハヽ右久次郎江相応之
御褒美被下置候様仕度奉存候　以上

申十一月　　広瀬伊八郎」

（朱書）「寛政元酉年八月廿二日牧野備後守殿江上ル」

鈴木新吉御代官所

信州伊奈郡片相（桐）村之内前沢百姓理兵衛奇特之
儀ニ付申上候書付
書面伺之通相心得理兵衛儀
奇特成者ニ付銀五枚被下置候旨
被仰渡奉畏候
酉九月五日
久世丹後守
久保田佐渡守
松村十右衛門
御勘定方

鈴木新吉御代官所信州伊奈郡片相（ママ）村之内」前沢と申場所天
龍川附ニ御座候処、当夏中度々大雨出水ニ而堤切込田畑江
水入新川出来居村迄水押ニ相成大勢之百姓相続相成兼難儀
仕候由、然ル処右村方之儀は前々ゟ御普請所ニ付此度堤切
所〆切急場御普請相願候処御入用多分相懸候儀ニ付同村百
姓理兵衛と申者身元相応之ものに御座候故、此度御普請御
入用金百両余之内」

（枠内は右と重複）

（朱書）「同元酉年八月廿二日牧野備後守殿江上ル」
鈴木新吉御代官所
信州伊奈郡片相（ママ）村之内前沢百姓理兵衛奇特之
儀ニ付申上候書付
書面伺之通相心得理兵衛儀奇特成者ニ付
銀五枚被下置候旨被仰渡奉畏候

酉九月五日
久世丹後守
久保田佐渡守
松村十右衛門
御勘定方

鈴木新吉御代官所信州伊奈郡片相（ママ）村之内」前沢と申場所
天龍川附ニ御座候処、当夏中度々大雨出水ニ而堤切込田
畑江水入新川出来居村迄水押ニ相成大勢之百姓相続相成
兼難儀仕候由、然ル処右村方之儀は前々ゟ御普請所ニ付
此度堤切所〆切急場御普請相願候処御入用多分相懸り候
儀ニ付同村百姓理兵衛と申者身元相応之ものに御座候
故、此度御普請御入用金百両之内」

金六拾六両弐分余為冥加差出、米四拾六石余賃米之分水損
ニ而小前百姓共大勢及難儀罷在候間、御定人足賃米壱升七
合江ニ割増相加六拾五石八升余差出夫々小前之者江割渡候、
残金三拾三両壱分余御入用被下置御普請被　仰付候様仕度
旨新吉申立候、右百姓理兵衛儀身元相応之者にて御入用之
内前書之通米金差出御普請相願候」に付願之通申渡御普請
相仕立候様可仕候哉
（朱書）「書面申上候通被　仰付候ハヽ、右理兵衛儀寄特成も
のニ御座候間誉置候様ニも可仕候哉又は相応之御褒
美ニ而も可被下置候哉」
右之段奉伺候　以上
酉八月」

（朱書）「寛政二戌年正月晦日松平伊豆守殿江上ル」
中山道
軽井沢宿孝行者之儀申上候書付
書面か津江為褒美銀弐拾枚
被下候段可申渡旨被仰渡奉承知候
戌二月十日
柳生主膳正
久世丹後守
根岸肥前守
久保田佐渡守
曲渕甲斐守

佐藤友五郎御代官所
中山道軽井沢宿
無高百姓久右衛門後家　か　津　戌五十六歳」
右か津儀年来姑江孝行仕候趣御代官佐藤友五郎別紙之通書
付差出候ニ付則写入御覧候、友五郎申聞候通年来姑江孝行
仕候趣相違も無之相聞候間、右かつ（ママ）江御褒美被下候様仕度
奉存候、依之申上候　以上
戌正月」

信濃国佐久郡軽井沢宿後家かつ孝心之儀申上候書付
佐藤友五郎

佐藤友五郎御代官所
信濃国佐久郡軽井沢宿
無高百姓久右衛門後家　か　津　戌五十六歳

右之者夫久右衛門は拾三年以前戌年相果貧窮」之上老年之姑子供両人引請候処、全躰実意にて姑によく仕へ聊心に逆らわす夫相果候後は日雇山稼にて渡世を送り姑を介抱いたし子供を引連他村江日雇に罷出候而も風雨之節たりとも姑を大切に存、夜分罷帰姑食事好ニ仕候故山稼いたし薪売候纔成価之内を以餅菓子躰之ものを調へ子供ニは不遣姑にあたへ、去ル卯年浅間焼砂降火石にて同」所最寄山林焼失山稼も不相成田畑砂入ニ而日雇稼も無御座雑穀高直ニ而及飢其上両人之悴も癲癇之煩有之日々差発壱人立歩行も不相成一同居喰にて姑之手当に差支、無拠惣領竃五郎儀不便ニは候得共親ニは難替能々申含行先不定袖乞に差出候処、近村ニ罷在候伯母不便に存引取置候得共今以相煩罷在候由、其節かつ儀は日々袖」乞ニ出姑を養ひ候程之粟稗貰候得共世上一統之飢僅、其身悴可給手段尽果道路之木草之葉も悉枯尽し候事故遠所にならては無之、袖乞之行帰りに取之夫食ニいたし候躰故村役人共より手当いたし遣し候而も聊自用ニ不仕姑之夫食ニ囲ヒ置我々は度々不給ニ暮候日も有之候得共姑ニは麁食ニ而も三度ツヽ為給候由、去ル午年凶作之節も及」飢右同様姑を大切ニ仕候ニ付宿方之もの共孝心を感し折々食事を遣し為取続候由、去秋中ゟ姑老病相煩候処兼而煩居候次男佐吉儀看病之邪魔ニ相成候迚近村親類共方江預ケ置姑を昼夜介抱仕候段下賤に珍敷女ニ付申立候旨組合村役人一同訴書差出候ニ付、私検見廻村序宿方吟味仕近村風聞迄相糺候処村役人組合申立候通孝心」相違無御座候ニ付此段申上置候　以上

戌正月　　佐藤友五郎」

（朱書）
「同二戌年七月八日松平伊豆守殿江上ル」

東海道
三島宿孝行者之儀ニ付申上候書付
書面与七江為御褒美銀拾枚被下候段
可申渡旨被仰渡奉承知候
戌八月五日
桑原伊豫守
根岸肥前守

江川太郎左衛門御代官所
東海道三島宿大中島町
百姓　与　七　戊三十九歳」

右与七儀年来母江孝行仕候趣御代官江川太郎左衛門申聞候通母江孝行仕候儀相違無之相聞候間、与七江御褒美被下候様仕度奉存候、依之申上候　以上

戌七月」

東海道豆州君沢郡三島宿大中島町　百姓
孝行人　与　七

右与七儀当戌三十九歳ニ罷成候、親は京屋孫兵衛と申小旅籠屋渡世仕夫婦并子供家内四人暮ニ御座候処、三島宿之儀度々火災にて困窮仕渡世も送兼候躰ニ罷成候上親孫兵衛病死仕候ニ付、与七兄を孫兵衛と相改妻を為持旅籠屋渡世仕与七儀も同居ニ而老母」を大切に孝養仕罷在候得共貧家之儀兄弟同居仕候ては日用之夫食ニも差支候程之儀御座候処、兄孫兵衛も七ケ年以前病死仕候ニ付親類并近所之もの共打寄相談仕兄嫁江は他ゟ入夫を入跡式相続為仕名前も兄之通京屋孫兵衛と相改相続為仕候、然処老母当戌六十八歳に罷成四年以前ゟ中風ニ而両足共不叶に罷成言語も分兼殊ニ物静成所を好候ニ付」居宅之裏に有之候古家を取繕老母と同居仕誠厚之介抱不怠相励罷在候ニ付、孫兵衛并近所其外之者共与七江申聞候は裏家之儀は風雨之凌方にも悪敷可有之候、孫兵衛儀も同様之貧窮ニは候得共旅人休泊もいたし候家殊更孫兵衛夫婦も罷在介抱之手助も有之候得は老母は表家に差置可然哉之旨相尋候処、成程表家之儀は裏家ゟ少しは凌方も」可宜候得共旅籠屋之儀ニ付昼夜人出入多却而母之介抱も不任心底儀共可有之、其上万一旅人泊り居候節なと出火ニ而も有之候而は行歩不叶之老母之儀甚以不安堵之儀ニ奉存候ニ付、裏家之儀は荒家ニ御座候へ共莚菰等厚く敷置候ニ付可成ニ風寒之凌も出来且火事等之節取計も出来仕候儀、其上朝夕之煮焚等もいたし能御座候ニ付此所を以裏家之方可然と申」之候、尤与七并表家孫兵衛迚も同様之貧人に御座候得共往来之助成而已を以当日を送り候儀成兼候躰ニ付宿役人共与七奇特成儀を存居当日之凌方を察し問屋場下働之内江差加江相応之給分差遣老母養育之助力にも相成候様ニ致遣し、問屋場江罷在候節は兄孫兵衛悴与市儀当戌十歳に相成候を母之小使に致し置候得共小児之儀ニ付無心元孫兵衛」夫婦も時々相越候而取扱仕候由、当孫兵衛儀は貧窮故日々泊引等罷出漸取続手も届兼候ニ付与七儀問屋場ニ而少々之手透有之候得は老母之側ニ罷在介抱仕候、

老母儀魚物好物ニ候得共為給候儀自力に難叶旅籠屋仲間急泊等有之食物等拵方抔被相頼罷越候得は与七孝心を感し先々ニ而余り之品又は初物等有之節は遣し候得は自分可食分迄悉貰」帰り夫を母之気に応し候様いたし給させ申候由、且老母儀両足不叶ニ而歩行不相成候ニ付両便取遣候も当孫兵衛夫婦江は不為手懸与七壱人ニ而取計申候、尤老人故寒夜抔は度々小用等仕候節は一向与七寝入候間も無之側に附添居其度々囲炉裏抔ニ而あたゝめ遣又は温石取替遣し母之衣類濡汚等も人手に掛不申洗濯等仕右不浄之衣」類等人目に懸ケ候儀曽而無御座候由、且又老母儀日〳〵浴致し候得は至而快由申候ニ付毎日湯を沸し為浴又は母之気然に応し洗足等為致候由、問や場用向等ニ而時刻遅成り候節は当孫兵衛は勿論近所之懇意成もの方江参り沸居候湯を貰ひ参り為浴申候由御座候、近所之旅籠屋ニ而も与七問屋場ゟ帰り遅キ節は兼而相心得湯を沸し」置遣し候ものも御座候由ニ御座候

一右之通与七孝行之由所々ゟ承伝江罷越与七江対面いたし僅之鳥目等合力致し遣し候様成儀有之候得共当前母好之品等調へ遣候余りは好身之もの江預置其身は極貧窮にて暮し居候ニ付近所之もの様子承候処、母老躰之儀に候得は万々一之儀有之其節差支候而は如何ニ付」其節之用意に貯置候積り之旨申之候

一当孫兵衛夫婦并兄孫兵衛悴与市当孫兵衛悴直次共家内四人暮御座候、与七同様随分老母を大切に養育仕候得共与七孝心之儀は抜群之儀ニ而格別寄特ニ奉存候由ニ而訴出候旨宿役人孫兵衛ならひニ五人組近所之者共迄申之候

右は私手代差遣相糺猶又私役所江呼出し吟味仕」再応内実之所迄相糺候処、一躰極篤実成ものにて近隣とも相親ミ御法度御触等堅ク相守孝心之様子逸々書面之通無相違相聞申候、尤貴賤共親を大切に可仕は当前之儀ニは候得共軽き百姓之身分ニは寄特成儀ニ而駅場之儀気荒之もの共多候得共与七最寄之儀は彼を見習候哉人気和融仕質朴ニ相聞申候間追々自然と押移一躰之宿柄風儀も相直り近郷之俗習ニ」も可相成儀ニ奉存候ニ付、相当之御褒美被下候様仕度奉願候

以上

戌六月　　　　　　　　江川太郎左衛門」

（朱書）
「同三亥年二月五日戸田采女正殿江上ル」

東海道
　原宿西町孝行者之儀ニ付申上候書付
　　書面権九郎江銀拾枚ゆき江銀五枚
　　為褒美被下置候旨被仰渡奉承知候
　　亥二月十八日　　桑原伊豫守
　　　　　　　　　　根岸肥前守

小笠原仁右衛門御代官所
　東海道原宿西町
　　百姓　権九郎　亥六十六歳」
　同人妻　ゆ　き　亥五十六歳

右権九郎并妻ゆき儀年来親権次郎江孝行仕候趣御代官小笠原仁右衛門別紙之通書付差出候ニ付則写入御覧候、仁右衛門申聞候通親江孝行仕候儀相違無之相聞候間御褒美被下候様仕度奉存候、依之申上候　以上」

　亥二月」

私御代官所原宿百姓孝行者之儀申上候書付
　　　　　　　　小笠原仁右衛門

小笠原仁右衛門代官所
　駿州駿東郡原宿西町
持高五斗弐合　百姓　権九郎　当亥六十六歳」
　同人親　権次郎　当亥九十一歳
　同人女房　ゆ　き　当亥五十六歳
　同人悴　由左衛門　当亥二十七歳
　同人娘　み　の　当亥　十九歳

右権次郎悴権九郎儀親権九郎(ママ)江孝行之由風聞有之候ニ付宿役人共江相尋候処、右権九郎儀水呑」同様之小百姓にて農業出精仕候間ニは漁猟相稼至而貧窮ニは候得共生得実躰ニ而御年貢米金外百姓ゟも先江相納一躰正路成ものニ而父権次郎江常々孝心を尽し衣食等気に入候様いたし為相用諸事心ニ違ひ候儀無之、権九郎妻ゆき儀も至而貞実孝心成ものニ而夫婦申合権次郎を大切ニ介抱いたし食物なと外ゟ遣候儀有之候得は早速為」見給させ、権次郎他出之節は仕廻置帰り候而直に差出為給孫共江は権次郎手ゟ遣候ニ付両人之孫共儀も幼年之節より祖父手ゟ請不申候而は給不申候儀と相心得罷在候由、且権次郎儀極老ニは候得共達者成生付ニ而権九郎耕作ニ罷出候節は去春中迄も一同ニ可参旨申候間老人之事故差留候得共得心不致候に付心ニ任せ同道いたし田畑ニ罷出少々耕作等相」残り候得共最早耕作相仕廻候段申聞連立相帰り為休置、権次郎ニ隠れ耕地江罷越農業いたし都而権次郎心ニ叶ひ候様仕常々出精相稼候得共貧窮ニ付平日麁食而已給候処親権次郎江は別段食物相仕立為給、尤権九郎夫婦子供ニ至而は麁食を給候故親権次郎江見セ候而は世話いたし却而心を為痛候に付先ツ権次郎に食事為致家内之ものは同人江隠し候而」麁食を給へ権次郎と同様之致食事候様に申居、将又権次郎平常洗足入湯を好候得共度毎ニは湯も無之候ニ付近所ニ而風呂を焚候得は夫婦之者権次郎を連参り無心いたし入湯致させ夫婦附居洗ひ遣し仕廻候得は背負候而罷帰り、権九郎家業ニ罷出候而も女房ゆき儀同様に厚く手当仕夫婦之もの外江被雇候節は先ニ而遣ひ候湯を桶に入貰ひ候而持」帰り権次郎に為遣、権次郎暑中抔昼寝仕候得は権九郎女房手業等乍仕団扇ニ而蝿を追ひ暑を為凌候を近所之者平常見請候由、且又去々年中沼津宿之寺院ニ説法有之父権次郎参詣いたし度旨申候ニ付宿駕籠を借り権九郎親子ニ而舁候而連参り候積り仕候処駕籠は嫌ひニ候間歩行可参旨申之、乍去老人之往返道法三里之所歩行無心元候ニ付足」ならし致度旨権次郎申候間任其意夜分権九郎夫婦ニ而原宿上下を弐三篇ツヽ両三夜も権次郎手をひき歩行仕候由、其外格別目立候儀は無之候得ども右に准し何事に寄らす数年夫婦共孝行仕候ニ付寄特之儀ニ存原宿問屋年寄名主共より去春鳥目三貫文惣百姓共ゟ同七月玄米四斗入弐俵合力致し以来老人之儀ニ付随分心付候様」申聞置候由、猶又得と孝行之様子相糺私役所江相届可申旨存罷在候段宿役人共申之候ニ付右権九郎五人組之者共江も相尋候処、権九郎儀親子共家内五人暮にて農業致出精近所之もの共江も睦敷出合喧嘩口論出入等いたし候儀無之実躰成ものニ而夫婦共老父権次郎を大切ニ介抱致し候儀及見聞候儀有之旨申之候ニ付、猶又近郷之者ども江も寄々相尋候処権九郎夫婦九十一歳之父に」孝行いたし候由及承候段申之いつれも申口符合仕候ニ付、権九郎夫婦権次郎を取扱之始末同人江相尋候処平日夫婦并孫共江申付候儀相延日候儀無之他行いたし候節権次郎江相断候ニ付差図いたし遣心底に不叶事いたし候儀無之、夏中は行水を好候処日々湯を遣わせ夜分は蚊屋無之候ニ付松葉ニ而いふし出し臥り候得は夫婦左」右ニ而団扇を以蚊を追ひ候ニ付心能相休、冬中は洗足并折々風呂相立遣わせ近所に風呂有之候得は夫婦之者共連参入湯為致、寒気強節は着類を火ニ而あたゝめ腰ゟ下を包暖にいたし呉候ゆへ心能寝付食事も麁食ニは候得共やわらかに拵為給候間給能何にても心に不叶儀無之旨申候ニ付、せかれ権九郎呼出し委細相尋候処母儀は四十ケ年以」前病死致し父計に相成候間妻江も申付及心之程は介抱いたし候得共、持高纔屋敷高共五斗弐合ニ而作徳少く家内五人暮兼候ニ付小作等いたし作間ニは漁猟等相稼有余無之身上ニ付、老父養ひ候儀も不任心底中々孝行を尽し候と申儀ニは無之旨申之取繕候儀相聞不申、権九郎儀一躰風俗人品とも至而愚昧不調法ニ而誠ニ実躰正路而已ニ相見江何を」相尋候而も生得不骨者にて相答候儀も聢と相分り兼候程之不束ニ候得共宿役人組合其外近所之者とも并近郷村々之もの共寄々相尋候処、前書之趣符合仕殊ニ宿役人其外ゟ乍少分米銭手当等も差遣候程之儀ニ御座候得は親権次郎江孝行仕候段相違無御座下賤之もの共ニは寄特成儀ニ御座候間権九郎夫婦江相応之御褒美被下置候様仕度奉」存候、左候ハヽ猶更孝道之励ニも相成且又郡中習わせニも相成候儀ニ付此段奉願候
以上

亥正月　　　小笠原仁右衛門」

（朱書）
「同三亥年十二月廿三日本多弾正大弼殿江上ル」

大貫次右衛門御代官所
越後国村々百姓拾八人之者御褒美之儀申上候書付

書面越後国村々百姓拾八人之者江
為御褒美苗字帯刀　御免之儀伺
之通可申渡旨被仰渡奉承知候

子二月十九日
柳生主膳正
大林与兵衛

大貫次右衛門御代官所越後国村々百姓拾七人之もの此度関東筋并奥州村々小児為養育料」上ケ金之儀申立候ニ付右之者共并右出金之儀重立取調候穴沢忠次御褒美之儀次右衛門相願候趣取調左ニ申上候

越後国蒲原郡
中村浜庄屋
佐藤三郎左衛門

（朱書）
「金三百両」

右之もの儀先達而寄特之儀有之御扶持方弐人扶持永々被下置苗字は子孫迄帯刀は其身一代」御免被　仰付候処、此度奇特ニ付苗字帯刀共永々御免被　仰付度旨

同国同郡
金子村新田百姓
長兵衛

（朱書）
「金三百両」

右之者儀此度奇特ニ付苗字帯刀孫代迄　御免被　仰付度旨

同国同郡
水原村百姓
彦五郎」

（朱書）
「金弐百五拾両」

右之もの儀重立内調等取計外々之者共江も実意ニ対談世話仕、其上寄特金上納可仕旨申之候之間苗字帯刀孫代迄

御免被　仰付度旨

(朱書)「百五拾両」　同国同郡
嘉茂町村庄屋
仁次右衛門

右之者儀先達而御下知相済候上、上野下野常陸国江女奉
公人引請給金之外繰出方諸」入用并奉公人彼地往返道中
雑用為冥加自分入用を以繰出方引請、其上此度之寄特ニ
付、苗字は孫代迄帯刀は其身一代　御免被　仰付度旨

(朱書)「金弐百両」　同村百姓　庄兵衛
(朱書)「金弐百両」　同国同郡上内竹村庄屋　和三郎」
(朱書)「金弐百両」　同国同郡堤新村庄屋　宗左衛門
(朱書)「金弐百両」　同国同郡西条村百姓　平兵衛
(朱書)「金弐百両」　同国同郡舘村庄屋　与五左衛門
(朱書)「金弐百両」　同国同郡濁川新田百姓　甚　助
(朱書)「金弐百両」　同村百姓　権兵衛」
(朱書)「金弐百両」　同国同郡月岡村百姓　佐平次

右之者共儀此度寄特ニ付苗字は孫代迄帯刀ハ其身一代
御免被　仰付度旨

(朱書)「金百両」　同国同郡住吉新田庄屋　弥右衛門

右之者儀重立格別差はまり内調等取計外々之もの共江も
実意ニ対談之世話仕、其上」寄特金上納可仕旨申之候間
苗字は孫代まて帯刀は其身一代　御免被　仰付度旨

(朱書)「金百両」　同国同郡大中島新田庄屋　利兵衛
(朱書)「金百両」　同国同郡地本村庄屋　茂平次
(朱書)「金百両」　同国同郡田上村百姓　三郎兵衛」
(朱書)「金百両」　同国同郡嘉茂新田百姓　惣右衛門

右之もの共儀此度奇特ニ付苗字孫代迄　御免被　仰付度旨

同国同郡水原村庄屋　穴沢忠次

右之者儀先達而寄特之儀有之苗字は子孫」まて帯刀は其
身一代　御免被　仰付候処、此度小児養育金内調重立格
別取計且此者儀貞実成者ニ付村内は勿論郡中之者共迄一
躰帰伏いたし罷在候、然ル処此度御趣意之趣厚ク申含出
金高都合仕候は此者取計仕候故之儀に御座候間帯刀孫代
迄　御免被　仰付度旨

右之通次右衛門相願申候、勿論出金高等ニ引競候」てハ右
躰重キ御褒美迄ニも及申間敷哉ニは候得ども他国迄之為手

当銘々所持之金子差出殊ニ右御褒美之御沙汰により同人支配并最寄村々之もの共追々出金可致志之者も有之、此度之儀ハ手初之事ニ而外々励之為ニも罷成候儀御座候間、前書御褒美之儀出金高并取計方志之次第迄を相含申立候由次右衛門申聞候間、同人願之通被　」仰付可然奉存候　以上

亥十二月

本文佐藤三郎左衛門儀去ル午年関東筋新開御取立之節貧民御救ニも可相成趣を以外六人之もの一同申合貯金之内八千両上納仕候者之内ニ而、今般小児養育料之儀次右衛門為申聞候」節も外六人之者は近年之凶作等を申立出金之儀相願不申候処、右三郎左衛門儀は御趣意之次第難有承知仕本文之上金申立、其上水旱損等之年柄難儀之者江は夫々手当等も仕来候故彼者持地有之候村方〻は是迄別段夫食等之儀も願出候儀無御座右躰品々奇特之取計も仕候者ニ御座候間、本文之通格」別之御褒美奉願候段次右衛門申立候

本文長兵衛彦五郎儀常々志も厚く是又水旱損之節は小前之者共江夫々手当等も仕一躰貞実之者共ニ而兼而小前之者共帰伏仕罷在候ニ付、此度小児養育料之儀も先最初に右両人江得と為申聞候処御趣意之趣難有承知仕早速書面出金之儀相願、其外郡中身元并」志之厚薄ニ随ひ出金内調等之儀重立取扱候ゆへ夫ニ応シ其余之者共も追々出金之儀申立候様相成候儀ニ付、格別之御褒美奉願候段次右衛門申立候」

（朱書）
「同三亥年十二月廿三日本多弾正大弼殿江上ル」

荻原弥五兵衛御代官所
武州本野上村名主六左衛門小児養育料上ケ金之儀ニ付申上候書付

書面伺之通上金申付為御褒美六左衛門一代帯刀　御免苗字は永々名乗候様可申渡旨被仰渡奉承知候

子二月十九日

柳生主膳正
大林与兵衛

荻原弥五兵衛御代官所武州秩父郡本野上村」名主六左衛門儀陸奥常陸下野国村方之内小児為養育料上金之儀願出候段弥五兵衛申立候趣取調左ニ申上候

武州秩父郡本野上村　名主　六左衛門

右六左衛門儀身元相応ニ而代々村内名主役相勤罷在候処、陸奥常陸下野国村々小児養育方之」儀ニ付当時彼是厚キ御世話も御座候趣及承為冥加所持之金子弐百五拾両上ケ金ニ仕右養育料御手当之内江御差加江被下候様願出、もっとも右六左衛門儀是迄凶作等之節は居村并近村之内江も難儀之者共江は米金手当又は無利足ニ而貸渡為取続其外村入用助合等も仕年来寄特之取計もいたし候者ニ御座候間、願之通上金」被　仰付彼者一代帯刀　御免苗字は永々名乗候様被仰付被下度段弥五兵衛申聞候、依之評議仕候処居村并近村を離れ他国之儀迄心掛ケ右躰上金相願候次第寄特之筋ニ御座候間、右金弐百五拾両願之通上金ニ被　仰付直ニ弥五兵衛御代官所村々之内相応之利付を以貸附ニ致し元金は居置利金之分は別紙を以奉伺候、篠山」十兵衛支配所下野常陸下総国村々小児養育料之内江為相渡候方ニも可有御座候哉、尤六左衛門江御褒美之儀取調候処去ル申年同国同郡金崎村名主佐右衛門と申者年来志も厚く凶年等之節は村内扶助をもいたし、其上同年野州芳賀郡八ヶ村御年貢上納差支候節金三百両差出し村方相続いたし候様取計候次第寄特之趣を以佐右衛門」一代帯刀　御免苗字は永々相名乗候様被　仰付候例も有之、殊に六左衛門儀は慶長年中ゟ代々引続村役相勤候者之儀ニも御座候間旁以為御褒美其身一代帯刀　御免苗字は永々名乗候様被　仰付可然哉ニ奉存候、依之奉伺候　以上

亥十二月」

（朱書）
「同四子年閏二月廿七日松平越中守殿江上ル」

森対馬守御預り所
播州福野村寄特者御褒美之儀ニ付申上候書付
書面伺之通可申渡旨被仰渡奉承知候

子三月十八日

柳生主膳正
久世丹後守
佐橋長門守

森対馬守御預り所播州福野村寄特もの御褒美之儀右御預り所役人申立候ニ付取」調候趣左ニ申上候

森対馬守御預り所
播州　完粟《（ママ）》（宍粟、以下同）郡福野村
庄屋　七兵衛

右七兵衛儀高百弐拾石余所持仕生得実貞之者にて常々質素を相守り、去ル未年御預り所村方之内及困窮御年貢納方捗取兼候砌御預り所役人ゟ七兵衛江取立方之儀申渡右村方江

差遣候処、」彼者勘弁之上御年貢無滞相納往々村方相続相成候様仕法を附其上右躰之困窮村方失却不相懸ため逗留中之飯米持参いたし諸雑用等も自分ニ而取賄、其外居村は勿論近郷困窮之村々凶作等之節手当并道橋修復入用等迄其品ニ応し米銀扶助いたし実意ニ世話仕候ニ付、村方之風俗も立直り何れも七兵衛寄特之取扱を感得い」たし何卒御賞美も被成下候様仕度段御預り所役人迄申立候由、都而完栗郡之儀は至而山中谷間之村々ニ而諸作出来劣り前々ゟ御年貢納方捗取兼候処、七兵衛年来心を用ひ世話致し候ニ付何れも人気和融仕近年ニ至り候而は完栗郡四拾ヶ村余之御年貢悉く年内皆済いたし候様罷成、士民之身分ニ而は至而寄特之筋ニも御座候間」御褒美御座候様仕度段御預り所役人申立候、依之右村方之もの申立候趣をも相糺候処七兵衛儀年来寄特之次第感服仕御預り所役人迄申立候儀相違も無之趣ニ相聞候間猶又評議仕候処、右躰御褒美之儀は当人寄特之次第其外時々之御振合ニも寄候儀ニ御座候間本文七兵衛儀為御褒美子孫迄苗字可相名乗旨被仰渡候方ニも可有御座候哉」則対馬守御預り所役人差出候書付写相添此段奉伺候

以上

子閏二月」

森対馬守御預り所播摩《ママ》国 完栗《ママ》（宍粟、以下同）郡福野村庄屋七兵衛生得律儀成者ニ御座候而貧成者共を救、居村は勿論近郷村々御年貢之世話仕数多之村々為ニ相成候趣追々届出候ニ付相糺候処相違無御座候ニ付左ニ申上候

森対馬守御預り所
播摩《ママ》国完栗郡福野村
持高百弐拾弐石九斗七升三合五夕
庄屋　七兵衛　当子三十四歳」

一　銀八百目　取替銀之分用捨
一　銀壱貫目　新ニ合力遣候分
一　銀百五拾目　右同断
〆銀壱貫九百五拾目　御預り所　播州完栗郡　生栖村

是は前々ゟ困窮之村方ニ御座候処拾四五ケ年以来必至と困窮ニ落入当時村内ニ下女下男」召抱罷在候百姓壱人も無之、作牛迚も村惣持ニいたし四五疋有之候程之仕合ニ御座候処、五ケ年以前未年四月同村谷筋水損ニ而麦作は勿論諸作大痛ニ罷成下地困窮之上右之仕合旁連々御年貢不足借入銀九貫目余村辻借用銀に相成、年々右利銀而已

銀主江相払候儀も差支候程之儀至而困窮之村方ニ御座候ゆへ」御年貢納方捗取不申候ニ付、去ル酉年冬右村御年貢銀為取立右七兵衛并同郡公文村庄屋新兵衛江申付候ニ付右両人共生栖村江入込村方之趣相糺候処、前書之通過分之村辻借入銀有之候上困窮之百姓共ニ御座候故実々当日を相凌候事而已ニ打懸り、愚昧至極之取計而已ニ而村方不取締之儀而已多く有之候」に付福野村七兵衛不便に存同村仕癖不宜儀は申談存寄之丈ケ打はまり不宜仕癖は勿論、困窮之助に相成候村風共悉ク相改直し候上前書過分之村辻借銀有之候而は迚も村方相続相成兼御年貢皆済之期無之候に付七兵衛ゟ銀主共方江打はまり申談同人引請同然にいたし悉ク相済し、七兵衛」よりも取替置候銀子八百目有之候分は捨銀ニいたし候上別段ニ銀壱貫目合力銀差遣候上、生栖村庄屋五兵衛江同村小前百姓共ゟ返済可仕借用御年貢不足銀有之候得共可相返方便決而無之一同当惑仕候を七兵衛ゟ銀百五拾目合力いたし遣候ニ付無難に相済、去ル酉年分御年貢米銀は勿論未進に相成居候銀納ニ至」まて相納候様相成、何分一村之風儀相直り七兵衛より右之通至而厚取計ニ預り、生栖村惣百姓共は勿論近村迄も承伝身命を抛農業相励候様に成行困窮ニ落入候生栖村惣百姓勢イ一和仕困窮難儀之所をも心痛不致、惣百姓相互ニ力を添合如何様に致候而も一村困窮を立直し可申と励合心底に相楽候様ニ成行、殊ニ七兵衛儀」生栖村困窮を不便に存前書生栖村数日逗留中之雑用飯米等は七兵衛宿元ゟ取寄手賄ニ致し生栖村之助ニ仕、去ル酉年極月廿七八日迄右村に数日罷在時節柄至而多用ニ候得共宿用之儀は家内之者共江振向置、居村御年貢筋諸御用向は夫々取〆り宜手当いたし置聊差支無之様至而打はまり候取計諸人感心仕、」殊に生栖村惣百姓共儀は七兵衛ゟ厚取計に預り候上同人逗留雑用賄之儀は生栖村江壱銭も不相懸段重々寄特之取計ニ而七兵衛儀生栖村御年貢方為取立役所ゟ申付罷越候儀ニも候得は、同人逗留中賄之儀は勿論生栖村ゟ相賄可申儀品ニ寄相応之日別役料相立候迚も兎口（ママ）可申道理ニ無之候所を賄雑用迄」七兵衛手賄いたし、勿論日別役料之儀は更ニ不相立候段生栖村惣百姓感心仕外村々迄も承伝一同感心仕諸人恥入自然と習押移外村々迄も追々取締候様成行候ゆへ生栖村役人より届出申候

一　米九石四斗八升
　　籾三石六斗五升　御預所

播州完粟（ママ）郡拾ヶ村江合力遣候分」

是は同郡西深村生栖村福知村福知皮多村福野村三方町村河原田村森添村百千家満村草木村都合拾ヶ村凶作打続候上、剰天明七未年四月水損ニ而麦作等大痛ニ相成当分之夫食にも差支、折節諸国一統穀類至而払底米相場之儀は壱石ニ付銀百六拾目余日々高直段に相成候得共全躰至而山中谷間之村々に」御座候間売米と申儀は無之其村々ニ而之出来米而已ニ而相凌候、村々之儀殊に右年柄之儀は其節価有之候身分之者ニ御座候而も買求候穀類は勿論粮ニ相成候品々ニ至迄決而無之如何可成行程も難計相見候時節、右拾ケ村之内ニ而実に当日之夫食ニ差支必至と難渋之人数弐百弐十九人有之候処、七兵衛儀右」難渋之者共江米籾拾三石余致扶助候ニ付右之者共危難を相凌不及飢渇候段相歓何分平年と違右躰粮ニいたし候物価を以買求候儀も不相成候程之時節、預扶助候段恩分難申尽此段役所江申立度旨右村々ゟ届出申候

一　銀弐百目余　　御預り所播州完粟郡（ママ以下同）　森添村」

是は天明六午年同村百姓共之内御年貢上納方必至と差支迚も凌方難相成趣ニ候故村一統困窮には御座候得共右難渋百姓共之未進銀村方弁納ニ可相成処を、其節は福野村七兵衛儀森添村兼帯庄屋相勤罷在候節之儀旁同人ゟ銀弐百目余合力いたし遣候ニ付難渋之百姓共無難ニ相凌村弁納ニ不相成候故」外百姓共ニ至迄一統穏ニ致相続、殊に七兵衛兼帯役中は森添村小入用追々相減少々宛之小入用は百姓共江は不申聞自分ゟ相賄、隣村飛脚抔之儀は七兵衛召仕之下男を遣森添村入用ニ不相立候故段々万端仕癖宜相成村一統七兵衛厚志之段追々届出申候

一　銀弐百目余　　御預り所播州完粟郡　百千家満村」

是は連々困窮至而難渋之村方に御座候而年々米銀納方差支候処、去ル酉年之儀も米銀追々相納候残納ニ相成必至と差支候ニ付田畑家屋敷等質物書入他借銀仕候而も不足仕候程之儀多分未進銀村弁納ニ可相成所を右難渋之趣福野村七兵衛承伝年来彼是心添いたし遣候村方ニは御座候得共、是迄」之所に不差構銀弐百弐拾目余合力いたし遣候ニ付株絶退転可仕者共取続候様ニ相成候ニ付七兵衛厚志之段難忘旨追々届出申候

一　銀三百目　合力遣候分

御預り所　播州宍粟郡　飯見村

是は同郡村々之内ニ而も至而陰地年々諸作出来劣り勝候難渋之村方ニ御座候故米銀皆」済年々差支、殊ニ去ル酉年之儀別而六ヶ敷御座候ニ付最寄之村方有賀村庄屋善十郎斉木村庄屋丈八両人江米銀取立申付候得共全皆済之処不相整候趣を以道法六七里も隔罷在候福野村七兵衛承伝気之毒ニ存し、右善十郎丈八両人を相招飯見村難渋之趣を得と承候而何分同村皆済不相整候迚御預所」役所江差出吟味ニいたし候は不本意、郡中一同皆済為致度旨申之銀三百目合力致し遣し飯見村之もの共は難渋を相凌、七兵衛厚キ奇特之差向ニ恥入人気を立直し自然と村内一和仕候様成行、銀子之多少に不拘七兵衛心底之所感心仕候段追々届出申候

一　銀弐百目」

一　同壱貫目

〆銀壱貫弐百目

御預り所　播州完粟郡

組合村々江合力

是は同郡生栖村西深村福知村福知皮多村福野村河原田村三方町村森添村公文村倉床村横山村岸田村井内村黒原村草木村千町村百千家満村都合拾七ヶ村之儀は至而山中谷間之村方ニ御座候而諸通用万端至而不自」由ニ御座候処、凶年之節は別而夫食等ニ差支他所ゟ之入穀等決而無御座候故纔之儀ニも難渋仕候村々ニ御座候処、右躰之時節ニは年来福野村七兵衛ゟ穀類外々之相場ゟ格別下直ニ小売致し遣し或扶助いたし遣候、且右村々組合諸入用割之儀も年毎七兵衛ゟ取替夫々相払去ル酉年之儀も銀弐百目組合村々江合」力いたし遣是等は組合村役人共江沙汰不仕後而組合之者共初而存候由、且右村々之儀極困窮之村々ニ御座候ゆへ道橋等之修復も行届兼候趣ニ付山中谷間之村々別而嶮難而已ニ御座候ゆへ牛馬通路間々難儀仕候趣を承り候ニ付、七兵衛より右村々江道橋修復為合力銀壱貫目差遣候由、右等ニ付而は村々別而」万端相励候様成行候段書付差出申候

一　銀百目

御預り所　播州完粟郡　七野村

是は連々困窮ニ而所々ゟ借入銀多く御座候而銀主方より厳敷預催促難儀仕候処、去亥春福野村七兵衛相頼候処銀主方江懸合所々借入銀七兵衛取計を以格別に相減其上右」立合為入用銀百目七兵衛ゟ預合力相続も可仕趣村方一同七兵衛志之程感入候段届出申候

一　銀七百五拾四匁　　御預り所　播州完粟郡福野村
百姓拾人

是は福野村百姓拾人連々困窮仕御年貢ニ差詰り無拠持牛家居迄売払上納仕少々之御田地所持仕候而も作廻可仕手段無御座候処、」同村七兵衛承甚気之毒ニ存牛代銀書面之銀五ケ年無利足貸渡呉候ニ付相応之牛相調小屋掛等迄可成ニ仕百姓相続仕七兵衛重々預厚恩候段届出申候

一　米弐石　　松平遠江守御領分　播州完粟郡　深河谷村

是は前々ゟ困窮之村方ニ御座候而往来之道」橋及大破ニ取繕も出来不申候処、福野村七兵衛及承気之毒ニ存道橋為取繕書面之米弐石預合力取繕仕志之程感入候段届出申候

右は森対馬守御預り所播磨国完粟（宍粟ママ以下同）郡福野村庄屋七兵衛儀生得実貞成者ニ御座候而農業渡世仕分限相弁万端節倹を相心得身上向大躰ニ相暮候得共余業ニ不携耕作而已相励、居村内は勿論近」郷遠境之無差別睦敷出会御年貢向は勿論其外難渋之者有之候趣を承伝候得は親疎之無差別可成丈相助候程之儀、猶又御年貢筋之儀は自他之無差別別而打はまり世話いたし遣候故、完粟郡之儀は全躰至而山中陰地谷間之村々ニ御座候ニ付諸作出来劣り前々ゟ米銀皆済至而六ヶ敷年内皆済相成兼候処、七兵衛儀年来彼是心添世話致し候」上近年別而打はまり数多之村々御年貢納方之儀を相働多分之銀子致合力或は難渋凌成かたきもの共江は米穀を扶助仕候ニ付村々自然と七兵衛差向感相励候故、完粟郡四拾ヶ村余之分近年ニ而は前々に無之悉年内皆済仕候様成行、村方ニ寄仕癖不宜儀は自然と調合節倹を心懸追々相互ニ一和睦敷耕作出精仕候様ニ人気相進ミ候段全七兵衛取計ゆへ」之儀と相聞、土民之身分ニ仕候而は別而珍敷上下之為ニ相成候貞実寄特成者ニ御座候間、七兵衛儀御誉御座候様仕度此段奉申上候　以上

子閏二月

森対馬守家来
石川専左衛門」

（朱書）
「同四子年三月五日本多弾正大弼殿江上ル」

大岡源右衛門
篠山十兵衛　当分御預り所

奥州村々小児養育料上ケ金之儀ニ付申上候書付
書面伺之通相心得且出金仕候者共弐拾人江は為御褒美壱人江銀弐枚宛被下置候旨被仰渡奉承知候

子六月十日　　柳生主膳正
大林与兵衛

大岡源右衛門篠山十兵衛当分御預り所奥州磐城磐前郡村々百姓共之内同国村方小児」為養育料上ケ金之儀相願候旨右両人申立候ニ付取調候趣左ニ申上候

一　金高弐百弐拾五両余　奥州磐城 磐前郡 村々百姓弐拾人上ケ金申立候分

此訳

百弐拾壱両三分余　四ツ倉村　鈴木甚左衛門
弐拾六両壱分余　江田新田　与左衛門」
拾両壱分余　下大越村　又兵衛
六両三分余　前沼村　十　蔵
六両三分余　四ツ倉村　幸　助
五両余　同村　甚五郎
同断　下高久村　三右衛門
同断　藤間村　半之丞
四両壱分余　柴原村　清兵衛」
三両壱分余　四ツ倉村　亀　吉
同断　同村　利右衛門
同断　永崎村　与　市
同断　村城村　久兵衛
同断　下神谷村　十右衛門
同断　上平村　万　吉
同断　四ツ倉村　新十郎」
同断　下永井村　金三郎
弐両弐分余　四ツ倉村　圓次郎
壱両弐分余　同村　仙十郎
同断　同村　茂　七

是は去ル卯年凶作之節同郡村々夫食差支難儀致し候者共江書面弐拾人之もの共出金仕為取続、返済方之儀は」年賦にいたし支配御代官所ニ而取立右金主共江相渡来り当時取立残金書面之通弐百弐拾五（両脱カ）余来ル丑年迄に取立可申分

右は同国村々国風ニ而出生之小児を間引候仕癖有之当時御代官ニ而も養育方之儀世話仕候由ニ付前書弐拾人之もの兼而村々江貸附金之内当時取」立残金書面之通支配役所江取立次第直ニ上金ニいたし小児養育料之内江御差加被下候様仕度段相願申候ニ付、先達而源右衛門并佐藤友五郎支配所

村々百姓共上金之振合を以書面貸附金之分取立次第上ケ金被　仰付最寄村々身元宜者共江年壱割之利附ニ而貸附利倍いたし置、右両郡村々小児養育難相成もの壱人江壱ケ年米七斗余宛」其者四五歳に相成候迄御手当被下候様仕度段源右衛門十兵衛相伺申候、依之評議仕候処書面之内ニは出金高至而纔成ルも有之如何ニは御座候得共何レも去ル卯年一同申合銘々分限に応し極難之者江貸渡シ其後追々取立残金之儀は金高之多少に不拘組合之者共一同相願候儀ニ御座候間、書面之金高弐百弐拾五両余之分願之通上ケ金被　仰付先達而源右衛門」友五郎支配所村々之者共上ケ金被　仰付候節之通本文上ケ金高之三分一は荒地起返御手当金之内ゟ御下ケ被成下、源右衛門十兵衛伺之通御貸附いたし置利金を以右村々小児養育料被下候方ニも可有御座哉、且又右弐拾人之儀此度之上金ニ不拘一躰実躰之者ニ而平日農業相励極貧之者江は夫々身元ニ応し助合等いたし何れも寄特之者共ニ御座候間、可相成儀ニ御座候ハヽ」書面出金高ニ応し相当之御褒美被下置候様右両人相願外々寄特者励合之ためニも御座候間相応之御褒美被　仰付候方ニも可有御座候哉、依之奉伺候　以上

子三月」

（朱書）
「同四子年四月十日松平越中守殿江上ル」

石原清左衛門御代官所
泉州尾崎村九右衛門御褒美之儀ニ付申上候書付
書面九右衛門儀為御褒美子孫迄苗字名乗候様可申渡旨被仰渡奉承知候
子四月十五日
柳生主膳正
久世丹後守
佐橋長門守

右石原清左衛門御代官所泉州尾崎村庄屋九右衛門奇特之取計いたし候段申立御褒美之儀清左衛門」相願候ニ付取調候趣左ニ申上候

泉州日根郡尾崎村　庄屋　九右衛門

右九右衛門儀是迄数代庄屋役相勤生得実貞ニ而兼而村内示方も行届候故一村取締も宜其上居村之内年来之手余荒田畑九拾石余有之、拾四ヶ年以前ゟ取下ケ御年貢上納仕来候分肥し手入」等之為手当去亥年惣村内江金百両差出同年より本免御年貢為相納并同村之内田畑汐除堤前々より御普請所之分去亥秋中之高汐ニ而及破損候節、右取繕為入用銀三貫弐百目余差出候ニ付別段御普請願も不仕旁寄特之ものニ御

座候間相当之御褒美被成下候様仕度段清左衛門申立候、依之相糺候処九右衛門元祖は右村開基之ものニ而先年私領之節」は苗字相名乗帯刀をもいたし来候由、且御料所ニ相成候後享保十七年五畿内筋凶作之節当九右衛門親代村内江夫食等手当いたし寄特之趣を以其節為御褒美白銀弐枚被下置候儀も有之候由清左衛門申聞引続当九右衛門儀も前書之通奇特之取計をも致し候儀ニ御座候間、為御褒美子孫迄苗字可相名乗旨被仰渡候方ニも可有御座候哉、依之奉伺候　以上」

子四月」

（朱書）
「同四子年六月廿六日鳥居丹波守殿江上ル」

中山道
鴻巣宿忠孝もの之儀ニ付申上候書付
書面兵助江為御褒美銀拾枚被下置勘六母江
老養扶持一日米五合宛勘六江為御褒美銀七枚
被下置候段被仰渡奉承知候

桑原伊豫守
根岸肥前守

子七月十八日

浅岡彦四郎御代官所
中山道鴻巣宿
百姓与平次下人　兵　助　当子四十九歳」

百姓　勘　六　当子四十七歳

右兵助儀主人江忠誠仕候趣并勘六儀母江孝行尽し候段御代官浅岡彦四郎糺之上別紙之通書付差出右両人之者共江御褒美被下候様仕度段申立候、依之則彦四郎差出候書付弐通相添此段奉伺候　以上

子六月」

浅岡彦四郎御代官所
武州足立郡鴻巣宿
百姓与平次下男　兵　助　当子四十九歳

右は私御代官所武州足立郡鴻巣宿百姓与平次下男兵助儀平生実躰ニ而忠節仕候段右役人并与平次親類組合訴出候ニ付私此度麦作見分序右之者共呼出相糺候処、兵助儀当子四十九歳ニ而弐十八ヶ年以前」中年四ヶ年季ニ金弐両請取与平次方江奉公ニ罷越候処、弐十五ケ年以前子年先与平次女房よし病気付、気之方ニ而永々相煩兵助看病いたし罷在候内極之年季は明ケ候得共主人与平次先ツ罷在看病致し呉候様申聞候間昼夜看病いたし罷在候所、弐十ケ年以前巳年与平次風与病気付候ニ付兵助儀昼夜附添、当与平次は万蔵と申漸十壱歳ニ罷成身上向」存之外不如意ニ而与平次取置料も無之他借才覚を以葬式相仕廻其後親類共打寄身上向取調候

処、売物を代金ニ積漸金八拾五両余ならては無之借金買掛り等は合金六百弐拾三両余有之、万蔵は幼年迚も身上相続不相成候間万蔵母子を伯父方江預置田畑は小作ニ入家蔵は貸家ニ仕跡式取片付可申旨親類共相談仕候ニ付、兵助申候は亡主与平次表向を張相応ニ商ひ」も仕候得は縦令病死仕候迚も身上取片付候は何共残念至極可有之定而迷ひ可申間兵助身に引受是迄之通商ひ致し度旨相願、若又難取続及潰候ハヽ無是非事と可存旨申聞候所平日実躰成兵助ニ付親類共一同得心之上身上相渡候処万蔵を連江戸問屋共方江罷越始末逸々相咄、跡式相続人見請候通幼年ニ付問屋共存寄次第ニ而相続相成又退転も致候段申達相歎」候所、兵助実儀を感心致し何レも年賦済ニいたし候ニ付商ひ物之儀は是迄之通相送為売呉候筈ニ約束いたし罷帰、在方諸借金も右之趣を以相歎候処、永年賦済又は用捨いたし候分も有之候得共寺院より借受候分は少しも用捨を受候は却而与平次為ニも相成間敷存證文通不残返済致し兵助忠節之取計を以与平次家元之如く商ひ農業無難相続」仕候様罷成候処、与平次女房よし儀兎角不相勝拾七ケ年以前病死仕九ケ年相煩候内六ケ年は昼夜打臥罷在看病に人手懸り候得共始終兵助附添罷在丹誠之看病いたし、食事拵仕為給両便ニも外之ものニは手も不為附悉く兵助取始末仕穢れ物等は召仕共ニも隠し洗濯いたし人之不見所江干、いか成不浄之取扱をも聊いやなる気色なく」念頃に介抱致し遣候故、よしもなみたを流し相悦同人及大病候節親類共を招兵助深切を悉申聞以来目を掛遣し候様相頼死去仕候処、葬式無残所取計与平次夫婦病中看病誠に諸人に勝レ候致方ニ而都而与平次先祖代々之法事吊ひとも念頃にいたし命日ニは如何様世話敷候共仏参いたし香花を手向、且当与平次十八歳之砌兵助ゟ親類共江及相談宿内半右衛門と申者」之娘を与平次女房ニ貰候所間もなく死去仕、其後猶又同宿十右衛門と申者妹を貰当時男子壱人有之家繁昌仕諸借金方之儀も先々江損金不相掛是迄追々相済候金子弐百八拾五両余銀百匁銭四拾六貫文余相返し、買掛りは通帳印形取置借金方は皆済ニ而證文取戻し候得共天道を拝し亡主与平次位牌江手向其後焼捨に仕惣而諸借金済方は期月に成候得は年々日も不」違様いたし急度持参相返し来り、去暮江戸問屋共之内塩屋庄次郎と申もの身上相仕廻何方江参候哉不相知ニ付何卒年賦金相渡度迚種々尋候得共住所不相知無拠持帰仕廻置候儀ニ而、右之通之心底を以万事取計候故諸向気請宜兵助申談は如何様之儀ニ而も問屋共聞済荷物送遣し候間商ひ物都合能、勿論当与平次

身上に成候以来は」問屋向諸払無滞仕段々兵助実躰相顕れ
宿内ハ不及申近村々何れも与平次方贔屓に存追々商ひ繁昌
仕借金も無苦労年賦通相済、近年両度迄類焼いたし候得共
相応に家作補理其外与平次親類共之内至而難儀之もの江は
少々之手当をも致し遣傍輩共を至極憐ミ勿論親族は不及申
宿内共睦敷物争ひ等ハ決而不仕、宿内之取行甚宜候間」年
季居一季居之無差別兵助を見習何れも正路実躰ニ相勤、兵
助儀朝も早く起屋敷中端々迄奇麗に掃除いたし其後外々の
ものを起し神々江燈明を灯神拝仕、与平次家内安全家繁昌
を相祈り当与平次は一躰病身殊ニ八九年以来は気虚之気味
ニ而長々相煩ひ候ニ付、兵助殊之外案事薬養昼夜世話仕名
法名灸承糺遠近之無差別連行江戸表江も数度召」連薬養仕、
其上諸仏神江心願仕別而羽州湯殿山上州妙義山武州羽生不
動尊岩殿観音等信心仕相祈り追々病気快罷成候ニ付、与平
次江伊勢参宮を進め去年中罷越候所、病身に候得は道中無
心元とて下男与八と申もの至極実躰ニ而年来相勤候ニ付相
添先々之事迄心懸致し差遣道中無難ニ而無滞罷帰弥病気も
宜、元来兵助儀も親元相続人に」候得共親与平次死去仕女
房は大病悴万蔵ハ幼少ニ付見放かたく存親江断を立家督を
弟江譲、与平次方身上引請昼夜真実に世話致し候間与平次
家無難に相続いたし当与平次人と成追々家繁昌仕家族一同
何不自由なく相暮候ニ付、親類共相談之上兵助江家作致し
可遣間隠居同様に相成少しハ楽ミをも致し候様ニと精々申
聞候得共今以当主人」全快も不仕身上向之事も未安堵不仕
候ニ付、先ツ〳〵唯今迄之通世話いたし候間身《ママ》分之事は構
不申様ニと申聞一向得心不仕数年来相勤候内聊以身為成儀
不仕最初奉公に罷越候砌より以来数年来一図に主人大切に
致し候儀ニ付、兵助忠節之程は難尽申軽き身分ニは稀成忠
節ニ付宿中は不及申近郷村々迄得と存知罷在寄特成者ニ付
右之段訴」出候由一同申之ニ付主人与平次并同人女房召仕
之者ども迄呼出し相糺候処、前書之趣逸々相違御座なく家
来なからも親ニも贈候恩分之旨与平次申之ニ付、猶又近郷
大間村滝間村宝村久保村門前村南村桶川宿都合六ヶ村名主
組頭百姓代共呼出し何レも申口も符合仕候、右之通兵助数
年来実躰ニ而忠義を尽候段無相違相聞下賤之ものニは寄特
成儀に」奉存候間可罷成御儀ニも御座候ハヽ、相応之御褒美
被下置候様仕度奉存候、左候得は外村々江も相響以来召仕
共は不及申大小百姓之取締ニも相成可申奉存候、依之申上
候　以上

子六月　　浅岡彦四郎」

浅岡彦四郎御代官所
武州足立郡鴻巣宿
百姓　勘　六　当子四十七歳

右は私御代官所武州足立郡鴻巣宿百姓勘六儀平日実躰ニ而母きよ江年来孝信を尽し候旨右村役人勘六組合之者共当正月中訴出候ニ付此度麦作見分序右之者共呼出し相糺候処、勘六儀当子四十七歳」に罷成母㐂よ八十二歳ニ相成娘壱人有之、勘六儀は十九歳之節親勘六同宿与三郎妹を当

但親勘六儀安永九子年七月中病死仕候旨申之候

勘六女房にもらい反別九反歩程譲分ケ母をそへ別家為仕旅籠屋を渡世に仕罷在候処、七ケ年程過妻熱病相煩死去仕其後三人迄女房持候得共兎角大病相煩死去仕右病中物入多段々不如意ニ」相成田地は不残流地ニ渡其後類焼仕候ニ付、家作補理候事も不相成間借家仕裏住居ニ而罷在母并娘とも三人暮ニ而渡世ニは古鉄物を売買いたし鶏卵等を商ひ五六拾文ゟ八九十文ツヽ儲け今日を経営候躰ニ付、娘を一所に差置候而は心任せに母を養育相成兼候とて娘は四五年以来江戸表ニ下女奉公致させ置当時母子弐人暮ニ付、勘六商ひに出候共朝給物」拵仕母江心静に給させ昼飯手当をもいたし置母之気色を伺ひ差図を請、元手之儀は何程持参候旨母江申聞罷出帰宅之砌は何程利分有之間暮方差支は無之旨申聞為歓、商ひ先は無油断相廻り相応之利潤有之候得は日高ニ而も罷帰母仏参物参り仕雨天之砌抔は手を引連行路次悪き所ハ背負往来仕入湯江はいつも附添行念頃に洗流し遣」し連帰り、宿役人方より勘六呼に参候歟又ハ実々無拠用向ニ而夜分抔罷越候節は弟勘七方江頼附添居貰帰遅候得はヶ様之訳ニ而遅り候旨申聞若臥居候得は目覚候砌為申聞候様仕、母給物之儀は前々は麦江米を片寄入焚麦飯之交候をも為給候得共四五年以来は母中症之気味ニ候間其身は麦飯に干葉菜大根芋其外有合之品を粮に入給母江は米計を別」鍋ニ而焚給させ、尤前々ゟ母好候品は如何様難儀之中にても其気色聊不仕早速相調へ給させ商ひ先ニ而も珍敷物母之心に叶候様なる品見当り候得は調へ参り給させ候処、去秋中ゟ母病気別而不宜昼夜打臥罷在食事も勘六匕ニ而為給候躰ニ付齢も不相知とて案事母病苦を遁全快仕候様ニと氏神天道を祈り在宿之砌は少も側を不離附添撫さすり遣し看」病仕度存候得共、極貧窮ものニ而一日稼相休候得は暮方差支一日之儲にて其日をくらし一両日之給物買貯候事は不相成ゆへ無拠商ひに罷出養育看病心底ニ不任所、当時は寝起は勿論寝返りさへ不罷成夜中ニは八九度ツヽも勘六寝返り致

させ両便之儀も瓢を二ツに割夫ニ而取遣し、穢もの出来候節ハ夜中ニ而も早速洗巨（炬）燵いたし為干湿気無之様致」し手当仕候得共極老之大病ニ付何卒娘をも呼寄看病為仕度存候得共、去秋中より水損毛ニ而米穀甚高直ニ付、母子之給物価程之儲さへ相成兼候ニ付娘呼寄候而は取続成兼却而母江心労為仕不孝ニ可相成と存無拠江戸表江奉公為仕置、商ひに出候砌は弟勘七方江相頼

　此勘七并同人家内呼出し相糺候処勘七は勘六儀」母を連れ別家いたし候後、妾腹ニ而致出生親勘六跡相続罷在是以至而困窮ものニ候処、勘六留守は勘七家内之もの共代りゝ罷越附添罷在勘六儀母之給物等念頃ニ取拵置候得共、尚又随分心に叶候様致し為給大切に看病仕候旨申之候

代り〱罷越附添居大切に看病いたし、給物も母心に叶候様致し遣候ニ付勘六儀も安堵致し商」ひに罷出帰宅ニ趣候得は随分差急き罷帰母之安否を承り其後給物拵仕、一日歩行草臥候も不厭母之手足を撫さすり遣し唄を好候得は近所之おもわくをも不厭時々うたひ聞せ浄瑠璃本等を夜々読慰め為臥ラ、去正月中宿内出火殊に大火ニ相成候に付近所ニ而も取仕廻候所、勘六儀は片付候気色も無之間近所之もの共ゟ甚危く候間諸道具等取仕廻候」様申聞候得共母を裏に有之候山江なりとも連行差置不申候而は難取片付風烈ニは有之万一寒風に当り候而は不相済事ニ付、縦類焼仕候共無是非事ニ而焼寄候ハヽ、母を背負立退候積りニ相心得候旨申之母ニ附添罷在類焼仕候儀一向貪着不仕

　其節勘六方類焼不仕候

右之通之心底ニ付其身は甚艱難いたし見苦敷」衣類も着いたし兼候得共母江は可成たけ垢之不付るものを為着暑寒共ニ手当いたし為相凌、親類好身之もの方江被招罷越候而も厚味之品は除置蜜（ママ）に持帰り母江給させ平日何事を母江申聞候共手をつき頭を下ケ申達し、扨又途中ニ而も宿役人并近所之もの見知合之ものに逢候得は腰をかゝめ念頃に挨拶仕罷通候様仕候ニ付親類共は不及申宿」中睦敷商先ニ而も物争ひ曽而不仕、生得実躰ニて年来母江孝心を尽し候ニ付宿内は不及申近郷村々にても能存知罷在、宿内若きもの見習鏡ニも成候に付一統相悦稀成孝心寄特成儀ニ奉存候間訴出候段申候ニ付、猶又近郷大間村滝間村宝村久保村南村桶川宿都合六ヶ村名主組頭百姓代呼出し相尋候処余人之不及孝心之旨申之いつれも申口符合仕候、」右之通勘六儀年来実躰ニ而孝心を尽し候段無相違相聞下賤之ものニは寄特成儀

ニ奉存候間可相成儀御座候ハヽ、老母養育之為相応之御手当
被下置候様仕度奉存候、左候ハヽ以来外村々江響ニも相成
大小之百姓手本ニも相成自然と村々取締ニも可相成奉存候、
依之申上候　以上

子六月　　浅岡彦四郎」

（朱書）
「同四子年十一月廿四日本多弾正大弼殿江上ル」

荻原弥五兵衛御代官所
武州本庄宿百姓共上ケ金之儀ニ付申上候書付
書面伺之通可仕旨被仰渡奉承知候　　柳生主膳正
子十一月廿九日　　大林与兵衛

荻原弥五兵衛御代官所武州本庄宿七人之もの下野常
陸陸奥国小児養育上金之儀願出候」段弥五兵衛申立
候趣取調左ニ申上候

一　高金三百拾五両
此訳
金百五拾両　　武州児玉郡本庄宿百姓　戸谷半兵衛
金百両　　同所百姓　半　蔵
金五拾両　　同所百姓　武右衛門
弥三郎」
金拾五両　　同所百姓　次右衛門
七郎兵衛
次右衛門

右之者共儀下野常陸陸奥国村々小児養育御手当之儀及承所
持之金子書面之通上ケ金ニ仕度旨相願、尤半兵衛儀は有福
之者ニ而度々寄特之儀等も仕祖父三右衛門代其身一代帯刀
御免苗字は永々　御免之ものニ有之、其外之者共儀も」身
元相応之者共ニ付何れも願之通上金為仕小児養育金之名目
を以年壱割之利足ニ而御料私領村々江貸附利金は年々取立
小児養育御手当金ニ相渡候やう可仕哉、左候ハヽ右之者共
儀は寄特之儀ニ付可相成儀ニ御座候ハヽ、相応之御褒美被下
置候様仕度旨弥五兵衛申立候、依之評議仕候処先達而大貫
次右衛門元御代官所越後国百姓共関東奥州筋村々小児養育
料と」して上ケ金之儀申立其節夫々為褒美苗字帯刀　御免
等之儀申上候処、出金さへ仕候得は右様御褒美之御沙汰ニ
および候儀行々如何ニも相当り可申哉之段被仰渡候ニ付其
砌再応勘弁仕候処、其土地を離れ遠国之儀迄心掛ケ申立候
段格別寄特之者どもにて右志之趣厚キ被及御沙汰候得は御
余沢之至郡中江も相響一躰之取扱方ニも拘り候筋可罷」成

哉之段申立伺之通上ケ金申付夫々御褒美有之候儀ニ御座候間再応評議仕候処、弥五兵衛御代官所武州秩父郡本野上村名主六左衛門儀前書同様之趣意ニ而所持之金弐百五拾両上ケ金之儀申立当二月伺之上上ケ金申付其身一代帯刀　御免苗字は永々可相名乗旨被仰渡候得共、右ハ発端之儀其上此者儀は代々名主役相続実躰ニ相勤候」儀にて追々右ニ随ひ申立候者共とハ又訳も違候事に付、前書七人之者は願之通上金申付弥五兵衛伺之通為取計寄特之儀ニ付為御褒美銀三枚宛被下置候方ニも可有御座候哉、依之此段奉伺候　以上

子十一月」

(朱書)「同四子年十二月廿日本多弾正大弼殿江上ル」

佐藤友五郎支配所

上州矢中村荒地起返等之儀ニ付同国下滝村善兵衛申立候趣并右善兵衛御褒美之儀取調相伺候書付

書面伺之通相心得尤善兵衛江御褒美之儀は苗字計子孫迄相名乗候様可申渡旨被仰渡奉承知候

丑三月十日　柳生主膳正
大林与兵衛

佐藤友五郎御代官所上州下滝村善兵衛儀」去ル戌年同国矢中村手余地引請当子年迄皆起返仕猶又以来矢中村潰百姓跡株取立方為手当支配役所江出金之儀相願、其外是迄奇特之取計いたし候趣を以御褒美之儀友五郎申立候ニ付取調候趣左ニ申上候

上州群馬郡下滝村　名主　善兵衛」

右善兵衛儀身元宜一躰貞実ニ而是迄度々奇特之取計もいたし候者ニ付去々戌年友五郎検見序手余荒地起返方吟味之節同郡矢中村荒地起返方取扱申渡候処、入百姓七軒相建家作農具夫食代等金百両余自分入用を以手当致し、荒地高百七拾六石余去々戌ゟ当子迄三ケ年ニ割合起返、尤年来之荒地ニ而早速ニは地馴不」申候ニ付去々戌より来ル卯迄六ケ年鍬下　御免、翌辰年ゟ相当之御年貢上納之積其節伺之上申渡、尤右荒地高百七拾六石余之内八拾一石余は善兵衛引請起返残九拾四石余は村内之者江為引請何レも当子年迄ニ皆起返相応ニ作付ケも出来仕候旨、然処一向ニ御年貢上納不仕候而ハ恐入候由を以書面之通鍬下年季中ニは御座候得共」右善兵衛引請起返し候高八拾壱石余之分ハ来丑ゟ相応之御年貢上納仕度段申立、勿論右之通ニは罷成候得共一躰困窮所ニ而民家無数荒地も出来仕候儀ニ付、此上百姓株

佐藤友五郎差出候書付写

上州下滝村名主善兵衛品々寄特成取計仕候ニ付苗字帯
刀　御免御座候様仕度旨申上候書付

佐藤友五郎

佐藤友五郎御代官所
上州群馬郡下滝村

持高百弐拾石余　名主　善兵衛」

右之もの儀常々質素ニいたし身元相応ニ相暮農業出精仕至而貞実成ものニ而村方取〆り宜是まて品々奇特成取計仕候趣左ニ申上候

一　金百両　村相続金

右は下滝村之儀高五百九拾五石余有之前々百姓家百三拾軒有之候処、連々及困窮死失退転百姓有之家数相減八拾弐軒ニ罷成村高に応」人数不足ニ而田畑手入行届兼年々仕付荒出来収納少百姓内損多自然と及困窮、小百姓之儀は出生之男女有之候而も成人いたし候迄養育仕候手当薄候ゆへ育かね夫婦暮に相成病死又ハ退転仕追々人少に相成候上は手余荒地等出来可仕候得は前々被仰渡にも相背奉恐入候間、善兵衛儀弟百姓麻蔵申合親より譲請候金子不滅《（ママ）》ため潰百姓有之節は早速跡株取立候様致度趣を以右為手当此度も右善兵衛所持之金子拾両支配役所江差出貸附ニいたし年々之利金溜置跡株取立之」御手当ニ仕度段申立、且又出百姓共作り出し候品市場江附出し候馬道無之候間荒地起返地面之内反別五畝廿ト（歩）以来道敷高内引相立出百姓共住居之場所江も本村高札之写相立、且一躰矢中村之儀不取締ニ而人気も不宜候ニ付先達而友五郎申立之趣を以去々戌年以来善兵衛江取締申付置候処、同人居村百姓利左衛門孫七と申者申」合セ起返方之儀右両人江も為取扱是迄諸事世話も行届、善兵衛儀は本村之取扱も有之、此上懸ケ持ニは手廻り兼候ニ付右利左衛門孫七を起返場所之村役人ニ申付候様仕度段善兵衛相願候間右之通申付、且又是迄善兵衛取計方之始末奇特之筋ニ付御褒美被下置候様友五郎相伺申候、依之評議仕候処引受候荒地之儀も兼而申立候」通当子年迄ニ皆起返出来仕前書申立候趣も訳立候儀ニ御座候間右廉々友五郎伺之通被　仰付、善兵衛江は其身一代帯刀御免苗字は子孫まて可相名乗旨被仰渡候方ニも可有御座候哉、則善兵衛年来寄特之次第相認友五郎差出候書付写相添此段奉伺候　以上

子十二月」

少々」所持仕候ニ付村為相続金百両支配役所江差出年壱割之利付に貸附右利金拾両宛年々村方江被下置候ハヽ高拾石以下百姓之内ニ而出生之男女惣領を除次男次女五歳以下之もの江為助成金持高并日々暮方等見計ひ相応に割賦仕幼年之子共介抱為仕往々人数相増作方手入行届候ハヽ困窮立直り可申候、勿論其年々利金被下置候」上は五歳以下之分計取立候儀ニも無之実々困窮仕相続難相成もの江も利金之内を以相応に手当仕候ハヽ、是又取続可申儀にて御年貢其外上納にも差つかへ無之村方永久相続可仕旨申立、天明五巳年遠藤兵右衛門支配之節伺之上願之通被仰渡是又年々利金善兵衛小児養育并困窮之もの手当に相渡来り申候」

一　金五拾両　　急難貯夫食并手当置金

右は去ル申年凶年為手当村々貯夫食被　仰付其後御下穀被成下百姓御救之御趣意難有承知仕候処、亡父善兵衛申置候は常々心掛村方急難之節は成丈為取続候手当可仕旨申聞置候儀ニ付卯年浅間山焼以来困窮之もの江ハ少々宛助合為取続候得共万一凶年之節は壱」人之力を以大勢之百姓永く為取続候儀は相成兼可申と奉存候間、乍少分貯置候金子五拾両支配役所江置金に差出酉年秋ゟ連々雑穀買入下滝村急難手当ニ仕、残金之儀は望之もの江安利に御貸附被　仰付御料所近村々之内貧窮にて開作不相成種物等差支難儀之百姓江右利金被下置度旨相願候間、書面金五拾両私役」所江為差出右之内金弐拾両は酉より戌まて弐ケ年之間右善兵衛江申付同村男女半年分之夫食荒稗為買入年々詰替之度々切石ハ善兵衛より為償及後年善兵衛方異変等有之候ハヽ下滝村惣百姓高割にて償候積り、残金三拾両は年壱割之利足を以貸附ニいたし戌年ゟ七ケ年之間右利金を半年之分之夫食買入相済候ハヽ、村方并」近村御料所之内貧窮ニ而開作差つかへ種物無之者ども江支配役所にて吟味之上返納年季を定貸附極貧窮之もの江は被下切之積り、右貯夫食急難ニ而遣ひ払候ハヽ右利金を以元穀丈ケ追々為買入無難之年柄にて利金遣払無之年は其分元金江差加江猶又年壱割ニ貸附可申旨去ル酉年奉伺候処、伺之通善兵衛所持金五拾両為差出貯夫食并」手当置金可仕旨被仰渡候、尤右は善兵衛奇特成取計ニ被思召其節為御褒美銀弐枚同人江被下置候

一　高弐拾九石余　　御代官所　上州群馬郡　滝村

右村方之儀壱人百姓ニ而平左衛門と申もの所持いたし罷在候処、連々及困窮田畑手入不行届作物出来劣り往々荒

地ニも可相成躰ニ付、去ル酉年」下滝村名主善兵衛江世話いたし遣候様申聞候処承知仕、隣村之儀殊ニ平左衛門困窮ニ而肥手入等も不行届不作いたし候儀歎ケ敷存夫食肥代金等年々貸遣し作付為仕候故其後は作方相応に出来仕候

一　郷蔵壱ヶ所　但　高壱丈　桁行四間　梁間弐間　貯夫食入置候蔵

右は天明八申年ゟ急難手当貯夫食取集穀被」　仰付同年ゟ三ケ年之間弐十分一御下穀被成下并ニ名主善兵衛願之上金子差出村方貯夫食荒稗買入候分共穀数多分ニ罷成百姓持蔵に囲置候儀相成兼候ニ付郷蔵相建度旨申之、尤御林木可被下置段先達而被仰渡御座候得共百姓為御救御下穀迄被　仰付候儀ニ付木品頂戴仕郷蔵相建候儀も恐多奉存候段申之、善兵衛」入用を以去亥年郷蔵相建貯穀詰置申候
一　村高六百五拾六石余之内
一　荒田畑高百七拾六石余
此反別拾六町六反六畝ト（歩　以下同）
内
当分御預り所
上州群馬郡
矢中村
八町六反九畝ト　下滝村善兵衛引請入百姓
仕起返候分
四町三反九畝拾六ト　右善兵衛引請之内相対を
以村方江引請起返候分」
三町五反七畝九ト　村方引請ニ而起返候分

右矢中村之儀連々及困窮手余荒地有之候処、去ル卯年浅間山焼并午年凶作以来別而及困窮死失退転之もの多く人数相減手余荒地多分出来起返村方難及自力候ニ付下滝村名主善兵衛儀は身元相応に暮至而貞実成ものニ御座候間、同人江荒地引請起返し被　仰付候様仕度左候ハヽ惣百姓」よりも相欲候ハヽ奇特成ものニ付引請可申旨申立候ニ付善兵衛呼出右村荒地引請可申哉之段相尋候処、右村方之儀連々及困窮他国出宿場等ニ而渡世いたし又々立帰り百姓相続仕候もの共多く御座候ゆへ自然と悪敷風儀を見習ひ至而人気不宜村柄ニ御座候間内々百姓ども相頼候処、無拠及断候得共可起返地所打捨置候儀は御収」納江も相響キ奉恐入候儀殊ニ数代百姓相続仕候冥加之為ニも御座候間、右荒地引請起返可仕候得ども右躰六ケ敷村方ニ付後日引請之もの不及難儀様御取極被下置候ハヽ引請可申、左候ハヽ出百姓七軒差出家作夫食農具雑具作馬代

とも善兵衛より手当仕、戌より子迄三ケ年に起返丑より卯まで三ケ年は地馴候内鍬下　御免、来ル」辰年より御年貢上納之積り申立候ニ付去々戌年伺之上右荒地起返并同村取締役共善兵衛へ申付候処、出百姓差出格別出精仕候ゆへ去々戌ゟ当子年まで不残荒地起返し出来仕候、尤田方之内用水懸り不宜又は浅間焼砂敷等ニ而田方ニ難起返し分は畑成砂畑成葭萱柳畑等ニ起返シ仕候」

一　右矢中村之儀前書之通及困窮手余荒地出来候処、下滝村名主善兵衛引請当子年まで不残起返し出来仕候間、此上人数相減不申候様仕度由ニ而此度善兵衛存付貯置候金子拾両支配役所江差出年壱割之利足を以御貸附被成下右利分溜金にいたし置、以来矢中村潰百姓有之候之節は糺之上右利金を以跡株取立被　仰付候ハヽ」往々人別も相増此末手余等も出来不仕村方相続可仕旨申立、金拾両差出度旨相願寄特成存寄に御座候間此度別紙を以奉伺候

御代官所
上州群馬郡
中島村

村高弐百五拾三石余之内
一　泥入田畑高百三拾七石余
此反別拾六町八畝九ト
内」
畑八町四反六畝六ト
此起返し人足夫食代金弐百五拾両
是は同郡下滝村名主善兵衛ゟ無利足
拾ケ年賦ニ借渡為起返候積り
田畑七町六反弐畝三ト起返し并
古用水路三百四拾三間浚共
此御手当人足御扶持米百七拾八石余
是は起返し并古用水路浚為
御手当御物成米之内を以被下置候
外泥入畑反別壱町六反七畝拾五ト
是は先達而追々百姓手掘ニ而起返し候分」
右は去ル卯年浅間山焼之節田畑居屋敷まで火石泥入に相成其砌御救御普請被成下岩泥取除作付いたし御年貢上納可仕旨御請いたし候処、深泥火石交ニ而取除難相成上泥岩取捨跡麦作蒔付候得共焼泥ニ硫黄之気有之一向実法不申、御年貢弁納いたし候ゆへ及困窮他村小作等ニ而漸取続罷在候ゆへ可起返手段無御座候ニ付下滝村善兵衛江右起」返し之手段相尋候処、右村至而及困窮罷在候間自力ニ而起返候儀は迚も出来仕間敷一躰土地宜場所に付入用さへ相懸候ハヽ、起返し出来可仕候間得と勘弁可仕旨申之、其後起し返し入用夫食代金弐百五拾両才覚いたし無利足ニ而中島村江貸渡候得共右入用金ニ而は不残起し返し出

来不仕候ニ付、去亥六月伺之上御手当御扶持米百」七拾八石余御物成米之内を以被下置居村人別ニ而起し返し候積り、尤御手当米被下置起し返し候分は去亥より卯迄五ケ年之内是迄納来り候取下ケ永上納来ル辰年ゟ本免御年貢上納之積り、下滝村善兵衛方ゟ借用金を以起し返し候分并百姓手掘にて起し返し候分は借用金返済相済候迄去亥ゟ来ル申迄十ケ年」之内是迄之通取下ケ永上納、十壱ケ年目酉年ゟ一同本免御年貢上納之積りに付当秋検見序場所見分仕候処、御手当米被下候方ニ而起返し候分田畑反別壱町四反八畝六ト并古用水路浚三百四拾三間善兵衛方ゟ借用金ニ而起返し候分畑反別弐町壱反八畝拾三ト出来仕候」

右之通下滝村名主善兵衛儀是迄品々奇特成取計仕殊ニ中島村泥入田畑之儀は三四尺ゟ壱丈余押埋り中々難起返し場所ニ御座候処、夫食代金貸渡起返し為仕候故御手当米も被下置追々起返し出来仕候、且又矢中村荒地之儀も葭萱等生立容易に難起返し場所ニ御座候得共入百姓夫食其外共手当仕諸事差図いたし格別出精仕候ゆへ当子年迄ニ」不残起返し出来仕候間、善兵衛引請起返し候反別八町六反九畝五ト之分は来丑ゟ卯迄三ケ年之間諸作出来形に随ひ相応之冥加米上納可仕旨申之、其上矢中村潰百姓取立候手当金等も差出度旨相願往々村方相続仕候様心掛候段寔実意成心底至而奇特成ものニ御座候間可罷成儀ニ御座候ハヽ、右善兵衛江苗字帯刀　御免被　仰付候様仕度奉願候、依之」申上候　以上

子十一月

佐藤友五郎」

（朱書）
「同五丑年二月九日松平越中守殿江上ル」

大岡源右衛門御代官所
奥州田之網村百姓上金申立候儀ニ付相伺候書付

書面伺之通相心得且次郎左衛門儀は苗字之不被及御沙汰為御褒美銀七枚被下置候段被仰渡奉承知候

丑三月十二日

柳生主膳正
大林与兵衛

大岡源右衛門御代官所奥州楢葉郡田之網村百姓小児養育料并手余地起返し方為手当上金」之儀同人申立候趣左ニ申上候

一　金千両　　奥州楢葉郡田之網村　百姓　次郎左衛門

内金五百両

是は江之網浜津出御米買請被　仰付候ハヽ、来寅ゟ
　午迄壱ケ年ニ金百両宛五ケ年ニ割合上納仕候積り
右次郎左衛門儀親之代ゟ質素倹約相用相応之身元ニ而去ル卯年以来手余地出来歎ケ敷存書面」之金千両上金いたし御貸附ニ仕利金小児養育料并荒地起し返し助成ニ相成候様仕度、尤楢葉郡之儀は海辺山添ニ而作物実入不宜夫食に差支候節は私領米買請差支候もの江助貸致来り候得共、遠方諸失脚相掛り行届兼候間江之網浜津出し楢葉郡御米之内壱万石当丑より来ル戌迄拾ケ年季磐城郡上米平均直段に三」斗壱升増ニ仕壱ケ年ニ米千石宛買請被　仰付候之（ママ）ハヽ近村々江貸渡候様仕度由、併右買請難被　仰付儀ニ候ハヽ五ケ年ニ上金可仕五百両之分は上金不仕相対を以貸渡利金を以私領米買取候運送入用ニ仕度旨申立候処、楢葉郡之儀は別而荒地多ク人少ニ御座候ニ付追々申諭し出生も多く有之候得共養育料引足不申候間願之通上金并買請」米被仰付候ハヽ、右上金村々江貸渡し、利金之儀は先達而伺相済候小児養育料江差加江相渡八ヶ年目御下穀小前出穀相止候節は同郡養育料ニ永久備置候様仕度旨、且又右次郎左衛門儀去ル卯年凶作之節金弐百拾両助貸仕村々為取続候ニ付御褒美銀七枚被下置、其後右取立残り金五拾七両余上金仕其節も銀五枚被下置候処、此度書面之通申立奇特成」儀ニ御座候間相応之御褒美被下置候様仕度旨源右衛門相伺申候、依之評議仕候処奥州筋村々之儀は一躰人少ニ而手余荒地も多分有之出生之小児養育をも申諭し候得共兎角夭殺之仕癖相止兼候趣に付、先達而ゟ御下穀等も被成下小児養育難相成もの江は御手当被下置候程之義ニ付願之通千両上金被仰付候方ニも可有御座候得共右之内五百両は」五ケ年に割合上金仕楢葉郡御米之内壱万石十ケ年ニ割合壱ケ年米千石宛買受度旨申立候ニ付御廻米高相糺候処、年々不同は有之候得共凡五六百石程ゟ千石程迄之割賦高に有之候間十ケ年に壱万石買請米被　仰付候而は年柄ニより千石より不足之分は年送に買請候様相成、年限も相増右買請米相済候迄は」同郡御廻米皆止に相成候儀ニも有之、其上御廻米高相減候儀は不好筋ニも御座候間買受米は不被　仰付金五百両之分は願之通上ケ金申付同人支配所江年壱割之利足を以貸渡し、右利金之分は先達而伺相済候同国小児養育料ニ差加渡方にいたし八ヶ年目御下穀小前出穀相止候節ゟは楢葉郡小児養育料ニ備置候」積り源右衛門伺之通被　仰付、尤同郡之儀は追々申諭し出生も多分有之候得共養育料引足り兼候由も申立候間相糺候処、同国菊多田村楢葉三郡四十弐ヶ

村之内養育難成もの江去ル戌年以来手当被下候間、右以前ニ目競（ママ）候而は壱ケ年出生高百七十人程相増候趣ニも御座候間先達而関東奥州筋小児為養育料越後国村方ゟ上金」之分当時御貸附にいたし有之候間、不足之節は右利金之内ゟ相渡候ハヽ、別而養育方も行届弥出生人も相増可申候間、右之趣ニも被仰付可然奉存候、且又次郎左衛門儀去ル卯年助貸仕其後貸附残り上金ニ仕候節とも前書之通両度御褒美も被下置候処、猶又此度上金仕小児養育難成もの江手当ニ仕、手余地起し返し方も捗取候様仕度段」申立寄特成儀ニ有之、身元之儀も一通り相糺候処同郡之内ニ而は長百姓ニ而相応に人数も拘（抱）置漁船等も所持仕作間ニは漁猟稼も仕慥成もの之由ニも御座候間、此度上金仕申立候趣奇特成故を以為御褒美苗字相名乗候様被　仰付候方ニも可有御座哉奉存候、依之奉伺候　以上

丑二月」

（朱書）「同五丑年四月廿二日松平越中守殿江上ル」

蓑笠之助当分御預り所
武州葛飾郡年寄万平上ケ金之儀ニ付相伺候書付

書面伺之通可仕旨被仰渡奉承知候

丑五月十四日

柳生主膳正
久世丹後守
大林与兵衛
佐久間甚八
大久保内膳

蓑笠之助当分御預り所武州葛飾郡二郷半領」皿沼村年寄万平同郡五十六ヶ村江急難為手当上金之儀ニ付笠之助申聞候趣取調左ニ申上候

一　金弐百両　　上ケ金

此利金弐拾両

是は年割之利金を以身元宜キ者江貸附右利金ニ而籾雑穀買入囲置急難之節割渡候積り

右笠之助当分御預り所武州葛飾郡二郷半領」五十六ヶ村之儀江戸川中川附村々ニ而出水之度々堤切入急難之村柄ニ有之候処、二郷半領之内年寄万平と申者穀物商売致し身元も相応之者に有之去ル卯年前沢藤十郎御代官所之節水難之砌所持之金弐百両無利足ニ而五ヶ年賦取立相返し候積りを以夫食代として同人役所江差出困窮村々江貸渡候処、猶又去ル午年去々亥年」も水難之砌困窮之者江も見および次第穀物金銭等少々宛度々差出相施候旨、右之通寄特之取計仕候もの之儀ニも御座候間此上右村々手当等之一助ニも可相成

仕法之儀笠之助申含候処、近村手当ニも相成候ハヽ、冥加之ため此度金弐百両上ケ金致し右金子之儀は笠之助役所におゐて身元宜敷者江年一割之利足を以貸附右利金ニ而」年々雑穀買入囲置水難之手当ニ仕度由万平申之候段笠之助相伺申候、依之評議仕候処一躰右村々之儀は打続度々之水災ニ而困窮村々ニも有之此上急難為手当金子可差出段申立候趣寄特之儀ニも御座候間、此度弐百両上ケ金申付伺之通取計候様笠之助江可申渡と奉存候、勿論右万平寄特之儀申立殊去ル卯年も寄特之取計仕候」もの之儀ニ付銀三枚御褒美被下置候方ニも可有御座やと奉存候、依之奉伺候　以上

丑四月」

（朱書）
「同五丑年四月十七日松平越中守殿江上ル、同廿七日左之通御口上御添柳生主膳正江御渡誉置計ニ而は軽キ者共弁も薄く可有之哉ニ付、軽くも褒美遣候方可然旨御沙汰に付猶取調可申旨被仰聞候ニ付別紙取調同五月廿七日御同人江上ル」

河尻甚五郎御代官所
信州高井郡村々寄特者之儀ニ付相伺候書付

書面六人之者江は銀五枚宛被下
其余三拾七人之者江は別紙申上候
通鳥目五拾貫文被下置候旨被仰渡

奉承知候

丑六月四日

柳生主膳正
久世丹後守
佐橋長門守
佐久間甚八
大久保内膳」

河尻甚五郎御代官所信州高井郡村々百姓四拾三人貯夫食之儀ニ付寄特之儀申立候趣甚五郎申聞候間取調左ニ申上候

信州高井郡中野村

一　籾百五拾俵
稗弐百俵

名主　傳右衛門
組頭　彦兵衛
同　林右衛門
百姓代　市右衛門」

但去子年ゟ五ケ年割合出穀仕候積り

一　籾百俵
稗百俵

同国同郡江部村
百姓　庄左衛門

但去子壱ヶ年ニ不残出穀仕候

一　籾三拾俵
稗七拾俵

同国同郡栗林村
百姓　武右衛門

但右同断」

右は天明八申年一統被　仰付候貯夫食を以度々之危難相凌候ニ付小前百姓ニ至迄一同難有奉存、小前出穀之儀年々出来方ニ随ひ穀高割合貯来り候得共極ク困窮之者に至り候而は豊凶之無差別後年之備に難手届おのつから貯高進み不申、往々等閑に相成候様ニ罷成候而は被仰出候御趣意も不行届儀ニ付以来困窮之者を相除右」為代書面之通出穀仕度段六人之者共申立候次第寄特之筋に有之、右ニ随ひ信州村々過半出穀仕候儀は誠右之者共手始故之儀と奉存候間、聊たり共御褒美被下置候様仕度旨甚五郎申聞候

一　籾拾六石五斗
　　但五ケ年ニ割合出穀仕候積り」
　　　　信州高井郡中村
　　　　　惣左衛門

一　籾八石弐斗五升
　　但右同断
　　　　同国同郡小見村
　　　　　木嶋太右衛門

一　籾拾五石
　　稗三拾石
　　但右同断
　　　　同国同郡壁田村
　　　　　沖右衛門
　　　　　十　郎　次
　　　　　惣左衛門
　　　　　九右衛門

一　籾拾壱石
　　稗弐拾弐石
　　但右同断
　　　　同国同郡田麦村」
　　　　　利右衛門
　　　　　又　兵　衛
　　　　　又左衛門
　　　　　勝右衛門
　　　　　藤右衛門

一　籾九石
　　稗拾八石
　　但右同断
　　　　同国同郡七瀬村
　　　　　角右衛門
　　　　　与　　七
　　　　　清　　七
　　　　　喜左衛門」

一　籾五石
　　稗拾石
　　但右同断
　　　　同国同郡　厚貝村
　　　　　安右衛門
　　　　　五郎右衛門
　　　　　和　四　郎

一　籾弐石七斗五升
　　稗三石八斗五升
　　但右同断
　　　　同国同郡　和栗村
　　　　　甚　之　丞

一　籾弐拾三石五斗
　　稗弐拾七石五斗
　　但右同断
　　　　同国同郡」犬飼村
　　　　　三左衛門
　　　　　傳右衛門
　　　　　清　兵　衛
　　　　　次郎右衛門
　　　　　幸　右　衛　門

次郎兵衛
八右衛門
三郎右衛門
佐五兵衛

同国同郡新野村
五郎右衛門
孫左衛門
佐右衛門」

一　籾弐拾石
稗三拾石
但右同断

同国同郡松川村
元右衛門
平右衛門
和　吉

一　籾拾四石五斗
稗弐拾五石五斗
但右同断

同国同郡間山村
与惣右衛門
嘉右衛門
仙　助」

一　籾五拾五石
稗四拾四石
但右同断

右之者共儀も前書之振合を以追々書面之通出穀之儀申立候間此後差続出穀仕度旨申立候分ハ承り届申付候様仕度段甚五郎申聞候

右之通甚五郎申聞候ニ付評議仕候処、何れも出穀之儀申立候段寄特之筋ニも有之、右之内前書六人之者共儀は兼而被仰出候御趣意厚く相守困窮之者共を厭ひ出穀之儀申立候故を以引続追々書面之通出穀可」仕者も相増候儀、全く六人之者共儀は出穀之手始申立別而寄特之筋にも相聞候ニ付為御褒美銀五枚被下置引続申立候者儀も寄特之筋ニは御座候得共六人之者とも訳違候儀ニ付誉置セ、此後差続追々一通り之申立を以出穀可仕段相願候者も御座候ハヽ、承届其度々是又為褒置候様可仕奉存候、依之奉伺候　以上

丑四月」

（朱書）「同五丑年五月廿七日松平越中守殿江上ル」

河尻甚五郎御代官所
信州高井郡村々寄特之儀ニ付再応評議仕候趣
申上候書付

書面伺之通被仰渡奉承知候

丑六月四日

柳生主膳正
久世丹後守
佐橋長門守
佐久間甚八
大久保内膳

河尻甚五郎御代官所信州高井郡村々百姓」四拾三人之者共貯夫食之儀ニ付出穀申立寄特之儀ニ付、最初申出候六人之者共江は御褒美被下置引続出穀申立候者共儀は誉置候積りを以相伺候間其通御伺有之候処、最初出穀仕候者江は御褒

美之儀は　思召も不被為　在候得共誉置之方右之通誉置候
計ニ而は軽キ者共弁も薄く可有御座ニ付壱人別ニ無之候共
何人江何程共申様」に軽くも御褒美被下候方可然旨　御沙
汰ニ付猶取調可申上旨被仰渡誠以難有候儀ニ奉存候、依之
猶又評議仕候処六人之者共は最初出穀手始ニ付御褒美被下
置其余三拾七人之者共ハ最初出穀申立候もの共とも訳違ひ
追々右躰出穀申出候ものも可有之事ニ付誉置候方ニも可有
御座哉と別紙之通申上候儀ニ御座候得共」　御沙汰之通軽
き者共之事故誉置迄ニ而は弁も薄く少分ニ而も御褒美被下
置候得は格別難有可奉存、殊ニ今般　御沙汰之趣御代官江
為申聞候ハヽ、定而程能く教諭可仕儀、左候ハヽ自然と御趣
意相届銘々居村江持返配分等仕難有可奉存候間相当之例は
相見不申候得共孰レ寄特之儀ニ御座候間、右三十」七人江
鳥目五拾貫文被下置候方ニも可有御座哉ニ奉存候、依之御
渡被成候書付返上仕此段申上候　以上

丑五月」

（朱書）「同五丑年九月廿二日松平伊豆守殿江上ル」

日光道中
粕壁宿喜蔵外壱人御褒美之儀ニ付相伺候書付

書面喜蔵又兵衛江為御褒美銀拾枚宛被下置両人共其
身一代帯刀　御免、苗字之儀は喜蔵ハ子孫迄又兵衛
ハ孫之代迄相名乗候様可申渡旨被仰渡奉承知候

丑十一月十五日　柳生主膳正
根岸肥前守
佐橋長門守

小出大助支配所
日光道中粕壁宿」
名主安左衛門父　差配人　喜　蔵

同人支配所古河宿助郷之内
下総国結城郡恩名村
名主　又兵衛

右之内喜蔵儀は数年寄特之取計有之村方之為に相成諸事実
意に世話いたし候故当夏之水難も相遁候段小前百姓共連印
之書付を以大助方江」申立、又兵衛儀は先達而被仰渡候小
児養育等之儀心を用ひ入百姓等之儀も実意に世話いたし候
間相応之御褒美被下置候様仕度旨大助申聞候、依之相糺候
処日光道中困窮之宿場并助郷村方を大助江支配被　仰付候
は困窮立直し宿助郷相続も仕候様之御趣意ニも御座候処、
右躰宿方村方之儀心を用ひ実意に出精いたし候もの多く無
之候而は早」速ニは立直り兼可申、且入百姓之儀は他国よ

り罷越候者ニ付其土地馴不申土地之ものより仕向悪く候而
は永々居附不申風儀悪敷候を嫌ひ候は人情之儀故永住いた
し兼候道理も有之候哉、右又兵衛同様実意に入百姓を労り
セ話いたし候もの相増候得は荒地手余り地等は自ら相減し
候筋に御座候間以来外宿々村々之励之見合ニも相成可申間、
苗字帯刀」　御免銀拾枚宛被下置苗字は子孫迄名乗候様可
被　仰付哉、大助差出候書付相添此段奉伺候　以上

丑九月」

日光道中粕壁宿喜蔵古河宿助郷下総国結城郡
恩名村又兵衛御褒美奉願候書付　小出大助

日光道中粕壁宿
名主安左衛門父　差配人　喜蔵

右之者儀天明三卯年浅間山焼砂降田畑皆損毛致し小前一
統及飢渇夫食拝借相願高持百姓之」分は拝借仕候得共在
村方とは違ひ宿場之儀に付水呑其外店借り等之もの多分
有之及飢候処、自分之米穀差出粥を為焚日々飢人を相救
候上麦作取入候迄長き儀ニ候処宿内身元宜キもの共を相
勧メ分限ニ応し雑穀等為差出夫食あたへ候ニ付水呑店借
り之もの共迄一統相助り飢人一切無之、同六午年七月大
雨出水ニ而及飢急夫食等拝借致し候得共難行届」同年之
儀は累外之飢饉ゆへ大勢徒党致し既に可及騒動処、同人
儀差配いたし宿役人等江防方申付一同取鎮メ置、穀屋共
江理解申聞穀物を取集メ会所を相建相場引下ケ為買請候
得共裏々店借等之もの共は取続兼候ニ付、又候喜蔵自身
貯置候米穀差出粥を焚出し相改身元宜キ者共ゟ雑穀為差
出麦作出来候迄飢為凌凡人数三百人余餓死を遁候儀」全
く同人寄特之取計ニ而一統相助候趣、其砌伊奈右近役所
江書面を以小前一統ゟ申立置候由、去々亥年出水之節も
同人差配いたし宿役人不残罷出風雨も不相厭昼夜百姓共
呼集メ字新宿堀土井堀両悪水堀より押入候所々切口凡惣
間数延長四百五拾間築留候故粕壁耕地は不及申水外下凡
弐三万石も相助候儀にて一統相悦、同宿村囲古土手敷江
上置仕候得共水難遁候」儀歴然ニ付同年十二月ニ至り右
土手敷江上置仕候積人足扶持之儀は喜蔵差出自普請ニ上
置出来いたし候処、今般出水ニ付右上置仕候土手を土台
に致し明俵等を持寄土俵仕立小前一同昼夜相防候ニ付、
漸々築留中島村切所ゟ押入候大水を相防危水難を遁定免
通上納致候様に相成候は全く喜蔵頭取ニ而実意に世話致

し差働候故一統相助候儀ニ付此段申立候旨、小」前高持百姓百九拾三人連印書付を以申立候ニ付相糺候処、実意に世話致し候儀相違無御座是迄凶年之度々難取続もの江無利足ニ而金子も貸遣し末々之もの共江も合力も仕候趣も有之、其外右宿助郷村々の内出入立候儀承り候得は早速罷出双方江異見差加江為相済江戸表江願出公事合ニ相成候分も永く逗留も仕候得は雑用村入用等多相懸り候を」厭ひ実意ニ取扱いたし候故、助郷村々迄一統帰服致し居候故同人立入候得は早速相片付江戸表永々逗留も不為仕、其上野州都賀郡乙女村手余り地為起返幸手宿取締役文左衛門一同引受世話仕、入百姓六拾弐人為引移差はまり世話仕候故追々荒地起返候儀ニ付右之趣ニ而は入百姓永続も仕村柄立直可申儀と奉存候」

日光道中古河宿助郷
下総国結城郡恩名村
名主　又兵衛

右之もの儀村内并近村小児養育方之儀伺之上申付去々亥年金五拾両拝借いたし年壱割利付ニ而貸附、右利金之内五ト（分以下同）は年々拝借元金之内江返納致し残五ト之

分は村内又は隣村御料所村々之内」貧窮に迫り、出生之小児養育仕候もの〆次男次女ゟ壱ヶ年壱人ニ付金壱分ツヽ相渡候積りにて引受申渡候ニ付、去子年より小児致出生候もの江其度々金壱分宛差遣候砌自分入用を以小児之産衣を拵相渡遣し其外にも当日をも凌兼候もの夫食等も差遣候程ニ仕至而実意に取扱候儀御座候、且右村手余地之分ハ為起返越後国蒲原郡村々より引越百姓被　仰付去」子夏中人数三拾四人為引越候処越後之国風とは諸作蒔附肥等之仕方種を蒔付候にも多少有之肥之儀も厚薄有之、耕候も浅深之次第有之儀ニ而其土地に不応候而は実法無甲斐虫付等ニも相成地味之様子得と手ニ入候様不致候而は無詮儀之旨申之、耕作之儀自分頭取村方小前百姓共江申聞、入百姓之蒔仕付之手伝為致自分も朝暮場所江」罷越耕方能々申教候得共不地馴内は立毛無覚束候ニ付夫食乏く候而は退屈も仕、若村方立退候様成儀も出来候而は恐入候儀ニ付夫食貯有之候様ニいたし度旨申之、又兵衛頭取村内小前之百姓共迄申勧麦雑穀綿藁縄等之類合力いたし為取続又は入百姓之内病気等之もの有之候得は即刻罷越先ツ薬をも差遣、其上ニ而医師に懸ケ深切に世話仕候間」隣村上山川村江も同時に入百姓被　仰付右

村役人セ話仕候得共、是又取扱方之儀は右又兵衛江申付置同村役人と申談為取計候儀ニ而村内惣百姓共能服シ罷在候故是迄右村方ゟ少しも出入ケ間敷儀願出候儀無御座、右は全く実意を以深切之取計仕候ゆへ之儀と奉存候

右両人之者共儀前書之通実意に差はまり格」別出精世話仕候間一躰村方取締も宜寄特なるもの共ニ付、入百姓之儀も永続仕荒地も起返村柄立直り可申と奉存候間可相成御儀ニ御座候ハヽ、此上励之為ニも御座候間、右両人之者共江相応之御褒美被下候様仕度奉存候、左候得は一躰支配所内村々響にも相成可申と奉存候間此段奉願候　以上

丑八月　　　　　　　　　　　　　　　小出大助」

（朱書）
「同五丑年十一月廿一日松平伊豆守殿江上ル」

備中国後月郡寄特者之儀ニ付相伺候書付

書面伺之通可仕旨被仰渡奉承知候

丑十二月廿三日

柳生主膳正
久世丹後守
佐橋長門守
大久保内膳
肥田十郎兵衛

早川八郎左衛門当分御預り所」
備中国後月郡東三原村
庄屋　芳　助

右早川八郎左衛門当分御預り所東三原村之儀は高四百石余人別六拾人余有之至而困窮村ニ而手余地荒地高多分有之既年季引等も被　仰付候程之村柄ニ而御年貢納方ニも年々差支候処、右芳助儀持高は七拾石程ならてハ所持不致候得共一躰実意」寄特之者ニ而八ケ年以前川崎平右衛門支配之節凶作ニ而御年貢納方必至と差支格別之訳を以年賦納被　仰付候砌、壱ケ年村入用銀之分立替小前ゟは五ヶ年賦ニ取立困窮百姓痛に不相成様取計、其外右躰之村方故年々御年貢期月通り納兼厳敷取立候而は可及潰躰之者共は自分取替触日限通り皆済いたし寄特之取計」致し来候得共、去々亥年ゟ米穀至而高直ニ而其上去子年は何ケ年ニも無之大風旱損ニ而右躰困窮村方故必至と立行不申離散潰百姓出来致し可申躰ニ而飢ニおよひ候間貯夫食等は割渡候得共中々以行届不申候ゆへ、其節より当春迄麦七拾八石余芳助差出飢を為凌可成に相続為仕候ニ付格別助ニ相成候旨一村不残連印書付を以申立候段」全く芳助取計寄特成者ニ付相応之御褒美被下候様仕度旨八郎左衛門申聞候、依之勘弁仕候処庄屋役相勤候ものとは申なから御年貢納方等格別に出精いたし右

躰困窮百姓共を厭ひ候趣一統帰伏いたし、申立候儀ニも有
之旁々寄特成ものニも御座候間御褒美銀五枚被下置候方ニ
も可有御座哉と奉存候、依之此段奉伺候　以上」

丑八月」

(朱書)「同五丑年十二月廿六日松平伊豆守殿江上ル」

菅谷弥五郎元御代官所
石見国村々百姓奇特者之儀ニ付相伺候書付

書面伺之通取計為御褒美志学村吉右衛門
亀左衛門江銀五枚大田南村和惣太江弐枚大国
村周五郎江銀三枚被下置候旨被仰渡奉承知候

巳十月十七日

柳生主膳正
中川飛騨守
石川左近将監
大久保内膳
肥田十郎兵衛
小笠原三九郎

菅谷弥五郎元代官所石見国安濃郡迩摩郡」三ヶ村頭百
姓共寄特之儀ニ付弥五郎取調申立候趣左ニ申上候

石見国安濃郡志学村
頭百姓　吉右衛門

一　銀弐拾貫目

吉右衛門弟　亀左衛門

(朱書)「金二〆三百三拾三両余」

右両人之者共儀天明七未年石州村々凶作ニ而夫食差支之
砌書面之銀弐拾貫目差出、右は親代より」作徳米之内等
数年心掛貯置候銀子ニ付差上限ニ仕度旨申立候ニ付極難
村々江年五分之利足ニ貸附候処年季明ケに付、猶又両人
之者存寄相尋候得共右は差上限之願を以差出候儀ニ付孰
とも支配役所之取計ニ任セ候旨申立候ニ付、猶又唯今迄
之通利倍いたし貸附候様可仕哉之段弥五郎申聞候」

同国安濃郡大田南村
頭百姓　和惣太

一　銀三貫目
(朱書)「金二〆五拾両」

右は極難之者救ニも致度存寄を以作徳并商売利潤之内少
々宛銀子除置候処、去卯辰年石州村々凶作ニ而夫食差支
之砌米拾五石余銭七貫文居村并近郷拾五ヶ村極難之者江
相渡、猶又去ル午年」も同様凶作之節無利足ニ而銀八貫
目支配役所江差出困窮村々江貸附為取続、其上書面之銀
三貫目は以来凶年之備ニも差加度旨申立差上限に相願候
ニ付村々江年五分之利足ニ貸附利倍致し候処去子年迄ニ

而年季明ケに付、猶又和惣太存寄相糺候処少々之銀子ニは候得共先達而差上限之願を以差出候ニ付何レ共支配役所之取計ニ任セ度旨申立」候之間是又唯今迄之通り貸附方取計可申哉之段弥五郎申聞候

同国迩摩郡大国村
頭百姓　周五郎

一　銀拾貫目
（朱書）「金二〆百六拾六両余」

右は先代々ゟ少々宛貯来候銀子当時拾貫目所持致し候ニ付右銀子差出水旱損等之年柄飢難之」もの江相渡手当之一助ニも致度存念ニ而貯来候へ共、万一子孫ニ至り猥りに遣捨候而は先代々ゟ之存念も無に相成歎ヶ敷奉存候ニ付少々ニ而は候得共飢難之節御救之備に差加候様ニ仕度、勿論貸附利倍等之願は毛頭無之如何様共支配役所之取計ニ任セ候へハ安心致し候旨申立候間、右拾貫目年五分之利足にて村々江貸附年々利銀取立周五郎江相渡穀」物買入置一統之貯穀同様に致し置候様取計可申哉之段弥五郎申聞候

右孰レも寄特之取計仕候者之儀ニ付外々励之ためにも御座候間夫々相応之御褒美被下置候様仕度段弥五郎申聞候ニ付評議仕候処、いつれも先代々ゟ少々宛貯来候心掛之程も不失後年之処深く存附右銀子差出取計方之儀は何れ共支配役所之取計ニ任候段」申立候上は夫々弥五郎取調相伺候趣を以取計可然奉存候ニ付、主法之儀は弥五郎伺之通被仰渡且右四人とも寄特之取計仕候者之儀ニも御座候間夫々銀高に応し志学村吉右衛門亀左衛門江銀五枚大田南村和惣太銀弐枚大国村周五郎江銀三枚御褒美被下候方ニも可有御座哉ニ奉存候、依之奉伺候　以上

丑十二月」

（朱書）「同五丑年十二月八日安藤対馬守殿江上ル」

土山宿孝行者之儀ニ付相伺候書付

書面伺之通可申渡旨被仰渡奉承知候

丑十二月廿九日

桑原伊豫守
根岸肥前守

多羅尾四郎右衛門御代官所
東海道土山宿
百姓三五郎娘　さ　よ」

右さよ儀父江孝行尽し候段御代官多羅尾四郎右衛門糺之上別紙之通書付差出御褒美被下候様仕度段申立候ニ付相糺取調罷在候内右さよ父三五郎儀病気差重り養生不相叶病死仕候段四郎右衛門相届候、然処右三五郎存生之内さよ孝行尽し候段無相違相聞候間為御褒美銀七枚被下置候方ニも可有御座哉、依之四郎右衛門差出候書付写相添此段奉伺候　以上」

丑十二月」

江州甲賀郡土山宿百姓三五郎娘孝子伺

多羅尾四郎右衛門

覚

一　孝子　　東海道土山宿

百姓三五郎娘　さ　よ　当丑三十四歳

右は私御代官所東海道江州甲賀郡土山宿百姓」三五郎儀高壱石壱斗余所持仕当丑六拾八歳ニ罷成至而困窮ものニ而子供五人有之内姉娘さよ当丑三十四歳妹婦よ当丑三十歳同ひち当丑二十七歳弟勘吉当丑二十弐歳同音吉当丑十八歳ニ相成右子供追々年季奉公に差出漸渡世仕候処、三五郎儀十三ケ年以前丑年五月ゟ中風煩付身躰一向不叶同人妻も九ケ年以前流行之疫病ニ而相果三五郎介抱仕候者」無之、其節姉娘さよ儀江州甲賀郡水口宿すみ屋勘兵衛方年季奉公相勤罷在三五郎難渋之趣申立暇申請罷戻り候処、末子音吉儀生得病身ものニ付親弟両人を引請さよ手稼を以親子三人渡世仕候儀不容易、昼夜相働手稼日雇等ニ而相育ミ三五郎病気介抱無怠慢其上弟音吉を憐ミ我子同前に相育ミ身持不行跡之儀聊無之実意ニ孝心」之旨宿役人共注進申出候ニ付手代差遣相糺候処、三五郎は中症ニ而言舌不最通候ニ付相尋候趣夫々答も不仕、娘さよ一通り相尋其上宿役人并隣家組合之者呼出しさよ儀親三五郎介抱致方并行跡相尋候処前段訴出候通相違無御座、右さよ儀年季中無滞相勤親病気ニ付難渋之趣申立暇申請罷戻り候処、弟音吉儀其節十歳ニ罷成」幼年より病身ニ而親手前に罷在一向用立不申右之両人を引請家内三人暮ニ候処、株式と申は漸高壱石壱斗余所持仕候而已にて外に助力無之寔当日送り兼候処、さよ手壱ツにて渡世仕候儀に付平日麁食を給暑寒之無差別毎夜八ツ時迄無懈怠夜仕事仕木綿麻苧うミつむき又は洗濯物之賃仕事ニ而親弟相育ミ、殊ニ三五郎」儀年来中風ニ而惣身一向不働寝起湯行水両便等迄さよ壱人之介抱ニ候処、さよ儀生得律儀ニ而女業手早く候に付所々ゟ日雇申参候而も手遠き所江は相断近所江日雇に参り候得共人並に勝れ相働暫時休息之間ニは親之諸用調に罷帰り被雇候先又は宿内祝儀仏事振舞等に罷越候共暫も唯おり不申手伝等仕、自身は飯汁之外一切給不申」野菜之分は持帰り親江為給余りは弟音吉江給させ、三五郎儀長病ゆへ折節は無理我侭申候而も言葉を返し候儀聊も無之責而は母存命ニ候ハヽ、病苦を相養ひ候儀可有之旨ニと落涙仕候様子、親三五郎病気平愈之為居村鎮守江は日参其外諸神江参詣仕候もの有之候得は貧窮之中より初穂洗米相頼遣、且又さよ儀醜婦と申にも無之候処奉公相勤候内」并に宿江帰り候而も身持正敷不行跡之風聞曽而無之唯親之病気介抱而已ニ身命を投打相稼候ニ付隣家之もの見兼候而聟養子ニ而も入候様申勧候処、さよ申候は暮方之ためニは可相成候得共親之介抱麁末に相成候半と申病身なからも親有之事ニつき親存生之内聟養子等入候存念無之旨申之、且また妹両人は親之安心其身之治ニも相成候とて」さよ申勧メ縁付弟勘吉儀水口宿紙屋治兵衛方江奉公に差遣今以相勤候処、右両人之妹ともも不仕合弟勘吉儀も年季奉公中之事故当時さよ助力に相成申者も無御座候、然ル処三五郎居家屋根破損雨漏候様に御座候処葺替等之節抔も近所より藁縄竹持寄中食等持参葺替遣し候様子平生さよ実儀相顕孝心艱難感入候、寔寄特千万成儀」不羨もの無之孝子に相違無之旨宿役人并隣家組合之者一同申之候ニ付、さよ年季奉公相勤居候元主人炭屋勘兵衛呼出しさよ年季中勤方并其後之行跡相尋候処、弐拾五ケ年以前丑年十歳にて中拾三ケ年召仕候極を以年季奉公に召抱候処実躰に相勤年季明ケに相成礼奉公として暫相勤可申旨申之ニ付召仕候処、母病死仕無拠暇差出し候処永々」親之養育料聊無麁略孝心者之由専風聞仕候ニ付、土山宿江罷出候節は尋遣し得と見請候処相違無之驚入候孝心に御座候旨右勘兵衛申之、尚又隣村呼出しさよ行跡相尋候処何レも同様孝子ニ相違無之旨申之書付差出申候

右之通吟味仕候処三五郎儀子供多く御座候得共助力ニ相成候もの無御座長々之病気養育全以さよ」壱人之精力ニ而弟まで扶助仕候儀女之身分ニ而別而寄特之至奉存候間相応之御褒美被下置候様仕度奉存候、左候ハヽ近郷村迄も及見分勧善之基ニも可相成哉と奉存候、依之右相糺候趣書付相添奉伺候　以上

寛政五午年九月

多羅尾四郎右衛門」

（表紙）　（157—401・90—3）

總記　二

続編孝義録料　二

（朱書）
「・上野・備後・武蔵・陸奥・相模・下総・信濃
・三河・下野・肥後・丹波・美作・美濃・伊勢
・越後・隠岐・備中・丹後　」

寛政六寅ゟ
同十午年迄
御代官所御預所
孝行奇特者行状書

（朱書）
「二」

御勘定奉行

（朱書）
「寛政六寅年正月廿六日松平伊豆守殿江上ル」

蓑笠之助御代官所
上州尾島村名主村相続出金之儀ニ付相伺候書付
書面伺之通出金可申付旨、尤又市江為御褒美銀三枚被下置候段被仰渡奉承知候
寅二月二日

久世丹後守
佐橋長門守
村垣左太夫
大久保内膳
肥田十郎兵衛
蓑笠之助御代官所上州尾島村名主又市村方」相続出金之儀願出候段笠之助申立候ニ付評議仕候趣左ニ申上候

一金弐百両　上州新田郡尾島村名主　又　市

右又市儀親源右衛門ゟ引続名主役相勤出作共高弐百八拾石余所持穀物売買等もいたし身元宜ものニ御座候処、尾島村之儀は高百八拾五石余之小村」にて例幣使道木崎宿江定助郷相勤其外所々之脇往還人馬継并自普請所等村入用多く候得共在町にて市立之場所ゆへ高不相応之家数人別相続いたし来候処、去ル卯年浅間山焼砂降り以来一統困窮ゆへにも候哉、段々市立薄く相成商無之追々潰百姓出来いたし候得共、右又市儀は先年ゟ身元相応に相続いたし候間、為冥加」極難之百姓相救度

心願ニ而年来作徳又は商利分之内除置候処、前書之通困窮落入候ニ付此節村方相続手当として金弐百両笠之助役所江納切にいたし他村貸附之上相当之利金年々村内極困窮之者共江割渡、此上潰百姓出来不致様仕度旨相願候ニ付村内之ものども相糺候処、右之趣相違無之、既に去ル卯年凶作其」後水難火災等之節にも村内難儀之者共江都合金百両におよひ相施候儀も有之、一躰実儀成ものにて村方一統帰服いたし罷在候段申之奇特成心底之ものに御座候間願之通出金貸附被　仰付哉之段笠之助申立候、依之評議仕候処右金為差出御代官ニ而相応之利金を以他村江貸附、年々利金取立之極難之者ども江相渡し為取続、農」業其外稼方等出精為仕候ハヽ追々困窮も立直り村方相続可致儀ニ付伺之通出金申付、且右又市儀身元も宜村役相勤候者とは申なから右躰村内困窮を存し出金等相願候は奇特之儀ニ而外々村役人共響ニも可罷成儀ニ御座候間、為御褒美銀三枚も被下置候方ニ可有御座哉と奉存候、依之奉伺候　以上

寅正月」

（朱書）「同六寅年四月廿四日松平伊豆守殿江上ル」

菅谷弥五郎元御代官所
備後国安郡郡東中条村百姓太次郎御褒美之儀相伺候書付

書面伺之通御褒美可被下置旨被仰渡奉承知候
寅四月廿七日

柳生主膳正
久世丹後守
佐橋長門守
佐久間甚八
大久保内膳
肥田十郎兵衛
御勘定方

菅谷弥五郎元御代官所備後国安郡郡東中条」村頭百姓太次郎儀奇特之取計等いたし、去丑年右村御年貢納方捗取候由ニ而御褒美之儀弥五郎申立候ニ付取調候趣左ニ申上候

菅谷弥五郎元御代官所
備後国安郡郡東中条村
頭百姓　太次郎

右は同村庄屋三郎次儀村入用諸勘定数年差滞居候処去々了年右村方御年貢不納取立ニ付」小前及困窮候由を以村方騒

立候基ニも可相成趣に有之、去丑三月ゟ右吟味ニ取掛り三郎次儀永々陣屋元江呼出置相庄屋仲右衛門儀は病気ニ罷在一躰騒立後之義ニ有之候間取締等可申付もの人柄相糺候処、右太次郎儀高持頭百姓ニ而実躰成者に有之、兼而村内気請宜趣に相聞候間、三郎次吟味相済候迄諸事引請取締等心付ヶ」可申付旨弥五郎より申渡候処、去丑御年貢自身之分は初納皆済仕、小前収納もの取散不申様世話いたし困窮之者江は夫々手当いたし遣、去丑御年貢年内皆済仕候旨右村方之儀是まて年々納方不捗取、度々手代足軽差遣せり立、漸翌年三月頃迄に皆済致し来候処、去丑年之儀ハ何ヶ年ニも無之年内皆済いたし候段、全ク太次郎」取計宜故之儀ニ而外村役人共励之為ニも可相成儀に付、相応之御褒詞被成下候様仕度段弥五郎申立候、依之取調太次郎取計之趣奇特之筋にも御座候間、御褒美之類例をも相糺候処、去ル酉年早川八郎左衛門御代官所備中国川上郡中野村之内本郷組庄屋年寄百姓代村方取締并御年貢上納方出精仕候為御褒美翌戌年右之者共江銀」壱枚宛被下置候儀も御座候得共、右は一躰村役相勤罷在候身分之者共ニ有之書面太次郎儀は高持頭百姓と申迄ニ而常々村方取扱之儀には不携ものニ御座候処、御代官申渡候趣を大切ニ相心得、其身御年貢納方は勿論小前困窮之もの共江は夫々手当等をもいたし遣候而、御年貢年内皆済仕候様取計候段格別之儀ニも御座候間」為御褒美銀三枚被下置候方ニも可有御座候哉、依之奉伺候　以上

寅四月」

柳生主膳正
久世丹後守
根岸肥前守
佐橋長門守

「（朱書）同六寅年五月七日松平伊豆守殿江上ル」

小出大助申聞候
幸手宿文左衛門儀ニ付申上候書付

書面伺之通可申渡旨
被仰渡奉承知候
寅九月廿六日

御勘定組頭

小出大助支配所　日光道中幸手宿
名主問屋　文左衛門」

右文左衛門儀去ル未年宿々当分取締役申付夫々取扱方申渡候処、実躰ニ而宿内は勿論小前百姓共まて厚く世話いたし候ものニ付、大助儀日光道中宿方并助郷村々永続等之節を以支配所被　仰付候に付、猶又取計方申合別而相励宿村とも実意を以世話いたし、荒地起返其外川除御普請所并ニ困

窮之もの共跡々手当行届候様取集金等迄」心掛格別出精骨
折相勤候ものに御座候間、去々子年申上御褒美銀も被下置
候、然ル処其以来弥相励荒地起返等も多分出来、其外実意
に差はまり宿方ためニも相成候段無相違右宿小前之者四拾
弐人ゟ連印を以同人寄特之取計之趣申立候由、依之此上外
々励之ため相応之御褒美被下置、苗字帯刀御免被　仰付大
助支配所名主肝煎役申付候様」仕度旨別紙之通大助申聞候、
依之評議仕候処先達而主膳正丹後守并支配向廻村之砌も相
糺及見聞候処、宿方取締荒地起返并困窮之ものとも手当川
除御普請所平日実意ニ世話いたし候趣大助申立候通相違も
無之相聞候、併去々子年御褒美銀拾枚被下置候事ニ付今般
は為御褒美苗字は永々帯刀は其身一代　御免被　仰付可然
哉奉存候、」且大助支配所名主肝煎役之儀は差障候筋無之
候ハヽ同人役所ニおゐて可申付旨申渡候様可仕候
(朱書)「日光道中粕壁宿差配役喜蔵下総国結城郡恩名村名主
又兵衛儀荒地起返、其外入百姓等実意ニ世話仕候故を
以去丑年御褒美銀拾枚苗字帯刀　御免被　仰付候類例
も有之候儀ニ付旁本文之通申上候」
右之通御座候間大助差出候書付相添奉伺候　以上

寅五月」

日光道中
幸手宿文左衛門御褒美之儀申上候書付　小出大助

私支配所
日光道中幸手宿　名主問屋
宿々当分取締役　文左衛門

右之もの儀平生格別ニ出精仕候ものに御座候処、日光」奥
州両道中宿助郷村々困窮立直し方并荒地起返等之儀取計候
様私江支配所兼帯被　仰付候ニ付、去々子春廻村之節右之
趣村々江申渡候之処、前書文左衛門儀御趣意之趣難有承請
宿方永続之儀厚く世話仕、同人頭取宿内は勿論外宿々迄も
小前其外身元宜もの共江申勧助成金取集利倍貸附之儀相願、
是迄助成金等」無之宿々一同新規助成金出来仕候、且同宿
之儀前々出水ニ而砂入荒地夥敷有候得共、起返ニは右砂取
除等格別人夫入用も多相懸り候儀ニ付起返方行届兼候処格
別ニ差はまり宿内身元宜キものハ不及申小前之者共と得と
利解申勧め、去々子年反別拾六町歩余起返同年より御年貢
上納仕候ニ付其段申上候処、去々子年御褒美御銀拾枚」被
下置候、右ニ付猶又格別相励去丑年之儀も引続反別弐拾五

町歩余荒地起返、是又同年ゟ御年貢上納仕候、且又野州乙女村入百姓繰出方之儀粕壁宿差配役人喜蔵両人一同実意に世話仕、夫食其外御入用金之外自分金銭をも相渡彼地江も時々罷越厚く世話仕候故銘々居り付永続可仕躰に罷成、且道中筋並木植継之儀廻村之度々申渡候処、千住宿ゟ」栗橋宿迄之間低場水辺之場所、並木植立之儀幸手宿助郷上高野村名主彦左衛門一同心付申立候ハ低場水辺之場所は迚も松杉苗木成木不仕候ゆへ柳差木之方可然、左候ハヽ無代ニ而三ヶ年に差枝七千本村々江相渡可申旨申立伺之上右両人江申付候之処、当寅年分千九百本余村々江相渡申候、且又武州村々之儀は地味も相応ニ相見候ニ付、用水」懸ヶ引宜田方は麦作菜種等仕付候儀も可相成躰に有之候処、前々ゟ両毛作不仕馴由ニ而仕付不申候に付、是又去々子年廻村之節右文左衛門江得と申含候処、厚く承請差はまり出精仕、小前之ものとも江利害申聞、去々子年ゟ同宿は勿論隣郷吉野村江申勧追々相増都合反別壱町五畝歩余麦作仕付仕、其外隣郷御料神扇村百姓共江申勧田」反別七町歩程私領吉野村ニ而七反歩余芥子麦菜種等蒔付、両毛作試仕付為仕、追々相増候得は格別村方勝手ニも相成候ニ付、猶又申勧作り増候様可仕旨申立候、其外去丑年之出水ニ而私支配所武蔵下総両国之内ニは水損皆無等之村方も余程有之、夫食種麦代等拝借願出候処、右文左衛門心付宿内身元相応成もの江申談、金弐百両取集置申立候は水損」村々夫食種麦無之、此節拝借相願候趣及承候、幸手宿之儀は駅場候故農業之外往還之助成も有之商人共迄冥加之程常々難有奉存、殊去丑年之儀は権現堂川堤無難ニ而無恙収納も仕候間、為冥加前書之金弐百両差出水難村々夫食種麦代として無利足に御貸附、返済之儀は私役所ニ而程能取極村方難儀不及様取立有之候様仕度旨相願候ニ付」御届申上、右之金子を以急難村々夫食種麦等相渡候ニ付拝借等之儀不申上飢渇人も無之相凌、其外先年ゟ権現堂川出水之節は文左衛門重立昼夜格別に出精水防仕穀屋共より明俵等夜中迄も為附送度々之大水無恙防留候儀も毎度有之、右川筋御普請後危場所有之節は近郷并宿内身元宜キもの江申勧、出金を以自普請仕候儀も有」之、其余貧窮之もの江手当等仕候儀も間々有之、且道中筋人馬継立方助郷和融之取計方等精々取計至而寄特成ものニ而無他事差はまり出精相勤候者ニ御座候間、猶又此段可申上奉存候処、右宿小前四拾弐人より連印書付を以申立候はミき（ママ　右）文左衛門儀当年迄三拾七年名主役相勤及老年候間退役致度旨五ヶ年以前ゟ申出候得共是迄諸事」厚く世話仕宿方治リ方も宜取計方至而宜候間惣百姓ゟ達而相頼相勤貫居候段、右ニ付文左衛門出精之趣箇条書ニ認差出候趣荒増左ニ申上候

一　年々七月十二月宿内貧窮之もの江米穀等合力仕宿内為取続、恵民相続と名付夏秋収納之節少々宛雑穀取集メ去ル未年金六拾両伊奈右近役所江差出貸附相願、其外私支配」所ニ相成候而も金弐百両余助成金取集メ相納其外右組合宿々江も追々申勧日集メ月集メ等世話仕助成金取立、其外出水凶年之度々夫食等相渡、別而浅間山焼之節身元宜き者弐十壱人江申勧、正月ゟ三月迄施行仕三月より七月迄右宿方万福寺境内にて粥を焚、凡日数百五十日程之間貧窮之ものを扶助仕、其後去ル」午年大水ニ而翌未年米穀至而高直故所々騒動仕候砌、穀屋共江申勧六月ゟ七月迄米穀安売致し、右宿は騒動も不為仕且権現堂川水防并自普請出金を以度々相仕立出精之段は御勘定所ても兼而御存知有之、其段御沙汰も御座候儀之旨一同申立候

右之通格別実意ニ差はまり出精仕候者ニ而先達而」御褒美御銀等被下候ニ付弥難有屈服仕、引続荒地も起返御年貢も上納仕出精相勤、尤前書之通多年無他事相励小前迄も皈服仕罷在御料私領之無差別自分金銭を差出厚く世話仕骨折相勤候者ニ御座候間、此上外村々励之為ニも御座候間可相成御儀に御座候ハヽ、相応之御褒美被下置、苗字帯刀　御免被　仰付何卒名主肝煎役ニ被　仰付被下候様奉」願候、左候得は右宿方は不及申私支配所之分は宿助郷村々迄も世話為仕出水之節堤水防其外両毛作等儀も一同申勧為取計候様仕度奉存候、依之此段奉願候　以上

寅四月」

（朱書）「同六寅年五月九日松平伊豆守殿江上ル」

大岡源右衛門元御代官所
奥州村々小児養育料上ヶ金之儀ニ付相伺候書付

書面最初上ヶ金致し候者共は伺之通誉置
此度初而之者共は為御褒美銀弐枚宛
被下置候旨奉承知候

寅八月廿八日

柳生主膳正

大岡源右衛門元御代官所奥州楢葉信夫伊達郡村々百姓共之内同郡村方小児為養育料上金之」儀源右衛門

申立候ニ付取調候趣左ニ申上候

一　金四百弐拾五両

此訳

三拾両　奥州楢葉郡　久之浜村　治部右衛門

弐拾両　田之網村　武次右衛門

末続村　次郎兵衛」

拾五両宛　川前村　徳左衛門

下川田村　与五左衛門

小浜村　久右衛門

川前村　冨右衛門

上川田村　友四郎

北田村　与四郎

朽木村　安左衛門」

松ヶ岡新田　権之丞

同新田　伊　八

拾両宛　大谷村　十太郎

山田谷村　三郎左衛門

小浜村　幸右衛門

同村　久兵衛

同村　吉郎兵衛」

上手岡村　源次郎

同村　梅　七

下手岡村　宇右衛門

下小場村　武兵衛

五両宛　下浅見川村　清次郎

仏浜村　与左衛門

同国信夫郡　桜本村　伴右衛門」

弐拾両宛　同村　伴　七

笹木野村　吉郎次

桜本村　惣左衛門

拾両宛　笹木野村　冨次郎

鞁岡村　次郎兵衛

李平村　阿部津右衛門

鞁岡村　与三郎」

同村　喜　七

五両宛　同村　忠三郎

同村　幸　助

八丁目村　権右衛門
同村　瀬兵衛
庭坂村　源左衛門
同国伊達郡」町小綱木村　弥次右衛門
同村　茂兵衛
同村　藤兵衛
拾両宛

右は同国村々之儀年来手余荒地多分有之候之処、国風ニ而
出生之小児を間引候仕癖有之、一躰人少ニ而荒地起し返し
方之手段も無之候ニ付去ル酉年源右衛門申立年々御年貢米
之百分一」宛村々作徳之内ゟ出穀申付、従　公儀も去ル亥
年以来十ヶ年程之内右出穀高之三分一宛御下穀被下候積り
伺済之分其外是迄同国村々寄特ものより上ヶ金仕候分貸附
ニ相成居候利金等を以追々養育料ニ相渡次第に出生人も相
増候処、年来相衰候村々ゆへ困窮もの多く養育料引足兼候
段及承、右四拾人之もの共書面之金子」上ヶ金ニいたし養
育料之内江差加割渡に相成候様仕度段願出候ニ付右之もの
共人柄風聞等も相糺処、何れも実貞之者共ニ而右躰之儀名
聞に仕候筋ニも不相聞候間願之通上金被　仰付、且右之も
の共一躰志も厚キ儀ニ御座候間相応之御褒美被下置候様仕
度段源右衛門申立候、依之取調候処酉年以来御下ヶ穀を始
村」方出穀、其外上ヶ金利分等を以御手当被下小児養育相
増候方下ヶ札ニ相認メ候通養育御手当無之以前と見合候而
は壱ヶ年凡四百三拾四人余宛相増、此上引続養育御手当行
届候得は追々人数も相増、荒地起し返し之手段も可相立儀
ニ御座候間、源右衛門伺之通書面之金四百弐拾五両上ヶ金
被　仰付、是迄之貸附金ニ」差加置、利金之分為養育料被
下置可然奉存候、右ニ付前書四拾人之者御褒美之儀取調候
処書面之内久之浜村治部右衛門田之網村武次右衛門末続村
次郎兵衛川前村徳左衛門小浜村久右衛門儀は去ル亥年も為
養育料上ヶ金仕、其節為御褒美壱人ニ銀五枚宛被下候儀ニ
御座候間、此度別段御褒美被下候に不及一通り誉置候様仕、
相残三拾」五人之者共は此度始而上ヶ金仕候儀ニ御座候間、
是又取調候処去々子年為養育料同国盤城盤前郡村々百姓共
弐拾人ニ而金弐百弐拾両余上金仕候節、為御褒美壱人ニ銀
弐枚宛被下置候得共、右ハ手始之儀ニ而其跡々より申立候
者は又別段之事ニ付此度之儀は前書三拾五人之者共江壱人
銀壱枚宛被下置候方ニも可有御座候哉、依之奉伺候　以
上」

寅四月」

（朱書）「同六寅年六月六日戸田采女正殿江上ル」

東海道戸塚宿寄特者之儀ニ付相伺候書付

書面伺之通御褒美被下置旨
被仰渡奉承知候
寅六月十日　　桑原伊豫守
　　　　　　　根岸肥前守

大貫次右衛門御代官所
東海道戸塚宿　百姓　源　七」
　　　　　　　同　　仁右衛門

右両人之もの共農業之外米穀味噌油等商ひ致し平日実躰寄特之もの共ニ而凶作并類焼人は勿論其外宿内極貧之もの江時々手当いたし、明和四亥年同七寅年米穀高直之砌小前一同及困窮候処、右両人并同宿百姓小助三人ニ而両度に金百弐拾両銭弐貫文合力仕候ニ付宿中一同存付」宜当三月中宿内家数百八拾八軒焼失之処、身元相応之もの重ニ類焼いたし、急火ゆへ別而夫食差支候処、早速金九拾両源七仁右衛門両人ニ而合力仕候間、急難を凌一同別而心服仕候由、尤平日も御伝馬役金等取替、宿方諸入用取締等も心付御用向不差支様取計寄特成もの之由宿役人共申立候ニ付猶又相糺候処、申立候通相違も無御座候間相当之」御褒美被下置候様仕度旨次右衛門申聞候、依之評議仕候処右申立候次第寄特之筋ニも有之、猶以後励之為にも御座候間、前書両人之もの江為御褒美銀三枚宛被下置候方ニも可有御座と奉存候、依之奉伺候　以上

寅六月」

（朱書）「同六寅年八月廿六日松平伊豆守殿江上ル」

浅岡彦四郎御代官所
武蔵下総国村々寄特者之儀ニ付相伺候書付

書面伺之通為御褒美鴻巣宿半内外
拾壱人江銀弐枚宛桶川宿甚右衛門外七口之
分江は銀壱枚宿役人納弐口江銭拾貫文
被下置候旨被仰渡奉承知候
寅十月二日　　柳生主膳正
　　　　　　　間宮諸左衛門
　　　　　　　佐久間甚八
　　　　　　　大久保内膳
　　　　　　　肥田十郎兵衛

浅岡彦四郎御代官所武蔵下総国村々去秋中出」水之砌、飢人共夫食為手当調達金差出候者共之儀に付彦四郎申立候趣取調左ニ申上候

一　金六百三拾弐両壱分
此訳
金六拾両　武蔵国足立郡鴻巣宿　年寄　半　内
金四拾両　同宿　年寄　兵　蔵」
金四拾両　同国大里郡甲山村　名主　伴　七
金四拾両　下総国葛飾郡上花輪村　百姓　弥五兵衛
金三拾両　同村　百姓　四郎左衛門
金四拾両　同国同郡立野村　百姓　又兵衛」
金弐拾五両　同国同郡西金野井村　名主　五郎左衛門
金六拾五両　同国同郡松戸宿　年寄　庄兵衛
流山村　百姓　紋次郎　由太郎
金弐拾五両　武蔵国足立郡南村　名主　治兵衛」
小以金三百六拾五両
是は水損村々飢人夫食手当として調達金申付、水損村々江貸渡当寅ゟ午迄五ヶ年賦取立前書之者共江相渡可申積り之処、為冥加上ヶ金ニいたし度段申立候
金五拾両　武蔵国足立郡原市村　百姓　源次郎
是は調達金不申付候処前書之者共夫食手当として差出置候金子上ヶ金ニ仕度趣申立候段及承書面之金子為冥加上ヶ金ニ致し度旨申立候」
金弐拾両　同国同郡桶川宿　名主　甚右衛門
金三拾両　同国同郡鴻巣宿　百姓　仙左衛門
金弐拾弐両弐分　同国同郡桶川宿　百姓　次郎兵衛
金弐拾弐両弐分　同宿　百姓　清右衛門」
金弐拾両　同宿　百姓　伊兵衛
金拾五両　同宿　百姓　藤四郎
金弐拾両　同宿　百姓　五兵衛　外四人
金五両　同国横見郡流川村　名主　傳　蔵」
金拾八両弐分　同国足立郡桶川宿　役人納
金四拾三両三分　同国　同郡鴻巣宿　役人納
小以金弐百拾七両壱分
是は水損村々飢人夫食為手当調達金申付水損村々江貸渡当寅ゟ午迄五ヶ年賦取立前書出金いたし候者共江可相渡分
右は武蔵下総国村々利根川江戸川荒川附村々去」秋中之出水ニ而川々満水いたし囲堤数ヶ所押切田畑ハ不及申、百姓家居迄も水附夫食種物諸道具共悉流失いたし、当日ゟ可及

飢躰ニ付其節彦四郎儀右場所々為見聞廻村致し、早速手当申付為相凌候へ共数日水湛難取続候ニ付、夫食拝借相伺候外無之処右村〳〵之儀は川附村々ニ而是迄出水之度毎無拠夫食種代等拝借いたし候間、返納ものも相嵩候故容易に」拝借難相伺ニ付勘弁之上支配所内身上向相応之者ども江利解申聞出金申渡候処、何も得心之上分限ニ相応し金子差出候ニ付、右調達金を以再々応迄夫食代相渡麦作取入候迄為取続申候、然ル処鴻巣宿半内外拾人之者共儀は右之金子取立候共下ヶ金ニ不及為冥加上ヶ金ニいたし度段申立候ニ付年季中取立貸附置、右利金を以小児養育料荒地并手」余地起返入用入百姓之手当等ニ仕度且原市村源次郎儀は最初出金は不申付候得共、右拾壱人之者共夫食為手当差出置候金子上金ニ仕度段申立候趣及承書面之金子為冥加上ヶ金ニ仕度旨申之候間、是又一同貸附金ニ仕、前書之通取計候ハヽ乍少分御益筋ニも罷成、且支配所村々江も相響人気立直り候基ニも可相成ニ付、右之者共江は少分之御褒美」等も被下置并都而調達金差出候分は御誉被置候様にも仕度段彦四郎相伺申候、依之評議仕候処、急難為手当乍少分銘々早速出金いたし飢人為取続其上右之金子上ヶ金ニいたし候ハヽ困窮村々往々手当ニも可相成と存、上ヶ金ニいたし度旨申立候趣一同寄特之儀ニ御座候間、彦四郎伺之通為取計書面拾弐人之者共江為御褒美壱人江銀弐枚宛被下」置其外助合金差出候桶川宿甚右衛門外九口之分も一旦出金いたし多分之百姓急難為相凌候段、△（下ヶ札）一同寄特之儀ニ付右之分江は銀壱枚宛被下置可然奉存候、依之奉伺候　以上

寅八月

△（下ヶ札）

本文助合金差出候桶川宿甚右衛門外九口之内役人納二口之儀は宿役人共申勧メ小前百姓共ゟ取集メ差出候儀ニ有之」桶川宿之方は拾壱人鴻巣宿之方は弐拾三人ゟ差出候儀に付宿役人共相納候、一口ツヽ之当りを以銀壱枚宛御褒美被下候之積り申上候得共、右は小前百姓人数多ニ而差出候儀御褒美被下置候得は銘々割賦も可仕儀ニ付、役人納二口之分江は双方打込、鳥目拾貫文も被下候方可然哉、此所評決仕兼候間下ヶ札を以奉伺候」

「同六寅年九月廿一日松平伊豆守殿江上ル」（朱書）

吉川栄左衛門
近藤和四郎　支配所

上州小平村奇特者之儀ニ付相伺候書付

書面伺之通御褒美被下置旨
被仰渡奉承知候
寅九月廿五日

柳生主膳正
佐久間甚八
大久保内膳
肥田十郎兵衛

支配勘定格吉川栄左衛門近藤和四郎支配所」上野国甘楽郡小平村取締宜小前之者に至候迄一致いたし是迄品々奇特之取計仕候趣を以相応之御褒美被下置候様仕度段右両人相願候之旨御勘定組頭田口五郎左衛門申立候ニ付、取調候之趣左ニ申上候

吉川栄左衛門
近藤和四郎　支配所

上州甘楽郡小平村　元名主　新　蔵
当時名主　藤太夫
年寄　惣兵衛
外拾三人
百姓代　茂平次
外五人

右小平村之儀村高百拾八石余山中谷間神流川」附ニ而前々より度々川欠山崩等有之多分之荒地出来仕、勿論年来之儀ニ而地所字等も入狂ひ小前持分検地帳之畝歩ニも符合不仕、御年貢納方も不同に相成、其上地改等被　仰付候節に至り検地帳に引合不申候而は恐入候段、元名主新蔵始村役人共心付、尤地所入違境目等年来相違之分相改候ニ付而は相互ニ損益有之」候（ママ）之共、争論等ニ及間敷趣村役人惣百姓示シ合セ之上、天明三卯年より相始及後年候而も異論之筋無之様相改置候ゆへ、近頃荒地起し返し免直し等之為吟味栄左衛門和四郎致廻村候節も経界正敷相分り、其外弐十ヶ年以前貧窮百姓有之打捨置及潰候而は人別減少いたし村方之衰に相成、勿論救合之儀は相互之趣村役人より」小前江も一統得心之上末々極貧之もの手当金として銘々分限に応し年々出金致し村内其外他村江貸附置、右利金を以前書貧窮もの江相渡諸借金為相片付、其後年々之利倍金元利弐百両余に相成候ニ付、九ヶ年以前隣村より質地取之村内小高貧窮もの江小作米引下ヶ耕作致させ候ゆへ及潰候者も無之、近来は余程人別」も相増当時ニ相成候而は貧窮之者ニ而も質物等を入候而入用向相弁し候類は壱人も無之御年貢之儀は日限り返納来、其外右ニ准し村内之為ニ相成候儀心掛、一躰取締も宜勿論右始末栄左衛門和四郎より相尋候節も聢と

申立兼候之程之心底ニ而何れも奇特之者共ニ有之、支配内村々江示し方之基ニも罷成候儀ニ御座候間」何卒相応之御褒美被下置候様仕度段、右両人之もの相願候段五郎左衛門申立候、依之評議仕候処都而遠国辺鄙ニ至候而は右躰厚キ風俗之村方も間々有之候儀ニ御座候得共、却而関東筋村々之儀は村役人を始小前ニ至候迄常々心懸も薄く右躰後来之儀迄実意ニ申合候類は稀ニ有之一躰奇特成者共ニ御座候間、前書村役人弐拾弐人江」為御褒美銀壱枚宛被下置候方ニも可有御座哉と奉存候、依之此段奉伺候　以上

寅九月」

（朱書）「同六寅年十一月十日安藤対馬守殿江上ル」

中山道
本山宿孝行者之儀ニ付相伺候書付

書面市左衛門江銀五枚同妻江銀三枚被下
母江為老養扶持一生之内一日米五合宛被下候旨
被仰渡奉承知候
寅閏十一月六日

桑原伊豫守
根岸肥前守

松平丹波守御預り所
中山道本山宿　百姓　市左衛門」

同人妻　ひち

右市左衛門并妻ひち儀母江孝行尽し候段松平丹波守御預り所役人糺之上別紙之通書付差出御賞美被下候様仕度旨申立候ニ付相糺候処無相違相聞候間相応之御褒美被下候様仕度奉存候、依之御預所役人差出候書付写共相添此段奉伺候

以上

寅十月」

松平丹波守御預所
信州本山宿百姓市左衛門孝行之儀申上候書付写

松平丹波守御預所
信州筑摩郡本山宿
百姓　市左衛門　当寅四十二歳

持高四斗壱升五才

右は松平丹波守御預所信州筑摩郡中山道往還」本山宿百姓長九郎と申もの之忰御座候、親長九郎儀は弐十ヶ年以前安永四未年七拾九歳ニ而病死致し、当時ニ而は八十八歳に相成候母并女房幼年之男子壱人有之家内四人ニ而渡世仕候処、市左衛門生質実躰にて孝心之ものに候旨村役人共訴出候ニ付相糺候処、長九郎儀至而病身ニ而耕作も不相成、持高も

少分等に候故甚困窮仕、渡世一向難相成程之儀に」御座候間、市左衛門壱人ニ而小作等出精いたし作間之稼には懇意之ものより少ツヽ金子才覚いたし、刻多葉粉を仕入、尾州名古屋信州飯田辺江罷越売払相応之価有之候得は罷帰、昼夜心を配り相働き右代銭を以渡世仕候中ニも両親之心に任せ遣、不自由之儀無之様に取計、仮にも逆ひ候儀は無之朝暮孝養を尽し、長九郎病気附候而は猶更母と代ル〳〵」側を不離介抱仕、相果候而は墓参毎日無懈怠、今以無拠差合之節は格別何程風雨等強候而も無懈怠愁歎ニ而自然と次第に老衰募り候を以心遣に存、他出等之節は親類懇意之方ゟ人を頼罷出用事を足し母壱人に相成候故猶以日夜心を尽し孝養致し候ゆへ親類懇意之もの共取持妻を求め両人ニ而孝養いたし候ハヽ都合宜可有之候間、妻を」縁組いたし候様申勧候処、市左衛門申聞候は妻を求め老母之心底に不叶取計等有之候而は如何敷候間、自分壱人ニ而成たけ介抱仕度旨申断候ゆへ、生質宜実意之ものを見立娶両人ニ而介抱致し候ハヽ他出之留守も心遣も無之老母心泰に相暮可申、其上年頃之儀に候間縁組致し候様老母も再応相勧め候ニ付、承知いたし母之存念に」相任せ可申由申聞候ゆへ隣宿洗馬町百姓奥右衛門娘ひちと申ものを天明五巳年妻に娶候処、此者儀至而実躰成生質ニ而貧苦をも不厭姑夫之心底申分に少も逆ひ候儀無之、睦敷事而已を専一といたし家之亡霊忌日等ニは香花仏供等無怠深切に尊敬いたし、稀成女ニ而親類迄も至而睦敷仕、当年弐歳之男子有之困窮者之渡世誠ニ」無手透候得共、暑気之節は昼夜団扇を以姑之暑を為凌、寒気之節は焼火炭火を以寒気を防寝臥側を不離自分は夜中も寝臥之間も無之候得共更に不厭孝養を尽し候故、老母ハ是を悦ひ人々江も両人之孝心を吹聴いたし候ニ付、自然と近辺のもの共村役人共も憐ミを加へ諸人に睦敷相暮申候、且又老母近年は至而足弱く行歩も」不自由ニ而宿ニ計居候而は退屈ニも可有之儀を察し折節は外出を勧め又は望に任せ手を引或は背中に負ひ介抱いたし連歩行不自由無之様ニ保養致させ候故、近郷之もの迄噂いたし候程之儀ニ御座候、老衰気弱ニ相成市左衛門遠路商ひニ出候事を案し心遣ひ之由申候ニ付、一両年以前ゟ名古屋飯田辺之商ひは相止メ右弐ヶ所ニは少々宛売懸ヶも有之候得共」貸捨にいたし請取ニも不参、当時は木曽細工之器物を少々宛仕入、同国之内道法四五里之所日帰り之場所ニ而商ひ仕、夫迚も他出之儀

は母江承り差図次第ニ而折々商ひに罷出候、泊懸ヶ抔は一
向不仕候処無拠用事有之母之差図ニ而当四月長窪辺江罷越
一宿いたし候処、夜中夢見悪敷候迚少々荷物有之候ゆへ先
方江預ヶ置夜中俄に宿江」罷帰母之安否を伺安心仕候由ニ
御座候、将又善光寺江参詣いたし度旨申聞候ニ付、往来四
拾里余之道法を背中に負ひ打続き近年両度為致参詣候、平
日入湯好候ゆへ近辺居風呂有之候得は負ひ候而は罷越入湯
為致候間、程隔り候所之もの共も孝心を感し風呂致し候得
は、為相知入湯為致候由相聞誠ニ小児を取扱候如く介抱い
たし、女房ひちも諸共に孝養」之程一々書面に難尽程之儀
相聞候、村役人は不及申親類并村方之もの共一統孝心を感
し銘々朝暮心を附遣し睦敷相暮候趣無相違候ニ付、丹波守
より当座之為賞美籾等少々差遣置申候、一国一郡江響候程
ニは無之候得共近郷之もの共は兼而承り伝賞美いたし候趣
申聞候、本山宿之儀は往還筋ニ而都而気荒之場所柄ニ候処、
稀成ものニ候ゆへ外村方之もの共江之」為見習ニも相成候
間、何卒御賞美被成下候様仕度旨信州役人共ゟ申越候ニ付
此段奉申上候　以上
寛政六寅年十月
松平丹波守家来
鶴見六野右衛門」

(朱書)
「同六寅年十一月十日松平伊豆守殿江上ル」
辻甚太郎御代官所
三州宝飯郡村々奇特者之儀ニ付相伺候書付
書面伺之通御褒美被下置旨
被仰渡奉承知候
寅閏十一月廿七日
柳生主膳正
久世丹後守
間宮諸左衛門
佐久間甚八
大久保内膳
肥田十郎兵衛
鈴木新吉

辻甚太郎支配所三州宝飯郡赤坂宿問屋彦十郎」外六
人之もの共同国困窮村々相続為手当出金仕候儀ニ付、
甚太郎申立候趣取調左ニ申上候

辻甚太郎御代官所
三州宝飯郡　赤坂宿　問屋　彦十郎
乗本村　名主　八左衛門
大野村　名主　久兵衛
尾花村　名主　吉左衛門

一　差出金弐百両」
但本文弐百両之内を以夫食足合諸拝借返納金ニ貸渡、
残金年壱割五分之利足ニ而当寅より申まて七ヶ年在

貸附ニ仕、申年暮ニ至り利倍金之内を以元金弐百両
書面四人之もの共江相返し、猶残金貸附置、右利金
を以貯夫食雑穀買入并郷蔵取建等入用ニ仕候積り
右は去丑七月中大雨ニ而川々出水仕、三州額田幡豆郡五ヶ村堤切入田畑家居迄水下ニ相成、夫食諸道具等押流し及飢候者共多分有之候ニ付、吟味伺之上夫食拝借被　仰付候、然処元来困窮村々にて御年貢未進并御貸附金諸拝借利金等」上納手段無之奉公稼或は袖乞等ニ罷出五ヶ村共可及退転躰ニ付右四人之もの共申合兼々村方相続急難等相救度心掛ヶ候由を以書面之金弐百両甚太郎役所江差出、右五ヶ村相続為仕度段申立候間、前書之通夫食足合并諸拝借返納金ニ貸渡残金在貸附之利倍金を以四人之者共江元金相返し、且往々村方相続手当貯夫食雑穀買」入并右囲置候郷蔵取建修復入用等ニ仕候積り、先達而甚太郎申立候間右之趣を以可被取計旨申渡置候

同人当分御預り所
同国同郡国府村　百姓　太郎右衛門
一　差出金百五拾両　為当村　百姓　長三郎
御馬村　百姓　忠兵衛」

但本文百五拾両之内を以下佐脇村引戻百姓作夫食代ニ相渡残金壱割五分之利足ニ而当寅ゟ申迄七ヶ年在貸附ニ仕、申年暮ニ至り利倍金之内を以元金百五拾両書面三人之者共江相返し、猶残金貸附置利金之分右引戻し百姓相続金并同村永続為手当貯夫食雑穀買入郷蔵取建入用等ニ相渡、且同郡外村々之内江郷蔵
三ヶ所取建追々籾雑穀買入囲置急難手当に仕候積り
右は三州宝飯郡下佐脇村之儀連々及困窮ニ退転潰百姓出来、同村之内家数百三拾三軒之者共他借金相嵩持地相続相成兼、弐拾七軒は私領之節退転いたし百六軒は潰におよひ、右持地之分組合又は村惣作ニ而御年貢弁納いたし他村奉」公稼袖乞等ニ罷出人少ニ相成、手余荒地多分出来弥困窮相募一村退転可仕躰ニ付、右三人之者共申合書面之金百五拾両甚太郎役所江差出、村方相続為仕度段申立候間、右離散之もの共呼戻し手余地荒地高弐百四拾石余去々子年まて年々壱ヶ年引被下御年貢相納来り候分去丑年より米六石余相増来ル午迄六ヶ年取下ヶ御年貢相」納、翌未年ゟ猶又年々米五石余宛相増十ヶ年目戌年ゟ本免御年貢上納之積を以男女百八十七人引戻し百姓仕、当

正月より麦作取入候迄之内稗買入作夫食相渡百姓株取立
残金在貸附ニ仕、利倍金を以三人之者共江元金相返し、
猶残金を以前書之通下佐脇村永続并同郡村々急難手当ニ
仕候積り、先達而甚太郎申」立候間、右之趣を以可被取
計旨申渡置候
右之通七人之者共儀村方困窮を相歎申合乍少分出金仕候ニ
付、村々相続手当相調往々御益筋にも罷成奇特之儀ニ有之、
且右出金願出候節身元等得と吟味仕候処、平日質素倹約相
用一躰貞実成者共ニ而支配所村々響ニも罷成候間、相応之
御沙汰御座候様仕度段甚太郎申立、一同奇特」之儀ニ御座
候間書面七人之者共江為御褒美銀一枚宛被下置候方ニも可
有御座候哉ニ奉存候、依之奉伺候　以上
寅十一月」

(朱書)
「同六寅年十一月三日松平伊豆守殿江上ル」

菅谷嘉平次
山口鉄五郎　立会支配所
武州野州村々奇特者之儀ニ付相伺候書付
書面伺之通御褒美可被下置旨
被仰渡奉承知候

寅十二月三日

柳生主膳正
久世丹後守
間宮諸左衛門
佐久間甚八
大久保内膳
肥田十郎兵衛
鈴木新吉」

支配勘定格
菅谷嘉平次
山口鉄五郎　立会支配所
武州足立郡　本郷村　名主　大四郎
野州那須郡　北弥六村　名主　八郎右衛門
同人悴　名主　勘解由左衛門」
右之者共儀行状宜趣及承候ニ付廻村之節々相糺候之処、近
郷村々申立も符号いたし寄特之趣無相違相聞、村方一統帰
服いたし農業出精仕困窮之村柄も追々立直り、数年丹誠仕
候儀ニも有之候間可相成儀ニ候ハヽ、御称美之御沙汰も御座
候様仕度段別紙之通嘉平次鉄五郎申立候旨、御勘定組頭田
口五郎左衛門申聞一同奇特成儀ニ御座候間、書面三人」之
もの共江為御褒美銀壱枚宛被下置候方ニも可有御座哉ニ存
奉候、依之五郎左衛門差出候書付写相添此段奉伺候　以上
寅十一月

御勘定組頭
田口五郎左衛門差出候書付写

私共立会支配所武州本郷村大四郎野州北弥六村八郎右衛門同人忰勘解由左衛門寄特之取計方仕候趣及承候ニ付相糺候処左之通御座候」

武州足立郡本郷村　名主　大四郎　寅四十八歳

右大四郎儀当時名主役相勤田畑高八拾五石余所持いたし是迄数代名主相勤候家筋之者に有之一躰実躰成者ニ而御年貢米金割合夫銭勘定等明白に仕、先年は村内公事訴訟多く至而困窮」村方ニ而田畑他村江質入ニいたし奉公稼等ニ罷出追々潰ものも出来可申躰ニ相成候処、大四郎小前之もの共江相続方之儀第一に理解申聞困窮之もの共江は米金種肥代等迄夫々貸遣農業出精之儀常々申含、数年来差はまり世話致し候に付追々困窮立直り他村江入置候質地等も請戻し、当時ニ而は却而他村之田畑を請作いたし候」程ニ相成御年貢上納方も触出し日限通り急度上納いたし、小前之者共一同皈服いたし候ニ付申付方をも相守農業第一相届田畑手入行届候間平年は勿論、水旱損有之年柄ニ而も小前之もの共江可成丈は利解申含引方等も不相願様取計御年貢出精為相納、其上前々御取箇辻も取劣り候分追々立戻り当時ニ而は高免之御取」箇ニ而、定免請来一躰水掛之儀も見沼代用水流末之村方ニ而用水難行届場所ニ付、平生心掛農業手透之節組合村々江人足触出為差出浚床下ヶ等致し人足ニ任せ置候而は等閑ニ相成候間、始終附居人足同様ニ相成自身相働候故人足共も差はまり相働候ニ付、浚方も行届組合村々迄も甚助ヶに相成候由、右之通出精も仕候故小前之もの共迄も差」はまり農業出精いたし、且博奕等之儀も不時ニ村中夜廻り等いたし厳敷制候故、右躰之ものも無之様ニ罷成、尤他国之神社参詣ニも容易ニは不出様村法相立、折々小前を集五人組帳読聞セ家業之益ニ相成候事共申聞セ候ゆへ近年ニ至公事出入等曾而無之村中和融いたし質素ニ農業致出精候やうに罷成、大四郎世話相届候故村柄も立直候趣」近郷村々之もの共申聞候

野州那須郡
北弥六村　名主　八郎右衛門　寅五十七歳

同人忰　　名主　勘解由左衛門　寅　三十歳
右八郎右衛門儀寛文年中以来代々名主役相勤」候ものにて高四拾六石余所持いたし、忰勘ヶ由左衛門（ママ）父子共ニ実躰成ものニ而農業差はまり世話仕候間、十三年以前寅年辻六郎左衛門支配之節勘ヶ由左衛門儀も名主ニ申付、近村之名主兼帯為致候処取締等も宜、小前之もの共も農業出精いたし、公事出入等も無之様取扱、年貢納方之儀も触出日限前ニ取揃相納、其外懐胎之もの共貧窮之者江」は合力いたし出産致させ、まひき候儀無之様心付、且自分之持林壱ヶ所村方助合之ため立木売払代金貸附、当時金弐拾両余溜り右金子を以困窮之もの江は相応之手当いたし為取続可成丈奉公稼等ニ不差出候様村方引立候ニ付、至て困窮之もの無之相応ニ農業渡世仕罷在、尤奢たる儀不仕農業一途に父子共早朝ゟ自身」耕作いたし村方一統皈服仕罷在候
右三人之もの共行状宜趣兼而及承候ニ付、廻村之度々近郷村々ニ而相糺候処、いつれ之村方ニ而も奇特もの之由申立符号仕無相違相聞、実々数年来精入小前之者共取扱困窮之ものも追々立直丹誠仕候儀ニ付可相成候ハヽ、格別之思召を以御称美之御沙汰も御座候様仕度、左候得は外村々迄も相響自然と行状」相慎風儀押移候様ニも可相成哉奉存候間、此段申上候　以上

寅十月
菅谷嘉平次
山口鉄五郎」

（朱書）「同六寅年十二月十二日松平伊豆守殿江上ル」
松平主殿頭御預り所
肥後国天草郡寄特者之儀ニ付相伺候書付
書面之通銀拾枚為御褒美被下置候様可申渡旨被仰渡奉承知候
寅十二月廿五日
柳生主膳正
久世丹後守
間宮筑前守
佐久間甚八
大久保内膳
肥田十郎兵衛
鈴木新吉

松平主殿頭御預り所
肥後国天草郡御領村枝郷大島
百姓　小山清四郎
右清四郎親清兵衛儀居村は勿論近郷百姓難儀之もの共江米籾雑穀塩醤油粕銭等差遣品々寄特之取計致し候ニ付、安永

七戌年楫斐靭負支配之節申立為御褒美銀拾枚被下置、苗字は子孫迄名乗候之様被仰渡候、然ル処清四郎代に相成候而も引続天明三卯年主殿頭御預り所ニ相成、去々子年迄拾ヶ年」之内米弐拾弐石余籾五百四拾九石余大麦三拾九石余味噌三石余塩百弐拾五石余大豆七石余空豆弐拾七石余粟五石余其外品々差出、且又去ル申年村方貯夫食被仰出候砌より拾ヶ年之間籾六拾石宛可差出旨申立貯夫食之内江差加江去々子年凶作ニ而翌春夏ニ至り及難儀ニ候者共江穀類百七拾三石余塩弐百俵余差出、一躰寄特之者ニ付相応之御褒」美被成下候様致度旨主殿頭御預り所役人別紙之通申立候、依之評議仕候処親代ゟ引続出穀等いたし困窮之者共相救候段は御預り所役人申立候通寄特之筋ニ而此上御褒美被下置候ハヽ、一躰之励にも罷成可申哉ニ付、親清兵衛被下置候例を以此度も為御褒美銀拾枚被下置可然哉ニ奉存候、依之主殿頭家来差出候書付写相添此段奉伺候　以上

寅閏十一月」

肥後国天草郡百姓壱人寄特之取計仕候ニ付申上候書付

松平主殿頭
御預り所

覚

肥後国天草郡御領村枝郷大島　百姓　小山清四郎」

右は松平主殿頭殿御預り所肥後国天草郡御領村小山清四郎と申者高千石余所持仕重立候百姓に御座候処、清四郎亡父清兵衛儀生得仁心成者にて居村は勿論近郷百姓難儀之者共江米籾雑穀塩醤油粕銭等差遣、百姓に稀成寄特之取計仕候趣楫斐靭負様支配之節申立有之、安永七戌年十二月為御褒美銀拾枚被下置、子孫まて」苗字相名乗候様被　仰付候、忰清四郎代ニ相成候而も身元宜天草郡中手広ニ取引仕難儀之年柄ニは格別に救方等仕、至而難儀之者共江は年々豊凶ニ不拘毎年相応に救方仕候由村々役人共申出、去ル卯年主殿頭御預り所ニ被　仰付候後去々子年まて拾ヶ年之間郡中江救方仕、且又火災之者江施候諸品左之通御座候」

米弐拾弐石余
籾五百四拾九石余
大麦三拾九石余
味噌三石余
塩百弐拾五石余
大豆七石余

空豆弐拾七石余」
粟五石余
唐芋壱万八千五百斤余
銭弐百五貫文
唐芋切千拾七石余
大竹弐拾本
小竹五拾本
材木弐百拾弐本」
縄三拾束
明俵弐百四拾俵
藁弐百把

右之外ニも清四郎罷在候大島浦男女七百人余之内六拾人余は年々豊凶により救方仕五拾人余之極難之者ニは年々豊凶に不拘清四郎住所之儀ニ付別而厚く施物等差遣扶助仕候趣ニ御座候、且又去ル」申年村方危急之ため貯夫食之儀被仰出有之候之儀を承知仕、去ル申ゟ来ル巳迄拾ヶ年之間籾六拾石宛年々郡中貯穀ニ差加申度段願出奉伺候之処、伺之通御下知相済寄特之段誉置候様被仰渡候、右貯穀も年々差出猶又去々子年之儀は郡中一統之凶作ニ而去丑春夏ニ懸ケ必至と差詰可及飢渇程之者も相聞候間、別段ニ郡中之内八拾弐ヶ村江」穀類百七拾三石余塩弐百俵余為救差出至而寄特之取計仕候、天草郡之儀は高弐万三千石余之場所ニ而人数(ママ)高凡拾壱万六千人余有之不相応多人数にて夫食等貯候者は稀ニ而難儀者勝ニ御座候処、清四郎儀亡父清兵衛取計方ニ不相替難儀者共江は年々救穀等差出至而寄特之者ニ御座候間、相応之御褒美被成下候様仕度此段申上候　以上

寅閏十一月　　松平主殿頭家来
川口長兵衛」

(朱書)「同七卯年正月廿五日松平伊豆守殿江上ル」

大岡源右衛門御代官所
備後国小野村百姓上ケ銀之儀ニ付相伺候書付
書面伺之通御褒美可被下置旨
被仰渡奉承知候
卯正月廿七日
柳生主膳正
久世丹後守
間宮筑前守
佐久間甚八
大久保内膳
肥田十郎兵衛
鈴木新吉

大岡源右衛門御代官所備後国神石郡小野村百姓」長兵衛儀右最寄村々手余荒地起し返し料として上ケ銀之儀

相願候旨源右衛門申立候ニ付取調候趣左ニ申上候

一　銀四貫目　　備後国神石郡
　　　　　　　　小野村百姓　長兵衛上ヶ銀之儀申立候分

右神石郡之儀極山中麁田之場所ニ而年来之」手余荒地多く、尤田方之荒地は年々一作引ニ相立候得共畑方之分は村惣作ニ引請罷在候処、銘々持地之分手入不行届程之儀ニ付、惣作地之分は弁納に相成弥増困窮相募候ニ付、右長兵衛壮年之頃ゟ起し返し方之儀心懸、当卯八拾七歳ニ相成候迄出精いたし、村内荒地之分は是迄多分起し返シ候得共、近村々荒地ニ至候而は山中里数も隔り手」も難届、是以何れも困窮所之儀ニ付村々自力を以起し返し出来可仕躰ニ無之、然処是迄蒙　御恩沢農業相続仕来候段難有仕合ニ付、為冥加銀四貫目御代官所江差出利倍貸附之仕法を以相応之銀高ニ相成候節、近村荒地起し返シ為御手当被下置候様仕度段願出候ニ付源右衛門方ニ而相糺候処、右長兵衛儀性質実貞成者ニ而」年来農業相励格別困窮之者江は夫々助ヶ合村方立行候様取計、其外村内難所ニ而通路差支候之場所は道造等をもいたし、一躰寄特之者にも御座候間、願之通上ヶ銀被仰付候ハヽ、御料私領村方江年壱割之利付ニ而貸附銀高拾貫目程ニも相成候ハヽ、元銀は居置貸附元ニいたし、年々利銀之分近郷手余荒地多分有之候村方之内次男」三男等他所出之者引戻し、其外入百姓を以追々荒地為起シ返候様仕、随而は右長兵衛儀及極老候まて農業出精仕、其外志も厚キ者ニ而外村々励之為ニも御座候間、相応之御褒美被下置候様仕度段源右衛門申立候、依之評議仕候処是迄外御料所村方之者願ニ付右躰荒地起し返し御手当其外小児養育料として追々上ヶ金被　仰付候儀ニ」も御座候間、右長兵衛願之通出銀被　仰付利倍仕法之儀は源右衛門申立候通為取計候積を以長兵衛へハ相応之御褒美被下置候方ニも可有御座哉と取調候処、上州新田郡尾島村名主又市儀年来居村困窮致し潰百姓追々相増候ニ付、右躰助合之為手当兼而作徳又は商売利分之内除置候金弐百両去寅年支配御代官役所江納切ニいたし、他村」貸附之上利金之分年々村内困窮之者共江割渡、此上潰百姓出来不致様仕度段申立其外是まて水難火災等之時々村内難儀之者共江扶助いたし候金高百両ニもおよひ候段寄特之訳を以為御褒美銀三枚被下置候儀も御座候間、本文長兵衛△下ヶ札　御褒美之儀も右之見合を以銀三枚被下置候方ニ可有御座候哉、依之奉伺候　以上

卯正月

△下ヶ札

> 本文例ニ見合候而は上ヶ銀は相劣り候得共老年ニ至り候
> 迄追々奇特之取計も有之候ものニ而敢而上ヶ銀之員数ニ
> 可拘儀ニも有御座間敷奉存候間、長兵衛江銀三枚被下候
> 積り申上候儀ニ御座候

(朱書)「同七卯年六月八日安藤対馬守殿江上ル」

中山道

板鼻宿本陣喜兵衛親喜内儀寄特之儀ニ付申上候書付

書面喜内江為御褒美銀七枚

被下置候旨被仰渡奉承知候

卯七月五日

桑原伊豫守

根岸肥前守

堀谷文右衛門御代官所

中山道板鼻宿

本陣喜兵衛親　喜　内　卯七十九歳」

右喜内儀同宿本陣ニ而田畑弐町七反七畝歩余所持仕農業之間酢醤油商売いたし罷在候処、当時隠居いたし宿役其外悴喜兵衛相続いたし罷在候、然ル処喜内儀前々ゟ宿内取〆り方宜并農業出精仕、老年なから唯今以日々耕地見廻り不精ニ而田畑手入等閑之もの有之候得は、夫々教諭等仕諸作物仕付方并取入方等外々より早く右に見習、村内一同出精致し」宿場人足并小児等迄皈服仕候由近郷ニ而も沙汰仕都而宿内出入等ニ可相成儀も立入世話仕取鎮メ、近来公事出入訴出候儀も無之且宿内旅篭屋等は宿役人之外世話役之もの江申含、火之元等之儀専一に為心附右之もの共年中毎夜相廻り博奕制方之儀は別段手法を極家別ニ相糺候由、右宿之儀一躰困窮仕候処近年耕作出精之ものも多分出来、自然と宿柄も」立直り、同時宿役差支等も無之由及承候ニ付相糺候之処前書之趣相違無御座候、右は喜内儀年来農業出精仕宿内取締方宜耕作出精之ものも宜当時老年ニ而隠居仕罷在候得共、只今以出精仕候段寄特之筋ニも相聞候間可罷成御儀ニ御座候ハヽ、格別之御沙汰を以相応之御称美被下置候様仕度旨文右衛門申聞候、依之評議仕候処右申立候次第寄特之取計」に有之、猶外々励之為ニも御座候間相応之御褒美被下置候様仕度奉存候、依之奉伺候　以上

卯六月」

（朱書）「同七卯年七月廿五日戸田采女正殿江上ル」

小堀縫殿御代官所
丹波国下滝村庄屋御褒美之儀相伺候書付

書面伺之通御褒美可被下置旨
被仰渡奉承知候

卯八月七日

柳生主膳正
久世丹後守
間宮筑前守
佐久間甚八
大久保内膳
肥田十郎兵衛
鈴木新吉」

小堀縫殿御代官所
丹波国氷上郡下滝村
庄屋　彦右衛門　卯八十歳

右彦右衛門儀年来庄屋役相勤罷在候処、老年におよひ役儀難相勤候ニ付退役仕度旨、尤彦右衛門儀享保十六亥年庄屋役ニ相成、当卯年迄六十五ヶ年相勤村内取締格別宜く村入用等も厳」重ニ取計費成儀聊も無之、公事出入ニ可相成儀も夫々理解申聞無難ニ事済候故、及出訴候儀等無之治方も宜候間退役之儀一統残念ニ存候ニ付勤向助合候積を以差留候得共得心不仕候間無是非願書差出候由、数年無滞庄屋役相勤候者之儀ニ付誉遣候様致度旨年寄并惣百姓共縫殿方江相願候間近村々相糺処、右申立候趣無相違相聞殊ニ右」村之儀困窮所ニは御座候得共御取箇ニ付水干損等之難渋申立候儀は勿論御年貢納方年来相滞候儀無御座、村中無難ニ取計寄特成ものニ付願之通退役申渡誉遣候様可仕哉之段縫殿申聞候、依之評議仕候処、年来庄屋役相勤候内御年貢差滞候儀無之、其上公事出入も無之村中治方宜く六拾ヶ年余も役儀堅固ニ相勤候段は神妙成儀ニも有」之外村々庄屋共励之為ニも可罷成候間、為御褒美銀壱枚被下置候方ニも可有御座哉と奉存候、依之奉伺候　以上

卯七月」

（朱書）「寛政七卯年八月廿六日太田備中守殿江上ル」

早川八郎左衛門御代官所
美作国三崎河原村孝行者之儀申上候書付

書面三郎右衛門江為御褒美銀拾枚被下
母江為老養扶持一生之内米五合宛被下候旨被
仰渡奉承知候

卯十一月十六日

柳生主膳正

早川八郎左衛門御代官所美作国大庭郡三崎河原村百姓
三郎右衛門儀母江孝行仕候段村役人訴出候ニ付相糺候

趣」八郎左衛門書付差出候間則写入御覧候、可罷成儀御座候ハヽ三郎右衛門江相応之御褒美被下候様仕度奉存候、依之申上候　以上

卯八月」

御代官
早川八郎左衛門差出候書付写　　柳生主膳正

私御代官所
美作国大庭郡三崎河原村
百姓　三郎右衛門　当卯五十四歳
右同人母　美　津　当卯八十九歳」

右三郎右衛門儀老母美津江至孝之趣村役人訴出候ニ付相糺候処、三郎右衛門儀高五石三斗余所持仕父三郎右衛門儀は弐拾八ヶ年以前子年病死仕、翌年惣領弥次郎儀も病死仕、其以来母み津并当三郎右衛門弐人暮にて困窮ニ渡世仕、三郎右衛門儀幼少之砌ゟ甚志宜成長に随ひ実躰に耕作出精仕候処、父兄共病死仕家内人少ニも相成候ニ付親類組合之者共ゟ妻呼候様申」勧メ候処、兄弥次郎存命中同人妻縁組仕候処、右兄嫁母之存寄に不相叶家内不睦離縁致し候を及見罷在三郎右衛門儀妻縁組いたし候而は其者母之気ニ叶不申節は母江無詮心遣為致、又は自身之存寄と違候節は老母之介抱も難行届旨ニ而何様申勧メ候而も一切承引不仕、尤至而貧敷暮候得共母之好候事は不何寄費をも厭ひ不申、殊にみ津儀五ヶ年以前ゟ老病ニ而足腰立」不申家内之歩行も相叶不申候ニ付大小便等之儀も懐キ抱江相弁させ人目に懸り不申様取片付、其外起臥之儀も厚く心を用昼夜之介抱精力を尽し、朝暮之飲食丁寧之致方中々常人之及申儀ニ無之耕作野山等江罷越候而も幾度共なく立帰り母之安否を相伺、淋敷躰に相見候得は万事を差置側ニ附居物語なと仕為慰自身之艱難を申聞せ候事御座」なく、元来困窮成ル小百姓ニ而老病之母を介抱仕、其身も五十歳余に相成候ニ付自然と田畑手入も行届不申追々難義之躰ニ付去冬中組合親類共相談之上三郎右衛門姉聟村田勘助と申者可成に相暮シ罷在候ニ付、同人方江母を預置独身に相成農業専一に相稼候ハヽ取続可申段申合、勘助儀も得心之上三郎右衛門江右之趣申聞候処、以之外歎憤母儀」勘助方江参候ハヽ衣食之難儀は有之間敷候得共不自由なからも年来仕馴たる介抱請候ハヽ母も心安く可有之、是迄致介抱候儀を今更外江預ヶ候存寄決而無之其身は何様に艱難いたし候而も終身養ひ可申、無

用之相談仕候儀と承引不仕、尤隣家組合年老之者共は三郎右衛門幼少より之行状覚罷在五七歳之頃ゟ両親を至而大切にいたし成」長仕候ハヽ、相働き、両親不自由なき様為相暮可申抔申居悪遊ひ遠歩行等も一切不仕通例之小児とは事替り候儀に御座候、年長に随ひ果而相違なく且又先年庄屋宗兵衛儀三郎右衛門宅門先を通り見請候処、母を円座に乗せ碓之はたに置麦を交させ其身は碓を踏なから母子快く咄なと仕睦しき躰見請其砌寄特之事と而已一通りに存罷在、共」後隣家其外共承合候処、年来右之通睦敷老母儀病身に候得共気分は慥ニ而世間咄等相好候ニ付毎夜寝入候迄側ニ而咄いたし心を尽し母を慰め候段無相違、右之通老母介抱に打懸り、外に人手も無御座候ニ付自然と田畑手入も行届不申、前書之通妻縁之儀相勧候而も承引不仕儀ニ付、猶又親類組合之者に作働為致其身は屋敷廻り耕作計仕弥母」孝養専一に仕候、親江孝行は子たる者之常に御座候得共他所江聞一同感入候程之孝行に無之候而は難訴出と奉存候得共、元来辺土之儀教と申事も無之心懸疎に御座候故歟右村辺ニ而は孝子等相顕候儀一向承伝不申処、右三郎右衛門行跡右之通相違無御座、村内一同感心仕候儀之旨隣家組合村役人一同申立候ニ付、み津呼出相尋候処前段組」合村役人申立候通相違無之、困窮者に御座候得共忰三郎右衛門儀幼年之頃ゟ神妙に孝養致し呉五ヶ年以前ゟ老病ニ而足腰一向立不申二便之起臥朝暮之食事等無残所深切に心を用呉、至而安心に老を相養ひ満足仕候儀偏に御国恩と難有旨申之ニ付三郎右衛門親類共相糺候処、同人孝心之始末前段之通少も無相違中々常人之およひ申儀」には無御座一同感心仕候儀ニ而右之者共も困窮ニ相暮候得共、是迄雑穀等時々少々宛も合力等仕介抱相助候儀之旨申之候、三郎右衛門呼出相尋候処是迄格段に孝行尽し候儀も無御座、親之儀殊に病身ニも有之候間可成丈相労り大切に仕候儀ニ而当前之儀と奉存候処、孝心之由此度御糺之趣不存寄儀恐入候旨申之候、其外村内惣百姓壱人別相糺候処村役人組合」親類共ゟ申立候通相違無之旨申之并近郷臺金屋村目木村大庭村上河内村相糺候処、右三郎右衛門儀は平日親江孝行いたし人柄共実躰成ものゝよし及承罷在候旨申之、一同申口符号仕候間可相成儀に御座候ハヽ、何卒相当之御褒美御座候様仕度奉存候、依之申上候　以上

卯七月

早川八郎左衛門

（朱書）
「同七卯年十二月三日安藤対馬守殿江上ル」

鈴木門三郎御代官所
美濃国奇特者御褒美之儀ニ付相伺候書付

書面申上候古左衛門直吉又左衛門春臺江
為御褒美銀三枚宛被下置、古左衛門外弐人
苗字帯刀　御免之儀は御沙汰難被及段
被仰渡奉承知候

巳正月廿六日

柳生主膳正
久世丹後守
間宮筑前守
大久保内膳
肥田十郎兵衛
鈴　木　新　吉
三橋藤右衛門
小笠原三九郎

鈴木門三郎御代官所美濃国福冨村古左衛門外」三人御
褒美御座候様仕度段申聞候間、猶又相糺評議仕候趣左
ニ申上候

鈴木門三郎御代官所
美濃国東山縣郡福冨村
庄屋三郎兵衛親　古左衛門

右古左衛門儀年来東山縣郡惣代相勤罷在候処、及老年相
断候得共事馴実躰成者ニ付、村々ゟも相頼無余儀惣代相
勤罷在候処、一躰質朴ニ而農業ハ勿論小前暮方之儀迄
も」心付致世話費用を厭ひ郡中諸用実意ニ取計近郷及出
入候事も理解申聞相宥メ多分和融為致惣躰治方宜敷郡中
一同取用寄特もの之由ニ御座候

同人御代官所
同国加茂郡肥田瀬村
庄屋　直　吉

右直吉儀年来庄屋役相勤農業専世話致シ」村内并近村々
江も定免相勧メ増米致させ跡々差支ニ不相成様取計、御
廻米納入用之儀も重立世話いたし多分相減し一躰差働も
有之者にて郡中ニ而も一同帰服いたし罷在奇特なるもの
之由ニ御座候

同人御代官所
伊勢国桑名郡東対海地新田
百姓　又左衛門」

右又左衛門儀村内農業其外万端心付厚く世話いたし、先
達而被仰出候貯穀入置候郷蔵之儀も重立近村々迄も世話
いたし丈夫ニ為取建、都而御用筋之儀は大切ニ存込、村
内は勿論近村々ニおゐても事立候様成儀も無難ニ取鎮寄

特なるもの之由ニ御座候」

同人御代官所
美濃国西山縣郡掛村　医師　春臺

右春臺儀医師渡世いたし罷在候得共村内平和ニ取計困窮者江は少分なからも毎度手当いたし遣、其外先達而入百姓被　仰付候節も度々罷越深切ニ世話いたし奇特なるもの之由ニ御座候

右之通何れも奇特成者ニ付、相応之御褒美被下置候様仕度、然ル処美濃国之内ニは尾張殿領分入交り有之、右村々江引合公事出入折々有之、其時宜ニ寄双方ゟ村役人差出し取扱候儀も御座候処、尾州領ゟは苗字帯刀致し候もの罷出候得共御料所之ものは帯刀も不仕候故、小前之もの共自然と心取軽く相成」一躰之気請も不宜候間可罷成儀ニ御座候ハヽ、書面三人之者江は苗字帯刀御免被　仰付春臺江も相応之御褒美被下置候様仕度段門三郎申聞候ニ付評議仕候処、何れも奇特成もの共ニ相聞、尤是までは苗字帯刀仕候もの無之相済来候儀ニは御座候得とも尾州領ゟ引合有之節帯刀いたし居候得は自然と相用ひ小前一同気請宜段無余儀筋ニも相聞候間、右申立候通古左衛門直吉又左衛門江為御褒美其身一代帯刀、苗字は孫代迄相名乗、春臺江は銀三枚被下置候方ニも可有御座哉と奉存候、依之門三郎差出候願書写相添此段奉伺候　以上

卯十二月

美濃
伊勢国御代官所之者御褒美之儀申上候書付

鈴木門三郎

私御代官所美濃伊勢国村々之内御用ニ付金銀等差出、又は凶年ニ至米穀を以多分之生民困窮を救可申程之貯可有之豪夫も相見不申候処、実意ニ物事取」計奇特成もの共は有之候間御褒美之儀左ニ申上候

私御代官所
濃州東山縣郡　福冨村
庄屋三郎兵衛親　古左衛門　卯七十歳
但三郎兵衛は高弐百六拾弐石余所持いたし家内拾八人馬弐疋
致所持罷在候」

右古左衛門儀年来庄屋役相勤罷在候処、悴三郎兵衛年頃ニ相成庄屋可相勤人物ニ御座候間庄屋役は先達而三郎兵衛江相譲、古左衛門は三郎兵衛方ニ同居いたし農業等之

致世話罷在候、然ル処私支配所郡々ニは惣代と申者壱人宛相立置、村々役人陣屋元江可申出御用向も其品に寄右惣代引請罷出取計、古左衛門」は前々より東山縣郡村々惣代相勤罷在候処、追々及老年候ニ付惣代辞退之儀郡中江中入候得共、事馴候実意成者ニ付相頼当時も惣代相勤罷在候間追々様子及見聞候処、一躰質朴ニ而村方之農業は勿論小前暮方等迄心付、尤郡中之諸用引請実意ニ取廻し郡中費用を厭ひ、且又事を好候にハ無之候得共近郷ニ而出入可立品も取扱之」儀頼来候得は無拠罷越双方江利合を申聞相宥メ多分は和融為致郡中之静鑑を取計、殊に以前之儀相尋候而も書留絵図面等を以具に相答、兼々心掛も宜敷年老之ものニ而支配所惣郡中ニ而も福冨村之老人と申候得は一同承伏いたし罷在、万端之取計奇特成者ニ御座候

私御代官所
同国加茂郡肥田瀬村
庄屋　直吉　卯五十歳

持高拾八石余
但　家内七人
馬　壱疋

右直吉儀年来庄屋役相勤罷在、農業等之儀専世話いたし筋合も相分り候人物ニ見請候間私笠松江引越候後、年々検見請候よりハ新規定免相願候方村為ニ可有之段利害申聞候処、尤に」承知いたし、多分之増米仕一番に新規定免相願外村々江も寄々申勧追々定免為願請村々も致安居候儀ニ而、殊ニ御廻米江戸納入用費用省方之儀右直吉江得と申含、去ル子年江戸表江差下シ為取計候処、是迄は八百石積壱艘平均弐拾壱両余之村入用相懸り候を壱艘ニ付平均拾両弐分余ニ而差支無之納相済候様取計候は」全く直吉之差働ニ而其後は右之姿に罷成、私支配所美濃伊勢ニ不限外美濃方御料所之分年々数艘之御廻米郡中之費を省き候段一統相歓候儀ニ而、其外郡中ニ而も何そ事立可申儀は右直吉江便り諸相談致し候時は程能取扱取鎮、一躰差働も有之候ものニ御座候間、郡中にても万事為取計一同調法いたし尤志も」宜敷寄特成ものニ御座候

私御代官所
勢州桑名郡　東対海地新田
百姓　又左衛門　卯五十歳

持高五石余

但　家内四人
　　牛　一疋

右又左衛門儀組合長島新田村々農業以下万端之儀心付世話いたし先達而被仰渡候村々貯」穀差置候郷蔵も重立致世話最寄々に丈夫成郷蔵取建都而御用向大切ニ取計、長島新田之内如何之儀も出来可致節は早速取鎮又は私并手附之もの迄内密申越、取締之儀を第一ニ心掛、尤実躰ニ而差働も有之郡中之無難を専ニ相守奇特成者ニ御座候

右三人奇特成もの共ニ御座候間可相成儀ニ御座候ハヽ」苗字帯刀　御免被成下候様仕度奉存候

但私支配所美濃伊勢国之内ニは尾張殿領分ニ入交又は相隣候も有之尾州領江引合候公事出入等は折々之事ニ御座候処、其品ニ寄熟談之儀取扱候節は双方ゟ心得候村役人等之内罷出候処、尾州領ニ而は苗字帯刀差免候重立候もの共を被差出候故私方之儀は御料所百姓なから自然と」下方之取扱ひも軽く御料所百姓之気請ニも拘り候儀ニ御座候間、前書之もの共苗字帯刀被差免被下候ハヽ、右躰懸合之節も差出為取扱申度奉存候、其上如三人之実躰ニ百姓相続いたし寄特成もの共、其功顕候上は郡中ニ而も弥質朴実躰之筋を相学ひ郡中取締ニも可罷成哉ニ奉存候間、是等之儀御賢慮被成下何分本文之趣」御許容被下候様仕度奉存候

私御代官所
濃州西山縣郡掛村
医師　佐野次郎兵衛親
佐野春臺　卯五十二歳

右春臺儀は先年隠居いたし医業を渡世致し罷在候得共、村内農業以下取締之儀専教」諭いたし近郷等ニ入組候儀出来候得は気之毒ニ存早速罷越心得違之筋合は能々教訓致し物毎平和に取計、其上村内等ニ困窮もの有之候得は少々なからも手当致し、且又先達而申上伺之通被仰渡候私支配所可児郡瀬田村惣作地之儀も右春臺最初其身ゟ路雑用を遣ひ所々走歩行入百姓を相求め瀬田村江差遣万事深切ニ取計候」段寄特成ものニ御座候間、相応之御褒美被下候様仕度奉存候

右之通於私奉願候　以上

卯八月

鈴木門三郎」

（朱書）
「同八辰年五月二日安藤対馬守殿江上ル」

菅谷嘉平次
山口鉄五郎
支配所
武州膝子村名主御褒美之儀相伺候書付
書面伺之通御褒美可被下置旨
被仰渡奉承知候
辰六月二日

柳生主膳正
久世丹後守
佐久間甚八
大久保内膳
三橋藤右衛門

菅谷嘉平次山口鉄五郎立会御支配所武州」足立郡膝子村名主傳次郎御褒美之儀ニ付取調候趣左ニ申上候

武州足立郡　膝子村　名主　傳次郎

右傳次郎儀年来名主役相勤来候処、一躰貞実之ものニ而役儀太切に心懸是迄定式御普請仕立方等念入目立候程丈夫ニ相仕立并綾瀬川付堤」弐千間余之越所自普請ニ上置等仕、其外右村以前は困窮所ニ御座候処、極難助成構（ママ）と名付ケ村方之もの江不残出金為致取続兼候者江配当致し候に付、当時田地ニ離候ものも無之前々質入等ニ致し置候分追々請戻し候様相成、且亦近年村内之もの壱人ニ付一ヶ月ニ縄壱房宛取集売代替貸附ニいたし、当時金拾七八両も出来仕候ニ付、往々は」支配所江差出置御年貢其外凶年等之手当ニいたし候積り心懸、近村ニ而も傳次郎行跡之儀は羨罷在候由

右之趣先達而御勘定方関東定式場御普請仕立方見廻り中最寄村々ニ而及承候旨、帰府之上申聞候に付、猶又嘉平次鉄五郎江も相尋候処、右風聞之趣は両人之ものも兼而及承候ニ付、当夏麦作見聞序」委細相糺可申立と心懸罷在候砌之儀ニ付、得と相糺候之処、前書之通是迄奇特之取計仕候段は相違も無御座、村内小前之もの迄飯服いたし罷在候ものゝ儀ニ御座候間可相成儀御座候ハヽ、相応之御褒美被下置候様仕度段嘉平次鉄五郎申立候、依之評議仕候処右傳次郎行跡之儀近村々ニ而も風聞仕相羨候程之儀ニ御座候得は、寄特之段は無相違相聞右」躰之者御褒美等之御沙汰も御座候得は、自然と外村々之響ニも可相成儀ニ御座候間為御褒美銀弐枚被下置候方ニも可有御座候哉、依之奉伺候　以上

辰五月」

（朱書）「同八辰年十二月五日戸田采女正殿江上ル」

伊奈友之助御代官所
武州上成木村奇特者之儀申上候書付

書面武州上成木村又右衛門儀寄特之
次第ニ付為御褒美銀三枚被下置候旨被
仰渡奉承知候

午五月十八日　久世丹後守
中川飛騨守」

関東郡代支配
伊奈友之助御代官所
武州多摩郡上成木村
組頭与膳父　又右衛門

右又右衛門儀天明三卯年凶作之節、組頭役相勤罷在候処、小前夫食無之饑難及候ニ付金五両差出無利足五ヶ年賦之積を以貸渡し候得共、人数多にて引足兼草木之根葉其外平日不食品々」をも夫食に相用候故歟病人多村内一同難儀仕候に付同人儀貯金等可有身上ニも無之処、猶又金壱両三分銭四拾七貫文余小前之者共江合力致し別而難儀之もの江は饘糟等調置差遣夫食足シ合に為致、且医道之心得も有之候ニ付病人江は施薬同様差遣実意に取計候段寄特之筋ニ奉存間、御憐愍之御沙汰御座候様仕」度旨別紙之通友之助申立候ニ付、猶内蜜（ママ）風聞為承糺候処右申立候趣相違も無之相聞、一躰小前之もの共江対し候而も憐ミ深く実意成者之由、近村々ニ而風聞仕候趣別紙之通私組附之もの申聞貯金等も無之程之身上向ニ而右躰之取計仕候段奇特之志に相聞、外村々人気響之ためにも御座候間誉置候様被仰渡可然奉存候　以上

辰十一月」

武州多摩郡
上成木村下分組頭与膳父又右衛門寄特之取計
致候趣申上候書付　伊奈友之助

私御代官所
武州多摩郡上成木村下分
組頭与膳父　又右衛門　当寅七十歳」

右之もの持高四石余家内九人暮ニ而農業仕組頭役相勤候砌、去ル卯年凶作翌辰年小前夫食指詰飢難におよひ候ニ付、先支配伊奈右近役所江夫食代拝借相願候処、右又右衛門より金五両為差出無利足五ヶ年賦に小前江貸渡候得共飢難人数多にて行届候程之儀無之ゆへ、草木之根葉其外共平日不相用品々を食相凌候ニ付、病人多ニ而難儀仕

候」儀を又右衛門甚悲ミ自分之身上向も余分貯金所持いたし候ニも無之候処、右夫食代貸渡之外金壱両三分銭四拾七貫文余小前江合力いたし、別而難渋之もの江ハ餹糟等買調置夫食足合に差遣、病人等江は医道之心得も有之候ニ付薬調合致し施薬同様ニ差遣し、勿論医師渡世に無之候故薬代謝礼等に拘り候儀無之、実意に取計候趣村役人一同」申立之候

右組頭与膳父又右衛門儀医道之心得も有之一躰廉直ニ而、去ル卯年凶作之砌小前飢難を悲ミ身元為差ものニも無之候得共、乍少分夫食代貸渡之外合力等致し其外病人等江夫々薬調剤いたし差遣し候得共、医師之渡世に無之故薬代謝礼等に不拘施薬同様差遣候段旁以寄特之取計ニ付、近村々」相糺候処無相違相聞候間、御憐愍之御沙汰御座候様仕度奉存候、仍此段申上候　以上

寅八月　伊奈友之助」

武州多摩郡上成木村下分組頭与膳父又右衛門
身分其外取計之儀相糺申上候書付
千田冨八郎
萩原要右衛門
伊奈友之助御代官所
武州多摩郡上成木村下分
組頭与膳父
又右衛門　当辰七十歳余」

右又右衛門身分其外小前之もの共江平日取扱之趣得と相糺可申上旨被仰渡候ニ付相糺候趣左ニ申上候

一　又右衛門儀持高四石余も所持仕、家内人数八九人暮ニ而上成木村之内字やく谷と申所ニ罷在一躰医道之心懸有之、当時ニ而は別而専にいたし候由、去なから医師を渡世に致し候儀ニも無之趣相聞申候、尤親子共貞実ニ而至而諸人江憐ミ深く、去ル卯年凶作之砌」も小前一同及飢難ニ候時節金五両程も差出し自分支配いたし候字やく谷分之小前江年賦之積り貸渡候処、中々引足候程ニも無之候ニ付貯金有之候ものニも無之候得共、猶又金壱両余銭四五拾貫文程も小前家別相応に割合合力いたし遣し候由、且存之外辺鄙ニ而平日共雑穀計食し米抔は一向無之、入用之節は三里程隔り候青梅宿江石」灰或は薪等持出し、右品売代替又は賃銭等ニ而調候由ニ御座候、去ル卯年凶年之節は食物一向無之、誠給馴不申品給候故病人多有之、其せつ又右衛門儀施薬同様ニいたし病難を救候由、尤今

以近村ニ而病人有之節は薬遣し其もの快気仕候節謝礼等不致候而も薬代之儀抔申候儀も無之、勿論身分相応に致挨拶候得は申請、又は多分と存候」時は其趣申聞能程ニ貰ひ跡ハ返し候由、其上極貧窮成もの江は右謝礼等不及候間米成共調給随分肥立候様申含相返し候趣ニ御座候、既ニ去卯年同村之内千蔵組下善右衛門後家永々病気ニ而罷在候処、右又右衛門療治ニ而快気いたし候得とも極貧ニ而薬礼も難出来漸金弐朱持参いたし候得ども前書之通是又申含相返し候由風聞仕候」

一　年来物貰抔江は施いたし候由今以日々何人罷越候ても壱人銭六文并麦粟其外何によらす壱合ツヽ右銭に添遣し候由、中ニは一日ニ弐度参り候もの有之候ても咎も不致、初而参り候もの同様施候趣風聞仕候、格別身上宜と申程之儀ニも無之候得共、是迄無怠施いたし候趣近村々ニ而申之候、前書之通米穀不自由成場所ニ而右躰之心懸ヶ其上小前江も憐み深ク実」意成もの之由ニ御座候

右又右衛門風聞相糺候趣申上候　以上

辰十月

千田富八郎
萩原要右衛門」

（朱書）
「同九巳年三月十四日戸田采女正殿江上ル」

吉川栄左衛門
近藤和四郎　立会支配所

上野国村々奇特者御褒美之儀ニ付相伺候書付

書面天田善兵衛儀為御褒美銀拾枚被下置
外壱人江は銀三枚被下候段可申渡旨被仰渡奉承知候

午五月七日

柳生主膳正
中川飛騨守
石川左近将監
大久保内膳
小笠原三九郎

支配勘定格吉川栄左衛門近藤和四郎立」会支配所上野国下滝村天田善兵衛外壱人寄特成者共ニ付、御褒美御座候様仕度段申聞候間取調候趣左ニ申上候

吉川栄左衛門
近藤和四郎　立会支配所
上野国群馬郡下滝村　名主　天田善兵衛

右善兵衛儀年来品々奇特之取計仕候趣去ル丑」年先支配佐藤友五郎申立其節為御褒美苗字子孫迄可相名乗旨被仰

渡候処、其後引続栄左衛門和四郎支配ニ相成候而も去ル寅年右両人役所江金五拾両差出、年壱割之利足貸附ニ相願右利金を以雑穀貯貧窮之もの凶年之手当并小児養育料ニ致し候積り、其上村々見廻り困窮百姓老人子供等夜具無之、莚抔を着し寒気を凌候」もの江は夫々蒲団仕立差遣し、病災等有之候得は実意ニ様子相尋金子夫食抔遣し為取続独身ニ而罷在候もの江は深切ニ世話いたし女房為持遣候類も多分有之、或は質入地流ニも可及分ハ無利足永年賦ニ金子貸遣し地所為請戻返金滞り候而も催促もいたし不申、実々難儀之もの共江は品に寄棄捐ニいたし、其上ニも金子等貸遣し潰ニ」不相成様世話致し、又は御年貢等上納ニ差支候者江は金子合力いたし為相納其外用悪水路埋り候場所浚普請等之入用出し普請為致水行宜相成水旱損を相遁れ、且又先年自分入用を以相建候郷蔵急難手当夫食雑穀追々相嵩候ニ付、猶又出金いたし新規郷蔵取建都合郷蔵も弐ヶ所出来仕候儀と有之品々寄特之取計仕候間、先達而苗字」御免被　仰付間も無之儀ニは御座候得共、格別之御沙汰を以帯刀　御免被　仰付候様仕度旨申立候

右両人立会支配所
同国同郡上新田　名主　金　七

右金七儀身上向相応ニ而実躰成者ニ有之右上新田之儀は明和七寅年村方一統類疫相煩死失人も多其上天明三卯年浅間山焼砂降後退転等ニ而人数」相減、高百八拾四石余手余地ニ相成可起シ返手段無之候之処、去ル酉年先支配佐藤友五郎吟味之上右荒地起し返し方金七引請入百姓家作農具雑具并夫食代等之手当として金五拾四両余差出、前文荒地高之内百六拾三石余去ル寅年迄ニ起し返シ御年貢も上納いたし候様相成、相残分は悪地并深砂ニ而容易ニ起返り不申場所ニ御座候処、是又」年季を限り追々起返り候姿に相成、其外同国与六郎村手余荒地高五石余村引受ニ而年季を限り起返し可申筈之所、年限中抄々敷起し返し出来不仕迚も本村ニ而起返し難及自力ニ趣ニ付、是又同人引請去々卯年ゟ来ル未年まて五ヶ年ニ起し返し申年ゟ御年貢上納仕候積を以出精世話仕罷在、且又凶年之節之夫食手」当として麦拾八石貯置一躰村方取締小前一同気請も宜、其上是迄御年貢上納差支候分は立替無遅滞相納、平常実意ニ取計仕寄特之者ニ御座候間、格別之

御沙汰を以相応之御褒美被下候之様仕度旨申立候
右之通申立候ニ付評議仕候処、下滝村善兵衛儀は一躰暮方質素ニ而御年貢等無遅滞相納村々艱難之」もの共を救ひ、役儀篤実ニ相勤近郷村々荒地之場所起し返し方引請自分入用を以入百姓いたし、高八拾壱石余之荒地起し返し又は起シ返し手当并小児養育料窮民救ひとして口々ニ而都合三百六拾両出金いたし無利足ニ貸附或は元金を居置、年壱割之利足取立ニいたし右利金を以夫々手当ニ仕候積り、其外凶年之節之夫食等貯置品々年来寄特」之取計仕候ニ付、去ル丑年先支配佐藤友五郎御褒美之儀申立候間、其節取調候処武州金崎村佐右衛門儀寄特之取計いたし候ニ付、苗字帯刀御免被仰渡候儀も御座候間
(朱書)「此儀前沢藤十郎元支配所武州秩父郡金崎村佐右衛門儀居村其外近郷凶作等之節飢渇之もの共江米金合力いたし并御年貢未進出」来致し及難儀候もの江は無利足ニ而金子貸渡、年来奇特之取計いたし候趣を以天明八申年九月為御褒美其身一代帯刀　御免苗字は子孫迄可相名乗旨被仰付候　」
右見合を以善兵衛儀も其身一代帯刀　御免苗字ハ子孫迄相名乗候様可被　仰付哉之段同年相伺候処、苗字計り子孫迄相名乗候様被仰渡候ニ付、其段申」渡候、然処其後栄左衛門和四郎支配所ニ相成候而も前書之通引続猶又困窮之者為手当出金等致し并用水路浚普請郷蔵等取建、其外品々寄特之取計方も仕候者ニ付、前書朱書金崎村佐右衛門見合を以右善兵衛儀其身一代帯刀　御免被　仰付候哉并上新田金七儀も村内荒地引受、入百姓いたし余程之地所も起し返し凶年之手当夫食等貯、其外年」来実意ニ世話仕村方取締気請も宜寄特成ものに御座候間、右金七江為御褒美銀三枚被下置候方ニも可有御座哉ニ奉存候、依之此段奉伺候　以上

巳二月

(朱書)「同九巳年三月廿七日戸田采女正殿江上ル」

御勘定所附
越後国岩船郡上下関村寄特者御褒美之儀ニ付相伺候書付

書面万之丞儀為御褒美苗字永々為相名乗銀拾枚被下置、外弐人江は銀三枚ツヽ、被下置候段可申渡旨被仰渡奉承知候

午五月七日

柳生主膳正
中川飛驒守
石川左近将監
大久保内膳
小笠原三九郎」

御勘定所附越後国岩船郡上下関村庄屋万之丞并百姓代儀右衛門百姓利助奇特成もの共ニ御座候ニ付、御勘定所附取扱候御勘定組頭御勘定方一同申聞候間取調候趣左ニ申上候

越後国岩船郡下関村　庄屋　万之丞

右は岩船郡之儀越後国之内ニ而も北寄山附ニ而一躰」困窮之場所ニ御座候処、去々卯年作方不宜米穀直段引上小前之者共取続兼追々他国稼罷出候ニ付、右万之丞ゟ安直段ニ而米穀為買請猶極難之者江は夫々手当仕、去辰麦作取入迄為取続候処、猶又同年五月下旬ゟ六月上旬迄打続候大雨ニ而川通堤所々押切家財夫食等迄押流し、当日をも凌兼候者多く既ニ同郡水難場五拾九ヶ村之分急」難夫食拝借等願出可申処、右万之丞并同人別家同村百姓利助并上関村百姓代儀右衛門申合、饑難百姓共江去秋新穀取入候迄之夫食米三百四拾石余并右郡中ニ而去春御廻米手当差支候者共江米百石都合四百四拾石余合力仕、其外万之丞儀是迄数代郡中小前百姓取続方之儀厚ク世話仕来候旨、右郡中村役人共連印書付を以申立候」に付、是迄取計之次第をも相糺候処、一躰越後国之儀は前々米穀下直之場所ニ而宝暦四戌年までは金壱両ニ米弐石程之相場ニ御座候処、右戌年凶作ニ而翌亥年米直段俄ニ引上ヶ金壱両ニ付五斗程ニ相当り候節、万之丞曾祖父三左衛門儀彼是手配仕郡中救之ため金壱両ニ米壱石弐斗余ニ而俵数弐千五百俵為買請天明三卯年凶作ニ而又候翌辰年」米直段引上ヶ候節、父三左衛門儀居村江銭三百貫文手当仕郡中江は米弐千俵時相場ゟ五割安に為買請其外金三百両無利足年賦済ニ貸渡其上ニも渇命ニおよひ候もの共江は粥施行等仕、且天明五巳年凶作等之為備上下関村江籾七百俵差遣為相囲且同年同郡金丸村田方虫附ニ而取続兼離散百姓出来仕候ニ付離散之もの共江金五拾両合力いたし呼戻し手余」地等出来不仕様取計、尤其砌は上杉弾正大弼御預り所之砌ニ付同人ゟ為褒美三左衛門江銀子為取且又七

ヶ年前戌年同郡山入村々不作ニ而御年貢皆済難渋之節金百両合力仕、其上同年洪水ニ而及難儀候者共江米金合力等仕其頃は榊原式部大輔御預り所之砌ニ而是又其節同人ゟ銀子為取誉置候由、右之外火難水難等之時々難儀仕候者又は困窮ニ而老人小児を」養ひ兼候類江は夫々米銭等合力仕来候は年来之儀ニ御座候旨右郡中村役人共一同申立候

右同郡上関村　百姓代　儀右衛門
下関村　百姓　利助

右は前条之通去夏中之水難ニ而岩船郡川附村々」家財夫食等迄押流し当日をも凌兼候饑難百姓共江万之丞一同申合当新穀取入候迄之夫食米其外去春御廻米手当差支候もの共江合力仕候段、是又右郡中村役人一同申立候、右之通申立尤万之丞是迄数代打続寄特之取計仕来候段は兼而式部大輔御預り所中ニも申上候積ニ御座候処、去ル丑年御預り所　御免ニ付右之段跡支配川崎平右衛門江申」送候由之処、平右衛門儀も無程場所替被　仰付右跡勘定所附ニ相成候節猶又平右衛門ゟ申送候間従来之寄特筋をも得と相糺可申と取調罷在候内、前文之通去々卯年以来も不絶寄特之取計仕、勿論万之丞儀岩船郡内ニ而身元宜御座候上、代々寄特之取計をも仕来候儀ニ付右躰郡中危難有之候節は一同力ニ仕罷在候趣相違も無之相聞、右」躰之者山附辺鄙之場所ニ有之候得は、自然と村方之潤ニも罷成候儀ニ御座候間可相成儀ニ御座候ハヽ格別之御褒美をも被成下并儀右衛門利助江も相応之御誉御座候様仕度旨御勘定所附取扱候御勘定組頭ならひニ御勘定方一同申聞候、依之評議仕候処前書申聞候趣無相違相聞申候、右万之丞儀是迄郡中小前百姓共取続方等之儀厚ク世話仕来同」人曾祖父以来前条之通品々寄特之取計仕来、去々卯年以来も不絶寄特之儀等有之、勿論万之丞儀岩船郡内ニ而身元も宜く代々寄特之取計仕郡中危難有之節は一同力ラニ仕罷在候趣、右躰之者山附辺鄙之村方ニ罷在候得は、猶亦以来村方取〆りにも可罷成儀ニ御座候間、為御褒美万之丞江は其身一代帯刀　御免苗字」は子孫迄可相名乗旨、儀右衛門利助江は銀三枚宛被下候方ニも可有御座候哉奉存候、依之奉伺候　以上

巳三月」

（朱書）
「同九巳年閏七月十五日松平伊豆守殿江上ル」

松平出羽守御預り所
隠岐国周吉郡中村寄特者御褒美之儀ニ付相伺候書付

書面伺之通いよ江為御褒美銀七枚
被下置候旨被仰渡奉承知候
巳十月十七日

柳生主膳正
中川飛騨守
石川左近将監
大久保内膳
肥田十郎兵衛
小笠原三九郎

松平出羽守御預り所隠岐国周吉郡中村百姓」半兵衛
夫婦之もの共寄特之儀ニ付御褒美御座候様御預り所
役人申立候間取調候趣左ニ申上候

松平出羽御預り所
隠岐国周吉郡中村　百姓　半兵衛
同人妻　いよ

右半兵衛儀高百七拾五石余所持仕夫婦共農業之心掛厚く貞実成者ニ有之、去ル子年同国元屋村川普請之節大勢之人夫共江酒食等心付いたし候ニ付、格別相励御普請捗取其上平生貧窮之ものを労り寄特之由ニ付、其砌出羽守ゟ為常美銀（ママ）三枚差遣是迄年来窮民江施し候救高等相尋候処、元来暮方相応ニ付冥加之ため三」十年来施しいたし候得共自分暮方入用同様に相心得別段留扣等不致難相分旨申立候ニ付、村々救を請候共相糺夫々申出候分都合高凡米弐百四拾石大豆六拾石大麦百八拾石銭九百貫文程ニ有之、其外塩噌糖古着等品々貰請候者共も御座候得共、員数は相知兼候段申出、一躰隠岐国は辺土之島国ニ而困窮百姓多く有之候処、半兵衛」夫婦共篤実成者にて小前ゟ借用之儀申掛候得は可成丈ヶ叶遣し格別難儀之者江は家内之人数を見計ひ相応に手当も致し、或は家作等いたし候もの江は竹木藁なと任有合助力いたし、凶作之節は自分作徳も纔ニ而難儀之所暮方成丈ヶ倹約いたし近村々之もの共江救等心付来り、且天明三卯年凶作ニ而島中飢人多」村々重立候百姓共江救合之儀申渡飢渇を為凌候所、半兵衛儀居村之飢人江日々粥を煮給させ他村ゟ袖乞ニ出候もの之飢命をも労り、是迄年来半兵衛夫婦申合寄特之取計致し近村々迄も皈服いたし国中之手本ニも相成候程之儀ニ有之候処、右両人共追々及老衰候ニ付御褒美之儀可申立と取調罷在候内、半兵衛儀は病死仕候得共後家」いよ儀半兵衛同様婦人に珍敷寄特者ニ御座候間、御褒美之御沙汰御座候様仕度旨御預り所役人申立寄特之儀ニ御座候間評議仕候処、半兵衛存命ニ御座候ハヽ、夫婦之もの江為御褒美銀拾枚も可被下哉之処、半兵衛儀は病死仕候得共右申立之趣ニ而は後家いよ儀婦人ニ稀成寄特之儀ニ相聞候間為御褒美銀七枚被下置候方ニも可有御座哉と」奉存候、依之此段奉伺候　以上

巳七月

(朱書)
「同十午年二月廿四日松平伊豆守殿江上ル」

松平主殿頭御預り所
肥後国天草郡冨岡町并村々寄特者
御褒美之儀ニ付相伺候書付

書面伺之通御褒美被成下且市郎左衛門外四人之者共江格別之訳を以別段銀拾枚ツヽ為御褒美被下候旨被仰渡奉承知候

午四月廿七日

柳生主膳正
中川飛騨守
石川左近将監
大久保内膳
小笠原三九郎

松平主殿頭御預り所肥後国天草郡冨岡町并」村々之者共寄特之取計仕候間、御賞美御座候之様仕度旨御預り所役人申立候ニ付取調候趣左ニ申上候

松平主殿頭御預り所
肥後国天草郡
冨岡町庄屋　荒木市郎左衛門
同所銀主　善三郎
市左衛門」
甚平
祐七
村々領主共　弐百八拾七人
湯船原村外八ヶ村　百姓共

右は肥後国天草郡之儀山野之離島ニ而土地悪敷米穀出来方無甲斐一躰田地少き場所ニ付、無高之百姓多く高持百姓迚も連々困窮ニ随ひ借金」相嵩、質田畑等流地ニ相成、終ニは銀主共江被引取其地所之小作を致し候様相成候ゆへ纔之作徳ニ而次第ニ困窮相募人気悪敷罷成、是迄勘定合之儀ニ付銀主共を相手取度々徒党ヶ間敷儀相企、其時々御咎も有之候得共全く困窮ニ迫り候より起候儀ニ付唯今迄之侭ニ而捨置、万一凶作等打続此上難儀に差迫り候而は如何様之儀出来可仕も難計と郡中」大庄屋共安堵不仕事起り不申内治り方宜様取扱方之儀色々申談候上、年来銀主共江引取候田

畑山等地主共江追々為請返其外質地無之借銀済方等之儀夫々仕法を付何レ右躰ニも相成不申候而は郡中相治り申間敷旨大庄屋とも一同主殿頭御預り役所江申出候ニ付、右申立候仕法之通被　仰付百姓とも立行候様仕度旨御預り所役人」申立候通去々辰二月中伺相済候処、銀主共存入能承服いたし百姓共相続方仕法相立追々質入田畑等請返候様可相成と一統安堵いたし罷在候之旨、然ル処書面冨岡町庄屋荒木市郎左衛門儀右仕法書之趣勘弁いたし都而年季元請田畑之儀連々ニは受返之手段も可致出来候得共急々ニは相続方も相立申間敷、且田畑質入并無」質借銀等年賦取引ニ相成候而も至而難儀之百姓共は返済方出来兼候者も可有之、左候得は又候右取引に付、万一彼是申分等出来候而は如何と存候趣を以右冨岡町之内重立候銀主共江右年賦取に相成候分町内は勿論外村々江貸し有之分共百姓江為助力棄捐にいたし遣候様仕間敷哉百姓とも相続方之儀に有之候間、得と勘弁いたし候」之様及熟談候処、同町銀主共之内書面善三郎外三人之もの共感服いたし相続方足りにも可相成筋ニ候ハヽ貸銭不残棄捐ニ可致旨申之町内并近郷村々江貸方之分不残棄捐ニいたし遣候段御預り役所江訴出候処、右之趣郡

中江相響村々銀主共儀も年賦払方之内追々棄捐ニ仕百姓共勝手宜相成相続方出来一同相歓候旨右」之通銀主共何レも存込能差はまり、別紙之通大造之銭高棄捐ニ仕候儀寄特之取計ニ御座候間相応之御賞美被成下度旨、尤前書市郎左衛門外四人之者共は最初に右之通取計候故、右ニ随ひ外銀主共一統寄特之取計仕候段全ク五人之存念ゟ起り候儀ニ付、右之者共江は格別之御賞美御座候様仕度旨御預り所役人申立候、依之評議」仕候処、市郎左衛門儀庄屋役相勤候ものとは乍申右躰百姓共相続郡中治り方等之儀疾心掛品々勘弁之上自分貸し方は勿論町内重立候銀主共江棄捐之儀及熟談、差続善三郎外三人之者共儀も右申談候趣感服いたし棄捐之手始仕候故、郡中江も相響大造之相続方仕法不及多年相整候段は格別寄特之儀ニも御座候間、」市郎左衛門儀は其身一代帯刀　御免善三郎△下ケ札外三人之者共は其身一代苗字相名乗候様被　仰付、其外銀主共儀も右五人之もの共取計に倣年賦払方之内追々棄捐ニ仕候段是又寄特之儀ニ付、一統銀弐百枚被下置候方ニも可有御座哉、且右之通銀主共銘々寄特之取計仕候始末に至り候も前書申上候通一躰最初大庄屋共郡」中治り方宜様取扱方仕法を付御預り所役人まて申

出、右ニ付候而は御預り所役人之儀も彼是骨折取扱候儀ニも御座候間、右役人之内重役羽太十郎左衛門江銀拾枚右ニ差続キ重立取扱候川口長兵衛平野弥司右衛門川鍋次郎左衛門川鍋左源太川村筋右衛門谷川平太夫江銀七枚宛、右△下ケ札之者共ニ引続取扱候小川忠太夫中村小源太冨田」勝兵衛奥村加兵衛大竹仁左衛門小川要左衛門江銀三枚宛、大庄屋拾人之者共江銀弐枚ツヽ、是又為御褒美被下置候方ニも可有御座哉ニ奉存候、依之此段奉伺候　以上

午二月

△下ケ札

本文荒木市郎左衛門儀陣屋元町場之庄屋役相勤、其上唐船漂着等有之候節抜荷改も仕候故を以為取締、去々辰年苗字　御免被　仰付候者ニ御座候

」

△下ケ札

本文川口長兵衛川鍋次郎左衛門儀当時は役替仕候得共、先達而書面之天草郡中治方仕法相立候節御預り所御用向取扱罷在、右仕法之儀ニも携り候者ニ御座候間、御褒美之儀は一同申上候儀ニ御座候

」

肥後国天草郡銀主貸銭捨方小前帳　松平主殿頭
御預所

一　元銭弐百三貫文　冨岡町庄屋　荒木市郎左衛門
一　同千六百九拾四貫四百五拾八文　同町升屋　善三郎
一　同三百八貫三百文　同町米屋　市左衛門
一　同五千八百弐拾九貫七百弐拾四文
同町萬屋　甚　平」
一　元銭弐千九百拾貫五百六拾五文　同町萬屋　祐　七
一　同千弐百貫文　福連木村庄屋　尾上文平
一　同七百貫文　同村庄屋弟　卯兵衛
一　同三百弐拾貫文　同村　宇右衛門
一　同三百拾七貫文　同村　初右衛門
一　同三百拾三貫文　同村　源右衛門
一　同七千弐拾弐貫八百六拾九文
冨岡町大坂屋　甚三郎」
一　同千七百四拾八貫文　同町大和屋　吉兵衛
一　同四千百六拾四貫百三拾五文　同町升屋　半右衛門
一　同壱万四千四拾壱貫百九拾七文
町山口村庄屋　大谷林之丞

一　同九百七拾弐貫百九拾九文　小田床村庄屋　後　家
一　六百九貫百七拾弐文　同村後見　良右衛門
一　同千九百五拾六貫四百弐拾四文　同村　文兵衛
一　同弐百六拾弐貫七百九拾五文
鬼池村庄屋　池崎清左衛門」
一　元銭七拾弐貫四百七拾五文　同村　藤　七
一　同弐拾貫五百弐拾文　同村　善四郎
一　同弐拾七貫九百六拾壱文　同村　宇　吉
一　同拾九貫六百三拾弐文　同村　順　助
一　同百八拾六貫三文　同村　儀右衛門
一　同弐拾貫百四拾文　同村　為右衛門
一　同百拾貫八百六拾五文　同村　利　七」
一　同弐百弐拾八貫九百五拾文　同村　作兵衛
一　同弐百弐貫六百七拾三文　同村　与市右衛門
一　同九拾八貫七百拾文　同村　藤左衛門
一　同五拾六貫四百三拾文　同村　惣次郎
一　同三拾四貫五百四拾弐文　同村　覚兵衛
一　同六百三拾弐貫百文　同村　喜　六
一　同三百五拾五貫三百文　同村　直　七」

一　元銭五拾三貫八百拾文　同村　兼五郎
一　同五拾九貫五百弐拾文　同村　兼　蔵
一　同三千九百八拾壱貫百四拾壱文　御領村　庄兵衛
一　同百弐拾六貫文　佐評《（ママ》津《オカ）》村　左　平
一　同三拾九貫九百六拾文　同村　次右衛門
一　同三拾弐貫文　同村　祐　七
一　同拾六貫八百七拾文　同村　丈　平」
一　同弐拾貫六百三拾文　同村　長兵衛
一　同三拾弐貫四百九拾文　同村　彦兵衛
一　同八貫八百七拾文　同村　栄　作
一　同壱万弐千九百六拾壱貫百三拾六文　御領村　小山時太郎
一　同弐千五百拾八貫百拾九文　同村　利兵衛
一　同八千七百三拾三貫九百九拾四文　同村　勝之丞
一　同五百六拾三貫九百文　同村　賀　助」
一　元銭四百六拾七貫文　同村　茂右衛門
一　同弐百壱貫九百九拾八文　同村　永　蔵
一　同弐百拾五貫百九拾三文　同村　新　七
一　同三百三拾四貫九拾文　同村　文次右衛門

一　同六百拾七貫五百文　同村　定右衛門
一　同百弐拾五貫四百文　同村　平左衛門
一　同七拾弐貫七百七拾文　同村　甚次右衛門」
一　同百弐拾六貫文　同村　冨之丞
一　同百七拾九貫三百八拾弐文　同村　儀八郎
一　同弐百九拾九貫弐百五拾文　同村　順　助
一　同百九拾壱貫弐百文　同村　喜　六
一　同弐百拾七貫文　同村　悌　助
一　同五拾四貫四百六拾文　同村　和　作
一　同四拾八貫文　同村　伴　七」
一　元銭百弐拾壱貫七百七拾壱文　同村　喜右衛門
一　同八拾四貫四百七拾四文　同村　治左衛門
一　同弐拾貫文　同村　清右衛門
一　同三拾弐貫五百文　同村　保　助
一　同四拾八貫八百三拾文　同村　百　松
一　同弐拾三貫五百文　同村　辰五郎
一　同弐拾貫百五拾文　同村　長右衛門」
一　同百五拾五貫文　同村　千右衛門
一　同弐拾八貫六百三拾壱文　同村　禮　助

一　同拾貫文　同村　仁　七
一　同七貫三百文　同村　儀　七
一　同拾五貫七百文　同村　石　見
一　同弐拾五貫七百五拾文　同村　太郎兵衛
一　同三拾九貫五百弐拾文　同村　甚　松」
一　元銭百弐貫七百七拾六文　同村　源左衛門
一　同拾四貫七百弐拾五文　同村　喜代八
一　同弐貫弐百八拾文　同村　栄　助
一　同拾弐貫四百八拾三文　同村　代　蔵
一　同弐貫八百五拾文　同村　作之丞
一　同拾壱貫弐百文　同村　八　蔵
一　同弐拾貫弐百五拾四文　同村　五郎兵衛」
一　同弐拾六貫三百七拾弐文　同村　久米蔵
一　同拾五貫八百六拾六文　同村　冨　助
一　同八貫五百五拾文　同村　良　助
一　同壱貫九百文　同村　三五郎
一　同拾九貫弐百四拾七文　同村　喜代松
一　同八貫弐百八拾四文　同村　作平次
一　同拾貫八百八拾七文　同村　安五郎」

一　元銭壱貫四拾五文　同村　関右衛門
一　同三貫八百文　同村　伊右衛門
一　同四貫弐百五拾六文　同村　甚左衛門
一　同拾六貫百五拾文　同村　増右衛門
一　同拾壱貫五百九拾文　同村　次郎左衛門
一　同弐貫五百六拾五文　同村　政　七
一　同拾弐貫七百三拾文　同村　権兵衛」
一　同拾八貫六百五拾八文　同村　太郎右衛門
一　同拾五貫弐百文　同村　定　八
一　同六拾七貫八百八拾文　同村　物　平
一　同壱万五百三拾九貫六百七拾六文　牛深村　助　七
一　同九拾六貫六百六拾文　同村　利平次
一　同三百八拾壱貫文　同村　市左衛門
一　同七拾八貫文　久玉村　甚　蔵」
一　元銭七百拾貫三拾文　亀浦村庄屋　倉田武左衛門
一　同千六百壱貫三拾八文　津留村庄屋　蓑田文吉
一　同千八百弐拾五貫三百三拾文　城木場村　儀左衛門
一　同弐百九拾四貫三百六拾壱文　同村　伊代助
一　同弐千百弐拾九貫八拾三文　井手村　喜兵衛
一　同千百八貫百弐拾文　同村　龍右衛門
一　同弐百九貫三百八拾文　城木場村　八十七」
一　同三拾三貫七百弐拾五文　井手村　郡兵衛
一　同弐拾壱貫八百五拾文　同村　庄　平
一　同弐千百五拾三貫八百六文　浦村　信右衛門
一　同九百拾弐貫拾九文　同村　九郎右衛門
一　同三百八貫弐百九文　同村　嘉左衛門
一　同六拾五貫七百弐拾弐文　同村　藤兵衛
一　同六貫百拾八文　同村　冨右衛門」
一　元銭五貫七百文　同村　祐　助
一　同八拾壱貫百四拾九文　同村　繁兵衛
一　同百三拾七貫七百五拾文　同村　仁左衛門
一　同七拾貫八百文　同村　武平治
一　同三拾三貫八百文　同村　惣五郎
一　同弐拾三貫五百五拾文　同村　杢兵衛
一　同七拾貫九百文　同村　平　内」
一　同壱貫九百文　同村　藤　内
一　同弐拾弐貫九百文　同村　儀　平
一　同三拾五貫五百拾六文　平床村庄屋　冨永栄之丞

一　同四拾七貫五百文　同村　瀧　蔵
一　同百弐拾六貫七百三拾五文　津留村　玄　亭
一　同百六拾弐貫五百六拾四文　大江村　有　助
一　同五拾六貫弐百四拾文　同村　清右衛門」
一　元銭三拾壱貫三百五拾文　同村　助　蔵
一　同四拾壱貫八百文　同村　源三郎
一　同五拾七貫文　同村　藤三郎
一　同弐拾貫三百三拾文　同村　藤右衛門
一　同五拾五貫百文　同村　吉郎右衛門
一　同六拾九貫八百九拾五文　同村　銀右衛門
一　同弐拾五貫五百七拾四文　同村　藤　助」
一　同六貫六百五拾文　同村　林　蔵
一　同百九拾七貫四百拾壱文　同村　蔵之丞
一　同七拾九貫三百六拾四文　同村　万　助
一　同四百五拾三貫五拾五文　同村　喜　助
一　同五拾五貫四百八拾文　同村　伊　八
一　同九貫五百文　同村　甚左衛門
一　同百四拾四貫四百六拾六文　同村　常兵衛」
一　元銭五拾六貫五百六文　同村　作之丞

一　同弐百九拾貫五百拾文　同村　吉五郎
一　同三百九拾五貫六百八拾六文　同村　嘉　助
一　同千九百六拾壱貫百六拾五文　高浜村庄屋　上田源作
一　同千九百拾四貫八百三拾九文　同村　吉郎太
一　同七拾五貫五拾文　同村　吉右衛門
一　同千六百四拾八貫六百三拾五文　同村　悦右衛門」
一　同六百貫弐百拾文　同村　新左衛門
一　同弐拾四貫五百拾文　同村　清　作
一　同弐拾四貫五百拾文　同村　久次郎
一　同拾壱貫八百拾文　同村　傳　作
一　同拾四貫百五拾五文　同村　紋　吉
一　同弐百四貫八百九拾文　同村　傳四郎
一　同千七百八拾四貫文　宮田村　恒兵衛」
一　元銭弐千九拾四貫八拾文　同村　柳左衛門
一　同三拾貫弐百二拾文　同村　庄　吉
一　同千弐百五拾弐貫五百弐拾文　同村　吉左衛門
一　同弐拾七貫五百文　同村　伊左衛門
一　同三千弐百九拾貫百三拾文　立原村庄屋隠居　治　吉
一　同弐百九拾八貫三百文　同村　権兵衛

一　同三拾三貫四百四拾文　同村　元　平」
一　同拾九貫文　同村　次　助
一　同拾八貫八百拾文　同村　淺　平
一　同六拾弐貫七百文　同村　庄　吉
一　同千九百四拾六貫三拾文　下河内村　代　八
一　同壱万百拾七貫三百七拾六文　大島子村　兼左衛門
一　同八百九拾五貫八百五拾壱文　同村　武左衛門
一　同千弐拾壱貫六百八拾文　同村　種　蔵」
一　元銭弐千八百五貫五百弐文
宮地岳村庄屋　中西亀右衛門
一　同八百七拾七貫三百六拾弐文　同村庄屋隠居　小兵衛
一　同九百九拾九貫五百九拾文　同村　常左衛門
一　同五百九拾貫九百文　同村　和　吉
一　同百七貫五百九拾七文　同村　杢平次
一　同五拾貫七百三拾文　同村　倉　吉
一　同弐百五拾九貫五百九拾七文　同村　兼兵衛」
一　同七拾六貫　同村　良左衛門
一　同百拾四貫六拾七文　同村　宇兵衛
一　同四拾九貫百文　同村　平兵衛

一　同拾九貫弐百文　同村　半　蔵
一　同拾六貫文　同村　平左衛門
一　同九貫弐百文　同村　平　七
一　同九貫八百文　同村　藤　吉」
一　元銭四貫八百九拾文　同村　忠　七
一　同三貫六百文　同村　林　助
一　同七拾八貫七百文　同村　庄左衛門
一　同五拾弐貫文　棚底村　庄右衛門
一　同三拾五貫文　同村　織　平
一　同弐拾貫百文　同村　和　助
一　同六百拾五貫弐百文　井手村　市郎兵衛」
一　同四拾貫五百文　大浦村　民右衛門
一　同六拾壱貫七百五拾文　同村　善五郎
一　同六拾五貫百七拾文　同村　市左衛門
一　同八拾弐貫八拾文　同村　利　作
一　同四拾三貫三百弐拾文　同村　吉左衛門
一　同百七拾七貫弐百七拾文　同村　卯右衛門
一　同百四拾四貫四百文　同村　為左衛門」
一　元銭百六拾五貫三百文　同村　兼左衛門

一　同百五拾貫八百六拾文　同村　喜代左衛門
一　同弐拾六貫七百九拾文　同村　松兵衛
一　同弐拾五貫八百四拾文　同村　清左衛門
一　同百六拾七貫五百八拾文　同村　増左衛門
一　同六拾貫八百文　同村　勝右衛門
一　同三拾八貫九百五拾文　同村　八左衛門」
一　同五拾三貫弐百文　同村　紋　七
一　同八拾弐貫文　須子村　長兵衛
一　同百八拾五貫文　同村　為左衛門
一　同百六貫七拾文　同村　民左衛門
一　同百三拾貫文　同村　喜代左衛門
一　同五拾弐貫六百八拾文　同村　半左衛門
一　同八拾壱貫三百文　同村　繁左衛門」
一　元銭三百五拾貫文　同村　藤次兵衛
一　同五拾八貫文　同村　良右衛門
一　同八拾弐貫文　同村　武右衛門
一　同六拾弐貫文　同村　恒　蔵
一　同四拾五貫文　同村　兼　七
一　同六拾壱貫文　同村　傳左衛門

一　同百拾五貫文　同村　長左衛門」
一　同八百九貫弐拾文　赤崎村　儀　助
一　同七百九貫六百五拾文　同村　市右衛門
一　同五百五拾四貫八百文　同村　冨左衛門
一　同五百拾弐貫文　同村　種左衛門
一　同弐百五貫文　同村　吉兵衛
一　同弐百拾八貫五百文　同村　杢左衛門
一　同百四貫五百文　同村　種　八」
一　元銭六拾七貫八百三拾文　同村　市兵衛
一　同千八百三拾五貫八百八拾四文　上津浦村　宅右衛門
一　同五百七貫四百五拾弐文　同村　銀　蔵
一　同五百七拾壱貫三百三拾文　同村　吉左衛門
一　同弐百五拾八貫四百文　同村　東　作
一　同百四拾弐貫九百七拾文　下津浦村　徳左衛門
一　同百弐拾四貫六百八拾七文　同村　四郎兵衛」
一　同五拾六貫六百弐拾文　同村　兼　助
一　同三百九拾貫八百七拾壱文　同村　儀八郎
一　同百拾弐貫七拾七文　湯船原村　忠　蔵
一　同五拾七貫文　同村　音右衛門

一　同百九貫六百三拾文　是ハ小貸之分　同村　百姓共
一　同弐百四拾七貫三百文　平床村庄屋隠居　九郎兵衛
一　同三百拾四貫九百六文　牛深村　磯十郎」
一　元銭五拾壱貫三百三拾五文　同村　久米助
一　同八拾四貫四百五拾五文　同村　虎之助
一　同拾六貫百五拾文　同村　重　助
一　同弐千九百九拾六貫百拾七文　下浦村　亀右衛門
一　同三百八拾貫五百文　上村　為　八
一　同弐百八拾五貫三百拾八文　同村　亀　助
一　同四百七拾五貫拾三文　同村　作平治」
一　同三百四拾弐貫七拾文　同村　丈右衛門
一　同弐百弐拾八貫百弐拾文　同村　良　七
一　同三百八拾貫五拾文　同村　忠　蔵
一　同九拾五貫六百拾文　同村　栄　助
一　同三拾八貫八拾文　同村　用　平
一　同三拾八貫拾六文　同村　安　平
一　同九拾五貫百弐拾文　同村　杢右衛門」
一　元銭三百八拾貫六文　同村　丈　七
一　同五拾七貫六百拾五文　同村　甚左衛門

一　同六拾弐貫五百文　同村　源右衛門
一　同六拾弐貫五百拾八文　下浦村　九兵衛
一　同百拾貫弐百文　同村　次右衛門
一　同千百貫文余　是ハ小貸之分　同村本郷　百姓共
一　同百九拾九貫五百文　登立村　米　八」
一　同百八拾六貫弐百文　同村　九左衛門
一　同九拾五貫弐百文　同村　弥右衛門
一　同九拾五貫文　同村　助右衛門
一　同百拾四貫文　同村　冨　助
一　同六拾六貫五百文　同村　彦右衛門
一　同弐百四拾七貫文　同村　平左衛門
一　同七百六拾貫文余　是ハ小貸之分　同村　百姓共」
一　元銭三百五拾四貫七百六拾八文　中村庄屋　浦本沢兵衛
一　同四百七拾七貫九百弐拾六文　同村　銀左衛門
一　同三百七拾六貫八百六拾五文　同村　卯兵衛
一　同四百弐拾六貫八百九拾弐文
是ハ小貸之分　同村　百姓共
一　同五千七百五拾貫文　阿村　伊兵衛

一　同九百五拾五貫七百文　同村　弥　平
一　同弐百五貫文　是ハ小貸之分　同村　百姓共」
一　同弐百三拾八貫七拾文　合津村　有　蔵
一　同百九貫弐百五拾文　同村　平　吉
一　同百六拾壱貫九百拾五文　同村　甚　助
一　同百拾貫六百九拾四文　同村　栄左衛門
一　同七拾壱貫四百四拾文　同村　傳　吉
一　同百八拾九貫五拾文　是ハ小貸之分　同村　百姓共
一　同八百五拾五貫六百三拾九文　今泉村　勘兵衛」
一　元銭三百九拾貫八百八拾文　同村　恒右衛門
一　同百九拾六貫六百八拾文　同村　喜惣次
一　同九拾六貫三百三拾文　同村　市左衛門
一　同百九拾貫六拾六文　同村　七右衛門
一　同百九拾三貫八百文　同村　藤　平
一　同弐百五拾壱貫七百五拾文
　是ハ小貸之分　同村　百姓共
一　同千五百壱貫八百七文　楠甫村　儀右衛門」
一　同千九百九拾三貫百三拾四文　同村　淺右衛門
一　同百拾四貫八百五拾五文
　是ハ小貸之分　同村　百姓共
一　同九百五拾壱貫五百三拾文　教良木村　弥五郎
一　同七百五拾九貫弐百文　同村　小左衛門
一　同七百四拾五貫三百文　同村　倉右衛門
一　同九拾五貫三拾文　同村　与右衛門
一　同百五貫弐百文　同村　忠左衛門」
一　元銭百五貫三百弐拾文　同村　傳九郎
一　同九百五拾弐貫文　是ハ小貸之分　同村　百姓共
一　同五百七拾貫文　内野河内村　徳左衛門
元銭〆拾八万千四百五拾貫五百三拾三文
人数〆弐百九拾弐人」

(朱書)「同十午年四月十四日松平伊豆守殿江上ル」

簑笠之助御代官所
信州埴科郡下戸倉宿寄特者御褒美之儀相伺候書付

書面申上候通村役人江は御褒美
被下置其外伺之通可仕旨被仰渡奉承知候
午五月廿一日
柳生主膳正
中川飛騨守
石川左近将監
大久保内膳
小笠原三九郎

蓑笠之助御代官所信州埴科郡下戸倉宿」役人共寄特之取計仕候ニ付御褒美之儀申立候間取調候趣左ニ申上候

蓑笠之助御代官所
信州埴科郡下戸倉宿

名主　直左衛門
年寄　十郎右衛門
同　伴右衛門
同　要右衛門」
同　儀左衛門
同　儀右衛門
問屋　茂兵衛
同　治左衛門
与頭　弥四郎
百姓代　半　七

右下戸倉宿之儀高五百八拾石余ニ御座候処、千曲」川附ニ而追々高弐百石余之川欠損地出来地不足ニ相成困窮いたし別而天明三卯年凶作以来弥増困窮相募御年貢納後レニ相成、漸翌年之収納ものを以前年之御年貢皆済仕夫食等ニも差支離散潰百姓出来可致躰ニ付、名主直左衛門外九人申合身分相応米金差出助合為取続候得共困窮可立直期も相見不申候処、右之者共常々小前」百姓共江質素倹約之儀精々申聞博奕等厳敷相制農業出精致させ、間々ニは北国往還ニ付草履草鞋等を作り売代替夫食足合ニ可仕旨申教候処、小前之者共一統出精いたし無精之もの有之候へハ相互ニ異見差加村方一同和融いたし差はまり農業相励候ゆへか、作方之儀も外村ニ見合候而ハ格別出来方宜石砂入損地之分も年々出精起し返シ」其上十六七ヶ年以前迄は宿内度々出火ニ而難儀仕候之処、近年番小屋相建毎夜宿役人共壱人ツヽ相詰無油断為見廻候ニ付一切出火無御座、御伝馬役相勤候内困窮之者江は馬代として金三両ツヽ右役人共才覚を以無利足五ヶ年又は七ヶ年賦貸渡為相勤一躰役人小前迄風儀宜宿内取締行届候ゆへ、近来盗賊等も無之旅人も安心止宿仕候由ニ有之、且前」書之通多分之川欠損地ニ而以前は甚困窮に罷在候処、当時ニ而は村柄人気も立直公事出入ヶ間敷儀無之御年貢納方触日限通り聊無遅滞相納候段、全右役人共取計方宜実意ニ出精仕候故之儀ニ御座候之間可相成儀ニ御座候ハヽ相応之御褒美御座候様仕度段笠之助申立候、依之評議仕候処右之者ども役儀相勤候ものとは乍申村方相続宿内」取締方等厚く心掛ヶ差はまり出精取計近来追々荒地も起シ返し困窮立直り村柄風儀も宜相成候段寄特之儀ニ相聞、右躰之者共御褒美之御沙汰も御座候ハヽ自然と外村々響ニも可相成儀ニ御座候間、書面名主直左衛門外九人之者共江為御褒美銀壱枚ツヽ被下置小前百姓共儀も村役人申教を相守、農業其外出精仕候段寄特之儀ニ付」褒置候様笠之助江被仰渡候方ニも可有御座候哉、此段奉伺候　以上

午四月」

(朱書)「同十午年五月廿日松平伊豆守殿江上ル」

早川八郎左衛門御代官所
備中国実村奇特者御褒美之儀ニ付相伺候書付

書面太田正蔵太田平兵衛江為
御褒美銀拾枚ツヽ被下
置候旨被仰渡奉承知候
午七月朔日

柳生主膳正
石川左近将監
大久保内膳
小笠原三九郎

早川八郎左衛門御代官所備中国実村寄特」もの御褒美之儀申上候ニ付取調候趣左ニ申上候

備中国阿賀郡実村　百姓　太田正蔵　午三十壱歳
同村　百姓　太田平兵衛　午三十一歳

右は美作国大庭西之条郡備中国阿賀哲多川上郡」三拾ヶ村之儀困窮村方ニ御座候処、去ル辰巳両年旱魃ニ而諸作損毛仕別而畑方損毛強其上去巳年疫病流行家並相煩死失人も多既ニ右村々之内ニは去々辰年畑方損毛之分引方相立候も有之、両年之凶作ニ而御年貢上納方は勿論夫食ニ差支難儀之段願出候ニ付村々貯出穀又は八郎左衛門役所ニ而取扱候御貸附銀等差繰」貸渡置候処、右正蔵平兵衛儀村々難儀之様子及見聞両人親共代ゟ連々貯置候金五百両差出助力仕度旨申出候間糺之上申立之趣承届、右金五百両役所江為差出困窮村々吟味仕、畑方損毛并夫食手当別紙書付之通割渡為取続候旨、尤右両人とも元来同家ニ而先年分家いたし正蔵儀は高百六拾弐石平兵衛儀は高六拾四石所持いたし、明和五」子年ゟ翌丑年春迄郡中百姓共騒立候節、正蔵親三左衛門取計方宜奇特之旨を以為御褒美銀拾枚被下置其身一代帯刀　御免苗字は永々可相名乗旨被　仰付、平兵衛親伊之助儀は安永六酉年郡中困窮其上手余荒地等多御年貢惣百姓弁

納ニ相成候分銀子差出上納為仕、其外奇特之取計仕候ニ付為御褒美銀拾枚」被下置其身一代帯刀　御免苗字は永々可相名乗旨被　仰付、其後去ル酉年右三左衛門伊之助両人所持之小割鋳弐千四百束差上、是又奇特之旨を以銀拾枚宛被下置重々難有奉存、此上御奉公筋ニ可相成儀心掛ヶ百姓為ニ成候儀は出精可相励旨兼々親共より申聞置候処、前段之村々旱損ニ付難儀之躰及見聞親共申聞候儀は」ヶ様之時節と心付申合助力出金之儀申出候旨申之候ニ付、近村々呼出し右両人平常之行跡相糺候処奢ヶ間敷儀無之御制法大切ニ相守至而実躰成之由一同申立寄特之儀ニ御座候間可相成儀ニ御座候ハヽ、親三左衛門伊之助同様両人共帯刀　御免被　仰付候様仕度旨八郎左衛門申聞候、依之取調候処右正蔵平兵衛儀は前条之通親共寄特」之故を以苗字相名乗来候ものニ有之、尤苗字帯刀之儀は格別重キ御誉之御趣意ニ付旧例等相糺以来出金抔仕候と申迄之ものハ差略も可有之段、去年中御沙汰之趣も有之候儀ニ付猶又得と評議仕候処、都而是迄寄特之筋ニ而御褒美等有之候者之跡引続其親之志を継候類も稀ニ御座候処、右両人之儀は常々行跡も宜敷兼而親共申聞候趣を」相守、前書之通申出候段奇特之儀ニ相聞右躰代々引続奇特之取計仕候もの共御賞美も御座候得は格別百姓共帰服も厚く、おのつから郡中取締ニも罷成候儀ニ有之、其上親代は苗字帯刀　御免之ものニ而当時も苗字は相名乗候者ともニ御座候得は、自余之もの共江更に帯刀　御免之筋とも違ひ可申哉ニ付八郎左衛門申立候通両人」とも其身一代帯刀　御免被　仰付可然哉ニ奉存候、依之別紙畑方損毛并夫食手当割渡書付写相添此段奉伺候　以上

午五月」

美作備中国三拾ヶ村困窮助力金割合一村限帳

覚

美作国大庭郡　上河内村　西谷

高三百四拾七石七斗九升七合
畑方損毛手当
一　銀七百四拾六匁六分九厘
夫食代手当
一　銀弐百九拾七匁五分四厘　同断」

同国同郡　同村東谷下分

高三百拾四石八斗五升六合
畑方損毛手当
一　銀七百四拾六匁壱分壱厘
夫食代手当

一　銀弐百弐拾六匁弐分　　同断
高弐百九拾六石八斗壱升九合
畑方損毛手当
一　銀弐百九拾四匁八分七厘　　同村東谷上分
高五百三石九斗五升七合
畑方損毛手当
一　銀六百九拾匁三分八厘　　同村中村」
高五百九石四斗八升壱合
畑方損毛手当
一　銀四百弐拾目弐分七厘　　同村下村上分
高四百拾八石壱斗五升五合
畑方損毛手当
一　銀四百七拾六匁弐分四厘　　同村下村下分
高四拾六石七斗三合
畑方損毛手当
一　銀四拾目五分四厘　　同村当免分
高百五拾七石四斗八合
畑方損毛手当
一　銀五百五拾六匁六分九厘　　同国同郡　鍋屋村」
高弐百七拾五石弐升八合
畑方損毛手当
一　銀四百弐拾三匁九分弐厘　　同国同郡　多田村
高弐百九拾三石八斗壱升五合
畑方損毛手当
一　銀八百五拾六匁三分七厘　　同国同郡　臺金屋村
高五百九拾九石五斗七升三合
畑方損毛手当
一　銀壱貫百六拾目　　同国同郡　久世村山方
高五百拾九石六斗八升弐合
畑方損毛手当
一　銀四百九拾八匁壱分　　同国同郡　下河内村下分」
高四百弐拾九石七斗三升六合
畑方損毛手当
一　銀三百拾五匁弐分三厘　　同村上分
高七百七石五斗九升八合
畑方損毛手当
一　銀五百八拾目　　同国同郡　三崎河原村　中原分
高三百三拾弐石八升三合
畑方損毛手当
一　銀五百八拾目　　同国同郡　山久世村
高五百七石三斗七升弐合
畑方損毛手当
一　銀五百八拾目　　同国同郡　樫村西谷」
高百五拾三石九斗六升六合
畑方損毛手当
一　銀百六匁五分五厘　　同国同郡　樫村東谷　神上分共
夫食代手当
一　銀百三拾三匁九分八厘　　同断
高八百弐石七斗三升三合
畑方損毛手当
一　銀百四拾五匁　　同国同郡　目木村　大内原分共
夫食代手当
一　銀百六拾五匁三分　　同断　同断」
高四百弐拾石五升五合
畑方損毛手当

一　銀四百拾五匁六分三厘　同国西之条郡　羽出村
夫食代手当
一　銀五百八拾八匁壱分弐厘　同断
高九拾九石壱斗三升弐合
畑方損毛手当
一　銀百八拾三匁六分九厘　同国同郡　四口野村
夫食代手当
一　銀八拾七匁　同断」
高弐百弐拾四石壱斗壱升六合
畑方損毛手当
一　銀百七拾三匁七厘　同国同郡　奥津村
夫食代手当
一　銀弐百拾匁五分四厘　同断
高三百四拾石壱升七合
畑方損毛手当
一　銀弐百七拾弐匁三分壱厘　同国同郡　奥津川西村
夫食代手当
一　銀三百五拾六匁七分　同断」
高弐百弐拾八石壱斗六升六合
畑方損毛手当
一　銀百六拾目三分七厘　同国同郡　長藤村
夫食代手当
一　銀弐百拾七匁五分　同断

高四百拾八石七斗三升七合弐夕
畑方損毛手当
一　銀三百壱匁六分　備中国阿賀郡　布瀬村　上組
高三百三石八斗四升九合壱夕
畑方損毛手当
一　銀三百七拾七匁　同村　下組」
高百拾石三斗壱升五合八夕
畑方損毛手当
一　銀弐百七拾弐匁三分壱厘　同村　宗貞組
高千弐百五拾七石七斗壱合八夕
畑方損毛手当
一　銀四百拾匁六分　同国同郡　宮地村
高千三百九拾壱石弐斗八升九合八夕
畑方損毛手当
一　銀弐百六拾壱匁　同国同郡　下呰部村
高九百拾石九斗三合九夕
畑方損毛手当
一　銀四貫七百七拾四匁壱分　同国同郡　佐伏村」
高六百五拾五石七斗壱合八夕
畑方損毛手当
一　銀弐貫百拾弐匁壱分三厘　同国同郡　赤馬村
夫食代手当
一　銀五百八拾壱匁壱分六厘　同断
高三百九拾四石六斗六升三合九夕
畑方損毛手当
一　銀弐貫百四拾目七分弐厘　同国同郡　宇山村
夫食代手当

一　銀五百六拾五匁五分　同断」
高七百弐拾石四斗九升壱合三夕
畑方損毛手当
一　銀壱貫四百五拾目八分壱厘　同国同郡　土橋村
高七百八拾八石三斗六升三合壱夕
畑方損毛手当
一　銀壱貫百四拾七匁壱分八厘
同国同郡　井尾村　赤茂組
高七百八拾七石弐斗壱升壱合五夕
畑方損毛手当
一　銀百拾六匁　同村元組　分郷
高三百六拾九石九斗四升四合七夕
畑方損毛手当
一　銀弐百三匁　同国哲多郡　老迫村」
高六百弐拾三石五斗九升壱合九夕
畑方損毛手当
一　銀九百拾六匁四分　同国同郡　花木村
高六百八拾六石
畑方損毛手当
一　銀四百六拾九匁八分　同国同郡　大竹村
高四百弐拾壱石八斗九合
畑方損毛手当
一　銀三百拾九匁五分八厘　同国同郡　下大野部村
高五百五拾弐石五斗五升壱合
畑方損毛手当
一　銀四百四拾五匁七分九厘　同国川上郡　西山村」
高四百九拾四石四斗四升七合
畑方損毛手当

一　銀四百弐拾三匁四分壱厘　同国同郡　小泉村
合銀三拾貫目
此金五百両　美作国 備中国　三拾ヶ村
右は私御代官所美作備中国三拾ヶ村之儀去々辰去巳両年旱損ニ付困窮仕夫食差支難儀之段種々申立候処、備中阿賀郡実村百姓太田正蔵」太田平兵衛両人ゟ右村々畑方損毛并夫食代銀共手当為助合金五百両差出候ニ付一村限割渡仕訳書面之通御座候　以上
早川八郎左衛門」
午二月
(朱書)「寛政十午年七月廿一日戸田采女正殿江上ル」
岸本弥三郎御代官所
奥州信夫郡瀬上村孝行者之儀申上候書付
書面娘共両人江銀三枚被下父江は老養扶持一日米五合宛一生之内被下候段被仰渡奉承知候
午八月十三日
柳生主膳正
岸本弥三郎御代官所奥州信夫郡瀬上村百姓新蔵娘父江孝行仕候段村役人共申出候ニ付相」糺候趣、弥三

郎書付差出候間則写入御覧候、可罷成儀ニ御座候ハ
ヽ右娘共江相応之御褒美被下置候様仕度奉存候、依
之申上候　以上

午七月」

柳生主膳正

御代官
岸本弥三郎差出候書付写

岸本弥三郎御代官所
奥州信夫郡瀬上村
百姓　新　蔵　当午七十五歳
娘　よ　ね　同　四十歳」
同　く　に　同　三十歳

右新蔵儀高壱石三斗余所持仕家内三人暮ニ御座候処、少
高持之儀ニ付百姓計ニ而は相続難相成、尤瀬上村之儀は
奥羽筋往還ニ而茶屋渡世仕罷在候処、第一御法度筋を堅
く相守常々　上を敬ひ御年貢上納向大切に心懸年々人先
に皆」済仕、何事に寄らす役元ゟ申触等急度相守、且両
人之娘共平日睦敷渡世出精仕、常々親江孝行仕渡世之透
ニは老人之儀ニ付朝暮娘壱人附添居夜中は折々湯をわか
し足を洗遣寒之砌ハ老人故小便繁御座候ニ付火燵江火を
入終夜養育仕、都而何事によらす両人共親之申候事を少
も相背不申万事真実に孝行仕候由相違無之段、右村」役
人共并新蔵組合之者共申出候、且又右村名主申聞候は当
年四月初頃ニも候哉旅人両人名主宅江罷越申候は拙者共
用事有之、江戸表ゟ仙台辺迄罷通候者ニ候処、当村茶屋
新蔵と申者所ニ暫相休家内之様子見請候処、両人之娘共
至而親江孝心と相見、壱人之娘近所江茶振廻ニ参候様子
ニ而餅四ツ五ツ紙に包持参いたし仏前江備ひ、夫より直
ニ」親之前江差出別段茶をせんじ為給候、依之旅人新蔵
江尋候は娘ニは夫有之哉之段承候処、老人相答候は私娘
申聞候は聟は甚心遣成ものニ御座候間、聟取候而も若親
之気に入不申聟参候而は却而不孝に相成候間、暫見合被
下度何ニ而も不自由無之様可致旨娘共老人江申聞候由、
扨々驚入候孝心之娘共ニ候、高は何程位も致所持候抔旅
人相尋候ニ付」名主相答候は、右両人之娘平日老人江孝
行ニ取扱いたし候様子は兼々及承罷在候得共、何そ目立
候而御役所江申立候程之儀も及承不申段、右旅人江相答
候段申聞候

右は私御代官所奥州信夫郡瀬上村百姓新蔵并同人娘両人孝

行之趣書面之通右村役人申出候ニ付、猶又手附并手代差出最寄村々風聞承合候処、何レも」孝心之趣及承居候と申程ニは無御座候得共、常々孝心之趣は相違無御座候、尤奥州伊達信夫両郡之儀は人気風俗も不宜場所ニ御座候処、右躰孝心之もの有之候ニ付可相成儀ニ御座候ハヽ、相応之御褒美被下置候様仕度奉存候、依之申上候　以上

午六月　　岸本弥三郎」

(朱書)「同十午年七月廿一日戸田采女正殿江上ル」

野村権九郎御代官所
丹後国栃谷村孝行者之儀申上候書付

書面はな儀幼年ニ而格別孝心ニ付為御褒美銀弐拾枚被下且母江老年と申ニも無之候得共はな儀不通例孝心之故を以母江為扶助米一日米五合宛一生之内被下之、母儀病身はな儀幼年之事ニ候間村役人とも厚く心付遣候様可致段被仰渡候奉承知候

午八月十四日　　柳生主膳正

野村権九郎御代官所丹後国熊野郡栃谷村百姓」三郎助娘はな養母江孝義之趣相聞候段村役人共申出候ニ付相糺候趣権九郎書付差出候ニ付則写入御覧候、右之者江相応之御褒美被下置候様仕度奉願候、依申上候　以上

午六月」　　柳生主膳正

御代官
野村権九郎差出候書付写

野村権九郎御代官所
丹後国熊野郡栃谷村　無高百姓
三郎助後家　さよ　午五十三歳」
同人娘　はな　午　九歳

右之者共身分之儀相糺候処栃谷村無高百姓喜右衛門と申者有之夫婦暮村内下作等を以至而貧窮に渡世いたし則右さよは其せつ喜右衛門女房に有之候処、喜右衛門儀八ヶ年以前病死仕子供無之ニ付さよは壱人暮小作又は日雇稼」にて当日を送り候処、右喜右衛門弟三郎助と申もの有之幼少より但馬国豊岡町鍛冶三左衛門と申者方江弟子奉公相越年来相勤弐ヶ年程以前右豊岡町江別宅致し女子弐人出生仕候得共兄喜右衛門名跡無之及断絶候躰ニ付、一同栃谷村江引越候様親類村役人等申之ニ付右之趣三郎助女房江致相談候得共女房得心不致無拠離縁之上」姉娘は女房方に差置三郎助は

妹娘はなを召つれ去ル子年栃谷村江罷帰、離縁之女房は但馬国城崎郡百合地村江再縁仕候由、然ル処三郎助義も独身に付さよ儀後妻に娶候様親類共ゟ達而勧メ候得共三郎助得心不仕候間、五人組之者迄も取懸り色々申勧め候ニ付無余儀得心致し夫婦ニ成候処、さよ儀三ヶ年以前辰年眼病相煩盲目ニ成三郎助儀ハ去」巳正月病死仕候ニ付盲目さよと当年九歳に相成候右娘はなと両人ニ而渡世難成必至と困窮差詰候処、はな儀幼年ニは候得共至極健気成者ニ而村中又ハ近村々江罷出余り飯等を貰ひ、養母を養ひ起臥其外万事心附少も養母之申付を不背大切ニ介抱仕候得共、さよ儀は盲目に相成候上三郎助死去以来別而心ひかミ娘はなゟ進め候食物を不宜抔申之」おりふし折檻仕候儀も有之候得共、はなは一切申訳も不仕養母之心侭ニ成打擲を請候上、食物等は養母之差図を以余り有之候得は自身も給へ、若余り無之節ハ給不申、夫も養母之疑ひを怖れ候哉貰候刻限ニ無之候而は一切村内江も不出養母に附添罷在候次第ニ而養母さよは持病に積気有之折節差発り難儀仕其節は、はな儀昼夜側ニ付居按摩等致し」介抱仕候躰其時々村内之者共見舞に罷越見請候者は幼少之はな日頃之孝行を存続、皆々落涙いたし罷帰候程之儀故村中ゟ不便を加へ食事等心付遣し別而寒気之節は難儀可致儀と存、去冬ゟ折々雑穀薪抔を送り候処、十二月頃ニも候哉花（はな）儀例之通り貰に出候途中村端ニ而不見馴男はなを呼懸但馬之実母方ゟ迎に参り候間同道可致、ヶ様に」乞食いたし苦ミ候上養母ニ被憎世間之物笑ひに相成候段実母及承、我等を頼遣候儀ニ而先方江参候へは少も不足無之着物も沢山に拵へ待居候旨色々申勧メ候得共、はな儀は実母に無之候迚盲目之上病身にて殊更是迄恩を請候を捨置帰候儀は不致候間、重而左様之儀は申呉間敷旨返答致し帰候由、即日隣家之者共江はな逸々相咄し重而右躰」之者参候ハヽ能様に取成呉候様申之隣家之者どもも賞歎仕候儀ニ而、はな儀幼年ニは珍敷者ニ付追々村内之者共も手本にいたし、孝義之導にも相成村内取締第一之儀之段村役人一同申立近村々をも相糺候処相違無御座郡中響ニも相成候間、相応之御褒美被下置候様仕度奉願候　以上」

午六月

野村権九郎

「同十午年七月廿一日戸田采女正殿江上ル」（朱書）

野村権九郎御代官所
丹後国鱒留村孝行者之儀申上候書付
書面佐平次江銀五枚被下母江老養扶持
一日米五合宛一生之内被下候段被仰渡候奉承知候
午八月十六日　　　　柳生主膳正

野村権九郎御代官所丹後国中郡鱒留村百姓佐平次母江孝行仕候段、村役人共申出候ニ付相糺候」趣権九郎書付差出候ニ付則写入御覧候、右之者ども江相応之御褒美被下置候様仕度奉願候、依之申上候　以上
午六月」　　　　柳生主膳正

御代官
野村権九郎差出候書付写
野村権九郎御代官所
丹後国中郡鱒留村　無高百姓
佐平次　午五十二歳
同人母
まん　午七十二歳」

右之者儀代々無高困窮者ニ而父久助弐十ヶ年以前病死仕母并妹さわ三人暮至而貧窮に有之、少々小作之暇山に入薪を樵京極備前守殿領分同郡峯山町江道法三里余之所壱荷宛持出し売代替渡世之助に致し来候処、拾五ヶ年以前妹さわ二十歳之砌大病煩近辺医師江も為見候得共迚も療治難叶旨申之ニ付、母之歎を怖」れ色々申宥メ昼夜不怠看病仕諸神仏江祈誓を懸ヶ妹之命乞仕候得共、次第に病気重り末期に逼り候ニ付此者心中に忍かたく母を諌メ村内心易者方江連行雑談に取成し妹之苦を不見様種々心を砕きひたすら仏神江立願等仕平愈を祈候得共難相叶終には落命仕、其後は壱人母に仕へ何事に寄らす母之機嫌を伺候躰ニ而少も母」之申付を背候儀無之、当日之飯米之差詰樵置候薪を峯山町江荷ひ出候節も寒気炎暑ニは母も案事差留候得は其侭相止メ当日之飯米は村内心易方ニ而借請右躰之正直もの故庄屋始日頃不便を加へ飯米に寄らす相応之儀は用達遣差返候ニは不及旨相断候得共、薪売溜等有之節必一礼を述相返し候ゆへ却而気之毒に存候程之」儀ニ而、右之通之貧窮者ニ付寒中迚も夜具も無之例年共冬分は母之望に任せ休候、前方洗足之湯を涌し母之足を洗ひ遣し其跡ニ而此ものも顔を洗ひ
「此顔《（朱書）》を洗ひ候と申は顔に限り候儀ニは無之手足迄洗ひ清め候事ニ而国俗之申習ニ御座候」
直様母之足之不醒内母を為休此者着替并莚等を」母に着せ足を手前之懐に入臥り候ニ付母も平常寝心能悦ひ毎度

村内之者江も相咄し候儀ニ而、右躰孝心之届候故歟母も至極息災ニ而当午七十歳相成候得共煩候儀も無御座候処、去巳極月初旬母癪気差起り候よしにて頻に苦ミ候ニ付此者大に打驚庄屋兵左衛門方江馳参右之次第相咄何程可然薬も有之候ハヽ救ひ呉候様相歎き候間、兵左衛門有合之熊胆を」遣し不取敢為給候処早速致快気候由、此者兵左衛門方江礼ニ相越同人儀も悦ひ居候処、当正月廿九日之夜又候此者兵左衛門方江馳参風与母に怪我為致申訳も無之、冥加に尽果候儀之旨申之落涙いたし候間子細相尋候処、是迄寒気之節は毎夜母に洗足為致其跡ニ而自身も顔を洗ひ来り候処、今夜は寒気も緩く候間足洗を止メ親子一同此盥ニ而顔を可洗旨申」に付母之申付難否一同盥之内江顔差入候迚額口打合候処、老年故歟母仰面に倒れ腰を打候よし打臥罷在候間何卒薬を為給苦痛を助度旨相歎候間、兵左衛門早速針医を頼自分も相越療治為致候処無程快旨申之ニ付、猶熊胆等手当いたし罷帰候処、翌日弥快旨ニ而猶又兵左衛門方江礼に相越候由右躰孝心之ものニ付、村内相応之」者共ゟ是迄も度々此者妻縁談之儀等申入候得共他人を引入候而は母之気も休兼自分にも不快候間、母を見送り候上は何分世話に可相成旨申之不取合、素ゟ村中之者は不及申何方ニ而も一言之申争等仕候儀無之珍敷者ニ付追々村内之者共も互ニ此者を手本にいたし実躰成風儀に押移り村内取締ニも相成連々」村柄も立直候段村役人一同申立近村々をも相糺候処、相違無御座郡中響ニも相成候間可相成儀ニ御座候ハヽ、相応之御褒美被下置候様仕度奉願候　以上

午六月　　　　　　　　　　　野村権九郎」

（朱書）
「同十午年八月廿六日太田備中守殿江上ル」

支配勘定
岸本武太夫
田辺安蔵　支配所
下野国芳賀郡西水沼孝行者之儀申上候書付
書面熊太郎江為御褒美銀三枚
被下置候段被仰渡奉承知候　　　柳生主膳正
午十一月廿五日

支配勘定岸本武太夫同格田辺安蔵元立会支配所下野国芳賀郡西水沼村百姓熊太郎祖母江」孝行仕候段役人共申出候ニ付相糺候趣武太夫書付差出候間則写入御覧候、

可罷成儀ニ御座候ハヽ、右熊太郎江相応之御褒美被下置
候様仕度奉願候、依之申上候　以上
午八月」
柳生主膳正
支配勘定
岸本武太夫差出候書付写
支配勘定
岸本武太夫　元立会支配所
同格
田辺安蔵
下野国芳賀郡西水沼村
持高七斗
百姓　熊太郎　当午十六歳」
此者祖母儀夫左平病死之節唖之娘壱人有之村内之もの共世話仕越後国ゟ罷越候日雇三次と申者を聟に取、夫ゟ一両年相立唖娘懐妊仕熊太郎を出産仕候上間もなく右娘儀は病死仕、引続聟三次儀欠落仕候処、祖母壱人ニ而貰乳等を以養育致し候処、熊太郎儀成長に随ひ祖母を甚大切ニ仕候儀一通りに無之何方ニ而如何様之儀承り候而も承置罷帰祖母江」慰に咄聞せ、平日之食事は勿論之儀菓物等其外何に寄らす他人に貰ひ又は求候而も持帰り兎角其身を忘れ祖母を貴み聊之品たりとも祖母江相勧め候儀兼々組合之者并村内之者共も及見候由、右之通故祖母儀も困窮艱難をも打忘寵愛仕候旨、もっとも熊太郎儀年頃ゟ手弱成方ニ而纔屋敷高計所持仕少々小作等いたし当年六拾九歳に罷成候祖母江」孝養仕候段右村役人共訴出候間段々近辺ニ而様子をも為承候処相違無之趣ニ付、猶又当春廻村序熊太郎祖母共呼出置組合村役人共吟味仕候処前書之通申立、尤御年貢村役等相滞候儀無御座年頃に合候而は農業も励候方之旨申之候ニ付、祖母相糺候処、熊太郎平日孝養之趣村役人共申立ニ符合仕祖母熊太郎共着服麁末ニ而惣躰村役人共」訴之趣無相違相聞貧窮之者ニも御座候ニ付、不取敢諸入用之内を以少々手当仕置候得共、年来と申下方之ものニは寄特成志に御座候間可相成儀ニ御座候ハヽ、外々響之ため相応之御褒美被下候様仕度奉願候　以上
午六月
岸本武太夫」
「同十午年九月十日松平伊豆守殿江上ル」(朱書)
岸本弥三郎御代官所
陸奥国村々寄特者御褒美之儀ニ付相伺候書付
柳生主膳正
書面申上候通御褒美被下置候段
中川飛驒守
可申渡旨被仰渡奉承知候

午九月廿三日

石川左近将監
肥田十郎兵衛
小笠原三九郎

岸本弥三郎御代官所奥州伊達郡岡村」長倉村百姓共寄特之取計仕候趣を以御褒美之儀申立候ニ付左ニ申上候

奥州伊達郡長倉村　百姓　佐兵衛

右佐兵衛儀高拾九石余所持仕百姓并馬口労渡世いたし、其身は隠居ニ而忰佐五七と申者江家督相譲り持高等忰共三人江割渡し百姓」稼為仕罷在候処、当三月廿日同郡岡村ゟ出火有之、折節風烈敷大火ニ相成町並百五六拾軒之所風上七八軒相残風下之分焼失いたし、右佐兵衛并忰□(抹消)人共居屋敷不残類焼仕候、然処自分難儀を不顧村内極貧之小前江金子弐拾七両弐分割渡当分を為相凌、是迄迚も村内極貧之ものは少々宛之手当等いたし御年」貢上納ニ差支候者江は金子立替差遣し、去巳年凶作之砌も小前江金拾両差出し手当いたし、一躰常々実躰ニ而身持宜敷家作等も不取餝質素ニ相暮し是迄御年貢未進候儀も無之、尤格別ニ貯金等も無之候得共常々村内小前之者共を労り奇特之至りニ御座候間相応之御褒美被下置候様仕度旨弥三郎申立候

同国同郡高子村　百姓　熊坂宇右衛門

右宇右衛門儀高四拾三石余所持仕農業専ニ相稼罷在候処、前書岡村長倉村類焼ニ付極貧之小前江為手当金弐拾五両差出度旨弥三郎陣屋江申出候ニ付両村小前困窮之もの共為相糺家数七拾七軒江割渡させ申候由、尤親宇右衛門儀も」松平陸奥守元御預り所之節籾百石差出し村々江貸渡右利籾を以村内困窮之ものども江割渡し度旨願出候ニ付其段申上候処為御褒美銀拾枚被下置、其身一代帯刀　御免苗字は永々相名乗候様被仰渡、其後去ル酉年金百五拾両差出外村々江貸附、右利金年々村々吟味之上割渡候ニ付極貧之」もの共一助ニ相成、尤当宇右衛門儀も常々実躰成者ニ而質素倹約を第一に心懸ヶ此度之儀も極貧之者は当田方仕付ニも差支難儀之段を相考手当金差出候段奇特之至ニ御座候間、相応之御賞美御座候様仕度段弥三郎申立候

右之通申立候ニ付評議仕候処右佐兵衛儀一躰常々身持宜敷

是迄迚も御年貢不納仕候儀無之困窮」之者共江午少分手当
等いたし、尤格別ニ貯金等も無之候得共常々小前之ものを
労り、此度之儀も其身并悴三人一同類焼いたし候上自分之
難儀を不顧村内小前之者共江金弐拾七両弐分わけ遣し候段
寄特之取計ニ御座候間、右佐兵衛江為御褒美銀五枚被下置、
熊坂宇右衛門儀も前書申立候通親代より引続寄特之取計等
仕、此度之儀も金子等」差出し其身有徳之ものとは乍申寄
特之儀ニ付為御褒美銀三枚被下置候方ニも可有御座、此段
奉伺候　以上

午九月」

(朱書)「同十午年十月六日松平伊豆守殿江上ル」

脇坂淡路守御預所
美作国倉鋪村寄特者御褒美之儀ニ付相伺候書付　柳生主膳正
書面伺之通御褒美被下置候旨　中川飛騨守
被仰渡奉承知候　石川左近将監
午十一月十一日　肥田十郎兵衛
小笠原三九郎

脇坂淡路守御預り所美作国倉敷村寄特者」御褒美之
儀申立候ニ付取調候趣左ニ申上候

脇坂淡路守御預所
美作国英田郡倉敷村百姓
春名猶右衛門悴　春名儀三郎　午二十六歳

右儀三郎儀平日親江之事方宜敷親猶右衛門宛行遣候金子を
も貯置近村困窮之もの共江」憐愍を加へ内分ニ而助成等い
たし遣候趣村々より追々申出候ニ付内蜜(ママ)相糺候処事実相違
無之、親猶右衛門儀も村方助成仕候訳を以先年苗字帯刀
御免被成下候処、猶又儀三郎儀若年ニ而右躰之行状風俗之
引立ニ相成候程之者ニ付御称美之上帯刀　御免被成下候様
仕度旨別紙之通御預所役人申立候、依之取調候処儀三郎親
猶右衛門」儀は郡中小前百姓難儀之もの江年来作夫食等差
遣其外御年貢納方差支候得は銀子等遣上納無滞様取計寄特
之故を以森対馬守御預り所之節、安永辰年為御褒美銀拾枚
被下置其身一代帯刀　御免苗字は永々可相名乗旨被仰渡候
者ニ有之、儀三郎当時親之養をうけ罷在候身分ニ而右様之
取計仕候段は至而志も厚」奇特之儀ニ相聞候得共帯刀　御
免之儀は格別重き御誉之御趣意ニ有之候段先達而御沙汰之
趣も御座候間、猶類例取調評議仕候処早川八郎左衛門御代
官所備中国阿賀郡実村百姓太田正蔵太田平兵衛儀美作国大

庭西之条郡備中国阿賀哲多川上郡三拾ヶ村之儀去ル辰巳両年之凶作ニ而困窮難儀之様子及見聞、兼々」御奉公筋ニ可相成儀百姓為ニ成候儀は心掛ヶ出精可相励旨親共申聞置候由を以先代より連々貯置候金五百両為助成差出候間夫々割渡為取続候旨、且右両人親共儀は品々奇特之取計仕候故を以其身一代帯刀　御免苗字は永々可相名乗旨被仰渡候者ニ有之候処、右躰引続奇特之取計仕候ニ付御褒美之儀八郎左衛門申立候」間其身一代帯刀　御免可被　仰付哉之段当五月中相伺候処為御褒美銀拾枚被下置候、右ニ見合候得は儀三郎儀は当時親掛り之身分ニ有之候間自分及承候困窮之者江合力いたし候迄ニ而郡中一統之救相続方等行届候と申程之儀ニは無之候得とも親猶右衛門ゟ宛行之内をも貯置、其身は質素ニ取賄困窮之者見継等致候段は甚厚キ志ニ」相聞其上常々行跡も宜敷寄特之儀ニ付御褒美として銀拾枚被下置候方ニも可有御座哉ニ奉存候、依之御預り所役人差出候書付写相添此段奉伺候　以上

午十月」

脇坂淡路守御預所
作州英田郡倉敷村

百姓春名猶右衛門悴
春名儀三郎　当午弐十六歳

右之者平日至而実躰成者ニ而親江之事へ方宜敷いまた年若之者ニ御座候処、第一行跡正しく親猶右衛門ゟ宛行遣し候金を貯置其身質素に相暮し、居村を初め近村等困窮之もの共江憐」愍を加へ内分ニ而彼是助成等いたし遣し候事共有之、其心底聊以名利ニも不拘致方右志別て寄特之趣ニ付、居村は不及申近辺ニ而も深く感歎いたし追々届出候ニ付猶も役人差出内蜜実否入念為相糺候処、事実相違無之旨相聞申候、尤親猶右衛門儀も人柄宜敷村方助成等仕候訳を以先年より帯刀　御免被成下」苗字は子孫迄名乗候様被　仰付候事ニ候処、猶又悴儀三郎義年若ニ而右申上候通行状誠ニ風俗之引立ニも相成候程之者ニ御座候ニ付、宜御称美之上帯刀　御免被成下候様仕度奉存候段在所役人どもより申越候、依之此段申上候　以上

午九月

脇坂淡路守家来
横田　亘　印」

（朱書）
「同十午年十二月廿日太田備中守殿江上ル」

野田文蔵御代官所
武州下板橋宿孝行者之儀申上候書付

書面重次郎儀養父母江孝行仕候ニ付為
御褒美銀五枚被下養父母江老養扶持一日米
五合宛一生之内被下置候旨被仰渡奉承知候
未正月廿七日　柳生主膳正

野田文蔵御代官所武州下板橋宿水呑百姓重次郎養父母江孝行仕候段宿役人共申出候ニ付相糺候趣文蔵」書付差出候間則写入御覧候、可罷成儀ニ御座候ハヽ相応之御褒美被下候様仕度奉存候、依之申上候　以上

午十二月」　柳生主膳正

御代官
野田文蔵差出候書付写

私御代官所
武州豊島郡下板橋宿
水呑百姓　重次郎　午三十九歳

右之者儀両親江孝行成者之由宿役人共申出候間」相糺候処右重次郎儀一躰貞実成者ニ而道中小揚渡世いたし両親并忰共家内四人相暮、父八五郎は当年七十壱歳母はつは七十歳に相成、重次郎は元来四ツ谷鳴子町出生ニ而実母乳無之八五郎方江里子に預り養育致し成人にも相成候ニ付親元江可差戻旨申聞候処難返由申之其侭養子に貰請候ニ有之、同人儀宿内町並ニ而水菓子致渡世」一躰不如意に相暮候処、十四ヶ年以前出火之節類焼致し必至と困窮仕当時宿内町裏江引籠可成に家作住居いたし、重次郎儀往還稼而已ニ而家内扶助仕甚貧窮に相暮罷在両親共及老年候ニ付至而大切ニ致し、食事等之儀も日々稼に罷出候節も自分ニ而仕立与へ夫ゟ稼に出夕方帰宅いたし候得は自分は休息も致さず其侭両親江食事為致、宅ニ罷」在候節は両親之骨折無之様心附其上纔成稼之内ゟ折々母江は好物之水菓子或は餅類調へ土産ニ遣し、八五郎は酒を好候ニ付是又時々少々宛調へ為給、重次郎儀右躰貧窮ニは候得共着類之儀も其身ははんてん様之ものを着し罷在、父母江は可成之衣類等着為致相暮何事に寄らす至而心附ヶいたわり遣候由、同人儀若年之節ゟ若者等之出会も不」仕稼而已精を出し宿内は勿論家内至而睦敷両親共落涙致シ歓罷在、重次郎年来ニも相成候に付近所之者共女房之世話致し候者有之候得共、左候而は両親之介抱心に不任幼少之節ゟ之厚恩難報迚既ニ忰助次郎をも幼稚之砌

ゟ養子に貰請致養育当午十歳に罷成、重次郎日々稼に罷出候節は両親江心添候様助次郎江精々申付」置不自由ニ無之様取扱至而孝心成者之由申立候間、猶又手附之者差遣為相糺候処、宿役人申立候通養父母江孝心を尽候段風聞之趣も相違無御座候に付、私儀検見御用ニ而右宿江罷越候間、猶又宿役人共得と相糺重次郎旅宿江呼出誉置申候

右重次郎儀一躰律儀篤実に相稼下賤之渡世致し候者ニ珍敷養母江孝心を尽候段相違無御座」稀成者ニ付、郡中響ニも相成候儀ニ付相応之御褒美被下置候様奉願候　以上

午十一月

野田文蔵」

（表紙）

総記　三

続編孝義録料　三

（157—401・90—4）

（朱書）「・陸奥・出羽・播磨・美作・三河・上野・武蔵
・大和・常陸・信濃・河内・甲斐・但馬・美濃
・下総・下野・越後」

寛政十一未ゟ
享和二戌年迄
御代官所御預所
孝行寄特者行状書

（朱書）「二」

御勘定奉行

（朱書）「寛政十一未年四月四日安藤対馬守殿江上ル」

岸本弥三郎御代官所
奥州伊達郡柱田村孝行者之儀申上候書付

松平石見守

岸本弥三郎御代官所奥州伊達郡柱田村百姓伊勢松母江孝行仕候段村役人共申立候ニ付相糺候趣」弥三郎書付差出候ニ付則写入御覧候、可罷成儀ニ御座候ハヽ、右之者江相応之御褒美被下置候様仕度奉願候、依之申上候

以上

未四月」

書面伊勢松江為御褒美銀七枚被下置候旨被仰渡奉承知候

未四月廿三日　松平石見守

御代官
岸本弥三郎差出候書付写

私御代官所
奥州伊達郡柱田村

高七石三斗八升七合

百姓　伊勢松　当未二十一歳

同人母　ま　津　当未五十二歳」

右伊勢松父権八と申者存命之節は高拾石余所持仕候得共甚困窮ニ而漸取続罷在候処、八ヶ年以前病死致し其頃は忰伊勢松は十三歳弟喜惣次六歳ニ罷成取続之手段も出来兼候ニ付所持之田畑は親類共江預ケ母并弟は宿元に差置伊勢松は大岡源右衛門元御代官所奥州伊達郡冨沢村百姓新右衛門と

申者方江子守奉公に罷越候処、甚実躰に相勤何事ニよらす」主人之申付を大切に仕毎月五六日程ツヽ主人ゟ隙を貰野山江罷越薪を取母之元江持運ひ寒気を為凌又は主人之手前に祝儀仏事等有之餅菓子或ハ給物等貰候得は、其侭母之方江持行為給候ニ付主人も寄特に存不便を加へ召仕候得共母之居村江手遠成事を相歎一両年も過暇を乞隣村泉沢村百せう宗右衛門と申者方江子守奉公に罷越居候処、殊之」外実躰に精出し相勤候ニ付、宗右衛門は勿論家内之者一同気に入目を懸召仕候処弥相励出精相勤都而家風にて奉公人壱ヶ年之内休日と申折々暇呉申候、其砌は先達而親類共江預置候田畑を未若年之小腕ニ而作付致し手入刈入レ米ニ摺立御年貢米は直ニ名主方江人先に相納、作徳米之分ハ壱粒も手を不附不残母江与へ或は夜中村役人并重」立候百姓共之内用向ニ而他村江罷越候節被相雇候へは、其趣主人江相伺暇を貰五拾文三拾文宛之賃銭を取壱銭も不遣直ニ母江遣候得は母も殊之外歓、其身酒并多葉粉等嫌ひニ而は無之候得共母之為に是を禁し聊ニ而も無益入用を省き、母常々茶を好候得共困窮もの故心底に不任候を伊勢松相歎盆前抔ニは野山之草花を取市中江持出売」代なし或は往来之道筋ニ而牛馬之古沓わらんじ等を拾ひ田畑之こやしに売払ひ其度々茶を調へ母江与へ申候、夫ゟ三ヶ年以前に奉公を止め母と同居仕預ヶ置候田畑を親類共ゟ請取之不限昼夜農業相励御年貢向は名主方ゟ申触次第相納候得共、親子三人営ミ兼候を苦労に存、未極老と申ニも無之間日雇稼に可出旨母折々申之」候得共色々申なだめ、伊勢松壱人ニ而丹誠を尽し母江孝養致し候段村役人一同申立候間、私検見廻村之節右伊勢松呼出し相糺候処相違無御座候、隣村之者迄も伊勢松孝心寄特之趣及見聞候段申之、殊に柱田村は山寄辺鄙之村方ニ御座候処、右躰農業出精致し御年貢筋を大切に心掛母に孝行を尽し候段寄特之至ニ御座候、一躰私支配所」村々之儀兼々入御聴ニ候通辺鄙之場所とは乍申人気風俗も不宜親子兄弟之親ミも薄兎角小児を間引農業等閑ニ仕互ニ貪欲而已を心掛候国柄故常々可成丈ヶ利解教諭仕候間追々ニは人気も相直り可申哉、近年孝心寄特之者も適有之候ニ付相糺申上候処、是迄度々御褒美并老養扶持等被下置誠　御仁恵之程一統難有奉存候、猶又勧」善之ためニも御座候間、右伊勢松江も相応之御褒美被下置候様仕度奉存候、依之申上候　以上

未三月　　岸本弥三郎」

（朱書）
「同十一未年七月廿九日太田備中守殿江上ル」
平岡彦兵衛当分御預り所
羽州大町村上組孝行者之儀申上候書付
書面傳七江為御褒美銀七枚被下置候旨
被仰渡承知候
申十二月廿日　中川飛騨守
平岡彦兵衛当分御預り所羽州村山郡大町村百姓傳七儀母江孝行仕候旨及承候ニ付相糺候趣」彦兵衛書付差出候間則写入御覧候、可罷成儀ニ御座候ハヽ、相応之御褒美被下置候様仕度奉存候、依之申上候　以上
未七月　中川飛騨守
御代官
平岡彦兵衛差出候書付写
私当分御預所
羽州村山郡大町村上組
百姓　傳　七　当未六十一歳
同人母　さ　と　当未八十三歳」
右傳七儀無高極貧之者ニ而母并弟千助同人妻子供三人都合家内七人相暮し、傳七儀若年之頃ゟ両親心に背候儀無御座不如意ニは候得共夏は風請宜様に住居補理冬は焚火も手支不申様兼而薪心掛置十分に焚燵朝夕之給物等も常々自身に拵、最初ニ試候上両親江相進メ其上自分并弟ども給候様仕、就中十六ヶ年以前父傳七儀長病相」煩候処昼夜看病無怠貧窮之中ニも給物等迄色々心付、寒夜之節等ニは夜具等も薄く御座候得は自身之着衣を脱覆ひ或は頭痛をもミ足を撫寝付候得は医師之方江走り容躰相咄し薬貰受帰り候得は直ニ煎し自身試候上相進メ、留守之内之儀は弟共江能々申教無残所介抱致し候得共養生不相叶病死致し候処、其後仏事怠候儀無之別而」母を大切に仕毎月亡父命日等ニは母仏参致し候以前に参り路筋に有之候高キ石等をひろい捨、墓所掃除いたし置猶母に付添参り、其外村内并近郷鎮守祭礼等ニ而賑敷節等は母申にまかせ手を引連参り、帰り之節抔草臥候趣見請候得は背に負罷帰同人儀は是迄見物遊山其外遠方泊り懸ヶ等に他出仕候儀無御座、無拠用事等有之罷越」候節は得と母江申聞置参り用事済候得は縦及深更に候而も早速帰り万事心付、且又母儀生得魚類好物ニ付少々宛相求メ候得共困窮之儀故度々におよひ候而は世間江対し遠慮ニも存候哉商人を木影江呼入相調袖之内江隠し持参り、尤母儀も困窮之訳弁へ居候事故買求候段申聞候而は給不申候間、近所ゟ貰請候趣申聞相進メ」候得共誠に母之給候丈計ニ而聊余慶之儀不仕、猶近所江祝儀事等ニ而被呼候節ニも膳部

之内汁計ニ而食事を致し菜物等は不残母方江土産に持帰り
煮直シ候て給させ候間、近所之もの共も能存居り近来右躰
之節は母方江も別段に膳部等送遣、尤母極老之儀故此程は
誠子供同様ニ而平日小歌抔を唄ひ出し候儀有之其節ニは傳
七儀もとも〳〵歌を唄ひはやし」何事に寄らす母之心任せ
に致し、夏之夜は母寝付候迄は団扇ニ而あをき遣し秋冬夜
永之節ニは臥り候後も一両度ツヽ見廻り格別寒し強き折節
には前書之通自身之衣類を脱キ母之目を不覚様為着置候由、
且傳七妻儀十六ヶ年以前父病死無間も相果候ニ付其砌ゟ後
妻縁談之儀近所之者共度々世話致し遣候得共気質不存もの
呼迎候而も、母心遣」ひにも可存趣を申一向得心不仕独身
ニ而罷在候処母儀も老年におよひ候儀ニ付衣類洗濯等之世
話も致兼候ニ付八ヶ年以前弟千助江妻迎遣候処、是以平日
傳七申教深実（ママ）に介抱致し呉候趣母申候ニ付弟千助并ニ隣家
に別居仕罷在候弟万助共相糺候処、前書之通申立候ニ付隣
家五人組村役人并近郷村々迄平日見聞候趣相尋候処、母并
弟共申口之通少も」無相違愚昧之百姓に不似合心貞之もの
ニて兼々不便ニも存候故村内は勿論近郷之者共よりも折々
少々宛之心付も致遣候由、且又傳七并弟両人共所々ゟ小作
引請農業出精仕、御年貢之儀も触次第聊も遅滞いたし候儀
無之縄俵に至候迄悉く入念相納候故、郷蔵元ニ而も同人相
納候俵を手本に致し外小前之者共江拵方申付候程ニ而」生
得貞実至極成者ニ御座候間、可相成候儀御座候ハヽ格別之
御沙汰を以相応之御褒美被下置候様仕度此度此段申上候
以上

未七月　平岡彦兵衛」

（朱書）「同十一未年十一月十一日安藤対馬守殿江上ル」

稲垣藤四郎御代官所
播州完粟（宍粟、以下同）郡三方町村孝行者之儀申
上候書付

書面儀助江為御褒美銀七枚
被下置候旨被仰渡奉承知候
未十二月六日　柳生主膳正

稲垣藤四郎御代官所播州完粟郡三方町村百姓儀助儀養
父母江孝行仕候段村役人共申立候」に付相糺候趣藤四
郎書付差出候ニ付則写入御覧候、可相成儀ニ御座候ハ
ヽ右之者江相応之御褒美被下置候様仕度奉願候、依之
申上候　以上

未十一月

御代官
稲垣藤四郎差出候書付写　　柳生主膳正

私御代官所播州完粟郡三方町村百姓木市忰儀助義父母
江孝行之趣村役人共届出候ニ付相糺候趣左ニ申上候」

播州三方町村
百姓木市養子
儀　助　当未三十一歳

持高七石六斗余

右之者儀私御代官所同国同郡公文村百姓又四郎忰ニ而拾九ヶ年以前天明元丑年十三歳之節木市方江養子ニ参り追々成長に随ひ農業出精致し養父木市儀当未五十二歳に相成、当時父子妻子共」四人暮に罷在年来至而実躰に父母江甚孝心に相仕へ養母儀は当正月病死仕候処存命之節難病ニ而三四ヶ年も相煩候処、昼夜大切に看病孝養仕夜分もろくに臥り不申、若相休候節敷居之上又は板之間抔に臥り候ニ付不審に存近辺之者とも相尋候得は養母病中之儀故寝過不申様何時ニ而も病母呼起し候節早速目覚候ための由申之、孝心一図」に差はまり村内ハ勿論近辺之人に交候儀も随分丁寧に会釈いたし農業透には筆工いたし、近村々之書物引請相認養父之手当助に相成候様致し、村内他村にかきらす罷出候節は折々帰宅いたし親之機嫌を相伺、食事は勿論何事も親之気に叶候様柔和にいたし聊之儀ニ而も親に不相尋候而は取計不申誠に少之間も孝養怠り不申、殊に実父」方は相応之暮方にて勝手も宜敷養父木市方は極貧ニ而御座候得共随分稼方出精物毎不自由無之様孝心を尽し申候、一躰養父木市儀貞実成ものにて右木市儀も父儀兵衛江対し孝心者ニ付天明五巳年八月森対馬守御預り所之節相糺申上候処、同年十月為御褒美銀弐十枚被下置候由先支配岩佐郷蔵より申送りに御座候、儀助事幼年」より右之風儀を見習成長に随ひ益孝心深く正敷行状を請継候儀別而国中ニおゐても一同感心仕候由に御座候、完粟郡之儀は辺鄙山中之村々に御座候処、稀成孝心ニ而都而実躰之者故平日郡中之為にも相成候儀共多御座候由、依之居村は勿論近村々まても得と相糺候処、申口も符合仕至孝之趣無相違相聞申候間可相成儀ニ御座候ハヽ、郡中響之た」めにも御座候間聊たり共御称美被下候様仕度此段奉願上候　以上

未十月　　稲垣藤四郎」

「同十一未年十二日安藤対馬守殿江上ル」（朱書）

早川八郎左衛門当分御預所
美作国宇野村百姓貞次郎苗字帯刀之儀ニ付相伺候書付

書面貞次郎儀寄特之取計等有之候ニ付
其身一代帯刀　御免苗字は永々名乗候様
可申渡旨被仰渡奉承知候
申十月四日　　　　　　　　柳生主膳正

早川八郎左衛門当分御預所美作国東北条郡宇野村百姓貞次郎儀両親江孝行致し村方江寄」特之取計致候段先支配守屋弥惣右衛門江訴出候処、場所替ニ付早川八郎左衛門江申送同人検見序相糺取調罷在候内右村堀田大蔵大輔替地渡相成候間取調候趣八郎左衛門ゟ申送候処大蔵大輔ゟ御褒美等遣苗字帯刀差免申候、然処此度旧領戻ニ而八郎左衛門当分御預り所ニ被　仰付右之趣猶又大蔵大輔ゟ申送有之候間貞次郎呼出相糺候趣八郎左衛門書付指」出候間写入御覧候、右は私領ニ而差免候苗字帯刀ニ而　公儀ニ而は其侭御取用ニは難相成筋ニ御座候得とも此者儀領主用向等ニ付骨折候筋等ニ而領主ゟ苗字帯刀等差免候趣意ニは無之、以前御料所之節ゟ両親江孝心ニ而其上村方江対し寄特之取計有之者ニ付私領渡に相成候節御代官ゟ大蔵大輔家来江其段申送り右孝心寄特之趣を以苗字帯刀差免置候者之儀ニ付、」私領ニ而差免候苗字帯刀は不被取用相改帯刀は此者一生之内　御免苗字は子孫迄名乗候様可申渡候哉

八郎左衛門差出候書付相添此段奉伺候　以上
未十一月」　　　　　　　　柳生主膳正

御代官
早川八郎左衛門差出候書付写

堀田大蔵大輔上知私当分御預り所美作国東北条郡宇野村之儀天明七未年迄は御料所ニ而同年守屋弥惣右衛門方ゟ私支配所ニ請取候村方ニ御座候、然ル処」右村庄屋貞次郎儀幼年之砌ゟ両親江孝心ニ而其上村方江対し候而は寄特之取計方仕候段右村役人并惣百姓連印之書付を以弥惣右衛門方江訴出候処、場所替ニ付私方江申送引渡候間同年秋私検見序吟味仕候処右貞次郎儀平日実貞成者ニ而其砌高弐拾三石余所持仕両親并妻子共都合六人ニ而前々より宇野村百姓ニ御座候、右村之儀一躰北山寄極山中」谷間辺鄙ニ而土地悪敷甚困窮村方に御座候処去ル卯年以来凶作打続退転潰百姓多村高六百八拾五石余之内手余地村惣作高弐百石余も有之連々一統困窮致し、貞次郎儀下人等召仕候余力も無之壱人稼ニ而耕作手入も行届兼別而不如意罷成艱難に渡世仕候、同人父傳右衛門は去ル未年八十歳母くめは七十三歳ニ相成候処貞次郎儀両親江年来孝

心を尽」し不依何事父母之望ミに任せ朝暮懇に介抱仕、其上村内至而難渋之者江は米五合壱升程宛差遣、米有合不申候節は銀子少々宛も助力仕候ゆへ末々百姓迄可成に相続仕候、右貞次郎孝心其上寄特之取計仕候趣は近村々不存者も無之程之儀ニ御座候間、訴出候儀之旨村役人百姓一同申之候ニ付最寄村々相尋候処、貞次郎」孝心之趣兼々及承罷在両親共及老年平日酒を好候ニ付、貞次郎村用等ニ付他所江罷越候節は少々宛相調持帰り為給万端厚く心を用ひ致孝心候段相違無之旨一同申之候ニ付右之趣申上候積りに御座候処、其節右村方堀田大蔵大輔替知渡リニ相成候ニ付、右孝心之始末相糺候趣を以大蔵大輔役人江申送り書物引渡申候、然処此度大蔵大輔」旧領戻被仰付右村方上知ニ相成私当分御預所被　仰付、郷村請取候所貞次郎儀私方ゟ前書之通申送り候ニ付大蔵大輔ゟ為褒美米并鳥目等差遣、苗字帯刀差免候由、右役人ゟ此度申送り去ル未年私方ゟ引渡し候一件書物猶又引渡有之候間貞次郎呼出始末相糺候処、同人儀当未五十歳に相成当時高拾五石余所持仕、庄屋役之儀は去ル酉年退役仕農」業之外渡世無御座候、然処去ル申三月大蔵大輔役場江貞次郎呼出申渡候は同人儀親孝心殊ニ村方江寄特之取計致候段先支配ゟ申送り有之ニ付為褒美苗字帯刀差免并米五俵差遣候旨申渡有之、其後米拾俵銭五貫文猶又弐貫文宛三度手当有之候旨、元来至而困窮ニ而両親介抱も心底に不相叶残念に相暮居候処、右躰度々褒美有之其上苗字帯刀」被差免候ニ付、父傳右衛門儀大に喜悦仕全孝心故之儀先祖子孫江之面目生前之大悦不過之貧敷事も忘れ相暮候旨申之大ニ安心仕居候処、母くめ儀九ヶ年以前亥年七十七歳ニ而病死仕、父傳右衛門儀は三ヶ年以前巳年九十歳ニ而病死仕両親共病中并死去仕候節共親類始村中之者より厚く世話いたし呉候間貧窮ニ相暮候得共何之不足も無之見送り安心」仕候旨、右躰大蔵大輔ゟ預褒美猶又村方ゟも熟(ママ)ニ致し呉何事も不自由と不存両親見立候段、偏御代々御厚恩難有仕合之旨貞次郎申立候ニ付村役人共呼出貞次郎当時之心行相糺候処、両親存命中は深切を尽し介抱仕、其外村方江対し候而も引続諸事貞実ニ仕候段一同申之候

右貞次郎儀両親江孝心其外寄特之取計ニ付」大蔵大輔領分之節苗字帯刀差免褒美差遣候由申送りニ付始末相糺候処書面之通御座候、其後も引続貞実者御座候得共私領ニ而差免候苗字帯刀之儀は難相成筋之旨申渡候様可仕候哉取計方奉

伺候　以上

未十一月　早川八郎左衛門

（朱書）「同十二申年二月廿日松平伊豆守殿江上ル」

東海道
赤坂宿寄特之者御褒美之儀申上候書付

書面彦十郎弥一左衛門江為御褒美銀拾枚宛
被下置苗字は永々相名乗候様可申渡旨被仰渡
奉承知候

申三月十三日　井上美濃守
石川左近将監

辻甚太郎御代官所
東海道赤坂宿
問屋本陣　彦十郎」
名主本陣　弥一左衛門

右彦十郎弥一左衛門儀常々身持宜実躰成者共にて数年宿役出精格別さしはまり相勤貧者を憐金銀を相恵ミ候計ニ而も無之、去ル子年三州菱池縁五ヶ村引続水難ニ而潰百姓多追々袖乞等ニ罷出村相続難相成躰ニ付、急難夫食并引戻百姓作夫食等助成として甚太郎支配内身元相応之者共」申合金三百五拾両差出候節、右両人之者共自分雑用を以重立世話仕彦十郎儀は右金之内五十両差出、其節御褒美銀等被下置候儀ニ而実意之取計方寄特之者共ニ付別紙之通甚太郎申聞候間相糺候処、同人申立候通寄特之取計方いたし候段相違も無之外々励之ためニも罷成候間、其身一代帯刀　御免苗字は子孫迄名乗候様被」仰付候様仕度奉存候、依之甚太郎差出候書付写相添此段奉伺候　以上

申二月」

覚

三州宝飯郡赤坂宿
問屋本陣　彦十郎
名主本陣　弥一左衛門」

右之者共儀数年宿役出精相勤常々身持宜質素倹約を相用格別之金銭之貯等も無御座候得共篤実成者ニ而貧者を憐ミ宿内は勿論近宿村々ニ而も収納時節等高利之金子借仕候を厭ひ両人持田畑質入等ニ仕候而も利安之金子貸遣、其中実々困窮之者共江は無利足等之勘弁を加江万事ニ付誠実寄特之取計仕候故自と一統帰伏仕取締方宜、既宿方前々」より之仕来ニ而御伝馬屋敷住居之外人馬方無役之者是迄多分御座候処、両人之者共重立取計方宜敷ゆへ小前之者共迄篤実を感し去ル寅年ゟ無役之者共も夫々身分相応之宿役相勤永

久宿相続方和融仕候儀ニ御座候、且又宿内次郎右衛門と申
者元来悪党者ニ而大酒を好身持不宜候間親類頭組合は不及
申右両人儀不絶心懸ヶ異見差加江候得共不相用増長仕、去
ル子年」次郎右衛門頭取於宿内轉《ママ》変仕候風聞承り両人重立
内糺仕訴出候ニ付召捕吟味伺之上夫々御仕置被　仰付候、
其節も一件之者共吟味中諸雑用不残小前江割合候ては困窮
之者弥難儀可仕候迚彦十郎弥一左衛門申合金弐拾七両差出
雑用金江助合候儀有之、其外同国菱池縁室村外四ヶ村之儀
は元岡部因幡守知行ニ御座候処一躰地窪之場所ニ而水吐不
宜年々不作等有之」困窮村々ニ付御蔵米引替相願当分上知
被　仰付候村方ニ御座候処、寛政元酉年ゟ引続水損仕候上
又候去ル子年七月中大水ニ而田畑は勿論家居迄水下に相成
数日相湛候ニ付、銘々貯置候雑穀悉押流し水中及飢渇難捨
置不取敢私諸入用金之内を以夫食手当仕、猶又急夫食拝借
被　仰付候得共元来困窮仕候上之儀ニ付格別之御手当被成
下置候様相」願、且又同国宝飯郡下佐脇村之儀も連々及困
窮人少に罷成手余地出来追々御手当有之取続来候得共捨置
候而は退転可仕外無御座候間再応相糺候処、享保元酉年以
来連々御取箇相増多分之御年貢弁納相立銘々収納迚も年送
り弁納ニ相成他借金相嵩自ラ持田畑を捨置奉公稼袖乞等ニ
罷出人少ニ相成、右潰人共持田畑之分親類又は村惣作に
引」請進退仕候処一躰困窮致詰候上之儀ニ付手入も不行届
倶潰に相成中々以一通り之儀ニ而は困窮為相凌候儀も難出
来躰に御座候処、右困窮之趣承りおよひ弥一左衛門頭取世話
仕候ニ付彦十郎并私支配所内身元相応之者共外六人申合村
方相続為仕度旨ニ而金五拾両宛七人ニ而都合三百五拾両私
役所江差出、右金子を以当難相救、曽は往々村柄立直り永
続之基ニも」仕度由ニ而出金之儀相願候ニ付夫々仕法を付
永続為仕候積り両様共伺之通御下知相済、右之者共難渋之
様子及承村相続も為仕度実意ゟ銘々金子差出相救候段寄特
之者共ニ御座候間其段申上候処、彦十郎外六人江為御褒美
銀壱枚宛被下置候旨寛政六寅年閏十一月廿九日松伊豆守殿
被仰渡之由久世丹後守申渡候、右躰之儀も畢竟弥一左衛門
彦十郎重立世話仕候ニ付」右実儀を感し各相励候故倶々厚
心懸ヶ出金等も仕候由ニ而弥一左衛門儀は身元薄之者ニ而
金銭等独立合力仕候儀は不行届候得共、右寄特金之内尾ば
な村善右衛門と申者出金之内を内分ニ而助合候迄之儀ニ付、
其節別段不申上候得共一躰弥一左衛門篤実者ニ而同人存立
出精世話仕候故、右村々相続方も行届候儀ニ而去辰年中も
同国設楽郡市野瀬村家数拾軒之内」百姓六人近年追々困窮

仕他所ゟ金銭等借り請候而も元利共一向相済し不申、難渋とハ乍申極山中之村方ニ而人気不宜連々困窮ニ泥実儀を失ひ候ゆへ自と金銭融通も不弁理ニ相成、去辰年中も必至と難渋仕候趣弥一左衛門及承弐拾里余之所自分雑用を掛ヶ態々罷越一躰人気不宜旨を得と教育仕、当日を送り兼候者共江は金弐両余も差出為相凌候ニ付近郷大平村」大久保村名主弥一左衛門深切を感し倶々世話仕候ゆへ村方相続も出来仕候儀ニ而、金子差出候は少分之儀ニ御座候得共遠路罷越難渋を救ひ遣し候厚志之趣既に他村江も押移り近郷ゟも世話仕候様相成一村相続出来候儀全く弥一左衛門実意ゟ出候儀其外ニも是迄右躰之世話仕候儀度々有之、金銭施候ゟも却而寄特之筋ニ而且又彦十郎儀年来問屋役相励、宿入用年々」被下候助成金利分ニ而不足之分は惣伝馬人江割合出銭仕取賄来り候処、年柄ニ寄困窮之者共は出銭相成兼或は潰人等ニも宿入用不足之分是迄年々彦十郎取替来り候金三百拾八両三分弐朱銭弐拾四貫四百十六文御座候処、去ル卯年人馬賃銭割増年季明ヶ後諸通行通し人足相止宿人馬立方多右ニ准し宿入用相増伝馬人共出銭相嵩彦十郎連々取替置候金銭元」利取立候而は大勢之者共難儀仕候を相欲（歎カ）、宿入用江取替置候分不残棄指（捐）に致し伝馬人共江合力仕候段格別手厚成身元ニも無御座候得共、元来篤実者ニ而役儀を大切に相勤宿相続方厚心懸ヶ寄特之取計ニ而右之外私支配所宿々連々及困窮相続も出来兼候躰ニ御座候処、利安之金子才覚仕御貸附不納金江借替相納候に付右利足間金を以宿借金償方仕法相立宿々困」窮相救ひ候儀全く彦十郎弥一左衛門常々律儀者ニて郡中は勿論外私領迄も名前を存自他之存込宜故之儀ニ而、何れ之宿ニ而も追々他借元利相嵩返納ニ差滞候上之儀ニ付一通り之儀ニ而は聊之金子も容易ニ難出来候処、両人之者共重立宿内は勿論外宿々之分までも引請加印等仕実意に相働候故多分金子早速相整宿々相続方元立出来候儀寄特成儀ニ奉存候、」右両人儀万事誠実寄特之取計仕篤実成ものに御座候間去ル未年白須賀宿問屋久次郎儀年来宿役出精相勤候段道中筋御用ニ而差遣候御普請役糺之上申上候趣を以苗字帯刀　御免被　仰付候近例も有之、殊ニ彦十郎弥一左衛門儀は外宿々村々相続方之儀迄も世話仕取計候儀一通り不成寄特之儀ニ御座候間、前書類例も御座候」儀曽は此上自余之励ニも相成候儀ニ付、旁以右両人も苗字帯刀　御免被　仰付候様仕度奉存候、依之申上候　以上

未十二月　　　　辻甚太郎」

（朱書）「同十二申年三月十二日太田備中守殿江上ル」

支配勘定格
吉川栄左衛門支配所
上州摺渕村孝行者之儀申上候書付

書面幾八江為御褒美銀七枚被下同人父武平次江
為老養扶持一日米五合宛一生之内被下候旨
被仰渡奉承知候
申四月廿二日　柳生主膳正

支配勘定頭格吉川栄左衛門支配所上州利根郡摺渕村百
姓幾八父江孝行仕候段村役人共申」立候ニ付相糺候趣
栄左衛門書付差出候ニ付則写入御覧候、可罷成儀御座
候ハヽ、右之者江相応之御褒美被下置候様仕度奉願候、
依之申上候　以上
申二月　柳生主膳正

支配勘定格
吉川栄左衛門差出候書付写
上州利根郡摺渕村
百姓　幾　八　申四十一歳
同人父　武平次　申八十一歳」

右之者儀高壱石五斗余所持いたし母は弐十ヶ年以前相果当
時父并夫婦子供都合六人暮ニ而家内睦敷貞実に農業渡世い
たし父武平次当申八十一歳に相成候処、及老衰安堵不致候
迚四ヶ年以前ゟ冬雪深農隙之間いたし来候近村之木割稼も
相止手元に罷在縄をなひ莚を織手業にいたし、困窮之身分
ニ而親之為ニは少も財用を不惜平常」好き候間身分相応に
酒菜を設け饗応妻子江も兼々申付置厚く介抱致させ、四ヶ
年以前武平次野江出茅ニ而右之眼をつき久々相煩候節も医
師相掛種々療養を加へ神仏江立願抔致し一旦全快におよひ
候処、又々程なく両眼相煩種々薬用力を尽し看病いたし候
得共万事不自由之儀を相察し、居宅手狭ニ付庭搆之内江小
屋を補理」置孫共を相手にいたし気保に致させ、平日立居
も妻供々手伝致し不自由無之様心付眼病相煩候以来は酒も
好ミ不申候間折々退屈致し候節は給物等拵家内打寄なくさ
め神仏或は親類等江も背負又は手を引連参り、其身并家内
之者共は見苦敷薄着致し父ニは厚く手当いたし何ニ而もさ
からわす心に応し候様致し心力を尽し愛敬仕、右」躰之者
ゆへ御年貢も期月通無遅滞相納村役人申付を相守親類他人
迄も親しく、既に去ル寅年より小前百姓より村役人を相手
取地所出入有之、去未年一村検地為御用御勘定広瀬吉之丞

支配勘定岩崎彦右衛門和田為右衛門罷越候砌、此者儀吉之丞方江水夫人足に罷越候而も終日相働惰弱之儀無之吉之丞廻村之節心付及見候処、所持之田畑作毛之様子地」続之内目立候而宜敷相見江耕作致出精候趣相聞候に付、此者を私廻村先江呼出相尋候処、小高困窮にて万端心底に任せず親ともに不自由而已いたさせ候旨申之候様子孝心之者と相見江候ニ付、諸入用金之内を以少々手当遣し組合并村役人近村々役人をも相糺候処、前書之通孝行之趣一同申口符合仕吉之丞彦右衛門為右衛門ゟも孝心之始」末其外作毛及見候段私方江申聞旁相違無御座、山中辺鄙ニ而人気不宜村方ニ而御座候間格別御沙汰を以相応之御褒美被下置候ハヽ、村内は勿論近村々迄も響ニも相成自然と孝道之教諭ニも相成人心和らき候基ひにも御座候、依之申上候　以上

申二月　吉川栄左衛門」

（朱書）「同十二申年閏四月八日戸田采女正殿江上ル」

郡代支配大貫次右衛門御代官所
武州西葛西領中之郷出村寄特者之儀ニ付相伺候書付

書面太右衛門江為御褒美銀五枚
被下置候旨被仰渡奉承知候

申五月十一日　中川飛騨守

大貫次右衛門御代官所
武州西葛西領中之郷出村」
名主　太右衛門　申五十三歳

右之者儀拾弐三ヶ年以前ゟ名主役相勤候処、至而実意成者ニ而都而村方取締宜小前之ものども農業出情（ママ）（以下同）仕候ニ付先年他村江質地に入置候田畑等追々不残取戻し当時村高六拾五石余之外田畑弐百石余他村ゟ質地取り村内睦敷他村之」ものと喧咙（嘩）口論等致し候儀も無之、殊に愚昧成もの又は若イもの江は夜分自分宅江招寄御法度書等読聞セ実意ニ取計候由風聞之趣御鳥見手附之もの申聞候ニ付、右場所支配御代官大貫次右衛門江申渡為相糺候処、太右衛門儀持高拾五石余家内九人暮ニ而拾三年以前ゟ名主役相勤候而より村内公事出入は勿論引合等ニ而奉行所江罷出候儀無之、至而」実躰柔和成生質にて村内取締方厚心掛若輩之者共農業之外不宜事に携り不申様時々ニ教訓いたし、且小前之ものども前々より他村江質入致し置候田畑取戻し之儀色々心力を尽し追々取戻し、其外極貧之もの江は厚心添いたし乍聊時々合力致し遣し何事ニ付候而も小前之もの共」格別に世話を受候ニ付、挨拶之心取ニ而適聊之酒肴等相贈候而も一切受納不致村内難儀之筋無之様ニと心を尽し取計

候間一統帰服致し、近年退役之儀度々申出候得共小前之者共一同頻而相頼候ニ付不得止事相勤罷在候趣ニ付、猶又隣村之もの共をも相糺候処前書之通小前を憐ミ村内は勿論近村迄も小前之者」ども帰服いたし取締宜寄特之ものニ御座候之間、外村々響之ため旁相応之御褒美被下候様仕度旨次右衛門相願申候、右之通近村迄相服候程ニ村内治方宜候段名主役相勤候詮も厚く寄特之取計ニ御座候間可相成儀ニ御座候ハヽ、相応之御褒美被下置候様仕度奉存候、依之奉伺候

以上」

申四月」

（朱書）
「同十二申年六月六日松平伊豆守殿江上ル」

植村駿河守御預り所
和州小槻村寄特者御褒美之儀ニ付相伺候書付

書面相伺候清左衛門御褒美之儀
銀五枚可被下置旨被仰渡奉承知候
申六月廿二日

柳生主膳正
中川飛騨守
小笠原三九郎
鈴木門三郎
岡松八右衛門
沢次郎右衛門
御勘定方

植村駿河守御預り所大和国高市郡小槻村」寄特者御褒美之儀ニ付申立候趣取調左ニ申上候

植村駿河守御預り所
大和国高市郡小槻村
庄屋　清左衛門

右清左衛門儀高百八拾五石余所持仕右高市郡弐ヶ村同国式下郡八ヶ村都合拾ヶ村頭庄屋いたし篤実成」ものにて平常家内共倹約を相守取計方宜敷組合村々迄憐ミを加江候故小前一同皈服仕罷在候処、去未年之儀は稀成旱損ニ而右組合村々は別而痛強く皆損同様ニ有之夫食ニ差支飢ニも可及程之儀に付、清左衛門より米五拾石差出極難渋之者共相救其外左之通寄特之取計いたし候旨

高五拾四石余

是は小前之内困窮ニ而御年貢不納并借金ニ差詰他所稼又は欠落等いたし候者所持之田畑、村惣作ニ致し候而は弁納多借金引請一同難儀ニ付清左衛門引請、追々手入いたし地主共立帰り候もの江は地所相返し百姓相続為致候由

銀弐拾貫弐拾目余
（朱書）
「金二〆三百三拾三両余」」

是は清左衛門所持之田畑、小作いたし候者共年々小作米滞候而も御預り所役所江願出候儀無御座勘弁を以其者不痛様取立実々難渋之もの江書面之銀用捨いたし遣候由

銀拾貫四百拾匁余
（朱書）「金二〆百七拾三両余」
是は村方小前御年貢不納取替納置候処難渋之もの江用捨いたし遣候由」

銀三貫百目
（朱書）「金二〆五拾壱両余」
是は困窮村方ニ而諸作年々出来劣り村借銀多く返済滞り村方難渋いたし候ニ付、立替返済為致置候元銀去未年凶作ニ付書面之銀此度用捨いたし遣候由

銀弐百目
（朱書）「金二〆三両余」
是は式下郡鍵村之者田地譲請之儀ニ付御預り所役所江願出一通り相糺候処、清左衛門取曖双方江理解申聞」書面之銀差出遣し内済為致候由

右之通追々寄特之取計いたし常々厚志之ものニ有之外村々人気も自然と宜可相成基ニも御座候之間、何卒相応之御褒美被下置候様御預り所役人申立候ニ付取調候処、去未年旱損ニ付困窮之者一事に相救候と申ニも無之年来心掛ヶ組合村々撫育仕候趣ニ有之寄特之儀ニ付、為御褒美銀拾枚被下置候」方ニも可有御座哉此段奉伺候　以上

申六月」

（朱書）「同十二申年八月十日戸田采女正殿江上ル」

三河口太忠御代官所
常州茨城郡池野辺村孝行者之儀申上候書付

書面太郎右衛門江為御褒美銀七枚被下
同人母江為老養扶持一日米五合宛被下候段
被仰渡奉承知候
申八月十九日　柳生主膳正

三河口太忠御代官所常州茨城郡池野辺村百姓太郎右衛門儀母江孝行仕候段及承候ニ付相糺候趣」太忠書付差出候間則写入御覧候、可罷成儀ニ御座候ハヽ、右之者江相応之御褒美被下置候様仕度奉存候、依之申上候　以上

申八月」

御代官
三河口太忠差出候書付写　柳生主膳正

常州茨城郡　池野辺村

百姓　太郎右衛門　当申四十七歳

右太郎右衛門儀高三石余所持仕当年八十歳ニ相成候」母共弐人暮に御座候処甚貧窮ニ而日雇稼等仕取続罷在候、然処幼年ゟ至孝成者ニ而三十年以前父病死仕候節も長病中寝食を忘れ介抱仕、死去後も悲嘆に不堪凡壱ヶ年程も相煩其後拾七年以前ゟ母儀病身に相成行歩も不自由故医療無怠薬用仕候ニ付、別而困窮相暮衣食も乏敷候得共貧成様子母江は一向不申聞昼夜艱難辛苦」仕御年貢等も人ゟは先江相納母に為悦、農業にも遠方江罷出候而は留守中気遣敷迚近辺而已にて耕作仕、休候節は是非一両度宛立戻り母之姿安否を承り又遠方江罷出候砌は勿論日々農業ニ罷出候も何時帰宅可致と母江申聞、其度々留守中心添致し呉候様隣家之者共江も丁寧に頼置、先々ニ而如何様之儀出来致し候而も申置候刻限ニは急度」罷帰夜中も度々起候而は二便之世話湯茶之類意に随ひ為給母之安眠を待臥り、食事之儀も自分は麦粟之類食、母之飯米は別段に致し置僅両人之食事を両度に焚候程之儀ニ而仏参其外他出いたし度段申候得は背負連行、折々は近所江被相雇右賃銭ニ而魚類等調為給兎角母之気に違ひ候事可有之哉と夫而已恐惕(怖カ)仕誠昼夜情(ママ)」力を尽し安寝之間もなく辛苦仕候ニ付、村内之もの共も気之毒に存妻を迎倶々相稼可然旨度々申勧候得共万一母之気に不応歟又は心配等有之様ニ而は却而不本意之儀ニ付、先独身ニ而罷在候方心遣無之旨申之何程申諭候而も毎度同様相断得心不仕、都而幼年ゟ親之詞を背候儀無之、既に近村々ニ而も父母之申付等不取用者」有之候得は太郎右衛門を見習志を可改抔と教訓仕候程之儀ニ而、一躰常州之儀は頑愚惰弱成風俗に御座候処、太郎右衛門儀卑賤ニは稀成篤実之者ニ付母老養為御手当御褒美之御沙汰も被成下候ハヽ、郡中一統響ニも相成、自然と風儀も立直り可申哉奉存候間何卒相応之御沙汰被成下候様仕度奉存候、依之申上候　以上」

申七月　　　三河口太忠」

(朱書)
「同十二申年十月十六日大田備中守殿江上ル」

武州栗橋宿孝行者之儀ニ付相伺候書付

書面友次郎江為御褒美銀三枚
被下置候旨被仰渡奉承知候

申十一月廿九日　　　中川飛騨守

中村八太夫御代官所
武州葛飾郡栗橋宿」元茶船番水主
平六悴　仁助事　友次郎　申弐十五歳

右友次郎父平六儀は十七八年以前長病相煩困窮之上薬料等に差支無是非水主株も他江相譲療養仕候処、難治之病ニ而病死致し当時六拾歳ニ相成候母壱人有之、友次郎儀平日実」躰成ものニ候得共元来虚弱ニ而農業稼も相成兼殊ニ幼年より眼病相煩薬用も仕候処、貧窮ものゆへ手当も不行届両三年以前ゟ片眼不眼に相成力業稼も出来兼候間、近辺日雇稼いたし其日を漸経営、母迚も老年ニ及ひ候得共貧窮之事ゆへ賃糸等取相暮し候よし、然ル処友次郎儀母江孝心之志厚く母之申」付候事は何ニ而も不相背日雇先ニ而食事之節菜抔附出し候得は其侭残し置持帰り母江遣し又は日雇先遠方ニも無之候得は一日之内両三度ツヽ先方江相断宅江帰り母之安否を尋日雇先江立戻り、或ハ自分に請来候日雇稼有之候而も母稼先ニ而友次郎頼度と申方有之候得は、自分約諾之方は相断候得共先方ニ而も平日律儀成もの故」何れとも都合能様に可致旨申之候ニ付母之約束之方江罷越候由、且母不快之節は何程高銭ニ相成候日雇稼有之候とも相断昼夜母之側ニ附居看病いたし甚案居候よし、右孝心之趣存知候ものは折々飯米等少々ツヽ合力致し遣、又は眼病相煩候節は宿内薬店ゟ心附無代ニ而薬遣し候得ども心中ニは甚忝事と思ひ居候得共右之謝礼可」報期も有之間敷事を愁ひ候趣に有之、一躰律儀なるものニ而下賤ニは稀成者之由風聞及承候段房川渡中田御関所番立会として差遣置候組附并御代官手附之もの申聞候ニ付、右場所御代官中村八太夫江右始末巨細に相糺申聞候様申渡候ニ付同人手附差遣為相糺猶八太夫儀も当秋検見序得と相糺候処、友次郎孝心之趣相違も無之」旨別紙之通八太夫申聞候、右之通其身虚弱なる生質ニ而殊ニ貧窮之中孝養を尽し候段は寄特成儀ニ付、右篤実至孝之趣御賞誉も有之候ハヽ宿内は猶又近郷之内身持不宜もの共も追々右之風俗押移可申哉ニ付可相成儀ニ御座候ハヽ相応之御褒美被下置候様仕度奉存候、依之八太夫差出候書付相添此段奉伺候　以上」

申十月」

武州栗橋宿友次郎孝心之儀ニ付申上候書付

中村八太夫

私御代官所
武州葛飾郡栗橋宿
平八店　元茶船番水主

平六忰仁助事　友次郎　当申弐十五歳」
友次郎母　かや　当申　六十歳

右仁助事友次郎儀母江孝行之趣入御聴猶相糺可申上旨被仰渡候ニ付手附差出得と為相糺候上猶又私儀検見廻村御用序相糺候処、友次郎父は平六と申茶船番水主稼いたし罷在候処、年久敷難治之病相煩天明三卯年春之頃ゟ」病悩弥増艱難之中種々療養差加候得共次第に差重り既に薬料等は勿論、食用之手当も尽果取続出来兼水主株も他方江譲り一旦之快気を願ひ無他事致薬用候処無其験も同年秋之頃病死いたし、其頃は友次郎事仁助と申至而幼稚ニ而暮し方之手段無之候得共可便方も無御座、母かや針仕事洗濯もの抔いたし」聊之賃銭を取り漸其日を送り罷在候ところ、友次郎儀幼少之頃より行跡宜敷母も慈愛いたし成長に随ひ次第に孝道之志厚く貧窮ニ而は母之安居可致期は有之間敷事を歎き、農業稼等精出し心慮に叶候様養育いたし度事而已只管心懸候得共、元来虚弱にて人並之稼も不相成、其上年久敷眼病相煩」薬用等相加江候得共極貧ニ而療養も不行届去々午年片眼不眼に相成、猶更力業稼も出来兼候に付、所々馴染之方憐愍を以随身之日雇相稼纔之賃銭を取り母迚も老年におよひ洗濯物なとの骨折り業も出来兼賃糸抔とり友次郎倶〳〵相稼候得共、旦夕之煙りも立兼候程之貧民にて母之老を可養手段も無之、友次郎辛労」罷在候節も其気色母江不為知様いたし母之可案事ハ何に寄らす隠置万端母之心に不背休意可致事のミ心懸ヶ日雇先ニ而食事等いたし候節、菜なと附差出候得は其侭残し置持帰り母江遣し、又は日雇先ゟ一日之内一両度ツヽは先方を断宅江帰り母之安否を伺機嫌能節は悦欝労罷在候様子に候得ハ至而案事心を慰メ」候之咄し抔親しくいたし機嫌直り候得は安堵いたし日雇先江罷出、或ハ自分ニ請来り候日雇稼有之相応之賃銭ニ而も母稼先等ニ而友次郎頼度と申方有之候得はたとへ賃銭ハ格別相劣り候共其所ニは頓着不致、母受合帰り候方江参り自分約諾之方ハ相断先方ニ而も友次郎事律儀なるものにて孝心之志ハ兼而存居約束違候共、母江」対し候事と押計彼是申候者も無之、扨又母勝レ不申候節は何程高銭之稼ニ而も相断、昼夜寝臥不離看病いたし且母儀雷鳴を至而嫌ひ候に付日雇先又ハ用向ニ而他方江罷越候共、雷いたし候節は早速駈帰り母之側に罷在、他方江罷出候節は聊成品ニ而も其度々調へ帰り差遣、不依何事ニ母休意いたし候事而已実意に心懸、徒に其日も」不送家業を発し母に安居為致度心身を砕き候之程之志有之候得共虚弱ニ而不任心に貧弱には暮候得共決而利欲ニ不拘篤実至孝之程は年を経候に随ひ弥増候得共、不孝ニして時不至事と近辺之もの挙而嘆敷儀と存折にふれ飯米抔少々宛合力遣候ものも有之、既に眼病相煩候砌も宿内薬店より心付、薬等遣し候得は至極忝」事と思ひ居候得共乏身分ニ而此等之厚礼寸志も可報期は有之間敷と愁ひ日雇に罷越其礼を謝し誠以律儀成気質ニ而殊更無絶間孝行を尽し候段は不賤(ママ)ニは稀成もの之由宿役人一同申立候間、猶宿内は勿論隣村所々に而再応承糺候処、此もの孝心之段は相違無御座旨いつれも申聞候、友次郎儀貧窮之中ニ而孝養を尽し候」段は寄特成儀ニ付右至孝之趣御賞誉御褒美被下置候ハヽ、宿内并近郷之内行跡不宜ものも追々右之風俗に押移り可申哉ニ付可相成儀ニ御座候ハヽ、相応之御褒美被下置候様仕度奉存候、依之申上候　以上

申十月　中村八太夫」

(朱書)「享和元酉年三月二日松平伊豆守殿江上ル」

簑笠之助御代官所
信州小布施村奇特之者御褒美之儀ニ付相伺候書付
書面相伺候熊太郎御褒美之儀
銀五枚可被下置旨被仰渡奉承知候
酉七月五日
柳生主膳正
中川飛驒守
小笠原和泉守
三橋藤右衛門
鈴木門三郎
岡松八右衛門
金沢瀬兵衛
御勘定方

簑笠之助御代官所信州高井郡小布施村」寄特者之
儀申立候ニ付取調候趣左ニ申上候

簑笠之助御代官所
信州高井郡小布施村
百姓作左衛門倅　高井熊太郎　酉二十六歳

右熊太郎父作左衛門儀高弐百石余所持仕酒造塩茶等商売仕来候処、天明三卯年凶作之節米金其外差出村々困窮之者を相救候為御褒美翌」辰年銀七枚被下置、同六午年数年村方江奇特之取計いたし候故を以御褒美として銀拾枚被下置其身一代帯刀　御免苗字は子孫迄可相名乗旨被　仰付候者ニ有之、忰熊太郎儀引続篤実なるものにて行跡宜敷幼年より商方覚候ため内訳いたし置商売為致候処、家業等出精いたし年々利潤之内除置候由ニ而去ル卯年中山道和田宿」長窪宿困窮ニ付相続方之儀笠之助吟味仕候節金百両差出伺之上右両宿助成貸附ニ相成、寄特之儀ニ付熊太郎行跡をも寄々相糺候処、両親江至而孝行ニ而下人を労り困窮者を見継候趣に相聞去秋中検見廻村之節猶又内々相糺候処村内は勿論

近村々迄も困窮之者共江金銭米穀等不絶相施し又は無利足
ニ而貸渡為取続候」段相違無御座、若年之者ニは稀成心底
ニ有之右躰之者御賞美御座候得は郡中百姓共風俗も宜敷相
成、支配所一統江相響取締ニも罷成候儀ニ付親同様其身一
代帯刀　御免被　仰付候様仕度段笠之助申立候、依之評儀
仕候処熊太郎儀行跡宜いまた年若ニ御座候処志も厚く常々
相心懸売買利潤之内除置宿方助成出金仕、其外不絶困」窮
者見継候段奇特之儀ニ相聞候得共帯刀　御免之儀は重き御
褒之御趣意ニも御座候間評議仕候処、熊太郎江為御褒美銀
拾枚被下置候方ニも可有御座哉ニ奉存候、依之此段奉伺候

以上

酉三月」

（朱書）「同元酉年三月廿五日松平伊豆守殿江上ル」

池田仙九郎御代官所
河内国北大伴村奇特者御褒美之儀相伺候書付

書面伺之通周助江為御褒美銀拾枚
被下置其身一代帯刀　御免苗字は
永く名乗候様申渡并村役人共儀是又
伺之通誉置候様可仕旨被仰渡奉承知候

酉七月十二日

柳生主膳正
中川飛騨守
小笠原和泉守
三橋藤右衛門
鈴木門三郎
岡松八右衛門

池田仙九郎御代官所河内国石川郡北大伴村」奇特者
御褒美申立候ニ付取調候趣左ニ申上候

河内国石川郡
北大伴村
庄屋　周　助　酉五十二歳
三郎右衛門
林　八
惣　吉
百姓代　次兵衛
政右衛門
藤兵衛」
庄兵衛
伊兵衛

右周助儀高弐拾四石余所持仕拾九ヶ年以前天明三卯年より
庄屋役相勤候処、同村之儀勘定出入等ニ而数年混乱いたし
明和年中より十ヶ年程之間凡庄屋拾人程相替候得共治り方
不宜追々村方衰微いたし周助役儀請取候節は一統凶」作之
年柄米穀至而高直ニ而小前之者共及難儀候に付、身上可成
ニ取続候者江は年忌仏事等五七ヶ年之間之分取越右入用を
積りたて困窮之もの共江何ニ而も心持次第ニ可施旨申聞候

処、銘々致承知米麦銭油等相施し、尤其砌米価壱石銀弐百四拾目程ニ付周助儀身分を詰所持之米無利足安直段ニ而貸渡勝手宜節返済致候様」申談、翌辰年より年々村内神事仏事其外祝ひ事等之節酒など振舞候儀堅く相止メ右之入用分限相応出銀致させ村入用之内江差加江夫丈ヶ之村入用を相減、其外品々勘弁を尽し実意ニ差はまり御法度之趣常々惣百姓共江申諭用水時節ニは昼夜無怠相廻り、去ル寅年旱魃之節は未明より罷出用水引方世話いたし候ゆへ」右に励され一同出精いたし且隣村ニ而は雨乞いたし候間、当村ニ而も雨乞いたし可然旨百姓共申候処可成たけ人力を尽し力に不及節神仏江祈不申候而は天命ニ不叶候間惣百姓成丈ヶ出精可致旨申諭し自身先立相働候ニ付、旱魃之年柄ニも外村々よりは諸作出来方も相勝、去々未年之儀は去ル寅年ニも相増候旱魃之処、外」村々ニ引くらへ諸作出来方抜群宜且又北大伴村之儀は東条川石川両川附ニ而長千弐百間余之囲堤有之、以前は出水之度毎及大破田畑川欠石砂入等ニ相成、国役普請相願候儀繁々有之候処、周助儀兼而心掛冬春農業之節見廻り百姓共江申教自分も罷出不絶手入いたし候故、近年は御普請相願候儀も無之洪水之砌防方之儀も前書」旱魃之節同様自分先立相働候故、大勢之者共も力を尽し防留之儀度々有之其外仕付時節ニは下直成肥し買請貧窮之もの江年延ニ貸附末々之者迄肥し不足なき様為仕候故、おのつから諸作出来方も外村々よりは際立候様相成且以前は村方不取締ニ候而惣百姓共困窮高利之金銀借請候者数多有之、往々は潰ニも可及」躰故少も早く返済之手段可致旨申談候得共、元来貧窮之百姓耕作之余計ニ而は中々急速返済難成旨申聞候間、銀主江利下等之儀致対談不承知之分は自分名前ニ而利安之銀子借受小前江貸渡、高利之分は悉返済為致候様品々勘弁取計候ニ付致他借候者も無之様相成、全ク年来右躰出精正路ニ取計候故困窮之百姓共当時」にては相応之身元ニ罷成村柄立直、仙九郎廻村之節も外村ゟ北大伴村江相移候得は格別目立候程にて幼年之者ニ至迄行儀宜相見候旨、元来周助親儀も同村庄屋役相勤罷在候処、周助弐歳之節病死仕母之養育ニ而成長いたし同人庄屋役ニ相成候以来は村方一統和融致し候得共母老衰致し候ニ付村役相勤候而は役儀ニ而他行も仕候事ゆへ」朝暮側に罷在心附候儀も難成候間、退役仕度旨先前支配江も度々願出候得共退役之儀差留度段小前之者強而申立候ニ付支配役所ニ而も種々理解申聞不得止事相勤居候得共、最早母余命之程も難計孰レ村役相勤候而は介抱も難行届旨ニ而退役之儀度々申談候得共惣百姓強而相頼無拠相勤罷在候由、尤拾ヶ年以前妻呼迎夫婦合も」睦敷候処、母之心に不相叶儀有之離縁いたし其後親類懇意之者より達而申勧後妻呼迎三ヶ年程罷在候処、是又母之心底に不応ニ付及離縁ニ此外万事右ニ准し母之心ニ不相背様仕、勿論困窮ニも無之候間艱難いたし孝行を尽し候と申儀は無之候得共心底ニおゐては稀成孝心ニ有之候処、老母之儀は去ル午年七拾三歳ニ而病」死仕候、然共母之心ニ不叶妻を今更呼戻候は心済不仕由ニ而今以独身ニ罷在実々右行状之儀近郷までも感服いたし罷在候旨右周助孝心并寄特之取計仕候趣北大伴村より去ル寅九月中鈴木新吉支配之節申出候ニ付得と相糺申立候積り之処、新吉御役替篠山十兵衛支配ニ相成右之趣申送同人方ニ而猶又風聞為相糺候処相違無之旨、」然ル処仙九郎御代官所ニ被　仰付、去ル卯四月中郷村請取猶亦十兵衛方より申送り候ニ付卯年以来得と相様候趣書面之通ニ御座候間、仙九郎役所江も呼出称美いたし置候旨、且亦外村役人共儀も周助申談候趣相守実意ニ差はまり出精仕候故勧農之世話も行届村柄立直り候段全く周助行跡宜常々小前之者共をいたわり廉直ニ取計候故之儀ニ」有之、支配所一統之響ニも罷成候間格別之御沙汰を以苗字帯刀　御免被成下外村役人共江も相応之御褒美被下置候様仕度旨仙九郎申立候、依之評議仕候処、周助儀常々行状宜数年来無怠慢役儀ニ心を用ひ万事出精正路ニ取計村治り方宜敷困窮も立直り、其上老母江孝行之趣等近郷迄も感服いたし候段、寄特之儀ニ相聞外々」村役人共鑑ニも可相成儀ニ奉存候間、書面周助儀為御褒美銀拾枚被下置其身一代帯刀　御免苗字は永々相名乗候様被仰付外村役人共儀も周助申談候趣を相守実意ニ出精役儀相勤候段是又奇特之儀ニ付誉置候様被　仰渡候方ニ可有御座奉存候、依之奉伺候　以上

酉三月」

（朱書）「享和元酉年六月廿二日戸田采女正殿江上ル」

川崎平右衛門御代官所
甲斐国都留郡花咲村長寿者并孝行者之儀申上候書付

書面次助江為御褒美銀三枚被下父母江
為老養扶持壱人江一日米五合宛一生之内
被下候間其段可申渡旨
被仰渡奉承知候

子七月廿五日　柳生主膳正

川崎平右衛門御代官所甲斐国都留郡花咲村百姓」弥左

衛門弟次助儀父母江孝行仕父源四郎儀長寿之段村役人共申立候ニ付相糺候趣平右衛門書付差出候間取調候処、源四郎江老養扶持次助江御褒美之儀申立候得共孝行仕候者之父母及老年候者江老養扶持被下置孝行仕候者江は御褒美被下置候例御座候間、源四郎儀ハ当酉百五歳に罷成、女房みのは当酉八十九歳罷成候之間右両人江老養扶持次助江は相応之御褒美被下」置候様仕度奉存候、依之平右衛門差出候書付写相添此段申上候　以上

酉六月」

御代官
川崎平右衛門差出候書付写

柳生主膳正

甲州都留郡花咲村
百姓弥左衛門父

弥左衛門屋敷高壱斗六升五合　源四郎　当酉　百五歳

源四郎女房　みの　当酉八十九歳」

同人次男　次　助　当酉五十四歳

右源四郎長寿并次助孝心之趣相聞候ニ付村役人とも呼出相糺候処、源四郎儀元禄十丑年出生にて当酉百五歳并同人女房ミの当酉八拾九歳せかれ弥左衛門当酉五十六歳次男次助当酉五十四歳ニ相成弥左衛門方ニ同居致罷在候処、同人儀女房并子供」三人有之家内多ニ而両親介抱疎に相成候由にて、弟次助儀兄弥左衛門屋敷内江小家補理両親引取三拾ヶ年以前ゟ致別居罷在候、弥左衛門儀は書面屋敷高之外持高等無之、殊ニ家内多ニ而極困窮日雇稼等いたし助命仕候程之儀ニ候得は、弟次助江助合等致候儀相成兼候得共次助儀村内所々日雇稼を以養育仕両親共長命ニ御座候旨申之ニ付、次助孝心之趣」相糺候処右之通兄弥左衛門儀極困窮ゆへ次助方江助合候儀相成兼候得共、同人儀至而孝心ニ而年中所々日雇稼等致し両親を養育仕、万端両親之気を不背日雇稼を以其日暮ニ介抱仕候儀ニ付、一日相休候得ハ養育出来兼候得共今日は休家内ニ罷在候様両親申聞候節は任其意日雇先相断其日は家内ニ罷在、又は宿ニ而草鞋等造居候節相止休候様申聞候得は是又」早速相止聊之儀ニ而も両親之心を不背、朝は未明ゟ起火を焚なから草鞋を造り両親目覚候得は早速枕元江茶を汲持参相与へ其外右ニ准し都而不依何事ニ両親之存意に随ひ相つかへ且又壱人にてハ両親之養育も行届申間敷候間、女房を呼候様組合村役人ゟ度々申進候得共困窮もの之儀ニ付家内多ニ相成候而は自然と養育疎に相成候由を申今以」女房も無之壱人ニ而日雇稼等いたし養育罷在候旨組合村役人共一同申之ニ付猶又村内并近村々得と

相糺候処、次助孝心之趣及承近村々ニ而も感入罷在候旨一同申之候、源四郎儀未丈夫ニ而暖気之節は屋敷内之草を取掃除等いたし候由一同申之候、右躰長寿之ものニ御座候間可相成御儀ニ御座候ハヽ、格別之御評議を以源四郎江老養御扶持方被下置候様仕度」且同人次男次助儀至而孝心ニ而両親養育厚ク仕候儀ニ付、是又相応之御褒美之御沙汰も御座候ハヽ、郡中一統之響ニ相成、自然と風俗之教諭ニも相成可申奉存候、依之申上候　以上

酉五月　　川崎平右衛門」

「（朱書）同元酉年六月廿一日戸田采女正殿江上ル」

大貫次右衛門御代官所
武州橘樹郡東子安村孝心者之儀ニ付相伺候書付

書面四郎兵衛義親江孝行致候ニ付
為御褒美銀三枚被下父四郎左衛門江
為老養扶持一日米五合宛一生之内被下候
旨被仰渡奉承知候

酉七月三日　　中川飛騨守

関東郡代支配
大貫次右衛門御代官所」
武州橘樹郡東子安村

持高四石八斗余　百姓　四郎左衛門　酉九十九歳
同人四男　四郎兵衛　酉四十五歳

右四郎左衛門儀元禄十六未年出生ニ而平日実躰農業出精いたし先年は年寄役相勤罷在候処及老年平百姓ニ相成、女房ハ拾七ヶ年以前七十」七歳ニ而病死いたし惣領権右衛門当酉七十四歳元来病身ニ付独身ニ而両親四郎左衛門厄介に相成居、次男孫右衛門当酉七十歳ニ相成独身ニ而於神奈川宿ニ小商いたし、三男小右衛門当酉五十四歳ニ相成同村内高弐斗余所持いたし農業渡世相営ミ男子弐人有之、四男四郎兵衛当酉四十五歳ニ相成男女子供弐人有之、右四郎兵衛を四郎左衛門跡株相」続人ニ相定候積り之由家内六人暮し、四郎左衛門儀当時随分丈夫ニ而近所弐三町位之内ハ枝（杖カ）無之歩行いたし食事三椀程ツヽ給、是迄無病ニ而平日酒を好ミ一日壱合程ツヽ日々為給候由、いまた眼力も能今以無油断藁細工等いたし可成に酒代程ハ日々相稼少々ハ農業手伝も致し候由、惣領権右衛門其外次男三男四男共甚実躰ニ家業出情いたし小」高之極貧ものに候得共一同睦敷、四男四郎兵衛儀親四郎左衛門留守之節は給物初穂盛いたし置平日親江不為給内ハ食事不致夜分起臥共至而心付二便ニも附添罷越、農業

渡世より罷帰候而ハ片時も側を不離寺参等いたし候得ハ手を引道悪敷節亦ハ堀川等之所ハ背負罷越候由、酒ハ日々給候得共酒代程は四郎左衛門可成に縄をなひ売替候代ニ而相払候得」とも時々心を付日雇賃之内ニ而小肴ニ而も調罷候歟又は酒壱弐合調罷帰候歟何れ他行いたし候得ハ聊之品ニ而も遺し為相歓、且又暮方難渋故子供ニハ時節之着類手当不致候をも親江ハ寒暑凌能様時々之衣類為着候様いたし、其身ハ艱難致しなから万事夫〳〵相応に手当行届候由、次男孫右衛門三男小右衛門儀も其日くらしにて極貧ニは候得共平日心付厚折々給」物着類等迄手当いたし候由相聞候間村役人共相糺候処、四郎兵衛儀至而実躰ニ而親江之手当宜其外前文之通相違無之旨次右衛門申聞候

右之通申聞一躰四郎兵衛小高極貧之ものニハ有之候得とも生質律儀成ものニ而農業出情いたし、平日兄弟合も睦敷極老之父江孝養不怠下賤之ものニは寄特なる儀ニ而孝心之趣相聞申候、尤格別秀候至孝之ものとも相」聞不申候得共御料所村方之内長寿之ものハ老養扶持被下置候例も有之、右親四郎左衛門儀も当年九拾九歳ニ相成近来稀成長寿ものニ而、先是迄ハ近辺歩行いたし丈夫成趣ニハ相聞候得共格別之極老ニも有之候間最早左まて之余命も有之間敷候間、存生之内悴四郎兵衛江孝心之故を以相応之御褒美被下置親四郎左衛門江ハ老養扶持被下置候様仕度左候得は外響ニも相成一躰村方教諭」之基ニも相成候間、可相成儀ニ御座候ハヽ相応之御手当被下置候様仕度此段奉伺候　以上

酉六月」

東子安村孝心之もの之儀申上候書付　大貫次右衛門

私御代官所
武州橘樹郡東子安村

持高四石八斗余　百姓　四郎左衛門　酉九十九歳
同人四男　四郎兵衛　酉四十五歳

右四郎左衛門元禄十六未年出生ニ而平日実躰農業出情いたし先年ハ年寄役相勤罷在候処及老年平百姓ニ相成、女房ハ拾七ヶ年以前七拾七歳ニ而病死いたし惣領権右衛門当酉七十四歳元ゟ病身ニ付独身にて親四郎左衛門厄介相成居、次男孫右衛門当酉七十歳に罷成独身ニ而神奈川宿ニおゐて小商いたし三男小右衛門当酉五十四歳ニ相成同村内高弐斗余所持」男子弐人有之、四男四郎兵衛当酉四十五歳ニ相成男女子供弐人有之、右四郎兵衛を四郎左衛門跡株相続人ニ相

定候積り之由家内六人暮、四郎左衛門儀当時随分丈夫ニ而近所弐三町之内ハ杖無之歩行致し喰事三椀程ツヽ給是迄無病ニ而平日酒を好近来ハ一日壱合程宛日々為給候由、眼力も宜今以無油断藁細工等いたし可成ニ酒代程ハ日々相稼少々ハ農業手伝もいたし」候之由、惣領権右衛門其外二男三男四男共甚実躰家業出精小高極貧ものニ候得共一同睦敷四男四郎兵衛儀親四郎左衛門留守之節給物初穂盛いたし置、平日共親江不為給内ハ食事不致夜分起臥り至而心付二便ニも附添罷在、農業渡世より罷帰候而ハ片時も側を不離寺参り等致し候得ハ手を引道悪敷節又ハ堀川等之所ハ背負罷越候由、酒ハ日々給候得共酒代程は」四郎左衛門可成に縄をなひ売遣し候代ニ而相払候得とも時々心を附日雇賃之内ニ而小肴ニ而も調罷帰候歟酒壱弐合調罷帰候歟、何れ他行いたし候得ハ聊之品ニ而も遣し為歓暮方難渋故子供ニハ時節之着類手当不致親江は寒暑凌能様時々之着類為着候様いたし万事之手当行届候由、二男孫右衛門三男小右衛門義も其日暮ニ而極貧ニ候得共、平日心付厚折々給物」着類等迄手当いたし候由相聞候間村役人共相糺候処四郎兵衛儀至而実躰親江之手当宜其外前書之通相違無之旨申之、四郎兵衛儀孝心者ニ御座候間此段申上候、外支配所一統之響ニも罷成候儀ニ付老養御扶持并四郎兵衛相応之御褒美被下置候様仕度奉願候　以上

西六月　　　　大貫次右衛門」

（朱書）
「同元酉年八月十四日安藤対馬守殿江上ル」

布施孫三郎御代官所
但馬国養父郡八鹿村孝行者之儀申上候書付

書面兵助江為御褒美銀七枚被下置候旨
可申渡段被仰渡奉承知候
西九月二日　　　　柳生主膳正

布施孫三郎御代官所但馬養父郡八鹿村百姓兵助儀母江孝行仕候段及承候ニ付相糺候趣孫三郎」書付差出候間則写入御覧候、尤兵助母相果候儀ニは御座候得共母存生之砌格別孝心ニ仕候趣無相違相聞候間可罷成儀ニ御座候ハヽ、相応之御褒美被下置候之様仕度奉存候、依之申上候　以上

酉八月」

御代官
布施孫三郎差出候書付写　　　　柳生主膳正

但馬国養父郡八鹿村
百姓　兵助　当酉三十五歳
同人母　志ゅん　当酉七十六歳」
持高弐升九合

右兵助儀平日実躰ニ而老母江孝行仕候段風聞有之候ニ付村役人江相尋候処、右兵助祖父次郎右衛門と申者之代ニは持高も相応ニ有之渡世仕罷在候処、兵助親弥吉郎と申者之代より追々困窮仕居屋敷高纔弐升九合所持仕、弐十六ヶ年以前兵助十歳之節親弥吉郎長病ニ而相果、其後母と両人にて相暮兵助儀追々成長仕候得共、一躰身上向困」窮之上親弥吉郎ニ早く離れ殊ニ纔居屋敷高弐升九合所持仕至而小高百姓ゆへ必至と差詰甚難渋ニ而渡世難相成候ニ付、村内之もの〻地所小作致候得共作徳迚も少分之儀ニ而難取続候故村内并近辺耕作日雇稼或は同国豊岡辺ニ而仕立候柳籠裏京大坂江為登候駄賃持同国城崎温泉湯治旅人駕籠舁渡世等仕候処、追々母及老年候以来は遠方之稼は」不仕近辺在々ニ而買入候塩荷物其外駄賃持等仕里数六七里有之候山坂越之場所江度々罷越候節も冬雪中ニ而も其日帰りに致し相稼候処、十ヶ年以前ゟ母中症ニ而歩行難叶御座候故、兵助儀近辺へ稼に罷出候留守等之節母を介抱之為ニも宜可有之候間妻を呼候様村内ゟ世話いたし候者も御座候得共、此上妻を呼追々出生等有之候而は自然と母」之介抱麁略に可相成由申一向聞入不申未無妻ニて罷在、兵助壱人ニ而相稼村内并近辺耕作日雇等に罷出候ニも早朝起き母ニ為給候食物等を拵置日雇に罷出相稼、昼頃ニも相成候得は被雇候先ニ而昼支度致候儀ニ御座候処、其身は昼支度不致直ニ宅江罷帰り先母江食物等を与へ置夫ゟ被雇候方江参り昼支度いたし、晩方日雇働相済罷帰り候節も同様之儀」にて日々母之心ニ叶候様食物を拵へ為給候而何事も母之心ニ背キ不申心掛宜者故、日雇等に被雇候先ニ而聊も間を欠候儀抔無御座候ゆへ、何方ニ而も気請宜所々江被雇参夜分帰り候而は母之介抱無残所致し、勿論極老之儀ニ御座候得は色々食物等相好候処、極貧なからも日夜丹誠仕食物等も調拵為給困窮之様子をも為相知不申如何様之儀を申候而も母之心に」随ひ甚深切に介抱仕、時に寄候得は夜中も臥り不申翌朝之給物等拵母に与へ置其身は日雇稼に罷出、尤兵助儀駕籠舁駄賃持等為渡世京大坂江農業透之間出稼仕候得は、京大坂諸色問屋売捌荷物駄賃持旅人往来所々附出駕籠舁稼等有之相応之賃銭取候様相成候得共、母病気付候後は、遠方は勿論其日帰り之所江も帰り候迄母之案事候儀を厭ひ、近所」稼先之外は一向他出不仕候故猶々困窮相増、寒中にても綿入等も着用不仕程之儀ニ御座候得共御年貢小作銀等は上納時節無滞相納候様仕日夜無油断相稼候得共極及困窮候故冬春農業日雇等之透には夜分も銭ざし草鞋等拵へ売代替、其価を以母之好候品を相調へ為給候様いたし候由、然処母儀老病相重り甚無心元趣相見候処、村内親類等も無之候」ゆへ兵助壱人ニ而介抱仕、困窮ものゆへ母之自由ニ相叶申間敷哉と昼夜精心を尽し一日も永く相養ひ申度趣愁歎実情之儀村内ニ而も感称仕候由、常々村方之者一同江睦敷口論ヶ間敷儀致候儀聊も無御座甚丁寧慇懃にいたし篤実成者ニ御座候ゆへ村内ゟも憐愍を加へ候由、右躰至而孝心深きものニ御座候得は外々愚昧之百姓共迄も自然と風儀も宜方に」相移り候旨村役人共申之候ニ付兵助五人組之者共江相尋候処、兵助儀年来母を大切ニ介抱仕孝心を尽し候儀村役人共申立候通相違無之旨申之風聞之趣と村役人并兵助五人組之者一同相答候趣符合仕候に付、兵助儀老母を取扱候始末右母江相尋候得共最早極老殊に老病相煩居候ニ付言語も相分り兼候得共大切ニ介抱仕候段申之候、兵助呼出相尋候処父儀は十歳之時病死」いたし母計に相成候間及心之候程は介抱いたし候へ共貧窮ニ而老母養ひ候儀不任心底中々孝行仕候儀は無之段申之、風俗人品共至而不調法ニ而実躰正路而已ニ相見申候

(朱書)「本文兵助儀老母江孝行之始末相糺候処相違無御座候ニ付右之段申上候積之処、老母儀病気差重り当六月廿二日病死仕候旨村役人届出候得共兵助儀」年来孝行を尽し候者之儀ニ付、老母病死仕候へとも本文之通申上候」

右兵助儀老母江孝行之由風聞有之候ニ付私儀当夏廻村之節右八鹿村江罷越村役人其外一同江委細相尋候処、前書之通申立候ニ付近村風聞承候処兵助儀老母江孝行之趣無相違兼々及承候由申之候、辺鄙ニ生立渡世送兼候程之困窮之ものニは寄特成儀郡中響」にも相成候儀ニ御座候間、相応之御褒美被下置候様仕度奉願候　以上

酉七月　布施孫三郎」

(朱書)「同元酉年八月七日安藤対馬守殿江上ル」

武州神扇村百姓三次郎孝行寄特之儀ニ付相伺候書付

書面三次郎江為御褒美銀七枚被下母江
老養扶持一日米五合ツヽ一生之内被下候旨被仰渡
奉承知候

酉八月廿六日　中川飛騨守

郡代支配中村八太夫御代官
武州葛飾郡神扇村
百姓　三次郎　酉四十八歳」
同人母　き　よ　酉七十五歳

右三次郎儀母きよ江孝行之聞有之候処其段村役人共ゟも申立候ニ付八太夫手代御用序為相糺猶同人廻村之節直ニ相糺候処、右三次郎儀田畑高壱石六斗余所持仕親小右衛門ハ四拾ヶ年以前病死いたし母きよ姉はつ共家内三人暮、三次郎儀生得実躰成もの」にて農業出精仕農業之間生綿を打渡世いたし罷在候処、常々母姉之心ニ不違遠方江罷越候節ハ先〱用事之趣母姉江為申聞暇申請罷越珍敷給物等有之候得は調参り母姉江差遣し昼夜無他事孝養を尽し且三次郎儀拾ヶ年以前妻を呼迎候処、母姉江対し朝暮事方三次郎不任存意ニ候ニ付離縁いたし候処、妻無之候而は身上相続之為ニも相」成間敷と親類五人組之内より後妻之世話仕候ものも有之候得共母きよ儀は耳遠ニ而次第ニ老衰致し候処、今更再縁いたし候而も亦々母姉江事方不宜時は却而後悔之基ニも相成哉と其段申断当時無妻にて罷在候、且又同村百姓乙五郎弟長兵衛と申者江綿を為打習弟子分にいたし置候処、同人義身上不如意ニ而三次郎ゟ金子借受返済方差支所持之田」畑弐反歩余三次郎江質地ニ入置候処、右之外ニも借財有之旁以身上不行立候ニ付無余儀右質地三次郎江流地ニ相渡家財分散仕夫々金主江相渡候処、三次郎存候ハたとひ今日困窮ニ相募候共百姓一軒潰ニ為及右田畑流地ニ受取候儀は歎敷義と存田畑ハ長兵衛江呉遣し候ゆへ、同人儀三次郎寄特之志を感し其後弥増農業出精いたし百姓相続罷在誠以三次郎孝行寄」特之始末、居村は勿論其外隣郷村々ニ而風聞も有之村役人ゟも其旨書付差出し孝行寄特之段は無相違段八太夫申聞候

右之通申聞一躰三次郎儀生得実躰成ものニ而御年貢諸役等村役人ゟ相触次第無滞上納仕、村内之もの江も親ミ厚く殊ニ長兵衛ゟ質流地ニ受取候田畑同人潰ニおよひ候儀を相歎、右田畑呉遣し百姓相続為致候始末貧窮下賤」之ものニは寄特成心底ニ而有之、且又以前ハ妻も有之候処母姉江対し事方心に不応候迚離縁致し当時無妻ニ而専孝養不怠罷在候旨、尤右孝心之趣ハ八太夫先支配小野田三郎右衛門より八太夫江申送も有之、年来孝行寄特之趣無相違相聞候間相応之御褒美被下置母きよ儀も当年七拾五歳ニ相成極老之儀ニも有

之候間、老養扶持被下置候様仕度左候得は外響ニも」相成
一躰村方教諭之基ニも相成候間可相成儀ニ御座候ハヽ、相応
之御手当被下置候様仕度此段奉伺候　以上
酉八月」
（朱書）「同元酉年九月十四日松平伊豆守殿江上ル」
戸田采女正殿御預り所
濃州牛牧村奇特者御褒美之儀相伺候書付
書面伺之通久米之助妻江為御褒美
銀七枚被下候段可申渡旨被仰渡奉承知候
酉十一月八日
柳生主膳正
中川飛騨守
小笠原和泉守
三橋藤右衛門
鈴木門三郎
岡松八右衛門
沢次郎右衛門
戸田采女正殿御預り所濃州本巣郡牛牧村百姓久米之助」儀
奇特孝行之者ニ而他之示ニも相成候間格別之御沙汰も御座
候様仕度旨御預り所役人申立候通一躰篤実にて農業専出精
いたし居村并隣郷野田新田弐ヶ村とも低場之難渋村ニ有之、
水難凶年之毎度米麦金銭等差遣小百姓相救其外品々寄特之
心底に有之、其上一躰身上宜敷事足り候もの故是迄孝行之
趣は不顕候得共父母共存生之内万事厚」く孝道を尽し、両
親死去前病中五ヶ年之間は殊更久米之助同人女房小れん夫
婦ニ而人手に懸ヶ不申昼夜看病いたし候旨其外村方之者江
したしく作方出精申勧メ親類江も実意ニ交り家内睦敷下部
を厚く労り相続之悴も親江孝行にて次男とも農業仕、他之
作毛ゟは出来方も宜敷候由、追々寄特之趣御預り所江相達
寛政」元酉年采女正殿ゟも褒称之取扱も有之候者之由ニ而
心懸篤く相聞候間御褒美之儀可申上と取調罷在候処、右久
米之助儀当七月中病死仕候由併一躰六十弐歳迄心底不変貞
実を尽し寄特仕候ものに付、死後之儀ニは候得共格別之御
沙汰御座候様仕度旨御預り所役人申聞候ニ付猶亦評議仕候
処、久米之助儀生涯之内年来寄特之取計いたし」一躰孝心
も厚く女房儀も舅夫婦介抱等夫諸共に心懸ヶ孝心を以つか
へ其上村方之ものとも江慈悲深くいたし候趣ニ付、おのつ
から両人之悴も農業出精仕父母江孝行いたし候段は全く久
米之助平生行方宜敷候故銘々心懸ヶ厚く相成候趣ニ相聞候
間、当人儀病死仕候得共右躰奇特孝行之趣ハ他之示ニも可
相成儀ニ而其上久米之助後家小れん江」為御褒美銀七枚被
下置候方ニも可有御座候哉ニ奉存候、依之此段奉伺候　以
上

酉九月」
（朱書）「同元酉年九月廿四日戸田采女正殿江上ル」
稲垣藤四郎御代官所
上州群馬郡白井村孝行者之儀申上候書付
書面おた江為御褒美銀三枚被下母江
為老養扶持一日米五合宛被下候旨被仰渡
奉承知候
酉十月十二日　柳生主膳正

稲垣藤四郎御代官所上州群馬郡白井村鉦打町離庄蔵娘
おた母江孝行仕候段及承候ニ付相糺候趣」藤四郎書付
差出候間則写入御覧候、可罷成儀ニ御座候ハヽ、相応之
御褒美被下候様仕度奉存候、依之申上候　以上
酉九月」
御代官
稲垣藤四郎差出候書付写　柳生主膳正

私御代官所
上州群馬郡白井村　鉦打町離
庄蔵娘　おた　酉五十四歳」

右之者孝心之趣承知仕候ニ付相糺候処、書面村方鉦打町離
無高庄蔵娘ニ而父は幼少之節相果、一旦他江相片付候得共
其後不縁いたし罷帰、当酉八十一歳に相成候老母壱人有之
親子弐人暮ニ而真綿をかけ又は麦こなし挽割洗濯等之賃日
雇渡世いたし至而貧窮ニ相暮朝暮老母江大切に孝養致し何
事も差図にまかせ、既ニ母不快ニ而食事等不給節は其身
も」同様絶食いたし候ゆへ自然と見兼候而食事等給付候よ
し、且冬向母風邪之節は夜具等も無之困窮者に候得は河原
抔ニ而古木柴を拾ひ炉に焼火を不絶様ニいたし、昼夜看病
手当致し村役人共之内よりも右躰病気之節は少々宛申合合
力いたし遣し候由、尤当人儀は孝行と申儀も不相弁唯一図
に親を大切に孝養いたし候趣ニ而名聞名利之沙汰ニ無之生
質」自然之至孝と奉存候、依之村役人共相糺候処相違無御
座猶又心添之儀申渡置候、右は御評議之上御褒美被成下候
様仕度奉存候、左候得は近郷は勿論他郡迄も相聞勧善之教
導ニも罷成難有御儀と奉存候、依之申上候　以上
酉七月　稲垣藤四郎
（朱書）「同元酉年九月廿九日戸田采女正殿江上ル」

辻甚太郎御代官所
美濃国方縣郡中山道河渡宿孝行者之儀申上候書付
小笠原和泉守
書面吉右衛門江為御褒美銀七枚
被下候段可申渡旨被仰渡奉承知候
酉十月十二日

辻甚太郎御代官所美濃国中山道河渡宿百姓吉右衛門母江孝行仕候段及承候ニ付相糺候趣甚太郎書付差出候」間則写入御覧候、尤吉右衛門母相果候儀ニは御座候得共存生之砌格別孝心仕候趣無相違相聞候間、相応之御褒美被下候様仕度奉存候、依之申上候　以上

酉九月」

美濃国郡代
辻甚太郎差出候書付写
小笠原和泉守

私支配所濃州方縣郡中山道河渡宿百姓吉右衛門儀篤実者ニ而両親江孝行尽候段風聞有之、先達而宿方よりも申出候ニ付猶相糺候趣左ニ申上候」

一　右吉右衛門儀当酉四十歳ニ相成持高壱石壱斗余所持仕困窮之百姓ニ而親吉右衛門儀は三拾五ヶ年以前死去仕母と弐人暮ニ而御座候処、幼少之節より殊之外母を大切ニ仕何事ニ而も母申旨ニ任セ追々成人ニ随ヒ弥孝心を尽し農業に罷出候而も間を見合立帰り母之機嫌を問、生得貞実ものニ而組合を始村内其外隣村迄も憐ミ厚く度々妻縁之儀申進メ候者も」御座候得共老母儀吉右衛門十二歳之節通風相煩、其後折々再発仕病身に相成候間妻を迎候而も若々母之存意に不叶節は心遣ニ付見合申度旨申之其身之不自由艱難を不厭無妻ニ而罷在、一躰困窮者ゆへ平常雑飯を用候得共母江は米を為給着類等も其身ハ麁服を用候得共母江は少々も宜ものを着為致万端心を用ひ成丈ヶ貧躰を為見不申母之安心可仕」事而已を為申聞候由、十九年以前天明三卯年ゟ老母儀又々通風再発仕歩行一向不相叶打臥罷在候ゆへ吉右衛門儀母之病苦を悉相歎所々ゟ医師相頼色々療用差加候得共難症ニ而薬力之しるしも無之別而七八ヶ年以来は一向に手足も不叶ニ而起臥も難相成躰ニ御座候処、吉右衛門儀朝は未明に起食物を拵含哺遣夫ゟ昼飯之用意迄仕置、農業に罷出候而も」食事時は勿論折々見廻り薬等を相進メ夜分は石臼其外手杵等ニ而平常母之好候ものを製し相進メ母気分別而不相勝節は農業ニも不罷出附添介抱仕候ゆへ、元来困窮者追々病中入用に差支親代ゟ所持之高弐石余九ヶ年以前質入ニ仕不如意ニ相成候をも不厭永々之病中大小便等不浄之品をも

吉右衛門壱人ニ而取扱候故、近所之者共気之毒に存洗濯手」伝可遣旨申聞候得共人手に懸ヶ不申不浄之品取扱候儀も隠し居候程に心配仕、並ならす介抱仕候得共次第ニ病気差重り養生不相叶去ル午年七月中死去仕候処兼々孝心ゆへ葬礼等深切に営候由、十六ヶ年之病中少も無怠看病仕候孝行之次第は逸々難尽申旨村役人共申之、扨又同村内百姓新右衛門妻は吉右衛門伯母ニ御座候処、去々未年新右衛門時疫煩候得共外に」親類も無之殊に移り安き病症ゆへ一向看病いたし遣候者も無御座候処、吉右衛門昼夜罷越看病仕医師送り迎迄も壱人ニ而世話仕候故後々は吉右衛門貞実を感し村内之者共も追々介抱致し遣候得共養生不相叶去ル未十二月中死去仕候処、其後伯母を吉右衛門方江引取母同様に取扱起臥食物等迄も格別に心付慈愛を尽し候得共伯母儀不計煩ひ付去申十一月中」吉右衛門宅ニ而死去仕候由、右病中も側を不離看病仕不浄迄も壱人ニ而取始末仕葬礼等是又厚く執行候よし、右之外ニ組合村役人共不及見聞孝行も仕候趣御座候得共相尋候而も一向不申聞候由、困窮者ニは御座候得共御年貢其外之上納物并村用も聊無滞相勤喧咜（嘩）口論其外公事出入等仕候儀無御座稀成孝心篤実成者之由一同申立候」右之通相糺候処実々無相違相聞母江孝行尽候儀、過去り候儀ニは御座候得共、於当時も甚篤実ニ而既に村内は不及申近村迄も行跡不宜者御座候得は吉右衛門行跡を見習候様教諭仕候程之儀ニ付、此上近郷迄之響ニも相成候ニ付何卒相応之御褒美被下置候様仕度奉存候、依之申上候　以上

酉八月」

（朱書）
「同二戌年正月廿二日松平伊豆守殿江上ル」

蓑笠之助御代官所
信州南相木村孝行者之儀申上候書付

書面惣三郎江為御褒美銀五枚被下
母江為老養扶持一日米五合宛一生之内
被下候段可申渡旨被仰渡奉承知候
戌二月六日　　　　　　　　小笠原和泉守

蓑笠之助御代官所信州佐久郡南相木村百姓惣三郎母江孝行仕候段村役人共申立候ニ付相糺候趣笠之助書付」差出候ニ付則写入御覧候、可罷成儀ニ御座候ハヽ、右之者江相応之御褒美被下置候様仕度奉願候、依之申上候

以上

戌正月」

御代官
　蓑笠之助差出候書付写　　　　　　小笠原和泉守

私御代官所
　信州佐久郡南相木村　百姓　惣三郎

右之者儀高壱石九斗余所持当酉七十八歳ニ相成候」母と弐人暮ニ而罷在候処、幼年之節ゟ孝之志有之元来父長五郎と申者甚実躰ニ而平日御条目之趣等万端申教候ニ付、惣三郎儀何事も両親之申付相背候儀無之、弐拾ヶ年以前父相果候後も遺言之由ニ而第一御年貢之触出日限村中ニ勝れ早速相納都而御制法相守至而母を大切にいたし、拾ヶ年以前壱人之妹他村江縁付候ゟ別而自分而已之介抱ニ付人々女房之世話致し候而も」姉姑之間柄先は六ヶ敷ものニ付母心遣無之様いたし度由を申独身ニ而罷在、農業悉く出精致し諸作物も人先に取入母に為給、元ゟ極山中纔の百姓故農業之間は近町々江挽木等持運ひ時節により独活蕨之類取溜売歩行戻りに少々宛米抔調参り、艱難之渡世ニ付貧苦為致候儀を折節は母も相歎候得は随分不自由無之趣に申成し朝夕之儀も」母江為手懸不申殊更毎朝早起いたし、朝飯出来候得は附木江少々載セ六七町有之亡父之墓所江晴雨に不限備江参り夫ゟ母心次第に起し、勿論自身ハ麁飯を給母江は成丈ヶ米飯を為給惣而食事に心遣いたし、百姓仲間江被招候而も何品によらす先ッ母江取分置持帰り為給、兎角淋敷無之様之心配と相聞、平日近所之子供を呼置留守にも遊ひ所に為致、町方ニ而菓子」類調へ参り候節も母ゟ与へさせ候ニ付子供もなつき親〳〵も歓茶菓子ニ而も拵呉、其外ゟも貰候品は自分も給候躰に致し貯置母に給させ、時に寄作場江慕ひ参り候儀有之候得は早速連帰り伽致し、全躰亡父をも母諸共相慕ひ毎月忌日ニは菩提寺江晴雨とも同道参詣致し、若母病気ニも候得は猶以神仏祈念は不及申山川走り廻り給物に心を尽し昼」夜臥り不申看病いたし、或は雨天等之節も藁細工致しなから子供一同小哥なとうたひ母を慰め出這入共に心をゆたね、勿論深山谷間土間造り之小家ゆへ寒気も別而厳敷候処、夜中も囲炉裏に焼火を絶し不申母臥り候処江は藁を沢山敷込衣類を幾度もあたゝめ為臥、夜半よりは猶又自分之つゝれを脱為着、暑に成候得はねこだの下江青葉」を敷三四日目に取替暑除蚤除いたし、蚊帳も無之ニ付単物等をかむらせ夜通し蚊遣り火は勿論極暑ニは団扇ニ而あふき臥らせ自分は其傍ニて眠り、昼も食事之節は団扇ニ而蝿を追ひ、自分は片手ニ而給候様致し、薪取抔ニ遠山江参候節は村中弁当持参之処惣三郎に限持参不仕昼頃帰宅致し母江昼飯給させ、猶又罷出彼是無残所敬養」いたし候ニ付母も殊之外歓惣三郎を慈愛致し洗足之湯抔沸し置候得は一礼を述先母に為遣、其跡を外江持出し自分も遣ひ惣而外々江も諸事丁寧ニ而見掛は不骨至極ニ候得共心底甚柔和に有之、村中之者江睦敷祝事等有之候而も人先江参り歓相働、葬礼等之節は外之者致兼候儀而已世話仕旁ニ付一統感心いたし不便を加へ遣候由至而稀成」者に相聞申候

右惣三郎母江孝心之次第年来見聞様候旨を以村役人とも訴出候間、手代差遣為相糺候処無相違相聞候ニ付少分なから褒志をも遣置、猶又私儀当検見廻村之節母親類五人組村方一同相糺、勿論近村々内糺も仕候処、前書之趣符合仕至而孝行之始末紛無御座、辺鄙ニは稀成者ニ而御座候間格別之思召を以相当之御沙汰御座候」之様仕度奉存候、依之申上候　以上

酉十二月　　蓑笠之助

（朱書）「同二戌年二月廿五日安藤対馬守殿江上ル」

岸本弥三郎御代官所
下総国結城郡恩名村孝行者之儀申上候書付

書面権左衛門江為御褒美銀五枚被下母江為老養扶持一日米五合宛一生之内被下候旨被仰渡奉承知候

柳生主膳正

戌三月十四日

岸本弥三郎御代官所下総国結城郡恩名村百姓権左衛門母江孝行仕候段村役人共申立候ニ付相糺候趣」弥三郎書付差出候間則写入御覧候、可罷成儀ニ御座候ハヽ、右之者江相応之御褒美被下置候様仕度奉願候、依之申上候　以上

戌二月」

柳生主膳正

御代官
岸本弥三郎差出候書付写

下総国結城郡恩名村
持高四石八斗四升壱合
百姓　権左衛門　当戌五十二歳
同人　母　同　八十二歳」

右は私御代官所下総国結城郡恩名村百姓権左衛門儀母親江至孝之段去酉年夏中右村役人連印之書付を以

私役所江訴出候ニ付相糺候趣左ニ申上候

右権左衛門儀高四石八斗余所持仕平日実躰成者にて第一御法度筋能相守御年貢米永上納之儀村役人ゟ相触次第日限無遅滞相納、勿論貧窮」成者ニ付年来奉公稼仕夜分は罷帰両親を養育仕候処、父権左衛門儀は弐拾三ヶ年以前病死致し母壱人に相成奉公相勤候而は母之不自由成を存、其段主人江相願半季奉公相勤夜分は母之方江参り介抱いたし給物等之儀手当致し奉公相勤居候処、母親も段々老衰に成候間一両年は奉公稼も相止メ母之手元に罷在農業無怠出精仕諸事母之心躰に」叶候様平日心懸ヶ給物等に至迄心付、折々母之好候品を相調給させ、尤困窮者ニ付寒気之節は衣類等少く候間其身は薄着致し母江着せ寒気を凌かせ様々心を付、不依何事母之申旨ニまかせ大切に孝養仕候

一　権左衛門儀女房呼取三ヶ年差置候処、母之心底ニ難叶存離縁致し候間、又々其後組合并親類之者ゟ」女房致世話候得共、猶又母之心底に応し不申候而は不宜由申之、当時無妻ニ而罷在年来孝行仕候よし申立候

右之趣村役人一同訴出候ニ付去秋私廻村之砌右村役人并権左衛門組合其外小前之者迄得と相糺候処、実々母江孝行いたし候段此節迄追々相糺候処無相違隣村迄も相聞候由ニ御座候、依之村内は勿論隣郷迄之響ニも」相成可申奉存候間可相成儀ニ御座候ハヽ、権左衛門江相応之御褒美被下置候様仕度奉存候、依之申上候　以上

戌二月　　　　　　　　　　　　　　　岸本弥三郎」

「同二戌年三月六日松平伊豆守殿江上ル」(朱書)

竹内平右衛門御代官所
奥州桑折村奇特者御褒美之儀相伺候書付

書面理右衛門儀伺之通其身一代帯刀　御免苗字は永く名乗候様可申渡旨被仰渡奉承知候
戌四月廿七日

柳生主膳正
中川飛驒守
小笠原和泉守
鈴木門三郎
岡松八右衛門
沢次郎右衛門
金沢瀬兵衛

竹内平右衛門御代官所陸奥国伊達郡桑折村」奇特者御褒美之儀申立候ニ付取調候趣左ニ申上候

竹内平右衛門御代官所
陸奥国伊達郡桑折村本町名主兼
町年寄　理右衛門　戌四十六歳

右理右衛門儀常々行状宜敷老母江孝心ニ而年来奇特之取計

仕、其上当時身上不如意ニ相成候得」ども困窮之小前を引立差はまり実意を以厚く世話いたし深切に取計候間、一統帰服いたし御用にも可相立者ニ付郡中一躰之取締方申付不宜風儀仕癖等巨細教諭為仕度由、聊にても御扶持方被下置苗字帯刀　御免被成下候様仕度段別紙之通平右衛門申立候、依之評議仕候処理右衛門奇特之儀は少々相劣り可申候得とも」一躰身元宜出金等仕候者とは訳も違ひ不如意之身分ニ而困窮ものを労り実意に世話いたし候故一統気請も宜敷不依何事理右衛門取扱理解申聞候得は得心いたし候様郡中帰服仕罷在候ものに付、此上身分宜敷被　仰付支配所取〆方等之儀申付度段平右衛門儀厚く申立候趣無余儀相聞、尤理右衛門儀常々行状宜敷一統帰服い」たし其上老母江孝心を尽し候儀ニ有之、右躰之もの御褒美被下支配所取締方等為取計候之(ママ)ハヽ追々不宜仕癖も相直り勧農之世話も行届可申儀ニ付為御褒美其身一代帯刀　御免苗字は永々相名乗候様被　仰付候方ニも可有御座哉ニ奉存候、依之平右衛門差出候書付写相添此段奉伺候　以上」

戌三月」

奥州伊達郡桑折村町年寄理右衛門実躰之儀申上候書付

竹内平右衛門

私御代官所
奥州伊達郡桑折村本町
名主兼町年寄　理右衛門　酉四十五歳

右理右衛門儀親子夫婦諸親類睦敷下人江も」情をかけいたわり村内困窮之者を憐ミ実躰成ものに候段郡中一円専風説御座候ニ付、居村并最寄之村々相糺候処村高出作高共拾七石六斗三升弐合所持仕、安永四未年親理右衛門六十弐歳にて病死、当理右衛門同年拾九歳より当酉年まで弐拾七ヶ年町年寄相勤候内拾壱ヶ年以前寛政三亥年ゟ本町名主兼帯仕松平陸奥守御預」所中も万端貞実ニ而差働も有之無滞相勤候よしを以其以来壱ヶ年金弐両宛今以年々被差越候由、引続五代町年寄相勤候得共代々篤実にて元禄年中ゟ延享四年迄五拾ヶ年程松平宮内少輔領分之節は代々苗字帯刀被差免候処、其後御料所ニ相成外村役人同様にて相勤、尤親理右衛門年若之頃迄は高弐百石」余所持いたし酒造等も仕候得共追々不如意に相成候処、拾八ヶ年以前去ル卯年大凶作之上翌辰年隣家より出火家財諸道具等迄不残類焼いたし自然と不如意に相成候得共公事出入等仕候儀一度も無之、困窮小前を引立鰥寡孤独疫疾之もの江厚く致世話御年貢納方差詰り候ものへハ差働を以取替支配役所江皆済いたし、妻」子諸親類江睦敷下人江も情をかけ農業無懈怠年来不調法等無之無滞相勤至而篤実成者ニ而、忰久米次儀当酉弐拾歳ニ相成候処、父之教を継同様実躰にて農業出精仕親子共居村并他村高札之前罷通り候節は極暑炎天又は大雨たり共笠を取、極寒雪中と申せとも頭巾を脱敬ひ候て罷通、右ニ準余人より格別に奉重公儀を前々被仰」出候御条目御法度筋五人組帳之掟を堅く相守支配役所之申渡を厚く相心得、且又当酉六拾八歳に相成候母江朝暮食事は理右衛門夫婦手自拵給仕迄家内之もの江も不為致、近在江罷出候得は聊之品たりとも母江土産を持参いたし、母ふせり候節朝起之節も側江参り顔色を和らけ機嫌を伺ひ候ニ付、おのつから見習妻」子倶々同様機嫌を伺ひ母病気等之節如何様之儀有之候とも決而他出等不致昼夜附添罷在厚く看病いたし、依之召仕候男女并心易出入候もの迄も自然と行跡宜敷相成申候

一　桑折村之儀脇往還にて奥羽両国諸大名諸家中通行之外商人荷物其外旅人往来無数助成薄く、打続度々焼失いたし今以家並普」請も出来兼候程之困窮宿にて弱人馬を以日々宿役相勤、壱人持之荷物は弐人持ニ仕馬荷物も壱駄は弐駄に分ヶ継立候仕儀之処、近年蝦夷地　御朱印御證文御用通行多先触無之通り懸り人馬相雇候もの差湊候節は無余儀雇人馬にて継立候故、自然と宿入用内借金相嵩難儀ニ付去申ゟ宿場助成拝借金相願候通」難渋之余り臨時通行之節は内々助合呉候様桑折宿役人より郡中江及内談候処、宿方江之助合ハ不承知ニ而熟談不致候得共町年寄理右衛門江之内実合力等ニ候ハヽ、何れとも取計可呉旨郡中一統挙て申聞候処、理右衛門身分ニ付合力等相頼候筋ニは無之旨同人相断候程之篤実者ニ而公事諸出入等有之節、至而愚昧之者共ニ而も理右衛門取扱」利解申聞候得は致得心何事ニよらす郡中小前稀に騒立候様成儀有之候而も理右衛門相越取鎮候得は早速帰服いたし、郡中重立候ものハ勿論小前之者迄格別尊敬いたし候旨申之候

一　右之外先支配岸本弥三郎申送候は当理右衛門儀先々申送ニ而桑折名主検断は勿論、郡中村々名主検断之上席為致書物等ニも致来」同人儀私領御貸附金世話方并御料私領より相納候蚕種紙冥加永取立方先々支配より為致来候由申送候ニ付弥三郎支配中も同様世話為致候処、一躰伊達信夫郡之儀は人気風俗共近年少々相直り候得共不宜場

所に御座候処、右理右衛門儀は至而篤実成ものニ而御用向は勿論、不依何事ニ為取計候而も真実ニ相勤差働も有之」御用ニも可立ものニ而人気風俗不宜場所に付外々手本ニも可相成間、委細可申上と存罷在候内場所替被　仰付引渡候間、猶見聞之上可然取計候様一通り申送り等も

御座候

右之通奉重

公儀親を大切に仕、妻子諸親類にしたしく召仕等まて憐ミ困窮小前を引立鰥寡孤独疫疾之者江」厚く致世話不依何事ニ村内は勿論郡中まても万端真実に取計候故、猶郡中よりも一統悉致帰服候段寄々相糺候処申立候趣少も相違無御座、先支配申送も御座候処万端差働も有之、御用ニも可相立者ニ而五代引続町年寄相勤候内当理右衛門儀は弐十七ヶ年来無滞役儀相勤郡中村々夫々村柄小前末々気質等之儀も粗様子相弁是迄」公事諸出入内済等手に懸不申儀は一切無御座程能取扱、同人取計之趣は郡中末々極愚昧之者まて厚く相心得、自然と和融仕村方為ニも相成郡中一統致帰服候間彼江中含気質ニ叶候様品能理解教示為仕、都而仕癖不宜儀は相省き不承知之筋も諸事気請宜敷実以納得為仕、是非国風人気相直し風儀宜敷罷成候様仕度併何国之」百姓とても人情同様にて勝手ニ相成候筋ニ而も不仕馴新規之儀は労煩に心得信用不仕甚不勝手之筋にても年来いたし馴候仕業は苦労ニ存不申、別而当国之儀は人気不穏良も致し候得は御法度之掟も実意に相守兼勝手而已ニ拘り一巳之我意強く甚薄情之国風にて篤実之もの無数、一概に役所より申渡候而も愚昧故銘々一巳之」我意ニ誇り難有　御仁恵　御趣意之程薄く相心得実以道理を呑込不申候而は信用不仕、其詮も薄く残念至極ニ奉存全く不行届筋ニ相当り私主役之所何共奉恐入候儀ニ奉存候、身元宜敷もの金銭を以困窮者を帰服為致候儀も出来兼候処、右理右衛門儀は前々より不意之不仕合連々不如意之身分ニ而役儀差はまり宜敷誠に遠国辺鄙之」百姓わけて人気不宜国柄ニ而実意を以深切奇特稀成取計仕郡中一統帰服いたし別段之篤実ものニ付、私存付願之通被仰付被下置候ハヽ格段際立、郡中ニ而も弥信用仕世話行届可申哉ニ奉存、奥州一国愚昧成百姓とも他領他支配江も相響行々人気も相直り奇特之取計仕候もの追々出来可仕手本ニもいたし候様仕度奉存候間、可相成儀ニ」御座候ハヽ何卒理右衛門儀聊たり共御扶持方被下置苗字帯刀　御免被成下候様仕度偏奉願候、願之通被　仰付被下置候ハヽ郡中一躰之取締等申付、不宜風儀仕癖等巨細ニ教示為仕都而

村為其外公事出入我意強き者ともへ理解為申聞候弁理も至而宜敷御座候間此段偏奉願候　以上

享和元酉年十一月　　竹内平右衛門」

（朱書）
「同二戌年七月十二日戸田采女正殿江上ル」

岸本弥三郎御代官所
武州上間久里村孝行者之儀申上候書付

書面藤左衛門江為御褒美銀三枚被下
父江為老養扶持一日米五合宛一生之内
被下候段被仰渡奉承知候

戌七月廿六日　　中川飛騨守

岸本弥三郎御代官所武州埼玉郡上間久里村百姓藤左衛門父江孝行仕候段村役人共申立候ニ付相糺候趣弥三郎書付」差出候ニ付則写入御覧候、可罷成儀ニ御座候ハヽ、右之者江相応之御褒美被下候様仕度奉存候、依之申上候　以上

戌七月」

御代官
岸本弥三郎差出候書付写　　中川飛騨守

私御代官所
武州埼玉郡上間久里村
百姓　藤左衛門　当戌六十七歳

一　高三石壱斗余

右藤左衛門儀親藤兵衛代ニは無高ニ而至而困窮者ニ御座候」間悴藤左衛門幼年之頃同村三左衛門と申者方江借金之代り奉公に差遣置候処、年久敷実躰に相勤親藤兵衛儀次第ニ老衰仕農業も相成兼候ニ付弥困窮ニ募飢寒を凌兼罷在候を藤左衛門見兼主人ゟ貰請候衣類并食物之類迄悉親之方江持運漸取続かせ候内、奉公之年限も無滞相勤弐十歳ニ成同村太郎左衛門方江一季奉公ニ罷越候処実意に出精相勤候ニ付、太郎左衛門気に入給金等心を」附差遣候処可成丈其身は遣不申、父藤兵衛方江相送為取続凡十ヶ年程太郎左衛門方ニ勤居候内、父病身に相成候ニ付奉公相止同居仕、猶更常々孝養致し且また藤兵衛儀平日酒を少々相好候間自分之艱難をも不厭種々心を尽し、日々拾弐銭又は十六銭程宛相調為給、其身は多葉粉嫌ひニ候得共親好物ニ付春中ゟ手作に仕立、年中不自由に無之様給させ誠昼夜無油断親を」大切ニ仕農業をも出精仕候ニ付、村内之者共藤左衛門江折々申聞候は最早及四十歳に候間妻を呼候様申進メ候処万一孝養之妨に相成候而は不相成段申之相断候得共、親藤兵衛承之病気差合之憂も有之候間何れにも妻を娶夫婦ニ而養育致

し呉候様達而相進メ候ニ付漸得心仕妻を迎、夫ゟ数年来弥
無怠孝心を尽し、先年は無高之百姓ニ候処、当時は高三石
余致所持親藤兵衛儀九十三歳ニ」相成身不自由に相成候程
孝道丹誠を尽し且又御年貢諸役等は村役人ゟ申渡候日限通
無相違相納、其外親類并村内之もの共ニも睦敷いたし候段
差配役見川喜蔵并村役人組合一同申立候間猶又内々風聞を
も承合候処、相違も無御座寄特之至ニ御座候間可罷成御儀
ニ御座候ハヽ、相応之御褒美被下置候様仕度奉存候、左候得
は近村々之百姓共迄自風俗も相直り可申奉存候間、右之段
於私」も奉願候　以上

戌六月　　岸本弥三郎」

(朱書)「同二戌年七月十二日戸田采女正殿江上ル」

竹内平右衛門御代官所
奥州松原村孝行者之儀申上候書付　　中川飛騨守

竹内平右衛門御代官所奥州伊達郡松原村百姓与三右
衛門忰藤吉父江孝行仕候段及承候ニ付相糺候趣平右
衛門」書付差出候間則写入御覧候、可罷成儀ニ御座
候ハヽ、相応之御褒美被下候様仕度奉存候旨申上候処、
為御褒美銀拾枚被下父は長病其上貧窮ニ付為御手当
金拾両被下候旨享和二戌年七月廿三日御書付を以被
仰渡候

御代官
竹内平右衛門差出候書付写　　中川飛騨守

奥州伊達郡松原村
百姓与三右衛門忰　藤　吉　戌十四歳

右は私支配所奥州伊達郡当田方植付用水旱魃ニ付」堰筋
水掛見分并耕作出精不出精之様子見請旁廻村仕松原村鹿
嶋明神社地ニ而相休罷在候処、十二三歳之男子社地脇商
ひ見世利兵衛方ニ而鰯二枚相調罷帰候、跡ニ而同人儀私
手代共江申聞候は、右男子は同村百姓与三右衛門忰藤吉
と申者ニ而父は長病相煩極々困窮者誠に当日之給物も無
之程ニ候処、忰柔弱なから至而親に孝行者ニ付孝心励之
ため旁薬代金壱分銭五百文差遣候由、其外孝心」之趣申
之候ニ付案内村役人江直々相尋候処途中ニ而逸々難申述
右藤吉孝心之始末無相違稀成儀ニ付訴出候積ニ而罷在候
旨一ト通り申立候間、其場所江同人呼寄奇特之儀ニ付少
分之心附等差遣候処、殊之外落涙いたし面も上ヶ兼候躰

至而貞実之生立相見候間、其後隣家組合村役人呼出相糺候処、藤吉父与三右衛門儀当戌四十四歳に相成父子弐人暮ニ而高七石余所持仕」百姓相続仕罷在候、然ル処松原村之儀は山附土地柄悪敷困窮下免之村方ニ而就中同人所持之田畑ハ場末之悪地ニ而出精作付候而も漸御年貢程も収納不仕年柄多連々極困窮ニ相成候上、藤吉母は与三右衛門存寄ニ不叶儀有之、去々申三月離縁之砌悴藤吉漸十二歳にて悉母を慕ひ候故隣家組合村役人倶々申宥候得共無拠節ニ而離縁ニ相成候後、去酉四月ゟ与三右衛門」儀横腹癰瘡出来乍困窮種々薬用仕候得共今以全快不仕、昼夜床に付惣身不自由ゆへ歩行相成兼全躰若年之砌ゟ一眼ニ而四五ヶ年以来は両耳共聾に相成、両便共自身相越候儀も難出来昼は勿論夜分臥り候而も始終藤吉手を曳召連朝暮食事拵も困窮之上手壱ッニ而望食を為給候儀不相成を愁、持高之内畑弐畝歩余野菜物等手作いたし其余は不残五人組之内江小作に」相頼誠ニ乏敷作徳ニ而今日を送り候、多足ニも不相成親類も村内ニ壱人有之候得共是又極困窮者ニ而着類諸洗濯之外見継も出来兼無余儀村役人等為取続候得共中々引足兼候処、右藤吉儀生得至而柔和にて村内老人を尊実以呑込兼候儀は幾度も親敷承合都而諸人江慕ひ睦敷いたし候得共漸十四歳ニ而は所持之田畑手作出来兼無拠小作にいたし置、年中山稼其外何方江」相越候共未明に起食事拵いたし父江為給遙ニ隔り候隣家江父之病気を心附呉候様日々罷越頼置、村内農業休日ニも不相休罷出薪を採隣村温泉場并宿場等にて漸一日四五拾文宛ニ売代替春夏独活蕨を採秣を刈是又売代替蚕飼時節は桑刈等為手伝罷出聊宛之日雇銭取之、田植時分は代搔馬之口を取一日六七拾文宛日雇銭取之、右日雇先食休其外暫之休足ニも一日」両三度宛是非罷帰父之様子を相尋食事拵いたし給させ、都而所々ニ而薪其外売代替候節は父長病相煩食事等進兼候儀を心労に存好物之鰯又は塩肴切身等魚毒無之物を見合調持帰り給させ候事、何ニ而も売代替候度毎ニ而平日共手足冷寒気有之由ニ付極寒には与三右衛門臥り候脇炉ニ而拾ひ置候木之根を焚終夜火を不絶、右之内火持宜を取火箱と申江入腫物出来候横腹を」暖メ別段夜具等無之ニ付藤吉着類迄上江懸裾江這入臥り肌にて父之足を暖メ遣寒夜を為凌、杵を取小キ搗臼ニ而日々少々宛相調候米麦を精、年始ニは所々ニ而餅搗致し与三右衛門羨敷存候儀を察し毒気を厭ひ粳米を粉ニいたし餅を拵為給、村内困窮者村役人等ゟ飯米抔借請候而も返済不致者多分有之処、藤吉儀は右躰無心等申聞候儀一度も無之雪中ニは山稼致し候者無之処、雪沓を履日々」罷越薪を採価を以養、扨又父之病気全快之心願にて居村并隣村湯野村長倉村鎮守江日参致し先祖之法事等に当り候由父申聞候得は、聊なから包銭并供米相添旦那寺江持参いたし相頼朝暮父之機嫌を不背懇に介抱致し候ニ付、与三右衛門は気之毒ニ存薪其外売代替纔代銭之内を以鰑塩肴鮑赤服（ママ）之小魚抔時々調候儀は致迷惑候段度々断候処、夫たけ余慶ニ致出精候迄ニ付聊心」遣致間敷由申之候旨、其外暑気之時節如何程痩れ草臥候而も苦労之顔色を不見セ彼は麁食を給、常々孝心之始末言語ニも難演趣与三右衛門ゟ隣家組合村役人等江毎度相咄候由、其上右躰之極艱難ニ而も去酉御年貢も村内身元可成之者ニ引続皆済致し勿論前々村内之者御年貢不納ニ付過怠請候儀幼少ゟ見覚罷在甚恐入候故、藤吉直々小作人方江相越」何卒早速納呉候様致し度上納遅く候而は大切之御年貢ニ付支配ゟ取立出役有之、万一父江過怠等請候ては立居も不自由之病気猶更差重り可申と涙を流し夫々相頼、右ニ付小作人ゟも其身之御年貢ゟ先江与三右衛門御年貢は相納候様自然と取計候ゆへ同人御年貢は他之者より却而村役人世話も無之全藤吉孝心を以御年貢迄も無滞相納、十五歳以下殊ニ」壱人ニ而年増悉父江孝行候段居村は勿論最寄村々迄不存者無之感心仕、藤吉孝心之始末いまた柔弱ニは有之別而諸人之手本ニも相成稀成儀に御座候間訴出候積、兼而組合村役人倶々申合罷在候得共、蚕専農業世話敷時節旁追々延引に相成候旨一同申之候ニ付、猶又近郷村役人共呼出相糺候処藤吉孝心之始末は兼々粗及承罷在同村之者共委細申立」候通相違無御座最寄に不存者も無之旨同様申之候

右相糺候処前書之通相違無御座候、私支配所奥州伊達信夫宇多郡之儀は山寄辺鄙之国柄分而人気風俗不宜人少ゟ事起困窮難渋之余り甚薄情之国風ニ而心得違之者夥敷、第一御年貢納方不宜都而一概ニ役所ゟ申渡候而も信用仕兼候人気ニ而万端勘弁差略を以取計候仕儀之国柄ニ御座候処、右藤吉孝心之趣は村内」隣村迄も感心仕いまた十五歳以下殊ニ壱人故纔之持高手作も出来兼無拠小作為致、村内農業休日ニも其身は不相休日々聊宛之山稼或は日雇銭等を以当日を経営候身分ニ而父江至而孝行仕、其上御年貢迄父に代り出精上納仕候程之孝心相違無御座候、遠国辺鄙之百姓至而人気風俗不宜国柄ニ而誠ニ寄特稀成儀ニ奉存候間奥州愚昧成

百姓共他領他支配江も相響薄情之人気」風俗往々相直り孝心寄特之者追々出来可仕手本ニも致し候様仕度、極貧之者殊ニ父大病ニ而長煩致し罷在候間、病気差重り不申以前可相成儀ニ御座候ハヽ、格別之御評議を以相応之御褒美早速被下置候様仕度此段偏奉願候　以上

享和二戌年六月　　竹内平右衛門」

（朱書）「同二戌年七月廿日戸田采女正殿江上ル」

山口鋏五郎支配所
下野国作原村長寿者并孝行者之儀申上候書付

書面忠蔵江為御褒美銀三枚被下
親江老養扶持一生之内一日米五合ツヽ
被下候旨被仰渡奉承知候
辰七月晦日　　柳生主膳正

支配勘定格山口鋏五郎支配所下野国安蘇郡作原村百姓忠蔵儀養父江孝行仕、養父喜太郎儀は長寿」之段及承候ニ付相糺候趣鋏五郎書付差出候間則写入御覧候、喜太郎儀稀成長寿ニ御座候間可罷成儀御座候ハヽ、喜太郎江御手当被下置忠蔵江は相応之御褒美被下置候様仕度奉存候、依之申上候　以上

戌七月　　柳生主膳正

支配勘定格
山口鋏五郎差出候書付写

私支配所
野州安蘇郡作原村

百姓	喜太郎	戌　百歳
聟養子	忠　蔵	戌五十八歳
娘	忠蔵女房　婦　美	戌五十四歳
孫聟	助右衛門	戌四十一歳
孫女	助右衛門女房　い　そ	戌　三十歳
曽孫	常次郎	戌　八歳
曽孫女	は　つ	戌　十歳

右喜太郎儀元禄十一未年之出生ニ而当戌百歳ニ相成」候処、子供寄特之取計之趣風聞之間相糺候処、喜太郎儀若年之頃両親ニ後レ甚困窮致し纔居屋敷計に相成候得共至而律儀に農業出精いたし人ニ勝れ不絶夜仕業等格別骨折艱難に相暮候処、男子無之聟養子仕七十歳之節身上聟忠蔵江譲渡候得とも喜太郎儀数十年来医薬相用候儀も無之無病ニ而眼力も宜歩行達者ニ而農業仕候処、近年に至り耕作」之働難相成折々草刈に罷出或は平日草餅を好候故春之間は日々蓬摘に

罷出候得共及極老候儀ニ付聟忠蔵儀怪我等を案事附添罷越喜太郎申旨ニ任セ倶々草刈又は蓬摘等心促に為致、其外何れ江罷越候にも忠蔵附添若忠蔵用事有之節は妻子等付ヶ遣し家内之者一同大切に致し、一躰忠蔵儀三十二歳にて身代等譲請農業出精いたし、農業之間紺屋」稼相始追々身上立直質地に入置候田畑等も請戻し当時高四石弐斗余所持仕、御年貢等無遅滞相納養父喜太郎を大切に致し朝夕之食事寝起等迄心付諸事喜太郎心に叶候様取計候ニ付妻子孫等迄忠蔵実意之致方見習至而大切ニ介抱致し候段村役人組合之者共申立候ニ付、私廻村序様子をも見聞仕候処喜太郎儀年頃不相応に丈夫ニ而眼力歯も宜、古キ事共」承り見候得共近来耳一向に相聞不申併見掛七八十歳共可申程ニ而健ニ相見稀成長寿ニも御座候間、可相成儀ニ御座候之ハ（ママ）ヽ相応之御手当被下置并忠蔵儀山中辺鄙之中ニ而右躰親子之情をも相弁養父を愛敬仕妻子教諭も行届候趣村役人共申立無相違相聞孝心之儀と奉存候間、是又相応之御褒美等御座候様仕度奉存候、依之此段申上候　以上」

戌七月　　　　山口銕五郎」

（朱書）「同二戌年八月十二日松平伊豆守殿江上ル」

竹内平右衛門御代官所
奥州信夫郡鎌田村寄特者御褒美之儀ニ付相伺候書付
書面伺之通嘉兵衛江為御褒美銀五枚
被下候段可申渡旨被仰渡奉承知候
戌十月八日
柳生主膳正
中川飛騨守
小笠原和泉守
岡松八右衛門
沢次郎右衛門
金沢瀬兵衛」

竹内平右衛門御代官所奥州信夫郡鎌田村寄特者御褒美之儀申立候ニ付取調候趣左ニ申上候

奥州信夫郡鎌田村
名主　嘉兵衛　戌五十五歳

右嘉兵衛儀高七拾九石余所持いたし家内」拾九人暮しにて名主役相勤実意成者ニ而村内御年貢納兼候小前困窮之もの江は年々取替為相納其外作夫食等相貸シ遣シ、御年貢納方よろしきもの江は其次第を相立所産物等農業励之ため差遣し、且又村方之者無拠訳合を以金銀借用等之儀申之筋合相分り候得は證文ニも不及貸遣し、たとへ」返済延引致し候而も催促も不仕、尤是迄数年来困窮之者とも江合力仕候儀ニ付多分之金銀差出候儀ニ可有之候得とも口外江出し候儀無御座候ニ付員数等相知不申、全く名分ニ不拘実意ニ世話仕村内風儀不宜儀ハ教諭いたし相直候間、取締かた宜敷一同帰服仕他之村役人決」談(ママ)仕兼候儀ハ嘉兵衛江及相談候程之儀有之、伊達信夫両郡村々公事出入等之度毎同人取扱穏便ニ内済為致格別差働も有之、其上若年より両親江孝行致し当時七拾歳余之父江平日心を附大切ニ仕親類江罷越候とも止宿等不仕都而取計方寄特孝心之者に御座候ニ付、支配一統之」響にも罷成候間相応之御褒美被下置候様仕度旨平右衛門申立候、依之評議仕候処嘉兵衛儀常々行状宜数年来役儀ニ心を用ひ万事正路ニ取計小前を引立遣し、其上親に孝行仕貞実成者ニ相聞外村役人共励之為にも可相成儀ニ奉存候間、為御褒美銀五枚被下置候方ニも可有御座哉此段」奉伺候　以上

戌七月」

(朱書)「同」戌年九月十三日松平伊豆守殿江上ル」

池田仙九郎御代官所
河内国中新開村寄特者御褒美之儀相伺候書付
書面喜左衛門御褒美之儀
其身一代帯刀　御免苗字
永名乗候様可申渡旨被仰渡
柳田主膳正
中川飛騨守
小笠原和泉守
岡松八右衛門
沢次郎右衛門
金沢瀬兵衛
御勘定方」

奉承知候

戌十月十日

池田仙九郎御代官所河州中新開村寄特もの御褒美之儀申立候ニ付取調候趣左ニ申上候

池田仙九郎御代官所
河州中新開村
庄屋　善左衛門　戌七十歳

右善左衛門儀年来寄特之取計致し候段」別紙之通仙九郎申立苗字帯刀　御免御褒美も御座候様仕度旨申聞候ニ付評議仕候処、善左衛門儀当戌迄村役四拾九年無怠慢相勤、御法度之趣堅く相守り家内睦敷居村之者共江も実意ニ仕、其外郡中世話もいたし都而御仁恵之儀は勿論、御用筋百姓江申諭宜候故風儀も宜ク相成、外庄屋共も」出精いたし御年貢納方心を用ひ候ゆへ諸向御蔵納欠減も少く、石代取立かた等取計行届郡中入用等も費用無之様心附正路ニいたし、公事出入等可相成儀も取扱方よろしき故同支配村々出入も少く郡中之ためニも相成候段寄特之ものニ付、為御褒美銀五枚被下置永々苗字」相名乗候様被仰渡

候方ニも可有御座候哉、依之仙九郎差出候書付写相添此
段奉伺候　以上
戌九月」

河州中新開村
庄屋　善左衛門　当戌七十歳

右善左衛門儀先祖ゟ代々庄屋相勤来同人は弐拾弐歳之時
庄屋役ニ相成当戌年まて都合四拾九ヶ年相勤、高は三拾
石余」所持仕若年之節ゟ農業手入等無油断致出精近年は
及老年候得共無病達者成生れ付故田畑見廻り家内之者江
厳敷申付精為出候ニ付、何之年ニ而も善左衛門手作ハ出
来方宜尤村内井路并池等厳敷百姓とも江申談堀浚致し候
ニ付、最初ニは人夫多差出候儀不勝手之様ニ存候得共」
其後大雨出水之節は水吐宜水難相遁レ照続之節は井路筋
溜水多壱ヶ月位之儀は相凌村中相悦候由、其上近年旱損
打続用水差支候節善左衛門一己之入用多分差出井戸を掘
候道具并突抜道具等を拵、惣百姓江昼夜厳敷申談井戸掘
立精力を尽し農事相励ませ候ゆへ」如何様なる旱損年柄
ニ而も外村ゟ作物痛少く其上右道具を他村までも無料ニ
而貸遣し、近来村々ニ新井戸多出来旱損相遁候ニ付百姓
共相助り自然と国益ニも罷成候儀ニ御座候、且居村御年
貢免割村小入用割等之儀正路ニ可致は勿論ニ候得共別而
巨細ニ算用致し候ニ付」疑惑仕候もの壱人も無之外村々
ゟ右割方之振合承り合候間帳面貸遣し為見、他村之規矩
ニも相成候儀ニ而一躰右割方ニも不限諸帳面算用等之儀
も万事唯壱人ニ而昼夜取調右ニ付雑用少しも村入用に附
出し不申、又御用村用ニ而大坂其外江出勤仕候節も代人
差出候儀無之」及老年候而も風雨暑寒を不厭夫人足なと
召連不申自分ニ風呂敷包を背負罷出兎角村入用多分不相
掛様ニと心を用ひ、殊ニ天明七未年世上一統米穀高直ニ
而壱石之代銀凡弐百目余にも相成末々之者及難儀候処、
善左衛門小身上には候得共無利足ニ而銀三百目貸渡し」
其後返済仕候ものも少々は有之、未返済不致もの多有之
候得共其侭打捨置又独身之者困窮ニ而及老年又ハ長煩等
仕候節善左衛門ゟ食物を与へ助力致し厚く心付世話仕候
儀是迄三人程も有之候故善左衛門を一同大切に存罷在、
甚心中平和成生質ニ而村内に」自然心得違ひ之もの又は
申争なと仕候義有之節も善左衛門早速罷出双方申宥候儀
も荒々敷怒り候事無之言葉を和らけ得と教諭仕候ニ付、
善左衛門顔を見候得は如何様之者も恥入心和らけ相鎮り

都て相恐れ候儀ニ而、右之外近村々ニ六ヶ敷儀有之節も早速善左衛門江相頼」立入和融為致候儀又は役所江相願及出入候節も取扱ニ立入候得は実意を以申宥候故感服致し相済候儀は度々之事ニ而、一躰年久敷庄屋役相勤候ニ付年中郡中之世話取締も重立取計正直篤実之人物故、私支配所河播作州村々小前之もの迄善左衛門名前を及承相慕ひ」他支配私領にても能存賞美仕罷在候由、其上字六郷と申悪水井路之儀ハ中新開村外御領私領拾ヶ村組合ニ而延長七拾町幅拾間有之、右井路之儀年中修復入用銀余程拾六ヶ村江相掛り拾五六年以前迄は外惣代之もの有之割元仕候処、多分之入用相掛り」申分ニ相成候ニ付善左衛門江引請世話致し候様村々ゟ頼ニ付無拠惣代相立候以来正路ニ取計入用も相減候ニ付、組合村々一統相悦ひうち任置少も疑惑仕候もの無之由ニ而誠ニ居村近村は勿論私支配村々他支配私領村々迄も感服仕罷在候儀ニ御座候」

右相糺候趣書面之通御座候、善左衛門儀生得廉直平和之人物ニ而第一御法度之趣堅く相守、家内睦敷居村之世話実意ニ仕殊ニ支配所庄屋とも之内ニも年功老分之ものニ付、年中重立郡中之世話も仕　公儀之難有之御儀は勿論、私役所ゟ」申談候御用筋之儀も能村々江申喩候故自然と善左衛門風儀推移、庄屋共何レ共出情（ママ）仕万事申含行届既御年貢米も郡中一同出精撰立津出仕俵入等も宜候故諸向御蔵納之節欠減も少く、引取米払代金銀等村々江割返候ハ年々之儀ニ而御年貢銀納方之儀も一統是迄年々」期月前皆済仕、是等之儀も畢竟村々申合行届候故之儀ニ而其外郡中入用等之儀も近年追々被仰渡候御趣意を相守費用無之様心付遣し、一躰筆算も相応ニ仕候故諸勘定向甚明白ニ而善左衛門仕立候帳面等は外村々之手本ニも相成、殊ニ私役所公事出入等も善左衛門」正路之取扱ニ而内済致し又は大坂町奉行所掛之水論跡式論等之出入も善左衛門を名差取扱等被申付内済致し候儀も度々有之、一躰質素潔白にて差働も有之御用立其上神仏をも相崇ひ誠ニ人之亀鑑とも可相成人柄ニ有之、数年（ママ）稀成奇特之ものニ御座候間」村々見習セ之ため何卒可相成儀ニ御座候ハヽ、善左衛門儀苗字帯刀　御免御褒美も被成下候様仕度此段奉願候　以上

享和二戌年五月　　池田仙九郎」

（朱書）「同二戌年十二月十六日松平伊豆守殿江上ル」

前沢藤十郎御代官所
越後国荒川村孝行者之儀申上候書付
書面門左衛門江為御褒美銀七枚被下
父母江老養扶持一日米五合宛一生之内被下候旨
被仰渡奉承知候
戌十二月廿八日　中川飛驒守

前沢藤十郎御代官越後国蒲原郡荒川村百姓丑之助忰門左衛門儀父母江孝行仕候段村役人共申立候ニ付相糺候」趣藤十郎書付差出候間則写入御覧候、可罷成儀ニ御座候ハヽ、右之者江相応之御褒美被下置候様仕度奉存候、依之申上候　以上

戌十二月」
御代官
前沢藤十郎差出候書付写　中川飛驒守

私御代官所
越後国蒲原郡荒川村
百姓丑之助忰　門左衛門　戌五十九歳

右之者儀父母江年来孝心を尽し候趣村方之者」申立候ニ付手代差遣内糺為致候上右村役人共相糺候処、門左衛門親丑之助儀当戌八十二歳ニ罷成、屋敷高壱斗九升七合所持致し母さんは当戌八十歳ニ相成家内三人相暮、門左衛門儀農業之間木樵渡世致し一躰律義成者ニ而同人実父は徳左衛門と申持高弐拾石余所持いたし右村百姓ニ有之候処、門左衛門十歳之頃徳左衛門病死致し候ニ付、母後家暮ニ而母之養育を」請罷在候処先年飢饉之節ゟ及困窮所持之田畑も連々失ひ門左衛門幼年ニ付相続不行届ニ付親類ども一同相談之上門左衛門十三歳之砌、母江右丑之助入夫に致し母は不及申継父丑之助申付候儀不相背大切ニ致し相仕候処、妹両人出生致し家内多に罷成次第に及困窮残候田地是又質地ニ相渡、丑之助は農業之間木挽渡世致し門左衛門は農業出精仕候得共当日之経営」も不行届丑之助は少々酒も給候ニ付右価も門左衛門差働相与へ、両親に対し少も疎略不致相仕候得共次第ニ困窮相募、家内取続も相成兼妹共も成人仕候ニ付門左衛門儀両親江相願候上村内百姓新八と申者方江奉公ニ罷出給米請取候得は、右之内可成丈両親之暮方足合ニ差遣奉公に出候当日ゟ心之およひ候丈ヶ奉公出精相勤、兼而主人江相願置主人等朝目不覚以前両親方江早朝より」罷越食事拵等迄も世話致し妹共江父母之介抱等心付両親之機嫌を伺、夫ゟ主人方江立戻り農業其外何事によらす主人申付候外迄も出精相働、奉公透又は休日ニは落葉或は柴草を苅取両親

方江持参り耕作等も妹共之手助致し、其身は少も休足なく主人方江奉公聊懈不申両親を大切ニ致し候間主人方ニ而も志之程感入不便を加へ給米等も相増時々衣類等差遣候而も両親江相与へ「其」身は継々成ル衣類を着平日之食物等も自分可給分も除置両親江相与へ、其外聊之品ニ而も自分之身ニ不附両親又は妹共江分ヶ遣し二十五歳迄八ヶ年之間奉公相勤候処、主人新八不勝手ニ相成農業手透ニ罷成候間同人江相談之上村内傳之丞と申者方ニ弐ヶ年相勤、又々元主人方江立戻り二十八歳迄相勤候処両親も老衰致し殊ニ病身ニ相成、妹共儀も年頃ニも相成候ニ付奉公稼為致父母を見」継度旨申之主人江相願暇取罷帰り両親江相談之上妹共儀は奉公に差出父母共家内三人相暮、身貧之中ニ睦敷両親をいたわり農業出精致し柴薪等近郷市場江持出し売代なし、経営商先ニ而珍敷品は不及申給物等貰請候而も其侭持帰り両親江与へ機嫌悪敷節は心に叶候咄抔致し為相慰、又は好物之品望候節は右躰貧窮之中ゟ夫々相求為給、独身ニ而は両親之手当も行」届間敷哉ニ付元主人并村役人共ゟ女房呼迎夫婦にて両親江仕江候ハヽ弥介抱も相届可申旨申聞候得共、所持之田畑も無之貧窮之中江女房呼迎候得は家内多ニ相成、其上親子合不睦候而はおのつから家内も不締ニ相成両親麁末ニ成行可申哉、追而之儀は格別却而不宜旨ニ而辞退いたし、妹両人は村内并隣村江可成ニ取賄ひ夫々縁付、門左衛門儀壱人ニ而無懈怠大切に両親江仕へ継父丑之助」儀は老衰なからも未歩行は少々も相成候得共、実母さんハ老病之上眼病ニ而立居も不自由ニ付寝臥大小便等も心付育ミ殊之外艱難いたし候ニ付、村内之者忍ひ兼米麦等其外合力致し候而も両親衣類食物自分差働を以取賄先は不足も無之候得共、其身は何様危難致し候而も不苦好身も無之方ゟ合力請候而はいつか右之恩可報時節も無之旨ニ而相断請不申、居宅も甚零落致し殊ニ寒」国之儀故雪中は別而寒気烈敷候故兼而柴薪等拾ひ置焚火致し寒気を為凌深夜凍強節は少も不臥自分之肌を以両親之手足を暖め、貧苦之中故着替等も無之自分まとひ候着物を両親江着セ少しも寒気ニ迫り候様子見セ不申、夏は両親を木陰江連参り暑を為凌或は親共病気之節は臥候時節を考へ水をあひ氏神江祈念を懸ヶ、又は近隣村々神社仏閣縁日等江参詣致度旨」申候節は母を背負父之手を引参詣いたし、其外都而不依何事ニ貞実ニ仕へ朝暮睦敷致し幼年ゟ親之申付を少も不相背、極艱難之ものニは候得共是迄両親之好に任せ品々調相与へ及老年候迄独身ニ而孝養を尽し、村内其外親類共有之候得共困窮者ニ而合力も不相成候ニ付村内庄屋三右衛門徳之丞両人所持之田畑小作米勘弁致し小作為致、元主人共ゟ少々宛米麦等合力致し遣候節ハ格」別之事故致受用候儀ニ御座候、且門左衛門儀は幾重ニも両親心ニ叶候様仕度候得共貧窮ニ而心底ニ不任旨申之年来両親江孝心を尽し候旨一同申之候

右門左衛門儀孝心之始末手代差出内糺為致近村々相糺候処、年来父母江孝行を尽候段無相違相聞候間右村役人共相糺候処、書面之通内糺之趣符合仕候、私儀検見廻村序門左衛門廻村先江呼出様子及見候処律儀成者ニ相見困窮之身分」にて年来継父并実母江孝心を尽し候ものニ相違無御座候間、近郷村々響ニも相成候儀ニ付何卒格別之御沙汰を以相応之御褒美被下置候様仕度奉願候、依之此段申上候　以上

戌十二月　　前沢藤十郎」

（表紙）

總記　五

続編孝義録料　　五

（157—401・90—5）

文化二丑ゟ
同五辰年迄
御代官所御預所
孝行奇特者行状書

（朱書）
「・駿河・下野・越後・信濃・出羽・陸奥
・備中・飛騨・武蔵・下総・甲斐・美作
・伊豆・常陸・豊後・丹後・大和」

（朱書）
「五」
御勘定奉行

（朱書）
「文化二丑年二月五日戸田采女正殿江上ル」

東海道
興津宿寄特者御褒美差遣候儀ニ付申上候書付
御届
井上美濃守
石川左近将監

江川太郎左衛門御代官所
東海道興津宿之内中宿町
名主　与兵衛　子五十二歳」

右与兵衛儀一躰貞実成者ニ而家内睦敷相暮し宿内并近村と交も親敷去々戌年去亥年両年之大風雨高浪ニ而同所波除堤打崩候節も夫食に差支候者共江米五俵金四拾両合力仕、右之外ニも極困窮艱難之者江も時々米銭を施し其外万事寄特之取計共ニ有之候間、右之趣外宿村々之手本ニも可相成儀ニ御座候間相応之御褒美被下候」様仕度旨太郎左衛門申聞候間評議仕候処、一躰実意に世話いたし寄特之筋は相違も無之相聞候間、類例見合為御褒美銀五枚道中方除金之内より差遣申候、依之此段申上置候

（朱書）
「但竹内平右衛門御代官所陸奥国伊達郡柱田村名主多吉儀一躰正路成者ニ而居村困窮立直り方出精致し、御年貢納兼候者江は米麦等を施し惣而実意に世話いたし寄特成者ニ付、当七月為御褒美銀五枚被下置、右銀荒地起返し御手当利金之内」を以差遣候例を以本文之通申上候」

以上

子十二月」

駿州中宿町寄特者之儀ニ付申上候書付

江川太郎左衛門

私御代官所
駿州庵原郡興津宿之内　中宿町
年番名主　与兵衛　当子五十二歳」

右之者行跡寄特成者之由宿役人共相届候ニ付宿内并近村々役人をも相糺候処、与兵衛儀高八拾八石余所持仕与兵衛夫婦忰夫婦孫共五人召仕男女共家内十人相暮、生質貞実之者ニ而家内睦敷近隣之交も親ク宿内并近村々極困窮之者江は折々米銭を施し近来困窮之者共を救候始末左ニ申上候

一　米五俵　但四斗入」
是は去々戌年六月廿九日大風雨高浪ニ而興津宿中宿町浪除堤打崩、住居江浪打上夫食差支候ものゝ江合力仕為相凌申候

一　米百俵　此代金四拾両
是は去亥年八月十五日夜大風雨高浪ニ而興津宿中宿町波除堤打崩破損家潰家流失家とも七拾軒之内六拾軒之者共夫食差支候」に付宿役人共粥を焚出飢難為相凌候処、与兵衛儀米百俵之代金四拾両差出家内人数ニ応割合合力仕候

米五俵
金四拾両
合

右之外宿内近村共暮方艱難之者共江は時々米銭施候儀御座候得共員数等相分り不申候

右与兵衛儀行跡寄特之由風聞候ニ付得と相糺候趣」書面之通御座候、右寄特之趣御褒美も御座候ハヽ、外々風俗ニも可押移儀ニ奉存候間、何卒相応之御褒美御座候様仕度此段奉願候　以上

子八月　　江川太郎左衛門」

（朱書）
「同二丑年二月廿五日戸田采女正殿江上ル」

江川太郎左衛門御代官所
駿河国町屋原村奇特者御褒美差遣候儀ニ付申上候書付

御届
柳生主膳正
中川飛騨守
小笠原和泉守
鈴木門三郎
金沢瀬兵衛
村垣左太夫」

江川太郎左衛門御代官所
駿州庵原郡町屋原村

百姓　源兵衛　丑十九歳
右源兵衛父　玄　揮　丑五十歳

右源兵衛儀高弐百四石余所持いたし家内睦敷常々質素に相暮し父玄揮儀去ル戌年迄源兵衛と申候処、病身ニ付悴江相譲隠居し候得共」一躰貞実之者にて若年より親江孝行いたし居村は勿論、近村々不作等ニ而及困窮候もの并艱難之もの江年来米金等施し悴源兵衛も父之行跡を見習近隣之交も厚く、東海道由井宿之者連々及困窮候ニ付去ル戌年金四拾両無利足四拾ヶ年賦に貸遣し、其外去々亥八月十五日大風雨高浪にて波除堤打崩し居村汐」入に相成潰家六拾軒有之候内五拾三軒之者夫食に差支候ニ付、翌十六日より九月中旬まて源兵衛宅にて朝夕夫食焚出しいたし、飢難を為相凌候上右五拾三軒之もの共追々住所江引移候之節、困窮之軽重に随ひ壱軒江米壱斗より五斗位まて割渡、都合米七拾俵施し其外家作手当として金弐拾七両右振合を」以差遣候ニ付村役人共も感服仕右之趣可届出段両人之者江申聞候処、支配役所等江届之儀堅く相断内分にいたし呉候様村役人江申聞候由にて実意に世話いたし候趣奇特之儀ニ付相応之御褒美被成下候様仕度旨太郎左衛門申立候に付評議仕候処、右両人共常々行状宜敷艱難之ものを労り米金等施し候始末名聞ニ不拘」厚く世話いたし候趣奇特之儀ニ付、是迄之類例に見合為御褒美源兵衛江銀五枚玄揮江銀三枚荒地起返し御手当御貸附利金之内より差遣申候、依之此段申上置候

以上

丑二月」

(朱書)「同二丑年三月廿六日戸田采女正殿江上ル」

御勘定岸本武太夫支配所
下野国東田井村奇特者御褒美之儀相伺候書付

書面伺之通御褒美可
被下置旨被仰渡奉承知候
丑四月七日

柳生主膳正
中川飛騨守
小笠原和泉守
鈴木門三郎
金沢瀬兵衛
村垣左太夫」

御勘定岸本武太夫支配所
野州芳賀郡東田井村
名主　安右衛門　当丑六十六歳

右安右衛門儀実貞成ものに有之数年名主役大切に相勤候ゆへ村方取締宜右東田井村之儀は連々手余荒地多之場所ニ付、先達而越後国より入百姓いたし候処、深切に世話」いたし候ニ付、入百姓七軒之者共永続可仕趣ニ有之、且又一類之

もの并召仕之内ゟ潰百姓跡三株相続致させ家作取修補ひ諸道具夫食等まて手当差遣し、其外村内家内多之者を分家致させ自分入用を相懸前同様厚く世話いたし遣し新規百姓四軒取立都合七軒にて、当時荒地田畑高五拾八石余起返し出来村人」数之儀も五六ヶ年以前よりは弐十人余相まし安右衛門深切之取計を以猶追々起返し方捗取、困窮立直り可申小前之ものども相歓一同帰服農業出精いたし候趣に付、自余之もの励ニも相成其上格別手廻り候身分にも無之処、実意に差はまり村柄立直し方等之儀厚く世話いたし候段奇特之儀ニ付相応之御褒美被成下候」之様仕度段武太夫申立候間評議仕候処、数年名主役心配いたし相勤名聞にも不拘自分入用を相懸ヶ潰百姓跡株取立方等猶又相心懸ヶ荒地起返し之儀出精世話致し候段奇特之儀ニ付、安右衛門江為御褒美銀弐枚被下置候方ニも可有御座哉ニ奉存候、依之此段奉伺候　以上

丑三月」

(朱書)
「同二丑年三月廿八日戸田采女正殿江上ル」

佐藤友五郎御代官所
越後国蒲原郡村松浜孝行者之儀申上候書付

書面たん江為御褒美銀七枚被下
姑江老養扶持一日米五合宛一生之内
被下候段被仰渡奉承知候
丑四月十三日　小笠原和泉守

佐藤友五郎御代官所越後国蒲原郡村松浜百姓孫兵衛後家たん姑江孝行仕候段村役人共申立候ニ付」相糺候趣友五郎書付差出候間則写入御覧候、可罷成儀ニ御座候ハヽ、相応之御褒美被下置候様仕度奉存候、依之申上候以上

丑二月」　小笠原和泉守

御代官
佐藤友五郎差出候書付写

私御代官所
越後国蒲原郡村松浜
無高百姓孫兵衛後家　たん　丑五十歳」

右之者儀同郡中村浜百姓六左衛門娘ニ而安永四未年孫兵衛方江縁付候処、夫孫兵衛儀は去子正月病死致し当時七十九歳に相成候姑はつ并子供男女四人有之候内、惣領孫市娘すきちん共十三四歳より一季奉公に差出置、末子万之丞共家内三人暮ニ而罷在孫兵衛存生之内は漁猟渡世いたし極困窮

ものに御座候処、たん儀姑はつを大切ニ致し聊」にてもはつ心に逆ひ不申、夫孫兵衛漁猟に罷出候へハたん儀は宿元ニ附添罷在、孫兵衛在宿致し候節ハ未明ゟ起朝飯を拵姑夫江食事致させ、其身は山稼又は海辺江罷出貝類を取昼時ニは帰宅いたし姑之安否を承り夏冬共暑寒に随ひ夫々ニ心附食事相進め、昼時より猶又罷出相稼候薪貝類海草等市町江持出し売代なし纔之価を取候内」にて平日姑好候品を調持帰り心能為給衣類等之儀も其身は見苦敷品を着し、姑江は時々相応なる衣類着用致させ暑寒之憂無之様心配いたし候得共はつ儀段々及老年ニ寒気凌兼候ニ付、寒夜ニは炉之脇にふせらせ焚火いたし寒気凌かせ、夏は蚊帳等も無之候ニ付たん儀は終夜眠臥致さず蚊遣火を焚附添罷在、殊にはつ儀七ヶ年以前より歩行不相叶」候ゆへ家内之介抱は勿論仏参抔致し度旨申候へは如何様之用事有之候而も姑を負参詣仕らせ、何事も心に応し候様に心配いたし候得共近年不猟打続、猶更及困窮悴孫市娘共奉公稼差出置候而も一分之取続仕候迄ニ而暮方之足合ニも不相成、末子万之丞儀は幼年故日雇稼等も出来致さず近郷江袖乞に差出候得共夫食之足ニ相成候程之儀も無御座、夫食乏敷節」にても姑江は平日之通り食物相与へ難儀之躰は少ニ而も不申聞様致し候故孝養厚儀を夫孫兵衛も感心いたし倶々孝心を尽し候処、去々亥年六月中はつ儀痢病相煩候節は日頃ゟも別而厚く介抱いたし困窮ものゆへ薬用も不任心底ニ食養生而已ニ而本復致させ、且又夫孫兵衛儀同年十一月ゟ相煩候ニ付夫之看病姑之介抱に相かゝり罷在、山海之稼も出来不仕夫」食ニ差支難儀之躰ニ付、村内之者より少々宛麦稗等相贈取続かせ候得共八九十日程之病中ゆへ追々夫食乏敷相成候而も姑并夫孫兵衛江は夫食不足之趣は不申聞セ、たん儀は一日一飯又は終日食事不仕暮候儀も間々有之昼夜看病心を尽し候得共夫孫兵衛儀は養生不相叶去子正月病死致し候、然ル処孫兵衛死後迚も姑之歎を相諌メ益孝養無怠夫存生之内に相替儀無之、年来姑」を昼夜大切に致介抱候段下賤ニ珍敷ものニ付申立候旨組合村役人一同訴書差出候ニ付、私去秋検見序村方相糺猶又近村々風聞承候処申立候通姑江孝心之趣相違無御座候、郡中響ニも相成候儀ニ付相応之御褒美被下置候様仕度奉願候、依之申上候　以上

丑二月　　　佐藤友五郎」

(朱書)「同二丑年三月廿四日戸田采女正殿江上ル」

奇特者御褒美差遣候儀ニ付申上候書付

御届

柳生主膳正
中川飛騨守
小笠原和泉守
鈴木門三郎
金沢瀬兵衛
村垣左太夫

一　銀三枚

蓑笠之助元御代官所
信濃国更科郡今里村
名主　久右衛門」

右久右衛門儀祖父代より引続名主役相勤貞実成者ニ而是迄度々奇特之取計仕候処、猶又去子年水難之節困窮者共江銭百貫文相施候趣笠之助申立候

一　銀三枚ツ丶

大岡久之丞元御代官所
出羽国村山郡七浦村
名主　兵右衛門
百姓代　吉十郎

右両人平日農業出精仕実貞質素成者ニ御座候処右村之儀一躰困窮者多く毎年植付之頃より作夫食ニ差支難儀仕候ニ付、右両人歎敷存年々少々ツ丶心懸貯置候籾三斗入弐百俵出来仕候ニ付、村方困きう百姓作夫食備ニ仕度段申之出穀仕候趣久之丞申立候」

右同人元御代官所
同国同郡高櫤村
百姓代　兵三右衛門

一　銀五枚

上杉弾正大弼御預所
右同村百姓　庄右衛門

一　銀五枚ツ丶

源　七

右三人之者共高櫤村検地草分ヶ以来之百姓ニ而農業出精仕実貞成る者ニ御座候処、困窮百姓年々夏中夫食差支候儀を歎敷存年来少々宛貯置候籾三斗」八升入千俵出来仕候ニ付、右籾囲蔵壱棟相健（ママ）詰置凶年之備ニ仕度段申立差出置候処、猶又申合右土蔵為修復料金拾両差出三人之者共年番ニ預、年壱割之利足差出永久修復入用仕候積り取極置候趣久之丞并御預り所役人申立候

上杉弾正大弼御預所
出羽国村山郡高櫤村
名主　惣太夫」

一　銀三枚

右惣太夫儀高櫤村草分ヶ以来代々名主役相勤貞実成ものニ御座候処、籾三斗八升入三百五拾俵居屋敷内江囲置四五月頃に相成夫食差支候百姓共江無利足にて貸渡新穀出来之上取立候ニ付困窮百姓共格別之助ニ相成、其外凶作

之年柄ニは難渋百姓とも江米五俵三俵ツヽ割渡相施候儀
度々御座候趣御預り所役人申立候」
右は孰も奇特之者共ニ付近郷響ニも相成候間、相当之御褒
美被下置候様仕度段御代官并御預り所役人申立候間評議仕
候処、困窮難儀之者共を労り年来心掛ヶ夫々手当いたし候
儀名聞等ニ拘り候趣ニも無之、寄特之者共に御座候間類例
見合書面之通為御褒美荒地起返シ御手当御貸附利金之内ゟ
差遣申候、依之此段申上候　以上
丑三月」

(朱書)
「同二丑年四月十九日戸田采女正殿江上ル」

奇特者御褒美差遣候儀ニ付申上候書付
御届

柳生主膳正
中川飛騨守
小笠原和泉守
河尻甚五郎
鈴木門三郎
金沢瀬兵衛
村垣左太夫」

竹内平右衛門御代官所
陸奥国伊達郡伏黒村
百姓　与惣左衛門

一　銀五枚

右与惣左衛門儀身元相応ニ而御法度筋堅相守実躰成者ニ御座候処、籾弐拾石麦百六拾五石金四拾八両余差出作夫食并御年貢差支候もの江無利足にて貸渡或は貯穀いたし兼候もの江出穀いたし遣、其外近郷難渋之村々江畑弐町歩余差出」困窮之者江地所割渡耕作為仕御年貢米は同人ゟ相納遣し候趣平右衛門申立候

右同人御代官所
右同国信夫郡南沢又村
百姓　瀬兵衛

一　銀三枚

右瀬兵衛儀平日農業出精仕困窮之者を深切に世話いたし候者ニ御座候処、凶年飢饉之為備村内困窮之者ニ代り籾拾六石余麦拾四石」余差出候旨平右衛門申立候

右同人御代官所
右同国伊達郡桑折村
百姓　伊兵衛
傳右衛門

一　銀弐枚ツヽ

右両人之者何れも身元相応之者ニ御座候処凶年飢饉之節為備村内困窮之者に代り籾拾五石ツヽ差出候旨

平右衛門申立候」

堀屋文右衛門御代官所
越後国三島郡片貝村
庄屋　幸右衛門

一　銀五枚

右幸右衛門儀身元相応之者ニ而庄屋役大切に相勤小前百姓共耕作仕付方申教農業出情(ママ)仕候者ニ御座候処、為冥加年来作徳米之内積置候籾五拾石稗三百石凶年之手当ニ仕度段申立差出候旨文右衛門申立候」

右同人御代官所
右同国魚沼郡仙田村
百姓代　太郎吉

一　銀弐枚

右太郎吉儀平生実貞成者ニ而役儀大切ニ相勤候ものニ御座候処、作徳之内籾弐拾石差出村内凶作之手当ニ仕度段相願出穀仕候旨文右衛門申立候

右は何れも寄特之者共ニ付近郷響ニも相成候間、」相応之御褒美被下置候様仕度段平右衛門文右衛門申聞候間評議仕候処、困窮難儀之もの共を労り年来心懸ヶ夫々手当いたし候儀名聞等ニ拘り候趣ニも無之寄特之者共ニ御座候間、類例見合書面之通為御褒美荒地起返御手当御貸附利金之内ゟ差遣申候、依之此段申上置候　以上

丑四月」

(朱書)「同二丑年五月三日土井大炊頭殿江上ル」

三河口太忠御代官所
備中国窪屋郡倉敷村孝行者之儀申上候書付
中川飛騨守

書面惣左衛門文兵衛江為御褒美
銀五枚宛被下候段被仰渡奉承知候
丑五月十八日

三河口太忠御代官所備中国窪屋郡倉鋪(ママ)村年寄義之助父惣左衛門同人弟文兵衛母江孝行仕候段及」承候ニ付相糺候趣太忠書付差出候間則写入御覧候、可罷成儀ニ御座候ハヽ、相応之御褒美被下置候様仕度奉存候、依之申上候　以上

丑五月」

御代官
三河口太忠差出候書付写
中川飛騨守

備中窪屋郡倉敷村
年寄義之助父　惣左衛門　丑六十九歳
百姓平右衛門父
右惣左衛門弟　文兵衛　丑六十六歳」
右惣左衛門 文兵衛 母　丑八十八歳

右惣左衛門忰義之助下男六人下女四人文兵衛忰平右衛門

儀下男五人下女弐人召仕両人共相応之身元ニ而一躰文兵衛儀は先年惣左衛門方より村内江分家仕候処、両人共至而篤実成者ニ而家業出精いたし家内睦敷幼年之節より両親江孝を尽し父相果候」後は猶更老母を大切にいたし兄弟とも老年におよひ候ても不相替母之食物等は一向他之者江は不申付両人ニ而調理いたし給させ候程之儀ニ而、近年母儀別而及老衰起居も不自由ニ相成候ゆへ平常之食物等も時々医師江聞合候上相用ひ、且又両人共及老年身上向之儀ハ忰どもへ譲渡隙ニ相成候ニ付五ヶ年以来文兵衛儀は惣左衛門方江引越同様にいたし暫時も母之傍を離れず附添」居、又無拠事ニ而他行等いたし候節は其時々母江申聞差図を請候上罷越、若夜分ニもおよひ帰宅いたし候節など母眠り居候得は目覚候迄傍に居帰りを告他出先にて調候食物其外器物等之類を出慰め母之安眠を待自分も食事等致し、猶又五ヶ年以前母大病相煩候節よりは兄弟申合毎夜母之傍に臥り二便之介抱まて両人ニ而取扱外之者江は少も世話不相掛、其上」日々之食物は勿論起居之様子両便之事共迄委敷書留置医師江見せ候上、養生之手当仕少ニ而も違例之儀有之候得は早速医師を呼薬用仕誠寝食を忘れ母之介抱而已に懸り居候程之儀ニ而、両人とも老年多病に相成候ニ付母之案思可申を怖れ平日之食物等までも心附不煩様薬用等仕候得共、母之前ニ而は物事壮年之節同様元気能無病之躰ニ而老衰之様子を少」も不見せ様にいたし朝暮母を慰め候而已ニ心配致し候事ニ而、一躰両人共身元相応ニ而家内人数も多候得共老母介抱之儀は都而兄弟申合二便等之儀迄両人ニ而取仕舞仕、

一向他之者江は世話相掛不申候

右之通両人共幼年之節ゟ老年におよひ候迄一日も無懈怠孝を尽し候程之篤実成者共ゆへ、家内取締方も行届諸事質素ニ農業出精仕召仕候もの共も愛憐」を加江御年貢等も触当通り少も無遅滞相納、都而一己を慎候故自然と家内之者共迄も貞実之風儀に化村内は勿論、近郷迄も惣左衛門文兵衛両人之家風を学ひ候様に相成候儀ニ而一躰冨候者は孝心有之候而も自由足り候事ゆへ目立候程之孝行は相成兼候ものに御座候処、両人儀は幼年之節ゟ抜群に孝を尽し其上召仕候者共迄篤実之風儀に化候と申儀は元一己を慎候誠」心ゟ起り候事ニ而殊に両人共最早及老年ニ母儀は猶更極老に相成余命も無之儀ニ付、格別之御評議を以両人とも相当之御褒美御沙汰被成下候様仕度、左候ハヽ、郡中一統之響ニも相成自然と勧善之基ニも相成可申哉ニ奉存候、依之申上候

以上

丑四月　三河口太忠

（朱書）「同二丑年七月十日戸田采女正殿江上ル」

田口五郎左衛門御代官所
飛州村々奇特者御褒美差遣候儀申上候書付

御届

柳生主膳正
中川飛騨守
小笠原和泉守
河尻甚五郎
鈴木門三郎
金沢瀬兵衛
村垣左太夫」

田口五郎左衛門御代官所
飛州大野郡高山壱之町村　田中屋　半十郎
同国益田郡和佐村　百姓　十左衛門
同国吉城郡大村　百姓　次郎兵衛

右高山壱之町村田中屋半十郎儀一躰篤実成」ものにて身元も宜敷年来御材木御買上并運送方請負実貞ニ相勤、其外商売向多欲等無之渡世仕罷在、去ル午年同国照蓮寺領小白川村及困窮候上凶作ニ而可及飢躰之者有之候節、米弐拾俵相施し去子年同国長倉村疫病流行いたし家並相煩難渋之趣承および米拾俵差遣、其外簱鉢村人少ニ而手余荒地御年貢」弁納いたし可及潰様子ニ付、米弐拾俵為手当差遣し或は類焼いたし候もの等江度々米麦施し常々艱難之ものを労り実意に取計、其上去ル酉年小出丈助支配之節同国益田郡大野郡吉城郡村々山添谷間之空地新田開発方之儀村々江申渡候処、入用多分相掛り百姓共自力ニ難相整趣之次第半十郎及承是迄無難ニ」家族扶助いたし、御材木御用等多年無滞相勤候冥加として米八百三拾三俵余金四百九拾六両余開発方入用ニ相成候様大助役所江差出、無利足年賦ニ貸渡し開発為仕去子年迄ニ高弐百弐拾石余検地御高入ニ相成小前百姓共名請之田畑出来永く相続可仕由、銘々相歓罷在候由奇特之志ニ相聞、且又和佐村百姓十左衛門大村百姓次郎兵衛両人江右開」発方世話為致候処、実意ニ差はまり出情（ママ）仕十左衛門儀は組合拾ヶ村を引請自分入用を以村々相廻り次郎兵衛儀も村内新開場江小屋掛ヶ取建、昼夜詰切り世話いたし何レも格別出精仕候間見込通り多分之新田成就いたし御益筋は勿論、困窮村々相続之基ニも相成候儀ニ付書面半十郎外弐人共夫々奇特之訳合を以銘々」相応之御褒美被下置候様仕度旨五郎左衛門申立候間評議仕候処、右半十郎儀商売躰律儀ニ而艱難之ものを労り米金等施し其外新田開発入用無利足ニ而米金貸遣し并十左衛門次郎兵衛儀も右開発方之儀ニ付諸事心付ヶ出精世話いたし候趣ニ有之銘々奇特之儀ニ御座候間、是迄之類例ニ見合為御褒美半十郎江銀七枚十左衛門次郎兵衛江銀弐枚」宛荒地起返し御手当御貸附利金之内より差遣申候、依之此段申上置候　以上

丑七月」

（朱書）
「同二丑年八月二日戸田采女正殿江上ル」

前沢藤十郎御代官所
越後国下興野新田孝行者之儀申上候書付

書面春松江為御褒美銀五枚被下父江老養扶持一日米五合宛一生之内被下候段被仰渡奉承知候
丑八月十三日　中川飛騨守

前沢藤十郎御代官所越後国蒲原郡下興野新田百姓太助忰春松儀父江孝行仕候段村役人共」申立候ニ付相糺候趣藤十郎書付差出候間則写入御覧候、可罷在儀ニ御座候ハヽ、相応之御褒美被下置候様仕度奉存候、依之申上候　以上

丑八月」

御代官
前沢藤十郎差出候書付写　中川飛騨守

私御代官所
越後国蒲原郡下興野新田
百姓太助忰　春　松　当丑二十七歳

右春松儀父江年来孝心を尽し候趣村役人」申立候ニ付手代差出内糺為仕候上右村役人其外共相糺候処、春松親太助儀当丑七十二歳に相成漸屋敷高而已にて当時は家内四人相暮春松女房みや儀は当丑二十五歳ニ而女子壱人有之、元来春松儀七八歳之節ゟ両親之申付相守外幼少之子供と違平日申争ひ等も不仕柔和ニ而両親を大切に致し候処、母は春松九歳之節病死仕親太助は夫ゟ無妻ニ」て漸其日を送り罷在候処、春松儀追々成人仕親困窮之様子見兼十一歳之頃ゟ小商仕少し成共稼之分は親太助江相渡困窮を見継十四五歳より綿実等売買仕日雇等いたし、助成之分は右之通取計、太助儀娘も壱人有之春松姉ニ候処姉をも春松大切に致し、在々江商に出候而も先々ニ而春松孝心之儀を感し、菓子くた物其外給物等遣候節は自分」は不給貰候品は持帰り親に為給、太助儀は肴も好きにて少々宛酒も給候間商先少しも助成有之節ハ調帰り、自身煮焼いたし太助江給させ都而余慶有之候得ハ姉江も与へ候様仕候、然処太助儀追々老衰におよひ

稼も相成兼身上難渋に相成候躰ニ付、春松儀は夜分も陸々不臥様いたし豆腐油揚類拵、未明ゟ近在江売歩行売代なし当日を送り着類抔も無之候得共親江は寒暑に」応し着致させ、姉江も心付着用致させ、寒国に候得共自分は風雨等も不厭相稼、商に出候而も案事不申様昼之内相稼早く仕舞帰候而親之機嫌を承り食事寝臥等も親之気に入候様姉諸共取計、着類其外垢付候品は洗濯いたし着せ替させ都而心に叶候様心懸ヶ相暮候処親太助儀追々老衰に相成候間、商留守も無心元候ニ付春松儀相応之もの娶候様親始メ近辺之者度々」申聞、姉儀は年頃ニも罷成候間春松取賄近村江縁付候間親始勧め候に随ひ春松女房を呼迎、ミや儀も至極実躰ニ而女子壱人出生いたし家内睦敷倶々親太助を大切に仕平日食事其外共心付困窮之中なから親江は困窮之様子不申聞相応に手廻り候やう申聞、太助神社仏閣其外江参度旨申候得は春松手を引連参り、春松留守之節は娵附添其外」成たけ不自由無之様心掛候処、去々亥年正月ゟ親太助儀中症之様子ニ付早速近郷医師相頼薬用為仕候得共捗々敷無之候間、医師を替薬用致させ色々手を尽し候得共同様ニ付、春松儀昼夜寝食を忘レ太助惣身もミさすり食事も進ミ兼候間病気付候而ゟハ別而心を付少しも心に応し候品を拵くゝめ候而ハ為給種々致介抱候得共聢と快気之様子不相見候間、所々」神仏江立願をかけ又は親能臥り候時節を考へ雪中寒さも不厭深更に水をあひ神仏江祈念致し、女房ミや儀も実儀に介抱いたし少しハ快気ニ相成候得共長病之事ゆへ労れも出、殊に日永之節は致退屈候を春松夫婦色々慰め好之咄し抔いたし又は唄なとも唄ひ聞セ、暑之節は度々寝床も掃除等致し臥らせ凌かせ、冬は別而厳寒之国柄ゆへ焚」火も無怠様致し食物も暖かにいたし給させ焚火ニ而あたゝまり過候而は逆上いたし候ニ付手足は春松肌ニ而暖め夜分は春松夫婦孫共に太助両脇すその方に臥り有丈着物を親江着せ寒気を凌かせ、暑寒ともにこまらざる様取計太助機嫌を見合春松儀は商稼無寸暇相励、ミや儀も夫之留守ニは猶更心を付舅江仕江、扨又近村之出湯病症に宜敷迚太助も好医師も」可然旨申候ニ付、春松稼之余分を纔宛心懸置右出湯相調へ春松夫婦にて日々沸し遣わせ其外色々薬力介抱ニ而少々宛快候得共未立居自由ニ相成不申当年にて三ヶ年之病中ニも少も無怠慢看病いたし、尤春松幼年より当年二十七歳ニ相成候得共少も親之心に背候儀不及承生得実躰にて、女房みや儀も夫春松申教を相守太助江孝養仕候段村役人」親類組合之もの申之、近村之者共も春松儀親江孝心を尽し候

儀兼而及承甚寄特之至ニ存候之旨申之候、右春松儀貧窮之
身分ニ而年来孝心を尽し候者ニ御座候間可相成儀ニ御座候
ハヽ、近郷響ニも罷成候之間、格別之御沙汰を以相応之御褒
美被下置候様仕度奉願候、依之申上候　以上

丑七月

前沢藤十郎」
（朱書）
「同二丑年閏八月廿日土井大炊頭殿江上ル」

寺西重次郎御代官所
奥州植田村忠孝之者之儀申上候書付
書面伊右衛門江為御褒美銀七
枚被下候段被仰渡奉承知候
丑九月晦日

中川飛騨守
寺西重次郎御代官所奥州白川郡植田村百姓仁左衛門下
男伊右衛門儀主人江忠義仕、父江孝行」仕候段村役人
共申立候ニ付相糺候趣重次郎書付差出候間則写入御覧
候、右伊右衛門江相応之御褒美被下置候様仕度奉存候、
依之申上候　以上

丑閏八月」

中川飛騨守

御代官
寺西重次郎差出候書付写

私御代官所
奥州白川郡植田村
長百姓仁左衛門庭子と唱候
下男　伊右衛門　当丑三十九歳」

右之者儀主人江忠節仕候段村役人共訴出候ニ付相糺候処
主人仁左衛門先祖は大高所持仕居、其砌伊右衛門先祖も
庭子と唱屋敷内江小屋を作り少々宛田畑別作為致給金と
相定候儀無之、折々古衣類小遣銭等遣仕来候処、仁左衛
門儀近年及困窮剰其身虚症之生付ニて多病ゆへ農業不行
届、同人親勇右衛門儀は五十九歳ニ罷成元来病身ものゆ
へ時々大病相煩其上仁左衛門」女房積乱之持病有之働難
相成、当時持高拾弐石余に罷成田畑作付一向不行届至而
暮方難儀仕候を此もの相歎自分之別作を相止主人之田畑
計耕作仕、仁左衛門方病人多候得共此もの働を以夫々薬
用致させ仁左衛門家内寒暑之衣類も無之様に罷成候間、
親市右衛門と遂相談祝儀不幸等に着用致し来候衣類并自
身着用之夜着等も仁左衛門親勇右衛門江着させ、其身
寒」夜之砌ニは莚を着候而主人之為に艱難を不厭暁に起
暮ニは星を見当テに農業を仕舞神事節句抔ニは前広に心
懸、朝飯前に薪を採居村造酒屋江持参り少々之価に売、
右銭ニ而酒を調氏神江備仁左衛門家内を始親市右衛門江

も給させ老を為養候儀十七八歳之頃ゟ不怠由御座候
一　伊右衛門親市右衛門儀も元来志宜幼少之節ゟ仁左衛門」方に相働罷在、当丑六十五歳に相成老衰仕殊ニ近年中気之煩ニ而歩行も不自由に相成農業不相成、然共主人之病難ニ而極貧に相成候を歎き毎夜九ッ時まて草履を作市町江出し売払、仁左衛門方病気療用之足ニ仕、尤中気相煩至而気短に成愚智成事を申候而も伊右衛門儀朝暮顔色を和らけ夜半迄親一同草履を作、親を為寝候跡にて翌日作り候藁を」打置一事も親之心行にたかはず孝心を尽し渡世相励、主人御年貢金等も触当テ通り為相納候様に心掛ヶ村方用水普請等ニも人より先江出無油断相働村内之者共に励を付、夕方も村役人手助に相成候様取始末候儀数度有之全此もの無之候ハヽ仁左衛門儀袖乞も可仕程之極難に御座候得共一手之働を以仁左衛門家内扶助いたし為相凌候段近村之」もの共感心仕候趣無相違相聞申候
右相糺候処前書之通ニ御座候、一躰私支配所之儀は出生之小児を産所ニ而押殺し候悪風俗有之程之薄情人気に御座候処、近年格別之御沙汰を以極貧之もの共江御手当被下置教諭仕罷在候、場所柄ニは珍敷右躰忠孝を尽し候儀は郡中江も相響人々志改候基仕度奉存候間、右伊右衛門江相応之御褒美被下」置候様御下知偏奉願候　以上

丑七月　　寺西重次郎」

（朱書）「同二丑年閏八月廿七日土井大炊頭殿江上ル」

早川八郎左衛門御代官所
武州浦和宿孝行者之儀申上候書付

書面清左衛門江為御褒美銀七枚被下
養父江為老養扶持一日米五合宛一生之内
被下候段被仰渡奉承知候

丑九月十日　　小笠原和泉守

早川八郎左衛門御代官所武州足立郡浦和宿百姓清左衛門儀養父母并実母江孝行仕寄特之段」宿役人共申立候ニ付相糺候趣八郎左衛門書付差出候間則写入御覧候、可罷成儀ニ御座候ハヽ相応之御褒美被下置候様仕度奉存候、依之申上候　以上

丑閏八月」　　小笠原和泉守

御代官
早川八郎左衛門差出候書付写

私代官所
武州足立郡浦和宿
百姓　清左衛門　当丑五十歳

右清左衛門儀養父母并実母江孝行仕実躰寄特」成者之由組合村役人共一同申出候ニ付相糺候処、清左衛門儀私御代官所武州足立郡上大久保村百姓傳兵衛と申もの之忰ニ而実父儀は病死仕、実母は当時存命ニ罷在候、然処清左衛門儀弐十五ヶ年以前浦和宿百姓与左衛門方江聟養子に罷越、養父は当丑八十一歳養母よねは当丑六十六歳に相成候処、常々両親申付之儀何事も不相背寝起介抱心を尽し病気之節は片」時も側を離れず孝養仕、十五ヶ年以前養父母并母之妹とも三人一同別宅いたし度旨申之候ニ付、親之望に任せ隣家江別宅致させ、其節持高纔四石程有之候内を隠居料として半高分ヶ置、朝暮罷越親之様子を伺養父酒を好候ニ付昼夜壱度宛酒を調へ持参り両親に給させ、毎夜親不臥内ハ自分も不臥、両親及老衰最早余年も有之間」敷抔朝暮相歎罷在候、扨又七ヶ年以前妻之妹江聟養子を迎養父母儀は右聟養子一同当時相暮罷在候、尤養父任存意妹江聟養子仕候得共清左衛門儀小高百姓之儀ゆへ分株に仕候儀ニは無御座、父母相果候後は隠居料之分清左衛門方江引戻聟養子江は其節別段に相当手当致し遣候旨申立、勿論親与左衛門方引続困窮者ニ候処清左衛門儀年来農」隙ニは材木売買渡世仕、追々身上取直し持高相増候間、隠居料に引分ヶ置候而も当時四石余所持仕夫婦并忰弐人娘壱人娵壱人下男弐人下女壱人都合九人暮、妻まつ儀当丑四十二歳に相成九ヶ年以前ゟ乱心躰之病症ニ而農業手助りニも不相成打臥罷在候処、介抱等懇に致し遣し且又上大久保村に罷在候実母ぬひ儀当丑八十六歳に相成実父跡相続仕候甥」十助養育仕罷在候処、右村方迄浦和宿ゟ凡弐里余も有之候処、手透見合毎月両三度宛罷越実母之様子を尋、其度々老母之口に叶候品自身に拵持参り給させ実家困窮ものゆへ実父之石碑も清左衛門造立仕、旦那寺江日牌を附実母之孝養迄心を附、且また清左衛門幼少之節実父儀近村親類市右衛門と申者方ゟ借金有之未返済残有之由承り伝へ実父」之借金心に懸り候旨市右衛門方江参り相尋候処、市右衛門ハ病死仕忰当市右衛門は養子之事ゆへ右躰之儀不存返金有之候而も難請取旨申之処、隣家に罷在候老人参り合右之始末承り少々覚有之旨申之少分ニ而も請取遣候ハヽ清左衛門存念に叶可申段取計当市右衛門も得心仕金弐分相渡則不残返済之段請取書取之、実父之仏前江備相悦、其外村内困窮長病等」之者江は少々宛合力致し又は近辺人馬通路石橋土橋掛直し或は山間畑作場道橋通路仕候者自分ニ普請可仕分掛替難成所は世話仕、万事心を用ひ都而宿内之者江も睦敷相交り孝心寄特稀成者に候

段組合宿役人共申立候間、養父母并実母共相糺候処、家業
実躰に出精孝養致くれ此上なく安心仕候段申之近村々迄承
糺候処、宿役人共申立候通相違無御座御年貢」納方之儀も
触日限通り相納孝心奇特成者ニ御座候間、可相成御儀ニ御
座候ハヽ、何卒御褒美御沙汰御座候様仕度奉存候、依之申上
候　以上

丑八月　　　早川八郎左衛門」

（朱書）
「同弐丑年九月十四日青山下野守殿江上ル」

山田常右衛門当分御預り所
備中国薗（ママ）井村孝行者之儀申上候書付

書面清蔵江為御褒美銀五枚被下
母江為老養扶持一日米五合宛一生之内
被下候段被仰渡奉承知候

丑九月廿五日　　　柳生主膳正

山田常右衛門当分御預り所備中国小田郡園井村百姓清
蔵儀母江孝行仕候段村役人共申立候ニ付相」糺候趣常
右衛門書付差出候間則写入御覧候、可罷成儀ニ御座候
ハヽ相応之御褒美被下置候様仕度奉存候、依之申上候
以上

丑九月」　　　柳生主膳正

御代官
山田常右衛門差出候書付写

山田常右衛門当分御預所
備中国小田郡園井村
百姓　清　蔵　丑五十七歳
清蔵母　と　う　丑九十二歳」
同人忰　坂五郎　丑　二十歳

右清蔵儀高弐石三斗八合所持仕家内三人暮にて百姓相続仕
候、尤父文右衛門儀は去々亥年六月中より病気ニ而翌七月
中八十四歳ニ而病死仕候、然処清蔵儀父文右衛門存生之内
ゟ両親江至而孝心いたし万事両親之申付通り相随ひ、別而
農」業出精いたし何之畑江は何之品を植付田方は何と申種
を蒔附可申哉と悉く父之差図をうけ、稲作は勿論粟稗之類
何品ニ而も苅揚罷帰候へハ早速両親之前江差出ヶ様に出来
立候と申聞安心致させ両親之心を相休セ清蔵并同人妻共家
内至而睦敷相暮罷在候処、父文右衛門儀其節之病症痢疾を
相煩大病に御座候処、清蔵妻儀も一同類病相煩」難儀仕候
得共父之看病大切に仕候折柄手狭之内一緒に差置候而は父
之養育行届不申と存、清蔵妻ハ裏之長屋江差遣忰に看病致

させ、清蔵儀は父之側昼夜共暫時も離れ不申身分不相応に医師等にも相懸候得共病死仕引続妻儀も病死仕候、勿論妻儀も存生之内は両親共至而大切に仕候、尤母儀は其節痢病相遁れ悦罷在、夫より別而母之」養育のミに心配仕、父文右衛門存生之内万事差図之通家事之儀は不及申田畑作物等ニ至迄同人死後は依不何事母江相伺母之申聞候に随ひ縦勝手悪敷儀有之候而も一切自分之存寄に取計候儀毛頭無之、親類又は村用等有之罷出候儀も母之機嫌を相伺たとへ母参候様ニと申聞候而も様子如何と見請候得は、外に故障申」立他出致さず母之心に叶候様いたし、都而給物等之儀も母之好候品を給させ其外笠岡町又は近在江罷出候節も小肴青物等ニ而も珍敷品は少々宛買調へ持帰り母江給させ、極老之儀ニ付暑寒共格別に手当等いたし、且又田畑耕作之儀は忰一同出精いたし候得共母病気等之節は忰坂五郎江清蔵差図致し同人儀は昼夜母之側を不離レ候、」平日手透之砌は畳表を織候ニ付出来候得は母江為見候上壱弐枚宛残置、其余は笠岡町江売払家内暮方之助成ニ仕右除置候分を溜置候而老母之小遣并父菩提之為と旦那寺江少々宛為茶湯料差遣、其外老母何時病死いたし候而も差支無之様手当等致し、両親并妻之石塔迄拵置候よし、尤家居は手狭ニ候得共住居は至而奇麗に」仕御年貢米銀迚も毎年人先に上納いたし万事質素倹約を相用平生母之食物は可成丈好候ものを清蔵自身に拵給させ、清蔵忰坂五郎儀は粟稗之類計至而麁食を給母江は不見セやうに致し村内勤方迚も母老病ゆへ無拠等閑に相成候段折々組合江も申訳等仕居候、依之後妻之儀親類并村内懇意之者ゟ世話を可致申之進メ」候得共忰も成人仕候間、耕作稼之儀世話致させ母之儀は清蔵壱人ニ而介抱も可相成、且又相果候妻之通母を大切に致し呉候ものも有之間敷哉、左候而は母之心底に叶不申時は却而不宜乍去人々進めに不応は悪敷儀とは存候得共心障りに付呼迎不申、都而老母江右様孝心之儀は近村々ニ而も是迄及承不申趣清蔵組合并村役人一同申立訴出候間、早速」手代共差遣近村々迄も悉為相糺候処相違無之趣ニ付、猶又私廻村序清蔵人躰其外孝心之様子及見聞候処、一統申立候通相違無御座候、且私支配所之儀は至而人気不宜国柄御座候処、右躰之儀は別而外村々江之教訓ニも可相成奉存候間可相成儀ニ御座候ハヽ、右清蔵厚く御称美被下置候様仕度奉存候、依之申上候　以上

丑閏八月　　山田常右衛門」

（朱書）
「同二丑年十月十八日牧野備前守殿江上ル」
　恩田新八郎御代官所
　信州佐久郡高柳村孝行者之儀申上候書付
　　書面つね江為御褒美銀五枚被下舅江為
　　老養扶持一日米五合宛一生之内被下候段被
　　仰渡奉承知候
　　丑十一月廿日　　　　　　　中川飛騨守
恩田新八郎御代官所信州佐久郡高柳村無高百姓定吉女
房つね舅姑江孝行仕候段村」役人共ゟ申出候ニ付相糺
候趣新八郎書付差出候間則写入御覧候、可罷成儀ニ御
座候ハヽ、相応之御褒美被下候様仕度奉存候、依之申上
候　以上
　　丑十月」　　　　　　　　　中川飛騨守
御代官
　恩田新八郎差出候書付写
　　　　　　　私御代官所
　　　　　　　信州佐久郡高柳村
　　　　　　　　無高百姓定吉女房　津　ね　丑三十九歳」
右つね《ママ》儀舅姑江孝行仕候段村役人共申立候ニ付相糺候処
津ね儀夫定吉無高困窮ものに有之候処、十八ヶ年以前申
年定吉方江嫁来り其節舅彦左衛門は七十三歳に相成姑儀
は彦左衛門ゟ年増にて七十五歳に罷成候処、つね儀舅姑
を至而大切ニ仕定吉倶々農業日雇稼等出精いたし別而極
老之舅姑之申付候事を如何様之儀ニ而も少しも」相不背
定吉并自分は麁飯を給候而も両親江は丁寧に給物等和ら
かに拵給させ孝行を尽し候ニ付、老人夫婦喜悦致し貧窮
なからも家内至極睦敷追々子供も男女両人出生いたし、
姑儀は老病相煩九ヶ年以前八十四歳ニ而病死致し候処病
中殊之外心を尽し看病致し色々買薬等も相用死後も甚相
歎き吊ひ等可成丈念頃に致し候ニ付」彦左衛門定吉共満
足いたし村内近村ニ而も感心致し候趣御座候、彦左衛門
儀は女房相果候ニ付力を落し老耄も可致躰之処、津ね儀
甚力を附是迄ゟは弥増深切を尽し給もの乏敷節も彦左衛
門江は沢山有之候様申聞相進め、夏も蚊屋無之候ニ付枕
元に蚊遣を絶さず冬之凌も自分之衣類等取集メ着せ、寒
気之節は夜中も起き柴火を焚煖め遣し」腰膝を撫さすり、
彦左衛門儀少々宛酒を好候得共困窮ゆへ不行届候処つね
日雇稼致し纔賃銭を除置賃仕事之価等も省き、五夕壱合
程宛調へ毎夜寝酒を給させ日雇先ニ而食事之節野菜類塩
肴等差出候得は、其侭持帰り寝酒之肴に致させ或は彦左
衛門畑之草を取ニ罷越度旨申聞候節は手仕事并子供有之

中ニ而茶を煎し焼餅或ハ」芋様之類を和らかにいたし持
参り畑ニ而給させ安否を聞、夕方ハ湯をわかし置子供を
連迎に参り同道いたし帰り洗足を遣わせ万端深切に致し
遣し候ニ付自然と健にて当丑年九十歳に相成、家内睦敷
暮候は全く津ね志宜敷孝行故之儀と村内近村々取沙汰い
たし候
右津ね儀孝行之趣村内近村々能々相糺候処」無相違相聞、
御年貢納方も宜敷孝行之儀郡中響ニも相成可申哉ニ奉存候
間可相成儀ニ御座候ハヽ、相応之御褒美被下置候様仕度奉願
候　以上
丑九月　　　　　　　　　　　　　恩田新八郎」
(朱書)「同二丑年十一月五日戸田采女正殿江上ル」
淺岡彦四郎御代官所
下総国松戸宿孝行者之儀申上候書付
書面久八江為御褒美銀五枚被下
養母江老養扶持一日米五合宛一生之内
被下候段被仰渡奉承知候
丑十一月廿日　　　　　　　小笠原和泉守
淺岡彦四郎御代官所下総国葛飾郡松戸宿無高百姓久八
儀養母江孝行仕候旨訴出候ニ付相糺候趣」彦四郎書付
差出候間則写入御覧候、可罷成候儀ニ御座候ハヽ、相応
之御褒美被下置候様仕度奉存候、依之申上候　以上
丑十一月」　　　　　　　　　　　　　　小笠原和泉守
御代官
淺岡彦四郎差出候書付写
私御代官所
下総国葛飾郡松戸宿　百姓隼人地借
無高百姓　久　八　丑五十一歳」
右久八儀年来養母江孝心を尽し候段五ヶ年以前宿役人共相
訴候ニ付廻村序呼出し一通り相糺候処至極実躰ニ相見孝心
之趣ニ相聞候間、猶又大切ニ養育可仕旨申聞置、其後年々
手附手代共廻村序孝心之様子風聞為承候処、追年孝道相増
候趣相聞当夏中宿役人共猶又久八孝行之段申出候ニ付、当
秋検見廻村序一同呼出相」糺候処久八夫婦并母娘両人有之
家内五人暮ニ而青物渡世仕至而困窮其日暮之ものに御座候
処、養母くめ七十八歳に罷成久八儀幼年之時分近郷中矢切
村より養子ニ参成長に随ひ至而正路実躰にて幼年より養父
母之申聞を聊相背不申養父新八病中も昼夜不臥丹誠看病仕、
病中養父商ひニ出候様申聞候得は任差図宿内江青物商」ひ
に出遠方江は決而参不申、商ひ先ゟ度々立戻り様子を見届

又々商ひに出候儀ニ而夜中は側を少も離レ不申、両便も無油断心を付艱難之中ゟ薬養ハ勿論病人不自由ニ不存様致し遣誠実心成介抱仕候処、養生不相叶十九ヶ年以前養父相果候後は養母を別而大切ニ仕朝暮心を附養育いたし養母酒好ニ付困窮之中より日々両度宛と〆のへ」給させ、念仏講説法等江参度旨申聞候節は連参送迎致し道悪敷砌は背負往来致し寒サ強く母夜中臥り兼候節は渡世之間ニ心懸薪を取置焚火いたしあたらせ臥らせ候様致し、一躰養母くめは気症(ママ)六ヶ敷ものニ而商人抔参候節気荒なる事を申掛候儀有之如何に存候もの御座候而も久八品能及挨拶候ゆへ気請能母ニも心に叶候様久八申候ニ付」母之儀機嫌も能、扨又平日老母両便に参候得は附添参雨天雪降等之砌は其身は濡候而も母之不濡様に覆ひ連参り其外近村々江久八参候而も養母之心に叶候様なる品調へ遣し、養母儀犬好ニ而宿内之犬数疋参家内之分量たけ用意仕置候飯を家内江沙汰なく犬に為給候間、家内之給物不足いたし差懸り差支候儀間々有之久八夫婦不足給居」候儀度々有之、其外養母老衰ニ而我侭成事多候へ共久八は勿論妻共に迷惑成顔色決而母江見セ不申兎角養母之心に叶候様致し孝心之始末難申尽由、右躰孝心之者ニ付妻子とも柔和ニ而年来久八家内申争ひ等曽而無御座渡世之青物近郷ゟ売に参候へは先方申直段に代銭遣し、商ひ物とても掛直等は一向不申正直成生得ニ而稀成孝心之段地主隼人を始」組合宿役人一同申之候ニ付近村々名主組頭百姓代呼出相糺候処、余人之不及孝心之旨申之、何れも申口符合仕久八年来実躰ニ而孝心を尽し候段無相違相聞、卑賤之者ニは寄特成儀ニ奉存候間可相成儀ニ御座候ハヽ、御褒美之御沙汰御座候様仕度奉存候、左候得は外村々江相響大小之百姓手本ニも罷成海道筋之儀ニも御座候間、自然と近」宿村々共取締ニも可相成儀奉存候、依之此段奉申上候

以上

丑十月　　淺岡彦四郎」

(朱書)「同三寅年六月十三日青山下野守殿江上ル」

簑笠之助御代官所

甲州上谷村寄特者之儀申上候書付

書面龍庵江銀拾枚御褒美

被下置候旨被仰渡奉承知候

寅七月三日

柳生主膳正

簑笠之助御代官所甲州都留郡上谷村医師龍庵寄特之取計仕候旨訴出候ニ付相糺候趣笠之助」書付差出候間則写入御覧候、可罷成儀ニ御座候ハヽ相応之御褒美被下

置候様仕度奉存候、依之申上候　以上

寅六月」

御代官
柳生主膳正

簑笠之助差出候書付写

私御代官所
甲州都留郡上谷村
医師　龍　庵　当寅六十二歳」

右龍庵儀御年貢地高五石余所持数代医業仕家内母壱人妻悴夫婦孫下女下男共九人暮ニ候処、医術至而功者ニ而医学も勝れ候ものに候処、同職江対し権威ヶ間敷儀等聊以無御座万端身分を専ニ慎ミ当寅八十三歳に相成候母江年来殊之外孝行致し仮初ニも申付に逆ひ候儀等毛頭無之、自他之交り柔和丁寧を尽し、郡内領之儀は極山中ニ而」山坂難所勝に候処、病家之物入を厭ひ老年なから馬駕に不乗歩行いたし遠方より夜に入頼来り候節々早速罷越都而暑寒風雨之厭なく歩行ニ而罷越、貧窮者は多分施薬に療治いたし途中旅人又は乞食非人等ニ而も病人と見請候得は早速療治差加へ、大病之旅人なとハ自分宅江引取費を不厭数日滞留為致置尽精信療養差加全快為致候儀も」間々有之、元来同領之儀極山中辺鄙ニ付医業之もの共医学修行不行届も有之、脉（脈）怔等不相弁未熟勝ニ付非業之死失も可有之哉之儀相歎可成ニも医学所補理医業之もの月次相立置集会いたし、悴周仙一同出序医書講釈いたし候ハヽ、医業之もの共互之励に可相成儀心懸罷在、一躰郡内領は医師も数なく疫癘其外流行之病人多き」節は村々療養不行届非業之病死も可有之哉と施薬いたし来り、別而去ル戌年春中諸国一統風邪并亥年麻疹流行之節夥敷施薬いたし食物禁忌之書付迄施し多く無難に為相凌候始末旁寄特ものニ候段、支配川崎平右衛門ゟ委細申送も御座候ニ付去々子年私支配所に相成候以来、龍庵行状居村は勿論、近村々をも寄々相糺候処、老母江」孝行を尽し家内睦敷奇特之者ニ無相違相聞、且去冬より此節迄も同領村々家別疱瘡流行致し候処、又候去ル亥年麻疹之節同様施薬致し、素より親子共薬礼等に不拘昼夜見廻り療養差加候始末成程別段之篤実者ニ而郡内領之儀は気随我意強なる者多く公事出入を好人気不宜候処、平日村々百姓共迄（マヽ）も専直実を導キ候趣旁」郡中夫々身行慎等之励ニも相成寄特者ニ付村役人共相糺候処相違無御座候間、何卒格別之以　思召龍庵儀相当之御沙汰御座候様仕度奉存候、依之右之段申上候　以上

寅四月

簑笠之助

（朱書）
「同三寅年九月廿七日青山下野守殿江上ル」

塩谷大四郎御代官所
美作国吉野郡小野村孝行者之儀申上候書付

書面為次郎江為御褒美銀五枚被下
母七十才以上ニ付老養扶持一日米五合ツヽ
一生之内被下候段被仰渡奉承知候
寅十月十三日
柳生主膳正

塩谷大四郎御代官所美作国吉野郡小野村百姓為次郎母江孝行仕候段村役人共申立候ニ付相糺」候趣大四郎書付差出候間則写入御覧候、可罷成儀ニ御座候ハヽ、右之者江相応之御褒美被下候様仕度奉存候、依之申上候

以上

寅九月

柳生主膳正

御代官
塩谷大四郎差出候書付写

私御代官所
美作国吉野郡小野村
持高弐石三斗弐升三合　百姓　為次郎　寅三十九歳」

右為次郎儀美作国吉野郡五名村修験大善院と申もの之忰ニ御座候処、同郡小野村百姓四郎左衛門儀は祖父ニ而孫之続を以弐拾ヶ年程以前養子ニ罷成候処、無程四郎左衛門病死仕候ニ付跡株相続致シ四郎左衛門女房当寅八十六歳ニ相成候老母を養育仕罷在候、然処右為次郎儀若年より甚身持宜農業出精致し昼夜共無怠老母を大切に養育いたし、夜寒之砌ハ」臥り候節着用之品々焚火ニ而能々あたゝめ臥らせ寝入候迄は足腰をさすり咄なと致し、寝入候得は家業之夜仕事を始め右を仕廻候上ニ而翌日之給物手当いたし置、夫より老母之側に臥り夜中も無油断心を付、朝は未明より起湯をわかし老母の起候を相待手水を遣わせ食事を進め、尤困窮之身分ニ付給物等品々相調候儀難及候得共可成たけハ」好にまかせ拵給させ、万端老母之用事を相弁し夫々留守中之手当致し置夫ゟ農業に罷出昼飯頃ニは罷帰昼飯を拵倶々給へ、猶又昼前之通取計置農業に罷出夕方ハ外並ゟも早メに罷帰安否を尋食事其外不相替夫々取計、着類等も可成丈不見苦品を老母江着セ其身は老母之古着のミ自分に取繕着用いたし、住居も古家之儀ニ付」大風大雪等之節は自然押潰れ老母之怪我有之を怖れ立退方抔手当をいたし老母之心を休め、都而聊之儀ニ而も我意を不立老母之心に叶候取扱方ニ候処、追々老衰相増農業等罷出候間も老母壱人宿元に差置候儀安心不相成旨ニ而近年は隣家之子供を集仮名手本

抔認め遣し手習を教へ農業に出候間は子供に留守致させ、尤も老母之儀を能々」相頼小用を達させ火之元等相頼置日々農業出精いたし、又休日なと宿に居候節は仮名本之類取集置子供に為読聞老母ニも其道理を咄聞せ終日老母之側を不相離世話いたし、都而村内老若に不限一同睦敷相交り殊に後家暮壱人者等ニて及老衰難儀いたし候ものは昼夜共手透を見合はきもの抔造り遣し、他之者迄をも厚ク厭」ひ候由、尤是迄独身ニ付親類共始妻之儀度々相進め候得共万一老母之存寄に不叶儀等出来仕候ては詮も無之儀と存候様子ニ而時節も可有之と申之未独身ニ而数年孝養怠候儀無之、其上平日之身持心懸方万端宜もの之由ニ而右孝養之始末其外中々難申述、何れも感復（ママ）仕候旨村役人共申立候に付手代出役序を以内蜜《（ママ）》得と風聞承糺右為次郎」居宅之様子且同人孝養之次第老母江も為相尋候処、為次郎仕へ方宜を落涙仕候程相歓候躰ニ而村役人共申立候趣風聞共符合仕、誠以寄特之孝心と奉存候、且作州之儀は一躰困窮勝なる場所ゆへ自然と人気薄情ニ候処、右躰孝心成もの御座候は稀成事ニ奉存候間何卒可相成儀御座候ハヽ、右之者江相応之御褒美被下置候様仕度奉存候、左候ハヽ村内は不及申隣村」近郷迄も右孝養之趣承伝難有存人気も押移候様相成可申奉存候、依之此段申上候　以上

寅八月　塩谷大四郎

（朱書）「同三寅年九月十六日青山下野守殿江上ル」

古橋隼人御代官所
信州中野村孝行者之儀申上候書付　小笠原和泉守

書面さよ江為御褒美銀七枚
被下置候段被仰渡奉承知候
寅十月十三日

古橋隼人御代官所信州中野村百姓善四郎女房さよ姑江孝行仕候段村役人共ゟ申出候ニ付相糺候趣」隼人書付差出候間則写入御覧候、可罷成儀ニ御座候ハヽ相応之御褒美被下置候様仕度奉存候、依之申上候　以上

寅九月」

御代官
古橋隼人差出候書付写　小笠原和泉守

私御代官所
信州高井郡中野村
百姓善四郎女房　さ　よ　当寅三十二歳」

右之者儀姑に孝行之趣相聞候ニ付追々相糺候処善四郎儀高三石壱斗余所持仕、老母并娘両人有之家内五人暮ニ而困窮

ものに有之農業之外作間ニは雑穀并草履わらじ等之小商ひ仕渡世罷在、母もよ儀当寅六十七歳に相成一躰病身に有之候ニ付善四郎女房呼迎娘壱人出生仕候処、母心に叶不申離縁仕其後再縁之女房も」是又離縁仕候処、書面さよ儀恩田新八郎御代官所同郡小沼村百姓弥右衛門娘ニ而七ヶ年以前善四郎方江縁付参候処至而貞実柔和ニ而病身之姑を大切に介抱仕、先妻之娘をも深切に養育仕親類并近隣之もの江も実義に相交り、五ヶ年以前女子出生仕候得共先妻之娘聊隔ヶ間敷儀無之、実子ゟは却而深切に取扱家内睦敷相暮候処、姑もよ」儀五ヶ年以前より中風相煩種々薬用仕候得共腰立不申手足も不叶に相成家内之歩行も難相成、善四郎儀は農業并商ひに罷出近村或は泊り懸ヶ罷越候儀も有之候間附添看病難相成候ニ付さよ儀昼夜附添少も無油断介抱仕食事其外万端心を用ひ、家内は日々粟稗菜大根等之雑飯相用候得共もよ食事は別段ニ仕日々好候品相」調へ諸事心に叶候様仕立食事為仕候得共手叶ひ不申候ニ付、さよ持添やしなひ給させ、もよ儀病気附候而より肴無之候而は食事進ミ兼候旨申之、酒をも相好候得共小高困窮之儀ニ付日々相調へ候儀も相成兼候処、さよ儀寒暑之厭ひも無之糸機等昼夜出精仕、右助成を以塩肴等日々相調へ酒をも少々宛調へ給させ

自身之難儀は少しも厭ひ不申、都而もよ」心に叶候様仕、冬春寒気之節足腰冷候旨申之候得は衣類等さよ肌ニ而あたゝめ着セ替焚火ニ而熢候而はむらも有之着心宜有之間敷と存さよ肌に着シ能々温め候上着セ替、暑気之節は手仕事致しなから附添居時々団扇ニ而あふき慰にも可相成咄しなどいたし退屈不致様種々相慰め二便之取捨方ももよ心障りに不相成様取計、或は折々旦那寺江参」詣又は親類共江罷越度旨申之候得は善四郎は小男ゆへ背負候儀相（成脱カ）兼候間さよ儀背負候而雨雪或は手仕事等いそかしき節にても少も厭ひ候躰も無之、何時ニ而ももよ申聞次第にいたし一躰もよ儀六ヶ敷生質ニ候処老年に相成候上長病ゆへ別而六ヶ敷種々愚痴なる儀共申聞候得共聊相背候儀無之、是迄七ヶ年之間少も怠慢無之何事ニ寄らす」万端深切に取計候段は中々難申尽孝心之者ニ無之候而は右躰ニは行届申間敷と近隣之者共も感心仕罷在候旨親類組合村役人一同申之候、右は去丑秋私検見廻村之節孝行之趣承り候間一通り相糺猶又陣屋詰手附之者江申付追々得と為相糺、猶蜜《ママ》々風聞をも為承候処前書之趣無相違相聞江軽き者ニは寄特之儀と奉存候間可罷成御儀ニ御座候ハヽ」相応之御褒美被下置候様仕度此段奉願候　以上

寅九月　　　　　　　　　古橋隼人」

（朱書）
「同三寅年十月十六日牧野備前守殿江上ル」

荻原弥五兵衛御代官所
下総国豊田郡十花村奇特者御褒美之儀ニ付
相伺候書付
書面又作江御褒美銀拾枚
被下置候旨被仰渡奉承知候
寅十一月七日
柳生主膳正
小笠原和泉守
河尻甚五郎
岡松八右衛門
村垣左太夫
松山惣右衛門

荻原弥五兵衛御代官所下総国豊田郡十花村」奇特者御褒美之儀申立候ニ付取調候趣左ニ申上候

下総国豊田郡十花村
名主　又兵衛後見　又　作　寅七十壱歳

右又作儀代々名主役相勤其後隠居いたし孫又兵衛代ニ罷成候節幼年ニ付後見致させ村々」取締役申付置候処、居村は勿論他村迄之儀厚ク世話いたし其外窮民を相労り万事正路に取計候ニ付、小前一同帰服いたし公事出入等も無之同国大野領九ヶ村組合用水路之儀流末にて用水届兼年々旱損いたし低場之分は出水之度々鬼怒川ゟ逆水ニ而田畑水冠りに相成、組合村々一同難儀いたし連々困窮相」募り潰百姓多く諸作手入も行届兼御取箇追々相減候ニ付、右又作儀用水路模様替之儀勘弁之上組合村々自普請為致、其外新規圦樋伏込等之儀同人重立世話いたし候間右九ヶ村用水懸り宜敷相成逆水等も不仕水旱両損相遁候様罷成、其上昼夜之無差別農業ニ心を用ひ候間、孫又兵衛儀は不及申近村々迄も右之風俗」押移り農業出精いたし候ニ付次第ニ村柄立直り安永天明年中之御取箇ニ見合、寛政二戌年以来去々子年迄十五ヶ年之間年々取増候分右九ヶ村ニ而都合米千三百石余御収納増ニ相成、村々ニおゐても作徳相増困窮立直候段全く又作実意ニ世話いたし候故之儀奇特之ものに御座候間相応之御褒美被成下候様仕度旨弥五兵衛申立候ニ付評議仕候」処、右又作儀常々行状宜敷居村他村之無差別窮民を労り相続方之世話いたし、其上組合村々用水路堀替等之儀同人重立世話いたし候故御取箇相進ミ困窮も立直候段名聞ニ不拘実意ニ取計候趣ニ而志厚キものに有之村々励之為ニも相成可申儀ニ付、為御褒美銀拾枚も被下候方ニ可有御座候哉奉」伺候　以上

寅十月」

（朱書）
「同三寅年十月廿九日土井大炊頭殿江上ル」
江川太郎左衛門御代官所
伊豆国君沢郡三島宿之内久保町
長寿者并寄特者之儀申上候書付
書面婦き江為御褒美銀五枚きぬ江
米拾俵并老養扶持一日米五合宛一生之内
被下候旨被仰渡奉承知候
寅十一月十八日　柳生主膳正
江川太郎左衛門御代官所伊豆国君沢郡三島宿之」内久保町五兵衛後家きぬ稀成長寿ニ而娘婦き寄特成もの之由宿役人共訴出候ニ付相糺候趣太郎左衛門書付差出候間則写入御覧候、右きぬ江相応之御手当婦き江は御褒美被下置候様仕度奉存候、依之申上候　以上
寅十月」
御代官
江川太郎左衛門差出候書付写　柳生主膳正
私御代官所
豆州君沢郡三島宿之内　久保町
五兵衛後家　きぬ　当寅　百歳」
きぬ娘
忠左衛門後家　婦き　当寅六十三歳
右きぬ稀成長寿ニ而娘婦き至而奇特成者之よし宿役人共訴出候ニ付組合宿役人相糺候処、二十六ヶ年以前迄きぬ夫五兵衛并婦き聟忠左衛門共家内四人暮ニ而農業手伝日雇稼等渡世致し至而貧窮相暮候処、忠左衛門儀貞実成者ニは候へ」ども世事にうとく困窮之暮方相続相成兼無拠及離縁、夫より婦きは後家独身ニ而農業之手伝日雇を致し居宅ニ而餅類を商ひ父母を孝養仕親子三人暮ニ而弐十六ヶ年以前父五兵衛儀老衰ニおよひ相煩候節母きぬも老衰ニおよひ、（ママ）ふき壱人ニ而実意ニ介抱いたし薬用は勿論、食物等も心を用五兵衛好候品を困窮之中より種々差」働取調相進め、昼夜附添介抱いたし候得共老病之儀日々相衰病死致し候処、婦き甚愁傷致し朝夕霊前江種々備物等仕如存命心を尽し回向等無怠母きぬを孝養罷在候処、入夫をいたし倶々母孝養致し候様組合親類共申勧候得共、母存念に不叶節は却而妨ニも相成、且困窮之暮方故相続成兼又候熟縁不致候而は却而母之心労相増候」道理ニ而承引難致由申之婦き壱人ニ而罷在候処、婦き儀も段々老年ニ趣殊に病気等之節は母之介抱不行届儀も可有之哉と無拠、駿州原宿同人親類之方ゟ養女いたし母之名を譲き

ぬと名付、寛政元酉年三島宿之内裏町百姓半右衛門悴茂右衛門と申ものを聟養子いたし同三亥年女子出生致し候処、弥増及困窮日々之経営も必至と差詰候躰に罷」成候処、茂右衛門儀何分取続難相成由申之離縁致シ呉候様申之候得共無謂離縁も難相成種々差留候へ共強而離縁相望候ニ付不得止事親類共江も相談之上及離縁、其後養女きぬ里方原宿親類申聞候は困窮之中ニ而きぬ幼少之女子なをを養育いたし、婦きの厄介に相成候得は母孝養之障ニも可相成候間、きぬ猶（ママ）（なを）とも可引取旨申聞候得共左候而は母」も相歎候ニ付孫なをは婦き方ニ而養育いたし養女きぬは親元江差戻し、其後又々婦き壱人ニ相成母を孝養仕候処、孫なをも成人いたし当寅十六歳に相成候由、右婦き夫忠左衛門離縁後壱人ニ而父母江孝行仕父相果候後、母も段々及老衰候処幼少之孫を養育いたしなから老母を至而大切に介抱いたし母は当寅百歳におよひ孫十六歳に相成、其身も」及六十三歳ニ候迄母孫を介抱いたし候儀女之身分ニは甚寄特なるものに御座候段組合宿役人共申之、且近隣之者共をも相糺候処前文之趣及見聞相違無御座候之段一同申立候

右五兵衛後家きぬ稀成長寿ニ而同人娘婦き至而寄特成もの之由宿役人共訴出候ニ付組合宿役人其外近隣之者共迄得と相糺候処、連々及見聞候趣書面之通相違」無御座候段一同申立候、きぬは稀成長寿ニ而娘ふき（ママ）年来孝養仕候始末卑賤之ものニは寄特成儀奉存候、伊豆国之儀は辺鄙之土地柄殊に三島宿は駅場ニ而人気不宜族も多場所御座候処、婦き孝心寄特之程相顕候ハヽ外々江も押移自教諭ニも可罷成儀ニ付相応之御褒美被下置候様仕度此段奉願候　以上

寅十月　　江川太郎左衛門」

（朱書）「同三寅年十月晦日土井大炊頭殿江上ル」

岡田清助御代官所
常陸国筑波郡板橋村外壱ヶ村孝行者之儀申上候書付

書面善十江為御褒美銀三枚父江老養扶持一日米五合宛一生之内被下さよ江為御褒美銀五枚母江老養扶持一日米五合宛一生之内被下候段被仰渡奉承知候

寅十一月十八日　　小笠原和泉守

岡田清助御代官所常陸国筑波郡板橋村百姓善十父江孝行仕、同郡弥左衛門新田百姓庄兵衛娘」さよ母江孝行仕候段村役人共訴出候ニ付相糺候趣清助書付差出候間

則写入御覧候、右之者共江相応之御褒美被下置候様仕
度奉存候、依之申上候　以上
寅十月」
御代官
岡田清助差出候書付写
小笠原和泉守

私御代官所
常州筑波郡板橋村
百姓　善　十　寅三十二歳
持高三石壱斗余

右善十儀数年父江孝行仕寄特成者ニ候段村役人」とも申
出候ニ付手附手代廻村序隣村風聞等為承糺候処、父新右
衛門儀は当寅七十一歳に罷成久々眼病相煩候上拾弐ヶ年
程以前盲目に罷成農業も相成不申候処、忰善十儀生得孝
心者ニ而村内半季奉公致なから纔之田地を耕作仕至而困
窮に候得共、年来孝心を尽し父を養ひ朝は未明ゟ起飯を
焚父之目覚次第食事を致させ、盲目ニ」つき火之用心不
宜候間、木之根節等之堅キ所を不断心懸貯置、木之根江
火を付置茶釜之下江埋置何時食事致候共あたゝまり居候
様仕、其外終日之儀心付夫より奉公先江罷越相勤、及暮
罷帰又父望之品有之候得は夫々拵給させ宿に居候日も前
断之通仕、農業に罷出其外日雇に罷出候節も右同断仕夏
に向ひ候得は夜分は」父之側に臥り終夜蚊を追候手段仕、
格別炎暑之節は村内之木陰などへ連参夜半過迄も涼ませ
暑を不受様仕、自分は伴てんを着父江は単物麻布を着せ、
冬ニ成候得は自分は寒中ニ而も袷壱ツにて罷在父江は綿
入又は袷等を重ね為着夜分も古綿入等取集寒気に不当様
手当仕為休自分は立之侭ニ而臥り候由、右躰孝心之次第
近村々ニ而」も及承罷在候、既に去ル未年半季奉公致し
罷在なから父願ニ付主人江暫之暇を願給金其外日雇賃前
借他借等仕路用を支度致し日光ゟ信州善光寺江懸ヶ父新
右衛門連参り、山坂難所之場所は勿論草臥候節は時々背
負候而参詣為仕無滞罷帰候由誠昼夜遠路之道中父をいた
わり心を尽し候次第、逸々言語ニも難述よし村」役人并
村内之者共申之候ニ付、親新右衛門忰善十江も一通相尋
候処新右衛門は盲目ニ罷成候而ゟ働も不相叶万事不自由
ニは候得共忰介抱行届候ゆへ心に不相叶儀も無之由、善
十儀は如何様ニも孝行仕度候得共困窮ゆへ父之手当行届
不申残念に候旨申之候、且又善十儀最早三十歳余に相成
未無妻ニ而罷在候に付、村役人共江相尋候処兼々村役人
其外近所之」もの等世話仕候得共妻を引入若父之気に不
応時は不孝に相当、其上出生等出来候而ハ追々厄介多に

相成却而父之手当も不行届様成行候ニ付、父存命之内は無妻ニ而罷在度旨申之得心不仕旨申之候

同国同郡弥左衛門新田
百姓庄兵衛娘
さ　よ　寅五十九歳」

持高八石七斗余

右さよ儀母はな江孝行仕寄特なる者ニ候段村役人共申出候ニ付、是又手附手代廻村序近村風聞等為承糺候処、母はな儀は当寅八十六歳に罷成夫庄兵衛は年久敷以前相果後家暮ニ而罷在、生得我侭ものにて娘さよ江聟を取候而も気ニ入不申両人離縁いたし、其後下総国相馬郡辺ゟ勝右衛門と申聟を取此者女子壱人出生成長仕聟を取」相続仕候得共勝右衛門儀は気に入不申、乍去最早離縁も難相成無拠同人儀は親元江罷越別段渡世致し罷在勝右衛門聟丈七儀庄兵衛と改名仕百姓株譲請、此者ははな孫聟ニ而気に応し当時家内六人暮ニ而罷在候処、さよ右躰我侭なる老母を至而孝行仕、尤困窮ゆへ自分は夏は単物一衣冬綿入壱ツ袷等にて罷在、母は一躰奇麗好に」て時々洗濯等いたし着替させ不申候而は気に入不申候間、困窮ながらも夏冬とも夫々に着替等用意仕置時々洗濯いたし着替させ候由、依之家内之者共一同さよ孝心を見習平日はなを大切に致し定り候食事之外餅米こかし水飴菓子之類を好候間、困窮之身分ニ而平日餅米を不絶様調置右粉かしを致し給させ菓子も所ニ而出来候」は嫌ひ候ニ付、弐里余相隔り候仙台領龍ヶ崎町まて時々さよ自身に罷越調へ給させ都而望に任セ夫より遠方迄も罷越調へ参為給候由、去ル亥年初夏之頃筝（筍）を給度由申之候ニ付未時節早く何方にも有之間敷候間今少し相待候様申聞候而も小児同様に罷成得心不仕候間、無拠さよ儀近辺弐三里四方走歩行相尋候得共未時節早く何方ニも」筝出候藪無之無是非帰り懸ヶ利根川筋下総国取手と申渡場江懸り暫船待いたし候内、前書之趣渡守江物語致し罷在候を水戸殿国元へ交代之家中通り懸り、さよ物語之趣を承り寄特者と存候哉側江呼、猶又平日養方等委敷承り居村名前迄も逸々相尋感心いたし候躰ニ而幸江戸表より持参之筝壱本遣可申間、早く持」帰り給させ候様申之家来に申付菰包之内より壱本取出し相渡候ニ付途中差急き罷帰母はな家内之もの共江も右之趣申聞、早速好之通いたし為給候由、右家中名前は不承旨村役人共申之候ニ付さよ庄兵衛をも一通り相尋候処村役人共申立候通相違無御座候

右之者共村役人共申立候趣を以相糺候処、書面之通」御座
候間可罷成儀ニ御座候ハヽ、支配所村々響キにも罷成可申ニ
付、右両人江相応之被下物御座候様仕度奉存候、依之申上
候　以上
寅九月　　岡田清助」

（朱書）「同三寅年十一月十八日松平伊豆守殿江上ル」

松平越中守御預り所
越後国蒲原郡関妻新村外壱ヶ村
孝行者之儀申上候書付

書面権兵衛江為御褒美銀五枚母江老養扶持
一日米五合宛一生之内被下角蔵江為御褒美銀七枚
被下候旨被仰渡奉承知候
寅十一月十八日　　小笠原和泉守

松平越中守御預り所越後国蒲原郡関妻新村百姓権兵衛
母江孝行仕、同郡上今泉村百姓角蔵」継母江孝行仕候
段村役人共申立候ニ付相糺候趣御預所役人書付差出候
間則写入御覧候、可罷成儀ニ御座候ハヽ、相応之御褒美
被下置候様仕度奉存候、依之申上候　以上
寅十一月

松平越中守御預り所役人差出候書付写
小笠原和泉守

覚

松平越中守御預所
越後国蒲原郡関妻新村
一持高壱斗四升　百姓　権兵衛　当寅四十六歳」

右権兵衛儀貞実成者ニ而孝心之趣相聞候ニ付村役人共江
様子相尋候処、権兵衛儀一躰篤実成生質にて農業も人に
勝れ出精仕、僅之持高ニ候得は受作仕日夜無油断相働御
年貢上納方是迄少も相滞候儀無御座村役人申付は勿論、
相百姓之申聞をも不背常に人と相争ひ候事抔毛頭無御座、
幼年之時父相果母を大切に存し聊母之」心に違候事無御
座、当時老母七十七歳に罷成老衰仕候得は女房諸共朝夕
寝せ起しにも厚くいたわり、夏は涼しき所ニ而暑を凌か
せ冬は衣食居所迄暖か成やうに心を付、素より貧窮者に
候得は老母之食物之麁末なるを物憂く存し親類抔江振舞
に招かれ魚類等出し候得は懐中いたし持帰り、幼少之子
供江隠し候而母給させ又ハ」市中江出少し宛之給物調へ
候而も子供江は曽而見せ不申母江与へ其心を慰め候を第
一に存、貧窮之中なから孝養を尽し候志少も不相止メ且
又家内拾人暮に御座候内男子漸十二歳其余は女子にて農

事も不行届、其外母之兄八十三歳弟七十四歳ニ罷成候右両人之叔父親之代より一家に罷在、父四十年以前相果難渋者ゆへ分家可仕様も無御座及老年に」候得は弥権兵衛厄介に相成居申候処、此両人之者をも母同様厚く養育いたし少も無疎畧誠を尽し介抱致し候も全く母江孝心之厚ゆへ之儀と実に稀成心底村中一同感心仕、人々権兵衛を見真似候様ニと申程之儀ニ御座候旨組合村役人共挙而申出候ニ付、猶又役人差出内実為相糺候処相違無御座孝心寄特之者ニ御座候ニ付、宜御称美筋被」仰付被下候様仕度奉存候

一持高七石三斗

右同断
同国同郡上今泉村
百姓　角　蔵　当寅四十八歳

右角蔵儀貞実成者ニ而継母江孝心之趣相聞候ニ付組合村役人共江様子相尋候処、角蔵儀若年より」両親を大切に存し聊親之心に背候儀無御座孝心之者に御座候処、弐十年以前母病死いたし候得は深く相歎き罷在、其後父後妻を迎候処実母に再ひ見候心地之由を申甚相歓継母を大切ニ存孝養いたし候、然るに父三ヶ年以前相果候得は猶更壱人之継母に事へ孝養怠なく、右継母儀当年五十五歳に罷成行歩不叶ニ而農業等は勿論」其身不自由成ゆへ別而いたわり、食物之外楽み無之を察し野菜等売に出候節飴菓子又は魚類抔相調へ罷帰給させ候而徒然を慰め、貧窮ものゆへ日々粮飯のミに御座候処、鍋之中ニ而粮少キ所取分ヶ母江給させ角蔵并妻子供ハ粮多キ所計を給候様に致し真実に孝養を尽し申候、角蔵右之通に御座候得は女房并悴十七」歳娘十五歳に相成候此者共も角蔵同様右継母を厚くいたわり孝養致し候も全く角蔵孝心厚きゆへ家内之者子供迄も右之通ニ御座候事と村中は不及申近村迄も挙而称誉仕候旨組合村役人共申出候ニ付、役人差出猶又内実為相糺候処相違無御座孝心奇特之者ニ御座候間、宜御称美筋被　仰付被下候様仕度奉存候、依之此段申上候」以上

寅十一月

松平越中守家来
内田孫兵衛

（朱書）
「同三寅年十二月十七日牧野備前守殿江上ル」

山口鉄五郎支配所
野州河内郡下石那田村長寿者并
孝行者之儀申上候書付

書面与右衛門江為御褒美銀五枚ゑん江

米拾俵并老養扶持一日米五合宛一生之内
被下候旨被仰渡奉承知候
卯正月廿八日　　小笠原和泉守

御勘定山口鉄五郎支配所野州河内郡下石那田」村百姓
与右衛門儀母江孝行仕、母ゑん儀は長寿之段及承候ニ
付相糺候趣鉄五郎書付差出候間則写入御覧候、ゑん儀
稀成長寿ニ御座候間可罷成儀ニ御座候ハヽ、ゑん江御手
当被下置、与右衛門江は相応之御褒美被下置候様仕度
奉存候、依之申上候　以上
寅十二月」　　小笠原和泉守

山口鉄五郎差出候書付写

私支配所
野州河内郡下石那田村
百姓与右衛門母　ゑ　ん　当寅百歳」

右ゑん儀宝永四亥年之出生ニ而当寅百歳ニ罷成候旨村役人
共申出候ニ付相糺候処、ゑん一躰無病ニ而居屋敷廻りより
薪草を採麦稗等手杵ニ而搗石臼を挽、家之前に井戸有之水
をも汲農業之節ハ家内之食事等之世話を仕、且又産婦之取
扱ひ功（巧）者に有之殊ニ長寿ゆへ目出度由を申村中は不
及申近村迄も産婦之世話を頼候処、丈夫ニ而深切」に世話
いたし是迄取揚遣し候もの三四十人も有之候由、平日は麻
木綿糸を手業に取いまた眼力も明らかにて自身針江糸を通
し自分并玄孫等之衣類も縫綴候由、忰与右衛門は当寅七十
五歳に罷成、孫源左衛門夫婦は相果、曽孫娘江聟養子仕玄
孫男子壱人女子壱人有之家内六人罷在与右衛門儀も是又丈
夫ニ而専農業仕、一躰孝心之」者ニ而宮寺江母参詣之節其
外いつれ江罷越候節も附添罷越、平日ニも母之機嫌に不逆
前書麦搗食事拵等は母に為致候ニは不及候得共止させ候て
ハ気に逆ひ候間、かろき杵を拵遣し相手に成気侭に致させ、
井戸水も母之汲候を厭ひ不断遣水之不切様に致し置候ゆへ
自ら母自身ニは汲候儀も無之様に相成、寝起ニも暑寒共心
を用ひ、夏之夜ハ蚊」払ひ冬は火桶江火を入遣し手足を撫
さすり介抱いたし、食物等も好物之品又は珍敷品等心懸ヶ
相調置好候品有之候得は遠方迄も自身罷越相調へ罷帰給さ
せ、生得愛敬之志深く曽孫夫婦之者共も自然と押移、ゑん
儀は勿論与右衛門をも大切に致し家内睦敷相暮候由村役人
共申立候間、忰与右衛門行状之儀近村役人等内糺仕風聞を
も承り候処、与右衛門」至而律儀成ものニ而母を大切に致
し候儀は近郷ニも評判有之何に寄らす気に逆ひ不申、曽孫
娘麦稗等を搗候節、ゑん手伝相搗いたし候処老人之事ゆへ

杵之運ひも遅く曽孫娘壱人ニ而搗候よりハ却而不捗取閙敷節手伝は迷惑之由独言申候を与右衛門承り、娘江は差而異見ヶ間敷は不申自身に相搗致し母之杵之拍子ニ合せ重き杵を揚居大キ」に骨折相手に成候を、曽孫夫婦見請感得致し其後は曽孫夫婦も右同様に致し母之事ニ付ては何ニ而も物言等いたし候儀無之、朝夕共母之長寿を難有儀之由申慰め村用等ニ而外江出候節は留守中介抱怠りなき様其度毎に申含置、去丑年ゑん煩候節薬用を進め候得共薬を嫌ひ候間給物ニ而薬に成候品可有之哉医師江承り候処極老之儀」に付給物ニ而験を得候様成儀は無之旨申聞、丸薬を呉候間進め候得共是も給不申甚心を痛め介抱致し候内風与蚫を給度由申ニ付、同国宇都宮町に参尋候処、折節蚫無之候間夫より直ニ拾弐里余同国烏山町江参候趣村内百姓商ひ用ニ而宇都宮町江参り居候者之帰りに伝言申遣し夜通し罷越蚫を調へ持帰り給させ夫ゟ快相成候儀有之、其外」右躰之事共折々及見候旨近村役人申聞風聞之趣も与右衛門行状を不誉ものは無之様ニ而居村役人申立之趣符合仕候間、私儀検見序立寄ゑん様子見請候処糸を取罷在、手附手代共も立寄物語仕候得は相応之挨拶仕面躰甚痩皺も多耳も遠く候得共、立居等健なる様子は六七十歳位之様ニ相見稀成長寿ニ而忰与右衛門儀も貧窮之身分ニ而」極老之母を厚く介抱仕候段無相違相聞、辺鄙ニは稀成孝行寄特之儀ニ而近村々教示之助ニも可相成奉存候間可相成儀ニ御座候ハヽ、ゑん江老養御扶持方被下置、与右衛門儀も相応之御褒美被下置候様奉願候、依之此段申上候　以上

寅十一月　　　　　　　　　　山口鉄五郎

（朱書）
「同三寅年十二月十三日牧野備前守殿江上ル」

松平越中守御預所
越後国三島郡尼瀬町奇特者御褒美差遣候儀ニ付
申上候書付

御届

柳生主膳正
小笠原和泉守
河尻甚五郎
岡松八右衛門
金沢瀬兵衛
村垣左太夫
松山惣右衛門」

松平越中守御預所
越後国三島郡尼瀬町
百姓　市郎左衛門　当寅六十四歳

右市郎左衛門儀油蝋燭之類商売いたし并廻船方渡世之者

ニ御座候処、一躰行状宜敷其上用悪水路村役普請等之儀居村は勿論他村迄も深切ニ世話いたし、天明三卯年凶作後町方困窮いたし候者」とも救之ため右尼瀬町地続勝見村地内に田反別壱反歩余之場所水掛不宜旱損ニ而荒地同様之場所に有之候処、字あらやと申処に沢水有之右沢縁江堤築立旱損所江引取候様用水普請相企窮民共を相集メ土運等之人足に相頼ミ一日壱人米壱升銭五拾文ツヽ与之候而、都合米三拾石余銭百九拾五貫文余人足賃之名目ニ而実は窮民を相」救殊に右水懸も出来候ニ付、年々旱損之場所用水潤沢ニ而其以来は旱損も無之段全く窮民救之ため存付候儀ニ候得共、常々作方并用悪水路等之儀も厚く心を用ひ候故右躰之普請も出来候儀ニ而差働も有之候致方に有之、尤市郎左衛門儀格別手厚きものニも無之候得共御年貢納方差支候者江八年々米金等貸遣し村役人江も不申立合力致し」遣し万事名聞に不拘都而実意に取計、第一御年貢上納之儀を重し其上孝心ニ而平生両親を大切にいたし子孫江も常々教訓いたし候ニ付自然と家内之風儀も宜敷郷中見習之ためニも可然奇特之者ニ付、相応之御褒美被下置候様御預所役人申立候ニ付評議仕是迄類例見合為御褒美銀三枚荒地起返為御手当御貸附利金」之内ゟ差遣申候、依之此段申上置候　以上

寅十二月

野州上川崎村はつ行状書

山口鉄五郎支配所
野州足利郡上川崎村
百姓逸八後家　はつ　卯三十二歳」

右之者本庄式部少輔領分野州梁田郡百頭村名主権右衛門娘ニ而寛政八辰年弐十歳之節逸八女房に成、其節はちよと申候処姑之名前を譲請はつと改舅勘右衛門姑共四人暮ニ而田畑高三石余所持致し逸八は大工稼いたし相暮、翌巳年男子出生勘弥と名付舅姑も悦罷在候処、同年夏ゟ逸八労症ニ而相煩種々薬用いたし候得共快無之、同十二月重病之節」迚も全快致間敷候間、若相果候ハヽはつ親元は名主をも勤候家ニ付宜所江縁付も相成可申ニ付、親元江帰り他江縁付候様逸八申聞候処夫之家如何程困窮ニ候共他江縁付候儀は不致、舅姑之差図に任せ百姓株潰不申様致度旨相答無程逸八相果、日数も相立候間相応之人夫養子いたし可然旨親類等存寄ニ候処、勘右衛門片意地なる生質に而嫡孫勘弥を」相続人に相立候旨申張はつも入

夫之望無之、若き身分ニ而髪形ニも搆ひ不申田畑之耕作日雇洗濯雇木綿賃織等致し昼夜辛労いたし相暮、去ル酉年勘弥五歳に相成最早乳も給不申手を離候而も差支無之候間、はつは他江縁付候様勘右衛門申聞候処夫之末期に申聞候儀も有之殊に舅姑段々年寄介抱人無之候而は差支可申ニ付他江縁付は不致旨申聞、弥舅」姑を大切にいたし候処、同年勘右衛門中風之症にて手足不相叶姑は持病之痰癪ニ而相煩持病発り不申節も縫物は勿論農事之働も致し不申、はつ壱人之稼ニ而医師之薬代衣類食物等不自由無之やう致し、勘右衛門は病苦故老耄いたし三度之食時(マヽ)も忘れ昼寝致し眼覚候節又は夜分眼之覚候節を朝食時と存し幾度も食事いたし候を太儀之躰」も無之心能拵為給、平日麪類好物ニ而夜分抔風与望候節も有之候ニ付兼而心懸置急に拵為給、勘右衛門は大工ニ而手足不相立様相成候而も普請場等に参り見候事を好候故日々之様に背負参り気をなぐさめ何にても好候儀を差押候儀無之薬用介抱いたし候得共しるしも無之、去々丑年別而大病に成医師も断候様に相成村内薬師江命乞之立願致し病人眠候内、寒」中水をあひ素足ニ而毎夜参り直に帰り昼夜側を離れ不申大小用も居なからいたし候を其度々取替遣し洗すゝきも無油断致し懇に看病致し候得共不相叶、去々丑十二月廿八日七十七歳ニ而相果、右病中姑も持病ニ而折々煩候をも介抱疎なく致し候処、右打続之不幸故姑も去春積気強差発何に寄らす気短に成無筋之事共申聞候而も一向逆ひ不申姑に」立腹為致仕候儀近所之者承り候儀無之、右両人永々之病中昼夜眠候儀無之程ニ丹誠致し、且勘右衛門存生之節悴勘弥を相続人に可相立旨申置候処、祖父父無之故育柄不宜よし諸人に侮られ候而は家之相続も成兼候旨申諸事素直に育候ゆへ村内之子供よりは柔和ニ有之、当年十一歳に相成候間手習等も為致親類縁者村内百姓之突合も争候儀無之御」年貢米金触日限無滞相納誠に丹誠成儀ニ而夫相果候後困窮之中ニ而舅姑永之病中貞節を崩し不申孝行致し舅相果、姑之病気も募り気短に成候をさからひ不申孝行を尽し候

一　去寅十一月六日夜懸鉄又はしんさし等ニ而口々〆りいたし姑は勘弥と一同臥り、はつは一間之内押入之方江寄臥り罷在候処、同夜八時頃盗賊立入候物音を姑承」り声立候ニ付目覚可起出といたし候節、はつ臥居候夜着之両袖を盗賊両人ニ而押居動し不申声立候ハヽ可切殺旨申立候故怖敷存罷在候処、婆々を殺候様盗賊申候故、姑に怪

我為致候而は難相済、縦はつは殺害に逢候共姑之危難見捨かたく存、押居候夜着ゟ裸之侭無躰に抜出誰共不覚盗賊之後ロゟ組付候処、両人之盗賊は逃去、押居候盗賊も可逃出と致候」得共駐と組附居候ゆへ脇差ニ而所々手疵被為負候へ共手を放し不申頻に声立揉合、裏ロゟ拾間計隔候所迄被引出候内忰勘弥儀隣家江参り呼立候ゆへ隣家金五左衛門勘左衛門両人罷越捕押盗賊に被為負候疵所右之肩切疵長四寸五分左肩同四寸脇之下同四寸五分程有之、其外所々突疵又はかすり疵等七ヶ所都合疵所拾ヶ所有之、追々平愈《(ママ)》いた」し候得共、左ニ之腕は深疵ニ而屈伸難相成候

右之通行状ニ付左之通御褒美被下置候

野州足利郡上川崎村
百姓逸八後家　は　津

一　右はつ儀数年貞節を守り舅姑に孝行を尽し其上此度姑をかこひ盗賊をとり押候始末女之身分にて健気之仕形ニ付為御褒美所持之田畑永代」被下年貢諸役免除之上、金五拾両被下之候旨文化四卯年三月廿八日土井大炊頭殿御下知ニ御座候」

（朱書）
「同四卯年四月廿七日牧野備前守殿江上ル」

前沢藤十郎御代官所
越後国奇特者御褒美之儀相伺候書付

書面伺之通三人共銀拾枚ツヽ被下
嘉左衛門儀は其身一代帯刀
御免利助儀は子孫迄苗字相名乗候様
可申渡旨被仰渡奉承知候

卯六月十七日

柳生主膳正
小笠原和泉守
河尻甚五郎
岡松八右衛門
金沢瀬兵衛
村垣左太夫
松山惣右衛門

前沢藤十郎御代官所越後国蒲原岩船両郡」百姓奇特者御褒美之儀ニ付取調候趣左ニ申上候

前沢藤十郎御代官所
越後国蒲原郡水原村
庄屋　熊倉嘉左衛門

一　出穀籾五百俵　但五斗入
　此石弐百五拾石
差出金五拾両

右同人当分御預り所
同国岩船郡下関村
庄屋　渡辺三左衛門」

一　出穀籾千俵　但五斗入
　此石五百石
差出金弐百両

右同断
同国同郡同村

一　出穀籾千俵　但五斗入

一　　　　　　　　　　　　　　　　　　百姓　利　助
此石五百石
差出金弐百両

右三人之者申合藤十郎御代官所越後国村々凶作急難等之節為手当書面之籾差出、嘉左衛門三左衛門両人居屋敷内江囲蔵補理右出穀詰置更痛欠減償并右囲蔵修復等之節は右三人ニ而引請可取計心懸ニ候得共、追々年数相立子孫ニ至心得違之者も可有之哉」も難計、左候而は右三人之者共存念も空敷相成ニ付向後右囲籾永続之ため前書之金、藤十郎陣屋江差出同国最寄御料私領村々江貸附ニいたし置、右利金を以籾詰替之節欠減償其外蔵修復等之入用ニ差加度旨申聞、右三人何れも質素実躰成もの共ニ而兼而村々相続方之儀取計、猶又書面之通籾金差出候段寄特之儀ニ而」郡中之響ニも罷成候間格別之御褒美御座候様仕度藤十郎申立候ニ付、支配向之者御用序風聞等為相糺候処前書嘉左衛門養祖父伴次儀庄屋役相勤候節奇特之取計有之、天明六午年苗字は子孫迄其身一代帯刀　御免被　仰付養父兵次儀も庄屋役出精相勤、郡中風儀も相直候ニ付享和元酉年為御褒美銀三枚被下置候ものに有」之、嘉左衛門儀も引続庄屋役相勤村内公事出入等も無之郡中取締方厚心懸諸事実意ニ取計候もの之由、三左衛門儀は養父三左衛門奇特之取計有之、寛政十午年苗字永々　御免并御褒美銀拾枚被下置、当三左衛門も引続庄屋役相勤窮民救方等厚心懸一躰岩船郡之儀は山中ニ而困窮村方ニ有之候処、困窮之者江は夫々合力いたし」遣其上前書之籾金等差出し永久之備ニ相成村方安堵いたし候趣、利助儀も寄特之取計有之寛政十午年御褒美として銀三枚被下置候処、其後も村内救方厚く心懸、山中困難之村々ニ而出生之小児をまひき候仕癖有之候を相歎キ近郷極難ニ而小児三人以上有之もの江は小児拾歳ニ相成候迄養育米等遣候趣風聞及承候段申聞、其上三人共前書之」通村々後年迄之為手当籾金差出候奇特之儀ニ而一通之上ヶ金等仕候者とハ訳も違候間三人とも為御褒美銀拾枚宛被下置、嘉左衛門三左衛門儀は是まて苗字　御免之者ニも御座候間両人共其身一代帯刀　御免、利助儀は子孫迄苗字　御免被仰付候方ニ可有御座候哉ニ奉存候、此段奉伺候　以上

卯四月」

（朱書）
「同四卯年四月十二日牧野備前守殿江上ル」

野田源五郎御代官所
下野国都賀郡板荷村孝行者之儀申上候書付
書面源八江為御褒美銀拾枚被下母江

老養扶持一日米五合宛一生之内被下候旨被
仰渡奉承知候
卯五月九日　小笠原和泉守

野田源五郎御代官所下野国都賀郡板荷村百姓源八儀母江孝行仕候段源五郎廻村之節相糺候趣」書付差出候間則写入御覧候、可罷成儀ニ御座候ハヽ、相応之御褒美被下置候様仕度奉存候、依之申上候　以上

卯四月　小笠原和泉守

御代官
野田源五郎差出候書付写

野州都賀郡板荷村
百姓　源八　当卯四十一歳
同人母　みゐ　当卯　七十歳」

去秋野州村々手余地之場所起返方糺として私儀廻村仕候節、同国都賀郡板荷村荒地場所江罷越候処字上村新田と唱候荒地之内ニ藁葺之小屋壱軒、右廻り凡四五反歩程も切起作付候畑有之、前後人家江は道法弐十町余も隔り候間案内に罷出候村役人江相尋候処、源八と申百姓ニ而当年四十一歳に相成、七十歳に相成候盲目之老母壱人有之候処、源八」儀至而孝心寄特成者ニ而殊に幼年之時分ゟ是迄種々艱難仕候儀有之、一躰同人六七歳之砌親権平并母みゐ眼病にて両人共盲目に相成候処、権平儀は盲候後も仕馴候草履草鞋等作り売代替壱人之夫食程は相稼候得共家内之扶助は不行届候ニ付源八儀妹かん一同母之手を引村内を袖乞同様に致し日々食物等貰請飢を凌、十五六歳ゟ少々之賃銭」にて耕作之手伝致し馴、十八九歳ゟは押張作日雇稼ニ而家内扶助致し罷在候内少々所持之田畑も不残荒地に相成、弐十歳之節父権平は相果、母并妹共家内三人に相成候処、段々老候母を指置日々家をはなれ日雇稼等致し候を心憂く存、稼之余業に居宅廻り之畑地追々切起し候内、妹かん儀は年頃ニも相成候間隣村小来川村平吉方江縁」付、夫より全壱人之精力ニ而当時迄畑地四反歩余切起し耕作仕、其余業ニは村内之日雇相稼候得とも兼而断置、夕方は人並ゟ早く帰宅致し老母之養育不懈、且右躰困窮之中ニも折節は魚物抔も調へ老母江与へ誠に孝心之儀は村内ニ而も一同存罷在候ゆへ、五ヶ年以前去ル亥年少々宛稼貯へ候金子にて古家を買求め母之臥所に致し候趣ニ付、引取方并」屋根等は村内ニ而助合当時漸母之臥所而已は風雨之憂無之親類共迚も困窮之者ゆへ助合候儀も不相成、全躰右上村に弐十余年以前迄ハ百姓六軒有之候処段々死潰離散致し田畑も不残荒地に相成候処、右源八儀は盲目之母養育致し候余精に畑地四反歩余も切起

し、人家を離れ候場所に壱軒相止り殊に老母江養育方等」誠村内一同感心仕候得共、手余地多く困窮之村方ゆへ助力も難仕段申之候間、源八呼寄相尋候処、一躰人家江隔り候場所故老母之養方万事不自由ニは候得共、住馴候土地ゆへ何卒生涯住居仕度段老母之願ニ而源八儀も出生之土地を離れ候儀歎敷存候間、精力を以漸居宅廻り之畑地四反歩余切起し少々宛手作仕、其間々ニは村内作日雇等」相稼可成に当日を送り候而已ニ而老母之養育不行届是のミ歎敷段申之、全躰板荷村之儀は手余荒地多く連々退転仕候者御座候、既に右上村新田も弐拾余年以前迄は百姓六軒有之候得共段々退転致し、当時は右源八壱軒に相成前後人家江は余程隔り候場所に候処、出生之土地相離れ候を歎ヶ敷存年来荒果候畑地四反歩余壱人之」精力を以起返し、其上極困窮之中ニ而盲目之母養育いたし候躰誠幼少之砌ゟ志を不変稀成孝心寄特者ニ而右躰之者は外百姓之教諭之導ニも相成候間、相当之御褒美被下置候様仕度奉存候、依之右之段申上候　以上

卯三月　　　野田源五郎」

（朱書）
「同四卯年六月廿四日土井大炊頭殿江上ル」

浅草御蔵手代
孝行者之儀ニ付申上候書付　　　柳生主膳正

浅草御蔵手代犬塚祐蔵両親江孝行仕候段及承候ニ付相糺候趣御蔵奉行書付差出候間則」写入御覧候、祐蔵儀御家人之儀故忠孝可相励儀は勿論之事ニ候得共可罷成儀ニ御座候ハヽ、相応之御称美御沙汰御座候様仕度段申上候処、文化四卯年十一月十四日右之もの父母江孝心を尽し候趣相聞、寄特之事ニ候、誉置候様可致旨被仰渡同日御普請役被　仰付勤候内御足扶持被下候旨土井大炊頭殿御書付を以被仰渡候　以上」

卯六月」

御蔵奉行差出候書付写　　　柳生主膳正

浅草御蔵手代
犬塚祐蔵　卯四十二歳

右祐蔵儀文化元子年四月火消同心ゟ御蔵手代」被　仰付当卯年迄四ヶ年相勤申候、然ル処此者儀両親江孝心之志厚く父権之丞八十五歳母勝八十三歳ニ罷成極老に御座候得は、

小児之如くねたりヶ間敷事とも申聞候而も望之侭に致し殊に常躰相成かたき儀は平生夜中寝飽キ目覚メ候得は早速枕元江参り附居伽いたし老心を慰め其夜を退屈なく凌候様致し申候、既ニ去三月類焼致し候」節同勤伊藤亀五郎方江暫同居仕罷在候内、右之始末ども亀五郎儀も見請寄特成儀感心致し候之旨物語仕候、其外給物等好ミ候節は昼夜之厭なく早速自身相調給させ何事によらす安悦致し候事而已心懸ヶ以前火消同心相勤候節、火事場江罷出候儀両親甚案し苦労ニ存候ゆへ右之憂無之御場所願居候処、火消役八木十三郎組之節」御蔵手代江御抱替被　仰付候以来、御奉公聊無懈怠出精相勤仲ヶ間共江も礼節を尽し御役勤方等入念問合御奉公向大切に心懸申候、勿論酒宴遊興等都而猥ヶ間敷事共致し不申父母并妻共家内四人ニ而至而睦敷家事取締宜日々御役所相済罷帰候節、外用事有之候而も帰り懸ヶ相弁候儀不致早速宿元江罷帰、先ツ両親之安否を相尋」候之上外用事相達申候、去三月居宅類焼仕候其節之始末家財等之厭ひ無之唯両親介抱而已ニ掛り背負立退き心尽し致し申候、右行状之趣御蔵手代仲ヶ間共一同相感常々咄合も仕候趣ども疾より承及ひ寄特之事ニ奉存居何卒右孝養之始末御聴ニも入置申度奉存居候得共、右祐蔵儀御蔵手代罷成候而年数も相立不申儀故見合弥行」跡之儀心附罷在候処、此度祐蔵組合御蔵手代与頭并重手代共より書面を以申聞候、依之惣手代与頭手代共江も猶又相糺候処、組合之者共より申立候趣少も相違無御座段連印書付を以申聞候、右孝心之行状御聴ニ入置申度此段申上候、可罷成儀ニ御座候ハヽ格別之御評議を以被仰立老躰之双親存生之内相応之御賞誉御座候様仕度奉存候、左候得は」支配向忰共一統之教戒ニも可罷成奉存候ニ付、此段同役共一統奉願候　以上

卯六月

杉嶋彦五郎
杉原四郎兵衛
天野藤内
蜂屋十郎右衛門
川窪七郎右衛門
玉井藤右衛門
牛窪直右衛門
高柳久米蔵
毛呂源五右衛門
高田伴之丞」

（朱書）
「同四卯年八月十日牧野備前守殿江上ル」

中村八太夫御代官所
甲州巨摩郡新倉村孝行者之儀申上候書付

書面玉右衛門江為御褒美銀五枚被下母江老養

扶持一日米五合宛一生之内被下、玉右衛門儀七十
歳以上ニ而極老迄孝心之段寄特成儀ニ而困窮之者
ニ付別段為御手当金五両被下候段被仰渡奉承知候
卯九月十一日　柳生主膳正

中村八太夫御代官所甲州巨摩郡新倉村百姓定七養父玉
右衛門儀母江孝行仕候旨及承候ニ付」相糺候趣八太夫
書付差出候間則写入御覧候、可罷成儀ニ御座候ハヽ相
応之御褒美被下置候様仕度奉存候、依之申上候　以上
卯七月」　柳生主膳正

御代官
中村八太夫差出候書付写

私御代官所
甲州巨摩郡新倉村
百姓定七養父　玉右衛門　当卯七十四歳」
右玉右衛門母　ちよ　当卯九十四歳

右玉右衛門儀孝心之趣風聞有之候ニ付寄々相糺候処、山畑
高七斗余所持致し農業渡世罷在同人父親市五郎儀四十壱ヶ
年以前百姓株玉右衛門江相譲隠居致し、女房ちよ一同玉右
衛門手前に罷在候、然ル処市五郎ちよ共一躰気質」六ヶ敷
玉右衛門両度迄女房呼迎、夫婦中ハ睦敷候得共何れも両親
之気に相叶不申様子見請夫々及離縁其後親類并懇意之者再
縁相勧候得共独身ニ而罷在候方両親之気も不痛儀ニ付再縁
之儀は思ひ絶候旨挨拶いたし、四十三歳之節より独身と罷
成都而両親之心意に相叶候様孝養相尽し罷在候処、父市五
郎儀追々老衰致」し母ちよ介抱まてニ而は不行届候ニ付、
玉右衛門昼夜側に罷在寝起之世話其外万事大切ニ取扱候間
自然と農業手廻り兼候ニ付玉右衛門甥定七と申もの拾四ヶ
年以前養子に貰請、身上相譲両親之養育にのミ打懸り罷在
候処父市五郎儀四ヶ年以前急病ニ而相果、母ちよ儀は七ヶ
年以来老病相煩歩行も難相成、依之医師相招服」薬為致度
種々致心労候得共困窮之上極山中之村方ニ而行届不申儀を
相歎、老母江は養子定七を附置風雨之節も聊不相厭度々里
江罷出薬相求メ給させ、其上一両年以前は老病ゆへ敷ちよ
儀小児之如く相成食事等も時刻を不定相好候処及深夜候共
煩敷も不存早速給物拵候而相進め、寒夜之節は囲炉裏之傍
江連参り終夜」少も無怠焚火いたし為相凌、尤病気付歩行
不相叶様罷成候而七ヶ年之間二便共人手ニ不相懸玉右衛門
自身ニ世話いたし着類等も時々洗そゝき遣し、其身も次第
に及老年に歩行も心侭に相成不申候得共母之看病ニは少も
等閑候儀無之、扨又養子定七儀も玉右衛門ともにちよを大
切に取扱農業出精いたし候」得共一躰困窮ものニ而漸其日

を相送り罷在老母江孝養行届不申儀を両人共相歎、玉右衛門年来孝心相尽し候段相違無之旨村内并隣村迄も沙汰仕候儀ニ御座候、一躰新倉村之儀は西川内領早川入と相唱極山中ニ而頑愚之もの共多人情も薄く相見候中、右躰其身及老年ニ候迄至孝之致し方神妙之儀ニ而郡中人気之響ニ」も罷成候間、可相成儀ニ御座候ハヽ、相応之御褒美被下置候様仕度奉存候、依之此段申上候　以上

卯六月　　　　中村八太夫

（朱書）「同四卯年十二月四日牧野備前守殿江上ル」

羽倉権九郎御代官所豊後国
寄特者江御褒美差遣候儀ニ付申上候書付

御届

柳生主膳正
小笠原和泉守
岡松八右衛門
金沢瀬兵衛
松山惣右衛門
梶野平九郎
荻原弥五兵衛

羽倉権九郎御代官所豊後国日田郡之儀」一躰山坂難所多雨天之砌牛馬之足も立兼候場所有之人馬共ニ至而難儀ニ有之候処、同郡中城村之内藤右衛門と申者身元相応ニ而酒造等商売いたし候者ニ有之近村所々手軽之石橋自分入用を以追々七ヶ所懸渡し往来之者助ニ相成、右地元村々ニ而は手入等ニも不及様」相成、其後享和二戌年以来同郡石井村安左衛門豆田町勘助と申者常々近辺不如意之者江は手当等いたし遣奇特之者共ニ御座候処、日田郡之内拾弐ヶ村高瀬筋と唱限川之南縁川添村々ニ而筑後国久留米領江懸り関村川向ゟ渡越長崎御廻米附出之村々ニ御座候処、」多分山添川岸をつたひ通路いたし来聊之水ニも押開往来差支難儀仕候処、右両人之者存立ニ而右之道筋岩石を切取セ新道附替山之中服（ママ）岩穴堀抜其外新規ニ石橋等補理出水之節も御廻米附出通行無差支様ニ相成、右入用之儀前文安左衛門勘助両人初其外身元相応之者弐拾四人ニ而都合銀三拾五貫四百目余差出普請仕候ニ付権九郎御用序右場所見廻候処、安左衛門勘助儀は別而出情（ママ）仕全ク名聞之様子ニ無之往来之者并牛馬助之ために仕候趣ニ有之寄特之儀ニ付、近郷響ニも罷成候間右両人江相応之御褒美被下置」其余弐拾弐人之者共も誉置候様仕度段申立候ニ付取調候処書面之趣は寄特之筋ニ相聞、尤権九郎申立候は安左衛門勘助重立取計候儀ニ付両人江御褒美被下置其外之者共は誉置候様仕度由ニ候得共一躰は弐拾四人申合出銀等仕候上は銀高之多少ニ不拘寄特之志は同

様ニ相聞」気請ニも拘り可申儀ニ付類例見合安左衛門勘助江為御褒美銀五枚宛其余弐拾弐人之者江銀壱枚宛都合弐拾弐枚荒地起返御手当御貸附利金之内ニ而差遣候付此段申上候　以上

卯十一月

（朱書）
「同五辰年四月四日牧野備前守殿江上ル」

塩谷大四郎御代官所
丹後国竹藤村奇特者御褒美之儀相伺候書付
書面伺之通半左衛門惣七江為御褒美
銀壱枚宛被下置候旨被仰渡奉承知候
辰四月十二日

柳生主膳正
小笠原和泉守
岡松八右衛門
金沢瀬兵衛
松山惣右衛門
梶野平九郎
荻原弥五兵衛

塩谷大四郎御代官所丹後国熊野郡竹藤村」奇特者御褒美之儀申立候趣取調左ニ申上候

塩谷大四郎御代官所
丹後国熊野郡竹藤村
年寄　半左衛門　辰七十九歳

右之者儀親代ゟ引続年寄役相勤親半左衛門儀ハ三拾ヶ年余役儀相勤老衰ニ付退役仕、役之儀当」半左衛門江村中ゟ相頼宝暦元未年ゟ当辰年迄五十八ヶ年相勤申候

同人御代官所
同村　百姓代　惣　七　辰七十一歳

右之者儀親代ゟ引続百姓代相勤親惣七儀は四十ヶ年余役儀相勤老衰ニ付退役仕、跡役之儀当惣七江」村中ゟ相頼明和二酉年ゟ当辰年迄四十四ヶ年相勤申候

右之者共儀前書之通数年役儀相勤一躰篤実なるもの共ニ而村方世話等も行届、小前一同帰服仕百姓ども農業出精致し年来公事出入も無之村内取締方宜敷一統和融いたし御年貢差滞候儀無御座、及老年候迄年久敷役儀相勤候段奇特成者ニ御座候間相応之」御褒美被下置候様仕度旨大四郎申聞候、依之評議仕候処数年役儀を大切ニ相勤万事正路ニ取計村内之儀厚く世話いたし候段奇特成もの共ニ有之、外村々役儀相勤候もの励之ためにも可罷成儀ニ御座候間為御褒美右両人之もの江銀壱枚宛被下置候方ニも可有御座候哉奉伺候
以上

辰四月」

（朱書）「同五辰年四月六日牧野備前守殿江上ル」
荻原弥五兵衛元御代官所
下総国岡田郡国生村奇特者御褒美之儀ニ付相伺候書付
書面伺之通為御褒美銀五枚
被下置候旨被仰渡奉承知候
辰四月十二日
柳生主膳正
小笠原和泉守
岡松八右衛門
金沢瀬兵衛
松山惣右衛門
梶野平九郎

荻原弥五兵衛元御代官所下総国岡田郡」国生村奇特者御褒美之儀申立候ニ付取調候趣左ニ申上候

下総国岡田郡
国生村名主　繁　八　辰三十七歳

右弥五兵衛元御代官下総国岡田郡国生村外弐ヶ村豊田郡若村之儀拾ヶ年以前連々困」窮相募潰百姓夥敷手余荒地出来退転ニも可及相見候ニ付、去ル午年同人勘弁之上荒地起返村柄立直方仕法相伺、其砌御下金も有之候処、右繁八儀村内取締方宜敷小前一同帰服仕実躰成者ニ付入百姓引入方并夫食家作農具代其外米金渡方之儀為取扱候処、去卯迄拾ヶ年之間諸事明白正路ニ世話仕其上越後国江度々罷越農」業出精可仕ものを相撰、入百姓都合四拾軒余引入れ既ニ右四ヶ村ニは漸家数弐軒ニ相成候村方も有之候処、追々家数相増当時は十七軒ニ相成、其外も右ニ準し村柄も立直り荒地之儀も都合五百四拾七石余起返し、内弐ヶ村ハ去々寅去卯より定免御年貢も相納、前々御取箇に見合候得は米拾九石余金弐両余之増」方に相当外弐箇村之儀も起返し方多分相済候間、此上地馴候に随ひ御収納方之儀も追年相増候積りニ御座候間、右繁八江相応之御褒美被下置候様仕度旨弥五兵衛申立候ニ付評議仕候処、都而関東筋村々之内連々困窮相募り潰百姓多く手余荒地出来捨置候ハヽ、可及退転村方多分有之候趣を以其支配ゝ江追」々御手当として御下金も有之候処、繁八儀ハ右之御趣意厚く相心得前文之通村柄立直方之儀多年心を用ひ骨折取計候趣ニ相聞候間、右之者御称美も御座候ハヽ、外支配之荒地起返し方御手当有之候村々励之ためニも相成可申哉ニ付、右繁八江為御褒美銀五枚被下置候方と奉存候、依之此段奉伺候　以上

辰三月」

（朱書）「同五辰年四月六日牧野備前守殿江上ル」

上杉弾正大弼御預り所羽州二井宿村
寄特者江御褒美之儀相伺候書付
書面六郎兵衛江銀七枚可被下置旨
被仰渡奉承知候
辰四月十二日
柳生主膳正
小笠原和泉守
岡松八右衛門
金沢瀬兵衛
松山惣右衛門
梶野平九郎
荻原弥五兵衛」

上杉弾正大弼御預り所
羽州置賜郡二井宿村
百姓　六郎兵衛

右六郎兵衛儀高百五拾四石余所持いたし家内九人暮ニ而農業いたし罷在、右父六郎兵衛儀天明元丑年山中太郎右衛門支配之節村方凶作之節之為手当籾四斗五升入三百俵出穀いたし候、其」外寄特之取計いたし候趣、其砌太郎右衛門申立候ニ付寄特之段為誉置候処、猶又当六郎兵衛儀金子差加籾買入当時籾四斗五升入五百六拾七俵余出来いたし候ニ付、此後年々右村方作夫食等ニ貸渡欠籾添取立御預役所封印請村方違作等之備ニ仕度段申出候由、一躰六郎兵衛儀」寄特之者ニ而村内焼失家等有之持山も無之者江は材木金子をも差遣仮小屋等為建、其外長病之者又は極困窮之者江は手当等いたし遣シ殊ニ両親江孝心ニ而農業働之事抔毎夜打臥候まて咄し聞セ、又は親類内其外江両親相越候節も召仕ニ不任自身迎ニ罷越」連帰り寒気之節は夫々厚ク手当いたし為相凌七八ヶ年已前父死去いたし候処、父之木像を拵朝夕存生之節之如く敬ひ誠ニ生質篤実之者ニ有之候段近村々之者迄も申伝奇特之者ニ付相応之御褒美被下置候様仕度旨弾正大弼御預所役人申立候」

右之趣弾正大弼御預所役人申聞候間相糺候処格別身分宜と申程之者ニも無之趣ニ御座候処村方救方之為寄特之取計をも仕、其上両親江孝心を尽候趣相違も無之趣ニ相聞候間為御褒美銀五枚も被下置候様仕度、依之此段奉伺候　以上
辰三月」

（朱書）
「同五辰年四月六日牧野備前守殿江上ル」
上杉弾正大弼御預所羽州二井宿村
寄特者江御褒美之儀申上候書付

御届

柳生主膳正
小笠原和泉守
岡松八右衛門
金沢瀬兵衛

松山惣右衛門
梶野平九郎
荻原弥五兵衛」

上杉弾正大弼御預り所
羽州置賜郡二井宿村
百姓　五右衛門

右五右衛門儀高百五拾石余所持仕家内六人暮ニ而農業致し余慶有之身分ニも無之候得共実意之者ニ而村方困窮之者夫食之備ニ籾四斗五升入弐拾俵差出シ別紙を以申上候、同村百姓六郎兵衛」差出籾一同村方江貸渡度段申出寄特之筋ニ御座候間、相応之御褒美御座候様仕度旨弾正大弼御預り所役人申立候
右之通御預り所役人申聞候ニ付取調候処右五右衛門儀身元宜と申程之者ニも不相聞候処、村方為備出穀いたし候段寄」特之筋ニ御座候間、為御褒美荒地起返御手当御貸附利金之内を以銀弐枚差遣申候、依之此段御届申上候　以上

辰三月

（朱書）「同五辰年六月廿日牧野備前守殿江上ル」

瀧川小右衛門御代官所
下総国平川村奇特者御褒美之儀相伺候書付

書面伺之通御褒美可
被下置旨被仰渡奉承知候
辰六月廿八日

柳生主膳正
小笠原和泉守
岡松八右衛門
金沢瀬兵衛
松山惣右衛門
梶野平九郎
荻原弥五兵衛」

瀧川小右衛門御代官所下総国香取郡平川村奇特者御褒美之儀申立候趣取調左ニ申上候

滝川小右衛門御代官所
下総国香取郡平川村
名主半十郎親　半左衛門　辰六十五歳

右半左衛門儀高百石余所持いたし宝暦十辰年」より名主役相勤貞実ニ而差働も有之者ニ付在方風俗取締方申付置候処、段々老年ニ及ひ候に付、享和三亥年名主役は忰半十郎江相譲候得共近郷村々一統帰服いたし罷在候間取締方之儀は引続申付置、当辰年迄都合四拾九ヶ年無懈怠出精相勤、凶作之節は勿論平常とても困窮之もの江は取続方手当等遣」し厚く世話いたし、年来御年貢米金無滞上納いたし居村他村之差別なく何事ニ寄らす出入立可申儀等有之候節は実意ニ取扱世話いたし候ニ付及熟談ニ無益之雑費も不相掛、一躰

右村方之儀は下利根川附水損所ニ而前々荒地も多く極困窮之村方ニ候処、半左衛門儀若年之頃ゟ耕作を相励ミ不精之ものは勧農」之儀申教時々見廻り候故追々荒地も起し返し八ヶ年以前酉年より定免御年貢相納小前一同取続候様罷成候処、一躰身上不如意故存寄通りには村々江助合手当等も不行届段常々相歎罷在候由、右之通数年正路之取計をも仕奇特之ものに付、相応之御褒美被下置候様仕度旨小右衛門申立候間、取調評議仕候処、右は」追々被仰出候御仁恵之趣厚く相心得、前文之通り居村ニ不限最寄村々迄も質素倹約之儀申含農業第一に出精為致困窮之者江は合力等もいたし、村柄立直し御年貢米金納方之儀も外村々ゟは格別捗取候由、右は全く多年心を用ひ骨折取計、猶此上之儀万事心付候趣ニ相聞奇特之儀ニも御座候間、右之者」御称美御座候ハヽ、外村々励之ためニも相成可申哉ニ付、右半左衛門江銀七枚被下置候方ニも可有御座哉ニ奉存候、依之奉伺候

以上

辰六月」

（朱書）
「同五辰年七月三日松平伊豆守殿江上ル」

池田仙九郎御代官所
大和国吉野郡十津川郷出谷村孝行者之儀申上候書付

小笠原和泉守

書面新蔵江為御褒美
銀拾枚被下置候旨被仰渡
奉承知候
辰七月廿四日」

池田仙九郎御代官所大和国吉野郡十津川郷出谷村百姓新蔵母存生之内孝行仕候段及承候ニ付相糺候趣、仙九郎書付差出候間則写入御覧候、可罷成儀御座候ハヽ、右之者江相応之御褒美被下置候様仕度奉存候、依之申上候　以上

辰七月」

小笠原和泉守

御代官
池田仙九郎差出候書付

私御代官所
大和国吉野郡十津川郷
出谷村百姓　新　蔵　辰六十八歳」

右新蔵儀母存生之砌孝行仕候趣及承候ニ付相糺候処、同人儀女房并忰両人共家内四人ニ而高九升程所持いたし平日農業山稼等致し相暮罷在、新蔵儀父ニは幼少之砌相離、母儀は九ヶ年以前病死いたし候由、然ル処母存生之内孝養之趣は一躰困窮もの故諸事不足なき様ニ孝行を尽し候

儀は相成兼候得共農業山稼等ニ」罷出候得は、其度々草花或は草木之実之類持帰又は里方市場江参帰之節は何成共母好物之品を土産ニ相調不申内は自分入用之品は決而求不申、忰共幼少之節ゟ右様ニいたし来り食類其外当座之品ニ而も持帰候得は直ニ母江差出候故母申候ニは幼稚之者は親族なと他行之節、其帰を相待手土産等」を乞望候は皆同様ニ候間先孫共江遣候様折々申之候得共忰共慈愛致間敷とニ而は無之候得共母は老年之儀万一養ひ方等閑ニ成行候而は以之外不宜候間、忰共江は斟酌なく心ニかなひ候品は無遠慮相望候様申之、少ニ而も忰共江は不与母江而已差出、孫共江は母より分遣候様いたし自然と母之心を養ひ」候様心掛他行は勿論日々稼ニ立出候而も其事相済候得は良(ママ 即カ)時ニ罷帰先ツ母之安否を問、暑寒之凌夜具蚊帳ニ至迄も貧窮故自分夫婦忰共は物毎不足ニいたし母之品々ハ事足候様取計、唯老母安心いたし相暮候様ニ而已朝夕心を用候儀ニ而既十三ヶ年以前辰年母八十七才之節西国筋神社順拝いたし度」念願之旨申之ニ付、老躰之儀長途之旅行無心許存申止メ候得共素より信心之儀故順廻之望頻ニ相見候間不得止事、同年正月下旬連立罷出紀州那知山を始といたしゆる〳〵連参候得共、老人之儀ニ付日ニ増疲相見へ候間、大切ニ労り多分肩ニかゝらせ又は負行なといたし候而、泉州河州ゟ追々大和山城近江」路等相廻り同三月中旬美濃国白石と申所迄参候節、母儀与風病気ニ相成候ニ付種々療養いたし候得共追々相重り候故、旅中之儀若変事等有之候而は相成間敷と心痛いたし、薬用介抱手を尽し候得共無験次第ニ病躰相弱り存命之程難計相見へ候ニ付兼而信仰之儀故、観音江祈願いたし病躰」少しニ而も快く帰国相成候ハヽ為報恩裸素足ニ而また壱度巡礼可致旨信心を凝し心痛之侭身命を抛チ祈念致し猶又無油断薬用介抱いたし候処、病気は追々快相成候得共老病之疲故甚相衰候ニ付、夫より直ニ帰国可致積、老母江申勧候得共何れ順礼相済罷帰度旨申之候間無覚束儀とは存候」得共心願之趣強而申聞候故、其意ニさからひ候を相歎背負候而日々艱難苦労いたし濃州江州勢州辺相廻り候処、不思議ニ老母次第ニ快く相成、勿論右躰之旅行故格別日間取候得共願望通廻国相済漸同年四月中帰国いたし候儀ニ而則其節之祈願成就仕候、報恩之ため又々廻国可致筈」之処、極老之母故手元を離候儀無心元彼是猶予いたし居候得共、素より正直之心ゟ一度祈念致し候儀を其侭打過罷在候而は心よからさる由母達而申勧候間、其心にさからひ候而は却而不宜と存候故、無是非妻子ニ能々申示し翌辰年二月上旬出立、裸素足ニ而猶又西国順礼ニ罷出候処、いまた春寒」甚敷城州江州辺ニ而は所柄故折々吹雪ニ而寒風ニ堪兼候儀度々有之候得共、昼夜共聊も衣類を身ニ着し候儀無之候間同行之者共見るニ忍ひ不申、右躰ニ而は始終遂兼可申と存少々間成共相代り可申間身(ママ)分相厭ひ候様頻ニ申勧メ候節、新蔵申候は老母有之身ニ而我身之痛を不相厭」段は如何ニ候得共母之病苦ニ心迫り前後取失ひ候とは乍申一旦祈念仕候を忘却いたし等閑ニ候而は信心ニ背候旨申之一向得心不致長途之旅中苦難を遂順廻相済帰国いたし候由之処、老母儀は其後四年過候而、申年八月朔日より病気ニ相成候ニ付薬用介抱可成丈ヶ心を尽候得共」其無甲斐、終ニ同月三日九十一歳ニ而病死いたし候由、新蔵儀一躰幼少ニ而父ニ別れ候間墓参り等若年より聊疎略ニいたし候事無之候上、母死後は別而毎年大晦日罷成候得は家事を相仕廻候而氏神江参詣いたし、夫より亡父母之墓江罷越通夜いたし元朝宿元江罷帰候儀も有之、殊ニ五人組帳之御掟を相」守村役人之申旨を大切ニ相用、小高ニ而纔之出銀迄ニは御座候得共十津川郷之儀は御年貢御免許之場所ニ而、其上鎗役之者共江御扶持方も被下置由緒有之儀とは乍申誠冥加至極　御国恩難有仕合之旨申之、例年同郡北山郷ゟ御廻し方ニ相成候御材木川筋筏乗」下賃入用等は一旦神棚江備置候上、庄屋方ゟ触出之日限ニは早々相納、其外村小入用等も年々諸人ゟ先江差出都而物毎正路ニ相成候様折々他人をも申諭、作場通之道筋なとも極山中之事故、石塊等之難所ニ候処諸人之ためを思ひ連々ニ高石等を取除往来いたし能様取繕候儀等も御座候而」孝行は勿論、其外何事ニよらす正直貞実成ものゝ由一同申之候

右新蔵平日孝心之趣追々風聞御座候ニ付、親類組合村役人其外隣村等ニ至迄得と相糺候処、前書之通御座候旨申立之始末、一同符合仕孝道は勿論稀成行跡ニ御座候、一躰」十津川郷之儀は由緒も有之場所ニ御座候得共極山中辺鄙故ニ御座候哉、人気偏り唯もの剛を尤と相心得兎角親疎之差別なく専ニ我意を立終ニは親類縁者之間柄を失ひ却而不和ニ成行候躰之悪敷風俗ニ御座候間、母存生之内孝行仕過去候儀ニは御座候得共至而山中辺土之事故、是迄其始末聢と相顕兼」有之候儀ニ而風聞ニより追々相糺候処、右之次第ニ御座候間相応之御褒美被下置候様仕度奉存候、左候得は自

然と郷中は勿論近郷村々迄も行跡相改候基ニも相成可申哉
ニ奉存候、依之此段奉願候　以上
辰六月　池田仙九郎

（朱書）
「同五辰年八月十八日青山下野守殿江上ル」
瀧川小右衛門御代官所
下総国平川村孝行者之儀申上候書付
書面友七江為御褒美
銀七枚被下置候旨被仰渡
奉承知候
八月晦日　柳生主膳正

瀧川小右衛門御代官所下総国平川村百姓半右衛門悴友
七父江孝行仕候段及承候ニ付相糺候趣、小右衛門」書
付差出候間則写入御覧候、可罷成儀御座候ハヽ、相応之
御褒美被下置候様仕度奉存候、依之申上候　以上
辰八月」　柳生主膳正
御代官
瀧川小右衛門差出候書付写
下総国香取郡平川村
百姓　半右衛門　辰　五十歳
右　半右衛門悴　友　七　辰二十六歳」

右半右衛門は高四石余所持いたし女房きくは去々寅六月中
相果、一子友七は当辰弐十六歳ニ罷成実躰正路之孝心もの
ニ而娵さよ共家内三人暮罷在、母きくは拾三ヶ年以前辰年
ゟ脹満之症相煩、父半右衛門も翌巳年ゟ眼病其上足痛ニ而
最初は壱ヶ年之内両三度四五十日程ツヽも歩行成兼候処、
其後は段々」相募必至と歩行も相成兼両親共ニ以之外病身
ものニ而、其上其砌は祖父七兵衛も七十歳余ニ而老衰仕罷
在、友七は漸十四歳ニ而未大人並之働も難出来候処、三度
之食物煮焼は勿論両親之看病等少年之友七一手ニ而大切ニ
心を用追々成長ニ随ひ父母ニ孝養之上祖父をも大切ニ仕、
且農業も少も無油断」精出し、年頃ニも罷成候間両親相談
ニ而八ヶ年以前娵を迎取候間夫婦間睦敷舅姑之看病友七同
様ニ心を用罷在候処、如何ニ候哉右娵まさ何となく母之心
に叶不申趣ニ相見、病中右躰之心障有之候而は別而不宜候
故女房江は無余儀訳合得と申含五ヶ年以前離別いたし其後
祖父七兵衛も病死仕、全友七一手ニ而別而心を用」妙薬等
承候得は夜中ニ而も遠路をも不厭早速罷越相求病人を撫摩
なから薬を煎相用或は平生両親好候品は不絶様貯置何時好
候而も良（即カ）時ニ仕立為給、又は外ニ而珍敷品ニ而も

見当り候節は何様ニも手段いたし調参り為給、何事ニよらす両親之存意ニ逆ひ不申様篤取扱誠ニ常々孝養之外」無他事罷在候処、母きく一躰難怔故歟去々寅春中ゟは至而重病ニ罷成寝起は勿論二便之通も難出来候間心侭ニ通し能様器ニ而取仕廻等いたし或は退屈之侭出歩行度抔申候得は能々風当り不申様手当いたし住居之内背負歩行、心を慰候儀等は時々之儀ニ而薬用之儀も種々」手を望候得共絵(験カ)無之候間命乞之立願ニ而三七日之内冷気を断神仏江祈念いたし篤心配り候得共養生不相叶、同年六月中母は相果、父半右衛門も長病之労痛気（ママ）等ニ而短慮ニ罷成、時々訳も無之儀共申聞候得共聊心ニ逆ひ候儀等無之朝夕之飯等焚掛ヶ候節背負抱等仕候儀は常之事ニ而諸事父之」心侭ニいたし何事も友七一手ニ而取扱候内一躰幼年ゟ農業情(ママ)出少も看病之透有之候得は作場江罷出、夏分ニ至り手廻り兼候節は近所之年寄抔江病人を少之間頼置水車等ニ而用悪水懸引等は毎度夜中ニも罷越手配いたし候様心掛ヶ致出情(ママ)候段は村内親類共も一同感心仕罷在候儀ニ而、」右故水旱両難請候年柄に而も同人持分はヶ成ニ収納いたし年々作徳も相応ニ有之候間、長々親之薬用等諸事不自由無之様可成ニ取続罷在、父半右衛門眼病腰膝相痛座敷内も漸杖突歩行仕候程ニ近頃少々快方ニ趣取続罷在候は全友七孝心寄特之段天道ニ叶候儀哉ニ而且友七独身ニ而罷在候を」半右衛門心障ニ存候間、親類近所之者共後妻之儀数度相勧候処、此後又候親之心ニ背候様成もの呼迎候而は却而不孝之儀ニ罷成候間独身ニ而罷在候方安心仕候由申聞候処、父半右衛門も申勧候付親之申候儀は少も相背不申、去春中近郷ゟ世話仕娵さよを呼迎候処、是又一躰貞実成者ニ而」友七同様舅江孝行を尽夫婦間睦敷相暮罷在、極困窮ニは候得共何迚も御年貢遅納不仕、万事誠意ニ孝心を用候旨去秋中私廻村之節村役人共申立、友七孝心寄特之段は近郷ニ而も致沙汰若輩之ものとも江は友七を見習候様申教候程之儀ニ而至而孝心成ものニ御座候段、隣郷村役人共も」申立候ニ付再応内実相糺候処、孝行之始末相違無御座候間何卒友七江相応之御褒美被下置候様仕度奉存候、依之此段申上候　以上

辰七月　瀧川小右衛門

(朱書)「同五辰年八月十二日牧野備前守殿江上ル」

恩田新八郎御代官所

信州更科郡今里村奇特者御褒美之儀ニ付相伺候書付

書面久右衛門江為御褒美銀拾枚

被下置其身一代帯刀　御免苗字ハ
永く相名乗候様可申渡旨被仰渡
奉承知候

辰九月十六日

柳生主膳正
小笠原和泉守
岡松八右衛門
松山惣右衛門
梶野平九郎
荻原弥五兵衛

恩田新八郎御代官所信州更科郡今里村奇特者御褒美
之儀申立候ニ付取調候趣左ニ申上候

信州更科郡今里村
名主　久右衛門　辰五十歳

右久右衛門儀持高弐拾石余他村出作共百石余当時所持仕候者ニ而祖父吟右衛門代より奇特者之心」懸厚く少ニ而も貯米金出来候ハヽ村方凶作危難之手当ニ仕度存込ミ諸事質素倹約ニ相守り、父吟左衛門儀是亦同様之志願ニ而其砌迄は小高ニ候処、右作徳之内ゟ少々宛右心掛仕置候由之処、天明三卯年凶作ニ而近村々夫食ニ差詰り水呑躰之もの共既ニ及饑渇候節父子申合右饑人之宅を相廻り饑難之厚薄人数之多少」とも相糺し家別銭五百文或は三百文宛合銭百貫文余合力いたし、同年浅間焼之節信州村々大凶作ニ而陣屋附村々多分ハ破免相願、久右衛門居村之儀も同様願出候処、右御年貢不足之分ハ同人立替相納破免願為相止、其以後寛政元酉年ニ至り金百両籾五斗入百俵其節之支配三河口太忠役所江差出し凶作危難之手当ニ仕度段」相願則金は年壱割利倍貸附置、籾は久右衛門江預置年々新籾ニ詰替させ候積申立候上取計、尤久右衛門奇特之儀は其砌太忠よりも誉置候様申渡置候処、文化元子年同国高井郡小沼村水難之節も銭百貫文合力仕候ニ付、先支配簑笠之助申立右御褒美として伺之上銀三枚被下置、翌丑年北国往還信州路年礼宿困窮差詰人」馬継立差支候節金五百両新八郎役所江差出し宿方相続手当ニ仕度申出候間、同年ゟ戌迄拾ヶ年之間年壱割五分之利附ニ而是又貸附ニいたし、右利金七拾五両之内五拾両ハ年々宿方江割渡し、弐拾五両は元金ニ差加江利倍貸殖し拾ヶ年目戌年元利合金千七両ニ相成候間翌亥年ニ至五百両は久右衛門江返金いたし、残金」五百七両余は年壱割ニ利下ヶ永々貸附置、右利金を以宿方相続之積り申上候上取計、以来人馬継立無差支宿方安堵仕候由、翌寅年之儀ハ米価下直ニ付世上為御救国々囲穀并御買上米被仰出候節、久右衛門儀は前々差出金も多分仕候間新八郎勘弁も有之候処、其節も願之上金弐百五拾両差出し去卯年信州村々出水之節も前」書小沼村之儀は至而地窪之場所ニ付格別難渋仕御救金被下置度段村方願出新八郎ゟ伺書差出候処、久右衛門承及猶又銭百貫文合力いたし候ニ付、御救願相止度旨村方申出御救金被下候ニ不及右合力を以村方相続仕候、右久右衛門儀生得廉直実意成者ニ而両親江孝養厚く其身は諸事質素ニ而奢ヶ間敷儀無之候得共、両親之費用ニは聊も倹」約不仕、依之合力施等之儀も右之志推移り諸事心切ニ有之、居村之儀は辺鄙ニ而医師も無之候間、医道を学ひ両親老後手当之儀は勿論、近村々病人有之候旨及承候得は早速罷越施薬手当等いたし遣、父吟左衛門病死以後ハ別而母江孝養を尽し、祖父吟右衛門とも両人之絵像を仏間ニ掛置、如在之祭礼無懈右両人之教諭を相守常々人に対し」質素倹約農業出精等之儀為申聞格別相勝れ候奇特者ニ付相応之御褒美被下置候様仕度旨新八郎申立候間評議仕候処、前書久右衛門儀数代有徳之者ニも無之右奇特之儀ハ祖父吟右衛門存立父吟左衛門代迄は小高ニ而差たる手当も出来かたき趣ニ候処、天明三卯より去卯迄弐十五ヶ年之間合金八百五拾両銭三百貫文余」籾五斗入百俵差出、且居村破免相願候節は御年貢立替差遣、其上父母江孝心厚祖父并父之教諭を忘却不仕諸事其身は質素倹約ニ取賄ひ居村他村隔なく困窮又は飢難之節々合力施等いたし候段奇特之取計ニ有之、依之右孝養之心得方も行届平常質素勧農等之儀を申諭候趣村役人風儀之鑑にも可相成者ニ可有御座候間相応」之御褒美可被下置哉と類例取調見合候処、前書久右衛門江為御褒美其身一代帯刀御免苗字は永々相名乗候様被仰渡可然哉ニ奉存候、尤身元相応之者共上ヶ金又は出金等一時之奇特ニ而は苗字帯刀御免被　仰付間敷旨、寛政九巳年被仰渡候趣も御座候得共其以後例も有之書面久右衛門儀も元来孝心深く祖父并父之志を請継候奇特ニ而」一時之儀ニは無御座候間、前書之通り申上候儀ニ御座候、依之此段奉伺候　以上

辰八月」

（朱書）
「同五辰年九月七日牧野備前守殿江上ル」

木村周蔵御代官所
摂州兎原郡住吉村奇特者御褒美之儀相伺候書付

書面伺之通喜平次儀
永々苗字相名乗候様
可申渡旨被仰渡奉
承知候

辰九月廿四日

柳生主膳正
小笠原和泉守
岡松八右衛門
松山惣右衛門
梶野平九郎
荻原弥五兵衛」

木村周蔵御代官所摂州兎原郡住吉村奇特者御褒美之

儀申立候ニ付取調候趣左ニ申上候

木村周蔵御代官所

摂州兎原郡住吉村　百姓　喜平次

右喜平次儀持高弐百弐拾石余有之其外廻船等所持仕身元相応之者ニ」御座候処、父子共篤実之者ニ而去ル天明度諸国一統凶作之節極難渋之者多分有之候砌、居村は勿論近郷之内困窮成者江不目立様米銭等差遣シ天明八申年貯穀被　仰出御下穀等被　仰付節も献納籾相願五ヶ年ニ籾五斗入都合三百俵差出御救方御手当之内江」差加度段申立奇特之趣其節之支配竹垣三右衛門相伺候処誉置候様被仰渡、寛政十午年岩佐郷蔵支配之節右喜平次儀困窮之者江米銭等差遣候儀奇特之段申立為御褒美銀弐枚被下置候儀ニ有之、尤親喜平次儀は享和二戌年相果悴当時喜平次儀引続同様ニ奇特之志」有之、同年洪水之節水難村々江施行差出為御褒美金弐百疋被下置旨大坂町奉行申渡有之、且周蔵取扱候御囲麦払代貸附利金を以御買上ニ相成候籾并前書之献納籾共詰置候郷蔵及破損鼡喰虫喰等ニ而更痛候ニ付御蔵御修復中右喜平次持蔵江引移伺」之上唐箕操吹立候処、合籾四百三石余之内七拾壱石余欠減相立候処、右献納之籾一同御囲籾ニ相成候儀ニ付為冥加右欠減之分五分通籾三拾五石五斗余喜平次作徳籾之内を以相償、右吹立ニ付諸人足賃迄も同人差出吹立囲方取計右之通是迄度々奇特之取計仕、自分奢ヶ間敷儀は」聊不相聞実躰之者ニ有之候旨、且右村最寄之儀は惣名灘筋と唱廻船并江戸廻酒造稼仕候者共数多有之銘々一己之利欲而已ニ拘り一躰之風俗不宜土地柄御座候処、喜平次儀は稀ニ人柄宜度々寄特之取計仕候者ニ而村方并近郷之響ニも罷成土地柄之人気自然と相直候」様成行可申者ニ御座候間格別之御儀を以喜平次儀苗字帯刀御免被成下候様仕度段周蔵ニ相願申候、依之取調評(ママ)儀仕候処、喜平次儀寄特之節は毎(ママ)以支配御代官申立無相違相聞候得共苗字帯刀御免之儀ニ付而は先達而御書取を以被仰渡候趣も有之、右喜平次儀苗字帯刀とも」御免可被　仰付程之者ニも有御座間敷、しかし周蔵申立候儀も無余儀筋ニ相聞喜平次義前文之通一躰篤実之者ニ而乍少分度々寄特之取計をも仕村内は勿論近郷迄も相響往々人気風俗も自然と相直候様成行可申哉之旨、其上父子共年来志不相変心底之程奇特之筋ニ」御座候間類例ニ見合御褒美喜平次義苗字計永々御免被　仰付候方ニも可有御座哉と奉存候、依之此度奉伺候　以上

辰八月

（朱書）
「同五辰年十一月六日牧野備前守殿江上ル」
石原庄三郎御代官所
摂州川辺郡広根村奇特者御褒美之儀ニ付相伺候書付
書面平右衛門儀伺之通永々
苗字相名乗候様可申渡旨被仰渡
奉承知候
辰十一月廿二日
柳生主膳正
小笠原和泉守
岡松八右衛門
金沢瀬兵衛
松山惣右衛門
梶野平九郎
荻原弥五兵衛」

石原庄三郎御代官所摂州川辺郡広根村奇特者御褒美之儀申立候間取調候趣左ニ申上候

摂州川辺郡上肝川村外二箇村
庄屋兼帯　同郡広根村
年寄　平右衛門　当辰六十三歳

右平右衛門儀同村元庄屋理左衛門忰ニ而高五拾」九石余所持仕人数弐拾人相暮し罷在生質律儀成者ニ而幼年より父母江孝行ニ有之四拾ヶ年以前母相果、其後父理左衛門儀妾腹ニ男子出生致し其以後右次男召連別宅ニ隠居仕候得共、切々父方江出入いたし弟并其母ニも親睦ニ有之七ヶ年以前父病死いたし候以後父隠居跡ニは右母子を差置、父存生之節同様懇ニ心添いたし遣し一躰」平右衛門儀身上役儀旁郡中ニは重立候者ニ御座候得共暮方至而質素ニ而、衣類ハ木綿麻之麁末成品を相用ひ御用向等ニ而庄三郎陣屋江罷出候節は勿論、其外村用ニ而他行仕候節も持参之品は村入用を厭ひ自身持参り、一己之儀は諸事右之通倹約ニ取賄ひ候得共人之難儀を難見捨生質故、長病等ニ而困窮に迫り暮方差詰」り候者ニは相応之助成いたし遣し、父代より村々取替銀も多分之儀ニ御座候得共追々其人々之難渋ニ随ひ無利足永年賦又は棄捐ニいたし遣し、耕作手後レに相成候者江は下人貸遣し作方為助合、風俗不宜奢ヶ間敷者又は争論等致し候もの及見聞候得はひそかに異見をさし加江其折節平常之心懸又は勧農等之儀を」申諭し、前書兼帯場三ヶ村は山中ニ而米恠不宜御年貢米撰立候而も揃兼候年柄多候処、右躰之節は可成丈自分作徳米を以引替為相納御年貢津出し之節は勿論村方余業等ニ而往返之難儀をいとゐ、同国小浜江之道筋ニ長六尺より三尺までの石橋三箇所池田伊丹江之間ニ長拾弐間ゟ五間半迄之土橋四ヶ所自分入用を以懸直并長八町余幅」六尺余之場所道造等いたし、同郡笹尾村之儀度々之水難ニ而不作打続連々困窮仕詰諸借金相嵩右返済旁ニ而一村退転ニも可及相見候間、去ル戌年中平右衛門外壱人江右借金済方取扱之儀庄三郎より申付候処、平右衛門頭取外身元相応之者申勧め金三百両出金いたし庄三郎役所江差出候間、同人勘弁之上外村々江御貸附ニ取」計ひ右利足を以村借金返済為致候積之処、右出金而已ニ而は元金不足ニ付、金弐百五拾両拝借被　仰付候様仕度旨申立候間伺之上拾ヶ年御貸居拾壱ヶ年目皆返納之積を以右金拝借被　仰付、合金五百五拾両年壱割弐分之利附御貸附ニ取計ひ、右利足を以笹尾村諸借金年賦返済之積り仕法相立候ニ付而は、種々」雑費も相掛候得共笹尾村江は少も不相掛自分入用を以取計候処幸ひ諸返納とも是迄差支無之、当時は借用元高も相減し追々困窮立直候趣ニ相聞、其以後寅年之儀は米価下直ニ付村々囲穀之儀被　仰出候節も銀六貫目差出し居村高四百五拾石余之内弐百石余之分用水不足ニ而年々旱損致し村柄相衰候間村方申合」溜池四ヶ所取立候ニ付、右旱損之患を遁れ追年家数人別も相増、当時は村惣作之難渋地も無之其外貧地之寺院修復取続方等寄進致し遣し前書之通品々奇特之取計ひいたし候間、相応之御褒美被成下候様仕度旨庄三郎申立候ニ付評議仕候処、右平右衛門多年役儀勤方宜敷村方世話も行届一己之儀は諸事質素倹約に相暮候得共」郡中往来難儀之場所道造并石橋土橋数ヶ所相掛ヶ御年貢米揃兼候村方江は自分作徳米を取替遣し、其外困窮村相続方取扱を初め都而人之難儀を救ひ候寄特之取計方多く、其上粗（ママ）孝弟之道理をも相弁候由ニ而名聞ニ拘り候儀とハ相聞不申候間、御褒美被下置候ハヽ郡中風俗之励ニも可相成と類例見合候処、書面平右衛門江為御褒美永々苗字」相名乗候様被仰渡可然奉存候、依之此段奉伺候　以上

辰十一月」

（表紙）　（157—401・90—6）

總記　六

続編孝義録料　六

（朱書）「・大和・石見
・常陸・信濃」

誉置候分
奇特者行状書

（朱書）「六」

御勘定奉行

（朱書）「寛政十一未年二月御代官木村宗右衛門申立候処相伺候程之儀ニも無之候間御代官限ニ誉置候様私共ゟ宗右衛門江申渡誉置申候」

和州十市郡北八木村庄九郎小左衛門奇特之儀ニ付
申上候書付

木村宗右衛門

覚

一　銀五貫五百目　奇特出銀
　内　銀三貫五百目　私御代官所
　　銀弐貫目　和州十市郡北八木村年寄　庄九郎
　　　　　　　右同村百姓　小左衛門

右は私御代官所和州村々之内連々困窮手」余荒地或ハ村惣作地多分有之手余地起返手段等之ため手当書面之銀角倉与市支配所之節、去ル辰年中同人役所江差出限ニ致度旨申之候ニ付則其段相伺候処、去午二月伺之通御下知相済申候、然処与市儀去午年九月御代官役御免に付右銀其節同人支配所和州村方江貸附有之、右村私支配所ニ被　仰付候間貸附證文を以」引渡候間伺済之通取計ひ罷在候、然処庄九郎小左衛門儀奇特之心得ニ而書面之銀子差出切ニ仕、右貸附利金を以手余り荒地等無之様可相成哉に奉存候、全奇特之ものニ御座候間右両人江相応之御褒美之御沙汰御座候様仕度、左候得は外々響ニも相成身元宜もの共追々寄特之取計ひも可仕候間格別之御評議を以御賞美之御沙汰」被下候様仕度依之申上候　以上

未二月

木村宗右衛門

（朱書）「同十二申年十二月十二日伊豆守殿江上ル」
大岡源右衛門支配所
石見国村々寄特者御褒美之儀ニ付相伺候書付
書面寄特者之儀私共限ニ而
一通り誉置候様可仕旨被仰渡
奉承知候
申十二月廿七日
柳生主膳正
中川飛騨守
小笠原三九郎
三橋藤右衛門
鈴木門三郎
岡松八右衛門
沢次郎右衛門
金沢瀬兵衛
御勘定方

御代官大岡源右衛門支配所石見国邑智郡川」本村粕渕村迩摩郡馬路村去々午十二月以来当申正月迄度々出火、右三ヶ村ニ而家数九拾弐軒類焼仕、同郡大森町当三月中出火之節三百軒余類焼家財夫食等迄焼失、右類焼人共之内にハ困窮之もの共多分有之、当日ゟ夫食差支及難儀候者共江同村之内其外他村ゟも別紙書面之通り米銀銭普請手当立木」山其外品々差出小屋掛等ニ至迄厚く世話致し遣し候故、飢人等も無之段類焼人共銘々申出寄特之取計ひ自余之響にも相成候間、何れも寄特成儀ニ御座候間為御褒美川本村外弐ヶ村火災之節手当差出候もの共一統江銀弐枚、大森町火災之節手当差出候もの共一統江銀七枚被下置候方にも可有御座哉、則源右衛門差出候」書付別紙弐通相添此段奉伺候　以上
申十一月」

石州　川本村　粕渕村　馬路村　出火之節類焼人共江為手当品々差出
奇特成者之儀ニ付申上候書付
大岡源右衛門

覚
一米弐拾八石　石見国邑智郡　川本村　重三郎
一銀弐貫目
外
松杉山壱ヶ所　但立木不残普請材木為手当差遣申候
是は去々午十二月廿七日居村出火之節家数五拾五軒類焼いたし候処右類焼人共江為手当差出候分
一白米九石弐斗　同国同郡　粕渕村　波多野数五郎
一銀壱貫六百目
是は去未五月七日居村之内小原町出火之節家数五拾弐軒致類焼候処右類焼人共江為手当差出候分」
一白米壱石七斗　同国迩摩郡　天河内村　満行寺

是は当申正月二日同郡馬路村之内神子路浦出火之節家数八拾五軒類焼いたし候処右類焼人江為手当差出候分

一白米四石壱斗　　大国村　八十郎
　是は右同断

一白米弐石五斗五升　　天河内村　助左衛門」
　是は右同断

一米六石　　同村　善　蔵

一銭五拾貫文
　是は右同断

一米壱石七斗　　同村　重兵衛
　是は右同断

外

立木山壱ヶ所　　天河内村助左衛門より普請為手当差出候分
　是は右同断

竪拾五間
横弐間　之小臺壱ヶ所　右同村小前百姓共ゟ差出候分
　是は右同断

合

米五拾三石弐斗五升
銀三貫六百目
銭五拾貫文

外

松杉山壱ヶ所
立木山壱ヶ所
竪拾五間
横弐間　之小臺壱ヶ所」

右は私支配所石州邑智郡川本村粕渕村同国迩摩郡馬路村之儀去々午十二月以来追々出火有之右三ヶ村ニ而家数百九拾弐軒類焼仕、右類焼人共之内には極困窮人共多分有之、其節至而風烈急火之儀ニ付雑穀等迄不残焼失仕当然より夫食差支可取続手段無之及難儀候処、同国書面村々之もの共前書之米銀」銭其外共差出無甲乙割渡、居所小屋掛等ニ至迄厚く世話いたし遣候故飢人等も無之様取計候段、右類焼人共銘々申出候ニ付内実得と相糺候処相違無御座候間、最初川本村重三郎儀身元相応之者ニは御座候得共志厚く相聞感心仕候間、以来急難之節励ニも可相成奉存候間私方ゟ少分之手当差遣し誉置候処、右を」相感し候哉神子路浦類焼之節も居村近村之もの共助合いたし奇特成儀ニ付是又銘々江少々宛之手当差遣候得共右を感し候儀ニ而ハ無御座、全く慈気相恵ミ当三月大森町出火之節も相励多分之助合いたし、奇特成始末ニ而自余之響にも罷成候間可相成儀ニ御座候ハヽ相応之御褒美并御誉置被下候様仕度奉存候、」依之申上候　以上

申七月　大岡源右衛門」

石州大森町出火之節類焼人共江為手当品々差遣奇特成者之儀ニ付申上候書付　大岡源右衛門

覚

一米八石　石見国迩摩郡佐摩村之内大森町　泉屋　勘左衛門
是は類焼人丸焼ニ相成候ニ付右勘左衛門家内之者共立之俣ニ相成、木綿衣類五拾程相施し両三日之内焼出しいたし飯粥等数百人ニ為給申候

一米弐石　右同町　田儀屋　民右衛門」
是は此者類焼いたし候得共極困窮之者江最初ニ相施し候故少分ニ御座候得共志厚キものニ御座候

一米八石　右同町　肥後屋　嘉十郎
是は質物古着商売いたし候処丸焼之ものへ古着木綿衣類大小数百余遣候由、是亦焼出しいたし両三日之間類焼人参り次第為給申候

外
間口八間
奥行弐間半
但庇角家附
建家　同国同郡　佐摩組　右村々」

一白米六石　同国同郡同村之内　銀山山町　町役人共
一白米六石　温泉津村　吉左衛門
一銭弐拾貫文　同村　平左衛門
一銭弐拾貫文　大国村　八十郎
此者儀同国同郡馬路村之内神子路浦当申正月二日出火之節類焼人共江白米四石壱斗助合申候
一銭弐拾貫文　同村　周五郎
一銭弐拾貫文　波積本郷　友右衛門」
一銭拾五貫文　宅野村　太郎右衛門
一銭拾五貫文　同村　安右衛門
一銭拾五貫文　同村　淺次郎
一銀弐百目　静間村　淺右衛門
一銀百五拾目　同村　藤三郎
一銀弐拾貫文　磯竹村　五左衛門

一銭拾貫文　西田村　八郎兵衛」
一白米四石　同国安濃郡　川合村　仲右衛門
一銭五拾貫文　志学村　吉右衛門
一松板五百枚　同村　亀左衛門
茶拾石
唐竹弐拾把
是は出火翌日右松板唐竹持参人足弐三拾人召連罷越、最初は郡中入用不相懸ため右ニ而陣屋廻り塀長屋類焼跡仮板囲壱人ニ而いたし追而塀長屋等出来之上困窮人共江差出申候
一銀三百目　大田南村　佐三郎」
一銀弐百目　波根西村　小兵衛
一銀弐百目　鳥井村　善右衛門
一銭弐拾貫文　土江村　久　吉
一銀弐百目　池田村　四郎右衛門
一銀三百目　同国邑智郡　川本村　重三郎
此者儀川本村去々午十二月廿七日出火之節類焼人共江四五日之間焚出致し飯粥相施し候上、米弐拾八石銀弐貫目杉松立木壱山差遣申候
一銀三百目　波多野数五郎」
此者儀粕渕村之内小原町去未五月七日出火之節類焼人并近村ゟ手伝ニ罷越候者共迄数百人四五日之間焚出し致三時之食事相賄、其上困窮之者江白米九石弐斗銀壱貫六百目差遣当難為相凌申候
一銭拾貫文　川内村　仲右衛門
一銭拾貫文　南佐木村　佐左衛門
一銭拾貫文　谷住郷村　重三郎
一銭弐拾貫文　同国那賀郡　浅利村　又兵衛
一銭拾貫文　太田村　初右衛門」
一銀五百目　郷田村　廉　平
一銀八百六拾目　同国鹿足村　畑ヶ廻村　堀藤十郎

合
米三拾四石
銀三貫弐百拾匁
銭弐百八拾五貫文
茶拾石
松板五百枚
唐竹弐拾把
外
建家　間口八間　奥行弐間半　同国迩摩郡　佐摩組　村々
是は郷宿庄右衛門と申者家蔵丸焼ニ罷成候処」右材木竹類小前之者壱弐本宛持寄村役人并身元相応之者は敷居鴨居板ニ可相成材木等差出大工小挽《(ママ)》家根葺瓦師并人足等銘々自分弁当にて罷越相働、右之家相建差遣申候
右は私支配所石見国書面村々之もの共当三月廿四日同国佐

摩村之内大森町出火有之、折節南風はけ敷一旦消留候得共谷間々町並ニ御座候処、左右山々江火移猶又大火ニ相成土」蔵等多分焼失丸焼ニ罷成、土蔵無之ものハ身軽ニ相成相働着致し候処衣類迄脱候而近辺田畑山上江諸道具等持運候処、猛火ニ而一円焔ニ罷成候故老若男女其身其侭類焼仕候ニ付、私儀も少分之手当は仕候得共支配之者手附手代不残類焼仕候故町家之手当存分ニ行届不申候処、家数三百軒余類焼仕右之内困窮之者」とも当日より夫食無之及難儀候ものへ前書之米銀銭品々差出夫々割渡し、其外銘々小屋掛等に至迄深切に世話いたし遣し急難為相凌候段、右類焼人共一同申出候間相糺候処相違無御座、全名聞等に仕候儀決而無之奇特成仕方ニ而自余之励にも罷成候間、可相成儀ニ御座候ハヽ、相応之御褒美被下置并御誉置被下候様仕度奉」存候、依之申上候　以上

申七月　　大岡源右衛門」

（朱書）
「享和二戌年八月晦日伊豆守殿江上ル」

三河口太忠御代官所
常州宮ヶ崎村奇特者御褒美之儀ニ付相伺候書付

書面相伺候奇特者冨右衛門病死仕候ニ付忰冨十江御褒美之儀申上候処寄特之取計未治定難仕儀ニ付御代官手限ニ而誉置候様可申渡旨被仰渡奉承知候

戌十二月十九日

柳生主膳正
中川飛騨守
小笠原和泉守
岡松八右衛門
沢次郎右衛門
金沢瀬兵衛

三河口太忠御代官所常州茨城郡宮ヶ崎村寄特者御褒美之儀申立候ニ付取調候趣左ニ申上候」

常州茨城郡宮ヶ崎村
名主冨右衛門死忰
名主　冨　十　戌三拾九歳

右冨十親冨右衛門儀年来寄特之取計仕候ニ付御褒美之儀先達而太忠ゟ相願置候処当三月中病死仕候、然処同人病期ニ至り候迄荒地起返小児養育之両事行届村柄立直り候を不見」届病死致し候段遺念之旨歎息いたし迚も他村之事迄は行届申間敷、せめて宮ヶ崎村荒地計成とも早々起返御年貢上納村柄立直候儀専一ニ心懸、外村々之手本ニも相成候様昼夜心懸出精いたし候様忰冨十江遺言死去いたし候由、一躰老年之長病ニ御座候処死期迄志不相撓、村方之儀而已申聞候段軽キ者ニは珍敷寄特之儀」其上忰冨十義も親存生之

内ゟ荒地起返入百姓小児養育等之世話出精仕候故荒地起返方も捗取候儀ニ御座候間、兼而願置候冨右衛門江御褒美之儀何卒冨十江御沙汰被成下候様仕度旨太忠申聞候、依之評議仕候処先達而冨右衛門御褒美之儀太忠申立候節年来寄特之取計仕御林木等植付候段志も厚キ者ニ付、永々苗字　」御免可被仰付哉之段相伺置候処、右冨右衛門儀当三月中病死之段先達而太忠申聞候ニ付是又其節御届申上候儀ニ有之、此度太忠申聞候趣ニ而ハ忰冨十儀も親冨右衛門志を継実貞ニ村内一躰之儀世話仕候趣ニは御座候得共、冨右衛門江引続村役相勤候義未タ間も無御座候間、苗字　御免之儀は猶此上弥奇特之取計等相顕候節ニも至り候ハヽ」其節申上候様可仕、然処親冨右衛門儀多年之奇特相顕御褒美伺中病死仕候儀ニも御座候間右冨右衛門寄特之筋御褒美被下候趣を以此節冨十江銀五枚被下置候様仕度、依之此段奉伺候　以上

戌八月」

（朱書）
「文化元子年七月廿四日采女正殿江上ル」

榊原小兵衛申立候
中山道三ヶ宿江差出金之儀ニ付相伺候書付

井上美濃守
柳生主膳正
石川左近将監
小笠原和泉守

書面伺之通可仕旨被仰渡
奉承知候
子七月廿九日

内藤叔之丞領分信州佐久郡野沢村百姓甚右衛門と申もの榊原小兵衛御代官所中山道追分宿外弐ヶ宿江差出金願之儀小兵衛申立候趣左ニ申上候」

内藤叔之丞領分
信州佐久郡野沢村
百姓　甚右衛門

上ヶ金五百両

右甚右衛門儀先祖ゟ心掛ヶ貯置候米穀代金之内金五百両差出し小兵衛御代官所信州佐久郡追分沓掛軽井沢三ヶ宿先年浅間山焼以後別而及困窮候ニ付、右三ヶ宿江手当として右金小兵衛」役所江差出封印いたし直ニ同人江預置、困窮之者村借請相願候ハヽ小兵衛方ニ而糺之上同人差図次第無利足拾ヶ年賦貸渡候積り、尤年限相満元金相納候ハヽ其節々小兵衛役所之封印いたし甚右衛門江相渡置、右金五百両ニ備置度旨甚右衛門相願候段領主家来添翰を以小兵衛方江願出候ニ付同人儀相糺候処、甚右衛門家内三拾七人暮ニ而持

高四百石余」所持いたし身元慥成者ニ而右上ヶ金五百両之
外ニも申付候ハヽ、及力候丈ヶは出金仕度由、右躰寄特成も
のニ付苗字帯刀　御免被成下度段小兵衛申立取調中之処、
右甚右衛門儀病死いたし当甚右衛門猶又申出候は父心願之
通前書困窮宿村不時手当金五百両差出シ非常御備ニも被成
下置候得は父存意ニも相叶難有奉」存候旨、右金奉預候而
は災難之砌恐入候間、上ヶ限ニ被成下候得は猶更難有段申
出候間得と相糺候処、父甚右衛門存念之通りニ而外ニ故障
等も無之持高暮方等相替儀も無之、右上ヶ金当甚右衛門願
之通被　仰付候様仕度旨小兵衛申聞候ニ付評議仕候処、同
人支配所三ヶ宿困窮之もの急難可相救一助ニも可相成儀ニ
付甚右衛門願之通上ヶ金五百両小兵衛」役所江為差出借請
相望候もの江は貸渡候積り、前書三ヶ宿急難手当備金とし
て上ヶ為置候様可仕奉存候、且又寄特者苗字帯刀　御免之
儀去ル巳年御書取を以被仰渡候趣も御座候処、右甚右衛門
儀は上ヶ金仕度旨申立候巳而之儀に付領主おゐて誉置可申
旨叔之丞家来御勘定所江呼出し其段相達候様可仕候哉、依
之此段」奉伺候　以上

子七月」

（表紙）　（157—401・90—7）

續編孝義録料　七

總記七

（朱書）
「・越前・陸奥・越後・下野・美作
・肥後・豊後」
御預所之内手限ニ而
褒美遣し候分
孝行奇特者行状書
（朱書）
「七」
御勘定奉行

松平越前守御預所

越前国丹生郡三本木村　水呑百姓　市兵衛

右之もの父江孝心之趣相聞貧窮之者に候処、給食等之儀ニ付心を尽し候趣居村におゐて人々感賞いたし候旨相聞候ニ付紎之上寛政十一未年十一月為褒美越前守方ゟ銀弐拾目差遣申候」

同国坂井郡鎌谷村　庄屋　六左衛門

右之もの親六左衛門より当六左衛門二代庄屋役数十年以来相勤、御預所最初より寛政十一未年迄申分等無之村方無難に相治甚実躰に庄屋役相勤、尤人柄も宜ものに相聞候ニ付紎之上右同年為御褒美越前守方ゟ銀拾五匁差遣申候」

同国同郡蛸村　庄屋　七兵衛

右之者先祖より代々村庄屋役凡百五六拾年相勤、其以前之儀は何程庄屋役相勤候哉相知不申、寛政十一未年迄村方無難ニ相治数代庄屋役実躰に相勤申候ニ付紎之上右同年為御褒美越前守方ゟ銀拾五匁差遣申候」

同国同郡崎浦　長百姓　三右衛門

右之浦方寛政十午年迄拾六ヶ年之間に火災三ヶ度有之候処、右三ヶ度共家数六七拾軒計も焼失仕候処、右長百姓三右衛門儀は相逃れ申候、然処類焼之内貧窮之小前之者共江三右衛門持山之松木を為取小屋懸等為致候由、去」
午年火災にも如已前持山之内価ヒ金子八両計之松材木を
為取、其上至而難儀仕候ものとも三拾軒計之者共江人数
に合セ雑穀少々宛手当仕候由、右三右衛門勝手向は過分
に宜き者ニも無之候得共人柄宜敷者にて右躰介抱いたし
候儀度々有之至而奇特之事ニ付糺之上、右同年為褒美越
前守方ゟ銀弐拾目差遣申候」

同国同郡米納津村　百姓　六郎左衛門
同　人　妻

右之者先年は大高所持仕居候跡に御座候得とも近年至而
貧窮に落入難渋之暮方に御座候処、老母儀十五年以前よ
り病気に相成其上四五年以前より盲目に相成、右老母儀
先年大高所」持いたし候節之朝夕心得に相暮候得共右六
郎左衛門并妻も至而貞心にて右貧窮之内に候得共老母申
聞候儀は少も不相背養育いたし候趣、夫婦之もの共孝心
に仕候趣相聞候ニ付、猶又相糺候処相違無之外々見習に
も可相成儀ニ付糺之上、享和元酉年十二月為褒美越前守
方ゟ銀三拾目差遣申候」

同国同郡島村　百姓　勘左衛門

右之もの老母年来老病相煩居候得共日々心を尽し看病い
たし候趣御座候、尤色々物好等有之候得共相応之百姓に
御座候得は夫々心に順ひ差支無之様取計候趣御座候、右
孝心之趣別而人格も宜相聞候ニ付糺之上、享和二戌年」
十二月為褒美越前守方ゟ銀拾五匁差遣申候

同国同郡辻村　水呑百姓　甚左衛門

右之もの至而貧窮者に御座候処一季奉公仕相凌、老父佐
兵衛と申者江兼而孝心に仕平日聊気前に相背不申介抱い
たし来候処、右佐兵衛」享和元酉年七月初発病仕、同九
月下旬病死仕候、右病中老病之儀ニ而食事等も日々相好
候儀も御座候得共一重之着類も質入仕、成丈心躰を尽し
看病仕候段相聞候ニ付相糺候処、近村并居村にても相違
無之趣申聞候ニ付郡中見習ニも相成申候事ゆへ格別評儀（ママ）
之上右同年十二月為褒美越前守方ゟ銀弐拾目差遣申候」

同国同郡下兵庫村　百姓　清五郎

右之もの養母并実母江対し孝心之趣相聞候に付猶又得と
相糺候処、相違も無之候ニ付糺之上享和三亥年十二月為

褒美越前守方ゟ銀拾五匁差遣申候」

同国同郡崎浦　百姓　久四郎

右之もの親久四郎ゟ庄屋役是迄四拾六年相勤此度退役相達候ニ付長々相勤候処、如何之訳ニ而退役致候哉と相糺候処、親以来年久敷庄屋役相勤候得は外に勤方存候者無之、私役中ニ代り候得は跡役之者江夫々申談遣候得は役筋も」覚候而相勤可申儀ニ付退役仕候旨申達候、此者役中に右浦数度火災ニ而浦中焼失いたし候得共此もの引請介抱いたし難渋之願筋も不仕無難に治メ来格別出精相勤候ものに御座候ニ付糺之上、文化二丑年正月為褒美越前守方より銀五匁差遣申候」

同国同郡野中村　百姓　五左衛門

右之もの古来より家柄之者ニ而代々相続いたし別而当五左衛門儀人柄宜諸人帰服いたし、数年村方取〆り等も宜取計格別之者之由相聞候ニ付猶又為聞調候処相違無御座候ニ付、文化三寅年為褒美羽綿三把越前守方ゟ差遣申候」

同国丹生郡三本木村　百姓　彦左衛門

右之もの兼而人柄宜年来庄屋役も実躰相勤候者ニ付為聞調候処相違無御座、数年来村方申分等無御座〆り方宜取計候者ニ付糺之上、右同年十一月為褒美越前守方ゟ金弐百疋差遣申候」

同国坂井郡西太郎丸村　百姓　市右衛門

右之もの兼而心立宜者に御座候処、別而養母江対し諸事気前を相背不申取扱甚神妙なる趣相聞候ニ付為相調候処相違無御座候ニ付糺之上、右同年十一月為褒美越前守方より銀弐拾目差遣申候」

同国同郡東太郎丸村　百姓　五郎右衛門

右之者平生心立宜者之由相聞候ニ付為相調候処相違無御座候ニ付糺之上、右同年十一月為褒美金弐百疋越前守方より差遣申候

同国同郡中庄村

水呑百姓　儀兵衛娘　そ　て」

右儀兵衛儀は先年病死いたし妻儀後家暮にて娘と両人罷

在候処、貧窮者ニ而村方ニ奉公仕居候処、右娘そて義母江対し至而取扱宜母病気付候処奉公片手ニ神妙ニ介抱いたし候得共病気差重り候得は奉公も相止介抱のミに懸り居候得共、母儀は病死いたし只今は母無御座、然処病中介抱之次第甚孝心之趣相聞候ニ付夫々相」調候処相違無御座候、右躰貧窮成女之身分奇特成儀ニ付、右同年十一月為褒美越前守方ゟ銀拾五匁差遣申候

同国同郡安島村　百姓　吉右衛門
同　勘三郎
同　定次郎」

右安島浦家数百四拾軒計有之候内先達而火災之節百弐拾軒計焼失いたし右三人も類焼ニ逢候処、大勢類焼之者共不残江為手当銀子等相配り類焼之者共心底を相養奇特成致方ニ付、文化四卯年十二月為褒美越前守方より羽綿弐把宛差遣申候

同国同郡同浦　百姓　文左衛門」

此者右同様其身類焼ニ逢なから持山之松木を類焼之者不残江家壱軒ニ弐本ツヽ相配り神妙ニ付、同年同月為褒美越前守ゟ銀三拾目差遣申候

同国同郡同浦　百姓　次郎左衛門

此もの儀類焼ニは相逃候得共持山之松木類焼之もの不残家壱軒ニ弐本宛相配り神妙ニ付、右同年同月」為褒美越前守方ゟ銀弐拾目差遣申候

右者松平越前守御預所越前国丹生坂井両郡村々之内孝行寄特之者相糺申候処、行状書相認候程之者は無御座候得共村々見習ニも相成候ニ付越前守方ゟ少々宛褒美与ヘ遣候者共書面之通御座候　以上

文化五辰年十一月

松平越前守家来
真田五郎兵衛」

松平金之助御預所

陸奥国大沼郡赤留村　百姓　孫　平

右之者両親存生之内孝道相尽食物衣類等は勿論之儀万事心を用ひ、尤困窮者に付質券致奉公候内ニも主人江之勤方大切にいたし農業之働無怠相勤善行稀成者」之よしに付吟味之上、寛政五丑年為褒美御預方ゟ米弐俵為取之候

同国同郡川口村　百姓　与七

右之者第一親に孝を尽し其上難所之道筋諸人難儀を厭ひ道普請等いたし、且所々奉公いたし候内ニも昼夜不限相働家内之」取仕末傍輩牛馬之取扱ニ至迄心を配致世話稀成善行之者之由ニ付吟味之上、寛政五丑年為褒美米三俵為取之候

同国会津郡入小屋村

木地挽　庄右衛門

右之もの兼而傍輩に睦敷村方鎮守於社内ニ国家安穏を祈念いたし毎年伊勢大神宮江」初穂を納秡等を請国恩之程相祷奇特成者之よしに付吟味之上、寛政五丑年為褒美米七俵為取之候

同国同郡永田村　百姓　林之助

右之もの亡母病中之節病用品々心を尽し宜看病いたし、祖母儀存生に在之老年之」噂(ママ)力を失ひ罷在候由之処種々心を尽し大切に取扱、尤村内江睦敷農業無懈怠相勤上納方第一ニ心掛稀成寄特者之由ニ付吟味之上、寛政五丑年為褒美米五俵為取之候

同国大沼郡寺入村

久左衛門下男　同村　留次郎

右之もの久左衛門方ニ数年奉公いたし諸事」無怠忠切(ママ)を相尽し、其上病身之養父介抱いたし候ため夜中休隙を以孝養深切に取扱、尤上納筋も大切に心懸平日傍輩村中江睦敷奇特成志之由ニ付吟味之上、寛政五丑年為褒美米弐俵為取之候

同国会津郡音金村　百姓　与五兵衛」

右之もの全躰実直成ものにて第一若年より両親を大切にいたし母儀は先年致病死候処、其後弥以父江孝心を尽し、親五郎作儀老年之儀中風相煩手足不自由ニ而引通臥居候ところ、与五兵衛儀不怠看病大切に種々薬用食事等之儀昼夜心を尽し介抱いたし、凡而親之趣意ニ相洩不申様親起居之儀家内之者に相懸」不申、親不自由に不存様心を尽し孝行之者之よしに付吟味之上、寛政六寅年為褒美米弐俵為取之候

同国大沼郡大登村

百姓　太右衛門娵　かん

右之もの生得至而善之者に候処夫太郎兵衛儀」拾ヶ年以前より人前難成病症ニ而百姓業も不相成永々苦痛いたし、二男要之助儀は片輪に相成稼之筋不相成、かん儀壱人之精力を以家内病身之もの共扶持いたし且何程閙敷業事に取掛居候共舅姑之用事有之由申候節は業事差置早速相達何成共両親之申事言葉を返候事無之、勿論機嫌取損候事も無之」夫太郎兵衛永々之病気も退屈も不致介抱いたし貞節を尽し、村中は勿論一統以来之鑑にも相成候程なる者之由ニ付吟味之上、寛政六寅年為褒美米七俵為取之候

同国同郡入谷ヶ地村分

土倉木地挽　兵右衛門

悴　兵左衛門

二男　伊勢次」

三男　小三治

右之者共儀生得実直成者ニ而慈悲哀憐他人ニ勝れ尤才力も有之物読筆取候而も相応にいたし差出候儀決而無之、人之善事を悦ひ悪事は不聞様にいたし、親子兄弟睦敷内證心易候得共奢ヶ間敷儀無之、羽織等所持いたし候而も不着紬物ハ袖口にも不相用質素第一家業相働、家内之者共江も木地」壱具拵候而も御国益之端成候間不怠稼候様申教、親子兄弟挙而相働兄弟之者共親江孝養を尽し二男三男別家にいたし候節も石すへ等に不致、堀立柱に普請いたし身之分限を守り実躰に家業相勤寄特成者共之由ニ付令称美、寛政七卯年四人之者共江米三俵為取之候」

同国同郡東尾岐村枝郷

清水分百姓　嘉兵衛父　又左衛門

右之もの生得実直成者ニ而農業出精いたし諸上納方他に先立相納右農隙ニは読書手習に心を委隣村迄も指南いたし候程之儀ニ付、家内親類は勿論他人江対し候而も睦敷、公事出入等」内済取計候事度々有之辺鄙之取柄善行奇特成者之由ニ付吟味之上、右同年為褒美米三俵為取之候

同国同郡中井村　庄助女房　ひさ

右ひさ夫永々難病相煩農業之働も不相成兼而困窮之上長病之儀ニ付日用之取続も難渋」にて罷在候処、女房并二男彦次郎働を以諸上納方期日に相後候儀も無之相納、女房は夫難病に相成候より格別に情合手当等宜いたし粉骨

を尽し飯料ハ勿論衣類迄も心を付、数年之病中貞実を尽し候儀隣村之者共申出稀成貞節之者ニ付吟味之上、寛政八辰年為褒美米五俵為取之候」

同国同郡永井野村　百姓　平左衛門

右之もの四代已前迄ハ相応之百姓ニ有之候処連々及困窮父新左衛門儀は壮年ゟ病身ニ而農業之働不相成平左衛門成長いたし候迄極々困窮相成、幼少之節ゟ父子計に相成候得共平左衛門平日実直成ものにて病身之親為扶助身売奉公いたし数」年来実躰に相働身請いたし、親儀追年老衰ニ随ひ病躰相重常々酒を好ミ候処、至窮之噂漸才剃（マヽ）等仕終一日も不怠弐度ツヽ為給候共壱度為給不申義は無之、平左衛門夫婦之者ハ見苦敷衣服着いたし親新左衛門江は見苦敷無之様いたし及深更望候品も翔走り相求好通にいたし、朝暮之取扱丁寧にいたし稀成孝養之者ニ付吟味」之上寛政十午年為褒美米弐俵為取之候

同国会津郡黒沢新田村
百姓　善十郎
同人母　まつ

右善十郎儀は同村名主善次郎方に十弐歳之時より弐拾五年之間質券奉公いたし、母まつ」儀は同郡田島村平八方ニ弐拾三年奉公いたし右両人共生得実直成者にて主人之気に背候儀決而無之相働、傍輩之間柄睦敷物事等一己ハ勿論外之者江も争論ヶ間敷事無之様心掛、尤奉公之儀は無油断深切に取始末いたし昼夜之勤何様之儀有之候共辛労共不存、祖父母存生之節永々相煩罷在親仁右衛門は病身に相成候処病」用相尽し奉公之身式にて主用之間に深切に取扱両人共に稀成者之由ニ付吟味之上、寛政十午年為褒美米五俵為取之候

同国同郡金井沢村　百姓　甚　助

右之もの同村名主助右衛門方に質券奉公拾ヶ年罷在候処、昼夜働無懈怠家内之取始末」まて無麁末いたし農作精力を尽し相働田畑作毛他に勝れ熟作いたし、同人忰金蔵儀幼少之節より親甚助一同手伝至而正直にて無如在相働親子共稀成直実一統風俗之鑑にも相成候者之由ニ付吟味之上、右同年為褒美米弐俵為取之候」

同国大沼郡荻窪村

名主後見　喜六郎分限内　武右衛門

右之もの喜六郎方に拾九年之内実躰に奉公いたし独身ものにて家居も無之、老衰之上病身にも相成候ニ付喜六郎厄介分限引請候由之所、家内之世話等久年いたし実直に相勤」甚寄特成者之由ニ付吟味之上、右同年為褒美米弐俵為取之候

同国同郡同村　名主後見　喜六郎

右之もの上中川村武右衛門を拾九年以前召仕老衰之上病身に相成在所江立帰度旨相願候得共独身にて家居も無之者ニ付、願之上分限」引請致世話候段寄特成儀ニ付令称美鳥目弐貫文為取之候

越後国魚沼郡麓村

百姓清左衛門娘　てう

右之もの舅姑に兼而孝行成ものに候所七年以前戌年より姑疖風に相成惣身不相叶病気附候ㇾ食事を養ひ候得共腮下り唇不合食物口中に留り兼中半」膳中江戻したら〳〵涎而已出候躰之事ニ候得共心よく食物給候様ニ心を尽し給残候品ハ取集自分給仕廻誠に口移同様致し、其外寒暑共に凌候様心を付二便ともに取片付之儀は勿論、一昼夜に二三度ツヽ床を取替日毎に湯をつかわせ、尤身体不叶候ニ付昼夜何十度と申事なく床返り為致、其度々骸不痛様懐拘深切ニ取計舅夫抔農業之働之障費に不相成様」一巳引請病身之姑介抱致し、其上子供之世話家内之食事衣服洗濯等迄壱人ニ而相働病人之不自由無之様取扱他ニ勝レ候孝行之由ニ付為褒美右同年米三俵為取之候

陸奥国会津郡田辺村

百姓半兵衛娘　さん

右さん親半兵衛儀拾九年以前より持病段々差重り耕作之はたらき決而不相成、娘儀生得」実儀柔和成ものにて聟も三人迄呼取候処、何レも親半兵衛気に入不申皆以不縁いたし、隣家之者共気之毒に存彼是世話いたし候所、其後は聟も無之さん儀両親之心に随ひ少も憂候躰不相見家内睦敷相営困窮ニ而夫食乏敷候得共精力を尽し相働飯料等貯、其上病人之給物心を尽し又ハ妙薬抔聞及候得は乞求メ万」事深切に孝養相懸、女に稀成奇特成者之由ニ付吟味之上右同年為褒美米三俵為取之候

越後国魚沼郡小千谷村

吉郎右衛門名子　太郎七後家　ゆ　み

右之もの老母并夫婦子供四人〆七人罷在候処兼而困窮者にて男子弐人は奉公に差出置、夫婦之」働を以家内扶助いたし罷在候処、老母永々病気ニ而歩行不叶、寝起ハ勿論大小用等之通ひ其度々手を添自由致能様手扱ひ万端心に叶母之機嫌に不背様心を付看病孝養を尽し、五年以前卯年病死致し同年より夫太郎七黄痰之病にて致平臥罷在犇と働不相成弥ヶ上及極窮候得共、ゆみ義費用賃仕事等いたし右働を以夫病中薬用等も心之侭に為致或ハ食」養生に相成候品は夜白に不限買求為給衣服も見苦敷無之様いたし、不自由ニ有之候而は夫心遣致し病気重り可申哉と丹誠を尽し致介抱候処、去ル午八月致病死極艱難之噂母夫引続八ヶ年之間寒暑之厭ひ無之夜白心を用ひ、悉皆手壱ッにて看病并家事共無怠相働孝貞稀成志之者之由ニ付吟味之上、寛政十一未年為褒美米三俵為取之候」

同国同郡仙石村

百姓三郎左衛門親　太右衛門

右之もの八十五歳相成歩行等苦労ニも可有之処、折節菩提寺并庄屋方其外諸親類江罷越礼義を不失第一若年ゟ当時迄御上納諸人に先シ勿論御大法之趣堅く相守、持高六石余致所持家内六人ニ而一躰睦敷農業相働分限を知り奢ヶ間敷儀ハ毛頭無之」都而分限ゟ軽く相営申候、同村に惰弱者有之太右衛門畑之并ひ（ママ）に右之者畑地致所持候所、年々境をほり少々ツヽ地所奪取候得共太右衛門一向不相構、譬は壱尺境を奪候得は弐尺も跡江引致作付凡拾弐三年も相立候内、連々境を目立候程奪取候得とも太右衛門儀少も不争口外江も不出剰右之者と参会之節も常に不相替、猶更致入魂ニ候故右之もの」先非を悔候と相見境を先規之通全引戻し其上太右衛門方江罷越恥入候躰ニ而相侘、拙者是迄畑地を奪取候処其侭被致置、其上対拙者万端深切にいたし被呉候段痛入元之通境相直候間不埒之段用捨ニ預り以来身之上之儀万事頼入候と申、夫ゟ日頃之心底相改本心に立帰、其砌は内證困窮ニ而当日を送兼候処、先非を悔善心に立帰渡世相励候得はヶ成に渡世相」成候様罷成候由、其外隣村迄も睦敷他に勝レ候善行者之由ニ付、右同年為褒美米弐俵為取之候

陸奥国会津郡芦原村

百姓彦八女房　まつ

右之もの夫彦八病身にて数年農業之働不相成儀は勿論悪病にて手足も一向不相叶女房」壱人ニ而持高三石三斗余を始末いたし、御年貢無滞上納致し候上病身之夫朝夕之寝起衣類之為着替ニ便之手扱凡而介抱之致方類ひ稀成者ニ而貞節相尽し候段甚以奇特成者郡中江相響亀鑑にも可相成者之由ニ付吟味之上、寛政十三申年令称美米七俵為取之候」

同国大沼郡砂子原村　百姓　勇吉

同人兄　傳左衛門

右之者共兼而実直成者ニ而農業出精いたし収納方期日前ニ上納いたし、兄傳左衛門儀ハ幼年より聾にて身弱に候得は三四年軒帯（ママ）いたし其後弟勇吉江軒帯を譲農隙ニは左官致シ」相稼、弟儀ハ専ら農産業出精いたし無怠相励候得共前々より困窮者ニ而両人共生得実直成者ともにて村内に勝れ耕作出精いたし上納かた毎度村中に先相納、且母儀七拾余歳相成年増身弱物毎不自由相成候処兄弟之もの共常々丁寧に介抱いたし、毎夜三四度ツヽも小用に起候所火を付はき物を直し其内も敷物不冷様い」たし置為寝、尤勇吉女房に申含食事給能様為致万事に心を附孝養諸人に勝れ候者共之由ニ付吟味之上、享和元酉年令称美兄弟之者とも江米四俵為取之候

同国同郡骨村　惣兵衛譜代下男　庄助

右之もの惣兵衛方に拾五歳之時より四拾八歳迄」奉公いたし至而深切に相勤、農業之儀少も不怠主人之申付大切に我身を不厭相働志格別成者之よしに付吟味之上、右同年令称美鳥目三貫文為取之候

同国会津郡戸石村

百姓　源三郎娵　つる」

右之もの生得実直成者ニ而極老之舅源三郎江常々孝養相尽し夫源次郎儀数年難病相煩農業之働ハ勿論手足も不自由に有之、兼而極窮之噂薬用等も心を尽し候由之所年増病症相重り人前も不相成躰見苦敷相成候ニ付、女房親里江戻り何れ成共片付候様夫申聞候由之処、ヶ様之難儀を見捨立戻り候所存毛頭無之由申之、農業之働女之」手壱ツにて食物起臥等ニ至迄深切に心を付弐石八斗余之持高耕作いたし御年貢無滞上納仕、右躰老年之親并病身之夫

江日々介抱心を尽し孝貞稀成者之由ニ付、享和二戌年吟味之上為褒美米七俵為取之候

越後国魚沼郡小出島村

水呑百姓　平左衛門」

右之もの若年之砌母相果五拾六年以前父後妻を迎取候所無程父も病死いたし候、然ル処平日何事ニ寄らす母之申事相背候儀無之四拾壱年已前女房迎候得共母之気に不合由ニ而離別いたし、其後再縁之内談有之候得共母之心遣ひ相増候迚七拾歳に及候迄独身にて母之介抱いたし、尤困窮者にて日々村方江被雇僅之賃銭を貰請漸其日を送り候」程に候得共休手間ニも宿江立帰り母之機嫌を伺、勿論遠方江雇人等に罷出候得は勝手之筋も相見候ニ付留守之内は五人組共居掛り之儀母之不自由為致間敷旨申之相進メ候得共、所詮人々之世話に相成候而ハ母之心遣ひ顕然に有之、殊にハ老衰之儀若急病等差発間敷義ニも無之大切成儀と深く案事隣村へも不罷出程に平日心懸ヶ、右に準万端孝心之儀」他に無比類稀成之由ニ付吟味之上、右同年令称美米三俵為取之候

陸奥国大沼郡大栗山村

百姓傳四郎女房　つよ

右之もの夫傳四郎久年持病之痰気相煩農業之働不相成殊に前々ゟ困窮ニ付養生も不行及候所、女房つよ儀艱難之噂にも種々心を用ひ永々之」病中深切に介抱いたし、三石余之持高女壱人之働を以耕作いたし上納方并諸人足等迄村内之世話に不相成悉皆無滞相勤、村中休日にも不相休昼夜無油断心を配毎夜深更迄賃業いたし薬代之助に心掛、夫江は食物丁寧に仕拵為給其身は飢渇躰之愁をも不厭夫之心を諌め至窮之噂永々之病中物入等相嵩借金過分有之候得共一巳之苦労ニ」いたし、万端碎信意寔に下賤に稀なる貞心之よしに付吟味之上、文化二丑年為褒美米五俵為取之候

同国会津郡丹藤村　百姓　平　助

右之者新町村川除普請所欠損危躰相成候所都合弐百八拾人賃銭ニ而相雇普請致候ニ付新町村無難相成、一己家居防方ニも相成候場所ニは相聞候得共多分入用を」掛自普請致候段寄特成ル者之由ニ付吟味之上、文化四卯年令称美米三俵為取之候

越後国魚沼郡浦佐村

百姓源八悴　傳　蔵

同人　　女　房

右之もの共困窮之百姓に有之菓物之類商ひ渡」世ニ致居候所、父親ハ八十歳余母ハ六拾歳余母儀十八年以前ゟ痱風之病相煩手足形躰不相叶候所、朝夕之食物ハ勿論其外好之品ハ何時ニ而も調為給寒暑之節ハ別而心を付起臥共ニ母之心ニ叶候様致介抱、尤両親之言葉一言ニ而も不相背様夫婦共心懸ヶ孝行相尽、勿論親類隣家之交睦敷生得実躰寄特成者共之よしに付吟味之上、右同年令称美金壱両為取之候」

陸奥国大沼郡永井野村　百姓　市郎右衛門

右之者親代より極窮之噂幼少ニ而両親ニ後レ其身壱人に相成弥増難渋に相成候所、農業出精いたし若年之砌ゟ遊興ヶ間敷儀決而不仕御年貢方大切ニ心掛日限以前上納致し、十六年已前女房引入両人ニ而農業実躰に相勤」居候所、子共出生いたし困窮之中にも両人之子共養育いたし耕作方無怠出精いたし諸事相慎村中江も睦敷奇特なる者之由ニ付吟味之上、文化四卯年令称美鳥目弐貫文為取之候

同国同郡永井野村　百姓兵蔵召仕

私領竹原村百姓　太左衛門」

右之者八年以前申年より去卯年迄兵蔵方に質券奉公相勤罷在候所、生得実直成者にて金銭取扱等に心置候事無之、第一酒給不申諸勝負ヶ間敷儀決而不致、平日柔和成ものニ而後ロ闇キ勤等無之、数年来之内ニは不腹（ママ）之事も可有之候所何様之儀主人申付候共太儀之躰曽而無之諸事倹約いたし、凡而根力を尽し深切に宜相」勤、近年折々夜中自分之村方江罷越度相願折節は酒なと持参いたし候ニ付如何様之儀と主人も心を置段々致見聞候処、老年之父親近年身弱に成候ニ付心を安メ候ため其身にて貰請候魚鳥菓子等迄持参いたし老父江給させ一己之疲レも不厭夜中之手間ニ而心を尽し、質券奉公いたし候身分として稀成志之ものニ付主人」兵蔵申出候間吟味之上、文化五辰年為褒美米弐俵為取之候

同国会津郡十島村

名主甚兵衛女房　な　を

右之もの舅万右衛門儀五年已前子年七十壱歳にて病死いたし姑も同年八月頃ゟ病気附」年増病躰相重り何病ひに候や村中を翔廻り食事時又は何時ニ而も食事好候節は姑之気ニ入候食事を拵給させ、村内江遊ひに出候節ハ先之落着所を見定宿江帰り候而食事を拵其後迎参候得は此所に泊り候抔と品々難渋ヶ間敷申候につき宿江罷帰候様連々申諭漸背負罷帰候儀幾度と申限り無之、或は雨天之節素足にて」罷出候得は綿入木履等を持参り濡り候物を着替させ連帰り、扨又三度之食事之外寒夜之時分成り共夜食拵候様申聞候得は品々取集拵為給候得共気に不入節ハ致立腹候ニ付仕拵直漸機嫌を取、夜中ハ別而病気発裸にて所々歩行候節ハ寒気を厭ひ帯を解己か衣裳を以背負不冷様いたし、至而寒夜之節抱寝致候様申候節」は懐にて我身を以子とも同様能々暖メ又暖ニ成候得ハ夜具ゟ抜ヶ出家内を改歩行一夜之内幾度も朧(ママ)、七十五歳之姑髪ハ白毛を乱形も見苦敷候得とも大儀之躰無之寝入候節は大節(ママ)に取扱少も麁末無之様いたし、気短に成無筋之事共申候而も一向逆ひ不申永々之病気昼夜睦(ママ)(睡カ)候儀無之程ニ懇に看病いたし、只姑之病気を嘆真実いとふしく」存、折節は朝夕落涙いたし大小用も居なからいたし候を、其度々取替洗濯致し他人ハ勿論夫甚兵衛も不知様に取始末いたし、村内市左衛門と申者所江泊りに参り候節は昼二三度機嫌伺ニ罷越、夜中ハ内江も不入眠居候哉病気発候哉を夜半又夜明方ニも人不知様機嫌伺候躰、殊に旧冬姑病気為全快之立願いたし寒中三十日毎朝明ヶ」六ッ時已前起水をあび祈、其後火を焚付姑之大小用取始末いたし候所、時刻早ク候得は夫甚兵衛も水あび候事一向存不申様にいたし、是等之儀夫甚兵衛知り候而は心痛可申、却而不宜儀と存厚ク心を配り候由、同郡黒谷村吉祥院と申寺を立願人に頼候節右之始末相知候由、如斯丹精を尽し候故ニや、去卯十二月廿日頃より段々心能方ニ趣春に至り」病気致本快候ニ付隣村迄も無比類孝養之由取沙汰仕候ニ付吟味之上、右同年為褒美米拾俵為取之候

同国大沼郡高森村　名主　儀兵衛
大嶺村　名主　庄左衛門

右之者共儀数代名主役相勤候家柄候処、生得」実直ニ而村中江和睦し第一御上納方大切ニ無遅滞相納、儀兵衛儀は去卯年迄五拾年相勤両村ともニ是迄出入ヶ間敷儀無之、

凡而実直寄特成者之由に付、右同年令称美儀兵衛江金三百疋庄左衛門江金弐百疋為取之候

下野国塩谷郡上三依村
百姓　文右衛門」

右之者前々ゟ困窮候所御上納方ハ勿論夫役人足等迄も心掛無怠相勤家内睦敷、親源左衛門朝夕之食物も貧窮之噂故麁飯を為給候得共毎度客来之会釈之如くいたし相進メ、八十八歳に相成候老人ニ候得共耕作之働も不相及候得共、諸事相伺何れ之畑江は何々之種蒔付可申哉之旨相伺万事任差図何成共親之申通取計、夜中ハ父之側ニ臥り」孝養相尽し村中傍輩江之交至而丁寧睦敷老（孝）行稀成者之由ニ付吟味之上、文化二丑年為褒美米弐俵為取之候

右は松平金之助御預所陸奥国会津大沼両郡村々并越後国魚沼郡村々下野国塩谷郡上三依村百姓之内、寛政元年以来当辰年迄孝行寄特者」行状書面之通御座候　以上

辰九日

松平金之助内
坂十郎左衛門」

脇坂中務大輔御預所

美作国英田郡土居村
百姓　忠兵衛　卯六拾七歳

右之者儀無高独身ものニ而少々宛請作等仕困窮之百姓に御座候処父にハ若年之頃相離其後母姉其身共三人暮に御座候処、困窮之中ゟ母姉江孝心を尽同人壮年」之頃妻帯之儀相勧候而も厄介等出来候而ハ母姉江事方心之侭ニ不相成由等申妻帯不仕、母姉相果候後も毎朝位牌拝礼等丁寧ニ仕候旨役人共書付を以届出候、忠兵衛孝心之趣は近村迄相聞相違無御座奇特之儀ニ付、寛政七卯年五月中務大輔より為褒美鳥目三貫文遣申候」

同人御預所
同国粂南条郡川口村
百姓　重　吉　卯弐拾五歳

右之者儀小高困窮之百姓ニ而養母其身共弐人暮ニ御座候処、養母儀狂気之躰ニ罷成候ニ付薬用介抱等万端心を尽近郷之神仏江立願を籠困窮之中ゟ貞実之事江方」近村ニ而も感心致し少々宛助成致し候処、其余力を以京都江登吉田家江祈祷を授り様々心魂をつくし看病致し候段村役人共より書付を以届出候、重吉孝心之趣は近村迄も相聞相違無御座寄特之儀ニ付、寛政七卯年十二月中務大輔ゟ為褒美鳥目五貫文遣申候」

同人御預所
美作国勝南郡吉ヶ原村
百姓　武　七　卯三拾六歳

右之者儀母并其身共弐人暮ニ而御座候、五ヶ年以前父与十郎致病死存生之内両親江孝心を尽し父相果候後も母江」貞実ニ相事江妻帯致し候処、母心に不叶候ニ付早速離別致し其後は妻帯も不致母江大切ニ事農業致出精風儀宜おもむき村役人ゟ書付を以届出候、武七孝心之趣は近村迄相聞相違も無御座奇特之儀ニ付、寛政九巳年八月中務大輔ゟ為御褒美鳥目三貫文遣申候」

同人御預所
同国同郡吉ヶ原村
百姓　清　蔵　巳四拾弐歳
同人女房　も　よ　巳三拾五歳
同人娘　か　津(ママ)　巳　拾三歳

右清蔵儀高四石余所持仕家内六人」暮ニ而困窮之百姓ニ御座候、清蔵夫婦之もの両親江数年孝心を尽し、母はん儀は四ヶ年以前より相煩手足不叶ニ御座候処、右夫婦之者至而貞実に相事江候故娘かつ義も見習、拾歳之節ゟ祖母はん側を昼夜不離介抱致し候旨村役人ゟ書付を以届出候、清蔵」夫婦并娘かつ共孝心之趣は近村迄相聞相違も無御座三人とも奇特之儀ニ付、寛政九巳年八月中務大輔ゟ為褒美鳥目弐貫文宛遣し申候」

同人御預所
同国同郡中河内村
百姓　庄之助　未三拾五歳

右之者儀高三石余所持両親并弟妹其身共家内五人暮ニ而至而困窮之百姓ニ御座候処、年来両親江孝道を尽し兄弟」睦敷困窮ニ付ては日訳(ママ)奉公致し候処、主人方奉公大切に相勤病身ニ候処能労り介抱致し、弟江ハ孝道并妹労り方等申諭風儀宜趣村役人共ゟ以書付届出、庄之助孝心之趣ハ近村迄相聞相違も無御座奇特之儀ニ付、寛政十一未年八月中務大輔より為褒美鳥目三貫文遣し申候

同人御預所
同国英田郡土居村
庄屋　三郎平　午四拾七歳
同国勝南郡吉ヶ原村
庄屋　平次兵衛　午六拾五歳

右両人共役筋年来功者(ママ)実貞ニ相勤居村は勿論外村々百姓共一同気請」宜趣ニ相聞、其外六ヶ敷公事出入品々取噯

程能下済取計骨折致出精候ニ付、寛政十午年八月中務大輔ゟ為褒美三郎平江は紋附上下一具平次兵衛米拾俵遣し申候」

同人御預所
同国久米南条郡福渡村
百姓　山崎小三郎　未五拾壱歳

右之もの儀農業之透々酒造稼仕平日実貞成ものニ御座候、然ル処御預所内極難村々江遣ひ牛弐疋又は銀弐百目或は銀三百目追々致助成候段村々ゟ百姓并村役人共ゟ」書付を以届出候、小三郎助成之趣は近村迄相聞相違も無御座寄特之儀ニ付、寛政十一未年八月中務大輔ゟ為褒美紋附上下一具遣し申候」

同人御預所
同国同郡下二ヶ山手村
百姓　治部　宇助　辰五拾弐歳
同国英田郡倉敷村
百姓　春名猶右衛門　辰四拾七歳
同村
百姓　幸　七　辰四拾五歳」

右三人共寛政七卯年八月洪水之砌水難之ものとも江不取敢致扶助其外ニも追々助成致し候段村役人共ゟ書付を以届出候、宇助猶右衛門幸七致助成候趣は近村迄相聞相違も無御座奇特之儀ニ付、寛政八辰年二月中務大輔ゟ為褒美紋附上下一具宛遣し申候」

同人御預所
同国同郡同村
春名猶右衛門忰
春名嘉三郎　申弐拾八歳

右之者儀平日行跡正敷居村近村極難之者又は長煩等致し候もの其外去歳大凶作ニ付御預所村々一統難渋之年柄、就中同国」下大谷村北坂村之儀は下地困窮之村方弥以及難渋種籾をも失ひ夫食ニ尽候趣聞および不取敢都合米麦七石余銀弐貫三百目余預助成候段村々ゟ書付を以届出候、嘉三郎助成致し候趣は近村迄相聞相違も無御座奇特之儀ニ付、寛政十二申年七月中務大輔より為褒美紋附上下一具遣し申候」

同人御預所
同国久米南条郡下二ヶ山手村
百姓　治部宇助　申五拾六歳

右之もの儀同国同郡下神目村庄屋銀兵衛困窮ニ付借財方致取〆候を及承、銀子致助成候段村役人ゟ書付を以届出候、宇助致」助成候趣は近村迄相聞相違も無御座奇特之儀ニ付、寛政十二申年七月中務大輔ゟ為褒美樽肴遣し申候」

同人御預所
同国同郡福渡村
庄屋　丈四郎　申四拾歳

右之者儀役筋実貞相勤下神目村庄屋銀兵衛江銀弐貫四百五拾目取替遣し置候処、同人儀追年及困窮候を相察右取替銀」致棄捐遣し候段銀兵衛ゟ書付届出候、丈四郎助成致し候趣は近村迄相聞相違も無御座奇特之儀ニ付、寛政十二申年七月中務大輔ゟ為褒美銀壱枚遣申候」

同人御預所
同国同郡別所村
庄屋　弥兵衛　申六拾壱歳

右之者儀役筋実貞相勤同国同郡川口村貧村ニ付銀子取替御年貢為及上納返済残余程有之候処、同村難渋を察し」致棄捐遣し弥兵衛致助成候段川口村役人共ゟ書付を以届出弥兵衛致助成候趣近村迄相聞相違も無御座奇特之儀ニ付、寛政十二申年七月中務大輔ゟ為褒美金子弐百疋遣し申候」

同人御預所
同国久米北条郡宮尾村
百姓　音　八　申三拾六歳
同人女房　津　ね　申弐拾八歳

右之者共儀両親存生之内孝心ニ相事江平日人柄宜其身質素ニ相暮風俗宜段」村役人共ゟ書付を以届出候、右音八津ね孝心之趣は近村迄相聞相違も無御座奇特之儀ニ付、寛政十二申年七月中務大輔ゟ為褒美鳥目三貫文遣し申候

同人御預所
同国勝南郡湯郷村
百姓　久　七　申三拾五歳
同人弟　豊　蔵　申三拾三歳

右之者共儀平日実貞兄弟睦敷両親存生之内孝心ニ事江御年貢筋申付候日限」年来無遅滞及上納其身質素ニ相暮風俗宜段村役人ゟ書付を以届出候、右久七豊蔵孝心之趣は近村迄相聞相違も無御座奇特之儀ニ付、寛政十二申年七月中務大輔ゟ為褒美鳥目三貫文遣し申候」

同人御預所
同国同郡殿所村
百姓　茂兵衛　酉五拾七歳

右之者儀家内八人暮ニ候処、養父母江事方宜殊ニ母儀は

数年来盲女と相成自由不相叶起臥迄も同人壱人ニ而厚致介抱農業及出精」困窮之百姓ニは候得共御年貢速ニ致上納家内睦敷段村役人共ゟ書付を以届出候、茂兵衛孝心之趣は近村迄相聞相違も無御座奇特之儀ニ付、享和元酉年五月為褒美鳥目三貫文遣し申候

同人御預所
同国同郡柵原村
百姓　武兵衛　酉五拾五歳

右之者儀老母江尽孝心を同人妻并悴迄も昼夜心を附老母江事方等平日家内之もの江能々申聞候段村役人共より書付を以」届出候、武兵衛孝心之趣は近村迄相聞相違も無御座奇特之儀ニ付、享和元酉年五月中務大輔ゟ為褒美鳥目三貫文遣し申候

同人御預所
同国久米南条郡下二ヶ山手村
百姓　治部宇助　戌五拾九歳

右之者儀平日実貞第一其身質素ニ相暮当御預所同国同郡下大谷村青木村至而之貧村ニ而百姓相続も出来兼候趣」及承銀子致助成候段、右両村役人共ゟ書付を以届出宇助致助成候趣は近村迄相聞相違も無御座奇特之儀ニ付、享和二戌年八月中務大輔ゟ為褒美紋附上下一具遣し申候」

同人御預所
同国英田郡倉敷村
庄屋　代次郎　戌三拾壱歳

右之者儀数年役筋実貞及出精同村之儀は以前は庄屋両人之処村内能取治公事訴訟等も少く外村方ニ而入組候公事」出入取扱品能取計専御用立候付、享和二戌年八月中務大輔ゟ為褒美紋附上下一具遣申候」

同人御預所
同国久米北条郡足山村
庄屋　忠右衛門　戌四拾六歳
同人弟　五三郎　戌　四拾歳

右之者儀享和元酉年春稀成ル氷降り麦作一粒も無之程之不作ニ而百姓共一同」及飢渇候処、早速米穀等致助成候段村役人共より以書付届出候、忠右衛門五三郎致助成候趣は近村迄相聞相違も無御座奇特之儀ニ付、享和二戌年八月中務大輔ゟ為褒美金子弐百文宛遣し申候」

同人御預所
同国勝南郡宮山村
百姓　丈　八　戌弐拾九歳

右之者儀平日実貞農業及出精同国同郡青木村庄右衛門又右衛門困窮之始末及承銀子致助成候段青木村役人共ゟ書付を以」届出候、丈八助成致し候段近村迄相聞相違も無御座奇特之儀ニ付、享和二戌年八月中務大輔ゟ為褒美金子弐百疋遣し申候」

同人御預所
同国同郡黒土村　百姓
伊三郎忰　平　吉　戌弐拾歳

右之者儀生得実貞ニ而両親江孝心を尽兄弟睦敷致一和相暮、親類并居村朋友交り宜農業之儀は昼夜致出精候段村役人」ともより書付を以届出候、平吉孝心之趣は近村迄も相聞相違無御座奇特之儀ニ付、享和二戌年八月中務大輔ゟ為褒美鳥目三貫文遣し申候」

同人御預所
同国同郡宮山村
百姓　宇之助　戌五拾壱歳

右之者儀小高ニ而困窮ニ候処、病身之親三九郎江心を尽し介抱致し農業及出精夜分透々ニは藁細工致し右等之価を以」親給物等心を付候段村役人共ゟ書付を以届出候、宇之助孝心之趣は近村迄相聞相違も無御座奇特之儀ニ付、享和二戌年八月中務大輔ゟ為褒美鳥目三貫文遣し申候」

同人御預所
同国久米南条郡川口村
百姓　市三郎　亥五拾三歳

右之者儀平日人柄宜農業及出精家内睦敷御年貢年々致早皆済候段村役人共ゟ書付を以届出候、市三郎貞実之趣は近村迄」相聞相違も無御座奇特之儀ニ付、享和三亥年三月中務大輔ゟ為褒美鳥目弐貫文遣し申候」

同人御預所
同国英田郡倉鋪村
百姓　理　助　寅七拾五歳

右之者儀生得実貞ニ而農業及出精風儀宜段村役人共ゟ書付を以届出候、理助風儀宜趣は近村迄相聞相違も無御座奇特」之儀ニ付、文化三寅年七月中務大輔ゟ為褒美鳥目壱貫五百文遣し申候」

同人御預所
同国勝南郡岩見田村
百姓　久兵衛　寅四拾四歳

右之者儀生得実貞ニ而御法度筋能相守農業及出精親江尽孝心家内睦敷其身質素ニ相暮隣村貧窮之者救ひ」遣候段

村役人ゟ書付を以届出候、久兵衛孝心并貞実之趣は近村迄相聞相違も無御座奇特之儀ニ付、文化三寅年七月中務大輔より為褒美金子弐百疋遣し申候」

同人御預所
同国同郡飯岡村
百姓　源右衛門　寅五拾三歳

右之者儀親江尽孝心農業及出精風儀宜候段村役人ゟ書付を以届出候、源右衛門孝心之趣は近村迄相聞相違も無御座」奇特之儀付、文化三寅年七月中務大輔より為褒美鳥目三貫文遣し申候」

同人御預所
同国同郡末村
百姓儀助娘　か　う　寅拾九歳

右之者儀両親并弟壱人有之家内四人相暮、父儀助儀は老年母儀は病身ニ有之弟儀は若年ニ而農業も聢々難出来候処」かう義女之身分ニ而農業及出精極難之身上取続殊更両親為養育縁付をも不致、就中母儀は身之自由も不叶ニ候処朝暮心ニ叶候様相事江候段村役人より書付を以届出候、かう孝心之趣は近村迄相聞相違も無御座奇特之儀ニ付、文化三寅年八月中務大輔ゟ為褒美鳥目三貫文遣申候」

同人御預所
同国同郡奥大谷村
百姓　三太郎　寅四拾弐歳

右之もの平日実貞農業及出精殊更老母身之自由も不相叶候処朝暮心ニ叶候様厚孝心を尽候段村役人ゟ書付を以」届出候、三太郎孝心之趣は近村迄相聞相違も無御座奇特之儀ニ付、文化三寅年七月中務大輔ゟ為褒美鳥目三貫文遣し申候」

同人御預所
同国英田郡倉敷村
専助後家　ま　さ　寅四拾四歳

右之者儀生得実貞ニ而舅姑江事方宜敷殊ニ姑儀ハ多年病身ニ候処、給物を初昼夜万端心を附懇ニ相事江夫専助儀も長病ニ候処相果候迄深切を尽候段村役人より書付を以」届出候、まさ貞実之趣は近村迄相聞相違も無御座寄特之儀ニ付、文化三寅年七月中務大輔ゟ為褒美鳥目三貫文遣し申候」

同人御預所
同国同郡土居村

庄屋　安兵衛　卯四拾弐歳
右之者儀役筋出精相勤御預所従初年触元村役をも相勤其上駅場引請并外村方出入筋他所掛合等取計方宜専御用立」殊更土居村ニ而は家筋之者ニ付、文化四卯年十二月中務大輔ゟ為褒美紋附上下一具遣申候」

松平主殿頭御預所
肥後国天草郡高浜村
一　無高　百姓　万　七
右万七幼年之時分父は相果母と一所ニ罷在日雇稼等仕漸其日を送り候程之難儀者ニ御座候処、至而貞実成生質ニ而母江孝心ニ有之母申付候儀」少も相背不申、稼方ニ罷出候節は諸人ニ勝れ相働用事済次第急罷帰母之機嫌を尋猶又母好物等仕候節は不寄何品自分ニ相拵、万事行届候程之儀は母不自由無之様仕向寄特之者之段村内隣村迄も風聞仕候旨村役人共申出無相違相聞候間、主殿頭ゟ寛政二戌年十二月中為褒美鳥目五貫文遣し申候」

同国同郡同村
一　持高五石壱斗六升三合　百姓　傳四郎
右傳四郎儀生質正路成ものニ而農業出精御年貢納方大切ニ仕数年之間諸納物村内一番ニ皆済仕、其外諸公役村役人申付之通り少も無怠相勤、両親存生之内は孝行之志も有之」村内手本ニ相成候もの之段村役人共申出無相違相聞候間、主殿頭ゟ寛政三亥年四月中為褒美白銀弐枚遣申候」

同国同郡御領村
百姓　政右衛門女房　み　津
右み津母及老年其上兼而病身ニ而渡世難成住所も不定近辺之者小屋を借罷在候付日々食物等右み津方ゟ差送介抱致し候処、天明八申年中母六拾五歳ニ而盲目ニ相成候故」附添居不申而ハ介抱難行届、夫政右衛門も至而貧窮者ニ而世話相成兼候ニ付双方和談之上致離別、みつ（ママ）儀喜代松と申五歳ニ相成候男子壱人貰罷帰薪柴等採ニ山江参又は日雇稼仕夜は木綿（ママ）を織賃銭を以穀類を調母を養申候処、みつ稼ニ出候留守ハ五歳ニ相成候喜代松祖母ニ附添罷在湯水を乞候得は」夫々相与へ暑中ニは海辺へ手を援参暑を凌セ幼稚之心ニ母之孝心を見真似、母諸とも孝心を尽し候儀村内ニ而も一統寄特ニ存籾等差遣候段村役人共申出無相違相聞申候間、主殿頭ゟ寛政三亥年四月中為褒美鳥目五貫文遣申候」

一　持高壱升八合　但屋敷床

同国同郡高浜村

百姓　茂　作

茂作弟　善　作

右茂作善作幼少之時分父相果母と一所ニ罷在漁業渡世ニ仕貧敷相暮申候処、兄弟ともニ貞実柔和成生質ニ而母如何様之事申候共少も相背不申母之心ニ随ひ、且他所江」漁業参り候得は相応ニ漁方も御座候得とも母之側を離候儀を厭其日帰之漁方ニ罷出母を養育仕、兄弟睦敷孝心之志有之隣村までも風聞仕候段村役人共申出無相違相聞候間、主殿頭より寛政三亥四月中為褒美鳥目三貫文宛遣申候」

一　持高六合

同国同郡同村

百姓　貞　蔵

右貞蔵儀母并姉壱人有之無高同然ニ而漁業或は日雇稼仕至而貧敷暮候得共生質正直ニ有之諸人ニ勝れ渡世方出精仕母ニ孝心ニ有之、幼少之時より漁稼に参候而ハ母之好候魚自分ニ」取レ不申候得は外ゟ相求持帰母江勧メ、近年母病身ニ相成候得は猶又懇ニ仕母之好候ものは何品ニ不限及候丈世話仕、姉之儀も年久敷病身ニ而罷在候処是又大切ニ取扱寄特成もの之段村内風聞仕候旨村役人共申出無相違相聞候間、主殿頭より寛政六寅年六月中為褒美鳥目三貫文遣申候」

一　持高弐拾壱石五斗三升三合

同国同郡宮地岳村

庄屋　中西喜左衛門

右喜左衛門儀両親江孝行之志有之母は寛政十一未年ゟ大病ニ而家内歩行も難成御座候処喜左衛門儀昼夜附添罷在、朝夕之食事薬煎かた、二便までも能世話仕、無拠用事ニ而」他村江罷出候節は両親安心仕候様懇ニ申聞罷越、先方隙取及深更候而も用事済次第直ニ罷帰、両親之機嫌を伺万端心を附母介抱仕寄特もの之段相聞候間、主殿頭ゟ享和三亥年閏正月中為褒美白銀壱枚遣申候」

同国同郡高浜村

百姓　忠内姉　いろ

右いろ義同村百姓林平と申者娘ニ而兄弟四人有之候処、父并兄茂吉と申もの先年病死、引続弟加市盲目ニ相成病難打続所持之田畑売払至而難儀仕、弟忠内と」申者有之漁稼仕候得共家内之世話迄ハ行届兼、右いろ儀少之野畑を作り或は日雇稼豆腐を拵売、夜は賃綿を援母并盲目之弟を養育仕、其上加市江師匠を取三味線稽古為致、且父兄先祖之年忌等ニは難儀之中ゟいろ兼而心掛置懇ニ供養仕、いろ義至而艱難仕候ニ付壮年之時分嫁ニ望来候者も」有之親類ともも嫁候様勧候得共嫁候而は母并盲目之弟難儀可仕と申親類共之勧承引不仕、母ニ能随ひ弟を愛し至而寄特なる者之段村役人共申出無相違相聞申候間、主殿頭ゟ享和三亥年閏正月中為褒美鳥目三貫文遣し申候」

同国同郡同村

百姓　佐平太

一　持高八升八合

右佐平太儀同村百姓兼助と申者弟ニ御座候処別宅仕佐平太義は両親と同居罷在候処、母は拾壱ヶ年以前丑年病死、父平四郎儀翌寅年より乱心ニ相成暫も家内に居不申兼助と」佐平太宅之間三拾間程之所、昼夜往返仕疲レ候而は少寝又起上り右之通仕家内ニ入候而は火に水を掛旁仕暫時も油断相成不申候間佐平太儀昼夜附添居、薬用等も為仕候得共快気不仕、尤少々快様相見候砌ニ佐平太儀田畑山稼等ニ罷越候得は、父親跡を追附添参り候間場所を見立柴抔折敷父を休能々申含」置候而仕事ニ取掛、精を出早く相仕廻罷帰候途中老人を連参り候得は馬ニ除彼是仕人ニ後れ毎も日暮シ而已仕漸無難ニ而父と供ニ罷帰、或時は未仕事不相仕廻内帰度申候得は仕事を相止連帰、且夜分佐平太添寝不仕候而ハ寝入不申候ニ付毎夜添寝仕父眠候得は佐平太儀は起上り家業仕漸」家内寝候得は無程父起上り火を焚セ二便之穢も佐平太自身ニ洗濯致し、朝夕給物も乱心故多く喰散涎抔掛り候而も不厭跡は佐平太給候様仕、右之通八ヶ年之間父病中孝行仕候処、享和元酉年父死去仕候、扨又兄兼助とも睦敷佐平太行状見聞仕候もの何も感心仕候段風聞有之趣、平四郎死後ニ成村役人共申出」無相違相聞候間、主殿頭殿ゟ享和三亥年閏正月中為褒美鳥目三貫文遣し申候」

同国同郡内野河内村

百姓　兵　蔵

一　持高七斗

右兵蔵儀生得貞実ものニ而耕作出精仕御年貢米手入能仕毎年人々ゟ先ニ上納仕来申候、父は先年相果母計有之候処孝心ニ有之平日兵蔵儀脇方江罷越候節母好候ものは」自分ニは給不申土産ニ持帰母ニ進メ申候、宿元ニ而は別而気を附母不給内は自分も給不申兼々志厚ものニ而弟有之候処睦敷弟儀も母を大切ニ仕候、享和元酉年中母大病ニ御座候処兵蔵儀昼夜不寝附添罷在大切ニ看病仕候得共養生不叶母病死仕兵蔵孝志之儀村内之者共至而寄」特之旨申之候段、老母死後村役人共申出無相違相聞候間、主殿頭ゟ享和三亥年閏正月中為褒美鳥目三貫文遣し申候」

同国同郡姫浦村

百姓　和兵衛

一　持高九斗三升

右和兵衛義生質正路成ものニ而例年御年貢米人ニ勝れ能手入仕人々より先ニ上納仕来り申候処母は先年相果、八拾弐歳ニ相成候父親有之和兵衛儀孝心ニ而難儀之中ゟ」父ニ計米飯別ニ焚為給其身外家内之儀は麁食ヲ給、和兵衛悴娵等も御座候処家内一統親を大切ニ仕候、老父長病ニ御座候処和兵衛義昼夜少も不離附添罷在懇ニ看病仕候得共養生不相叶、享和二戌年四月中父死去仕候、右和兵衛兄五人有之候処一統睦敷相暮、和兵衛義寄特者之段村内ニ而」風聞仕候旨老父死後ニ相成村役人共申出無相違相聞申候間、主殿頭ゟ享和三亥年閏正月中為褒美鳥目三貫文遣申候」

同国同郡冨岡町

増屋　半右衛門

一　持高弐拾七石三斗弐升三合

右は肥後国天草郡村々百姓共借銀相嵩難立行ニ付伺之上相続方仕法申付候処、同郡冨岡町難儀之者共江質田畑為請返困窮凌方之手段村役人共存立候得共元手無御座仕法出来兼候趣、右半右衛門及承銭千貫文差出候間右千貫文を本」立ニ仕村役人共追々難儀之もの共救方取計下方一統相悦ひ候趣相聞申候、右半右衛門儀は寛政八辰年郡中相続方申渡候砌も多分之貸銭奇(ママ)捐ニ仕旁寄特もの之段村役人共申出無相違相聞候間、主殿頭ゟ享和三亥年四月中陣屋用達並之者ニ申付候」

同国同郡鬼池村

一向宗光明寺二男　恵　充

右之僧両親江孝心ニ御座候処寛政四子年母死去仕候後別而父を大切ニ仕平常之食事をも下人ニ任置不申気を附、寒夜ニは蒲団を温敷せ寺役仏事等ニ付罷出候節は急罷帰」機嫌を伺兎角父之気を安候様ニ相計、扨又兄道愷と申僧も孝心ニ御座候得共父老年故父ニ代り寺役繁々ニ而弟恵充程ニは行届不申候、然共両僧とも貞実成生質故家内睦敷外々鑑にも相成候程相見候段村役人共申出無相違相聞候間、主殿頭ゟ享和三亥年十二月中白銀壱枚遣し申候」

同国同郡同村
百姓　与五郎

一　持高壱石四斗余

右与五郎儀纔之百姓ニ御座候処父母并妻子とも家内七人有之貧敷暮し申候処、与五郎儀若年之頃ゟ両親江能仕、朝暮両親之起臥ニ迄機嫌を伺ひ寒暑之凌も成丈親之心に」叶候様取計、病中抔ニハ食事等ハ勿論服薬二便之穢をも自身引取厚く介抱仕候、母は寛政元酉年病死仕、父太郎右衛門儀は申（ママ）近年至而老衰仕候ニ付而別而孝養を尽、家内睦敷諸人之交り丁寧ニ有之奇特者之段村役人共申出無相違相聞候間、主殿頭ゟ享和三亥年十一月中鳥目三貫文遣し申候」

同国同郡上津浦村
百姓　豊七

一　持高壱斗五升

右豊七儀若年之頃ゟ父母ニ孝行之志有之父は寛政二戌年病死仕母并妹とも家内三人至而貧敷相暮候得共幼少より之志無怠孝行仕、老母兼而酒を好候処日毎ニ少々ツヽ」買求母江相進、耕作之隙ニは日雇稼ニ出候処、稼ニ出候先ニ而魚類等振廻候得は自分ニハ給不申母江（土脱カ）産ニ持帰相進、右日雇ニ参り候節母江一々相尋母之任差図罷越、豊七若年之頃ゟ夜遊抔は被誘引候而も母壱人差置候而は淋敷可有之と申決而出不申、扨又妻帯致候様親類共勧候得共他人を入候而万一母之」心ニ不叶儀可有之も難計段申之承引不仕、妹儀も兄之孝行を見習万事母江能仕家内睦敷家業出精仕、奇特之者之段村役人共申出無相違相聞候間、主殿頭ゟ文化元子年六月中鳥目三貫文遣し申候」

同国同郡浦村
百姓利兵衛女房　きよ

右利兵衛女房きよ舅姑并子供数多有之貧敷相暮、舅姑は至而老衰仕候処きよ嫁来り候後舅姑之心ニ不叶義少も無御座平常舅姑之側を不離相暮、起臥」之節は勿論万事心を付相労り候ニ付舅姑ともニ安心致し睦敷相暮、姑去ル子年病中利兵衛倶々色々介抱仕候得共養生不叶死去仕候、其後は舅ニ添孝行仕村内手本ニも相成候もの之段村役人共申出無相違相聞候間、主殿頭ゟ文化二丑年八月中鳥目三貫文遣し申候」

同国同郡富岡町

一　持高四升六合　　百姓　幸太郎

右幸太郎儀至而貧敷漁業并日雇稼等ニ而渡世仕候処父は先年病死仕、母と一所ニ罷在母江孝行之志有之、朝夕之食物其外万事心を付家内出入之度々懇ニ挨拶仕、母平常」酒を好候処難儀之中ゟ日々酒相調心能相進至而母を大切ニ取扱候故、母も安心仕殊之外家内睦敷相暮奇特之者之段村役人とも申出無相違相聞候間、主殿頭ゟ享和二戌年十一月中鳥目三貫文遣し申候」

同国同郡同町

一　持高三斗九升九合　　百姓　喜　蔵

右喜蔵儀貧窮ものニ而漁業并日雇稼等仕其日暮之者ニ御座候処、父は先年病死仕母と一所ニ罷在候処、喜蔵夫婦之もの母江孝行之志有之朝夕之食事は勿論万事心を附」母ヲ大切ニ仕家内出入之度々懇ニ挨拶仕至而家内睦敷御座候、然ル処女房儀近年盲目に相成内證不手廻り御座候処、喜蔵儀母不自由無之様ニと申別而懇ニ取扱奇特成者之段村役人共申出無相違相聞候間、主殿頭ゟ享和二戌年十一月中鳥目三貫文遣し申候」

同国同郡同町

一　持高弐石壱升　　大坂屋　熊太郎

右熊太郎儀富岡町大坂屋甚三郎と申者弟ニ御座候処、同町大坂屋喜兵衛と申もの養子ニ成罷越候砌ゟ養父病中少も不離附添罷在薬用其外万事心を附実意ニ」看病仕候得共養生不相叶死去仕候ニ付右喜兵衛跡式相続仕、身上相応ニ相暮し養母と一所ニ罷在孝行之志有之、商家ニ而多用ニも御座候得共朝夕之食事等能気を付相進万事至而丁寧ニ有之家内出入之度々懇ニ挨拶仕、実母方江も日々無怠見廻懇に取扱奇特なる者之段諸人申之候旨村役人共」申出無相違相聞申候間、主殿頭ゟ文化三寅年三月中鳥目三貫文遣し申候」

一　持高三斗三合

同国同郡同町

百姓　用　七

右用七儀貧窮ものニ而漁業并日雇稼渡世仕候処父は先年病死仕母と同居罷在、孝行之志有之朝夕之食事等能気を附相進其外万事至而丁寧ニ取扱家内出入之度々」懇ニ母江挨拶仕、家内睦敷隣家交り等も実意ニ仕奇特なるもの之段村役人共申出無相違相聞候間、主殿頭ゟ文化三寅年三月中鳥目三貫文遣し申候」

一　無高

同国同郡同町

津　る

右津る儀父は先年病死仕母と一所ニ罷在至而貧窮其日暮之ものニ御座候処、母江孝行之志有之極難儀之中ゟ母朝夕之食事等能気を付拵江、扨又母少々宛酒を好候処」日雇稼等致し右賃銭を以日々酒調母江相進、家内出入之度々母江懇ニ挨拶仕万事丁寧ニ取扱隣家交り睦敷奇特成もの之段諸人申之候旨村役人共申出無相違相聞候ニ付、主殿頭ゟ文化三寅年三月中鳥目三貫文遣し申候」

同国同郡同町

百姓平兵衛妹　み　さ

右みさ儀父は先年相果兄平兵衛方江罷在、前方同町伊作と申者ニ嫁其後夫伊作病中薬用は勿論其外万事心を付至而丁寧ニ介抱仕候得共養生不相叶伊作儀死去」仕候、右夫死後兄平兵衛方江引取母と一所ニ罷在候処、老母江孝行之志有之朝夕之食事能々気を付拵母江相進、其外万事丁寧ニ取扱兄平兵衛江も能仕、家内睦敷隣家交り等も実意ニ有之奇特者之段人々申之候旨村役人共申出無相違相聞候間、主殿頭ゟ文化三寅年三月中鳥目三貫文遣申候」

豊後国速見郡小坂村

百姓利助娘　み　な

右みな父利助儀僅高壱石壱斗余所持子供三人有之、姉は一旦嫁候得共不縁ニ而罷帰親類共方江参居漸自分之渡世仕次男喜助と申者は病身故家業出来兼」其身計之渡世仕居候処、両親共老病ニ而打臥罷在候ニ付妹みな壱人ニ而農業罷出牛壱疋所持仕居秣刈敷耕作之間にハ弐里余隔候山江牛牽参り薪伐採貯置、冬中は焚火ニ而両親江寒気を為凌介抱之透々ニは機織夏冬之衣類を拵両親江着セ食物之儀少も味宜品は両親江相進、其身ハ」麁食給家業出精御年貢并村入用等迄速ニ差出、扨又両親長病ニ而罷在候ニ付、若死去之節之入用等も兼而用意仕置不寄何事両親申候儀相背不申、自分は至而艱難仕候ニ付、みな江聟取可申旨親類とも相勧候得共貧窮之中江他人を入、万一両親之心ニ不叶時は不宜と申親類之勧承引不仕、孝行」仕候段村役人共ゟ先々御支配中江申出御代官菅谷弥五郎様ゟ寛政六寅年閏十一月中鳥目三貫文被遣候由ニ御座候」

同国同郡同村

無高　才助娘　さ　め

右さめ父才助儀少々小作等仕渡世致し女子壱人有之至而貧敷暮候処、さめ儀若年ゟ両親江孝行之志有之其後両親共老病にて打臥罷在候処至而丁寧に取扱耕作を相励、作間ニは日雇稼仕右賃銭を以衣食を取拵両親江重ニ」相進、自分は衣食共ニ成丈少相用、両親好候品は夜中ニ而も及力候程は早速調相進或は牛を牽弐里余も隔候山野江参薪伐採貯置、冬中は焚火ニ而両親江寒気を為凌夏之内昼ハ耕作ニ出、終夜両親之蚊を追至而大切ニ看病仕、其身ハ極々艱難仕候ニ付さめ壮年之砌聟を取可申旨親類共相勧候得共貧窮故相続も成兼可申、其上他人を入両」親之心ニ不叶時は不宜と申親類之勧承引不仕孝行無怠仕候処、父母共ニ先年死去仕候得共至而寄特もの之段村役人共ゟ先々御支配中申出、寛政六寅年閏十一月御代官菅谷弥五郎様ゟ鳥目弐貫文被遣候之由ニ御座候」

豊後国速見郡浜脇村

百姓　仙　吉

仙吉弟　為　吉

一　持高弐斗弐升七合

右仙吉為吉儀若年之頃ゟ両親江孝心ニ御座候処父は先年病死仕母と両人之者一所ニ罷在、寛政九巳年五月ゟ母中風相煩起臥も難叶候ニ付二便之世話其外万事至而懇ニ介抱仕、母好候品は何ニ而も」貧敷中ゟ色々と致世話相進、母申儀少も相背不申、稼ニ出候而も一日ニ一度宛は母を見廻ニ帰候様仕、寒夜ニは仙吉儀自分之腹ニ母之足を当テ臥、寛政十一未年は御年貢米不足仕候程之不作ニ御座候得共母江は米飯を進其身共は麁食仕艱難致し候ニ付、親類組合之者共ゟ仙吉江妻帯相勧候得共病気之母他人之」手ニ掛候儀は難成旨申之承引不仕候処、同年十二月初旬ゟ母病気差重り無言に相成候ニ付猶又孝心を尽し看

病仕候折節弟為吉儀病気ニ付毎日腹痛仕打臥罷在、両人之病人を仙吉儀無怠看病仕、夜分は母を抱廿日計之間は一向横寝不仕至而大切ニ取扱候得共、母は養生不相叶同月中病死仕」弟為吉は翌申正月中全快仕、兄弟睦敷仏事供養等懇ニ仕至而奇特者之段村役人共申出無相違相聞候間、主殿頭ゟ享和元酉年六月中両人之者江鳥目拾貫文遣し申候」

一　無高　　　同国同郡並柳村
　　　　　　　百姓　直　治

右直治儀元延岡領乙丸村出産之者ニ而出生之年並柳村百姓武右衛門と申者養子ニ貰候処幼年ゟ至而実体成生質ニ相見候処、直治拾弐歳ニ相成候節養父病死仕、養母と一所ニ」罷在候処養母病身之上難足ニ而歩行成兼元来極貧窮ニ而飯料貯迚も無之如何共可仕様無御座、直治儀日々山稼仕一日ニ三四度も薪柴抔少々宛背負村内并近村江持参り売代替渡世仕候ニ付、何れも若年之直治志を感少は直段能調遣し候ものも有之右僅之賃銭を以漸飯料ニ仕凌飢候処、養母」持病強く差発り候節は直治山稼之草臥をも不厭食事拵養母江も懇ニ進、成人仕候ニ随ひ弥貞実ニ相成夜は母之側少も不離介抱孝心を尽し候処、右奇特之趣近村迄も風聞仕候旨村役人共申出無相違相聞候之間、主殿頭ゟ文化四卯年八月中鳥目五貫文遣し申候」

右は松平主殿頭御預所肥後国豊後国村々孝心又は人柄宜耕作出精救等差出候寄特者、御代官所之節褒美有之候もの并御預り所ニ成主殿頭ゟ褒美遣し候者行状書面之通御座候

以上

文化六巳年二月

松平主殿頭家来
神谷　貢」

（表紙）

畿内一
山城
続編孝義録料　八

（157―401・90―8）

（折紙綴込）

（朱書）
「山城国」

覚

孝行寄特之者御預所ニ有之候ハヽ、御書出御座候様被相触則取調候処、安養寺村より別紙之通申出候に付、則書面被差出候、此段武辺ヘ宜御通達御座候様被成度候　以上　○

○　有栖川宮御内

未四月十九日　藤木杢頭　㊞

廣橋前大納言様御内
濱路大監物殿
築山左膳殿

六條前大納言様御内
山崎　柾殿
長沢掃部殿」

就御尋奉申上口上書

一　当村方百姓共之内ニ孝行寄特之者無之哉と御尋ニ被為在候ニ付乍恐左ニ奉申上候

一　孝心之儀ハ銘々無油断相心掛ヶ候様毎々従　御公儀様被為　仰渡候ニ付度々百姓共不」洩様申渡し置候ニ付、当村方ニ不孝心之者無御座候得とも至而孝行寄特之者ト可奉申上族も無御座候得共、小百姓之内故半治郎娘なかと申女当未三十壱才ニ罷成候者、六歳之春父半治郎病死仕候後名跡淑（ママ）父半兵衛相続仕候ニ付、則右半兵衛致養育様、五才ニ罷成候春ヨリ拾ヶ」年余奉公仕給銀等主人より申請候丈ハ右淑（ママ）父半兵衛并母とよへ百姓渡世為取続見継仕候所、右半兵衛儀去ル卯年十月ヨリ病気相発り、翌辰三月病死仕候、右病中も寄特ニ介抱仕母とよ儀ハ寅年ヨリ六ヶ年病気ニ而尓今快気不仕打伏罷在候所、是又右」なか儀甚太切ニ介抱致し聟彦四郎諸共農業出精仕、右病母相育渡世仕罷在候、私共日

々及見候所実以寄特ニ奉存候、此段乍恐奉申上候　以
上
文化八年未
三月
御家領太秦郷
安養寺村
庄屋　儀右衛門　㊞
年寄　治郎左衛門　[印]
同　宇兵衛　㊞

有栖川宮様御殿
御役人中様」

妙法院御門跡
御預分并御境内孝行奇特之者覚書

（朱書）
「山城国」

御領分鹿ヶ谷村　庄屋　太郎右衛門
弟　清五郎

右清五郎儀当年四十六歳ニ相成候、若年より両親江孝心を尽し父太郎右衛門死去後猶以老母を致大切業体出精仕余力ニは手跡等心懸朝夕無油断孝道相守候段奇特之」行状申出候

当御領分同村
冨小路殿御相給之百姓　宗　助

右宗助儀当年十九歳ニ相成候、十三歳之砌父宗助死去仕困窮之上病身之母幼年之妹乍若年大切ニ心懸ヶ昼夜無怠孝心」業体等出精仕候段申出候

御境内芳野町
伊勢屋宗兵衛借家ニ罷在候
音羽屋新兵衛
妻　よ　そ

右新兵衛儀去午年ゟ当町ニ借宅仕候処、五ヶ年已前より新兵衛病気ニ罷在、其上十歳以下之」子供四人養育いたし、夫新兵衛之看病等麁略無之段奇特之趣申出候

同瓦町蒔田町
瓦屋五左衛門借家罷在候
山城屋　ゆ　り　八十八歳
娘盲人　そ　よ　五十九歳
同瘖　わ　さ　四十二歳」

右之者十弐ヶ年已前ゟ当町内ニ借宅仕罷在候、乍女業右

母大切ニ養育罷在候処母儀追々老衰仕難渋之族、妹わさ
義不自由之為身分纔之職業を以母姉を大切ニ養育等いた
し候段孝行奇特之旨申出候

同新日吉町
丹波屋卯兵衛　手代　忠兵衛」

右忠兵衛儀当年五拾三歳ニ相成候、元来伏見出生之もの
ニ而十壱歳之節卯兵衛方江奉公ニ罷越実体ニ相勤候処、
廿五ヶ年已前先主病死仕其後同人妻相果、孤之娘弐人守
立家業出精仕追而養子相続為致当年迄四十三ヶ年之間無
油断主家大切ニ相心得罷在候処、当三月当主卯兵衛病死
仕幼若之子供両人有之候、尚以幼主を守立大切ニ奉公可
仕旨奇特之行状申出候」

同　山崎町
丹波屋新兵衛

右新兵衛儀先年三条街道道繕之節脇坂義道（ママ）吹挙を以乍少
々出銀仕候処、文化二丑年七月於西御役所奇特成義御褒
有之候旨申出候

同　下梅屋町
伊勢屋孫兵衛方奉公人」
幼年喜八事　故秀　山

右秀山儀主家を取立家業致出精忠勤奇特成義ニ付、享和
元酉年六月於西御役所為御褒美白銀拾枚被下置候旨申出
候

同町
伊丹屋市兵衛借家ニ罷在候
近江屋故重兵衛悴藤吉事　当時　重兵衛

右重兵衛儀孝行奇特成義ニ付、文化三寅年十一月於当御
殿為御褒美青銅五貫文被下置候、同七午年十月同様ニ付
於東御役所為御褒美白銀七枚被下置候旨申出候

一当御領分并御境内孝行奇特之者有之候哉」御尋ニ付相調
候処右之趣ニ御座候、其外申立候程之者無之旨ニ御座候
以上

文化八未年五月　　妙法院御門跡御内
小川大蔵卿　㊞

広橋前大納言様
雑掌御中
六條前大納言様
雑掌御中

（朱書）「山城国」　　（折紙綴込）

覚

当御門室御領分之内孝子寄特之者有之候哉遂吟味有無可被仰入之旨先達而御達御座候ニ付御領下之内勧修寺村下之茶屋町百姓文四郎并仁王堂町伊兵衛妻ふさ右両人孝子寄特之者ニ御座候、則△」△村役之者より差出候行状書別紙被差添御届被仰入候、宜御通達被進候様仕度奉存候　以上

閏二月　　山田宮内卿○

勧修寺御門跡御内

○

廣橋前大納言様御内
築山左膳殿
六條前大納言様御内
山崎　柾殿
長澤掃部殿」

下之茶屋町　文四郎行状

一若年より家業大切ニ出精いたし父母に能つかへ三十歳余にて妻をむかへ程なく子供両三人出生いたし、此子供二三（ママ）計り成比、父をうしない妻におくれ老たる母につかへて家業益怠ら」す子供を養育致し候事男子の手業ニては六ヶしかるへし、後妻を迎へ候様人々一向に勧候へとも、今暫此まゝに罷在候ハヽ子供は日追而可致成長馴染なき継母をあたへ候事好しからす、然れ共母に仕ん為には人々の勧め給る様も思ハさるには候ハね共、若哉よからぬ者なと迎へ候ハヽ、年老たる」母のため如何あらん、是のミ安からす覚へ候と申て後の妻を迎ん事は止候なり

一或時母病に臥ける折節文四郎に申様我若き時より芝居と申事いまた見す、尤家業せわしけれは程ちかき都にさへいまた登らす、かく老ぬれハ今は此世の思ひ出に如何ともして彼芝居を一度は見度由、しゐて望ミけれは文四郎」申様、暫待せ給へ頓て其様を見せ奉んとて直に近所の家に至り子供の持遊ひの人形或は雛人形なとかり集め芝居の真似をいたし母の徒然を慰申候、此者貧窮之者に候へハ如此芝居の真似なと仕覚へ候事ゆめ〳〵有間敷事ニて候へ共、母を慰めむと存候志の切なるより習ハさる業をもいたし候歟と此段分て人々感心候由」扨はゝをも送りて後は猶更父母の事を忘れす近所之老人子供等を招きよせ亡父母の今際の事とも語り出彼芝居事をして老人を慰

め、子供等ニはかく父母を失ひては如何計り歎ても詮なく候間、兎角父母を大切に能仕へ給へと教へさとし家業の暇有之時は只今ニ至り年に一度は彼芝居の真似をいたして諸人を教導致し候次第書尽し」かたく候事

一右文四郎忰当年三十才計りニ候、是亦甚孝行成者ニて御座候、右芝居のまねを父文四郎営候節は彼忰必父の手助を致し候等之次第、人々感入候事共ニ御座候事」

仁王堂町　伊兵衛妻　ふさ行状

一夫年若き比友達に誘れ悪所へ入込すてに家をも身をも失ひ可申程の危き事共有之候得共聊も吝（恪）気ねたミの心なく弥己を正敷内を守り夫のため少しニても恥ヶ間敷事有之候へは」己か業の様ニ申成し、又先妻の子一人有之候を養育いたし候次第実母も及ふ間敷様人々申候事ニ候へは貞婦ニも相当り候歟と奉存申上候事

文化七午年十二月　　庄屋　吉左衛門 ㊞

年寄　弥　助 ㊞

（折紙綴込）

覚

御領分ニ孝行之者有無被取調可被書出候様先比御達有之候ニ付相調候処、御境内東町鋳屋傳兵衛と申者之○」○借屋越後屋岩松と申者親存生之中、孝行成者ニ付去ル文化五年六月西町御奉行所江町分ゟ書出候処、昨午十月廿七日東町御奉行所江町役之者被招右越後屋岩松義△」△神妙之旨被申渡候儀は有之候得共、其外被書出候程之孝行之者御領分無御座候、仍此段被仰入候　以上

青蓮院宮御内

四月　　大谷宮内卿□」

□廣橋前大納言様御内

濱路大監物殿

築山左膳殿

六條前大納言様内

山崎　柾殿

長沢掃部殿」

（折紙綴込）

当家知行所村々孝行奇特之者吟味被申付候処、鹿ヶ谷村百姓宗助ト申者孝行奇特之由同村庄屋ゟ別紙之通り申出候、尤至孝之者ト可申立程之義ニテハ有之間敷候得共抜群之趣相聞候、此義先年右之村方ゟ申出候ニ付感賞之余り当家困窮申ニ候得共、乍○」○些少為褒美鳥目壱〆文被致下行候程之義ニ御座候、今以孝行奇特之旨少シモ無

相違趣相聞候間如此御届被申入候、其余之村々ニハ孝行
奇特ト可申立程之者無之旨其村々ゟ申出候、仍御届被申
入候、此段可然武辺江御達シ頼入（ママ）被存候　以上」

文化八年
富小路刑部卿殿内
未四月十八日　斎藤善二　㊞

廣橋前大納言様御内
濱路大監物殿
築山左膳殿
六條前大納言様御内
山崎　柾殿
長沢掃部殿」

〈綴込〉

乍恐奉差上口上書

城州愛宕郡鹿ヶ谷村
百姓　宗　助　未拾九歳

妙法院御門跡様御領
冨小路刑部卿様御領
御相地

右宗助儀幼名友吉と申拾三歳之節父宗助死去仕候、元来困
窮之上父相果候故姉壱人妹弐人御座候処、姉妹弐人は奉公
稼ニ罷出病身成母妹と三人相暮罷在候得共取続難渋仕候ニ
付、村方之者共世話仕牛を」為持候而大津駄賃附渡世且農
業等仕母妹を養申候、然ル処亡父吊之為と申毎年寒念仏廻
り一夜宛仕候、友吉拾五歳之節駄賃稼ゟ罷帰り其夜直ニ寒
廻り仕夜丑之刻帰宅仕、又々寅之刻ゟ右大津駄賃稼ニ罷出
申候故翌日此趣庄屋承り母たき江異見仕、幼年之もの余り
厳敷働セ候而労も出候ハヽ難儀之事ニ候間、以来は相心得
候様申聞候処、勿論母も心付相休候様ニ申聞候得共何分冬
も余日無之故取続難儀之由を申押而参り候旨申居候ニ付、
右之趣御地頭冨小路様江庄屋甚右衛門申上幼年ニ而母妹を
養苦労仕孝心厚御座候段申上候所得と御糺之上不便奇特ニ
被　思召鳥目壱貫文為御救被下置候ニ付、取続力を得難有
儀ニ御座候、当時不相替孝行成業状（ママ）ニ御座候ニ付、村中之
もの共感心仕候ニ付乍恐御届奉申上候　以上

文化八年未四月

鹿ヶ谷村庄屋
寺崎甚右衛門　㊞
年寄　忠右衛門　㊞
村方惣代　孫右衛門　㊞」

冨小路様
御役所」

孝行奇特者御褒美被下并褒置候者
寛政之度書出候以後之分書付

堺町二條下ル町
西依儀兵衛　子九十二歳
右之者儀朱子学ニ而及極老迄講釈等いたし弟子多平日行状宜教道篤実ニ而京都秀学之者ニ有之、年来無懈怠心掛奇特成者ニ付、寛政四子年四月銀弐拾枚被下候段申渡候」

寺町荒神口
三文字屋与兵衛
忰　金五郎
同　善次
右之者儀足代方諸手伝人足口入等致家業罷在、天明八申年大火後　御所々御造営之節、手伝方人足御用請負候処下御霊社江鳥居致寄進御造営掛役人武運」長久其外職人共消災之願書右鳥居中東江込置　皇后御殿御普請之節も同様御用相勤、御普請取掛候節より父子三人宛日々早朝より御場所江罷出手繰第一ニ取扱方宜、猶又清荒神社内稲荷社江も皇后御殿御普請掛役人武運長久其外職人共消災之願書相認納置儀共身軽之者奇特成儀ニ付、寛政六寅年三月褒置候段申渡候」

松原通新町東江入町
大和屋忠兵衛　巳　三十歳
右忠兵衛弟　藤　七　巳二十三歳
右之者共儀下駄致商売若年之砌より殊之外神妙成生得ニ而両親存生之内貧窮ニ乍相暮至而致孝心、両親病中ニも孝養無残所致介抱両親死後も中陰并年忌吊等勿論之儀ニ候得共」至極丁寧ニ相勤、其外諸事ニ付甚神妙之様子ニ而平生兄弟中睦敷家業向昼夜不分致出精、兄弟共未年若之儀ニ候得共遊参等ニは不罷越両親其外先代之忌日ニは兄弟之内申合致墓参候而已ニ而何方江も遊興ヶ間敷儀は勿論、無益ニ致他出候儀一切無之唯家業無懈怠致出精、就中弟藤七儀兄嫁江之仕向等至而神妙ニ而懐胎之砌も家業無暇中より何角心を付、出産之節も介抱等神妙之儀共も有之趣」隣家之者共及見聞町内一統何れも右兄弟之行状甚致感心罷在奇特成者共ニ付、寛政九巳年十一月両人共褒置候間、当人江可申聞旨右町役之者共江申渡候

城州綴喜郡　八幡平谷町

津国屋喜兵衛娘　す　て　午二十二歳」

右之者儀両親弟共五人相暮罷在、父善兵衛儀去ル酉年類焼ニ逢其節善兵衛病気不相勝相定候商売も無之候処、母儀も病身ニ而打臥候程之儀ニは無之候得共渡世も難出来候付、すて儀其節十二歳ニ而餅を日々商ひ、当時ニ而は子供遊之紙鳶又は紙ニ而面を拵売歩行其外時々之品細工等いたし、弟善吉儀は未十三歳ニ而幼年ニ候得共醤油小売等為致少々宛利合を以両親相育六歳ニ相成候弟共致世話、善兵衛」病中近辺神社江立願致日参朝夕両親を養育致大切ニ不一通り万事心を付起臥両便等迄もすて自分ニ取捨候儀共近辺よりも及見聞罷在、家内人数多ニ候得共暮方之儀両親心配不致候様申宥置、日々商ひ之内少々宛之利徳有之候得は心易者方江預ヶ置、費ヶ間敷儀不致物入有之候節は右銀子を以取賄、兎角両親致安心候様平日心掛厚、其後善兵衛病気致全快候得共近来又候病気ニ而歩行難成候付」聟ニ而も有之候は倶々両親世話も行届可申と致世話候者も有之候得共、夫ニ随候而は却而両親之介抱不行届麁略ニ可相成迚断申候儀も有之、すて儀当年二十二歳ニ相成弥身持等も宜、善兵衛長病ニ候得共無怠格別ニ介抱も行届、幼年より孝行奇特成者ニ付寛政十午年五月為御褒美銀拾枚被下候段申渡候」

内野弐番町

柏屋源兵衛忰　源太郎　午三十六歳

右之者儀両親妻子弟弐人共家内七人睦敷相暮竹致商売、万端両親より申聞候儀を何事も不相背平生致孝心ニ諸事心を付致大切ニ源兵衛酒を好候付、毎日両三度宛為給又は仏参等いたし候節は兄弟三人之内申合壱人宛附添参、家内間狭ニ付」両親は町内向側ニ借屋を借請、夜分は右借屋ニ為臥弟両人為介抱附添寝起心を付罷在、源太郎夫婦共未明より起商売ニ無怠利徳之金銀銭親源兵衛江相渡自分ニ取計不致、入用之節は其訳を申請取、源太郎儀平日手造之草履をはき朝夕給物等其外諸事倹約第一ニいたし奢ヶ間敷儀は不致自分ニ致他出候儀は無之、盆正月礼之外一切羽織着不致若キ者共付合不致、家屋敷買得之節源太郎致名前ニ」可申旨親源兵衛申聞候得共、親共存生中は為安心矢張源兵衛名前ニ致置呉候様源太郎申之、万事質素ニ而家業致出精孝行奇特之者ニ付、寛政十午年五月為御褒美銀拾枚被下候段申渡候

中立売室町西江入町
　松屋加兵衛
　支配人太兵衛」
冨小路蛸薬師下ル町
　紅屋五兵衛
二条高倉東江入町
　播磨屋左兵衛
西洞院蛸薬師下ル町
　蛭子屋与三右衛門
烏丸二条下ル町
　為替方　小　野　善　助」
堺町二条上ル町
　糸割符　大村彦太郎
　支配人平兵衛
押小路堺町東江入町
　吉野屋三郎兵衛
烏丸丸太町上ル町
　糸割符　下村正太郎」
東洞院二条下ル町
　茶道指南
　松尾宗清同居
　町　田　章　坡
二条高倉東江入町
　吉野屋庄兵衛
同町
　義　堂
蛸薬師油小路東江入町
　池田屋長兵衛」
東洞院蛸薬師下ル町
　三文字屋市松同居
　父　佐兵衛
大黒町五条上ル弐町目
　手跡指南　入江弥右衛門
四条高倉東江入町
　俵　屋　浄　生
蛸薬師室町東江入町
　伊藤屋斧山」
三条柳馬場西江入町
　近江屋新兵衛
　後見　又兵衛
右之者共儀去未十一月頃より打続米高直ニ付当地端々其

日過之者致困窮凌兼候付、追々致施行候者共有之候内、重立候者共ニ而同志之者相勧米銭持寄同月九日頃より同十二月晦日頃迄は毎夜当春よりも度々此節迄も上京川東下京壬生辺其外端々江自分」密ニ罷越、実々難渋之者共見請困窮之厚薄ニ応米銭着類等致施行又は一分ニも右品々致施行端々迄も行届深切致丁寧ニ候段格別奇特之者共ニ付、寛政十二申年三月一統褒置候段申渡候

大仏上梅屋町
丸屋弥兵衛妻　よ　つ　酉四十四歳」

右之者儀夫弥兵衛瀬戸物致商売右よつ并養悴実娘孫甥共八人相暮小者弐人召仕罷在、姑存生中至而致孝心ニ何事も申意ニ随久々病気之節も大切ニ致介抱、夫弥兵衛儀も久々相煩行歩等不自由之処是又無残所神妙ニ致介抱召仕之者病気之節も不便を加深切ニ看病いたし遣、弥兵衛親類抔ニ不和合之事有之候得はよつ儀甚気之毒ニ存睦敷成候様取曖候故、不了簡之者も自よつ心躰ニ恥致和熟候儀有之」家内は勿論親類別家迄も致和合孝行貞心奇特成事ニ付、享和元酉年六月為御褒美銀拾枚被下候段申渡候

大仏下梅屋町
伊勢屋孫兵衛同居
秀　山　酉五十四歳」

右之者儀孫兵衛銅細工職いたし妻娘并秀山共四人相暮下人四人召仕、秀山儀は先孫兵衛江致奉公二十三四歳之頃暇貰請致剃髪大仏本池田町辺ニ致住居候処、十六七年程以前、先孫兵衛大病之砌秀山江家事之儀等相頼候付、其頃より孫兵衛方江這入家業等致出精家内向取締多分之借財等致済方、先孫兵衛死後幼年之当孫兵衛を守立忠勤奇特成事ニ付、享和元酉年六月為御褒美銀拾枚被下候段申渡候」

冨小路後小路上ル町
仏師　田中元八　酉三十三歳

右之者儀仏師職いたし妻と両人相暮罷在、母は先年相果父存生中未妻不呼入以前所々借宅不如意ニ相暮候得共、父食物等好候品貧窮之中より調為給入湯を好候故日々負候而湯屋江連参為致入湯或夏向父着用汗ニ而濡候節、自分之着類を脱取替」為致着用其身裸身ニ而臥父之意を少も無違背相用家業等致出精、父久々相煩行歩等不自由之

処大切ニ致介抱孝心奇特成事ニ付、享和元年六月為御褒
美銀拾枚被下候段申渡候

城州葛野郡西九条村
百姓　庄左衛門　酉六十五歳」

右之者儀百姓働いたし当酉九十一歳ニ成候母并悴娘共六人相暮、下男下女共五人召仕罷在、両親江至而孝心を尽父相果候後も母を随分大切ニ致養育農業等も致出精、先年庄左衛門伯母夫ニ離難渋成を庄左衛門方江引取夫より致病死候迄二十二三ヶ年之間深切ニ相育、右伯母ニ子供三人有之候内壱人は庄左衛門養子ニいたし残弐人も庄左衛門世話ニ而別家為致、其外親類并他人向ニ而も難渋等救遣孝心実躰奇特成者ニ而」召仕迄も庄左衛門志厚キ儀致感伏居候由兼而村方ニ而及見聞罷在、先達而親孝心之儀ニ付触書差出候砌庄左衛門行状孝心之趣共可申出と村役之者致沙汰候を庄左衛門及承別段孝心と申儀ニ無之、両親之意ニ不背存生中為致安心候迄ニ候間決而申立呉間敷旨申之名聞ヶ間敷他之沙汰ニ預り候儀は好不申候付其節不申出候処、弥孝心奇特成事ニ付、享和元酉年六月為御褒美銀拾枚被下候段申渡候」

大仏新六町目
鍵屋　宇兵衛
笹屋　十兵衛
大津屋次兵衛
大和屋佐兵衛
年寄　喜　六
五人組三郎兵衛
同　利兵衛

右之者共儀去月廿七日夜より至廿九日大風雨ニ而伏見表」出水之節右宇兵衛十兵衛次兵衛儀伏見表ニ親類有之洪水ニ付如何いたし候哉と見舞罷越候処、親類共儀は格別難儀之様子も無之処、伏見木挽町其外最寄町々別而水入候由ニ而多人数地形高キ寺社地等江立退罷在致難儀居候様子見請気之毒ニ存右之者共江致施行遣度三人申談罷帰候上町役江相咄候処、佐兵衛儀も伏見表ニ親類有之見舞ニ罷越前書難渋之儀を及見罷帰、是又同様致施行遣度旨」町役倶々申談銘々米五升程宛差出候処、町内并近町之者共も右之様子承伝右施行ニ差加呉候様追々申聞米四五升程宛又は壱斗余も差出都合三石程ニ相成候付、右米

致握飯ニ同日夕方伏見表江致持参候処引水ニ相成過半居宅江罷帰居候得共食事等も未いたし不申趣ニ付、夫々江所々ニ而致施行候付当地御役所ニ而沙汰有之候様致度旨伏見奉行より申越候間奇特成事ニ候旨、享和二戌年七月申渡候」

二条高倉東江入町　　義　堂

右義堂儀大津駅より三条大橋迄道造之儀兼々志願ニ付同志之者共申合、御用之人足差出度存候処、最早右御普請御取掛ニ付金銀之内を以相納度旨相願願之通申渡候処、則申合都合金七百五拾両余御役所江相納候段奇特成事ニ而其上年来教育之切厚（ママ）且江戸表寄場人足教諭も及数年、殊此度同志之者申合致出金候」儀ニも候間旁其身一代帯刀　御免苗字は子孫迄名乗候様文化二丑年七月申渡候

新町三条下ル町
医師　荻野嘉米丸

衣棚御池下ル町
為替方　嶋田八郎左衛門」

烏丸二条下ル町
為替方　小　野　善　助

堺町二条上ル町
糸割符　大村彦太郎

室町下長者町上ル町
糸割符　佐藤源兵衛

西洞院蛸薬師下ル町
蛭子屋与三右衛門」

三条室町東江入町
日野屋市左衛門

烏丸丸太町上ル町
糸割符　下村正太郎

中立売室町西江入町
松屋加兵衛

室町出水上ル町
医師　畑　尋　松」

江州日野
百姓　源左衛門

柳馬場押小路下ル町
吉野屋正次

綾小路新町東江入町

帯屋七郎兵衛
衣棚御池上ル町
丹波屋勝助
五条不明門西江入町
近江屋勘兵衛」
新町六角下ル町
伊藤屋斧山
東洞院錦小路上ル町
江戸屋孫右衛門
北七条早尾町
大松屋茂兵衛
三条高倉東江入町
菱屋文次郎父　常宥
油小路下立売下ル町
鍵屋彦兵衛」
室町中立売下ル町
萬屋吉郎兵衛
蛸薬師油小路東江入町
長兵衛事
池田屋長助
室町御池上ル町
海老屋長左衛門
四条高倉西江入町
伊勢屋常之助
押小路堺町東条入町
吉野屋三郎兵衛
同　芳休」
烏丸三条上ル町
伊勢屋弥太郎
三条新町東江入町
井筒屋徳兵衛
三条柳馬場東江入町
白木屋庄兵衛
二条高倉東江入町
医師　安村源二
柳馬場二条下ル町
大文字屋孫八郎」
東洞院蛸薬師下ル町
三文字屋佐兵衛
同町
市松事　三文字屋市兵衛

大黒町五条上ル弐町目
手跡指南　入江弥右衛門
右之者共儀大津駅より三条大橋迄道造之儀兼々志願ニ付
此度義堂申合夫々致出金候段奇特成儀ニ候、其上」年久
敷春之内毎夜米銭又は着類等持歩行困窮之者并病人等今
日を凌兼候者致穿鑿致施行候趣神妙奇特成事ニ付、文化
二丑年七月一同褒置候段申渡候

油小路二条下ル町
伊豆島産物会所頭取
三井八郎右衛門」
六角東洞院東江入町
為替方　三井三郎助
新町六角下ル町
神宝方　三井八郎兵衛
油小路出水上ル町
為替方　三井元之助
油小路竹屋町上ル町
為替方　三井次郎右衛門」
衣棚下立売上ル町

松葉屋徳兵衛
油小路二条下ル町
為替方相勤候
三井次郎右衛門事
信三郎
高倉三条下ル町
医師　鎌田　玄　珠
押小路高倉東江入町
井筒屋宗右衛門母
む　め」
縄手三条下ル町
大黒屋傳兵衛
三条烏丸西江入町
伊川屋宗三郎
同　九兵衛
柳馬場綾小路下ル町
夷屋忠兵衛
六角堺町西江入町
俵屋小兵衛
川原町四条下ル町
伊勢屋　みわ」

四条新町西江入町
山形屋久兵衛
塔之段幸神町
中村屋久兵衛
柳馬場二条下ル町
三文字屋平兵衛
江州石部
医師　井上敬祐
二条東洞院西江入町
井筒屋幸次郎母　やな」
東洞院御池下ル町
一文字屋庄左衛門
同　甚左衛門
同　茂右衛門
同　覚兵衛
同　六郎兵衛
同　三郎兵衛
同　新六
同　徳兵衛
同　清兵衛」

同　金兵衛
同　左兵衛
同　仁兵衛
同　彦兵衛
東洞院御池上ル町
白木屋甚右衛門
室町姉小路下ル町
近江屋勘六
元誓願寺葭屋町西江入町
山形屋作兵衛」
中立売浄福寺西江入町
若狭屋勘右衛門
両替町二条上ル町
升屋彦右衛門
大津橋本町
木屋嘉兵衛
同　嘉八郎
衣棚下立売上ル町
松葉屋徳祐」
二條高倉東江入町

義堂孫　仙次郎
とも
大仏耳塚通五条上ル大黒町
丸屋茂右衛門
同町
紀伊国屋九右衛門
新町三条下ル町
菱　屋　平　助」
室町三条上ル町
大坂屋伊右衛門
東洞院五条上ル町
中村屋治右衛門
室町椹木町上ル町
槌屋喜兵衛
東洞院夷川上ル町
布屋嘉兵衛
建仁寺町五条上ル山崎町
丹波屋新兵衛」
土手町正面下ル町
伊勢屋藤七

五条東橋詰町
高宮屋長左衛門
大仏薬鑵屋町
伊勢屋孫兵衛
五条建仁寺町東江入町
丹波屋新助
宮川筋弐町目
大坂屋宗助」
押小路堺町東江入町
吉野屋喜三郎
室町御池上ル町
医師　小森万次郎
麩屋町綾小路下ル町
伊勢屋庄兵衛
同町
伊勢屋勝次郎
五条問屋町弐町目
大和屋久兵衛」
伏見海道本町壱町目
伊丹屋市兵衛

右之者共儀大津駅より三条大橋迄道造之儀兼々志願ニ付
此度義堂申合、夫々致出金候段神妙奇特成事ニ付、文化
二丑年七月一同褒置候段申渡候

烏丸三条下ル町
二文字屋仁左衛門」
同町
鳫金屋嘉兵衛
室町中立売下ル町
松屋太兵衛
五条不明門西江入町
近江屋勘兵衛父　浄貞
祇園町
扇屋伊左衛門

右之者共儀年久敷冬春之内毎夜米銭又は着類等」持歩行
困窮之者并病人等今日を凌兼候者致穿鑿致施行候趣神妙
奇特成事ニ付、文化二丑年七月一同褒置仕段申渡候

右之通其節々相伺申渡候儀ニ御座候　以上

巳八月　小長谷和泉守

牧野大和守」

孝行奇特成者御褒美被下并褒置候者
文化六巳年書出候以後之分書付

小長谷和泉守
三橋飛騨守

三條柳馬場東江入町
本屋四郎右衛門肩入手代
本屋長兵衛　午五拾六歳
同人下女　はや　午五拾四歳

右之者共主人四郎右衛門儀は書林渡世いたし長兵衛儀は
八坂上町桧皮屋長五郎悴ニ而拾八歳之節、先代四郎右衛
門方江奉公ニ罷越相勤候処拾九歳之節、四郎右衛門悴勘
太郎儀出生当歳之節母相果候付、はや儀城州」愛宕郡長
谷村百姓小左衛門娘ニ而弐拾壱歳之節乳母奉公ニ罷越候
処、勘太郎弐歳之節父四郎右衛門儀も相果孤ニ相成候上
虫症ニ而虚弱ニ付為平喩(ママ)長兵衛儀家業之透ニは日々仏閣
江参詣祈願を込、其上主人方借財多外方ゟ世話いたし候
者も無之、両人申合家事万端倹約いたし勘太郎をいたわ
り大切ニ養育いたし仮ニも悪キ友と交を不為致着用物給

物等ニも麁抹無之様諸事心を付守立候処、成人いたし候付」勘太郎事四郎右衛門と為相改跡相続為致渡世向相教、両人共四郎右衛門を尊敬いたし小者下女等ニ至迄憐ミを加江実躰ニ相勤深切を尽シ候付、家附親類共も帰伏いたし何事も為相任置候得共諸勘定之儀一己ニ不致家業精ニ入候付借財相済身上向相応ニ相成、四年以前四郎右衛門江妻呼入遣候上長兵衛儀は右親類共之差図ニ随ひ同町内ニ而別宅いたし候得共、早朝ゟ四郎右衛門方江日々罷越肩入手代相勤万端世話いたし」はや儀も四郎右衛門ゟ縁付候様申聞候得共、他江参候而は自然台所向不取締ニ相成候而は歎ヶ敷旨ニ而其侭下女奉公相勤罷在家事向能取締いたし両人共数年忠勤奇特成者共ニ付、文化七丑年十月為御褒美長兵衛はや共銀拾枚宛被下候段申渡候」

浄福寺上長者町下ル
高屋町　近江屋利左衛門借屋
濱屋庄兵衛　午四拾五歳

右之者儀父は半兵衛と申先年相果其後母妙林と両人所々ニ借宅、庄兵衛儀日雇働いたし、若年ゟ母を篤実ニ育、母儀八拾四歳ニ相成候上近来眼病相煩行歩等不自由ニ付入湯其外近所江罷越度旨申聞候節、庄兵衛儀背ニ負参り自分儀遠方江」日雇働ニ罷越候迚も中食時分亦は働透間ニは宿元江罷帰、平日給物等も心ニ叶候様日々万事ニ心を付母申聞候儀聊も不相背大切ニ介抱養育いたし、心易者ゟ妻縁之世話可致旨申聞候得共妻之気質ニ寄自然母江之仕向麁抹ニ相成可申旨ニ而未妻呼入不申、若年ゟ孝行奇特成者ニ付、文化七午年十月為御褒美銀七枚被下候段申渡候」

清水寺門前五町目
近江屋伊兵衛借屋
大和屋栄次郎　午拾九歳

右之者儀大坂高津新地壱丁目大坂屋いそと申者之忰ニ而弐歳之節、大和屋善兵衛不通養子ニ相成養父善兵衛は古かね紙屑買渡世いたし候者ニ候処、平日酒を好渡世筋不精ニ而困窮弥増候上、去ル子年夏頃ゟ病気ニ取敢同九月頃相果」候付、諸色買掛り宿料等も相滞有之、養母まつ儀幼少之者共を抱育方も無之候付、実子すて儀何レ江成共差遣まつ儀は身売之働ニ而も可致積栄次郎江咄候処、乍幼年も深歎如何様共相稼仕馴候渡世をいたし、三人共一緒ニ相暮度右様之了簡相止呉候様達而申聞置、手跡指南和田良助と申者兼而心易候付同人方江参右等之様子相咄落涙いたし候処、良助儀も小児有之毎事まつ江貰乳」いたし候恩儀も有之、殊栄次郎儀拾三歳ニ而神妙成心底甚笑止ニ存門弟抔江も少々之合力を申鳥目壱貫文余相集まつ江与江此上聊之道具も一先売払候は買掛宿料滞之済方可相成、其上栄次郎倶々相稼候は賤働不致共如何様ニも可相成旨まつ江申聞候処、尤ニ存其趣ニ取計其日を送居候処、近辺之者栄次郎を奉公ニ差出間敷哉末々は養子ニ可致旨相談有之候得共、母之側を離レ候儀相歎幼年之身分ニ而日々無怠紙屑」等買集亦は小使等ニ被雇賃銭母江相渡孝心を尽シ、先達而も栄次郎実家江戻り候は世話いたし可遣旨申参候儀有之候得共、一旦養子ニ成候上は困窮を見捨今更実家江可立戻存念無之旨申取敢不申殊勝之儀を及見聞候者共感心之余り紙屑は勿論金銀銭着類等少々宛差遣候付、元手ニ取付専渡世出精いたし、成人候而も遊所等江罷越候儀無之、母まつ安気いたし候様万事」心を付幼年ゟ孝行奇特成者ニ付、文化七午年十月為御褒美銀拾枚被下候段申渡候

八坂法観寺門前上町　町中借屋
升屋弥三郎悴　千之助　午拾七歳

右之者儀拾弐歳之節両親妹共小瘡相煩父弥三郎儀は日雇働亦は木柴等商ひ候者ニ候得共病気ニ而」右働も難出来候処、奇特ニ介抱いたし年頃ゟ大柄ニ付日々大津亦は山科辺江罷越自分手ニ合候程木柴相調持帰店売ニいたし、又は近辺江被雇候賃銭を以両親妹を育罷在、父は其後弐ヶ年計も病気ニ罷在候処万事心を付両親申付候儀何事ニよらす不相背大切ニ孝行を尽シ、家業出精いたし幼年ゟ孝行奇特成者ニ付、文化七午年十月為御褒美銀拾枚被下候段申渡候」

大仏下梅屋町　伊勢屋市兵衛借屋
藤吉事　近江屋十兵衛　午三拾九歳

右之者儀父重兵衛当午七拾七歳ニ相成老耄いたし母儀も九ヶ年以前より中風之症相煩打臥居、藤吉儀は銅道具細工職いたし候処、実躰成者ニ而家業出精いたし妻呼入候様申者も有之候得共、自然両親江不行届儀有之候而は難相済由申之及断好物之酒をも相止メ」両親大切ニ看病いたし、不依何事ニ両親之申意不相背誠ニ無如才躰近辺之

者共及見困窮者之儀気之毒ニ存、銭借用之儀可致世話旨申候得共相断身欲成儀一切無之正直ニ相暮孝心成者之旨ニ而地頭妙法院御門跡より去ル寅年十一月鳥目五貫文褒美貰、猶更相励万事心を付孝行奇特成者ニ付、文化午年十月為御褒美銀七枚被下候段申渡候」

高倉姉小路上ル町
伊勢屋三右衛門借屋
尾張屋和助娘　み　ね　午弐拾六歳

右之者父和助儀薪炭たとん商売いたし罷在、みね六歳之節実母ニ相離レ継母そよ養育ニ相成、幼少ゟ実母同様大切ニいたし毎朝両親ゟは早ク起出、年若ニ候得共身之廻りニ不相構たとん拵候臼を踏、身よこれ候を不厭夜九時分迄も家業手伝専ニ相励、其上和助儀六年以前ゟ癇症」之様子ニ而前後不揃之儀有之候処無如才介抱いたし、両親申付儀は聊不相背和助病中猶更家業精ニ入親々之手助ヶニ相成孝行奇特成者ニ付、文化七午年十月褒置候間当人江可申聞旨右町役之者共江申渡候

栗田領東町　鎊屋傳兵衛借屋
越後屋　岩　松　午四拾七歳」
右岩松同居弟　辰之助　午三拾八歳

右岩松儀百姓働いたし父甚兵衛儀は元来越後国山家之百姓ニ而母は先年相果甚兵衛儀湿症之上惣身しひれ歩行不自由之処、野業ニ罷出候而も時刻を考度々宿元江罷帰大小便は勿論其外何角心を付麁抹無之様取扱、甚兵衛儀麦飯を嫌ひ候由ニ而米飯を焚好物之品を買調給させ大切ニ介抱いたし、弟辰之助儀も」兄岩松ニ差次倶々仕向宜且岩松江妻呼入之世話いたし候者有之候得共、若親江之仕向悪敷儀有之候而は如何と無妻ニ而罷在、甚兵衛儀去々辰正月八拾四歳ニ而相果候処、乍困窮葬式吊ひ等丁寧ニいたし神妙成者ニ付住所場末之儀人柄不宜者も自然と嗜候様可相成哉と家主傳兵衛町内年寄役相勤罷在候付、右孝心之儀御役所江可申立旨申候得共、親儀相果候儀ニ付決而無用ニ致呉候様岩松達而相断候儀も有之」孝心奇特成者ニ付、文化七午年十月褒置候間番人江可申聞旨右町役之者共江申渡候

猪熊下立売上ル町
栗屋市兵衛　午五拾弐歳

右之者儀馬荷運送渡世いたし幼年之節より行状全者ニ而父は拾壱年以前母は七年以前ニ相果、両親存生中何事も任申旨一事も不相背貧弱ニ暮候」得共不自由無之様いたし孝養厚一生為致安心両親死後迚も渡世而已ニ打掛り唯今迄縁類其外町内朋友ニ至迄申争等いたし候儀一切無之、親類中難渋之節は相応之世話いたし遣、先達而も渡世ニ付大津表江罷越候途中紙入を拾ひ其翌日迄も尋歩行落主江手渡いたし行状篤実ニ而孝行奇特成者ニ付、文化七午年十月褒置候間当人江可申聞旨右町役之者共江申渡候」

二条川東駒薬師町
三文字屋四郎兵衛借屋
戌之助事　木爪屋利兵衛　午三拾三歳

右之者儀きせる下職いたし親代宝暦年中ゟ右町ニ借宅罷在父利兵衛儀は拾八年以前相果、其節戌之助と申業躰未覚不申候付、父之弟子ニ而別家いたし罷在候傳兵衛世話ニ相成業躰能覚、母ちよ儀は父利兵衛相果候而より病症ニ而両腕共自由難相成」姉そよ申合任申意ニ孝行を尽シ夜更候迄日々家業出精平常弟子共を憐候故弟子共も其志を感シ倶々出精いたし、且春秋時節能頃ニは母を勧姉そよ附添仏参等為致、右傳兵衛妻八年以前相果悴弐人有之候を、着用食事等迄心を付厚世話いたし孝行奇特成者ニ付、文化七午年十月褒置候間当人江可申聞旨右町役之者共江申渡候」

四条通御旅町
鍵屋九兵衛妹　つ　る　午四拾歳

右之者儀両親存生中孝行を尽シ父九兵衛拾六年以前相果兄九兵衛相続紙商売いたし候得共、病身ニ而商売向難行届万事つる心を付、別而商売筋之儀兄九兵衛代り可相成程出精罷在候処、母も六年以前相果同人病中も無如才大切ニ介抱いたし、其後」縁付候儀申聞候得共兄九兵衛病身ニ付他江嫁候は便り無数心労いたし候儀も可有之哉と縁附相談相止メ呉候様申之、兄九兵衛気質も能察万事無如才気を付候付他江嫁候而は商売躰差支候程之事ニ而、若年ゟ衣類髪形風流之儀聊無之麁服を着日々世帯向等質素専一ニいたし遊山物見所江罷越及見候事無之実意を以取計候故、家内和合いたし孝行奇特成者ニ付文化七午年十月」褒置候間当人江可申聞旨、右町役之者共江申渡候

室町綾小路下ル町

花屋太兵衛　午三拾歳

一米弐石四斗

右之者儀切花商売いたし幼年之節ゟ両親申聞候儀等無違背承り父太兵衛拾壱年以前相果候後は母江孝行を尽シ家内質素ニ相暮至而神妙成者ニ而是迄申争等いたし候儀決而無之、」弟共を憐家業出精いたし候故追々繁昌いたし世上勤向入念候付町内ゟ人柄を見立、若年ゟ五人組役をも為相勤行状宜孝行奇特成者ニ付、文化七午年十月褒置候間当人江可申聞旨右町役之者共江申渡候

城州愛宕郡下鴨西組

河原町

百姓市郎右衛門」

同　善　七

同　清兵衛

同　新右衛門

寺之下町

百姓清兵衛

寺之町

百姓源三郎

同　惣右衛門

同　源之丞

新町」

百姓定右衛門

同　源兵衛

同　喜右衛門

同　又左衛門

同　惣左衛門

同　新左衛門

芝本町

百姓七右衛門」

薬師町

百姓新兵衛

鍛冶屋町

百姓勘左衛門

同　喜平次

同　次兵衛

同所東組

宮崎町

鈴木屋八左衛門

一米三石
河合町
一丹波屋吉兵衛
「満足屋茂兵衛
米百俵
一塩弐拾五俵
香物四拾本
室町丸太町下町
┐鳫金屋藤兵衛
両替町竹屋町下町
「白木屋勘兵衛
烏丸丸太町下町
┐土屋権兵衛
大宮松原上町
米三拾弐石
一塩拾三俵
味噌六樽
─袋屋勘太郎
四条室町東入町
「嶋屋徳兵衛」
米弐拾俵
一　但四斗俵
香物弐俵
三条高倉東入町
岐阜屋八郎兵衛
一米拾石
烏丸丸太町下町
橘屋太郎兵衛
金拾五両
一菓子
室町御池上町
八文字屋与兵衛

一米弐石
油小路蛸薬師町
石河屋市郎兵衛
一米弐石
油小路四条下町
糀屋七兵衛」
一米弐石弐斗五升
油小路中立売下町
紀伊国屋重兵衛
紋屋藤兵衛
室町綾小路下町
┐長沢屋利助
綾小路柳馬場西入町
─長沢屋仁兵衛
錦小路室町西入町
─中川屋五郎左衛門
一米弐石弐斗五升
四条油小路東入町
「紅屋清兵衛」
三条高倉東入町
小橋屋清兵衛
一米三石五斗
綾小路柳馬場東入町
藤屋新兵衛
一米三石
東洞院二条上町
米弐拾五俵

一塩拾弐俵　但四斗俵
味噌六樽
近江屋久右衛門

米五斗
一いわし弐俵
薬百三拾貼
姉小路両替町東入町
八幡屋甚　助

六角烏丸西入町
「對馬屋庄兵衛
縫物屋嘉兵衛

一米弐石
味噌壱樽
猪熊六角下町
「万屋重郎兵衛

銭弐拾五貫文
三条柳馬場西入町
南側町中
年寄忠兵衛
北側町中
年寄六兵衛

一南鐐壱斤

一米弐石
梅干壱斗五升
冨小路四条下町
清水屋次兵衛」

一米壱石壱斗弐升
香物壱樽
西洞院御池上町
近江屋喜右衛門

一米弐石三斗
塩弐俵
室町頭上柳原
笹屋九兵衛

味噌弐樽

一米三石五斗
銭三貫五百文
香物壱樽
いわし弐俵
押小路室町東町
北国屋伊兵衛

一米三石
出水日暮西入町
菊屋次左衛門

米壱石三斗
一糠四俵
塩三俵
醤油三樽
姉小路烏丸東入町
亀屋文右衛門」

一米壱石
香物百弐拾本
四条西洞院西入町
津国屋庄兵衛

一味噌壱樽
香物壱樽
釜座出水上町
八文字屋市左衛門悴　七兵衛

一薬百三拾貼
釜座出水上町
儒医　森　幸　斎

河原町竹屋町上町
長濱屋長兵衛

一糠拾四俵
神泉苑町御池下町
「若狭屋太郎兵衛」
笹　屋　傳　助

大宮御池下町
――萬屋次右衛門
神泉苑花門前
――井筒屋五郎三郎

一米四石五斗

大宮三条上町
――近江屋喜兵衛
　井筒屋善兵衛
　伊勢屋久右衛門
　夷屋次右衛門
　鯛屋伊兵衛
　池田屋仙次郎」
三条堀川西入町
――近江屋甚兵衛
姉小路大宮西入町
「井筒屋長兵衛

一米六斗
　銭七貫文

堺町御池下町
　大木屋志つ
中御霊裏松植町
┌鞍馬屋重次郎
　伊勢屋清兵衛

一米弐拾四石五升
　金三分弐朱
　銭三貫五百文

味噌四樽
薬五拾貼

一金拾弐両
釜座二条下町
　大黒屋源助」

右之者共儀城州北山奥村々江州丹州村々当春より数度之雪ニ而往来留り家々軒口迄高ク積候所も有之通路可仕様無之、貯無之者は可及飢渇ニも程之難渋之趣承り気之毒ニ存右之者共一分亦は心易者共江相咄、其外町内并近町之者共も承伝追々差加り為施行金銭米塩噌等心持相応ニ差出右之者共儀城州愛宕郡鞍馬村小出石村江州滋賀郡途中村等迄差遣、亦は村方江直ニ差遣難渋之村々江割附呉候様引合候者も」有之、城州愛宕郡拾五ヶ村丹州桑田郡拾ヶ村江州滋賀郡葛川谷八ヶ村江割附施行いたし遣候付、右村々之者共取続候始末奇特成事ニ付当未三月一同褒置、尤右名前之外施行ニ加り候者共名前相知レ有之者江は褒置候趣右之者共より寄々可申通旨申渡候

右之通其節々所司代江相伺申渡候儀ニ御座候　以上

未十二月

小長谷和泉守
三橋飛騨守」

伏見表ニ而孝心之者江先達而御褒美
被下候儀ニ付書付

城州紀伊郡伏見　京町九町目
医師太田宗仙
後家そい娘　その　酉四十七歳

右之者実父玄三相果候期致出生追々成人ニ随継父宗仙実母そい江平常至而孝心ニ候処、十一ヶ年以前より右継父病気ニ而七ヶ年之間平臥長病中母倶々昼夜不怠致看病至而困窮之暮方ニ候得共、日々喰物其外」万端任好聊も無違背致養育候付失墜多候間その着類は勿論諸道具建具等ニ至迄宗仙江は不申聞無拠追々売払、孝養之致手当ニ何角無残所尽心力候処宗仙儀養生不相叶四年以前相果、其後母と両人相暮罷在候処右病中物入多暮方必至と差支候得共外ニ手馴之渡世も無之、手跡指南又は縫物等相稼母を育罷在候処、母も追々老衰之上三ヶ年以前より発病盲目ニ成身躰不自由打臥罷在候処、父之」長病以来引続候而之取賄ニ差支無余儀夜具着替等も無之様相成差掛凌方も出来兼候様子ニ付町内よりも相応之致世話遣候得共不行届候故、その儀日々按摩罷出纔之賃銭貰請母養育之致手当ニ、尤右稼ニ罷出候留守中母壱人建具等も不揃成所ニ差置候儀故、冬は押入之内江綿を敷為寝置按摩ニ罷越候先々其度毎申聞セ罷出候得共、暫宛ニ而何ヶ度も立帰様子見請少も無油断心を付」養生之手当食物好之品等纔之賃銭之内より相調為給介抱致養育、右難渋之中ニも亡父之追善聊無懈怠年長候而も夫を迎候而は孝養之妨ニも可相成迚未夫も無之、老母養育而已ニ心を尽罷在候段町内之者朝暮及見聞誠神妙成者ニ付、享和元酉年五月加納遠江守伏見奉行勤役中手限為手当米弐俵鳥目三貫文差遣、江戸表江御褒美之儀相伺候処、その江為御褒美銀七枚」被下右母一生之内御扶持米一日五合宛被下候段被仰渡候付、同年八月其段申渡

右之通書留御座候　以上

巳八月

小長谷和泉守
牧野　大和守

（表紙）　（157—401・90—9）

畿内　二
大和
河内
和泉
続編孝義録料　九

奈良町之儀孝行奇特成者無御座段文化六巳年
書出候以後御褒美被下并誉置候分書付
鈴木相模守

奈良芝新屋町
家持　糀屋三四郎
同町
絈屋半兵衛借屋　墨屋佐　七
同町　福智院町
菊屋忠八郎借屋　白木屋新　七」

奈良川之上突抜町
家持　薬屋藤兵衛

右之者共儀奈良脇戸町絈屋喜七郎借屋同所芝新屋町ニ有之右借屋ニ住居いたし候医師玄碩儀は、去午六拾八歳ニ相成京都出生之者ニ而五拾ヶ年余以前当表中新屋町江罷越拾ヶ年程借宅いたし居、四拾ヶ年以前ゟ」芝新屋町ニ而前書喜七郎貸家借請、同人父養碩と両人相暮居無程妻呼入出生之子供男女両人有之候処、父養碩儀は三拾五ヶ年以前病死いたし其後妻并悴娘共三人追々ニ病死独身ニ相成、妻之親元同所鍋屋町亡多一郎と申者之弟亡隆庵実子当隆庵と申者有之候得共薄縁ニ罷成候上是又困窮ニ而世話等出来不申候処、前書三四郎儀者隣家ニ而兼而心易いたし罷在、玄碩儀独身ニ而困窮之上」近来病身ニ相成医道営候儀も墓々敷無之其日を送兼候ニ付三四郎ゟ精々心付世話いたし居候処如何之訳ニ候哉、去々巳六月玄碩儀前書川之上突抜町薬屋藤兵衛方江罷越異（ママ）薬買請申度旨申候得共無之旨断申置、右之訳同人ゟ前書芝新屋町新七江為相知同人ゟ猶又三四郎江申聞候処驚入、依之三四郎儀玄碩方江罷越病身ニ而困窮ニ迫り候迚必不了簡出申間鋪養生之儀は如何様共世話いたし可遣候間飲食等」相慎無心置養生可致様三四郎ゟ申聞世話いたし罷在候内、玄碩病気段々相募営も難致ニ付右同月頃ゟ少々宛飯米等差贈世話いたし候内歩行も難相成様罷成候付、同年十二月中旬頃ゟは三四郎ゟ日々食事等持運ひ介抱致遣し罷在、前書佐七儀は住居玄碩向ひニ有之朝夕心添いたし戸明立之世話等迄いたし新七儀も日々相見舞心添いたし居候儀ニ有之、前段薬屋藤兵衛方江玄碩異薬買求ニ罷越候趣意は同人儀近来」中風症ニ取逢病身ニは有之困窮ニ迫り当日も送兼候付相果候ハヽ、苦患も助り可申哉と風与不了簡差出、去々巳六月下旬藤兵衛方江罷越異薬相求申度相尋候処無之旨ニ而売遣し不申、右之趣三四郎外両人之内ニ而若及承候哉玄碩儀は不存候得共同人方江三四郎壱人罷越養生之儀利害申聞身分之儀は如何様共世話いたし可申旨段々深切ニ申聞、日々三度之食事等三四郎ゟ持運佐七儀者長々之間聊」心替も無之深切ニ万端心付、日々野菜等同人ゟ持運ひ介抱いたし着類洗濯朝夕之戸明立迄同人ゟ世話いたし、新七儀も同様日々相見舞心添いたし候旨、藤兵衛儀は玄碩困窮之上病気之趣及承居候折柄玄碩儀藤兵衛方江罷越砒霜石買請度旨申之候付無之旨相断罷帰候得共、前段之通困窮之上病身者ニ候得は万一不了簡ニ而服用可致と之存心ニも無之哉と心付候付、玄碩隣家新七儀者兼而知人ニ而玄碩とも懇意之趣ニ付」若心得ニも可相成哉と右之段新七江相咄候旨、右三四郎儀身元宜鋪と申程之者ニは無之候得共相応ニ相暮罷在重立致世話、佐七新七儀は借家人ニ而困窮ニ有之候処、是又厚心を用三人共同町隣家等之儀とは乍申、見聞ニ不忍無縁之玄碩を右躰深切ニ世話いたし既ニ前段之通去々巳六月中困窮ニ迫り不慮之儀も出来可申処、厚く取計是迄無難ニ養生為致候段寄特成者共ニ付、文化七午年十月為御褒美」三四郎江鳥目拾五貫文佐七新七江同拾貫文宛被下、藤兵衛儀は玄碩所存を案し異薬不売渡儀は勿論之儀ニ候得共、早速新七江為相知候段行届取計方ニ付褒置候段申渡候

奈良紀寺町　茶碗屋伊兵衛
養娘　き　よ　未弐拾八歳」
同町　小間物屋六次郎
娘　い　ち　未弐拾三歳

右之者共之内きよ儀者継父伊兵衛当未八拾弐歳実母いさ六拾八歳ニ而きよ共以上三人相暮居候処、兼而困窮之上伊兵衛儀は九ヶ年以前ゟ病気ニ取逢引続今以打臥罷在、

いさ儀も近年及老衰家業も出来不申候ニ付、きよ儀両親之介抱」いたし候間ニは無油断布織稼出情（ママ）いたし右之助成を以両親相養ひ薬料諸雑費等も取計罷在候処、伊兵衛儀老年之儀其上病労故ニも候哉昼夜きよ江対し我侭之儀共を申候得共聊違背も不致神妙ニ介抱いたし、いち儀は父六次郎当未五拾三歳母いよ儀は九ヶ年以前病死いたし其後六次郎并悴弁次郎当未拾九歳同人弟徳蔵拾五歳いち共以上四人相暮居候処、兼々困窮ニ而凌方も出来不申故右両人之悴は先達而ゟ」奉公稼ニ罷出六次郎いち両人相暮居候処、六次郎儀は四ヶ年以前ゟ病気ニ而打臥居何等之家業も難出来ニ付、いち儀六次郎（朱書）「此六次郎儀一件調中当三月十二日病死いたし候旨町役人共届出申候」介抱之間ニは布織稼無油断出情いたし、右之助成を以渡世を送居薬料諸雑費等も可成ニ取賄罷在、右躰きよいち両人共親共江孝心ニ相事へ家業出情いたし、其上困窮之中ニ而町役懸り銀等差出方は是迄滞候儀も無之」神妙之者共ニ有之候処、去午年暮一統祝之餅搗候時節ニも右躰之儀も出来兼候様子ニ及見気毒ニ存、乍少々祝之餅調候足合ニもいたし候様町役人共申合両人江銭壱貫文宛差遣し候旨、將又両人共聟取又者嫁付之年齢ニも有之候処其儀も不致候ニ心得方も有之儀哉と相尋候得は、伊兵衛儀は拾ヶ年以前きよ江聟養子いたし候得共前段之通老年之伊兵衛我侭之儀共ニ付其後不縁ニ相成、此上再縁之者呼迎候共若」又候右躰之儀ニ而は歎ヶ敷伊兵衛存生中はきよ壱人之手稼ニ而両親相養度心懸之旨、いち儀は前段之通弟両人共幼少ゟ奉公稼ニ罷出候得共弁次郎儀は相応之年齢ニも罷成候ハヽ名跡相続可為致儀ニ付夫迄は壱人ニ而老親相養申度心懸之旨、勿論両人共内證不行儀猥ヶ間敷儀等は町内ニ而一切見聞及候儀無之旁寄特之者共ニ存候旨町役人共申之、両人共格別之行状と申ニは無之畢竟身分当然之儀ニは」候得共女壱人之薄キ手稼を以親共を大切ニ介抱相養其外心得方神妙ニ相聞寄特成者共ニ付、文化八未年四月為御褒美きよいち共鳥目七貫文宛被下候段申渡候

右之通其節々酒井讃岐守江相伺申渡候儀ニ御座候　以上

未十二月

鈴木相模守」

和州吉野郡金峰山寺領之内奇特成者有之誉置候旨

同山仮学頭代宝蔵院差出候書付写帳面

孝行都而寄特之品有之者之儀書上候様去ル卯年従江戸表被　仰出候付右書付候もの有無之儀翌辰年御尋有之其節は書上候もの無御座候付、其段東叡山江相届候旨申上候、然ル処尚又此度格別之儀無之候共地頭ニ而誉置候歟又は先達而書上候節相洩候類共取調へ書上可申、尤書上候もの無之候ハヽ、其段も可申上旨従江戸表被　仰出候付、右書上候もの有無今般御尋ニ付則左ニ申上候」

和州吉野郡金峰山寺領

吉野山奥ノ院内町

百姓平重郎忰　留　松　未拾九歳

右留松父平重郎儀者無高百姓ニ而塗師職相兼渡世罷有候者ニ候処文化元子年病死仕候、尤忰留松儀は其節拾弐歳ニ有之母りよ留松以上弐人相暮極困窮人ニ御座候付、母りよを養育之ため留松儀六ヶ年以前」寅年ゟ当山稲荷町利右衛門と申者方江奉公ニ罷越候、右りよ儀は平生病身ニ而平重郎死後病気ニ取逢相煩罷有一切手稼等も得不仕難渋仕候付、留松儀自身相勤候給銀を以右母を加養為致、昼之内は不及申毎夜主家之夜仕事相仕舞宿元江罷帰り少シも母之傍を不相離臥り不申母りよ之長々病気二便等之世話も行届候儀ニ而、又翌日は未明ゟ主人方江罷帰り右夜分隙引候程之儀は主人江気を兼勤方出情仕候儀ニ而、全躰父平重郎存命中ニも至而幼少なから両親江神妙ニ」相仕へ候ものニ有之当時ニ至迄無懈怠右之行跡仕候段生得発明と申ニ而も無之候処、右躰神妙之至主人利右衛門儀も兼而不便を相加へ罷有候程之儀誠ニ幼年之節ゟ柔和ニ而親類并町内之もの共江も至極実躰ニ附合若年ものゝ之様ニ無之都而風儀宜敷寄特成ものニ御座候故、当六月地頭吉野山ニおゐて誉置候儀ニ御座候事」

同州同郡同山領　吉野山山下町

百姓清右衛門忰　伴次郎　未弐拾壱歳

右伴次郎父清右衛門儀は百姓ニ而作間ニは旅人宿相兼渡世仕候ものニ候処享和元酉年病死仕候、尤忰伴次郎儀は其節拾才ニ有之候、然ニ母りう忰伴次郎以上弐人相暮罷有候処、右りう儀清右衛門死後無程大病ニ取逢一切」歩行も不相叶今以相煩罷有候処、右伴次郎儀拾才之節ゟりう打臥居候傍ニ而大人同様ニ介抱いたし拾五才之頃ゟ農業并旅籠屋職等出情いたし聊も放埒之行跡は不仕、最早弐拾壱才ニも相成候得共夜分ニは母之傍を不離厚介抱いたし、尤妻等ニ而も呼入右大病人之介抱為致候様親類共ゟも相進候得共、妻等呼入候而は自然と母之介抱等怠り候儀を相歎キ尤奉公人をも召遣ひ有之候得共母ニ便之世話迄も自身取計いたし、長々之間無残所も太切（ママ）ニ介抱仕候」尤父清右衛門存命中ニも至而幼年なから神妙ニ有之候、殊ニ伴次郎儀も生得病身ものニ在之候得共右躰奇特成ものニ而同人方江立入いたし候もの共且親類并町内之もの共江も至極柔和ニ附合候儀は勿論、渡世情（ママ）出し都而風俗宜鋪甚以奇特成者ニ御座候故当六月地頭吉野山ニおゐて誉置候儀ニ御座候事

右之通相違無御座候、尤寺領之内夫々取調仕候処右弐人之外当時書上ヶ候程之者無御座候、此段申上候　以上」

日光御門主御支配所
和州吉野郡金峰山

文化八未年七月　仮　学頭代
宝蔵院　印

奉行所宛」

文化六巳年
松平甲斐守領分町方孝行人并奇特者書上帳
十二月

大和国添下郡郡山東岡町
紙屋惣七せかれ　惣兵衛

右惣兵衛儀親孝行仕候趣町役人共訴出候付相糺候処、惣兵衛方家内六人相暮風呂屋渡世致甚貧窮之処、父惣七江は差支候様子は為相聞不申、平日父之申条不相背寒暑之手当并給物着類等ニ至迄厚ク気を付且又」貧窮ニ付所持之家質物ニ差入有之候処受戻シ候儀も難出来候得共、父存命之内家ニ離レ歎ヶ敷躰為見申間敷心底ニ而少之間有之候得は働等ニ罷出色々致勘弁、家質方江は少々宛利銀差入断申置候付銀主方ニも貞実之次第を感シ猶予致候旨、右躰凡二十ヶ年余も貧窮ニ候処親江不自由不為致折々給物等好候節」差支候儀間々有之候得共父之不存様近所抔相頼勘弁致取調候而為給朝暮無怠孝心相尽シ候段町役人共申之候、尤父惣七儀は文化三寅年二月七十九歳ニ而相果并せかれ惣兵衛儀は文化五辰年正月四十九歳ニ而

相果申候

一　米三俵　但四斗入
是は享和三亥年四月為褒美惣兵衛江差遣申候」

大和国添下郡郡山平野町
柴山屋平七せかれ　平三郎　当巳二十七歳
平三郎姉　くま　当巳四十二歳
同断　くら　当巳二十八歳

右三人之者共親孝行仕候趣町役人共訴出候付」相糺候処家内四人暮ニ而日雇稼致シ兼々困窮ニ罷在候得共、平日兄弟三人共実貞ニ致父平七之申条一言ニ而も相背不申食物酒等ニ至迄相好候節は三人之者共申合無利成勘弁を以夜分迚も何時之無差別任好為給、且亦渡世之営昼夜三人共心を尽親江之手当行届候段、然処平七儀段々及老年候付猶更兄弟三人申合万端厚ク」致手当孝心を尽神妙之次第町役人共申聞之候

一　鐚壱貫文
是は享和三亥年十月為褒美平三郎并同人姉くま同断くら江差遣申候

一　米三俵　但四斗入

是は文化四卯年十一月為褒美右三人江差遣申候」

大和国添下郡郡山雑穀町
屋祢屋新六娘　きた　当巳三十二歳

右きた儀親孝行仕候趣町役人共訴出候付相糺候処、きた儀は新六後妻之連子ニ而平日父新六を太切ニ仕候処、新六儀段々及老年其上三ヶ年以前卯年ゟ大病ニ取合打臥罷在候処、外ニ身寄之者も無之」きた壱人ニ而長々之間太切ニ介抱仕、尤貧窮故寸暇を考昼夜無油断手稼仕、種々勘弁を以親を養ひ平日親之申条聊相背不申孝心深ク神妙之段町役人共申聞之候

一　米三俵　但四斗入
是は文化五辰年十二月為褒美きた江差遣申候」

大和国添下郡郡山観音寺町
もちり屋半六せかれ　卯之吉

右卯之吉儀奇特者ニ有之趣町役人共訴出候付相糺候処、両親儀は先年相果其後卯之吉并姉と両人相暮実貞ニ罷在候、然処姉は先達而ゟ難病差発四五年以前ゟは手足も不相叶、卯之吉儀は」生得瘖聾ニ而其上病身故渡世之営荒

大和国添下郡郡山何和町

紐屋　三郎兵衛

右三郎兵衛儀母孝行仕候次第寛政年中」孝行人并奇特者御取調之節書上候者ニ御座候、則其節町役人申出候付相糺候処、母及老年候故事ニ寄不束成儀を申候得共何事も不相背柔和ニ取扱申候、尤苧商売渡世ニ仕右老母店ニ罷在候節売人参り合候而苧之うみ賃差引等之儀ニ付折節は間違之儀も有之候得共三郎兵衛内々ニ而母ニ為知不申」取計、其外何事ニ不寄母之申条少も違背不仕孝行ニ仕候付町役人并近所之者共奇特ニ存候故其段在所役人共江申達候之様申候儀を内々承り、三郎兵衛町役人江申候は私貞実之趣を以御役所江書付差上被呉候様抔と申儀有之候而は殊之外迷惑致候旨申聞候、併貞実之次第は一同存罷在候故兎角書付を以可申上旨申之候処」段々差留申候付、町役人共申候者町方御役所ゟ度々御尋も有之候付此上は直々御役人中江成共罷越御断申上候様申之候付、町方与力迄三郎兵衛直ニ参申聞候は、私貞実抔と申儀ニ而御褒美被下候様成儀等御座候而は迷惑之趣達而申聞候付、却而迷惑ニ存候而は如何ニ付、右之次第町方与力ゟ称美之挨拶致置候旨、尤母は天明五巳年」二月八拾五歳ニ而相果申候

一　米壱俵　　但四斗入

是は文化四卯年十二月為褒美」卯之吉江差遣申候

一　米壱俵　　但四斗入

是は当巳年五月為褒美同人江差遣申候

キ働等は難出来ニ付近所之米舂を仕、是迚も漸一日に纔四五拾文之稼ニ而姉を養ひ右ニ而は両人之飯料ニも引足不申ニ付町内之者共打寄可成丈世話致遣候得共、長々之事故行届不申甚貧窮ニ相暮候得共実貞ニ家相続仕姉江難病之介抱神妙ニ致候故、町内ゟ色々世話致遣」町役之諸入用等は先達而ゟ相除遣シ且亦右之者親類両人有之、右両人之者共ゟも是迄世話仕候得共行届兼候付、町内役人始一同連印ニ而右卯之吉儀奇特者之処貧窮難儀ニ付如何分ニも手当被成下候様在所役人共迄願書差出候上町役人ゟ親類両人江右等之儀相談致候処、領主之世話ニ相成候儀甚恐入右卯之吉奇特成者」ニ付以来は両人ゟ扶持米差遣候積り申合候旨ニ付前段之願書下ヶ之儀町役人共ゟ願出候付則差戻候、右躰奇特者ニ付親類共并町内一同申合世話仕候段町役人共申之候、尤卯之吉儀当巳年九月四拾歳ニ而相果申候

果候段右等之次第は寛政年中御取調之節書上申候儀ニ御座候、然処三郎兵衛儀追々老衰仕殊之外困窮之次第相聞且亦右躰孝心仕、褒美等之儀断候心底一入孝心深キ道理と殊勝之者ニ付旁以左之通俵数差遣申候、尤三郎兵衛儀当巳年九月七十五歳ニ而相果申候」

一　米三俵　　但四斗入

是は当巳年七月為手当三郎兵衛江差遣申候

松平甲斐守内
山寺治左衛門」

右之通御座候　以上

文化六巳年十二月

文化六巳年 松平甲斐守領分村々之内孝行人書上帳 十二月

大和国葛下郡今泉村
百姓惣兵衛娘

高九升弐合　　は　つ　当巳五拾弐歳

右はつ儀母孝行仕候趣村方ゟ訴出候付相糺候処、父惣兵衛儀は先年相果はつ儀生得実貞成者ニ而平日未明ゟ起出母之任好食事等為致夫ゟ農業ニ罷出昼夕共早ク戻り煮焚致シ母江為給、自分は母之余りを給」農業之透ニは手稼仕、尤困窮ニは候得共母之任好何ニ而も買調為給万事右ニ准シ孝心を尽シ誠ニ神妙之者ニ付、近所之者共儀右村組合之大庄屋方江申出候付得と相調候処甚以寄特之者ニ存大庄屋ゟも米四斗入壱俵差遣申候儀ニ御座候、尤母は享和二戌年八月七十八歳ニ而相果申候

一　米弐俵　　但四斗入

是は享和二戌年五月為褒美はつ江差遣申候

大和国添下郡九条村
百姓惣次郎娘

無高　　と　き　当巳三十九歳

右とき儀両親孝行仕候趣村方ゟ訴出候付相糺」候処、父惣次郎病気之処昼夜大切ニ厚ク介抱仕困窮ニは有之候得共医師等相頼無手抜服薬為致万端行届、尤弟妹共有之候得共幼少ニ付とき壱人ニ而心を配り少之透ニは手稼仕候、然処父儀養生不相叶ニ付村方一同葬式等万端世話仕且又母儀も長々病気之処大切ニ介抱仕手当行届候次第近所之者共は」右躰長々之介抱身躰も能続候者と感心仕候

旨ニ御座候、尤父惣次郎は享和四子年正月七十四歳ニ而相果母儀は当巳年九月七十九歳ニ而相果申候

一　米弐俵　但四斗入

是は享和四子年二月為褒美とき江差遣申候」

大和国添下郡柳町村枝郷大坂口

百姓新六娘　す　て　当巳二十歳

無高

右すて儀両親孝行仕候趣村方ゟ訴出候付相糺候処、すて儀両親江孝行を尽シ候儀は村役人共兼而及見罷在候、然処文化三寅年二月ゟ両親共病気ニ取合打臥罷在、其上幼少之」妹壱人有之甚困窮難渋之処、右両親病中之手当万端行届并難渋之中幼少之妹を養育仕候段甚神妙之致方村方一同感心仕難見捨置段村役人共申聞之候、尤父新六儀文化三寅年四月四十七歳ニ而相果申候

一　米三俵　但四斗入

是は文化三寅年五月為褒美すて江差遣申候」

大和国葛下郡加守村　百姓

高壱石六斗壱升

善兵衛　当巳四十一歳

右善兵衛儀養母江孝行仕候趣村方ゟ訴出候付相糺候処、善兵衛儀先年同村ゟ養子ニ参り候処五ヶ年以前丑年二月ゟ養母儀病気ニ而惣身不叶寝起一向ニ難出来処神妙ニ介抱仕、其上耕作出精仕農業ニ罷出候而も食事毎ニは少々宛早ク戻り養母之好ミ候食物相進メ尤困窮之上外ニ介抱之者無之処、壱人ニ而不厭身分大切ニ仕候段神妙成儀村方一同至極孝行之者と感心仕候段村役人共申聞之候

一　米壱俵　但四斗入

是は当巳年十一月為褒美善兵衛江差遣申候」

大和国葛下郡五位堂村　百姓

高五石四斗三升壱合八夕　又　七　当巳四十三歳

右又七儀母孝行仕候趣村方ゟ訴出候付相糺候処、困窮之者ニ候得共実貞者ニ而農業出精仕朝夕母江何角之儀相伺折々母寺参り并一家内江罷越候節は母之手を引色々厚ク介抱仕、猶又」又七何方江罷越候而も何成共有合之品調帰り母江遣シ至而孝心深キ次第近村之者共迄も沙汰仕候段村役人共申聞之候

一　米弐俵　但四斗入

是は当巳年十一月為褒美又七江差遣申候

大和国葛下平野村　百姓惣次郎妻
高四石弐斗七升三合　　すて　当巳五十四歳
是は惣次郎所持高ニ御座候」
右すて儀母孝行仕候趣村方ゟ訴出候付相糺候処、すて儀は同村百姓源助と申者之娘ニ候処源助儀は先年相果母と両人暮シ母江孝行仕縁付不仕候処、二十四ヶ年以前午年惣次郎方江縁付致候節、仲人江すて申候は妹共弐人は縁付致シ候得共自分は母江給仕致シ度是迄何方江も嫁付不申併惣次郎儀私之母を大切ニ致被呉候所存ニ」候は嫁可参旨約束仕候而惣次郎妻ニ罷成、母儀も惣次郎厄介ニ成弥孝行仕候処、四ヶ年以前寅年ゟ母儀中風差発惣身不叶之処、昼夜起臥等之介抱少も怠り不申自分之着類等も売払母江は着類等厚ク手当致万端気を配り孝行仕候付、夫惣次郎も右孝心を感シ倶々大切ニ仕村方一同母孝行之次第感心仕村方ゟ時々」助力米差遣村役人ゟも助力米差送り候旨、右すて孝心之儀は近村之者共迄も能存居候旨村役人共申聞之候
一　米三俵　　但四斗入
是は当巳年十一月為褒美すて江差遣申候

大和国平群郡西畑村」
百姓磯右衛門せかれ
高三石七斗弐升七合七夕　　卯之助　当巳十四歳
是は磯右衛門所持高ニ御座候
右卯之助儀両親江孝行仕候趣村方ゟ訴出候付相糺候処、父磯右衛門儀は病身ニ而平日積気差発壱ヶ年之内ニは七八ヶ月程宛も相煩、母儀は持病ニ癲癇有之壱ヶ月ニ六七度も差発り」其度毎ニ前後を失ひ両人共難儀之躰ニ而有之候処、卯之助儀幼年ニ而両親を神妙ニ厚ク介抱仕、且又三石七斗余之高を磯右衛門儀は病間之手伝而已大躰卯之助壱人ニ而相働候得共右両親長々病気故甚困窮ニ而朝夕煙を立候儀漸之事ニ候、併御年貢等は殊之外大切ニ仕無滞相納、尤父磯右衛門儀日々少々宛酒給候得は積気相治候付」右躰困窮之処卯之助儀日々早朝ゟ罷出終日農業出精仕候上、夜分は夜半頃迄縄草鞋を手稼ニ仕右を売代ニ致シ毎夜之酒を調親共江進メ候趣無怠至孝之次第は難申尽、村方ゟも精々心添世話仕候段村役人共申聞之候
一　米三俵　　但四斗入
是は当巳年十一月為褒美卯之助江差遣申候」

大和国葛下郡畠田村

百姓勘六妹

と　ら　当巳三十九歳

高弐石七斗六升

是は勘六所持高ニ御座候

右とら儀母孝行仕候趣村方ゟ訴出候付相糺候処家内四人相暮、母儀は五ヶ年以前丑年ゟ中風相煩歩行不相叶、兄勘六儀は二十七ヶ年以前卯年ゟ半身不相叶、弟儀は九ヶ年」以前酉年ゟ難病差発とら壱人ニ而農業は不及申厚母之介抱仕、暑寒を不厭少も無透間相稼農業等ニ罷出候節は起臥共安堵為致戻り候得は母之前江参り気色を伺手足を撫困窮之中ゟ医師を相頼無手抜服薬為致食物等は任好相調為給、尤農業之透間ニは賃仕事致シ右様之儀は母江為見不申誠ニ昼夜之」孝養村方一同感心仕、且又村内ゟ為見廻米抔差遣候得は母江為見為歓右之米は別ニ致置母江計為給、其外御年貢等之儀は大切ニ相納誠ニ孝心奇特之者と村役人共申聞之候」

一　米三俵　但四斗入

是は当巳年十一月為褒美とら江差遣申候」

大和国添下郡九条村

百姓彦七せかれ

伊三郎　当巳四十一歳

高拾五石壱斗六升弐合七夕

是は彦七所持高ニ御座候

右伊三郎儀両親孝行仕候趣村方ゟ訴出候付相糺候処、伊三郎生得実貞者ニ而平日未明ゟ起出両親之給物を妻江申付、毎朝六時頃両親之枕元江参り農業ニ罷出候と申用事も」無之哉相尋、又雨天之節は宿元ニ罷在候段一々両親江相伺其外外方江罷出候得は何成共珍敷物調帰り両親江為給、尤多人数相暮困窮ニ付毎夜八時頃迄宛縄草鞋を手稼ニ致、且又御年貢等未進不仕右之通年久敷孝養仕候段近村之者共も感心仕、家内之者共は自然と伊三郎之行作を見習睦敷相暮、至極孝心」之者御座候旨村役人共申聞之候、尤母儀は文化四卯年二月六十三歳ニ而相果申候

一　米壱俵　但四斗入

是は当巳年十一月為褒美伊三郎江差遣申候

大和国添下郡柳町村枝郷

大坂口之内松ノ下

非人番　半　七　当巳五十九歳」

無高

右半七儀母孝行仕候趣村方ゟ訴出候付相糺候処、母儀及

老年長々病気ニ而打臥罷在候処、半七無妻ニ而老母病中之手当誠ニ神妙之致方数年来孝心を尽シ候段村方ニも甚感心仕候旨、老母は文化三寅年十二月百歳ニ而相果申候

一　米三俵　但四斗入」

是は文化二丑年十二月為褒美半七江差遣申候

松平甲斐守内
山寺治左衛門」

右之通御座候　以上

文化六巳年十二月

文化八未年
松平甲斐守領分大和国町方孝行人并奇特者書上帳
松平甲斐守内
山寺治左衛門
十二月

大和国添下郡郡山西岡町
馬屋伊八借屋
澤村屋　佐兵衛　当未三拾六歳

右佐兵衛儀親孝行仕候趣町役人共訴出候付相糺候処、家内ニ人暮ニ而日雇稼渡世仕罷在実躰成者ニ有之候、父勘四郎儀四年以前ゟ病気ニ而打臥居」候之処次第ニ差重り去午年七拾五歳ニ而同年五月相果申候、長々病気中看病手当等行届介抱仕候、然処母当未七拾六歳ニ罷成候、殊之外老衰仕起居候義不自由ニ而自分之用事等も難調候、佐兵衛儀貧窮者ニ候得は妻をも不迎壱人ニ而母江介抱等致し早朝ゟ煮焼等致し母を養ひ候上日雇稼ニ罷越候、母入湯ニ罷越候節佐兵衛背江負罷越候、孝心之次第神妙之段町役人共申聞之候

一　米弐俵　但四斗入」

是は文化七午年十二月為褒美佐兵衛江差遣申候

大和国添下郡郡山東岡町
源六後家　津　ね　当未四拾五歳

右津ね儀孝行仕候趣町役人共訴出候付相糺候処、他領岩室村小八郎と申者娘ニ而先年源六方江縁付参候処、夫源六儀拾七年」以前相果後家ニ而相暮罷在候処、里元両親之者老年ニ及候得共外ニ世話致し候者も無之ニ付十三ヶ年以前両親并妹姪共引取世話致し度旨相願候付、聞済之上引取兄弟之者共打寄木綿織稼致し候、其日も暮兼居候処父小八郎儀病気ニ而打臥候処服薬等色々相用養生為致、且又給物等相好候付時節ニ難調品共為給兄弟申合小八郎申条聊相背候儀無之、手当等行届介抱致し候処当未

二月相果申候、母ちよ儀」三ヶ年以前病気之処是迚も父同様万事心を尽し看病致し候処同年六月相果申候、孝心之次第神妙之段町役人共申聞之候

一　米壱俵　但四斗入
　是は当未年十二月為褒美津ね江差遣申候

大和国添下郡郡山東岡町
伊三郎　当未五拾四歳」

右伊三郎儀孝行仕候趣町役人共訴出候付相糺候処、平日按摩稼致し罷在候処病身ニ而稼等も出来兼候、然処母志な儀老病ニ而給物等色々相好候処貧窮者ニ候得は好之品共難調候得共勘弁を以為給候儀ニ御座候、右貧窮ニ而間々差支御座候得共母ニ不為聞一ッ之衣類をも売払調参為給候、母儀生得酒を好候付三銭宛之酒日々両度宛為給其外万端心付介抱致し候処右母五年以前」相果申候処、母存生之通三銭宛之酒を両度宛尓今無怠仏前江相備例月忌日ニは墓所江も参詣仕万事心を尽し孝心之次第神妙之段町役人共申聞之候

一　鐚壱貫文
　是は当未年十二月為褒美伊三郎江差遣申候

大和国添下郡郡山柳町三丁目
田丸屋吉右衛門召仕」
亀　吉　当未拾八歳

右亀吉儀寄特之趣町役人共訴出候付相糺候処、添下郡新木村枝郷失（ママ）田口ニ罷在先達而相果候安兵衛と申者忰ニ而文化四卯年ゟ主人吉右衛門方江奉公致し居平日実躰者ニ而身持宜万端大切ニ奉公致し骨折出精ニ相働、然処主人吉右衛門儀借財多身上不如意ニ而甚困窮致し罷在候処、亀吉儀主人難儀之儀を殊之外辛労致し忠儀と存弥骨折」何角と出精相働、奉公中なから近所江米舂ニ参り右賃銭を主人江貢主人を大切ニ致し候段町役人共申聞之候

一　鐚壱貫文
　是は当未年十二月為褒美亀吉江差遣申候

大和国添下郡郡山柳町三丁目
鮓屋庄右衛門忰
庄次郎　当未二拾六歳」
庄右衛門次男
又　助　当未弐拾三歳

右庄次郎又助儀孝行寄特仕候趣町役人共訴出候付相糺候処、親庄右衛門儀家内七人暮候処、庄次郎又助儀実躰成者ニ而両親を至極大切致し幼年之弟壱人妹弐人是等江仕向方宜親類縁者共とも睦敷致し商売万端骨折出精致し候、両親共段々及老年病身ニ相成候処、猶以孝心を尽し万事実意を以取計孝心寄特之旨町役人共」申聞之候付、当未年十二月賞美申渡之候

合　孝行人五人
　　寄特者壱人」

一　寺社領門前之者孝行又ハ寄特者訴出候儀共
　　無御座候

右者城下町方文化六巳年書上候以後孝行人并寄特者之類此度相糺候処」如斯御座候、右之外相洩候孝行人并奇特者無御座候　以上

文化八辛未年十二月
　　　　　　　　　　　　　松平甲斐守内
　　　　　　　　　　　　　　山寺治左衛門」

文化八未年
松平甲斐守領分大和国村々之内孝行人書上帳
十二月
　　　　　　　　　　　　　松平甲斐守内
　　　　　　　　　　　　　　山寺治左衛門

大和国添下郡柳町村
　　百姓伊助せかれ　伊三郎　当未十六歳
無高
　　同断　　　　　　三四郎　当未十三歳

右伊三郎并三四郎共親孝行仕候趣村方ゟ訴出候付相糺候処、両人之者共」平日父伊助江孝心ニ致伊助儀三ヶ年以前ゟ湿病ニ取合手足等不相叶何様之稼も不相成打臥罷在候処、伊三郎義日夜無怠古傘張替手間賃を以家内三人相凌且亦伊助儀酒を好候付貧窮ニ候得共父之申様一円不相背服薬之外ニ毎夜酒を為給弟三四郎儀は食事等拵、若年之兄弟共申合病中介抱手当等致大切」孝心神妙之段村役人共申聞之候

一　米三俵　　但四斗入
　　是は当未年三月為褒美伊三郎同人弟三四郎江
　　差遣申候

一　大和国領分村々文化六巳年書上候後奇特成者訴出
　　候儀無御座候」

一　河内国近江国領分村々文化六巳年書上候後孝行人
　　并奇特者等訴出候儀無御座候

一　寺社領門前之者孝行又は奇特成者訴出候儀共無御
　　座候

右は大和国領分村々之内文化六巳年書上候以後孝行人并奇特者之類此度相糺候処如斯御座候、右之外」相洩候孝行人并奇特者無御座候　以上

文化八未年十二月

松平甲斐守内
山寺治左衛門」

孝行人行状書付

織田左衛門佐家来
村上平格

覚

大和国山辺郡岸田村

一　高四石五斗余　百姓　又七　卯三拾七歳

右又七儀両親と家内三人暮シニ御座候処、又七儀親又兵衛支配之節は高弐石余ニ御座候処、又七事実躰相稼候ニ付当時は高四石五斗余所持仕」罷在候、然ル処両親之者格別ニ年罷寄候ニ付銘々寝起等も自由ニ難相成候様ニ相成居候得共、右又七儀右躰年寄之両親を抱江実躰成もの故農業専大切ニ仕候ニ付年貢等も無滞仕、且両親之者共格別年寄之儀ニ候得は時々は甚無理成儀を申候共、得心いたし候様色々と申なため機嫌能相成候得は農業に罷出候得共、半日之内ニは」時々農方ゟ罷帰両親之機嫌を窺又候農業ニ罷出候様両親ヲ孝行ニ仕候、両親之者共江平生挨拶等も甚敬慇懃ニ仕候故折々隣家之者共も他所ゟ客来抔有之候哉と奉存候程之儀ニ御座候、且又両親之者共如何躰之儀申候共聊不相背甚大切ニ仕候ニ付村方は勿論隣村ニおいても又七儀は両親江孝行ニ仕候儀甚稀成者と殊之外風聞仕候、」親又兵衛儀幼少之節伊賀国ゟ引越参当村住居相定無高之者ニ候処、実躰者故村方一統正直ヲ見込高弐石余も有之候跡江相続人ニ差遣シ罷在候処、又候右忰又七儀は親又兵衛ゟも弥増実躰正直ニ致両親は勿論他之老人ニ而も大切ニ存厚クいたわり或は途中ニ而重き物抔持運骨折候事を見掛ヶ候へハ早速相代り介遣シ候様ニ」常々心掛ヶ居候而、猶又年寄之両親を専大切ニいたし申候孝行之徳ニ哉諸事作物等も至極宜出来申候、是全両親江孝行之志厚故神仏之冥加ニ相叶候者と村方は勿論隣村ニ而も専風聞仕候、右奉申上候通甚以両親江孝行ニ仕農業等大切ニいたし、年中朝は明ヶ六ッ時ゟ仕事ニ取掛り夜ニ入候得は九ッ時迄縄をない候而日夜無間断両親ニ」孝行を尽し農業等大切ニ相勤候段誠ニ以至極稀成者ニ御座候、右之趣村役人共ゟ申出候ニ付猶又又七行状之処相糺候処村役人共申出候趣相違無之ニ付、寛政七卯

年五月九日呼出シ褒詞之上米三俵差遣シ申候
右之外領分相糺申上候程之者無御座候　以上
文化七庚午年正月
織田左衛門佐家来
村　上　平　格」

孝行并奇特人行状書
寄合肝煎
奥　田　主　馬

寄合肝煎
奥田主馬知行所
和州山辺郡畑大西村

持高三石五斗弐升三合　百姓　清　七　当巳五拾歳
右清七儀幼少之時父相果母壱人世話仕罷在若年ゟ孝心深く何事によらす母申事を背不申相暮居候内、母病気差発手足不自由ニ而立居自身ニ相成不申打臥七ヶ年」右病気ニ而罷在候得共清七万端母気ニ叶候様取扱食物等も好む物を為給、將亦市町等江罷越候節家内江念頃ニ申付置候而罷出帰候節ハ母待兼候を存村方近辺江帰候得は山之高キ所ゟ我家之見へる所ニて大音是迄帰たるよしを母江通し安気為致候事いつ迚も如此仕候、貧窮之身なからも市町ニ而母好む品を調へ帰りあたへ候事壱度もかゝさす其後母病気」次第差重相果死後ニ相成候ても存生之内同様好物之品を備へ念頃ニ取行候事諸人之知る所ニ御座候段村役人共訴出候、依之相糺候処相違無御座候ニ付於知行所褒美申渡米三俵差遣申候

同国同郡上津村　百姓弁蔵妹
持高六石五斗三升三合三夕　と　ら　当巳二拾七歳」
右とら儀奇特成者ニ而弁蔵儀病気差発乱心之躰ニ相成百姓難相成一家及潰候事甚心労仕、右弁蔵母日夜相歎キ罷在候処、とら儀神仏信心深く仕其上西国三十三所ヲ壱人ニ而順礼仕、信心丹誠仕神仏之御加護ニ候や弁蔵病気追々全快仕、当時之躰ニてハ百姓相続ニ相成候、右躰罷成候ニ付猶又西国順礼仕貧窮之身ニ御座候得は病気薬代等も手段無之ニ付、とら儀」奉公丹誠仕年貢等も相納当時ヶ成ニも取続百姓仕病気も快相成候ニ付、母不大方安心仕誠とら儀奇特成女ニ御座候段是亦村役人共訴出候間相糺候処相違無御座候ニ付、於知行所褒美申渡米弐俵差遣申候
右之通御座候　以上
文化六己巳年十二月
寄合肝煎
奥　田　主　馬」

孝行奇特人行状書付

北條相模守家来
池田宇兵衛

北條相模守領分

河内国錦部郡　石見川村百姓

伊兵衛娘　志ゅん　当未三拾弐歳

当時高壱石

右之者祖父源兵衛と申者庄屋役も相勤村方ニ而は相応之者ニ而御座候処、親伊兵衛儀酒を好候而段々身上相減家屋鋪迄も」売払同村百姓又左衛門小家を借り住居仕罷在、妻は近村鳩原村ゟ嫁候者ニ而娘志ゅん三才之時妻之親元ゟ離縁之儀申出依之離別仕候、其後伊兵衛志ゅん両人暮罷在候処志ゅん七才之時ゟ子守り奉公ニ出十八才之時ゟ隣村百姓徳左衛門と申方江奉公ニ罷出候処、甚貞実ニ相勤奉公を大切ニ仕候付段々重年仕主人之用向を相弁其隙を相考親伊兵衛之衣類を相調江伊兵衛を大切ニ」仕、毎々見廻ニ帰り其外は休日ニ而も主人之家を離れ候事無御座、給銀は皆親伊兵衛江相渡候得共伊兵衛儀元来身上を持崩候程之者故追々困窮ニ暮し終ニは親類共江同居仕世話ニ預り罷在候処、志ゅん義親伊兵衛之住所も無之を歎き主人徳左衛門江相願給銀を引当ニ而銀子借用仕居宅を建遣候、去午年暮迄徳左衛門方ニ十四ヶ年相勤今年は宿元ニ而親伊兵衛と農業仕」相働罷在候、右徳左衛門今年病気之節も看病ニ罷越病死之節も罷越心切ニ世話仕候、右之通奇特孝心之趣訴出候付猶又相糺候処相違も無之候付、当文化八辛未年十一月廿三日志ゅん江為褒美田地壱反并親伊兵衛存命中為養育扶食為取之候

右之通御座候　以上

文化八辛未年十二月

北條相模守家来
池田宇兵衛」

孝行人行状帳

渡辺越中守領分

渡辺越中守領分

河州志記郡大井村　百姓　理兵衛

右理兵衛儀父理兵衛は先達而致病死老母有之候処、昼夜共無怠丁寧ニ相仕へ候ニ付家族共江格別教訓はいたし不申候得共自然と」理兵衛同様母江孝行を尽し申候、理兵衛儀農業之手透ニ木綿類之商売致し折々ニは大坂江売用ニ罷出候処、是も毎度前方ニ老母江相窺少も不背（ママ）（青カ）之躰ニ見へ

候得は機嫌直り候迄相延し候而、母機嫌能挨拶いたし候上出立致し村離迄罷出候而も又立戻り候而母之容躰とくと窺ひ呉々妻子江も留守中之仕へ申付置候而罷越候、」幾度ニ而も他出之毎度右之通御座候、途中ゟは随分手廻し致し少も早く帰宅を心掛ヶ帰之節は大坂辺ニ而も土地之名産之品抔或は菓子類等少々宛も調帰候而直ニ母之容躰窺候而土産之品を進メ小児共江は母ゟ致配分候事も有之候得とも理兵衛ゟは不遣、日々食物も可成程は老母之好候品を進メ母之不好品は家内」小児も一切食し不申、其外衣類道具等迄も母之好候品は家内迄も用ひ母之嫌ひ候品は妻子も持扱ひ不申、理兵衛妹有之同村之内江嫁シ此ものも右之風儀を兼而見習ひ舅姑へ能仕へ夫江貞節家事取〆り迄行届其上実母之容躰窺ひ候事日々無怠致深切ニ候、右理兵衛壱人孝行ニ寄家族親類始近隣之者とも迄」孝行心掛ヶ候者有之由、右之行状は村役人始其外近所之者計り之申口ニ而も無御座候、其最寄隣村迄も噂申儀猶更得と相糺候処相違無之奇特成趣相聞候ニ付、此度褒美差遣申候儀ニ御座候　以上

十二月

渡辺越中守家来
向　山　雄　助」

文化六年

泉州岸和田岡部美濃守領分中孝人奇特之者行跡并褒美差遣候覚

巳十二月

岡部美濃守家来
井谷勘右衛門

和泉国南郡岸和田浜町
太郎兵衛養女　志ゅん　当巳四拾九歳

右之者養父太郎兵衛中風ニ而三四年も行歩難出来臥り居候を奇特ニ孝心を尽し昼夜色々致介抱、右躰之病人故日々無理成儀を」申候得共不相背気ニ応し候様ニ仕へ両便も取、冬は我肌を以て暖、夏は随分涼敷様に致し食事も好ニ任せ給させ湯茶等ニ至迄過不及無之様厚孝心仕、甚奇特成者ニ付為褒美寛政九巳年米壱石遣之候

同国同所　池尻屋」
久右衛門　当巳六拾四歳

右之者母江仕方宜其方農業致出精奇特成者ニ付、為褒美寛政九年巳十二月米五斗遣之候

同国同所　湊屋権七養子」
権　蔵　当巳四拾九歳

右之者養父実父江孝心仕渡世之儀も致出情実父太郎右衛門大病之節毎夜壱里計道程之処を通致介抱甚奇特成者ニ付、為褒美寛政九年巳十二月米五斗遣之候」

同国同所
上けん田　政　平　当巳四拾弐歳

右之者老母江仕方宜敷渡世之漁事日々相働申候、右渡世ニ付夏分ゟ秋は其所ニ相稼候得共冬ゟ春迄は紀州浦江罷越凡」半季計は紀州ニ而相稼居申候、右之通老母を宿元ニ残し置遠方江相離罷越候儀心痛仕候得共渡世之儀無是非罷越居申候、然共便船御座候度毎ニ五日七日めに一度遠路を不厭態々罷帰り母を見廻気に応し候様ニ仕へ候、母も健成者ニ而手ニ懸り候儀無御座候得共右躰心を尽し仕へ候儀奇特成者ニ付、為褒美寛政」九年巳十二月米五斗遣之候

同国同所
山三郎女房　い　そ　当巳六拾歳

右之者姑并夫ニ仕方宜子供多困窮ニ暮居候得共昼夜糸稼出情諸事倹約仕」母之食事等気ニ応し候様心を配り申候、夫山三郎儀虚弱成生ニ而人並之稼難出来候付、女房いそ一入骨を折相働米抔も日々に買調申候得共外々江合力無心ヶ間敷儀不申甚奇特成者ニ付、為褒美寛政九年巳十二月米五斗遣之候」

同国南郡下松村百姓
平兵衛女房　さ　き　当巳四拾二歳

高拾三石五斗九升五合九夕

右之者父ニ早相離祖母并母江孝心仕乍女農業致出情紡績をも昼夜相稼家内睦敷仕常々行跡宜奇特成者ニ付、為褒美寛政九巳年米五斗遣之候」

同国南郡木積村百姓
中右衛門悴　作　八　当巳四拾一歳

高三石八斗八合四夕

右之者親江仕方宜農業致出情奇特成者ニ付、為褒美寛政九年巳十二月鳥目弐貫文遣之候」

同国日根郡橋本村
又七娘　さ　わ　当巳五十弐歳

右之者父又七江孝心ニ仕年頃ニ相成候得共縁付不仕神妙ニ親江仕方宜段奇特成者ニ付、為褒美寛政九年巳十二月米五斗遣之候」

同国南郡清児村百姓

高拾石六斗九升三合　佐近右衛門　当巳五十五歳

右之者老母江仕方宜敷心を尽し介抱仕農業をも致出情収納方相励奇特成者ニ付、為褒美寛政九年巳十二月米五斗遣之候」

同国南郡西之内村百姓

高拾弐石八斗六升　若右衛門

右之者極老之両親江仕方宜敷家内睦敷仕農業致出情奇特成者ニ付、為褒美寛政九年巳十二月米五斗遣之候

同国同村百姓」

高拾七石弐斗八升　七右衛門　当巳七拾三歳

右之者両親江致孝心家内相和し農業致出情奇特成者ニ付、為褒美寛政九年巳十二月米五斗遣之候

同国日根郡熊取谷小垣内村

八右衛門娘」　わさ

右之者親八右衛門江孝心仕八右衛門長病ニ而手足不相叶罷在候処昼夜側を不相離介抱仕其上糸稼致出情奇特成者ニ付、為褒美寛政九年巳十二月米五斗遣之候

同国南郡堀村百姓」

平右衛門娘　さく　当巳四拾二歳

右之者親江孝心仕乍女農業致出情万事気を付家内相和し奇特成者ニ付、為褒美寛政九年巳年十二月米五斗遣之候

同国南郡八田村百姓」

七左衛門　当巳三十八歳

右之者母江仕方宜敷農業格別致出情奇特成者ニ付、為褒美寛政九年巳十二月米五斗遣之候

同国日根郡佐野村

かねの　三四郎」

右之者老母江孝心仕家業致出情奇特成者ニ付、為褒美寛政九年巳十二月米五斗遣之候

同国南郡岸和田村
山田屋　喜　助
右之者母江孝心仕農業致出情奇特成」者ニ付、為褒美寛政十年午九月米五斗遣之候

同国日根郡橋本村百姓
源左衛門娘　なか　当巳三十七歳
右之者両親ニ仕方宜敷村役人前ニ（ママ）親」源左衛門年貢未進有之候ニ付、一生縁付不仕奉公仕候而成共右未進相済セ申度旨村役人前ニ申出奉公ニ罷出、主家ニ而も実躰相勤主人用向仕舞候上暇を願折々親を見廻奇特成者ニ付、為褒美寛政十年午年鳥目弐貫文遣之候

同国南郡岸和田村百姓　惣左衛門忰
惣兵衛　当巳三十四歳
高拾石五斗四升壱合八夕
右之者両親江仕方宜敷農業致出情耕作之儀人をも相勧自身も自他之無差別相働奇特成者ニ付、為褒美寛政十年午年米五斗遣之候」

同国日根郡大木村百姓
新　六　当巳五十歳
高三石壱斗七升壱合
右之者母江孝心仕山稼致出情母病気之節は別而心ニ応し候様厚介抱仕、其後相果候節仏事等神妙ニ相営奇特成者ニ付、為褒美寛政十年午四月米五斗遣之候」

同国同村百姓
宇　平　当巳五十四歳
高七石六斗五升
右之者母江孝心仕農業致出情山稼格別相働奇特成者ニ付為褒美寛政十年午四月米五斗遣之候

同国同郡百姓」
左　七　当巳三十弐歳
高四石壱斗七升七合
右之者母江孝心仕農業山稼等格別相働食事等母之心ニ応し候様気を配り候段奇特成者ニ付、為褒美寛政十年午四月米五斗遣之候

同国日根郡熊取谷小谷村」
年寄　武右衛門　当巳六十五歳
高七石五斗六升五合五夕

右之者老母江孝心を尽し何事も母之申ニ随ひ食事抔も心ニ応し候様委敷気を付聊之病気之節も側を不離介抱ニ心を尽し家内は不及申親類共睦敷農業致出情、年寄役相勤居候ニ付而ハ村内難渋之」百姓共収納方ニ差詰候節は厚致介抱遣奇特成行状ニ付、為褒美寛政十一年未四月米壱石遣之候

同国南郡小瀬村百姓
高弐石七斗八升三合八夕　源　治　当巳三十六歳
右之者老母江孝心を尽し農業致出情候付」至而難渋之者ニ候得共収納方無滞仕候、依之為褒美寛政十一年未九月鳥目弐貫文遣之候

同国南郡野村町
忠次郎娘　き　ち　当巳三十六歳
右之者親共江仕方宜敷生質正直成者ニ而」両親江之仕方は不及申家内睦敷仕居候ニ付、為褒美寛政十一年未九月鳥日弐貫文遣之候

同国南郡蕎原村百姓
高四石壱斗五升六合　長　蔵　当巳三十五歳
同人姉」　す　き　当巳三十七歳
右之者共両親江致孝心農業は不及申山稼等迄致出情奇特成者ニ付、為褒美寛政十一年未九月鳥目弐貫文宛遣之候

同国南郡土生村
吉兵衛　当巳六十六歳」
右之者両親江致孝心難渋之者ニ候得共諸事両親之心ニ応し候様気を付手稼昼夜致出情奇特成者ニ付、為褒美寛政十二年申九月鳥目弐貫文遣之候

同国南郡岸和田村
庄屋善右衛門悴
専　助　当巳三十歳」
右之者養父母江孝心を尽し農業致出情召仕之下男共をも能いたわり引廻候ニ付農事も自手抜無之奇特成者ニ付、為褒美寛政十二年申九月鳥目三貫文遣之候

同国南郡沼村
名越屋　利　助　当巳五十七歳」

右之者両親江孝心を尽し其上姉壱人御座候処長病ニ而臥居候、然ニ親共同様ニ介抱大切ニ致遣し稼筋は日夜致出情奇特成者ニ付、為褒美享和元年酉四月米五斗遣之候

同国日根郡金熊寺村百姓

高三石三合五夕　万右衛門　当巳四十一歳」

右之者母江孝心を尽し日夜大切ニ仕其上農業致出情生質正直之者ニ而親類并近隣之者共も睦敷、収納筋大切ニ仕奇特成者ニ付為褒美享和元年酉十二月米五斗遣之候

同国日根郡楠畑村百姓　久四郎娘」

高壱石七斗四升四合　いよ　当巳三十三歳

右之者親江孝心を尽し昼夜母之気叶ひ候様諸事大切ニ致介抱、乍聊高所持仕居候ニ付乍女農事致出情夜分は糸綿稼等仕孝道第一ニ心掛奇特成者ニ付、為褒美享和元年酉十二月米五斗遣之候」

同国南郡木積村百姓　松右衛門娘

高三石九斗弐升五合弐夕　ま津　当巳　四十歳

けん　当巳三十三歳

右之者共常々母江孝心を尽し高をも致所持候ニ付、乍女農業致出情猶糸綿稼等も」専精を出し諸事母之申付を不相背姉妹睦敷仕居候処母儀五ヶ年以前ニ致病死候、妹儀其翌年ニ至り同村清蔵と申者方江嫁付居候得共姉妹申合母之追善等念を入営奇特成者ニ付、為褒美享和二戌年十一月姉まつ江鳥目弐貫文差遣妹けんは厚誉遣候」

同国日根郡西長瀧村百姓　治兵衛後家

高壱石八斗五升四合九夕　きん　当巳四十七歳

右之者舅姑江孝心を尽し夫治兵衛相果候後至難渋之者ニ御座候処、壱人ニ而農事手稼等致出情乍聊持高之収納無滞相勤舅姑を大切致介抱幼少之子供を致養育候趣奇特之者ニ付、享和二戌年為褒美米五斗遣之候」

同国日根郡信達馬場村百姓

重作悴　佐　吉　当巳五十一歳

右之者親共江孝心を尽し其上農業致出情諸事心得宜敷親共之収納方も引受無滞相納奇特成者ニ付、為褒美享和二年戌十一月米五斗遣之候」

同国日根郡地蔵堂村
伊兵衛後家　ふ　じ　当巳五十八歳
右之者老母江孝心を仕居候処、老母六ヶ年以前ゟ中風症相煩行歩不叶ニ相成候付、昼夜側を不離致介抱諸事母之意随ひ難渋之中ゟ手稼を以食事等ニ望有之候得は早速調」心能万事大切ニ仕候趣奇特成者ニ付、為褒美享和三年亥閏正月鳥目三貫文遣之候

同国日根郡東窪田村百姓
高三石三斗六升四合　善太郎　当巳　五十歳
同人娘　さ　き　当巳三十三歳」
右之者共祖母并老母江孝心を尽し仕方宜敷御座候処、右老母病身ニ相成候故猶更昼夜共諸事大切ニ病人之心ニ応し候様無残所介抱行届、其上農業致出情家内睦敷并収納等も年々無滞相勤奇特成者ニ付、為褒美享和三年亥閏正月善太郎江米五斗娘さき江鳥目壱貫文遣之候」

同国日根郡中長瀧村百姓
高三石壱斗弐合六夕　常八後家　か　ん　当巳五十歳
右之者姑江孝心を尽し諸事常々大切ニ仕乍女高致所持候ニ付農事出情仕、其隙ニは昼夜糸綿稼等相励、生質正直之者ニ而親類は勿論村中とも睦敷旨奇特成者ニ付、」為褒美享和三年亥二月米五斗遣之候

同国日根郡信達中村百姓
高三石八斗七升三合弐夕　弥　七　当巳四十二歳
右之者兼々老母江孝心ニ仕候処、老母儀近年長病ニ而打臥居候処昼夜看病大切ニ仕諸事心を尽し候上農業致出情収納等も」年々無滞相勤奇特成者ニ付、為褒美享和三年亥三月米五斗遣之候

同国日根郡六尾村百姓
高弐石八斗　宇兵衛忰　万　蔵　当巳三十一歳
同人弟　庄　蔵　当巳弐十三歳」
同人妹　か　ん　当巳弐十八歳
右之者共難渋ニ付村方ニ而乍致奉公亡父宇兵衛長病中介抱等行届大切ニ孝心を尽し其後母江も孝心ニ仕、兄万蔵儀は日懸奉公と申候而一ヶ月之中半月は主方ニ相勤半月は在宿仕候ニ付、農業致出情所持之収納高無滞相勤」奇特成者ニ付、為褒美享和三年亥九月兄万蔵江鳥目弐貫文

弟庄蔵妹かん江鳥目壱貫文宛遣之候

同国日根郡熊取谷小谷村百姓
忠右衛門娘
高拾石七斗四升七合四夕　ち よ　当巳　三十歳
か ち　当巳弐十六歳」

右之者共両親江孝心仕居候処、先年父致病死其後母病身ニ相成候ニ付両人申合昼夜大切ニ致介抱乍女農事手稼致出情持高之収納無滞相勤奇特成者ニ付、為褒美文化元子年右弐人江鳥目三貫文遣之候

同国日根郡橋本村
隆 吉　当巳三十一歳」

右之者常々両親江孝心仕居候処、父意作と申者相果候後母病身ニ相成行歩不相叶候ニ付諸事不自由無之様日夜大切ニ介抱仕奇特成者ニ付、為褒美文化三年寅六月米五斗遣之候

同国日根郡佐野村
野田屋」　善三郎　当巳三十八歳

右之者両親江孝心を尽し幼年之節ゟ船稼仕乗組之者共聊之申分も不仕悪き友ニは出合不申候様ニ仕、親共申付ニ而弐拾六歳ニ而致妻縁候後は夫婦申合愈両親を大切ニ孝心を尽し家業致出情奇特成者ニ付、為褒美文化三年寅六月米五斗遣之候」

同国南郡八田村百姓
高拾石壱斗五升　五郎兵衛　当巳五十三歳

右之者常々両親江孝心を尽し難渋之者ニ候得共何事ニよらす親共之申付を不相背、日夜大切ニ委敷気を付農事致出情収納方無滞相勤奇特成者ニ付、」為褒美文化三年寅十二月米五斗遣之候

同国南郡岸和田　鳶の傳六養子
傳 吉　当巳四拾六歳
同人娘 き ん　当巳弐拾六歳」

右之者共両親江孝心を尽し居候処父傳六義去卯年夏之頃致病死、母は五ヶ年以前ゟ長病ニ而行歩不相叶罷在候ニ付、右弐人申合傳吉儀は日々夜中ゟ漁事ニ罷在候、きん義は老母之側を不離大切ニ致介抱食事等も望随ひ心に応

し候様取計、両便之節も抱かゝへ又は風呂ニ入度申候得は隣町之」風呂屋江背ニ負ひ連参入湯致させ万事申付を不相背取計、傳吉儀は稼ヶ帰り候得は余事打捨置早速老母之安否を伺留守中之食事等之儀をも相尋両人共無残所気を配り孝心を尽し候趣奇特成者ニ付、為褒美文化五年辰正月右弐人之者江鳥目五貫文遣之候」

同国南郡岸和田北町
大工八兵衛悴　佐　七

右之者年来老母江孝心ニ仕其上平常心得宜敷奇特成者ニ付、寛政八年辰五月為褒美米壱石遣之候」

同国同所南町
菓子屋又兵衛悴　忠　蔵

右之者養父母并女房之父江も仕方宜敷家内睦敷家業致出情奇特成者ニ付、為褒美寛政九年巳十二月米五斗遣之候」

同国同所北町
尾崎屋佐兵衛悴　佐太郎

右之者親共江仕方宜敷其上家業致出情奇特成者ニ付、為褒美寛政十一年未十二月鳥目壱貫文遣之候」

同国同所本町　道具屋　為之助
友五郎

右之者共母江仕方宜敷其上兄弟睦敷渡世致出情奇特成者ニ付、為褒美寛政十一年未十二月鳥目壱貫文宛遣之候」

同国同所堺町
長崎屋伊右衛門娘　ま　さ

右之者親ニ致孝心其上日々挊致出情祖母并母を育候段奇特成者ニ付、為褒美寛政十一年未十二月米五斗遣之候」

同国同所堺町
八田屋八平悴　太　助

右之者挊致出情盲目之親江孝心ニ仕其上難渋之中ヶ他ニ罷在候伯母江も厚心を添甚神妙之者ニ付、為褒美寛政十三年酉三月米五斗遣之候」

右者美濃守領分孝心之者共ニ付掛り役人共ヶ申出候ニ付、猶其所之庄屋年寄共并其所近隣之者共隣村等迄内外

遂穿鑿候処、行状相違無之趣ニ付夫々書面之通乍聊褒美
等差遣候　以上
文化六年巳十二月
岡部美濃守家来
井谷勘右衛門」

文化八年
泉州岸和田岡部美濃守領分中孝人
寄特之者行跡并褒美差遣候覚
未十二月
岡部美濃守家来
府川十万八

泉州南郡岸和田村五軒屋町
熊取屋　利兵衛　当未四拾五歳
右之者遠方ニ罷在候親共江仕方宜家業致出情、猶心得不
宜者共江異見を加ヱ町内之為ニ相成候趣奇特成者ニ付、
為褒美鳥目」三貫文文化五辰年十二月遣之候

同国同郡沼村瓦屋敷
源兵衛悴　源　次　当未弐拾七歳
右之者両親江仕方宜家内睦敷渡世致出情候之趣奇特成者
ニ付、為褒美鳥目弐貫文文化六巳年八月遣之候

同国同郡極楽寺村百姓」
一　高壱石壱斗八升八合壱夕　松右衛門　当未四拾歳
右之者養実之父母存生之内孝心を尽し親類共睦敷且農業
致出情年々収納無滞致皆済候段奇特成者ニ付、為褒美米
壱石文化六巳年九月遣之候

同国日根郡岡田浦百姓
新三郎《(ママ)》右衛門悴
一　高八斗壱升六合弐夕　新　七　当未三拾壱歳」
右之者幼少之時ゟ岸和田浜町岡田屋与兵衛と申者方ニ永
々致奉公罷在候内養父三郎右衛門中風症相煩居候故、主
人用透ニハ罷帰養父病躰を窺養母江も大切ニ仕両親望之
品有之候得は心ニ応し候様致遣、自分は他ニ致奉公候事
故女房江篤と申含、我ニ成代り両親江心能仕候様申付孝
心を尽し候段奇特成者ニ付、為褒美米壱石文化七午年二
月遣之、右新七女房義褒遣候」

同国南郡沼村百姓　七兵衛娘
一　高九石三斗　久　米　当未弐拾七歳
二男　熊　蔵　同　弐拾三歳

三男　七五郎　同　弐拾壱歳
右之者共両親江仕方宜弟共姉久米之言状ニ随ひ兄弟睦敷農業内稼等致」出情、近年母親病身ニ罷在候付別而厚致介抱候段奇特成者ニ付、為褒美姉久米江米五斗弟熊蔵七五郎江鳥目壱貫文宛文化七午年二月遣之候

同国同郡同村百姓　又七悴
一　高拾壱石三斗　久　七　当未五拾弐歳
右之者養母江仕方宜家内睦敷奇特成者ニ付、為褒美鳥目弐貫文文化七午年二月遣之候

同国同郡藤井村百姓
一　高拾弐石六斗八升九合壱夕
吉兵衛悴　吉　蔵　当未三拾六歳
右之者両親江仕方宜家内共睦敷農業内稼共致出情年来収納方定置候通聊無遅滞致皆済、猶村方ニ而難渋之者年貢」難出来節は実意を以致世話候段寄特成者ニ付、為褒美米壱石文化七午年五月遣之候、猶吉蔵妹よつ弟千蔵誉遣候

同国日根郡貝塚村百姓
一　高五石六斗五升九合九夕　利　八　当未三拾歳
右之者兄三人有之候得共心底不宜亡父利兵衛所持之高既相続難出来処、弟徳兵衛と」申合大借銀を相凌農業内稼共昼夜致出情老母江之仕方宜奇特成者ニ付、為褒美米五斗文化七午年九月遣之候

右利八弟　徳兵衛　当未弐拾四歳
右之者兄利八と申合大借銀相凌農業致出情老母江仕方宜奇特成者ニ付、為」褒美鳥目弐貫文文化七午年九月遣之候

同国同郡同村　小左衛門娘
すて　当未四拾六歳
右之者十四ヶ年以前夫忠蔵相果候後幼少之子供を拘(ママ)昼夜手稼致出情猶外々江も被相雇困窮之中老父江仕方宜敷」奇特成者ニ付、為褒美鳥目三貫文文化七午年九月遣之候

同国南郡北町
茶碗屋平助養子　新　七

同国同郡同町

播磨屋久兵衛養子　久太郎」
右之者共常々養父江仕方宜家業致出情候ニ付、為褒美鳥
目弐貫文宛遣之候

同国同郡本町
矢倉与兵衛悴　与　市
同国同郡同町
鞘師与兵衛悴　新兵衛」
同国同郡北町
藁屋　六兵衛
同国同郡同町
角屋　利兵衛
同国同郡同町
金屋源次娘　けん」
同国同郡同町
柿屋仁兵衛悴　弥　助
同国同郡南町
森口屋庄七悴　吉　松
同国同郡同町
今市屋　太　吉」

同人弟　源　蔵
同国同郡同町
茶碗屋次助悴　次　作
同国同郡同町
菓子屋又兵衛娘　千　代」
右之者共人柄宜家業致出情候ニ付、為褒美鳥目五百文宛
遣之候
岡部美濃守家来
府川十万八」
文化八辛未十二月
右は美濃守領分孝心奇特之者ニ付掛り役人共ゟ申出候、依
之其村々庄屋年寄共并村方近隣之者共隣村等迄内外遂穿鑿
候処、行状相違無之趣ニ付」夫々書面之通乍聊褒美等差遣
之候　以上

泉州大鳥郡陶器庄　北村　上野村　百姓孝行書　寄合　小出主水

小出主水知行所
和泉国大鳥郡陶器庄北村
持高三斗　百姓　嘉兵衛死養女　志も死

右志も義親江孝行仕候段村方ゟ訴出候ニ付相糺候之処、右志も儀実は同国堺中之町河内屋七右衛門と申者之娘ニ而天明四辰年十歳之節」嘉兵衛養女罷成候、其節は嘉兵衛母壱人有之候処、翌巳年嘉兵衛母中風罷成行歩不相叶嘉兵衛儀は無妻ニ而日々農業ニも罷出候ニ付母之介抱も不行届、右志も十一歳之節右之祖母を介抱いたし老人之儀ニ而歯も無之故食物も六ヶ鋪、元来嘉兵衛儀は貧窮者ニ有之ニ付心庭(ママ)ニ任せす艱難ニ暮し候、其中を」心を尽し麦之挽割或は手作之麦を近隣ニ而米ニ引替貰、祖母壱人分は米飯或は粥抔別段ニ仕立為給申候之類、幼年ニは奇特神妙ニ介抱致遣候儀親類近隣之者も其行状を致感心、十文弐拾文之銭を志もニ遣候得共聊自分之食物等ニは遣ひ捨す飴菓抔相調祖母ニ是を与へ大切ニ介抱致候ニ付、祖母も実子」嘉兵衛介抱は気ニ入不申志も介抱を怡申候由、右祖母天明七未年八十八歳ニ而志も十三歳之節相果申候、志も廿四歳之節聟養子致候之処嘉兵衛心庭(ママ)ニ不応無程及離縁候、其後聟も無之親子弐人貧鋪候得共睦鋪暮候処、嘉兵衛儀寛政十一未年中風ニ罷成農業も出来不申、元来貧窮之事娘」壱人ニ而暮兼候段村役人も申立候ニ付日々壱合之救米差遣之候、右嘉兵衛追年中風重り行歩一向ニ不相叶寝起も甚不自由ニ有之候得共、元来奇麗好ニ而右躰長病之事、両便も自然と尾籠之事も有之候之間浴湯致たかり申候ニ付、難渋之暮方之中彼是と心を配り寒中も厭す月ニ三度上旬中旬下旬見計」大概日を定為致浴湯候、嘉兵衛一躰大柄成生付ニ而有之上惣身不叶ニ候得は女業ニは取廻し六ヶ敷所、壱人ニ而致介抱心持能と申候迄為浴申候、其外之日は毎日湯を沸し手拭ニ而惣身を拭遣し候、右躰嘉兵衛長病ニ而農業も出来不申候ニ付、志も儀纔賃仕事糸つむき抔いたし或は農事閙ヶ敷節は近所江日雇ニ」罷越候、其節も朝五ッ時迄ニ嘉兵衛一日之食物不自由無之様拵置、両便之手当も懇ニ致置罷出候而も休之間ニは折々罷帰気を付遣し夕方も断候而早く帰候間、賃銭抔も辞退致し人並之賃銭も貰不申候、他村江一日働之仕事ニ罷出候得は多分之賃銭も取候得共介抱之片手間ニ出候之間、其儀も致さす近所計江罷越」病父江心を尽し致養育候ニ付、村役人抔も目を掛遣漸ニ親子暮し候旨村内不及申近村迄も其孝心相感し候、右行状ニ付享和三亥年二月為褒美白銀弐枚差遣之嘉兵衛生涯日三合之養育扶助米差遣候、志も儀同年十一月三十歳ニ而病死仕候、嘉兵衛儀翌文化元子年十一月病死仕候」

同人知行所
同国同郡同庄上野村　百姓

持高三石五斗壱升壱合　徳右衛門　当巳三十一歳

右徳右衛門儀貞実成者ニ而親江孝行仕候段村方ゟ訴出候ニ付相糺候之処、同人母拾三ヶ年以前寛政九巳年四拾八歳ニ而中風罷成」身体一向不相叶打臥罷在候之処、農事繁多之中ニも昼夜心を配介抱仕候、一躰困窮之中妹弐人御座候而年頃ニも相成候得は奉公稼も為仕度心庭(ママ)ニ候得共少々之田地も所持仕候得は何卒不荒様ニ仕年貢之差支ニも相成不申様専心懸候ニ付、右耕作ニ罷出候砌等之介抱之為ニ両人江も」申聞候而宿元ニ差置候得共、農業之外は自分一人ニ而介抱仕農事ニ罷出候節抔は妹両人江得と病母之手当食物等之事迄申付候而罷出候、夜中抔は決而妹共之手ニも掛不申自分一人ニ而介抱仕、其介抱之透母寝入候隙抔を見計飼牛之草等夜々刈取候而農業も出情仕候、」右母儀病気罷成候而は昼夜食事之度々魚類無之候而は合点不仕候ニ付、乍困窮之中雑魚塩魚鰹節之類不絶様ニ調置候得共永々之儀殊ニ貧窮之身分中々調続兼候付、農事ニ罷出候姿ニ而人目を忍ひ川池等之魚を取或は寒中雨雪も不厭鵜之追寄候魚を取種々艱難仕食」事之度々一度も魚類を不闕為給候、尤常々殺生等は嫌候生質ニ而殊更老母之長病別而殺生仕候儀歎敷乍存右躰之儀仕相与申候、病母身体不叶ニ御座候得は両便之儀も自然と尾籠之事も御座候ニ付夏冬之無差別浴相望申候度々浴為致候所、病耄仕候而為浴候を忘却仕」又々浴可申と申候得は一向逆不申又為浴申候、一躰肥満仕候上中風之事ニ而取廻も自由ニ成兼候を介抱之致方悪敷と申大声を上泣喚申候、他聞を気之毒ニ存乍難渋之中飴菓抔を不絶調置候而差遣色々と申宥何事も意ニ逆不申候、其外万端母之心任ニ仕機嫌を取扱候、」村内は不及申近村迄も其孝心相感候、右行状ニ付文化五辰年九月為褒美金五百疋差遣之申候

右両条之趣御届申上候　以上

文化六巳年十一月

寄合
小出主水」

（表紙）

畿内　三
河内
和泉

続編孝義録料　十

（157—401・90—10）

奇特人行状書

寄合
片桐新丞

寄合
片桐新丞知行所
河州讃良郡木田村　百姓

無高　五郎右衛門悴　多　助　当未二十八歳

右多助儀何事ニ不寄両親之申儀背不申、其上祖母妙林之気ニ叶候者」ニ而無高之百姓悴ニ御座候得は近郷江日雇挊ニ罷出帰り候節は少々ニ而も祖母好物之品ヲ調帰り為給平日祖母申事を背不申、去ル巳年妙林儀百四歳ニ而三月中旬頃ゟ病気ニ罷在候之処、病中介抱等行届別而世話仕候処」病気差重六月廿四日病死仕候、其後忌日等存生之内之通営仕候、妙林儀長生之者ニ御座候間、去ル辰年紿一疋差遣申候、多助儀祖母取扱寄特成者之趣相聞申候間村役人共相糺申候処、相違も無御座候ニ付於知行所褒美」申渡鳥目弐貫文差遣申候

右之通御座候　以上

文化八辛未年十二月

寄合
片桐新丞」

忠義孝心奇特成者書抜帳

堺奉行
依田豊前守

堺紺屋町
老門　平　助　辰七拾四歳

右平助儀播州加東郡社村三木屋平兵衛悴ニ而拾壱歳之節堺新在家町中浜魚問屋渡世八代以前老門孫左衛門方江奉公ニ罷越正直ニ相勤候処、右孫左衛門儀渡世ニ疎追年家業衰身上難取続」終ニは家居離召仕悉ク暇出候付、平助儀も一旦故郷江引取候得共幼少ゟ預扶助候高恩且は孫左衛門儀幼少之子供多難渋難見捨此節主恩を可報時節と存何卒帰参いた

し家名再興いたし度両親江及相談候折節、孫左衛門惣領勘十郎儀平助誠実頼母敷存立戻相続之儀申遣候処、早速立帰り熟談之上勘十郎を」孫十郎と改名為致、同所新在家町浜ニ而小家ヲ借り元手銀乍聊致才覚再魚問屋相始誠少々宛之荷物引請朝暮薪水之労及ひ主人之衣類洗濯迄も平助壱人ニ而取賄倹約を専ニいたし邂逅（マヽ）、衣類等相調候節は孫左衛門孫十郎ニ着為致、両人着いたし候品を弟兵三郎ニ相譲らせ兵三郎着古シ之内難用立を色々取繕自分着いたし、主人兄弟」之者共申談無油断商売向正路ニ取計候ニ随ひ商相増其頃孫十郎乳母知性尼を呼寄煮焚之世話を頼商売向掛りものも当分減少之儀を歎キ稼候内、同商売紺屋町指吸七左衛門儀平助実意之勤方を感心之余り元手銀貸遣候付、追々手広ニ成商売始候而ゟ六ヶ年目ニ至り手代を召抱紺屋町ニ而家屋鋪求商いたし候内、孫十郎重病ニ取合平助儀別而医薬」看病等心を尽し候得共相果候付、弟兵三郎を孫十郎と改名為致、猶又出情相勤罷在候処、平助母重病之由申来暫暇を乞、留守中之取計向手代共江得と申含国許江帰り看病及心底候丈ヶ取計快見江候間、主家代替り大切之時節故其段両親親類共江も申聞立帰り候処、翌年ニ至り病死いたし其節為香奠有合候銀子相贈葬埋等厚ク営ミ、其頃」知性尼も病死いたし病中介抱葬等をも深切ニ執行遣追々身上取直候儀全数年之勤功ニ而且又平助儀及老年候付、安心為致度孫十郎親類共及相談家屋鋪求為介抱相応之者を妻ニ為娶荒物店為出候処、店は女房ニ任セ以前ニ不替昼夜主家江相詰商売方掛引いたし候処、孫十郎又候重病相煩候付介抱尽し候得共相果、打続孫左衛門も」病死いたし候付、孫十郎妹ひて江同所少林寺町濱古家太郎兵衛忰藤吉婿養子ニいたし、孫左衛門と改名相続為致候処、ひて病死候付前書指吸七左衛門養女後妻ニいたし女子壱人出生候処、右孫左衛門儀も商売ニ疎ク不取〆ニ而再身上不如意ニ相成毎々諷諌いたし候処、実精を感し其後ハ商売出情いたし候処無程病死いたし、娘さち名前ニ附ヶ」平助代判いたし自分店相仕舞妻子とも主家江引移り大切ニ守り立、其後同町西宮甚三郎弟嘉兵衛と申者婿養子ニいたし孫左衛門と改名相続為致、平助妻子は自分宅江引退、平助儀は不相替相詰罷在候処六七ヶ年相立孫左衛門病死、むねと申女子有之候を名前ニ附、又々平助代判致し右躰度々之不幸等打続臨時之物入多身上」相衰候処、万事質素ニ取賄候故次第ニ身上向も取直し候内、むね儀も成長ニ付泉州大鳥郡東村百姓吉兵衛忰吉之丞婿養子ニ貰ヒ孫左衛門と改名相続為致、追々商売手広ニ相成当時ニ而ハ下人等召抱及繁昌候処、以前ニ不相替日々無懈怠相詰商売方家事向迄万事心を付当主人夫婦は勿論召仕之もの共迄も夫々心を付遣し家内」一和いたし相暮候趣全名聞利欲ニ不抱六拾ヶ年余も誠実ニ相勤候段、町内之者致感賞罷在候旨相聞平助呼出相尋候処、拾壱歳之節ゟ八代以前孫左衛門江奉公いたし預教育慈愛請、一旦国許江罷帰り候処、立帰格別之勤巧も無之身分ニ而為致別宅貰殊幼少ゟ之厚恩難忘主家大切ニ奉公いたし、何卒商売繁昌為致度存念ニ候得共」不幸等度々有之素ゟ愚昧之者故心底ニ存詰候程には諸事難行届心外ニ存候得共、老年不及力残念存候旨申之容貌も質朴ニ而申条も実情ニ相聞、一躰之行状名聞利欲ニ不抱六拾ヶ年余精勤を尽し奇特成ものニ御座候付致称美遣候ハヽ、其身之行状も相顕且は風俗を励し候一助ニも御座候付、相応之御褒美被下置候様仕度段文化五」辰年八月土屋紀伊守相伺御褒美銀弐拾枚被下之

堺蔵屋鋪町郷屋敷ニ罷在候
糸割符惣代　和　助　辰五拾壱歳

右和助儀南馬場町野田屋伊兵衛忰ニ而父は弐拾九ヶ年以前相果、母并女房共蔵屋敷町ニ借宅」いたし候節、弐拾四ヶ年以前南糸屋町紀伊国屋理兵衛と申者川筋并御料私領泉州村々致用達罷在候付被日雇実躰ニ相勤候付雇主心ニ叶、翌年ゟ奉公いたし拾七ヶ年以前理兵衛病気ニ取合候付致介抱候得共養生不相叶翌年相果候処、惣領与助拾壱歳ニ而八歳五歳之妹弐歳之弟有之、理兵衛末期ニ申聞候は幼少之子供殊ニは借銀有之相続之程」無覚束候得共何卒死後与助後見いたし引請万端駈引相続之儀相頼、且右川筋用達并其外用達之内分ヶ譲分家為致候、紀伊國屋十助は養子之儀ニ候得は借財ニ付難儀不相掛様可取計旨実意を見込遺言いたし置候付、死後与助利兵衛と改名為致代判後見いたし、其以来無給ニ而自身家事賄は用達先村々ゟ聊心を付候銀銭母女房」手業之賃銭ニ而為相凌先理兵衛困窮ニ迫り不束之證文を以借入候趣、銀主及出訴殊ニ右銀主は至而強勢成ものニ付不束之筋は不存候得共理兵衛之悪事不顕様寝食打忘レ種々心を尽し漸下済調大慶存其日暮ニ名跡相続いたし候内、右十助儀川筋用達村々江対し不束之筋有之、吟味中入牢いたし候付落着之上は右村々は勿論、泉州村々」用達も外々江相成候而は十助家名断絶ニ付当分之所は利兵衛ニ用達為勤呉候様遠方村々迄駈廻り頼入間狭之居宅ニ而引請、家具其外入用之品々損賃を出し借り請中々家業ニ不相抱候得

共、後日十助名跡不相続而已を存詰半年余も臨時之心配いたし候処、十助所払ニ相成隣町ニ而相続いたし候間泉州用達之分は是迄之通相勤、川筋用達は十助悴」林蔵相勤候様取計候処、翌午年理兵衛銀主共ゟ又々出訴届を請昼夜駈廻り相歎キ暫之猶予相頼候得共、不承知之者は出訴いたし追々済方咎を請候付猶亦歎候処願下ヶいたし呉候得共困窮差迫り難取続候付、時節を待再興可致積にて用達之分十助江預ヶ理兵衛儀は同居ニ罷成、成人之上用達差戻候様并母子育料として」預置候用達給之内壱ヶ月四拾目宛請取候約定證文為取替母子三人小家借請為暮、和助は母女房とも近在江引越、和助女房共被日雇、母は懇意之者頼置被雇先暇有之節は程隔り有之主家江見舞、理兵衛筆算其外ニ心を付纔之賃銭ニ而家内三人凌居候処、理兵衛母江可差遣育料十助ゟ悉ク不差遣少々貯候道具衣類迄」売払其日を凌兼候次第難見捨、十助江申出候而ハ不和ニも可及と存和助聊之賃銭之内ゟ助成いたし主家再興而已心掛罷在候処、病気ニ取合候折節理兵衛妹及重病候付困窮之内ゟ祈祷抔相頼病中母并女房を以病躰日々為尋万端心を付候得共相果、和助は追日快相成候処拾弐ヶ年以前当時相勤候惣代明キ有之給銀七百四拾目、且」手当料も有之儀ニ付主家操(ママ)廻之ため住ミ込再興之手段ニ心をゆたね理兵衛相勤居候用達村々遠方之場所迄も駈廻り相頼候付、村役人も誠実を感心再興いたし候ハヽ是迄之通理兵衛江用達可相頼旨申居、其頃理兵衛儀拾六歳ニ成候付外町ニ而午間狭貸家も有之候付、十助江右之趣相咄候内先利兵衛十助連印證文銀出訴いたし候処、十助儀は」済方之頓着不致其侭差置候而は再興障ニ相成候付是亦種々才覚いたし給銀之内相足シ下済いたし、預ヶ候用達之内一領は其侭預置残村々取戻し右間狭之貸家江引移らせ用達相始候得共、銀操(ママ)手当無之内ゟ組立殊古借等も多有之旁節季毎ニ和助ゟ助力いたし役用透ニハ万端駈引いたし借財方も追々済込、相残借財方は年賦」応対に而相済仮成ニ取続居候処、先利兵衛儀南京屋町ニ而旧住之町人故元之家持ニ為致度願望之折柄、右町ニ売家有之和助衣類質物ニ差入手附銀相渡、追而年賦銀相済候上銀子差入候応対ニ而買求、当時は理兵衛家守いたし借財相済候上名前切替候積ニ而年来之志願相届、先は家持之列ニ加り少しハ安心いたし理兵衛妹も」大坂表ニ相応之縁有之候付、是亦和助種々心配之上銀操(ママ)いたし嫁付、右返銀は節季毎ニ少々宛済込罷在、其上母妙久儀は八ヶ年以前ゟ中風相煩行歩不自由殊極老ニ付諸事心を付厚介抱致し他ニ而振舞請候節は何ニ而も一品持帰り何角意ニ随ひ両便之世話は勿論万事誠実を尽し他行之節は女房なか江申含メ罷出、なか儀も至而」奇特ニ姑ニ仕無怠介抱いたし候付家内致一和妙久儀も相悦罷在候由、然ル処なか儀急病差発相果、引続妙久儀も累日差重り候付引篭傍を不離無残所看病いたし候得共養生不相叶相果葬之営も懇ニ取計、和助儀次第ニ及老年候上不幸打続愁腸（ママ）（傷）之余り発病之程も難計候間、役儀ヲ辞候ハヽ、終身之安堵為致可遣旨懇意之もの抔申勧」候得共理兵衛方身上向取直し候と申ニも無之、先利兵衛遺言難忘何卒家業賑候様いたし候儀を生涯之楽ニいたし居候由ニ而及断理兵衛弟次三郎儀も追々成長およひ候処、筆算之稽古謝儀ニ事欠キ自と執行難行届候付理兵衛江は不申聞謝儀遣習わせ候処理兵衛儀病気取合至而重病之由、医師共申ニ付驚昼夜心を尽し」医薬之駈引神仏江誓多用中看病致し候処追日全快、和助儀小給之内ゟ今以理兵衛年賦銀済込罷在片時も主家繁昌相続而已を一図ニ存詰、其身は困窮弥増候共不相歎種々心を尽し候儀等全名聞利欲ニ不抱利兵衛死後拾七ヶ年之間無他事実情之致方、支配之者共感賞罷在候旨相聞候付和助呼出相尋候処、奉公中暫之儀と」乍申哀憐を請候恩儀難忘、且遺言之次第利兵衛存念之程相察、何卒繁昌為及相続為致度及心候程力を尽し候得共元来愚昧之身分ニ而不任心底万事難行届残念存候旨申之、容貌も温順ニ而申条も無餝全名利ニ不抱実情之儀と相聞奇特成ものニ御座候間、称美いたし遣候ハヽ勧善之道ニも相当り且は他之召仕共」及承感動いたし候は教諭之筋ニも御座候間相応之御褒美被下置候様仕度段、文化五辰年十一月土屋紀伊守相伺御褒美銀拾枚被下之

泉州泉郡貝塚ト半境内北之町
陰陽　長兵衛　亥弐拾六歳」

右之者母并同居人茶屋次郎兵衛と申者盲目ニ而難儀之両人を拾ヶ年来大切ニ養育いたし渡世質直ニ相稼候段相聞奇特成ものニ御座候付、寛政三亥年十月為褒美鳥目壱貫文木綿壱疋ト半真教院ゟ差遣候

同町　尾生屋庄兵衛悴
久米松　亥拾弐歳」

右之者幼少ニ候得共身分一己之発心ニ而相稼地子米未進銀調達いたし猶平生両親江も孝心之趣相聞奇特成ものニ御座候ニ付、寛政三亥年十月為褒美菓子并鳥目壱貫文ト半真教院ゟ差遣候

同町　佐野川屋孫六娘
せ　ん　卯五拾弐歳
右之者女之纔成手業を以親を大切ニ致養育候段相聞奇特成者ニ御座候付、文化四卯年正月為褒美鳥目壱貫文木綿壱疋ト半真教院ゟ差遣候

同町　紀伊國屋五郎兵衛娘
り　き　卯弐拾弐歳」
右之者女之纔成手業を以両親を大切ニ養育いたし候段相聞奇特成ものニ御座候付、文化四卯年正月為褒美鳥目壱貫文木綿壱疋ト半真教院ゟ差遣候」

忠孝善行之者書抜帳
堺奉行
土屋紀伊守

堺寺地町　店かね
下人　吉兵衛　寅九拾壱歳
右吉兵衛儀新在家中濱免屋太兵衛忰ニ而拾弐歳之節八拾年以前正徳五未年より当主人かね四代以前九右衛門方江下人ニ被抱其節九右衛門儀は借宅ニ而聊宛之青物」売買いたし罷在候処無程致病死、忰九右衛門ニ不相替被召仕吉兵衛成人之上至而篤実ニ奉公向致出精毎朝未明家内之者不起以前五六町計之所江日用之井水を汲取夜分は売用相仕舞及深更候迄飯米を舂薪等を割、主人ゟ相渡候給銀は入用無之趣ニ而曽而不請取、其外時々差遣候衣類襦伴（ママ）帯等ニ」至迄新敷品は主人江着いたさせ、其身は主人古着を着いたし、其上主人九右衛門病身ニ而商売は勿論家事之取賄も難出来候故商売向家事共吉兵衛壱人ニ而昼夜之無差別相働無寸暇身分ニ而、九右衛門病気介抱服薬等之手当無残所種々致心労其余日々食事も九右衛門心ニ叶候品を相調自分致調味相勧メ」精実を尽し介抱いたし候得共、九右衛門兎角病身ニ而相続無覚束、素ゟ困窮ニ而幼少之子供三人有之養育出来兼候付、子供ハ他江差遣吉兵衛奇特成志を感し九右衛門家名可相譲間相続致呉候様申聞候処、固ク及辞退九右衛門男子も有之事故如何様ニもいたし守立相続いたさせ、女子弐人ハ成長之上」何江成共可嫁付由無他事申方ニ付九右衛門儀実意を感し其意ニ任置候処、兼而吉兵衛存意ニは聊之青物渡世ニ而は所詮身上難立直何卒青物問屋ニ組立商売手広ニ致度由、拾六七歳之頃ゟ志願有之候得共主人身元薄事故、

近国近在馳廻り先々相頼追々荷物等も引請相対之仕方も行届」商人共致帰服、吉兵衛弐拾七八歳之節念願之通青物日々市立致し次第ニ繁昌いたし九右衛門悴六三郎江嫁等も呼迎江九右衛門儀大ニ致安堵三拾五年以前致病死、六三郎儀九右衛門と改名相続致し、吉兵衛猶更昼夜出精主人弥大切ニ致し九右衛門商用其外ニ而他出等いたし候節帰宅時分ニ及候得は帰を」待兼暫も安座不致寝食をも忘度々表口町端迄も出迎候事平生之事故、此様子ニ而九右衛門他行を近所之者も存候事之由、一図ニ主人を大切ニ存不惜身命昼夜相稼候誠心相届候哉、追年商売及繁昌身上向も手厚寺地町ニおゐて当時之住宅買求隣町ニ而掛屋敷等も買請両人之女子も」相応ニ致支度嫁付、商売向家事共不足無之相見且又吉兵衛壮年之節妻等呼迎江別家いたさせ相応之元手銀差遣商売為致度九右衛門并親類共度々相勧候得共別宅ニ而商売等いたし候而は自然と主家之勤疎ニ相成素ゟ之志ニ無之、生涯主家ニ而相働候所存之趣ニ而一円不致承引候故、九右衛門迚も不得」止事任其意同居ニ而為相働罷在候処、吉兵衛七拾歳計およひ候得共壮年之節ニ不相替商売向市立家事之取賄昼夜水薪之労をも不厭九右衛門心底ニ甚気之毒ニ存夜分成とも随意ニ休足為致度候得共最初ゟ白地ニ申聞候而は聞入間敷と存、九右衛門自分之隠居所之由吉兵衛江は申聞隣町ニ而小借屋」借請取繕出来之上親類共相集吉兵衛江前段之趣申聞候処、再三及辞退候得共漸為致納得夫ゟハ夜分は休息所江罷越候、尤老人壱人差置候も無心元、其砌九右衛門召仕下女さよ此者半季極之者ニ候得共、是又奇特成者ニ而拾五ヶ年も相勤、給銀之多少ニ不拘主家大切ニ相勤候者故此者吉兵衛介抱人ニ」付置候処、両人共日々未明ゟ主家江相詰夜ニ入致休息、吉兵衛儀初夜頃一度宛主家見廻りニ罷越、四ッ時過寝静候時分相考本宅表迄又々罷越、表廻り〆り其外納屋等を表ゟ伺見風雨等之節は猶更繁々見廻り、火之元等別而心付候儀老人之儀殊ニ石高之路次故、自然怪我等難計候故雨天之節は無用ニ致候様」毎々差留候得共不聞入、弐拾年以来一日も無間断相勤、且又九右衛門儀九年以前致病死当時後家かね致相続娘江婿養子いたし九右衛門と相改末々家名相譲候積ニ而、是以吉兵衛儀至而致大切右之外生質篤実ニ而近隣之者病気等之節は懇意ニ相尋服薬等之儀心付、其外食事等も多用」之中自身煮焚いたし相贈候儀等も間々有之、此外ニも奇特成筋品々可有之候得共八拾年来之儀ニ付委細ニは相聞不申、全躰諸事之致方名聞利欲ニ不拘実情之取計は隣家町内之者共迄も各致感賞罷在候趣ニ付、吉兵衛呼出相尋候処、拾弐歳之節ゟ」四代以前九右衛門江奉公いたし幼年ゟ預教育候厚恩難忘主家大切ニ存奉公いたし、尤先年は主家身上不如意ニ付何卒商売繁昌いたさせ家名引興度志願ニ而相稼候得共、素ゟ愚昧之者故心底ニ存詰候程ニは諸事難行届遺憾ニ存候由、尤主人ニも度々及死別候得は弥以主人大切ニ存」聊ニ而も主家之為ニ可成丈相稼候心底ニハ候得共最早及老年身体相衰却而主家之預介抱志而已ニ而不及力残念ニ存候由申之、八拾年不怠忠節いたし候も稀成儀ニ而相応之御褒美被下置候様仕度段、寛政六寅年九月贇安芸守相伺御褒美銀弐拾枚被下之」

堺柳之町　河内屋九兵衛
同居祖父　九郎兵衛　卯八拾壱歳

右九郎兵衛儀豫州松山出生之者ニ而初年之節両親共大坂江引越、其後父半右衛門相果、母志ゅん儀九郎兵衛幼名源太郎八歳之節召連堺桜之町大和屋次郎兵衛江嫁付」候処、次郎兵衛并母志ゅん両人とも六拾九年以前、其節九郎兵衛拾弐歳ニ而親跡相続難出来柳之町河内屋庄兵衛方江奉公いたし庄兵衛ニ付添近在江木綿買ニ罷越、庄兵衛身薄キ渡世いたし候処、九郎兵衛成人いたし候ニ付而は奉公向致出精」毎朝未明より木綿買ニ罷出、商売向も正路ニ取引いたし商先一同気請能繁昌之姿ニ而庄兵衛身上も組立候処、九郎兵衛存寄候は日々近在江罷出木綿買廻り候而已ニ而は往返雑用も相掛り店方取〆不宜主家之ため不宜存、多葉粉商売」之儀は堺問屋江持送候を買取売捌候ニも利益多可有之、後々は多葉粉問屋ニ組立手広ニ商売致度旨兼々存付居候故、其段庄兵衛江も相咄六拾年以前右商売ニ改替九郎兵衛弐拾壱歳之節、堺問屋は勿論大坂并近国在辺多葉粉出先江駈廻り相頼弁利ニ買廻り応対之仕方も行届、日々売」用致出精終ニ九郎兵衛志願之通商人共致帰服多分之荷物引請日々市立いたし次第ニ繁昌いたし候処、其頃ゟ庄兵衛儀病身ニ而矻々家業之営并家事取賄等も難出来候付、九郎兵衛壱人ニ而昼夜之無差別相働給銀等も曽而不致受用時々差遣候衣類其外身付之品等迄新敷品は及辞退」主人古着を乞請着いたし店方年分之勘定も壱人ニ而引請居候得共聊も紛敷儀無之明細ニ書記、売徳銀主家江差出潔白之勤方ニ付庄兵衛儀も九郎兵衛誠実之取計ニ恥入無益之費不致候付、弥身上向宜相見江主従和順いたし取賄三拾弐年以前庄兵衛疳症相煩別而重病ニ付、九郎兵衛」世事無寸暇身分ニ而実意ニ致介抱服薬等之手当無残所医師も手を替相扣庄兵衛心ニ叶候品相調、自身ニ調味いたし相勧数月之間昼夜共打臥不申聊も看病不怠商用繁多之中ニも井水ニ而は薬功も薄候由及承候故、拾町余も相隔候大和川之流を日々自身汲取薬湯ニ相用」諸事親切之致方殊幼年ゟ之恩儀を存近所之仏神江祈願を籠メ晴雨ニ不抱日々参詣いたし、其外庄兵衛全快之便ニも可相成哉と艱苦辛労いたし一命ニ代候程之所行誓願等をもいたし、其余ハ決而病床不立去実意ニ介抱いたし候得共同年□(虫損)(五カ)月庄兵衛病症差重り及末期九郎兵衛多年」貞実ニ相勤身上向組立追々商売方手広ニ相成繁昌之趣見請満足無此上死後聊も無遺念候、忰仁平次成人之上惰弱ニも候ハヽ、異見を加江万一不相用候ハヽ、如何様ニも可致進退且又仁兵衛儀は兄之家筋ニ付宜致心添候様申置相果、九郎兵衛儀幼年ゟ厚恩を請候主人ニ離レ寝食をも打忘」愁傷ニおよひ候故、親類近隣之者共色々申慰メ且名跡治方専一之儀ニ付、漸心を取直親類会葬忌中之営迄取賄名跡相続之儀は右仁平次其節拾六歳ニ相成庄兵衛と為名改幼主を守立当時無滞致相続罷在、当時迚も次第ニ商売向広家事不足無之様相見江候、且又庄兵衛存命」之節隣家ニ持屋敷有之取繕九郎兵衛別家可致旨度々相勧候得共、曽而不致承引別宅江引移候而は自然と主家内外之取〆も相弛勤方疎ニ相成候而は主恩忘却いたし候ニ相当り歎敷候旨再三及断候得共、幼少ゟ主家大切ニ存込肉身之者ニも増り内外取〆方能身上柄組立候者ニ付、此上強而苦労いた」させ候も不本意別宅ニ而朝夕安堵いたさせ遣度色々申聞候処、再応之申勧難黙止存候哉致承引候付相応之元手銀差遣、且庄兵衛方ニ召仕候下女つやと妻合醤油小売いたさせ候処、自分商売向は女房ニ打任セ昼夜庄兵衛方江立入商売向手伝、且主家之為ニ相成候儀」勘弁いたし、主家ニ而相働自分血脈を残家名相続相望候存寄無之、庄兵衛遺言之趣相守仁兵衛方江も立入相働主家同様ニ相勤、其以来は仁兵衛庄兵衛両家共駈廻り内外之取〆いたし、別而仁兵衛方□(虫損)度々代替り勝手向不如意ニ付猶更身分之艱苦不相厭商売向致出精万事正道ニ」取計候故一同存込能得意方弥増商売方手広ニ相成、庄兵衛仁兵衛両家とも一和いたし日増ニ繁昌いたし候由、此外ニも別家之者致病死、忰幼少ニ而跡相続難出来程之ものは九郎兵衛守立、家名無断絶様取立遣、右躰両家おゐて勤功有之身上取立候者ニ而及老年候而も主従之」礼儀を正し候由、尤両三年以前ゟ手足不丈夫ニ相成壮年之節之働は出来兼候得共身命を不惜及心之候程昼夜無他事相働候故隣家町内之者共迄も感賞いたし候趣ニ付九郎兵衛呼出尋候処、拾弐歳之節より先庄兵衛江致奉公幼年より預養育格別勤功も無之」身分《ママ》元手銀相渡別家迄いたさせ呉候恩儀難忘主家大切ニ奉公いたし庄兵衛及末期候節、死後相続之儀并仁兵衛方之儀も相頼候遺言も有之候ニ付心之およひ候程可相働と之念願ニ而仁兵衛江も主従之契約いたし、其以来両家駈廻り何卒商売繁昌ニ相成家名」引興相続いたさせ度相働候得とも素より才覚無之愚昧之身分、心底ニ存詰候程ニは難行届、最早及老年別而近頃老屈いたし却而主家之厄介相成残念ニ存候由申之、生質篤実ニ相見江容貌も質朴相見申条も実心ニ相聞、下賤ニは奇特成ものニ付」称美いたし遣候ハヽ、風俗を励候一助ニも可相成候間相応之御褒美被下置候様仕度段、寛政七卯年七月贄安芸守相伺御褒美銀拾五枚被下之」

堺北馬屋町　和泉屋

勘次郎　卯五拾弐歳

右勘次郎儀水落町和泉屋次郎兵衛悴ニ而拾四歳之節三拾九年以前、宝暦七丑年北馬屋町和泉屋勘兵衛養子ニ相成、其節勘兵衛儀は妻志け并妹さん勘次郎共四人相暮」勘兵衛儀は日々酒造屋江働ニ罷越、勘次郎儀は酒醤油小売致し昼夜相稼商仕方も正直ニ候故、商先一同気請能弥致出精、何卒勘兵衛骨折候働為相止度心掛毎朝未明ゟ売用ニ罷出夜ニ入帰候而終日之安否を相尋、都而親子之礼譲を正聊之儀ニ而も養父母之存意ニ叶候様取計一己之了簡」不差出素ゟ温順成生質故、家内致一和一図ニ養父母江孝心を尽し候ゟ諸事ニ無怠取賄家業致出精候故、終ニ存念之通安永五申年勘次郎居住之家宅相求、其節ゟ舂米商売ニ改替、勘兵衛働為相止漸身上向少々自由相成候得共、其身は日々堺近在又は程遠之所迄も未明ゟ白米荷ヒ売ニ罷越」帰候而は深更迄致米舂近在ニ而田畑三反余買求余力ニは致耕作無寸暇身分ニ而、着用之衣類股引脚半等迄養家之者ニ手懸させす自分ニ洗濯等いたし至而麁服を着いたし草鞋等も自分ニ作り、其身ハ質朴節倹第一ニ取賄両親叔母江は成丈新敷衣類着用いたさせ、当時勘兵衛七拾六歳妹さん七拾歳ニ」相成両人共極老ニ付寒風之節、木綿衣類重着致し候而は起居不自由ニも可有之と乍綿服も手軽キ衣類着用いたさせ寒気防方も手当行届、養母志け儀拾三ヶ年以前病気之節も服薬食事等心を付両便之穢迄も勘次郎壱人ニ而取仕舞、汚穢之衣類は不目立様致洗濯少ニ而も志け病苦を扶ヶ諸事心ニ応し候様」取計暫時之手透を考商ニ罷出数日之間昼夜寝食を忘孝養を尽し、相果候節も葬式等手厚相営、勘次郎実父次郎兵衛儀は先年致病死、実母てう儀は勘次郎兄武兵衛同居ニ罷在候処、武兵衛致病死老母壱人ニ相成便なき身分ニ付、勘次郎日々安否を尋心を付候得共程隔候而は事多(ママ)身分心之」及候程は介抱も行届兼候付勘兵衛江相歎候処、両親叔母江孝心を尽し其上実母便なき身分難見捨心底実情を感心致し勘兵衛手前江てう引取養実一同睦敷相暮、其後てう儀も致病死是又治療介抱無残所取計、叔母さん儀前年病気之節も前同様大切ニ致介抱全快之後は勘次郎平日売用ニ而」他出いたし候節は極老之者計ニ相成、無心元町内河内屋平兵衛娘志な篤実成者故相雇置留守中之介抱相頼、勘兵衛儀拾ヶ年程以来日々之食事粥を好候付、勘次郎存候は極老之身分粥計給居候而は自然元気之養薄可相成哉と相歎商仕舞帰宅之節は売溜銭之内を以薬餌ニも相成候品調帰相勧メ、」商方手透之節は為保養さん相勧メ仏参等いたさせ夜ニ入或は雨天之節は、勘次郎迎ニ罷出途中心を付介抱いたし帰候儀は毎度之儀ニ而且又勘次郎壮年之頃妻をも呼迎候得共病身ニ而家事取賄難出来却而両親ニ労苦を掛候付致離縁、其後不再娶名跡譲り候積りニ而勘兵衛親族河州錦部郡古野村清七悴」平蔵八歳之節、勘次郎養子ニ致し慈愛を加江致撫育家業為見習、自分幼年より之所行を時々為教訓話聞セ、且又勘次郎篤実成生質故遊芸等好候人柄ニ而は無之候得共養父勘兵衛三味線を好、近所懇意之者を頼遣為弾自分も弾習ひ養父を相慰候儀も有之、諸事勘兵衛申旨ニ随安堵為致」近隣至而貧敷者江は自分商之白米時々相与慈愛を加江候儀等間々有之、養父母も致満足町内之者迄も孝心を及見聞感心いたし候由ニ付勘次郎呼出相尋候処、拾四歳之節ゟ勘兵衛養子ニ相成幼少ゟ養家ニおゐて預世話ニ殊更実母てうをも存心通同居ニ差置、病中ニも無心残遂介抱満足いたさせ候恩儀難忘、養家」大切ニ存家業致出精養家之もの安堵いたさせ度念願ニ而無他事相稼候得共、素ゟ愚昧之身分心底ニ存込候程ニは万事難行届遺憾存候由申之、容貌も質朴ニ相見江申条も実心ニ相聞、勘兵衛さん并所之者申立行状風説と符合いたし、一躰之所行不拘名利実情之儀共ニ相聞江奇特成者ニ付励風俗候一助ニも」可相成候間、相応之御褒美被下置候様仕度段寛政七卯年七月贇安芸守相伺御褒美銀七枚被下之

堺湯屋山口町谷善次郎家守

綛屋甚兵衛借屋

永野屋　源兵衛　巳弐拾八歳」

右源兵衛親伊兵衛儀年久市之町南大小路町南町持合之夜番
相勤罷在、源兵衛儀拾壱歳之頃染物商売いたし候者方江年
季奉公ニ罷出年季満候而も其侭致奉公、相退候後は父伊兵
衛俱々遠方同商売人之者江被相雇賃銭を以母兄を育罷在候
処、親伊兵衛中風相煩「五年以前行歩不相叶平臥、母まつ兄」
長兵衛両人共気むらニ候処、寝食二便之世話等いたし候者
無之、源兵衛遠方之働相止近所江水汲働又は日雇ニ罷越候
節は暫時休息之間を考罷帰介抱いたし食事等取拵相勧メ困
窮之身柄故夜具等も無之、働之先ニ而茶紙袋を貰請藁を能
打和らけ右袋江入余計ニ拵置穢候節は幾度も取替遣、勿論」
年月医師相頼腹薬無残方（ママ）いたさせ、且源兵衛年季奉公中主
人ゟ四季施候布子主人江相断両親兄ニ至迄着いたさせ其身
ハ寒気之節も袷単物等着いたし昼夜相稼、折々父伊兵衛入
湯を相好行歩不相叶者故背負候而近隣之風呂屋方迄罷越候
儀は平生之儀ニ而、且源兵衛昼夜相働候迚、纔之賃銭ニ而
ハ三人之」病人撫育行届兼候付、佳節其外祭礼世間一統休
日之折迚も不相休一図ニ相稼、其外懇意之先々江按摩療治
ニ罷出候得は孝心之趣兼而聞伝罷在候付、諸人自然と憐ミ
も深療治いたさせ且働賃銭余計有之候節は親伊兵衛酒を好
ミ候故、乍聊も買調相勧メ為悦其上夜番相勤候付、折節は
町用ニ而他向江罷越候砌」又は被雇先々ニ而食事被振舞候
節ニは野菜廻り何ニ不寄其身は食不致必持帰両親兄江相勧
メ候付、孝心之致方時々感涙を流し伊兵衛相悦候処、七拾
弐歳ニ而去々卯年伊兵衛相果、惣領ニ伊助と申者有之兼而
病身ニ付所々医師方江奉公ニ罷出少之給銀ニ而源兵衛家事
賄之助ヶニも不相成候処」去辰年七月大病ニ而是又源兵衛
方江引取貧窮之中追々医師相招服薬いたさせ種々介抱いた
し候得共養生不相叶同月末ニ相果、右親兄之葬式吊等迄心
之およふ丈丁寧ニ相営、以前兄伊助存生之内榊原道格と申
医師方ニ奉公いたし罷在候処、親伊兵衛中風相煩道格懇ニ
相尋薬剤等与之候故寸志之謝儀」源兵衛ゟ相贈候得共困窮
之儀を相察及辞退候得共及再三候故難黙止一両度致受納、
平生源兵衛誠実成人柄感心いたし立入も為致候処、折節道
格懇意之者ゟ伊勢参宮荷持相雇度ニ付参可申哉と相尋候
処、日を重ね泊掛罷越候儀難致趣相断余計之賃銭ニ不拘候
儀は全親兄之傍を不相離」纔七八拾文之賃銭ニ而近所江其
日限ニ被雇参候儀を悦候儀等は全孝心ゟ発起致し候儀と致
沙汰致感賞候者も有之、去ル寅年九月近隣之者ニ奈良屋吉
郎兵衛播磨屋嘉兵衛河内屋宇兵衛右三人之者源兵衛親兄江
孝悌尽し奇特成儀を致賞美、扇子弐本白米壱斗五升炭壱俵

薪壱荷鳥目六百文」差贈又は隣家よりも折々野菜等相贈市之町町中ゟも鳥目弐貫文差遣候儀有之、右弐貫文之銭ニ而蒲団莚等相調親伊兵衛病床江敷遣し、当時迚も気むらの母兄を大切ニ致養育稼ニ罷出候砌は隣家之者江心添之儀相頼罷出働先手透を考、一日之内ニも折々罷帰安否相尋食事其外諸事ニ付」孝養いたし候儀は尓今不相替神妙之致方町内挙而感心いたし罷在候旨相聞源兵衛呼出相尋候処、母兄とも大切ニ存安堵ニ養育致度心底ニは有之候得共元来愚昧之身分其上困窮ニ而心底ニ存候程ニは難行届遺憾存候由申之、容貌も質朴ニ相見江申分も実心ニ相聞一躰之所行不拘名利ニ実情之儀とも」奇特ニ相聞不孝不順之子弟教導ニも可相成候間、相応之御褒美被下置候様仕度段寛政九巳年正月成瀬因幡守相伺御褒美銀七枚被下之、母江生涯一日米五合宛老養扶持被下之」

堺神明町　日野屋九郎兵衛借屋

日野屋　照　瑞　申八拾三歳

右照瑞儀紀州伊藤郡友渕村宮守津路尭観と申者悴ニ而幼名又吉拾壱歳之節神明町日野屋九郎兵衛方江下人被召抱又七と改名」幼少ゟ実躰相勤候付、拾八歳之頃より商売并家事共打任置候処、弐拾七八歳之節九郎兵衛家業之沈香商売大坂淡路町弐丁目ニ出店有之、支配人差置候而も年々商方不勘定相成取続難出来、数年差出置候店も既可及敗頽之処、又七儀残念ニ存九郎兵衛江相願自分右出店江壱ヶ年計引越居、色々辛□いたし」店方取締行届候折節、本宅之方□□ニ付両店掛ヶ持ニいたし候処、九郎兵衛長病相煩又七両店支配いたし、手透之節は不限昼夜九郎兵衛病床ニ付添致介抱、医薬等も手を尽し無残所介抱いたし候得共相果候後、九郎兵衛娘さち名前ニ而又七代判いたし拾ヶ年余も九郎兵衛後家并さち共大切ニ守立、其後親類」之内ゟ婿養子いたし九郎兵衛名跡相続為致候処、一両年相立又七儀数年勤労いたし候者之儀ニ付仕分ヶ銀等遣し別宅為致可申旨親類共一同申聞候得共、又七儀一円不致承知再三致辞退候得共親類共達而相勧又七四拾壱弐歳之頃隣町宿屋町ニ而借宅いたさせ、則九郎兵衛親類共之内媒を以妻を」娶候得共、仕分銀は致辞退聊之飯料乞請候而已ニ而主家両店引請不相替懸引いたし罷在、別宅江迚は休足迄ニ罷帰未明より九郎兵衛方江相詰罷在候処、右弐代目九郎兵衛性質愚昧之者故兎角身上向不取締ニ而両三年之間過分之損銀等有之相続難致ニ付親類相談之上致離縁、右九郎兵衛実子無之ニ付」兼而貰請候養子幼名太四郎と申五歳相成候者養育致置候付此者名前ニ切替、又七儀代判いたし、自分妻は親元江預ヶ置再主家江引越弥致出精漸損銀等も仕埋罷在候内、初代九郎兵衛後家并娘さち共追々ニ致病死不幸打続身上向行届兼候付弥致出精太四郎弐拾三四歳之頃迄又七辛労を以漸身上向取置」太四郎儀は実躰ニも相見候付、親類共江も申談候上又七代判相退、太四郎儀九郎兵衛と改名いたし相続いたさせ、又七儀は最前之別宅江移候得共不相替日夜主家江相詰家事等迄約ニ取締世話いたし候処、追々商売向も致繁昌候付右九郎兵衛店方并家事相任候処同人儀其頃ゟ身持惰弱ニ相成、又七度々之」諫をも不相用候付、俄ニ身上相衰此砌は既ニ商売難取続候様子ニ付親類共打寄相談之上家名断絶之儀相歎、九郎兵衛儀不行跡故之儀ニ付為致退散家名之儀は又七相続致呉候様相勧候得共主家之儀ニ付下人之身分ニ而相続可致様無之、相応之者ゟ相続人呼迎候ハヽ、身力を尽し出精相続為致度旨」廉《（ママ）》而申之、左候ハヽ又七忰又次郎儀実躰ニ相見候付此者相続為仕度段親類共始町内之者共ゟも倶々相勧候得共是以不聞入、何分家柄相応之者ゟ相続為致度旨申立候得共折節相応之人柄之者無之、身上向再興手堅出来候上は家柄等ニも不拘儀ニ候間又七江為任置、兎角右之存寄を以人柄見立相続為致呉候様」申聞候処、其砌九郎兵衛下人三拾壱歳ニ相成候嘉兵衛と申者拾三歳之節ゟ召仕、至而篤実成者ニ付此者相続仕兼間敷旨又七申立候付、任其意則九郎兵衛と改名為致相続、先九郎兵衛儀は又七存寄を以親類共江も申談為致剃髪寛住と相改年々為飯料銀六百目宛差遣河州河辺村ニ住居いたさせ、当時之九郎兵衛ニ」相成候而も弥精勤いたし候付、当時ニ而は身上向も取直大坂表出店共前年ニ増り致繁昌又七儀は五年以前剃髪照瑞と改名、当春迄は不相替日夜九郎兵衛方江相詰出精いたし候処、近来病身ニ成歩行不自由ニ候得共尓今九郎兵衛方商売向等病床ニ而致掛引罷在候、弱年之砌ゟ給銀等ニ不拘主家ゟ差遣候着用之品も新服ハ」致辞退、主人之古着を乞請着用いたし且九郎兵衛方相勤候下男下女ニ至迄深切を尽し候付而は朋輩之者共致一和、且又寛住江も寄々致教訓遣候付、当時ニ而は寛住儀出家道をも相守候は全照瑞実儀ニ風化いたし候儀と相聞此外ニも寄特成儀共間々有之候由ニは候得共、年久敷儀共委細ハ不承伝」荒増及見聞候次第は前書之手続□（虫損　ニカ）而全名聞利欲ニ不拘実情之取計ニ而及見聞候隣家町内之者迄も挙而感賞致し候趣相聞照瑞呼出相尋候処、拾壱歳之節ゟ四代以前九郎兵衛江奉公仕、幼年ゟ預養育格別勤功も無之身分ニ候処、相応之飯料申請別宅いたさせ殊主家親類媒を以妻迄娶呉候恩儀難忘」主家大切ニ奉公いたし候得共主人及数代無拠損銀不幸等度々有之、素ゟ愚昧之身分ニ而存念程ニは万事難行届遺憾ニ存候内最早及老年殊ニ近年病身ニ成主家之厄介ニ相成而已ニ而気之毒ニ存候旨申之、申条も無餝相聞名聞利欲ニ不拘一図ニ主家大切ニ相勤候段寄特成者ニ御座候間」称美致し遣候得は其身之行義も相顕且は風俗を励候一助ニも御座候間、相応之御褒美被下置候様仕度段寛政十二申年八月矢部下総守相伺御褒美銀弐拾枚被下之」

堺神明山口町　奥田利兵衛借家
綿屋　久兵衛　酉五拾五歳

右久兵衛儀摂州住吉郡遠里小野村百姓勘兵衛悴ニ而父勘兵衛儀五拾壱年以前妻子召連堺表江引越農業致し、久兵衛儀幼名五郎吉と申父勘兵衛身上難渋之躰子心なから心苦敷存」拾弐歳之節両親江申聞泉州大鳥郡北庄村瓦屋七兵衛方江瓦職年季奉公ニ罷越、一同定之休日ニも不相息職方出精いたし拾五六歳之頃久兵衛と名を改職方余事之儀迄も実意ニ相勤候故、主人七兵衛儀も寄特ニ存猥ニ伝授不致摺鉢焼方之儀迄も教授致し遣、拾八歳之節父勘兵衛病気ニ付罷帰」介抱致し遣候様七兵衛申聞候得共、奉公怠候儀を相歎夜分又は昼休之間主人江相断罷帰致介抱候得共追々病気差重り候付、主人江相願毎日未明ゟ職業取掛り一日之職業仕越、聊主人之手支不成様相働勘兵衛介抱罷帰医薬等ニも心を尽し寝食を打忘致看病候得共相果候付、葬式供養等乍貧家及心程相営并」勘兵衛死後母いし事妙恩当分淋敷可有之と七兵衛江相願夜分手透を見合罷帰力を添心を慰候処、七兵衛儀実子無之久兵衛甚寄特ものニ付養子ニいたし、家名相続為致度趣度々申聞候処、身分ニ取大慶ニは候得とも先祖之家にて母之行末をも見届度、勿論愚昧之生質主家相続之事ハ無覚束趣を以」致辞退弐拾三歳之節奉公年明キ候付妙恩方江引退可申処、壱ヶ年礼奉公相勤度候間召仕呉候様相願給銀之儀は母養育之助ヶニ相成候程貰請、礼奉公も無滞相勤妙恩方江罷帰其後は日々雇賃を取、七兵衛方江職業ニ罷越奉公中ニ不替家事等ニ至迄心を付、尤奉公中主人ゟ貰請候衣類七兵衛江相頼母之衣類ニ仕立」直ニ妙恩江着いたさせ、奉公引候後は猶更母大切ニいたし其外親類江之礼儀も正敷年柄ニも相成候間相応之妻を迎候様母妙恩并親類共ゟ度々相勧候得共、自然母之意ニ不叶儀有之候ハヽ、孝心も不

行届旨申之許容不致、主人七兵衛病気之節も久兵衛儀父勘
兵衛病中同様介抱いたし相果候節、久兵衛儀は数年勤功も」
有之、七兵衛存生中養子ニ致度由申聞候儀も有之、旁相続
之儀七兵衛親類一同相勧候得共前同様致辞退七兵衛弟仁兵
衛と申者相続いたさせ候処、先七兵衛同様尊敬いたし仁兵
衛職業不案内ニ付懇ニ致教授誠実ニ相働候処、先七兵衛病
中物入其上商売方不繁昌ニ而身上相衰取続も難出来成行、
久兵衛相歎」七兵衛方家事賄等格別取締、猶又遠方得意先
迄も駈廻り出精いたし借銀等も済方之仕法相立追々身上向
取直候処、弐代目七兵衛病気ニ而相果候付、泉州大鳥郡中
筋村出屋敷瓦町海部屋佐兵衛方江源兵衛と申者養子ニ致し
七兵衛と改名相続いたし候処是又病気ニ而相果、同人悴宇
之助七兵衛と改名相続致し候処」当七月中病気ニ而相果、
悉四代先七兵衛同様大切いたし病中介抱等も行届、凡四拾
ヶ年余忠勤を尽し当時相続人も無之候付日々罷越相働、猶
又久兵衛母妙恩儀当八拾三歳ニ罷成拾四五年以前ゟ足痛之
上耳遠ニ相成追々元気衰候付家事一切母ニは不為携家内ニ
而之起居等迄心を付、妙恩重病相煩候節」久兵衛儀職業も
相休、日夜病床不離医薬ニ心を尽し遠方之医師迄も相招両
便之取仕舞洗濯等久兵衛自分ニいたし寝食打忘致介抱及全
快候得共、病後猶更相弱り万事不自由ニ相成候付仏神参詣
之節或は湯屋等江罷越候砌、久兵衛儀妙恩を背ニ負罷越近
頃致老屈折々行違候儀共申聞候得共、少も心ニ不逆」偏ニ
母之相歓候事を心掛ヶ実情之取計及見聞候隣家町内之者迄
も致感心罷在候由久兵衛呼出相尋候処、幼年之節ゟ主家之
預教育格別勤巧も無之身分主家相続之儀等毎々親類共ゟ申
勧呉候得共、母之行末をも先祖之家ニ而見果度及辞退恩義
難忘、主家并母江安堵為致度無他事存詰候得共、元来」愚
昧之儀故心底ニ存候程ニは万事難行届候由申之、容貌も質
朴ニ相見申条も無取繕実情ニ相聞一躰之行状寄特之者ニ御
座候間称美いたし遣候得は、励風俗奨善之道ニも御座候間
相応之御褒美被下置候様仕度段、享和元酉年九月矢部下総
守相伺御褒美銀拾五枚被下之、母江生涯一日米五合宛孝養
扶持被下之」

堺北絹屋町
河内屋十一郎幼少代判佐兵衛借屋
京屋　伊兵衛　戌六拾六歳

右伊兵衛儀幼名喜六と申南鏡屋町住吉屋次右衛門借屋唐物
屋久兵衛悴ニ而母は先達而相果、父久兵衛儀及老年至而貧

敷相暮幼少之者をも」育兼候儀を愁苦いたし喜六拾二歳之節奉公ニ罷出度段申ニ任セ大坂天満樋之上町銅屋勘左衛門方江年季奉公ニ差遣貞実ニ相勤居候処、無程勘左衛門致病死、二代勘左衛門ニ至候而も実情を尽し相勤年季無滞相勤候付、勘左衛門ゟ仕分銀貰請銅屋文蔵と改名、同町ニ而致借宅候付親久兵衛儀家業鋳物職を堺且過町甥高石屋九郎兵衛江」相譲、此者方ニ同居いたし候故文蔵方江引取介抱致度旨申聞候得共、久兵衛儀生国を離候儀を不相好候間堺江引移度存候得共致別宅候後迚も主家之世話いたし候付、町内相離候儀も難致賄料等相送不自由無之様心を付主家事少之節は毎々罷帰候而安否等相尋候処、文蔵独身ニ付主人勘左衛門心附ニ而女房為呼迎男子」弐人出生いたし家内多ニ相成候得共主家之用向ニ付而は聊等閑不致、親久兵衛病気等差発候節主人勘左衛門江相断九郎兵衛方江引越種々医療相加候得共養生不相叶相果候、其後文蔵縁者ニ堺甲斐町京屋伊兵衛と申者及老衰実子無之名跡可譲心当之者無之ニ付、文蔵儀兼而主親江之孝儀神(ママ)妙ニ相見且」其頃貧窮相暮候様子ニ候得は養子ニ致し妻子諸共引取度旨親類共相談之上申聞候処、生国江立帰候は本望之至ニ候得共不手馴商売相携却而家名を汚し候儀不本意、其上仕分請候住居相離候は主家江対し是又不本意之趣ニ而不致承引候故親類共ゟ勘左衛門江及相談候処、縁家相続之儀勘左衛門ニおゐても本意ニ存候由ニ而倶々」相勧候付、漸致納得文蔵三拾三歳之節妻子引連伊兵衛養子ニ相成、同人仕来候沈香商并家事取計等宜養父母之存意ニ相叶安堵致居候処、伊兵衛儀及老衰候付文蔵夫婦打掛り介抱いたし医薬万端心を尽し候得共翌寅年八月相果、葬式等無疎略身分相応ニ執行忌明後伊兵衛と改名いたし、商売向無油断出精致し」居候処、元主人勘左衛門方商売向故障之儀有之難取続相成候処、同人病身ニ而新規ニ外商売等取組候儀も難致候付、伊兵衛遠方なから勘左衛門身分之儀色々心を尽し大坂銀座手代為相勤置候処無程病死いたし幼少之忰有之家名為致再興度存込候得共幼少之者之儀故京都縁類共方江引取致養育、此砌主家及」及(衍)断絶候儀残念ニ存折々京都江罷出安否相尋成長を相待居候処、此者成人之後ハ他国商等を心掛ヶ旅行いたし何方江罷越候哉行衛不相知伊兵衛商方も養父病中并死後之物入等有之候上元来沈香商先は何レも遠国之儀故、養父伊兵衛存生中ゟ売代銀多分相滞注文申来不差送候而は最前之掛銀」弥滞ニ可相成と操(ママ)合差送り無如才相稼候得共、兎角代銀相滞損銀弥増及困窮候得共素々得意先商之恩屁（顧カ）を以渡世いたし候儀故催促も強而得不致追々家業相衰候内、伊兵衛女房儀も致病死、幼少之忰四人有之品々物入打続難相凌候付、本宅は借家ニいたし所持之裏借屋江引移り万事取縮漸より糸賃仕業致し渇々ニ」相凌候内ニも養母妙慶江は以前ニ不替食事其外とも厚心を付致孝養候得共、纔之賃銭渡世儀誠其日過之営ニ而家屋敷も難持保不残銀主方江相渡、拾六ヶ年以前同所蔵屋敷町万代屋徳兵衛借屋借請同様相稼罷在候内、忰共も追々及成長候得共惣領次兵衛儀は多病にて拾四年以前致病死、病中ゟ之物入も相嵩」其上より糸出先差支等有之外ニ仕覚之職も無之猶々行詰心痛之躰及見近辺之者世話いたし御役所雇人足ニ差出候処、使ニ罷出候度毎宅近辺罷通候節は途中差急手間不掛様宅江立寄妙慶安否を伺候得共、程隔有之候而は安心不致御役所近所当時之借屋江引移数年之間一日も不相休雇人足罷出妙慶江孝養」相尽し候内、二男は不行跡ニ付拾壱ヶ年以前久離切行方不相知、娘いさ儀は六ヶ年以前町家之内江嫁付、末子兼松奉公ニ差出、家内人少相成候付而は妙慶介抱猶更不行届候儀を致心配、娘忰罷越安否相尋候節は幼少ゟ祖母之慈愛請候恩儀を申聞、伊兵衛迚も今以妙慶世話ニ相成候高恩実情ニ致教訓候故」両人共ニ篤実ニ生長いたし邂逅（ママ）、伊兵衛方江罷越候節も乍暫時も妙慶介抱いたし且伊兵衛儀被雇出候砌は妙慶安否を伺隣家之者江も心添を相頼候而罷出、毎日未明ゟ起妙慶食事相勧昼飯迄も手当致し置、時刻ニ至候得は頼合セ罷帰致給仕、野菜又は邂逅（ママ）ニも魚類等妙慶相好候品心懸相勧、伊兵衛儀親類内又は」懇意之者方江被扣候節抔ニは食物又は菓子類迄も持帰妙慶江相勧、平生其身は至而麁服を着いたし妙慶江は見苦敷無之品着用いたさせ、洗濯抔之儀も自分ニ取賄聊妙慶江不為致苦労、寒気之時は働先ゟ夜ニ入罷帰何程草臥候共不相厭妙慶を背ニ負薬湯江連行温させ、寒気為防夜中両便等寝所ニ而為達」取仕舞等伊兵衛其度々起出心を付極暑之時分は度々行水等いたさせ暑を為凌、万端行届候仕方且又伊兵衛儀以前は相応相暮候儀ニ付親類内ニは身元宜敷者も有之候得共、当時之身分を恥態と不立交勿論合力ヶ間敷儀聊不申掛養父年忌等之節ハ志之品隣家組合等迄も相贈至而神妙之仕方故親類共相親、且去々年四月頃ゟ妙慶儀類中風」病症故早速服薬等いたさせ□（虫損）以来は猶又厚心を用看病いたし、其上平生毎事ニ致心配候中自分外出は勿論家内之儀ニ而も都而妙慶江相伺差図を請妙慶心を安し候様ニ取計候孝心之次第町内之者共及見聞感心いたし罷在候由、伊兵衛呼出相尋候処何卒養家引興妙慶致

安堵候様多年相稼候得共、何分不行届当時妙慶八拾弐歳ニ相成」高年ニも及候儀一入大切介抱いたし候得共、日々外業ニ罷出付添居候儀も難致遺憾ニ存候由申方も実心ニ相見寄特成儀致称美遣候ハヽ、下々風俗之励ニも相成、猶又勧善之道ニも御座候間相応之御褒美被下置候様仕度段、享和弐戌年四月矢部下総守相伺御褒美銀三枚被下之、養母江生涯一日米五合宛老養扶持被下之」

堺錦之町□（虫損）

桜本　小兵衛　戌弐拾八歳

右小兵衛数代たはこ包丁鍛冶職渡世之者ニ而父五作儀は当六拾七歳ニ罷成凡三拾ヶ年来眼病相煩居候処、母わさ儀は弐拾弐ヶ年以前致病死五作儀は拾三四ヶ年以前ゟ眼病次第ニ相重鍛冶職」働難出来、小兵衛七歳計幼名乙市と申候節ゟ職方見習程不相立内職向大躰ニ仕覚日々未明ゟ起出無怠相稼手間働之者差極相休候日限ニ而も其身は一日も不怠相働、拾三四歳之頃ニは壱人前之細工等致し生質律儀成者故拾五六歳ゟ職方并世帯向万事小兵衛江任置候処、節倹ニ取賄年ニゟ職方不勘定之儀有之候而も五作江は聊も不申聞」何事も安堵いたし候様取計候儀を兼而心掛日々相用候、野菜等之儀も五作相好候品勧、菓子類等不相望候而も好物之品は兼々調置程能時分を見合相勧怡悦いたし候様子見請小兵衛も倶々相悦候、其外祭礼仏事参詣致し候節も五作眼病之事故、小兵衛自分付添罷越途中神妙ニ心を付介抱いたし罷帰、寒気之時分は温成食物拵置」相勧弐三年以前ゟ眼病之上余病相煩候故、小兵衛儀日々職稼ニ而草臥候をも不相休付添介抱いたし、夜分抔ニは片時も病床不相離大切ニ看病致し病躰重く相見江候節は神仏江祈願を籠日参等いたし巧者成医師と聞付候得は呼迎服薬等無残所心を用、老病之事故起居行歩も不自由を察し寝所手近所江便所抔取拵置」召使之者有之候得共、小兵衛自身取仕舞等致し穢候品迄も召使候者ニは聊も不為手掛大切ニ介抱致し候付、当四五月頃ゟ病気も追々快気之躰ニ相見江全介抱行届候故之儀と相聞、五作儀猶又小兵衛兄平兵衛と申者当時神明山口町致借宅貧窮相暮候付、折々は乍聊も金銀扶助いたし兄弟之間柄睦敷、去春病死致し候節も諸賄并葬送」営迄も致し遣候得共、右躰之儀五作江は聊も不相知其外何事ニよらす五作申聞候儀は聊不相背兼而之行状不拘名聞日々無油断職向相稼致孝養候付、五作儀も満足いたし家内召仕之者迄も平日心を付召仕奇特成者ニ付矢部下総守勤役中、享和弐戌年十二

月其節之御城代稲葉丹後守江相達御役所過料欠所銀之内鳥目三貫文差遣候」

堺水落町

大和屋儀右衛門支配借屋

山家屋　清　七　戌四拾四歳

右清七母いさ儀泉州出生之者ニ而始之夫吉兵衛と申者病気ニ取合乱心之様子ニ而日々凌兼双方親類相談之上懐妊之内致離別、南中之町浜ニ」いさ伯母有之、右伯母方江帰候上ニ而出産之男子清七致撫育裏借屋借り請母子相暮居候処、和泉屋与兵衛と申者心易致し候付、媒を以右与兵衛と夫婦ニ相成、与兵衛百姓并日傭渡世致し罷在、清七拾四歳之節旦過町釘屋利右衛門方江拾ヶ年切奉公ニ罷出候処、継父与兵衛病気ニ付年季六ヶ年相勤残四ヶ年之処、銀九拾目相立暇を乞」親元江罷帰奉公中仕覚候釘鍛冶職渡世致し両親を育、継父与兵衛病中無残所介抱いたし弐拾ヶ年以前卯年与兵衛相果母子相暮、清七儀生質律儀者ニ而昼夜無間断職方致出精、妻有之候而は母之孝養妨ニ相成候迚不相迎、聊之事ニ而も自分了簡不相加母いさ江相伺差図を請母子之礼儀を正し、都而母之致安堵候様と」取計一切他行等不致、自然商用ニ而他出致し候而も用事相済次第早速罷帰暫時も無油断孝養を尽し候故、母も安心いたし隣家近辺之もの共も清七孝心ニ致呉候段致吹聴相悦、六七ヶ年以前ゟいさ儀眼病相煩色々治療いたし候得共老眼故歟当時ニ而は盲目同様ニ相成朝暮之食事等清七壱人ニ而取賄、野菜等老母」相好品を相勧自分至而麁服を着、母は見苦敷無之品を着いたさせ衣類縫(マヽ)裁洗濯等ニ至迄自分ニ相賄職業致居候、折節ニ而も母いさ両便其外用事等有之と見請候得は昼夜ニ不限早速手を取懐拘又は背に負致介抱夏中浴等いたし候節も始終傍を不離介抱いたし、冬ニ至入湯之節も背に負候而」薬湯所迄罷越万事心を付孝養いたし奇特成ものニ付、矢部下総守勤役中享和弐戌年十二月其節之御城代稲葉丹後守江相達、御役所過料欠所銀之内鳥目三貫文差遣候」

堺絹屋四町目

大和屋半兵衛支配借屋

和泉屋伊兵衛娘　み　や　戌　九歳

右みや父伊兵衛儀は日傭働渡世之者ニ候処折々持病差起働等も懈怠致し、みや儀は伊兵衛長女ニ而妹両人有之家内五人相暮、伊兵衛」持病ニ而働等怠困窮いたし凌兼罷在候処、みや乍幼少孝心有之平生両親之手助等いたし幼少之妹共之かしつきも万事神妙ニ而伊兵衛困窮之儀を心苦敷思ひ手透ニは乍聊も手業ニ可相成儀を心掛、且近所ゟも相雇外江使等ニ被相頼心付之鳥目等貰候時は持帰両親江相渡候得共、貧窮弥増ニ而凌兼候事故」日々諸賄等不任心みや子心ニも歎ヶ敷思ひ既寒気ニ向候得共両親は勿論妹迄纔ニ単物を相重候迄ニ而心苦敷思ひ候得共金銭を可得心当も無之、両親并妹共養育之ため奉公ニ差遣給銀を以乍聊取賄も致呉候様両親江申聞候得共、幼少之者故奉公ニ差遣候迚人並之給銀取候儀難出来彼是申暮候内」みや儀は如何様之奉公ニ而も不苦間給銀余計ニ渡呉候方江奉公ニ差遣呉候様申之、幼年ニ而給銀過分ニ借請候儀は遊女奉公之外は無之不便ニは存候得共任申、去戌年十月十六日大坂越後町播磨屋ひさと申者方江傾城奉公ニ差遣候処、みや存候は遠方ニ而は両親妹共迄折節之安否等難相尋候得は堺ニ而奉公致度由」申之立帰、堺南高須町住吉屋六左衛門方江中年拾五ヶ年限給銀百八拾目ニ相究傾城奉公ニ罷出奉公先神妙ニ相勤主人儀は右訳得と承り候事故、随分心を付召仕罷在候を町内和泉屋惣兵衛承り神妙成儀と存懇意之者江右之噂いたし何卒みや奉公為差止度申談、金壱両相調主人六左衛門江掛合」候処不便ニ存早速致得心差戻可申対談相調、六左衛門ゟも金壱両之内南鐐銀壱片みや親元江之土産銀として相贈親元江差返両親大ニ悦、みや儀も立帰弥致孝養父母妹江孝友之趣相聞候付、矢部下総守勤役中享和三亥年正月其節之御城代稲葉丹後守江相達、御役所過料欠所銀之内鳥目壱貫文差遣候」

堺南大工三丁目　辻利兵衛借屋
和泉屋与兵衛娘　ひ　さ　亥三拾歳

右ひさ儀当時両親并弟妹五人相暮候処、ひさ儀は拾六歳之節絎屋四町目和泉屋惣兵衛方江年季奉公ニ罷出年季無滞相勤」其後は右惣兵衛方江布織職ニ被相雇節季毎ニ銭拾三四貫文程宛賃銭取之、与兵衛儀は椊木細工渡世之者ニ候得共足痛ニ而家業難出来、ひさ賃銭を以家事方賄ニいたし両親を孝養致し奉公中ニも手透ニ織出候賃銀弐百目余も有之、両親江相渡候儀も有之実躰成者故縁談之儀も申入候得共、弟妹而已ニ而ハ家事并両親之孝養も難行届存三拾歳ニ」相成候而も縁付も不致、節操相守両親弟妹孝養致撫育其身は容儀ニも不構織職致出精神妙之段故感心主人惣兵衛ゟも毎年両季ニは別段ニ心付致遣し与兵衛長々病身ニ付家事取賄難行届候処、多年布織職賃銭を以家事取賄孝養を尽し奇特

成儀ニ付、矢部下総守勤役中享和三亥年七月其節之御城代稲葉丹後守江相達、御役所過料欠所銀之内鳥目五貫文差遣候」

堺南大工三町目　辻弥兵衛借屋

米屋卯兵衛妹　かち　亥三拾四歳

右かち儀拾三歳之節ゟ絹屋四町目和泉屋惣兵衛方江布織業習ニ罷越、其後拾八歳計ゟ半季切之奉公ニ罷出候処、母あさ病身ニ付相対」を以惣兵衛方江日々通ヒ候而布稼いたし、七八ヶ年計実躰ニ相勤候処兄卯兵衛儀古着商致し候者ニ候処、病気ニ而三ヶ年以前ゟ歩行難相成殊ニ母あさ病身ニ而両人之介抱難行届、依之相対を以土庵源兵衛方之織布宅江取寄介抱中ニ而も布稼出精いたし居候処、かち弟次兵衛右源兵衛方江年季奉公相勤居候処、病気ニ付引取養生為致かち」壱人ニ而三人之者共孝養いたし次兵衛病気養生不相叶致病死、兄卯兵衛儀は致快気候得共平生病身ニ而商等も相怠り、かち宅江取寄相稼候布織賃銭節季毎ニ拾三四貫文計賃銭取之家事入用ニ相賄漸取続罷在実躰成者故、縁談申入候も有之候得共母兄病身故三拾歳余ニも相成候得共縁付不致容儀ニも不構相稼孝心を」尽し候者ニ付、右惣兵衛方ゟ毎年両季ニは心を付貰請候鳥目六百文宛是等を以母江孝養いたし兄病中ニも養生心付、殊ニ布織業賃銭を以年来家事取賄母兄江孝養を尽し奇特成ものニ付、矢部下総守勤役中享和三亥年七月其節之御城代稲葉丹後守江相達、御役所過料欠所銀之内鳥目三貫文差遣候」

堺南半町

和泉屋　庄兵衛　亥四拾五歳

右庄兵衛儀弐拾九ヶ年以前未年七月父庄兵衛致病死、其砌当庄兵衛兄惣七と申者有之候得共不行跡ニ而両親之心底ニ不相叶、当庄兵衛其節拾七歳卯之松と申候処、惣七右之仕合故庄兵衛」存命中家屋敷并酒醤油炭薪商売卯之松江譲り、両親江至而存心を尽し庄兵衛死後猶更母貞雲を大切ニいたし、聊母之孝心不相背売用ニ而遠方江罷越候而も其日ニ立帰母江安堵いたさせ、兄惣七不行跡ニ而借用銀等数多有之母貞雲心苦敷存候儀を相察、孝心之余り家屋敷等も質物ニ差入銀子致才覚惣七借用銀ニ」相償、其外母江隠し度々惣七江致扶助候得共兎角惣七放逸弥増候付、貞雲儀も無是悲（ママ）久離可相願旨申出候故、庄兵衛色々相宥惣七江諷諫いたし候得共行跡不相改不得止事拾三ヶ年以前亥年四月母貞雲ゟ久離相願候後迚も竊ニ世話人相頼惣七江扶助致し遣し候儀間々有之、弟ニ伊兵衛と申者有之病身ニ而渡世難出来、庄兵衛ゟ」万事世話致し遣母之心労を相休罷在候処、兄弟ニ付而之難儀女房儀は小児残置先達而致病死物入弥増候故身上相衰、商売方元手も薄事故既其節紺屋町綿屋又右衛門ゟ借銀出入願出身上可及活却（ママ）処、庄兵衛母兄弟江孝弟（ママ）成者故町人とも不便ニ存候而遂相談、銘々致出銀願人江相詫取曖を以出入相済遣し、其外ニ」少々借財も有之候得共是又町人共申合出銀いたし相済遣候始末全母江奇特成者ニ付、矢部下総守勤役中享和三亥年十二月其節之御城代稲葉丹後守江相達、御役所過料欠所銀之内鳥目弐貫文差遣候」

堺北材木町
浜石津屋三右衛門支配借屋
香具屋嘉兵衛娘　かう　子弐拾八歳

右かう儀父嘉兵衛母とめ三人相暮嘉兵衛儀ハ導引渡世いたし身薄者ニ候処、其頃かう儀は拾弐三歳計之節ニ而乍幼少心苦敷存奉公ニ罷出給銀借請」両親江差遣乍聊育之便ニも致度存心ニ而半季居之奉公ニ罷出実躰相勤、給銀其外主家ゟ貰請候品并諸祝儀且主家ゟ使ニ参先方ニ而貰請候品迄も不残両親江差贈、衣類容儀ニも不相拘主人用事ニ而近所江罷出候折節は親元江立寄両親之安否相伺、聊主家之差支ニ不相成様ニ罷帰奉公誠実ニ相勤候処、母とめ儀四ヶ年□（虫損）（以前カ）ゟ中風ニ而打臥罷在、父嘉兵衛儀も」去三月頃ゟ湿□（虫損）様子ニ而面体ニ腫物出来見苦敷相成候付、働も難出来打臥居候付、去八月頃ゟ主人江其段相歎暇を乞立帰両親之介抱致し貧窮ニ暮候故、近辺之紡績或は縫針洗濯物之類迄自分宅江取寄、日々無怠相稼纔之賃銭を以漸其日を過候程之儀ニ而女之手業ニ而ハ日々之営も渇々ニ候得共奉公中ニ貯置候自分之衣類雑物迄も不残」売払、家事并両親病中之費ニ相用、且厳寒之節ニ而も両親着用夜具之外其身は平日着用衣類之侭ニ而仮寝いたし、日々未明ゟ起相稼両親江相勧候食事等も平生相好候品調置相慰メ、両親怡悦いたし候躰見請其身も相悦殊ニ年月経候両親之病気故病屈いたし折節は無理成事共申候得共、聊不相背心能取扱神妙相聞老病」之上寒気之時分起居歩行之労煩を察し便所等手近拵置、穢候品迄も取清メ無残所致介抱孝心奇特成致方ニ付旧主人住吉屋甚兵衛儀此節様子承不便ニ存、折々ニは飯米其外鳥目等助成いたし親子三人之外ニ身寄之者無之かう壱人之生業ニ而孝養いたし、隣家之者も不便ニ存折々有合候給

物其外薪」米銭等も差贈、其外から兼而之行状聊不拘名聞日々身を詰相稼両親大切致看病候事故両親共満足いたし候段他人江も相咄悦居候由、孝養を尽し奇特成儀取調、矢部下総守勤役中享和四子年二月其節之御城代阿部播磨守江相達、御役所過料欠所銀之内鳥目五貫文差遣候」

堺桜町　町代
伊兵衛養娘　か　う　子弐拾壱歳
た　か　子　拾八歳

右かうたか儀神明山口町和泉屋伊兵衛と申者娘ニ而たか出生之後父伊兵衛病死いたし、家業難取続母とよ子供召連桜町町代父藤七方江」罷帰、藤七儀及老年町代難相勤勢州松坂ゟ伊兵衛と申者養子ニいたし、とよと娶合其後藤七致病死右伊兵衛跡町代相続いたし罷在候処、八ヶ年以前巳年ゟ伊兵衛病身ニ罷成歩行不相叶、三ヶ年以前戌年致退役手馴候職業無之候付、木綿組紐業いたし右両女昼夜共相稼、其上父伊兵衛病気介抱無怠慢医薬衣」食等迄厚心を用伊兵衛好之品心掛相勧万事伊兵衛申旨ニ相随伊兵衛病気保養致専一ニ候付伊兵衛も無限相悦、尤組紐職之儀は日々未明ゟ打掛り夜分及深更候迄も出精相稼、寒夜之砌は背ニ負薬湯江連行温させ暑気之時分ニは日々度々浴等致させ炎暑為相凌右伊兵衛四ヶ年以前ゟ八中風相煩座臥不」自由候故、猶更厚心を用看病無怠両便之取仕舞等も行届伊兵衛病床着いたさせ候、寒暑之衣類等新服を着いたさせ、両女儀は常々麁服着いたし外見不相厭身分取繕餝候事も無之、年頃ニも相成候事故縁談之儀申勧候者有之候得共、貧窮之中両女相稼介抱不致候而は伊兵衛病気養生難為致候故堅辞退いたし候付、両女之心中ニ恥重而申勧候者も無之」旧冬病気危篤ニおよひ候節も寝食を相忘暫時病床不相離介抱いたし、神仏江も祈誓いたし種々治療相加候得共養生不相叶去十一月死去いたし葬式等も貧キ中ニ而念頃ニ相営、且又母とよ江対候而も伊兵衛同様致孝養奇特成儀ニ付、矢部下総守勤役中享和四子年二月其節之御城代阿部播磨守江相達、御役所過料欠所銀之内から江鳥目弐貫文たか江同壱貫文差遣候」

堺石屋町　河内屋傳兵衛支配借屋
和泉屋宇兵衛妻　か　ね　寅四拾壱歳

右かね儀父浄圓と同居布機業渡世致居候処八九ヶ年以前入婿を取男子致出生候処離縁ニ相成無程右小児致病死、かね儀父浄圓極老之事故昼夜心を付介抱いたし居候処、其頃櫛屋農人町住吉屋」佐兵衛女房産後病死いたし、小児岩松撫育難致幸かね儀乳も有之ニ付懇意之者申勧仲人を以右岩松かね相養撫育いたし候処、同人存意ニハ老衰之父并小児相拘女之手業ニ而ハ年も長し候得は往々之処心細存候所、父浄圓相許同町和泉屋宇兵衛と夫婦ニ相成、其砌宇兵衛母存命之節ニ而対談之上忰岩松名前ニ而同町ニ而致借宅、浄圓かね」儀も岩松方ニ致同居老父并岩松致養育宇兵衛方家事をも取賄罷在候処、右宇兵衛儀四ヶ年以前より病気ニ而打臥姑も相煩候付、かね岩松召連宇兵衛方江引越実意を尽し病人之致介抱候処、其間ニも布業致出精姑は養生不相叶相果、岩松儀も去丑四月ゟ病気差発、宇兵衛岩松両人共病気追々相重色々治療致介抱、極老之浄圓儀病人之側ニ昼夜差置候も」心苦敷可有之迚昼之内は岩松宅ニ差置、食物等はかね持運ひ相勧、夜分は宇兵衛方江連帰、弐人は病気危篤ニ相成候付、昼夜共両人并浄圓両便汚穢之掃除等無油断取扱、かね壱人之手業ニ而三人之病人相育孝義慈愛を尽し候段奇特之儀ニ付、矢部下総守勤役中文化三寅年二月、其節之御城代阿部播磨守江相達、御役所過料欠所銀之内鳥目五貫文差遣候」

堺絎屋三町目　田中吉右衛門借屋
水屋佐兵衛娘　さよ　卯弐拾壱歳

右さよ父佐兵衛儀魚商売いたし堺近在商いたし来候処、三年以前ゟ佐兵衛儀老年之上中風相煩起臥不自由ニ而商取続も難出来様ニ」相成其砌さよ儀隣町ニ而奉公いたし居候得共、親病気差重り候付奉公相退親元江立戻、其身ハ日々早朝ゟ魚市場江立出、親類紺屋町水屋長兵衛江魚買次相頼、容儀ニも不拘男子同様草鞋等履〆雇之者ニ魚荷為担日々在方得意先相廻り商売いたし候付、以前之姿ニ致渡世候得共、佐兵衛病気も追々差重り治療」相加江候得共、さよ商用ニ出候跡看病ハ母江掩し置致帰宅候得は早々母ニ代り介抱無他事孝心尽し、妹すて儀も弱年ニは候得共是以両親之心ニ不背孝義を尽し、佐兵衛病気ニ付雑費も多候故去九月ゟ奉公ニ差出候処給銀は纔之事ニ候得共聊も自分賄ニ不相用不残両親江差送実貞ニ相勤、佐兵衛老病之事故忰迚も」無之女之手業ニ而ハ相続無覚束親類共安心不致候間、さよ婿養子いたし相続之便ニ致度取留候事も無之候得共、親類共折々さよ江申勧候得共、婿養子自然心底不宜老父母之心ニ不応儀共有之候ハヽ、却而不孝ニ相成、其節ニ至進退難致儀も有之候間此侭ニいたし置、相続之儀は妹すてニ相応之者も候得は配偶」いたし呉候様相頼其身は乍女も日々在方商罷出、困窮之中両親為及安心朝暮孝養を尽し候段奇特之儀ニ付、文化四卯年四月御城代松平能登守江土屋紀伊守ゟ相達、御役所過料欠所銀銀(衍)之内鳥目五貫文差遣候」

（表紙）

畿内　四
摂津
続編孝義録料　十一

（157—401・90—11）

覚

一孝行寄特之者御領所ニ有之候ハヽ被書出候様先達而御達御座候ニ付被相調候処、摂州河辺郡伊丹泉町壱通同綿屋町壱通同魚屋町壱通同鍛冶屋町壱通同植松村壱通同州同郡曼荼羅寺村壱通都合六通、孝行寄特之者有之趣候、則夫「□（虫損）」差出候書付被差出候、尤右之外御領所之内ニは無御座候、仍而此段被仰入候　以上

近衛殿御内
山科筑前寺　印

四月廿五日

廣橋前大納言様
六條前大納言様
雑掌御中」

乍恐以書付奉言上候

泉町

一町内鍋屋喜左衛門支配借家桑津屋庄兵衛未ノ十六才、弟熊太郎未ノ十三才同庄吉未ノ八才母志な未ノ三十七才右家内四人睦同居仕家業綿打仕候」者ニ御座候、然ル所右庄兵衛父五ヶ年以前卯年死去仕、其砌庄兵衛儀幼名新太郎と申候而十二才之者ニ御座候、尤父庄兵衛貯置候財物も無御座、全困窮之者ニ御座候而可仕様も無之奉存候所、当時庄兵衛儀元来孝心之者ニ御座候ニ付」父相果候儀母壱人相残候儀大ニ相歎、右母安堵仕候様専心掛候様子ニ而幼年之子供遊も不仕昼夜無差別綿打挊出情仕、此節ニ而も物見遊山等之志無御座、只々家業出情仕候ニ付追々」綿打職相応ニ繁昌仕、当時ニ而は母も大ニ安堵仕候躰ニ而毎々近所之者へも相話相歓候御儀ニ御座候、將又綿屋町ち書上被申候桑津屋(ママ)又(文カ)兵衛儀ハ同家名同職之親類ニ而庄兵衛伯父ニ御座候、」然ル所右文兵衛先達而家出仕候砌残置候妻子四人、妻は庄兵衛伯母子供は従弟ニ而難遁者ニ御座候処、右過急之難渋ヲ倶々相歎残り居候兄弟甚蔵増次郎十一弐才之者へ右綿打挊相教深切ニ世話仕候所、右両人儀□（虫損）（はカ）」兼而孝心者ニ御座候ニ付庄兵衛身持ヲ見習同様ニ出情仕候ニ随

ひ庄兵衛方へ相集候綿ヲ右甚蔵増二郎方へ配分いたし遣賃打為致右賃銀を相渡候ニ付両人とも追々渡世之道を相覚、自分年来之得意先へも相頼綿打出情仕」終ニ此度綿屋町ゟ書上ヶ被申候様ニ成行候も全庄兵衛孝心之余行と申者も御座候、扨又今年正月之頃母志な儀末子庄吉ヲ召連近所風呂屋へ参り入湯仕居候内、志な着類帯等迄紛失仕罷帰候儀難相成候ニ付外ニ参り」居合候者之内ゟ自分着類之内を□(虫損)(借カ)し而罷帰申候、右罷帰り候途中志な存候は忰家業出情ニ寄候而出来之着類右躰紛失仕候儀庄兵衛へ対面目無之と心底安堵不仕候得共無拠儀ニ付、此趣ヲ庄兵衛へ申掛候所志な不安堵之顔色ヲ相察」候哉半ニ承り、夫ハ今年之悪魔払ニ而重畳之事綿入二ツ三ツハ家業出情仕候ハヽ早速取戻し可申と申候而紛失之品ニ心なく母無難ニ罷帰り候を相歓候様子後日右志な近所之者へ相話、涙ヲ流シ相歓候趣ニ御座候、尤弟」両人義も兄庄兵衛ヲ見習得実之者ニ御座候而家内一統睦家事出情仕候御儀ニ御座候、此段先達而被為　仰渡候御趣ニ付乍恐奉言上候御儀ニ御座候　以上

家主支配
鍋屋　喜左衛門㊞」

文化八年　町人惣代
加勢屋　小助㊞
年寄　十　助㊞
辛未三月廿九日
御役人様」

乍恐書附ヲ以御断奉申上候
綿屋町年寄
町人共

一南町鍋屋庄兵衛支配貸家桑津国屋文兵衛と申者妻子五人罷暮候処、文兵衛生得湿気ニ而年来相悩居申候ニ附、段々困窮ニ罷成其上病症薬力而已ニ而も全快之程無覚束存候趣ニ而四国偏(ママ)参之志ニ相成候得共、此段家内へ申談候とも容易ニ遣申間敷相含何之沙駄(ママ)も不仕罷出候ニ附、其節妻子共大ニ相驚諸々方々相尋候得とも兼而覚悟仕罷出候儀ニ而行衛相知不申不得止事」其段御断奉申上置候、然処先月帰国仕候ニ附其段又々御断申上候儀ニ御座候、右文兵衛他国中忰甚蔵当未十三才次男増治郎十二才三男寅蔵七才、母とめ三十七才四人ニ相成候処、元来右文兵衛家職賃綿打仕居申候者ニ而病身ニ付兼而忰共手助ニ相成居申候得共未慥ニ手覚も不仕候折節、文兵衛他国仕候旁母とめ幼年之忰共相抱如何渡世可仕哉と途方ニ暮居申候処、右文兵衛甥ニ泉町桑津屋庄兵衛と申者、同職ニ而乍若年甚実躰成者ニ御座候而

差当候難渋相察甚蔵増次良（ママ）両人之者へ指南心得ニ而庄兵衛宅ニ而同相働、勿論日々相応之賃銭相渡実意を以」世話仕候故兄弟共無他事出情仕甚蔵儀は無程相覚自分宅ニ而専相挊、且手透ニ相成候節ハ近在縁類共相頼候而諸所へ賃打挊ニ罷出綿打道具荷イ歩行相働申候、弟増次良（ママ）儀は内仕事透ニ相成候節ハ今以庄兵衛かたへ働ニ参、凡一日ニ弐百文ツヽ之賃銭持帰候趣ニ御座候、右ニ付文兵衛長々病気中家財之物質物ニ差入甚困窮ニ相迫り居候処、右忰共日々無油断相働物見遊山等ニも一切不罷出丹誠仕候ニ附、追々借銭及返弁家賃等無滞相立、親共安心為致□（虫損）（候カ）」尤兄弟中睦敷平日親共へ向相背候儀聊隣家之者へも不承候由、將又日々相働候賃銭之内家内倹約仕賄方何程と相積り残候銭を家賃借銭等之手当ニ別段溜置申候、就中去臘押詰ニ相成五六〆文古借未相済候ニ付、貸方ゟ厳敷及催促候段忰共断申候ニハ何卒正月三ヶ日猶予致被呉候ハヽ、蒲団質物ニ差入可相渡申之、其期無違変為相済置丹誠仕終ニハ右蒲団も質屋より受戻し親共安心為致候、且又母出所西市場村伯父御座候処、二月比」病気之由申越し□（虫損）（候節カ）母申候ハ何そ見舞ニ持行度候得共、銭入候義も如何と案し居申候処、其躰を相察、甚蔵早速溜置候銭を以餅米五升買調是を持而被参候様申候ニ付甚相悦見舞ニ持行候処伯父申候ハ、大文兵衛も不罷在候而幼年之忰共日夜相働困窮相凌居候中ゟ心（ママ）妙ニ送り呉候段甚相悦候而、貰請同様之義ニ候間少しも助ニ成候様ニと申、其侭為持帰し候趣承り候、且中村百性（ママ）家へ旧冬賃打ニ参候処、幼年ニ而寄得（ママ）成由申賃銭之外銀札拾匁」貰候而是又除ヶ置、親共着用物ニ相用候由、右兄弟共乍幼年家業丹誠仕親共養育孝志寄得（ママ）之行跡と乍恐奉存候、其外善行も可有御座候得共見聞之侭荒増奉言上候、此段御聞済被為　成置候ハヽ、町内一統難有奉存候　以上

文化八年辛未三月廿九日

支配人　鍋屋　庄兵衛㊞

町人惣代」　鍋屋　源左衛門㊞

同断　木綿屋　喜兵衛㊞

年寄　善兵衛㊞

御役人様」

乍恐以書附奉申上候

一先達而親孝行寄特之者御座候ハヽ、奉申上候様被為　仰渡奉畏候、然ル所当町内鉄屋源五郎支配借屋戎屋平八末四十三才弟又兵衛三十七歳末弟万助三十二才右三人之者、幼少

之間ヨリ今年ニ至迄睦敷同居仕、家内一統家業出情仕候御儀」御座候、尤何れも実躰之者ニ御座候内、就中中子又兵衛義兄平八へ弟心厚日々之家業は勿論、万端平八苦労ヲ相助ヶ勤労仕候ニ付、平八商売躰身分相応之繁昌ニ而下人等無御座候而ハ行届申間敷候所、右三人別而又兵衛義無他事相稼無滞御儀も御座候、尤右両人之弟外かた〻養子ニ貰度、是迄懇望之者も御座候へ共他家へ参り候而ハ平八家事之不自由ヲ相恐、前書奉申上候通り於今睦敷」同居仕候、猶又二十八九年以前父母在命仕候砌何れも若年ニは御座候へ共父母病気等之節厚心ヲ附候様子聞伝候、尤七八年以前迄ハ母相残罷在候右母へ孝心厚尤近所へ隠居仕度望ニ相任相応ニ取繕別居為致候処、右隠居ヨリ平八宅へ往来仕候節雨天抔は別而歩行苦労無之様三人之者負抔仕候而心ヲ附候御儀ニ御座候、右之通ニ御座候得共差而格別之事ニも無御座、其上」本人共右可奉書上候哉之様子内々承り甚相恐差扣呉候様達々申候、旁是迄遅滞仕候得共、右三人之内亦(ママ)兵衛義前段年齢書上候通壮年之者ニ御座候ニ付妻女ヲ相迎可申旨、兄平八是迄世話仕候得共右躰ニ而ハ平八方無用之人数相増候事ヲ相恐候哉何分承知不仕候、其上聖(ママ)之遊興夜行等も不仕誠ニ行実之者ニ御座候、若又先達父母存生中父母身分ニ取万一重キ厄災等有之候ハヽ応其時宜格」別□(虫損)(之)善行も可有之程之人物ニも被察候抔と他町之者よりも称誉仕書上不申候而は御趣意ニも相背可申様相聞候ニ付、兼而見聞及候趣有躰之侭奉書上候御儀ニ御座候、是以年来御教示厚右躰之者も出来候事と奉察、町内一統難有御儀奉存候　以上

文化八年未三月廿四日

町惣代　炭屋吉左衛門　㊞」
家主支配人　鉄屋源五郎　㊞
魚屋町　年寄　嘉助　印

御役人様」

乍恐書附を以奉申上候

一此度　御領下孝行奇特之者有之候得は奉申上候様被為仰附難有御儀ニ奉存候、然ル所町内樽屋重兵衛貸家灘屋庄右衛門と申者亡父庄右衛門存生之節は不奉存候得共、相残老母能親愛」仕、自分は樽屋奉公仕候得共休日とても無空手相稼キ、衣食等心を附能愛養仕候、右躰之者ニ而候得は主家江も勤能近隣柔和ニ相交り申候、且近頃承り候得は先年旅人之画工来り合候節竊ニ母之画像等迄相拵へ昨年迄は

隠居候処、近来勝尾寺」貴僧有之候ニ付現世没後之為ニも
可相成と老母相伴ひ参詣仕、則日課等数扁之念仏等共々相
授り、母労倦之砌ハ母□(虫損)（之カ）分をも無懈怠勤申候、右
参詣之節は道中所々難所之処ハ背ニ負抔扶持仕候得共、老
人之事ニ候得は遠路之疲も有之、且母も其子之労を厭イ以
後は我ニ代り」参り候様ニ申聞候得は、其節母ニ相談シ右
画像取出シ母相伴ひ候心持ニて其画像を持参、度々参詣仕
候事ニ御座候、右隠置候事ニ御座候得共昨年画像表荘(ママ)修覆
ニより及他見、既ニ称誉之人も有之候程之事ニ御座候処、
不幸ニ而母儀当春病死仕、当人は勿論町内」之者迄残念至
極ニ奉存候、母没□(虫損 後カ)候得は行状奉申上候甲斐も無御座候得
とも是全乍恐　御上様御仁化之御蔭と町内一統難有奉存候
ニ付、不顧恐右之趣奉申上候　以上」

文化八年未年三月

家主　樽屋　重兵衛　㊞
町人惣代　多田屋　平兵衛　㊞
町年寄　鍛冶屋　半左衛門　㊞

御役人様」

乍恐書付を以御断奉申上候

植松村
庄屋
月行事
頭百姓

一当村壺屋久兵衛貸家丹波屋佐兵衛女房まさと申未四十
四才ニ相成候者、夫佐兵衛永々病気ニ罷在候処当年七
十四才ニ相□(虫損 成カ)佐兵衛実母并四人之子供まさ壱人ニ而無
麁略養育仕、別而実躰成もの故村方之者共奇特成者と
奉存候ニ付、乍恐右まさ行状左ニ奉申上候
一右まさ義は出所は同郡山本村百姓七左衛門娘ニ而幼年
ゟ近村冨松村百姓家ニ年季奉公相勤、其後当地ニおゐ
て半季奉公相勤罷在候処、当村百姓三右衛門貸家丹波
屋佐兵衛と申者新ニ醤油商ひ相始候方へ媒を以致縁付
候義、凡廿ヶ年已前之儀ニ御座候、然ル処佐兵衛其節
は少々之元手銀も貯候得共佐兵衛弟ニ文八と申者不所
存之者ニ御座候処、老人之母右文八ニ憐ミ至而深く毎
々無拠費多御座候而終ニ貯も薄く相成候ニ付、佐兵衛
義十三ヶ年已前大坂表へ奉公ニ出候留守中、右まさ大
切ニ相慎ミ昼夜□(虫損)（とも）賃仕事を仕、乍聊も夫之請置
候畠を下作仕万事姑女□(虫損)（之）」意ニ不背、既ニ文八ニ
無拠銀子入用在之候節も母之心配を□(虫損)密ニ自分之衣類

を売払抔仕、内々ニ而為相済母ニ安心為致無滞相賄ひ居候内、夫佐兵衛奉公壱ヶ年余相勤風与冷病発シ大坂表ゟ罷帰候義十一ヶ年已前之儀ニ御座候、然ル処佐兵衛病気三ヶ年も一切家業難相勤少々之諸道具等迄売払種々療治等仕候ニ付、七ヶ年已前漸々全快仕候処、又候翌年より中風ニ而一切自由不相叶難病ニ相成□(虫損 甚カ)及困窮ニ裏貸家へ変宅仕、まさ種々心配仕、身分相応之薬用も仕候得共大病之義容易ニ」薬功相見へ不申、既ニ子供どもハ幼少ニ而在之、右左兵衛弟文八義は家出仕行衛相知不申、弥まさ壱人ニ而家内養育可仕身分ニ相成候処、夫ゟ猶更貞節を守り昼夜共出情仕日雇又は賃仕事を仕手透を見合請作之畠へ女之身ニ而肥小便を荷ひ夏之夜は水かき又ハ修理等無油断仕、正月十四日抔ニハ町中夜食ニ用イ候こんにゃくを自分荷ひ売仕少シも無怠り甲斐ゝ敷相働候ニ付、母夫無不自由養育仕候義ニ御座候

一老母は随分息才ニ候得共老人之事故折々積気等御座□(虫損)(候節カ)大切ニ介抱仕不断之衣類等も見苦敷不為致、年毎ニまさ手織ニ而新敷着ものを着せ母を為悦候儀ニ御座候、尤四人之子供之儀は近年成人仕候ニ付、在方又は大坂表へ追々奉公ニ遣シ、右之内十一才之女子壱人は内ニ罷在候而是も日々相応之手仕事を為致、子供どもも母ニ准シ近所之子供とハ格別実体之者共故無怠相勤候義ニ御座候

一まさ義困窮之借家人ニ而聊も余力無之上、母は老人夫は最早十ヶ年余も病気之儀ニ御座候得共、右之通出情仕実体成者ニ御座候故哉下作年貢方家賃銀等無麁抹」親敷出入候方又ハ無拠方ニ而少々宛之借用も在之趣粗及承候得共不埒之相対等相聞へ不申、依之金銀之儀は勿論、まさ儀を相手取村方へ願望之義は一切無御座候、其外親類之者迚も困窮之者共故助成ニ相成候義ハ格別ニ得不仕万事まさ壱人ニ而取賄ひ候儀ニ御座候

右奉申上候通元来柔和成者ニ御座候故、終ニ人と相争ひ候儀も無御座近所之ものも恥入候義ニ而村方之者共一同ニ奇特ニ奉存候ニ付乍恐此段御断奉申上候、御憐愍之程」宜敷御沙汰奉願上候　以上

文化八年未三月四日

植松村家主　壺屋　久兵衛㊞
同村頭百姓　小左衛門㊞
同村月行司　五郎兵衛㊞
同村庄屋　兵右衛門㊞」

御役人様

乍恐書付ヲ以御届奉申上候

一従　御上々様先達而孝心之者有之候得は可申上旨被為
仰付奉畏候、然ル処私村方ニおゐて得と心懸相調候処、
為差者も無之候得共百姓利八と申者当年五拾壱才ニ罷成
候者、母つや義当年八拾弐才罷成申候、右利八義幼年之
砌ゟ両親江孝心ハ不及申兄弟数多御座候得共聊申分も不
仕睦敷暮、別而御田地大切ニ出情仕、家業無油断相続仕
猶亦御法度は」相守、其身ハ質素ニ仕不行跡之身持一切
不仕、老母ニ孝心昼夜何事ニ不寄心を用候事隣村之者も
能存知居申候、依之奉申上候　右之段先達而御触御座候
ニ付、乍恐書付ヲ以御届ヶ奉申上候　以上

万多羅寺村

年寄　茂兵衛　㊞

文化八年未年四月十四日

庄屋　弥右衛門　㊞

御役人様」

（表紙）

（157―401・90―12）

畿内　五
摂津　讃岐
河内

続編孝義録料　十二

孝行奇特成者行状書付

平賀信濃守
斎藤伯耆守

江戸堀五丁目
土佐堀弐町目
湊橋町
道空町
兼帯年寄　木屋　清左衛門

右清左衛門儀兼而年寄役相勤候町々倹約其外万端町人共慎方之儀ニ付格別ニ心を用前々ゟ数度町触等有之候、町人共身分慎之儀其余御法度并御救」之儀等書集永久慎方之儀厳重之申合書を拵町中一同連印いたし置一ケ年ニ三ケ度宛町人共熟読いたし家内借屋人迄も申聞相守候積ニ申合候段奇特成儀ニ付、寛政元酉年十二月堀田大蔵大輔御城代之節相達候上、先役小田切土佐守御役所江呼出褒置銀壱枚差遣申候

右町々月行司
山城屋　惣左衛門」
小松屋　源兵衛
菱屋　弥三右衛門
豊後屋　喜兵衛
帯屋　勘兵衛
尾張屋　利兵衛」
車屋　伊兵衛
石川屋　次兵衛
川口屋　次郎兵衛

同町人惣代
兵庫屋　久右衛門
播磨屋　定右衛門」
綿屋　清　八
塚口屋　吉兵衛

右之者共儀町内年寄清左衛門発意ニ随ひ町人共一同慎方之儀申合いたし置候段奇特成儀ニ付、前条同様大蔵大輔江相達候上褒置申候」

山本町
立売堀西之町
兼帯年寄　岩田屋　与右衛門

右与右衛門儀年寄役出精ニ相勤町入用等之倹約専ニ心を用町人共之内目安其外公事出入等之掛り合有之候而も和熟出来候様取扱町儀厳重ニ差配いたし候段奇特成儀ニ付、寛政元酉年十二月堀田大蔵大輔御城代之節相達候上、先役小田切土佐守」御役所江呼出褒置銀壱枚差遣申候

道修町四町目
国崎屋仁右衛門支配借屋
吉田屋　藤　七

右藤七儀川々江土砂流出候山々土砂留普請之仕方相考木苗植付所々堰留等いたし立木下刈下攪」差止土砂留り川床押下可申手段存寄之趣、天明八申年十月箱訴仕、堀田大蔵大輔御城代之節右訴状相渡藤七呼出可相尋旨申渡候付、先役小田切土佐守松平石見守取調存寄之趣大蔵大輔江相達置候処、猶又其節当表御代官羽倉権九郎江再調之儀松平越中守殿被仰渡候、然処山城大和摂津河内近江国村々土砂留普請ヶ所々之儀支配勘定格御普請役元〆秋月元三郎御普請役見聞被差遣候上、土砂留取締方之儀寛政三亥年二月」御下知之趣被仰渡候、其砌先達而右藤七土砂留之儀ニ付品々存寄申立候趣敢而取用ニは不相成候得共其身之利潤等ニ拘申立候筋ニも不相聞奇特之儀ニ付、私共於御役所一通り褒置可申旨被仰渡候付、藤七呼出其段土佐守石見守申渡候」

安治川上弐町目
年寄　筥屋　嘉右衛門
玉水町
白子町
兼帯年寄　中津屋　喜兵衛

右両人儀数年年寄役無滞相勤町内取締も宜候付、寛政四子年二月堀田大蔵大輔御城代之節」相達候上、先役松平石見守御役所江呼出褒置銀壱枚宛差遣申候

天満南木幡町　銅屋嘉助借屋

常陸屋次右衛門同居娘
みよ　子九歳

右みよ儀父次右衛門商用ニ而作州江相越候留守中」同人妻はつと母子罷在候処、去亥九月十六日之夜母はつ痞症ニ而逆上いたし剃刀ニ而咽喉を切致自害候躰を見請娘みよ取留候上声立候付隣家之者共駈付介抱いたし養生を加へ疵所も平愈致存命候段、右みよ儀はつ自害取留候故はつ一命を助り候段幼少之者ニは奇特之いたし方ニ付、寛政四子年三月依御下知為御褒美銀三枚被下之候」

天満北森町
山本屋儀兵衛下人
長兵衛　子弐拾九歳

右長兵衛儀主人江忠勤仕候由、右町年寄花屋庄兵衛訴出候付儀兵衛隣家并五人組之者共呼出庄兵衛一同相糺候処、長兵衛儀天満五丁目吉野屋喜兵衛支配借屋田中屋甚助悴ニ而拾弐歳之節より拾ケ年季ニ相極儀兵衛方江下人ニ召抱相勤居候内、儀兵衛儀先年は酒造并きせる下地職」渡世いたし候処、段々身上不如意ニ相成右職相止荒和布商売いたし候得共兎角身上不立直困窮いたし罷在候、然処長兵衛儀追々成人之上甚実躰ニ奉公向出精いたし毎日未明ゟ夜更候迄も相働至而奇特成志有之候者ニ而、既米穀高直之節儀兵衛貧窮ニ而難儀いたし候様子を相察儀兵衛ニ心遣為致間敷ため同人江は押隠自分親元ゟ持参いたし候着類を売払、右代銀を儀兵衛当座入用之内江差加へ其外自分才覚を以儀兵衛商売之得意先ニ而」少々宛借銀いたし右銀子を以家事等相賄、其上給銀は初年計極之通六拾五匁請取外ニ為仕着毎年夏冬両度ニ布子壱帷子壱貰候相対ニ而初年翌年両度は請取候得共儀兵衛儀右躰困窮ニ付其後は衣類も差遣不申候処、右躰之儀聊不差構一図ニ主人を大切ニ存詰昼夜之無差別商売向出精いたし且又儀兵衛父金兵衛儀寛政二戌年五月腫気相煩大病ニ相成、儀兵衛倶々看病いたし候内寸暇を見合暮方ゟ罷出金蔵全快之」ため天満西寺町正泉寺ニ有之候金毘羅権現江五月下旬ゟ七月頃迄日々百度参いたし病気本復之立願いたし候儀有之、誠心相届候哉既金蔵病気七月中旬ニ至致快気候、其後儀兵衛近辺之者等打寄咄合之節長兵衛儀一生無妻ニ而相暮候様不計申之候付何故右躰ニ申候哉と相尋候処、長兵衛答候は金蔵病気之節金毘羅権現江致立願一生女ニ相交り申間敷旨立願いたし置候様申之候付、其節金蔵申候は長兵衛深切之立願甚感心」いたし候得共及後々是非別宅いたし候歟又は養子ニ而も可参儀も可有之、右躰之願立いたし候は如何ニ候間此儀達而相止可申と異見いたし候付無拠得心いたし右願立は相止可申とて、則夫ゟ川魚類鳥類を一生相断候様之立願ニ而猶又致百度参右品一生相断罷在候旨、然処同十月下旬ゟ儀兵衛儀用事有之江戸表江罷越候処留守中同十二月二日より又候金蔵儀疳症相煩候節も薬用食事其外之介抱無残所誠実ニ取計、勿論日々之家業」等も長兵衛壱人ニ而無怠出精いたし候付、其砌近辺ニ而見請候者共長兵衛勤方感心いたし毎日之儀左程ニ不致候而も不苦間敷間身分不労様可致旨申聞候処、長兵衛申候は幼少之節より両親ニ相離儀兵衛ゟは段々厚恩請候事故主人共両親共存罷在、殊更留守中病人等も有之儀旁一時も油断難致大切ニ存身命を不惜朝暮恩儀を存出相勤候故、中々労候儀は無之旨申之誠昼夜無他事相働候様子は見請罷在候旨、」右之外儀兵衛儀河州讃良郡木田村百姓藤助妹そよと申者と縁組いたし結納差遣右品長兵衛ニ為持遣候節、そよ方ゟ為祝儀銀壱両貰候を儀兵衛江吹聴いたし其侭差出候得共右は長兵衛貰候品之儀ニ付小遣ニいたし候様申相渡候処、翌日ニ至長兵衛申候は儀兵衛弟勘兵衛乱心ニ而相果今日は命日ニ候得は寸志之供養も致度、尤為祝儀貰候品ニは候得共主人之ためニ候得は不苦間敷乍纔も遂志候得は自分之心底ニも本望ニ候間魚鳥」にても調放生いたし度旨申之、則右銀子ニ持合候銭七拾文程相足し都合五百文ニ而雀四拾羽買調其日之追善と申放生いたし候付、儀兵衛兼而貧窮ニ而仏事等も不任心ニ儀を相察候哉右躰之取計いたし候段厚志之至奇特成者ニ候旨申之相悦感涙いたし候儀も有之候、其後儀兵衛儀そよを引取候処其頃長兵衛儀年来相勤平日出精成勤方ニ不似合至而麁服を致着罷在着替等も無之様子ニ付、そよ儀見兼候而如何之事ニ而麁服計」着いたし居候哉と長兵衛江相尋候処、同人親類之内ニ甚困窮成者有之難捨置所持之衣類を売払右代銭を差遣候故時節之衣類等所持不致旨申聞候付其通之儀と存罷在候処、程過候而儀兵衛儀そよと家事取賄之儀咄合候節長兵衛は幼少ゟ奉公いたし候処、成人之上至而実躰ニ相勤忠節成者ニ候旨そよ江申聞候付前書衣類之儀ニ付長兵衛申聞候趣、其節そよゟ儀兵衛江相咄候処同人存候は長兵衛儀右躰可致世話親類は無之処、右之趣そよ江申聞候段は全儀兵衛儀格別困窮ニ而自分衣類さへ難調候故無拠長兵衛江も時々之衣類も不差遣候処、そよ儀長兵衛江様子相尋候砌は妻ニ引取候而間も無之事故儀兵衛貧窮を隠呉候心ニ而自分親類共之ためニ衣類売払候旨取繕申聞置候事と存是又心底之程感心いたし候旨、尤当時は奉公之年季満候処給銀并衣類等貰候儀ニは曽而不拘如何ニも篤実ニ精出相勤候段は兼而及見聞」主人は勿論隣家町内之者共迄も銘々身を顧いつれも感心罷在候付長兵衛をも相尋候処、拾弐歳之節ゟ儀兵衛方ニ奉公いたし両親は先年相果追々成人いたし候付幼年ゟ相育貰候儀兵衛厚恩難忘大切ニ存奉公いたし、其上儀兵衛儀年来身上不如意に付何卒商売繁昌為致身上取直家名永続為致度而已之心願ニ而日々相稼候得共元来愚昧之もの故心底ニ存詰候程ニは行届不申候由、且又金蔵勘兵衛病中ニも快気為致度色々と致」看病金毘羅権現江致立願候処、金蔵儀一旦は全快いたし候得共終ニは両人共相果残念ニ存候付弥以儀兵衛大切ニ相成自分行末之儀等何事も相望不申聊ニ而も儀兵衛為ニ可成丈相稼候心底ニ而致奉公候旨申之、一体質朴ニ相見申条も実心と相聞長兵衛儀主人儀兵衛江忠勤仕候次第は前書之通ニ而卑賤ニは別而稀成儀一躰之取計名聞名利ニ不拘誠ニ篤実之儀共ニ相聞至而深切奇特成儀ニ付、寛政四子年四月依御下知為御褒美長兵衛江銀」拾枚被下之候

内平野町
折屋町
兼帯年寄　日野屋　甚右衛門
京町堀四町目
同　五丁目
同　六丁目
兼帯年寄　亀屋　三郎右衛門」
平野町弐町目
年寄　海部屋　善次
油掛町
年寄　天野屋　五郎左衛門
備後町五丁目
年寄　和泉屋　忠兵衛
山本町
立売堀西之町
兼帯年寄　岩田屋　与右衛門」
坂田町
年寄　油屋　市兵衛
金田町
年寄　河内屋　勘左衛門

松山町
年寄　宇田屋　幸　助
南久太郎町六丁目
年寄　河内屋　勘兵衛」
九之助町壱丁目
年寄　大和屋　利右衛門
大宝寺町
年寄　吉野屋　源兵衛
石灰町
年寄　住吉屋　新右衛門
讃岐屋町
年寄　久々知屋　小兵衛」
炭屋町
年寄　淡路屋　六太夫
内本町上三丁
年寄　河内屋　庄右衛門
与左衛門町
年寄　河内屋　吉兵衛
金屋町
年寄　大和屋　徳右衛門」

源蔵町
年寄　和泉屋　弥兵衛
堂島船大工町
年寄　伏見屋　三右衛門
橘通壱丁目
御池通壱丁目
兼帯年寄　金　屋　吉右衛門」
阿波橋町
年寄　古座屋　幸八郎

右之者共儀役儀出精相勤丁内入用等も精々減方心を用候段奇特成儀ニ付、寛政四子年八月先役松平石見守御役所江呼出褒置申候」

摂州八部郡兵庫津江川町
内匠屋　庄兵衛　子拾七歳

右庄兵衛儀母江孝行仕候由相聞候付相糺候処、桧物細工職いたし母げん申付候儀不相背朝も早く起出及深更候迄右職業出精いたし候段奇特成儀ニ付、寛政四子年九月先役坂部山城守御役所江呼出褒置申候」

摂州八部郡兵庫津魚棚町

綿屋儀兵衛支配借屋
播磨屋　平五郎　子拾九歳

右平五郎儀父母江孝行仕候由相聞候付相糺候処、下駄職いたし未明ゟ及深更候迄相稼両親之申付不相背朝夕之起居懇ニ介抱いたし食事等之節も両親給掛り不申候得は自分箸取不申都而敬礼無怠致孝行候段奇特成儀ニ付、寛政四子年九月先役坂部山城守」御役所江呼出褒置申候

唐物町四町目
網屋嘉七支配借屋
大和屋　忠兵衛　子三拾八歳

右忠兵衛儀母江孝行仕候由相聞候付相糺候処、父忠助儀は先達而相果母はつ儀は兼々病身之上忠助」死後は別而不相勝候付食事万端心を付懇ニ看病いたし其間々ニは渡世致出精候段奇特成儀ニ付、寛政四子年九月先役坂部山城守御役所江呼出褒置申候

天満鈴鹿町
綛屋　重兵衛

右重兵衛儀父七左衛門代ゟ兜羅綿職渡世にて」商売方追々繁昌いたし少々貯金等出来いたし候付、七左衛門存生中極貧窮之者并非人等江聊宛之施ニ而も致度色々と仕法之儀工夫いたし候得共存念之通不相整病死いたし候処、遺言ニ重兵衛儀商売方出精倹約相守施方之儀心掛ケ候様申置候故遺言之通取計度心掛ケ候得共難行届最早老年ニおよひ候付、悴江申置候とも相整候儀無覚束左候迚此侭ニ而は父之遺言空敷相成候儀歎ケ敷存貯金七百両并摂州西成郡難波村ニ畑地九反五畝所持仕」罷在候付右両様上ケ切ニ差出度、若後年ニ至凶年飢饉之儀有之候節右を以極貧窮之者非人等江如何様ニ成候とも取計御役所ゟ施候様仕度旨相願候付取調候処、外ニ趣意有之上ケ切之儀申立候様子ニは不相聞父之遺言通り致度趣実意ニ無相違相聞奇特成儀ニ付、寛政四子年十月依御下知為御褒美居住之家屋敷壱軒其身一代諸役御免被　仰付候」

酒辺町　大和屋吉右衛門借屋
大和屋卯兵衛同居悴
源兵衛　子弐拾弐歳

右源兵衛儀両親病中職業相稼孝行仕候由惣年寄共申出候付源兵衛隣家并家主五人組之者共呼出相糺候処、親卯兵衛儀同町山田屋又兵衛支配借屋ニ罷在縫職渡世いたし罷

在候処眼病相煩家職難相成、其節源兵衛儀漸拾三歳ニ而幼年之者ニ付縫職も出来兼困窮ニおよひ」何卒両親養育いたし度拾五歳之節ゟ提灯張候儀を仕覚昼夜出精いたし右賃銭ニ而両親を相育罷在候処、両親とも病気殊母くに儀帯下相煩腰立不申誠ニ大病ニ付源兵衛儀仕覚候職業出精いたし候得共薬用之手当難行届ニ付五節句又は神事等ニ而一同之休日ニも休不申、夜分は町内夜番ニも被相雇彼是稼候而薬も相用食物ニ而も自分は麁食仕両親之好候品調為給夜中夜番ニ罷出候内ニも折々宅江罷帰薬を為給、母くに乍臥両便通し候故よこし候」衣類毎夜近辺之川江持参濯神妙ニ介抱いたし、母くに儀病気養生不叶相果候砌葬送法事等心を用ひ相営候儀及見罷在、尤是迄住居いたし候借屋は類焼いたし候得共家主又兵衛儀源兵衛孝心之儀感心いたし自分土蔵之内を仕切右場所ニ而職業為致置候処、以前之借屋普請延引ニ付当時之借屋江変宅いたし候由、親卯兵衛并源兵衛両人江も相尋候処卯兵衛儀眼病少々は快候得共未聢と不致候付一分之渡世は難相成源兵衛出精いたし候故長病相凌」飢餓ニも不及事之旨申之、源兵衛人柄柔和ニ而父子之中親敷相聞若年之頃ゟ職業相覚休日ニも不相休昼夜心を竭出精いたし拾三歳ゟ当年迄長々両人之病中介抱養育孝心を竭候段奇特成儀ニ付、寛政五丑年二月依御下知為御褒美源兵衛江銀七枚被下之候」

西高津新地九丁目
備前屋喜右衛門借屋
河内屋　喜　八　子弐拾壱歳
同人弟　吉　松　子　拾七歳

右両人儀兄弟睦敷母江孝行仕家職出精仕候由、右町年寄渡海屋作次郎訴出候付喜八隣家并家主五人組之者共呼出作次郎一同相糺候処、喜八儀幼名喜太郎と申」父喜八儀明和七寅年ゟ右町淡路屋庄兵衛借屋ニ住居古綿打渡世ニいたし候処喜八儀病死いたし其節は喜太郎拾四歳吉松は拾歳ニ相成候処、喜太郎儀喜八と名改未幼年ニ付同町河内屋久兵衛と申者ニ為致代判家名相続いたし罷在候処、喜八儀拾五歳ニ相成候付久兵衛代判退直名前ニ相成母いそ吉松諸とも綿打職渡世いたし母之申付不依何事神妙ニ相守、亡父喜八一周忌ニ当候節は勿論其外之年忌等追々懇ニ相吊候処、いそ儀病気差発候付医師ニ掛服薬」致養生、喜八儀其砌漸拾六歳吉松は拾弐歳ニ而乍幼年兄弟日夜打掛り看病いたし候処、一体気積血積相兼寒湿之症ニ而手足引釣自由不相成候付兄弟之者猶々心を付介抱いたし候内、いそ儀便所江罷越候節両人ニ而肩ニ掛ケ裏口江出小溝を越候砌吉松儀両手を溝之上江突出し此上を通候様申介抱いたし候処いそ儀相悦感涙いたし候儀も有之、其後色々養生いたし候得共不相勝行歩不相叶候様罷成難儀いたし候付喜八吉松儀弥大切ニ存日夜朝暮」打掛り薬用看病等いたし、いそ儀相好候食物は勿論自分心付ニ而兼而いそ好物之品等買調煮焚いたし相進メ心能食事為致、其外薬湯為致候節又は夏向行水致度旨相望候度毎右両人幼少之砌相用候古キ枕蚊屋を四ツニ折其上ニ乗両人ニ而風呂并盥等江居ヱ為致入湯或暑寒之凌手当両便之取仕舞等まて微細ニ心を用無残所致介抱、尤長々致薬用候得共其功不相見候付いそ任申当時は服薬相止候処、両人申合病気全快之ため生玉持明院寺内ニ有之候」金毘羅権現江毎々参詣いたし候段兼而見およひ罷在候、且又近頃ニ至候而は、かるこ荷棒草鞋抔を兄弟臥候枕元ニ差置有之候付様子相尋候得は行歩不相叶母故出火其外非常之節かるこニ乗せ聊も怪我不為致様両人ニ而舁立退候手当之ため兼而用意いたし置候旨申之候付、若年之者共ニ候処平生之所行并孝心成取計とも一同致感心候由、扨又亡父喜八代ゟ纔之手職仕来貧窮之様子は存罷在候処、母看病大切ニ取計候内ニも日々早朝ゟ」夜ニ入候迄家職取扱五節句又は神事法会等ニ而外職人共相休候日抔も無懈怠至而精出候故歟、右職方ニ而は聊之徳分ニ可有之処是迄家賃は勿論諸買掛り借金銀等も無之親子兄弟睦敷相暮候段奇特成儀感心之余町内ゟ心を付白米弐斗南鐐壱片差遣家内入用ニ遣候様申聞候処、喜八儀厚志之段過分ニ存候得共亡父喜八存生中職分無他事精出候様兼々申聞置候儀も有之候付、兄弟申合日々無油断相稼候得は母壱人ニ相仕へ候儀は」如何様ニも相成候儀ニ而両親之厚恩ニ報候儀は此上身命之続たけは兄弟申合相働候心底故町内より世話ニ成候而は是迄心を竭候詮も無之、亡父意ニも相叶間敷ニ付及辞退候旨厚く一礼を述町内之者志気之毒なから右品々差返度旨申之受納不致候付押而差遣候儀も難致其侭持帰候処、右挨拶之次第いそ承大ニ悦感涙いたし候儀も有之候、右躰貧窮ニ乍暮父母之申付聊成儀迄も相守母病気介抱無怠孝行を竭職業出精仕候段奇特成儀ニ付」寛政五丑年二月依御下知為御褒美喜八江銀七枚吉松江銀五枚被下之候

立半町　境屋長兵衛支配借屋
尼崎屋市郎兵衛同居悴
亀　市　丑拾六歳
同娘　み　よ　丑拾壱歳」

右両人儀父母江孝行仕候由右町年寄三宅立昌儀行状書付訴出候付、市郎兵衛隣家并家主五人組之者共呼出立昌一同相糺候処、市郎兵衛儀安永三午年ゟ右町伊賀屋兵助借屋ニ住居塩魚青物雑菓子類小売渡世いたし候処兼而貧窮之上病気差発積気強足引釣歩行不相成時々眩暈にて相勝不申候付服薬養生いたし、市郎兵衛女房志か并亀市みよ諸とも看病いたし候得共兎角不相勝候処、兵助表借屋ニ住居之儀も難相成当時之」裏借屋江変宅いたし色々養生加へ候得共快気不仕健忘之症ニ相成、不出来之節は同様之儀を申出食事いたし候儀抔も折々相忘度々乞候儀も有之候処、志か儀も全躰病身ニ而兼而貧窮之上市郎兵衛病気長々看病いたし家事等致心労候故歟是又病気差発浮種(ママ)脹満之症ニ而歩行難致臥罷在追々致養生少々快方ニは有之候得共漸家内歩行いたし候様之儀ニ御座候処、亀市儀生得柔和成者ニ而幼少之砌ゟ両親申付候儀不依何事神妙ニ相守見世之商ひ向等」精出候処、父市郎兵衛発病之節は漸拾弐歳にて母一同介抱いたし候内ニも自分存付ニ而子供手遊之笛并赤紙ニ而幟しで等を細工ニいたし、右元銭之儀も是又自身才覚を以取計右品々を天満青物市場江持参売払其代銭ニ而直ニ青物を調昼夜とも近辺之辻江見世を出昼は塩魚青物雑菓子類商いたし折々は青物類荷ひ売ニも罷出、夜分は時節ニ寄辻見世ニ而薩摩芋豆腐田楽抔を売、雨天ニ而休候節は右手遊之品又は銭さしをなひ売出少々」宛之代銭を儲母江相渡家業無油断出精いたし、此外市郎兵衛病気介抱等母ニ引添懇ニ取計、志か病気ニ而臥候後は乍幼年妹みよ一同両親之介抱いたし貧窮之中より心を配毎度丸薬等買調両親江為給、食事之儀も菜廻り等迄朝之内拵置両親之儀并火之元迄も隣家近所之者江頼置商ひニ罷出帰候得は両親之看病ニ打掛り、父市郎兵衛二便之取仕舞をも微細ニ心を竭無残所介抱いたし候付両親とも孝心之程相悦感涙いたし、且又家内賄向取計候上家賃」銭二ヶ月分六百六拾文家主長兵衛江持参相渡候上兼而存之通貧窮之上両親之病気ニ付物入も多有之差当少々之貯銭も無之様相成歎ケ敷正月元旦よりも少々宛之商ひ不致候而は両親難育難儀いたし候間、一ヶ月分之家賃銭丈ケ暫貸呉候様相頼候付是迄家賃不為滞殊纔之儀をも右躰正直ニ取計相頼候段奇特成儀と存則銭三百三拾文貸遣候処、右銭ニ而飴を調其外銭さしをも持出町々并寺社法会之場所へも追々売歩行候旨、右躰家業出精いたし候故哉」誠聊宛之商ひ物ニ候処市郎兵衛発病以来も家賃銭は勿論諸買掛り借金等も不致候付、平生之所行感心之余年寄立昌儀亀市之心底相尋見候処父市郎兵衛儀長病故所詮本復は致間敷甚以無心元歎敷候、仮令快方ニ候とも以前之通ニは得相成間敷存候間何卒心ニ叶候丈は養生介抱等致度心を竭候得共貧窮之儀心底ニ不任彼是心労いたし候旨申之、厚志之至奇特成儀と感心いたし候、将又みよ儀は元来摂州西成郡北野村百姓勘右衛門同居弟藤右衛門と」申者之娘ニ御座候処、志か出産之女子相果乳も有之候付其頃勘右衛門ゟ養女ニ貰相育候処、九歳之節ゟ町内菊屋儀兵衛借屋播磨屋友七方江毎日早朝ゟ罷越水嚢之毛糸を繋候手仕事いたし纔宛之賃銭を請取母志か江相渡、夜分は居宅ニ而綿糸を繰候手仕事精出勿論亀市一同両親之介抱深切ニ仕へ此外友七方ニ而食事いたし候節、野菜之内珍敷品有之候得は自分は給不申其侭持帰両親江為給彼是心配いたし候付両親共兄弟打揃孝心之段常々悦折々致」感涙候由、右躰親子兄弟睦敷亀市みよ儀両親江孝行を竭家業手仕事迄精出候段隣家并家主町内之者共迄感心いたし罷在奇特成儀ニ付、寛政五丑年五月依御下知為御褒美亀市江銀七枚みよ江銀五枚被下之候」

九之助町壱丁目　和泉屋宇兵衛借屋
紀伊国屋　伊　八　寅四拾壱歳

右伊八儀生得実躰ニ而渡世出精仕奇特成者之由相聞候付相糺候処、墨職渡世いたし都而従　公儀被　仰出候儀共厳重ニ相守、別而火之元心を用家別ニ差出有之候用水自分居宅先は勿論相借屋ニ」差出有之候用水迄心を付、風烈之節は借屋中見廻り亥之刻後は路次口ニ番いたし諸事心を用候段奇特成者ニ付、寛政六寅年十二月牧　備前守殿御城代之節相達候上先役松平石見守御役所江呼出褒置鳥目弐貫文差遣申候」

幸町五丁目　奥川屋孫次郎支配借屋
阿波屋与三松同居妹
かね　寅拾四歳

右かね儀親江孝心を竭手職出精いたし家名取続罷在候由、右町年寄石灰屋利兵衛儀行状書付差出候旨惣年寄共申出候付家主并町人共呼出相糺候処、かね父死亡勘平儀元来橘通三丁目ニ年来致住居候処寛政三亥年出火有之類焼いたし候付、其砌ゟ」当時之借屋借請家内之者共一同引越勘平儀たはこ入縫職いたし候得共貧敷相暮、同人女房いそ儀は兼々病身ニ而手職之儀不相成家内之世話等も不行届其節かねは漸拾壱歳ニ相成候処、先住所ニ罷在候砌近辺ニ毛綿絞染職いたし候者有之、かね儀右絞を括候儀を見習仕覚居候付毎日未明ゟ起出両親起候得は其侭食事いたし候様ニ取揃拵昼飯之用意をもいたし置、自分支度弁当等相調南堀江弐丁目毛綿絞染職ニいたし候淡路屋栄七方江絞括之仕事ニ」被雇罷越、夕方仕舞候砌は栄七方之毛綿預り持帰夕飯を両親江為給自分も支度仕舞候得は直様絞括之仕事ニ取掛り暫時之無油断も精を出候故、右賃銭身上向ニ差入取続もいたし罷在余り出精いたし候儀を両親も気之毒ニ存夜分は休候様ニと申聞候得共、仕事精出候儀は心面白候間少も厭呉申間敷旨申聞両親は先江為寝かね壱人毎夜九ツ時迄又は栄七方ニ仕事手支候砌は余計ニ毛綿預り持帰八ツ時過迄も同事ニ仕事」いたし候付、其段隣家之者共存罷在余り夜更候迄も右躰仕事いたし候而は労可申間早く仕舞休候様いたし候方可然旨右隣家之者ゟかね江申聞候儀も有之、其節かね及返答候は両親之者貧敷暮候儀気苦労ニ存候故聊成とも心助ニ成候様致度精出候得共夜更候得は眠出心ニ思候様ニ仕事不相成候付、左様之砌は我身をつめり又は水ニ而目を洗眠を覚し候様いたし候得共兎角眠出仕事捗取不申何卒鳥目を少しニ而も余計ニ儲両親ニ為悦申度抔と」隣家之者江かねゟ噂いたし候儀有之、両親を大切ニいたし候段隣家之者ゟ噂いたし町内之者共も奇特ニ存罷在候内、勘平儀同子年十一月頃ゟ中症相煩片身手足不自由罷在同人妻いそは病身其頃別而不相勝猶々かね儀片時も手職無怠働ニ罷出候、留守中父母給候服薬をも煎置雇先江罷越夜分は看病夜伽相兼仕事いたし物入も有之候得共漸かね壱人之手職を以其日を送罷在候内勘平儀五拾六歳にて病死いたし候付、家主孫次郎見兼葬送之」入用銀取替遣候処追々ニかね働賃銭之内ゟ相済、亡父之忌中も事多中ゟ墓参等いたし五十日逮夜ニ相当候砌は外ニ諸親類も無之心易いたし候出家并隣家之者相招麁抹成煮染を拵一飯を振舞其外町内懇意之者江は刻荒布を賦、猶又一周忌相当候砌も同様ニ取計、町内懇意之者方江は黒胡麻を賦右両度とも旦那寺生玉寺町真言宗曼荼羅院江白米壱升ニ銭百文宛差添相贈回向相頼無残所心を配追善相営、諸入用もかね手職ニ而儲候賃銭」を以不残相賄、勘平死後は母いそ儀猶更病身ニ相成候付かね儀不相替心を付致介抱手職出精いたし家賃之滞無之其外買掛不致、拾壱弐歳之節より五節句神事等之節都而諸職人仕事相休候得共かね儀休候儀無之別而正月并三月雛錺七月盆中は同年頃之女子誘引合遊候得共かね儀は遊ニ近所隣江も不罷越一途ニ手職出精いたし、右躰父勘平存命中病気服薬看病并家内之取賄いたし勘平死後病身之いそを大切ニいたし相応ニ身上」取続家名相続いたし罷在候段幼年之者ニは奇特成儀感心仕罷在候付、いそかね両人江も相尋候処右之次第申口符合仕、いそ儀四拾九歳ニ罷成候得共持病之痰積有之毎々差発気を詰手仕事いたし候得は不相勝、其上先達而橘通三丁目ニ住居いたし候砌類焼いたし当借屋江引越候処無間も勘平儀病気差発全躰身上不如意之上物入等多彼是心遣有之、別而不相勝勘平養生不叶相果候付愁傷いたし旁其後は持病相募近頃少々快方ニ候得共聊之」手仕事等も不相成外ニ渡世取続方も無之候処、かね儀幼年之者ニ候得共孝心ニいたし呉拾壱歳之頃より手職出精ニいたし候故父母病中服薬看病之儀は勿論勘平死後法事吊等之儀も相応ニいたし、夫ゟ当時迄も家名取続罷在候儀全かね壱人之手職出精いたし候故之儀其段満足いたし罷在候由、右之通かね儀幼年殊女之身分ニ而亡父勘平病中死失後迄之取計方并病身之母いそ江孝行を竭候趣其外奇特成儀ニ付、寛政七卯年正月依御下知為御褒美かね江銀弐拾枚被下之且母儀格別老年と申ニも無之候得共かね儀不通例孝心故を以母江為扶助米一日ニ米五合宛被下之候

平野町三丁目　定専坊貸地
爐屋太右衛門下人
善太郎　寅三拾九歳」

右善太郎儀忠孝を竭候由右町年寄鼈甲屋太郎右衛門儀行状書付差出候旨惣年寄共申出候付相糺候処、右主人太右衛門儀炉并提灯之棒拵候儀家職ニ仕罷在四代以前之太右衛門存生中ゟ善太郎儀下人奉公仕、其節は未幼年ニ罷在夫ゟ代々相勤三代以前之太右衛門眼病相煩盲人ニ成其後病死いたし、同人悴太右衛門儀幼年ニ而相続仕候処拾六歳ニ而病死いたし同人妹かう壱人相残候処、善太郎儀かうを守立当時之名前人太右衛門は追而かうと」妻合候積ニ而親類共ゟ入家為致候、四代之間善太郎儀主家相続之

儀一途ニ存職方至而出精ニ相勤奇特成儀相聞候付、年寄太郎右衛門其外町人共并右太右衛門同貸地ニ罷在候同人親類弓屋与兵衛をも呼出一同相尋候処、与兵衛申候は前書かうためニは与兵衛儀母方之伯父ニ而隣家ニ住居仕右家内之世話いたし遣罷在、当時太右衛門儀は縁類摂州西成郡曽根崎村播磨屋仁兵衛支配借屋和泉屋嘉兵衛悴万蔵と申者ニ御座候処、右続合」有之所行見届候上かうと妻合候積ニ而寛政五丑年八月入家為致太右衛門と名改名前人ニいたし候得共、職方不手馴候故哉出来兼候付実家江差戻置候得共未離縁いたし候儀ニは無之、善太郎儀は同町唐紙屋長左衛門支配借屋ニ多葉粉屋善太郎と申名前ニ而母たつと両人之人別差出有之候得共、右たつ壱人住居為致置候儀ニ而其身は通ひ勤之姿を以太右衛門方江昼夜とも罷越、尤善太郎亡父武兵衛と申者は四代以前」太右衛門方ニ奉公相勤罷在同人并武兵衛存生中右両人相対を以善太郎儀拾歳之節ゟ下人ニ召仕弐拾五歳ニ成候ハヽ太右衛門方ゟ元手銀相渡別家為致可遣約束ニ而、善太郎身分当分之着用物主人方より遣候迄ニ而別段ニ給銀不差遣召仕職方出精ニ相勤太右衛門心ニも相叶不便を加へ罷在候処、同人儀病死いたし夫ゟ二代目之太右衛門相続ニ成候而も同事ニ相勤罷在候処、右太右衛門女房りく儀は与兵衛為ニ姉ニ而天明二寅年病死いたし右」後妻ニみわと申者有之、右みわ儀疑念深短気成気質ニ付仮初ニも物事疑を掛言葉荒ニ叱候儀も有之候得共善太郎儀少も心ニ掛候様子も無之万端実意を竭相勤罷在候処、右太右衛門眼病相煩候節先妻りく出生之悴新次郎同妹かう両人とも幼年ニ有之旁物入等も多追々身上不如意ニ相成候故最初約束之通善太郎を為致別家候儀も不相成打過候得共其儀ニ付好ケ間敷儀毛頭不申聞、右太右衛門儀眼病ニ而盲人ニ」相成候付職方之儀引請猶々無懈怠夜ニ入四ツ時頃迄出精ニ相勤得意先ゟ誂物等有之手支候節は、引続夜八ツ時迄も相稼節季等之節は昼之内職方事多候付十日余以前ゟ夜八ツ時頃又は夜明ニおよひ候迄も調合勘定相調、太右衛門病中心障ニ不為致候様万端心を付家内之取締等いたし太右衛門眼病本復為立願、摂州住吉津守之薬師江道法二里程有之候処毎月八日夜之内ゟ翌朝仕事ニ取掛候」迄ニ参詣いたし候処、段々病気差重候付隔日ニ右薬師江参詣いたし帰候得は日之内は勿論夜分迄も平日ニ不相替職仕事いたし其労れをも不厭介抱又は夜中之伽をもいたし、与兵衛并同人家内之者共儀も太右衛門方江罷越倶々介抱いたし遣候儀ニ付、気之毒ニ存夜分は相休候様ニ申聞候得共打臥寝候儀無之、両三度も続候砌は暫時之眠ニ当然之労れを補候迄ニ而誠実情を竭看病いたし候得共」終は太右衛門儀養生不叶相果其砌悴新次郎は拾弐歳娘かうは拾歳ニ相成候処、右新次郎を太右衛門と名前相改前書与兵衛同居父与次兵衛儀は太右衛門祖父ニ付代判相勤為致相続右両人并後家みわをも大切ニ仕居候内みわ儀三ケ年之間相煩病死いたし候処、右病中も同人夫太右衛門病中同前ニ夜伽介抱等いたし、みわ死失後新次郎事太右衛門并かう儀両親無之者之儀ニ付至而大切ニ心を付鬱症病気等差出候而は如何之由を」申事多中ニも家職之透を見合善太郎自身ニ弁当を拵右両人之者を慰ニも可成宮寺江供いたし連参、近所之者江は咄合ニも右太右衛門成人之後繁昌為致候ハヽ外ニ善太郎身分ニ望者無之由を毎々申出誠真実ニ其儀而已存候様子ニ而、太右衛門拾五歳ニ成候砌元服為致可申旨与兵衛ゟ申出候処、目出度事とハ乍申前髪取候得は世間向之儀大人並ニ成夫れ相応ニ六ケ敷相成心労ニ存病気等出候而は如何ニ候間」来年迄相待可然と申差留、左様之儀も善太郎心遣いたし呉々太右衛門成人いたし候儀を相楽居候趣御座候処、病気ニ付服薬看病之儀は不及申快気之立願いたし氏神江日参いたし候得共養生不叶相果候付深愁歎いたし、出家ニ成右菩提吊度旨与兵衛江相願候付右家内之儀与兵衛ゟも心を付候儀ニ候得共、其節かう儀漸拾四歳ニ成殊女子之儀ニ付善太郎出家いたし候而は外ニ職方いたし候者無之家名も」自然と断絶ニおよひ候ゟ外無之、主家大切ニ存候ハヽ出家之儀存止り可申旨理解申聞候処得心いたし、右死失之者共之毎月忌日ニは職方之透を考菩提所江墓参いたし、摂州川辺郡清水村百姓次右衛門と申者は、かうためニ父方之伯父ニ候付正月七月休日之間ニ是非とも礼ニ罷越与兵衛江も式日之礼等迄不懈相勤如才之儀不致、右躰三代以前之太右衛門眼病中并同人死跡幼少之者を守立追々不幸之儀も打続候故臨時物入等も」有之候処、家名相続いたし候儀は全善太郎儀節儀相守家職出精相勤候故之儀ニ候処、同人母たつ居候借屋之家賃銀毎月六匁宛太右衛門方ゟ差遣善太郎江は当分之着用布毛綿之衣服遣候迄ニ而別段ニ給銀は不差遣候得共一切望ケ間敷申候儀も無之候故、与兵衛儀余り気之毒ニ存同人取計を以右たつ江差遣候家賃銀之六匁とも都合銭ニ而毎月小遣ひ賄として銭三貫文宛差遣罷在候由与兵衛申之、右年寄」太郎右衛門并町人共申立も同事ニ而且又何ケ年も太右衛門方ニ奉公いたし候とも末々身分不相済事ニ候間宿を持女房を呼迎可然と為申聞候者有之并たつ儀も相勧メ分別いたし候様申聞候儀も有之候得は、母江はさからひ不申相応及挨拶余人之勧メは耳ニも不留当時主家相離候而は本意不成との儀機嫌を伺、たつ心障ニ不相成様申解得心為致同人方江朝夕之勤は勿論其外諸事ニ心を付孝心をも竭、たつ儀も右之次第并主人太右衛門方ゟ」心を付、毎月銭三貫文宛小遣ひ賄料として貰請候儀是以善太郎儀実意相勤候故之儀と存候旨近所之者江たつゟ吹聴いたし悦罷在候趣とも是又及見聞罷在、旁善太郎忠孝之段奇特感心之余其段町人共一同申談候上年寄太郎右衛門ゟ惣年寄共迄書付差出候由申之候付善太郎儀呼出相尋候処、同人亡父武兵衛儀四代以前死失太右衛門存生中下人相勤善太郎儀も拾歳之節より右太右衛門方江奉公ニ罷越、夫ゟ二代目之太右衛門眼病」相煩同人并同女房りく病死いたし同悴新次郎事名改太右衛門儀も早世いたし同継母みわ儀も相果候付、右新次郎事太右衛門相果候砌は出家いたし菩提吊申度との儀与兵衛江中聞相願候処、太右衛門妹かう壱人ニ成幼年之者ニ付其侭可相勤旨理解申聞差留候付、出家之儀存止り候儀ニ而殊親武兵衛存生中大切ニ相勤候様ニと呉々も申付置其上右武兵衛も下人奉公相勤候、主家之儀当時母たつへも毎月小遣賄銭三貫文宛貰候儀ニ付重々厚恩ニ」存候故心ニおよひ候丈ケ職方出精可仕とハ存候得共不行届追々不幸之儀打続臨時物入等も多身上栖（柄カ）も不如意ニ成候儀ニ付、別家為致呉候約束違候儀も主人存念毛頭如才有之儀とハ不存身分之不仕合故之儀ニ付此上職方出精いたし、かう成人之後は繁昌いたし候様ニと而已念願ニ存罷在候旨申之其余之儀とも前書之者共申口符合仕、たつ儀も呼出相尋候処是又右町内年寄町人共申口之通兼而孝心ニ而日々万端心を付、主家多用」之中たつ江之勤方行届聊さからひ候様子も無之、たつは無弁女之儀殊七拾八歳ニ相成極老ニおよひ無思慮申出候事とも熟得いたし候様ニ善太郎申解聞せ呉候故弥善太郎江之慈愛も深く相成、善太郎儀実気を竭主家相勤候故毎月賄方小遣ひをも、たつ身分ニ而は過分ニ存候程ニ申請善太郎精勤之余沢を以安穏ニ相暮候儀と、たつニおゐても十分ニ存候段申立善太郎孝心実々満足仕候趣相見申候由、右之通善太郎」軽身分ニ而忠義孝心行届候段旁奇特成儀ニ付寛政七卯年二月依御下知善太郎江為御褒美銀拾五枚被下之、同人母

江為老養扶持一生之内一日米五合宛被下之候

大川町
年寄　河内屋　佐　七」

北渡辺町
年寄　名和八郎平

北革屋町弐丁目
年寄　嶋　屋　仁右衛門

玉造八尾町
年寄　河内屋　長兵衛

日向町
年寄　嶋　屋　長兵衛」

幸町弐丁目
同　三丁目
兼帯年寄　阿波屋　清兵衛

塩町三丁目
年寄　小部屋　太郎兵衛

南久太郎町四丁目
年寄　河内屋　六兵衛」

吉田町
年寄　久宝寺屋　五兵衛

南本町壱丁目下半
年寄　近江屋　半兵衛

助右衛門町
年寄　和泉屋　次兵衛

松屋町表町
年寄　近江屋　源　蔵」

稲荷新町
祢宜町
兼帯年寄　大和屋　伊三郎

播磨町
年寄　八幡屋　伊兵衛

内安堂寺町
年寄　對馬屋　次右衛門」

桜町
年寄　河内屋　喜兵衛

南久太郎町弐丁目
年寄　菱　屋　与三兵衛

西高津町
年寄　高津五右衛門

唐物町三丁目
年寄　丸　屋　久右衛門」

右之者共儀役儀出精相勤町内入用等も減方精々心を用候段奇特成儀ニ付、寛政七卯年三月」先役坂部山城守御役所江呼出褒置申候

車町
年寄　丸　屋　次右衛門
山田町
年寄　金田屋　清兵衛
天満夫婦町
年寄　伊勢屋　孫兵衛
阿波橋町
年寄　古座屋　幸八郎
石灰町
年寄　住吉屋　新右衛門」
平野町弐丁目
年寄　海部屋　善　次
油掛町
年寄　天野屋　五郎左衛門
金田町
年寄　河内屋　勘左衛門

堂島船大工町
年寄　伏見屋　三右衛門」

右六人之者共儀万事ニ心を用役儀出精ニ相勤町内入用等も精々減方心掛候趣相聞外ニも同様之者有之一同先役松平石見守御役所江呼出褒置候処、右六人之者共は其後別而出精いたし町内取締宜厳重ニ相勤罷在候段奇特成儀ニ付、寛政七卯年三月牧　備前守殿御城代之節相達候上、先役坂部山城守御役所江呼出褒置銀壱枚宛差遣申候」

堂島船大工町
山田屋五郎助支配借屋
蜂屋　誠　斎

右誠斎儀浪花忠孝伝と表号有之奇特之書彫刻施印仕候段奇特成儀ニ付、寛政七卯年五月牧　備前守殿御城代之節相達候上、先役坂部山城守御役所江呼出褒置銀壱枚差遣申候」

卜半町
明石屋源兵衛同居悴
源　蔵　卯弐拾七歳

右源兵衛女房
い　そ　卯五拾七歳
右源蔵儀親江孝行仕いそ儀は夫江貞節之趣右町年寄申聞候旨惣年寄共申出候付相糺候処、源兵衛儀中症相煩付いそ源蔵諸とも看病之」仕方無残所心を用、他行等相望候節は駕籠ニ乗せ源蔵儀下人倶々舁連行父并母江も孝心を竭し家内睦敷家業出精仕候段奇特成儀ニ付、寛政七卯年八月牧　備前守殿御城代之節相達候上、先役山口丹波守御役所江呼出両人とも褒置源蔵江は銀壱枚差遣申候」

内平野町弐丁目
長濱屋伊兵衛同居父　伊左衛門
右伊左衛門儀先年米高直之節至而難儀之者江施行物差遣其後も貧窮之者共江為合力金銀銭等差遣毎々陰徳を施候段奇特成儀ニ付、寛政七卯年八月牧　備前守殿御城代之節相達候上、先役山口丹波守御役所江呼出褒置申候」

御池通弐丁目
大和屋長右衛門借屋
伊勢屋　佐兵衛　卯五拾六歳
右佐兵衛儀主人江忠義竭候由右町年寄大和屋長右衛門儀行状書付差出候旨惣年寄共申出候付、右長右衛門并町人共呼出相糺候処、佐兵衛前名半六と申同町ニ罷在候伊勢屋嘉兵衛存生中同人方江幼年之節ゟ下人奉公相勤罷在候内嘉兵衛」致病死其上跡相続可致者も相果候付家名及断絶、其砌佐兵衛儀町内年寄并町人共江申聞候は亡主嘉兵衛女房ぬい事清正儀可手寄諸親類無之殊病身ニ付旁佐兵衛引請育不遣候而はイ方も無之、借宅いたし清正を養遣度候得共佐兵衛身分迚右奉公中主家身上不如意之儀ニ付給銀等も辞退およひ不貰請相勤罷在候付一切貯無之、佐兵衛甥泉州堺表ニ紙屋太郎兵衛と申者有之其外身寄之親類も無之右太郎兵衛儀も身上不如意ニ暮」候故借宅いたし候元手之合力等いたし呉候儀不相成、佐兵衛身分は右太郎兵衛為ニは伯父之儀ニ付引取同居ニ差置呉可申旨太郎兵衛申聞候得共、左様相成候而は清正を養遣候儀不相成歎敷存候由、幸其砌町内夜番相勤候もの暇差遣候付右明跡江召抱当分之処致世話呉候ハヽ、厚恩ニ存候旨申之佐兵衛儀落涙いたし相歎頼（ママ）候付、同人儀主家奉公中諸事心を用忠義を竭相勤罷在候趣も町内之者共及見聞奇特ニ存罷在候もの之儀別而気之毒ニ存町人共為合力銘々より」

少々宛鳥目差出暮方当分入用之品調遣当時之借屋借請候世話いたし遣、清正儀も同居為致一ヶ月ニ給銀拾九匁五分并番部屋為油代節季毎ニ鳥目五貫文宛差遣候筈ニ極町内夜番ニ召抱其外用向等ニも召仕候処、至而実躰ニ有之夜番廻り方等も無懈怠出精ニ相勤別而冬分抔は夜中不休相廻り聊勤向油断無之昼之内手透之節は本を綴候儀仕覚罷在候付、書物屋ゟ右仕事を請取内職ニいたし罷在右賃銭并町内より」差遣候給銀等ニ而清正を相育朝暮之食事拵等も清正江世話掛候儀を厭不為構様ニいたし、佐兵衛儀自身取拵清正好ミ候品を調為給町内町人共之内祝儀事或仏事等有之節は佐兵衛儀手伝ニ罷越、其節食事振舞請候得は清正好ミ候品は其侭持帰為給、清正平生之起居ニも心を付介抱いたし遣着用物も見苦敷無之様ニ取繕遣し、自身は至而麁末成物を着用いたし且又先達而主家身上取続居候砌、佐兵衛ゟ銀主方江相頼」借入候銀四百目返済滞有之、右は主家入用ニいたし候儀ニは候得共佐兵衛ゟ頼込借入候儀ニ付町内ゟ貰請候給銀又は綴本手職ニ而儲溜候内ゟ銀百目右銀主方江返済いたし残銀は毎月鳥目三百文宛可相済旨佐兵衛ゟ證文差遣、其後毎月右鳥目無滞相渡罷在且又家賃銀一ケ度も相滞候儀無之、其外買掛等も不致当時迄も不相替清正を大切ニいたし罷在、前書嘉兵衛十七回忌ニ相当候節佐兵衛儀為志嘉兵衛存生中懇意ニ」いたし候者方江は小蝋燭拾挺宛相贈当日ニは旦那寺摂州西成郡難波村浄土宗法善寺江斎米料鳥目百文并回向料銀弐匁相贈、猶又右法善寺之弟子僧を佐兵衛居宅江相招誦経いたし貰斎を振舞布施銀弐匁差遣誠ニ無残所懇ニ吊、是等之儀も清正儀相悦其砌同人ゟ近所之者江も吹聴いたし町人共承罷在所行言語ニ申述ルも相余奇特之儀一統感心いたし候由、清正并佐兵衛江も相尋候処佐兵衛儀は元来北堀江」弐丁目ニ借宅いたし罷在候阿波屋弥兵衛と申者之悴ニ候処幼少之砌ゟ嘉兵衛方江奉公ニ罷越候処、同人并清正両人とも憐愍深く召仕呉候付其段両親江も吹聴いたし候、無慈悲成主人江被召仕候とも無是非事ニ候処左様憐愍有之主人ニ奉公いたし候は冥加ニ叶候事ニ候間末々迄も大切ニ可相勤旨精々両親ゟ申聞候儀も有之、其後両親は相果誠ニ嘉兵衛夫婦之厚恩を請成長いたし候儀ニ付其段難忘嘉兵衛は死失いたし」同人養子嘉右衛門も致病死主人と申候而は清正壱人之儀ニ付何卒安心ニ暮候様いたし遣度存候得共難行届候由佐兵衛申之、清正申候は同人亡父嘉兵衛存生中両替屋渡世ニいたし罷在佐兵衛儀前名半六と申八歳之節ゟ拾五ケ年季下人ニ召抱、尤奉公中四季当分入用之着用物布毛綿之類ニ而拵遣別段ニ給銀は不差遣、年季無滞相勤候ハヽ元手銀差遣別家為致可遣筈約束相極置勤方も宜嘉兵衛心ニも相叶」召仕罷在候内、身上向暮方内證手縺之儀共有之追々不如意ニ相成両替屋商売も難成候付相止多葉粉入其外小間物類商ひ渡世ニいたし候処、他借銀も口々出来候付佐兵衛奉公年限ニ至候得共別家難為致約束相違いたし候得共聊好ケ間敷儀申聞候儀も無之余気之毒ニ存候故別段ニ給銀可差遣旨申聞候得共是以辞退いたし不請取候、然処嘉兵衛儀眩暈之症相煩右病中も佐兵衛儀実情を竭看病夜伽等いたし倶々介抱いたし候得共」嘉兵衛儀養生不叶致病死候処、同人存生中実子無之吉原町伊勢屋喜右衛門娘ひでを養娘ニ貰請置候付嘉兵衛死失後天満七丁目柳屋弥平次悴嘉右衛門を聟養子ニ貰請嘉兵衛死跡相続為致、其頃迄外ニ下人も有之候得共追々暇を乞致離散佐兵衛壱人其侭下人奉公いたし罷在、其砌迄は清正名前ぬいと申候得共名改剃髪いたし養子嘉右衛門之同居ニ相成暮居候処同人儀も致病死、右看病も佐兵衛儀丁寧ニ」いたし跡名前ニ可附者無之候付右嘉右衛門女房ひでを名前ニ附佐兵衛儀代判いたし清正とも家内三人暮居候処、不仕合打続猶々身上不如意ニ相成候付佐兵衛儀小間物商ひ出精いたし夜分は綴本之仕事書物屋ゟ請取手職ニ仕右賃銭等迄も主家之身上ニ差入其日を送候得共、何分他借滞銀等多有之取続難成諸道具家屋敷等迄も追々ニ不残売払借銀方江済方ニ相渡、ひで儀は同人養母清正存寄を以双方熟談之上」離縁いたし親元江差返右身上相仕舞候由、夫ゟ佐兵衛儀町内年寄町人相頼当時借屋借請夜番相勤清正を同居ニ差置候始末并主家之借銀引請去寅年冬ニ至致済方或佐兵衛元主人清正ためニ忘夫嘉兵衛拾七年忌ニ当候節懇ニ吊候次第前文之通ニ而、都而町家年季奉公勤候ものは末々別家等為致貰身分片付候儀を第一心当ニ相勤候は通例之様ニ心得候者多候得共、佐兵衛儀は身分之勝手を不心掛奉公中給銀等も」不差遣約束之着用物も最初時節毎ニ拵遣候得共後々ニは都度々差遣候儀も無之候処、聊乞候儀も無之当時ニ至候而は却而清正身分佐兵衛ゟ預養育罷在不相替主人之取扱ニいたし祟㒵候間過分ニ存何卒縫物洗濯ニ而も賃仕事いたし暮方入用ニ差入手伝度心底ニは候得共、清正儀前々ゟ病身ニ而殊七拾壱歳ニ罷成極老之儀ニ付旁纔之仕事いたし候而も気分ニ障候故、右賃仕事も一切いたし候儀無之朝夕之」食事拵候儀迄も佐兵衛引請清正ニは不為構様相厭、着用物も時節相応ニ見苦敷無之様ニ拵不何寄心を付大切ニ育候付清正心遣も無之実々満足相暮罷在、右之通佐兵衛儀嘉兵衛清正之恩を不忘追々代替候得共四拾九年之間主人を大切ニ存忠義を竭町内夜番勤方等迄も出精いたし幼年ゟ誠実ニ忠義を竭候段奇特成儀ニ付、寛政七卯年八月依御下知為御褒美佐兵衛江銀七枚被下之候」

北革屋町　木屋卯兵衛支配借屋
肥田屋要蔵女房　わ　さ　卯三拾四歳

右わさ儀夫江貞節仕候趣右町年寄申聞候旨惣年寄共申出候付相糺候処、夫要蔵六ケ年以前ゟ病気ニ而手足自由不相叶渡世も得不致殊幼年之悴も有之旁家内之用向も事多候付通例女之身分ニ而は暮方行届兼可申候処、」至而出精ニ布織候儀を手職ニいたし家賃銀并買掛滞等も不仕其上要蔵病気看病之儀行届格別実精を竭候段奇特成儀ニ付、寛政七卯年八月牧　備前守殿御城代之節相達候上、先役山口丹波守御役所江呼出褒置銀壱枚差遣申候」

南堀江三丁目　鉄屋庄兵衛支配借屋
河内屋次郎吉同居母
ゆ　き　辰弐拾弐歳

右ゆき儀亡父源七存生中并母きよ江孝行仕候由相聞候付相糺候処、源七儀南堀江弐丁目播磨屋九兵衛借屋ニ住居日雇働渡世いたし女房きよ娘ゆき三人相暮居候処、ゆき九歳之砌きよ儀眼病相煩源七儀は日々働ニ罷出候故ゆき儀乍」幼少きよを介抱いたし至而孝心成者ニ而きよ申聞候儀不依何事不相背、其上少々宛手仕事いたし右賃銭家事之助ケニいたし諸事神妙ニ介抱いたし候処、其後きよ儀眼病次第ニ快相成ゆき拾五歳之砌きよ儀女子出産いたしとくと名付養育いたし罷在候内、父源七儀も脹満之病ニ而追々服薬いたし養生手当いたし候得共不致快気きよ儀も産後何角心配いたし候故歟又々眼病差発難儀いたし候処、ゆき儀両親之看病并」出生之妹とくをも始終抱何事も壱人ニ而心遣いたし取計候上兼而貧窮ニ候処、両親之病気旁渇命ニも可及程之儀ニ候得共彼是心配いたし懇意之者相頼縫仕事洗濯物等引請日夜無油断精出右纔之賃銭を以其日を送可也ニ両親江不自由不為致候処、其後出火有之源七居宅江も火移候様相成候付逃退候砌、源七は病気ニ而歩行難相成きよは眼病不相勝とく儀は漸三歳ニ候処、ゆき儀源七を背ニ負とくはきよニ」負セ跡ゟ源七之帯ニ手を掛させ逃出漸命を助候処、居宅は勿論家財不残丸焼ニ相成候付懇意之もの方江手寄其日を送罷在且其節両親儀もゆき平日之孝心相届出火之節も諸事甲斐〻敷取計候故怪我等も不致無難ニ立退候段申甚相悦候由、其後懇意之者世話を以幸町三丁目淡路屋武兵衛借屋借請貰住居いたし候処、父源七儀相煩候上類焼心遣之故ニも有之候哉次第ニ病気差重り候砌も申聞候は、出火之節焼死も不致」儀は全ゆき助呉候儀ニ而殊きよ儀も眼病ニ而万端ゆき無残所介抱いたし呉孝心難忘此後迚母きよ儀は眼病ニ候得は随分心を付可申旨申聞置、寛政三亥年十二月相果愁傷之内ニもきよは別而眼病不相勝何事もゆき壱人取計ニ付心を取直し葬礼之用意等相営野送いたし、翌日斎米七升銀弐（ママ）両壱包并伴僧江鳥目百銅菜代七包八丁目寺町実相寺江持参塔婆を建懇ニ吊貰、五十日ニ相当候節は右葬送ニ参候者江」附木を賦逮夜ニは心易道心者を頼回向いたし貰、縁類并隣家之者相招一飯を振舞一周忌三回忌等ニも右同事之取計ニ而供養いたし候段至而孝心奇特成儀といつれも感心いたし候旨、扨又きよ儀弥以眼病不相勝候付看病并手仕事精出昼夜相稼少々宛之賃銭を以其日を送候得共幼少之妹も有之誠貧苦之様子ニ付、縁家懇意之者共致世話きよ一同相談之上同四子年十一月傳兵衛と申者をゆき江聟養子ニいたし、其頃ゟ」当時之借屋江引越住居いたし候処傳兵衛儀湿病ニ而渡世難相成ニ付同人ゟ再応申聞翌丑年正月致離縁傳兵衛はゆき方罷出候付、其後は又々ゆき壱人ニ相成何角心配取計候得共母病気妹とく儀も幼少之儀彼是介抱手ニ余、殊ゆき儀も未年若之儀ニ付又候懇意之者共見兼追々致世話伊右衛門と申者を追而は入夫ニいたし候約束ニ而同年八月ゟ先ツ当分ゆき方世話いたし居候内、ゆき儀懐妊いたし男子出生次郎吉と号養育いたし居候処、伊右衛門儀」自分之商ひ筋ニ而格別之損銀有之身上不如意ニ相成ゆき方世話難相成ニ付、猶又熟談之上伊右衛門は手を離次郎吉儀は一生不通之約束ニ而ゆき方江引取、同年十月ゟ次郎吉名前ニ而立売堀中之町布屋十兵衛支配借屋福島屋文右衛門と申者代判いたし居候得共文右衛門は代判之名目迄ニ而家事世話は不致弥以貧窮重り候得共、母きよ儀眼病之上一体病身ニ而折々積気差発候節は其度毎一服百六拾四銅宛之振出薬相調為給」此外看病朝暮無残所取計候得共追々之心苦ニ而近年殊之外弱く相見一入心を痛其上次郎吉とく養育之儀も壱人ニ而心遣いたし、とく江は追々相教毛綿絞之手業を為覚近辺町家江日々差遣少々宛之賃銭を取、猶又ゆき儀は他江被雇出候砌は早朝ゟ起母きよ妹とく朝飯昼飯之拵迄いたし置、昼之内は縫仕事或洗濯ニ被雇帰候而は帆木綿を差夜更候迄無油断相稼、聊之儀ニ而も母之心を不相背手仕事ニ被雇候儀も五節句又は神事」法会之節も不相休精出、此外着類給物等微細ニ心を用取計候付孝心成者と母きよ常々落涙をもいたし候程ニ相悦候由、右躰ゆき儀未年若ニ而殊女之儀ニ候処父母病中別而母きよは長々眼病相煩家内貧窮ニ候得共是迄ゆき取計相届孝心を竭手業精出家賃銀滞は勿論買掛借銀等も無之候段、全ゆき乍聊手仕事ニ而父源七存生中ゟ死後ニ至迄之取計母病気養生之手当并幼少之厄介迄渇命ニも不及罷在候儀」幼年之頃一体之心掛孝心ニ而其外諸事取計神妙之至奇特成儀ニ付、寛政八辰年三月依御下知為御褒美ゆき江銀拾枚被下之候

玉造伏見坂町　万屋小兵衛借屋

播磨屋久兵衛同居姉

小れん　辰三拾七歳」

右小れん儀母江孝行弟病中懇ニ看病等仕候由相聞候付相糺候処、小れん儀眼病相煩盲人ニ相成候得共幼少之頃より仕覚居候菅笠下地職無懈怠毎夜及深更候迄も出精ニ相稼家内暮方取賄并弟久兵衛長々病気ニ罷在候故服薬為致看病等も無如才いたし遣、其上母さき江孝行仕候段女之儀殊盲人之身分ニ而は別而奇特成儀ニ付、寛政八辰年八月牧　備前守殿御城代之節相達候上、先役山口丹波守御役所江呼出褒置」鳥目拾貫文差遣申候

南久太郎町五丁目

山城屋太郎兵衛借屋

若松屋　重兵衛　辰七拾六歳

右重兵衛儀主家相続之儀ニ付精勤を竭候由、右町年寄河内屋一郎兵衛訴出候付外町人共をも」呼出相糺候処、重兵衛儀幼年之砌六代以前之家主太郎兵衛存生中大工職年季奉公ニ罷越、一ケ年之内夏は布帷子冬は毛綿綿入壱拵遣其余は親元より相賄候約束ニ而給銀は別段ニ不差遣十三ケ年季弟子奉公人ニ召抱候処、出精ニ相勤職方心掛厚く拾五歳ニおよひ候而は人ニ勝れ至而職方功者ニ相成普請主之気請宜追々得意先相増若年より普請方棟梁ニ相成、

神社仏閣或諸家蔵屋敷又は有徳成町家普請請取日々多人数之大工雇入右」世話料銀は勿論作料銀とも不残主人之身上向江差入候付、主人太郎兵衛儀其砌及老年殊眼病相煩罷在其上養子藤四郎と申者有之候得共同人儀も病身ニ付両人とも職方不相成、自然と物入等も多有之候得共重兵衛儀精勤を竭主人ニ心遣不為致身上等も相応ニ宜相暮罷在、其上主人を大切ニいたし候故太郎兵衛并同人女房つや儀右両人之心ニも相叶勤居候内、重兵衛弐拾五歳之節奉公年限ニ候得共同人儀暇貰候而は主家職方」差支ニ相成候付今暫相勤呉候様主人太郎兵衛より申聞候付其侭相勤居候処、三拾壱歳之節同人父北堀江弐丁目若松屋嘉兵衛儀病死いたし同母はる壱人ニ成、外ニ右嘉兵衛方相続可致もの無之重兵衛儀無拠主人太郎兵衛ゟ暇を貰嘉兵衛死跡相続いたし候得共、別段自身渡世之ためニは働一切不致不相替日々主人之得意先江普請棟梁ニ罷越、其身も相働雇入候大工之世話料銀は主人之身上向ニ差入聊虚妄之儀無之暮方万端厚」心を用世話いたし候故、主家立行自分壱人前之作料銀計太郎兵衛得心之上貰請、母はるを育同人并父嘉兵衛存生中迚両親江至而孝心を竭誠忠孝相兼実情残所も無之、尤其頃迄之右行状当時之年寄始町人共ニ至迄若年又は幼年之節之儀ニ付自身ニ心を留聢々存候儀ニは無之候得共銘々親共ゟ行跡教示之ため重兵衛を見習可申旨度々申聞候儀も有之、或其節之町人共寄合之席等ニ而も重兵衛所行一同ニ感心いたし」候儀を毎々咄合候趣共承覚罷在、其後及見聞候行状ニ存当奇特之儀共感心いたし候儀ニ而追々当時之年寄町人共及年来重兵衛行跡猶又見聞いたし候処、同人主人太郎兵衛儀宝暦八辰年致病死養子藤四郎儀太郎兵衛と名を改右死跡相続いたし候得共同人儀三ケ年之間湿病相煩、右病気ニ而右之足不叶ニ成行歩自由不成弥職方も難成重兵衛儀他町ニ罷在候而は主家之世話難行届候故主人之隣家同人借屋江母はる」諸とも引越、右主家之職方は勿論家内暮方迄も重兵衛引請、主人太郎兵衛は病身之儀ニ付諸事心障ニ不存候様取計太郎兵衛并同人養母つや儀老年之儀ニ付大切ニ介抱いたし遣罷在候内、右つや儀も老耄いたし其後同人并二代目之太郎兵衛儀も病死いたし候処、同人存生中迫而同人娘こんと妻合候積ニ而万之助と申者を拾三歳之節ゟ聟養子ニ貰置有之、幼年ニ而大工職も一向不存者ニ付重兵衛ゟ右職仕事教遣太郎兵衛」死後万之助を太郎兵衛と名を為改拾八歳之節相続人ニいたし候得共、若年之儀ニ付職方不手馴ニ有之残家内之者は女之儀ニ付失墜等も有之先々太郎兵衛病中物入有之引続夫ゟ二代目之太郎兵衛は長々相煩後ニは足不叶ニ成候上致死失、其外家内之者共追々相煩不幸之儀も打続格別ニ物入多身上も不勝手ニ相成、其上右三代目之相続人万之助事太郎兵衛儀養母まさ心ニ不相叶職方も心掛不出精ニ付右太郎兵衛弐拾歳ニ」成候節まさゟ離縁いたし実方江差戻、四代目はまさ名前人ニ成女之儀ニ付同町山本屋太兵衛と申者代判為致置候処、前書太兵衛儀堂島米相場商ひニ掛り損銀多又は身持放埒ニ有之自分名前之他借銀は勿論まさ代判之名前ニ而も口々多分之銀子借入候処、重兵衛儀日々職仕事ニ罷出多用ニ暮殊太兵衛は別家ニ暮居候故右之様子重兵衛儀不存罷在追々銀主方ゟ右滞銀出入御役所江及出訴候仕儀ニ相成其節初而承候由、」依之右済方之ため太兵衛儀仕分貰候家財家屋敷売払太郎兵衛方ゟも銀子調達いたし遣候得共済方銀ニ不引足過分之残銀右本家之まさ方江引請既代々相続いたし候、主家之家名一度断絶仕儀ニ相成候処、重兵衛儀右難儀之儀相歎如何様ニいたし候而成とも追而調達次第致返済損銀ニは為致間敷候間暫相待呉候様相頼候付、銀主共其段得心いたし又は年賦之相対ニいたし遣候者も有之候得共其中ニは」是非とも済方不致候而は難叶借銀も有之、北久太郎町五丁目日野屋久左衛門借屋山城屋平兵衛儀ハ前々ゟ主家と親類同前ニ懇ニいたし候付同人江重兵衛ゟ相頼追而買戻候相対を以右主人之家屋敷銀九貫目ニ売払右代銀前文之済方ニ相渡一旦之所致事済候儀ニ而、尤代判之太兵衛儀は其砌身上相仕舞候故代判相退まさは其侭平兵衛江売渡候右家屋敷を借請同人方之借屋人ニ相成候上、安永二巳年まさ儀伊右衛門と申ものを」養子ニ貰請娘こん江後夫ニ為致まさ名前退伊右衛門江相譲候処、こん儀男子出産いたし亀之助と名付重兵衛儀猶々家業出精いたし候得共何分取続も難成右伊右衛門儀至而虚弱之生質ニ付貧窮之儀苦労ニ存迚相続もいたし兼候趣ニ付相対之上翌午年離縁いたし実方江差戻、当歳之悴亀之助をこん方ニ残置候得共同人儀幼少ニ付当分之所弟子奉公人吉之助と申者を名前人ニいたし、重兵衛儀猶々職方出精ニ相勤自分貰請来候」作料銀も多分主家之入用ニ遣亀之助を致養育同人拾弐三歳之頃ゟ職方を教守立候処、寛政二戌年同人拾七歳ニ相成候付太郎兵衛と名改名前人ニいたし其節重兵衛儀七拾歳ニ罷成健成生質ニは候得共老年之儀ニ付、労等出候而は却而主家之不為ニ候間職方も折々ニは相休保養いたし候様ニと町内町人共ゟ申聞セ候儀も有之候処、未手足も自由ニ候間身命可続丈ケは相働元々之如く主家身上取直度存念ニ候間其儀精力ニ相成格別苦労ニも不存候旨」申答、誠片時之無油断家内倹約取締等いたし職方出精ニ相勤、平兵衛方江売渡候家屋敷之儀も同人ゟ外江家質ニ入銀六貫目借請罷在候付、右家質差入候侭ニ而相対を以平兵衛ゟ譲戻貰家質取主方江質銀之内入銀三貫目太郎兵衛方より差戻残銀三貫目同人方之当時負銀ニ相成有之、右重兵衛致精勤候故過分之借銀も追々相済当時右家質残銀三貫目之外他借銀は勿論買掛等一切無之、重兵衛儀右亀之助事太郎兵衛儀当歳之節ゟ」守立当辰弐拾三歳ニ相成同人儀も家業致出精罷在、重兵衛儀六代以前之太郎兵衛存生中弟子奉公ニ罷越主恩厚存誠実を竭候始末町人共奇特ニ存候故申談候上年寄河内屋一郎兵衛ゟ訴出候事之由右同人并外町人共一同申之候、右之通重兵衛儀拾三歳之節当時之太郎兵衛ゟ六代以前之太郎兵衛存生中大工職弟子奉公ニ罷越至而出精ニ相勤候故普請主之気請宜得意先相増別家いたし候後も自分渡世之ためニは働不致、主人之得意先江働ニ」罷越普請棟梁ニ相成多人数之大工を雇入其者共ゟ請取候世話料銀は不残主家之身上ニ差入、自分壱人前之作料計主人得心之上貰請聊虚妄之儀無之、右太郎兵衛儀及老年眼病相煩夫ゟ二代目之養子太郎兵衛は長々湿病相煩後ニは行歩不自由ニ成打続両人とも職方不相成候処暮方等之儀も重兵衛引請取計主人ニ心遣不為致、右太郎兵衛養母つや儀は老耄いたし候処大切ニ介抱いたし右三人之者共追々致病死物入多身上」不如意ニ相成候上、三代目之養子万之助事太郎兵衛儀は養母まさ之心ニ不叶家業も不出精ニ付致離縁、四代目は右まさ名前人ニ成死亡太兵衛を代判ニいたし置候処、同人不所存之儀有之過分之他借銀借入既家名可及断絶仕儀ニ成一旦家屋敷も平兵衛方江売渡借屋人ニ成、五代目まさ娘こん聟養子伊右衛門儀虚弱成生質ニ而貧窮之儀苦労ニ存迚相続仕兼候趣ニ付相対之上当歳之悴亀之助を右養家ニ残置致離縁実家江立帰」候処、右幼少之亀之助を守立成人之上太郎兵衛と名改職方を教遣猶々重兵衛儀老年之労をも不厭職方不怠出精いたし自分貰候作料銀多分主家之暮方ニ差入万端心を用取締いたし、最早七拾六歳ニ相成六拾四年之間主家代々不相替大切ニ存誠実を竭主家之家名取続追々身上元之如く取直他借銀も皆済いたし買掛等一切不致、平兵衛江売渡候

家屋敷も取戻右亀之助事太郎兵衛を六代目之相続人ニいたし候始末、主家」数代之間心を竭誠実之取計及老年候迄奇特成儀ニ付、寛政八辰年八月依御下知為御褒美重兵衛江銀拾枚被下之候

西高津新地弐丁目
丁代　重　助　辰拾九歳

右重助儀養母養祖母江孝行仕候由相聞候付」相糺候処、町内丁代相勤風立候夜は町内裏々迄見廻り平日とも実躰ニ相勤月々請取候丁代給銀壱銭ニ而も無益ニ遣ひ候儀無之、手透之節は傘張手職ニいたし家内不自由無之様相賄養母まつ養祖母智教申付候儀不相背都而孝行ニいたし家内睦敷相暮候段奇特成儀ニ付、寛政八辰年八月山口丹波守御役所江呼出褒置申候」

摂州武庫郡西宮馬場町
早山屋孫左衛門借屋
綱屋善吉同居悴　平五郎　辰拾八歳

右平五郎儀父母江孝行仕候由相聞候付相糺候処、父善吉儀は菓物并焼餅を商ひ罷在候処及老年候付平五郎拾歳之頃ゟ暑寒雨天之節をも不相厭終日右商売ニ歩行子供遊ニ不立交一図ニ商ひニ精を入両親を相育、当時は近辺戎社門前ニ早朝ゟ店を出無怠餅商ひいたし候付既」最寄ニ而は孝行餅屋と申唱候程ニ有之候段奇特成儀ニ付、寛政八辰年十月牧　備前守殿御城代之節相達候上、先役松平石見守御役所江呼出褒置鳥目拾貫文差遣申候

播磨町　軸屋甚右衛門同居兄
善兵衛　巳三拾三歳」

右善兵衛儀父江孝行仕候由惣年寄共申出候付相糺候処、年来父浄意と同居仕同人朝暮之起臥介抱等無残所食事等も善兵衛自分ニ取拵、浄意他行之節は付添参途中は勿論先々ニ而之心付致大切并夜分等之手当少も無弛其手透ニは家業をも出精仕候旨相聞、浄意儀は当春致病死候処存命中死後迄之次第奇特成儀ニ付、寛政九巳年三月牧　備前守殿御城代之節相達候上、先役山口丹波守御役所江呼出褒置銀壱枚差遣申候」

阿波橋町
玉屋　五兵衛　巳四拾歳

右五兵衛儀奇特成取計いたし候由相聞候付相糺候処、貧窮之者江憐愍深米銀施行合力いたし年忌仏事之砌は借屋之者江家賃用捨いたし遣毎々陰徳を施候段奇特成儀ニ付、寛政九巳年四月先役山口丹波守御役所江呼出褒置申候」

卜半町　細井戸屋弥兵衛支配借屋
和泉屋惣吉同居
い　そ　巳三拾四歳

右いそ儀祖母江孝心いたし候由相聞候付相糺候処、両親とも病死仕祖母きさ養育ニ而成長之上一旦縁付いたし候得共不縁ニ付幼少之娘かんを召連きさ方江帰其以来線香職を仕覚、きさ儀老年および候処聊之手間賃銭を以きさ并かんを」育昼夜心を配きさ手当介抱等無残所、年中職方休日等ニも家内之着類縫仕事いたし暫も休息いたし候儀無之きさを大切ニいたし候段奇特成儀ニ付、寛政九巳年四月牧　備前守殿御城代之節相達候上、先役山口丹波守御役所江呼出褒置鳥目拾貫文差遣申候」

摂州八部郡兵庫津　東川崎町
年寄　樽屋　次右衛門

右次右衛門儀町役之儀心を用出精相勤町内末々之者迄教諭行届格別ニ町儀致世話候段奇特成儀ニ付、寛政九巳年九月牧　備前守殿御城代之節相達候上、先役山口丹波守御役所江呼出褒置銀弐枚差遣申候」

摂州八部郡兵庫津　新在家町
樽屋弥助後家　そ　は　巳三拾八歳

右そは儀夫死後貞節相守母江孝行仕候由相聞候付相糺候処、老年之母并幼少之子供養育格別ニ心を用纔之針仕事賃働等ニ而身過出精仕候段身軽者ニは奇特成儀ニ付、寛政九巳年九月牧　備前守殿御城代之節相達候上、先役山口丹波守」御役所江呼出褒置鳥目拾貫文差遣申候

安治川南四丁目　松葉屋庄左衛門同居
養祖母　栄　松　午　百歳
同養母右栄松娘　つ　ね　午六拾弐歳」

右つね儀極老之母江孝行仕候由相聞候付相糺候処、栄松儀当百歳ニ相成稀成長寿ニ而娘つね儀も老年ニ罷在候処、栄松極老之儀旁以歩行等不相成候処つね儀昼夜大切ニ看病いたし給物万事心を竭其上身上不如意ニ付老年之身分

ニ而手仕事等精出、右賃銭は母之育方ニ差入都而孝行いたし候段誠実之至奇特成儀ニ付、寛政十午年三月牧　備前守殿御城代之節相達候上、先役成瀬因幡守御役所江呼出褒置」栄松つね両人江銀三枚差遣申候、尤栄松儀極老之上病気ニ御座候付心を付遣候様町役人共江申渡候

上本町壱丁目　藁屋庄次郎元下人
十兵衛　午七拾四歳

右十兵衛儀数十年奉公出精仕并兄江深切を竭」候由相聞候付相糺候処、同人儀讃州丸亀籠屋町百姓善左衛門悴之由ニ而幼年之砌当表江罷越拾五六歳之節ゟ藁屋庄次郎方ニ年季奉公相勤候処、生得実躰成者ニ而身持宜主人を大切ニいたし年季中も無滞相勤候付先達而主人ゟ別家可為致旨申聞候処、元来身軽者故致別家候而も差当商ひ等之心当も無御座候付別家之儀は相断其侭奉公いたし候処弥以実躰ニ相勤出精いたし候付主人庄次郎儀相悦召仕当年ニ至五拾年余」無滞奉公相勤、且又十兵衛兄善右衛門と申者も若年之節ゟ当表江罷越所々奉公相勤候得共全躰病身ニ而殊更追々及老年候付、育方之儀十兵衛引請主人江も相願十年程以前ゟ玉造越中町弐丁目鍵屋新兵衛借屋を借請藁屋十兵衛と名前差出、右善右衛門は同家ニ差置導引渡世いたし十兵衛儀は主家ニ其侭奉公相勤罷在候処、善右衛門去巳十月頃ゟ病気ニ而渡世も不相成候付十兵衛儀主人方奉公相兼」看病いたし主人ゟ請取候一ケ年百目余之給銀之内を以日々之給物等主家ニ而拵為給此外何角ニ心を付深切ニ介抱いたし、尤右借屋之家賃銀不為滞其外負銀等も無之誠実成者ニ而右躰五拾余年来奉公無滞相勤其上兄善右衛門江深切竭候次第神妙奇特成儀ニ付、寛政十午年十月牧　備前守殿御城代之節相達候上、先役成瀬因幡守御役所江呼出褒置銀弐枚差遣申候」

農人橋壱丁目
冨田屋儀兵衛支配　借屋
河内屋　利　助　未弐拾壱歳
同人母　る　い　未四拾六歳

右両人儀家業相続之儀ニ付奇特之趣相聞候付相糺候処、るい夫利助存生中乍借宅も致類焼其後利助儀病気ニ付物人等有之貧窮仕候処、」同人死失後幼少之子供も有之当時致相続罷在候悴利助儀も其砌前名利三郎と申幼年故家業等も不相成候処、るい壱人之手職を以養育いたし利三郎

江籠職仕覚させ成長之上当時親利助死跡取続渡世仕罷在候段るい女之身分ニ而は奇特之至、悴利助儀は母江孝心ニいたし家内睦敷罷在候段是又奇特成儀ニ付、寛政十一未年五月松平右京大夫御城代之節相達候上、先役水野若狭守御役所江呼出両人とも褒置るい江は鳥目弐貫文差遣申候」

北勘四郎町　檜皮屋吉右衛門借屋
近江屋　利兵衛　未三拾七歳
姉　りき　未四拾弐歳

右両人儀母江孝行仕候由惣年寄共申出候付相糺候処、利兵衛儀幼年之砌ゟ家業出精いたし両親とも病中介抱大切ニいたし父利兵衛儀は其後」致病死、母やつ儀盲人ニ相成其上歩行不自由ニ御座候処大切ニ介抱いたし遣、当時姉りき儀も利兵衛方江同家ニ相成倶々母江孝心を竭候段奇特成儀ニ付、寛政十一未年十一月松平右京大夫御城代之節相達候上、先役水野若狭守御役所江呼出両人共褒置鳥目弐貫文宛差遣申候

家根屋町　柏屋惣兵衛支配借屋
日高屋喜兵衛女房　つ　ね　未三拾三歳
同悴　重太郎　未弐拾三歳

右両人儀親江孝行夫江貞節仕候由惣年寄共申出候付相糺候処、つね儀は重太郎為ニ継母ニ御座候処同人幼年之砌ゟ大切ニ養育いたし遣」姑そよ存生中同人并夫喜兵衛両人とも病気ニ有之候砌是又大切ニ介抱いたし遣、其上賃仕事等出精仕渡世取続罷在候段女之身分ニ而は別而奇特ニ相聞、重太郎儀も成人之上両親江孝心を竭候段是又奇特成儀ニ付、寛政十一未年十一月松平右京大夫御城代之節相達候上、先役水野若狭守御役所江呼出褒置鳥目弐貫文宛差遣申候」

北新町弐丁目　交野屋武兵衛支配借屋
大坂屋　忠　蔵　未弐拾六歳

右忠蔵儀母江孝行仕候由惣年寄共申出候付相糺候処、父忠兵衛長々相煩病死いたし別而困窮ニ有之候処若年之砌ゟ家業致出精右死跡取続渡世いたし罷在、其上母すみ江孝心を竭家内睦敷相暮候段奇特成儀ニ付、寛政十一未年」十一月松平右京大夫御城代之節相達候上、先役水野若狭守御役所江呼出褒置鳥目弐貫文差遣申候

金田町　会所屋敷借屋
河内屋　幸　助　申弐拾七歳」

右幸助儀父母江孝行仕候由相聞候付相糺候処、亡父正仙儀元来京都出生之者ニ而先年当表江罷越所々町家ニ住居いたし居候処、正仙并同人女房いよ両人共病気差発候付幸助儀育方は勿論両親とも諸事大切ニ看病いたし候処、正仙は去ル午年十月死去いたし候付懇ニ相吊当時町内ニ而夜番いたし母いよ江孝行いたし候段奇特成儀ニ付、寛政十二申年二月松平右京大夫御城代之節相達候上、先役成瀬因幡守御役所江呼出褒置鳥目弐貫文」差遣申候

京橋四丁目　吉野屋又兵衛借屋
播磨屋　長兵衛　申三拾七歳

右長兵衛儀父母江孝行仕候由相聞候付相糺候処、養父長兵衛儀仲仕渡世いたし当長兵衛儀は」前名平八と申母いち連子ニ而先長兵衛方江嫁付夫婦ニ相成、当長兵衛は幼年之節ゟ外方町家所々ニ奉公いたし罷在候処、父長兵衛儀中風相煩惣身不相叶いち儀も老病ニ而自由不相成候付、当長兵衛儀主人方暇を取罷帰両親之看病大切ニ取計候処父長兵衛儀病気差重去ル卯年九月死去いたし候処、右吊等懇ニ取扱其後母いち育方は不及申介抱等諸事心を用孝行いたし勿論仕覚候導引渡世出精いたし候段奇特成」儀ニ付、寛政十二申年二月松平右京大夫御城代之節相達候上、先役成瀬因幡守御役所江呼出褒置鳥目弐貫文差遣申候

玉造半入町　平野屋太兵衛借屋
津國屋　清兵衛　申三拾七歳」

右清兵衛儀父母江孝行仕候由相聞候付相糺候処、父源兵衛儀塩魚商売いたし罷在清兵衛儀ハ外方ニ奉公いたし居候内源兵衛病気差発并清兵衛姉くまと申者も同居ニ而是又其頃病気に付、清兵衛儀主人方暇を取罷帰右両人を看病いたし母いし儀も全躰湿病ニ候処、是又清兵衛壱人ニ而介抱無怠奉公先ニ而仕覚候多葉粉商売いたし纔之代銭を儲一同相育看病之儀も万端心を付大切ニ取計候処、源兵衛くま儀追々病気」差重病死いたし候付葬式追善等懇ニ取計父存命之内ゟ両親江孝行いたし候段奇特成儀ニ付、寛政十二申年二月松平右京大夫御城代之節相達候上、先役成瀬因幡守御役所江呼出褒置鳥目弐貫文差遣申候

道空町　升屋次兵衛支配借屋

河内屋源助同居悴　吉之助　申拾五歳」

右吉之助儀父江孝行仕候由右町年寄訴出候付相糺候処、父源助左官職渡世いたし候処中風相煩歩行不相叶母いし儀は先達而相果候付、吉之助儀右家業出精いたし父之病気深切ニ介抱いたし二便之取扱等迄誠実ニ取計働先ゟ罷帰候而も夜中迄心を竭孝行いたし候段奇特成儀ニ付、寛政十二申年五月松平右京大夫御城代之節相達候上、先役成瀬因幡守御役所江呼出褒置銀弐枚差遣申候」

高麗橋弐丁目

平野屋　伊右衛門　申弐拾七歳

右伊右衛門儀親江孝行仕候趣右町年寄申聞候旨惣年寄共申出候付相糺候処、伊右衛門幼年之節父長左衛門中症相煩六年以前ゟ母かめも眼病相煩候処家業出精仕両親病中無怠介抱いたし孝心を竭候段奇特成儀ニ付、寛政十二申年八月松平右京大夫御城代之節相達候上、先役水野若狭守御役所江」呼出褒置鳥目弐貫文差遣申候

谷町壱丁目　樽屋喜右衛門支配借屋

播磨屋常吉同居母　や　ゑ　申六拾弐歳

右やゑ儀極老之母を大切仕候由相聞候付相糺候処、母妙玄儀当九拾歳ニ相成候付大切ニ介抱いたし」毎日外江被雇乍聊賃銭を取日用相弁隣家之者共とも睦敷、毎朝被雇先江罷越候節は其日之給物何角不自由ニ無之様母之手元ニ差置孝行ニいたし罷在候処、当四月頃妙玄儀老足故過チ転候儀有之夫ゟ歩行不自由ニ相成候付留守中之儀を案其以来洗濯縫仕事等宅江取寄、母之側不離介抱之片手ニ賃仕事出精いたし候得共先方江被雇働候と違ひ賃銭も少く候得共無恙相暮、諸借銀は勿論家賃銀等滞無之亡父并夫之年回等相当」候節は身分相応ニ頼寺江斎米等相贈懇ニ弔孝行いたし候段奇特成儀ニ付、寛政十二申十二月青下野守殿御城代之節相達候上、先役成瀬因幡守御役所江呼出褒置鳥目拾貫文差遣申候

松江町　大和屋喜兵衛支配借屋

寺川屋　清　吉　申拾六歳」

右清吉儀母江孝行仕候由右町年寄申聞候旨惣年寄共申出候付相糺候処、清吉儀幼年之砌父伊兵衛病死いたし後家

さよ儀幼少之子供を抱困窮ニ相暮候処清吉儀其節拾歳ニ而父之家職仕覚昼夜無怠家業出精いたし、生得母之心ニ背候事無之弟共を愛憐いたし家内睦敷相暮候段奇特成儀ニ付、享和元酉年三月青　下野守殿御城代之節相達候上先役水野若狭守御役所江呼出褒置鳥目五貫文差遣申候」

摂州武庫郡西宮中之町　紅屋平兵衛借屋

中西屋　半右衛門　酉四拾壱歳

右半右衛門儀母江孝行仕候由相聞候付相糺候処、百姓并日雇働いたし七拾歳余ニ成候実母と両人睦敷相暮昨年ゟ母病気ニ候処無如才致看病日雇出候砌は弟嫁等を頼介抱ニ附置、儲事有之候而も遠方江は働ニ不罷越食事万端深切ニ心を用」母好之品は見繕少々宛之手土産等を求帰実躰ニ孝養を竭候段奇特成儀ニ付、享和元酉年四月青　下野守殿御城代之節相達候上、先役水野若狭守御役所江呼出褒置鳥目拾貫文差遣申候

摂州武庫郡西宮馬場町

阿賀屋　次右衛門　酉弐拾七歳」

右次右衛門儀母江孝行仕候由相聞候付相糺候処、同所浜久保町千足屋甚右衛門方ニ下人奉公相勤居候内実躰ニ相勤其上老年之母病身ニ付介抱難行届儀を存主人方暇を取母と同居ニ相成、農業并日雇働ニ而渡世いたし別而去夏頃ゟ母気むら之病症ニ候付猶又心を竭看病大切ニいたし候段奇特成儀ニ付、享和元酉年四月青　下野守御城代之節相達候上、先役水野若狭守御役所江呼出褒置鳥目拾貫文差遣申候」

中船場町　木津屋四郎兵衛借屋

播磨屋　喜　助　酉四拾五歳

右喜助儀母江孝行仕候由相聞候付相糺候処、母智門極老之上折々気むらニ付大切ニ介抱いたし病気快気之ため毎日鳥目弐拾文程宛修行者又は乞食等江相施、母病気看病之透間ニは渡世出精いたし候段奇特成儀ニ付、享和元酉年九月」青　下野守殿御城代之節相達候上、先役水野若狭守御役所江呼出褒置鳥目五貫文差遣申候

石町　布屋熊吉借屋

和泉屋嘉兵衛同居悴　作　蔵　酉拾六歳

右作蔵儀父江孝行仕候由相聞候付相糺候処、父」嘉兵衛

儀は六年以前ゟ湿病ニ而不相勝弟冨蔵儀は足痛ニ而自由不相叶困窮ニ相暮候処、作蔵儀九歳之頃より商ひニ罷出又は町小使等をもいたし以今無油断相稼家内睦敷相暮罷在候段奇特成儀ニ付、享和元酉年九月青　下野守殿御城代之節相達候上、先役水野若狭守御役所江呼出褒置鳥目五貫文差遣申候」

玉造中町　萬屋小兵衛借屋
河内屋　音　松　酉四拾歳

右音松儀母江孝行仕候由相聞候付相糺候処、常々母きく差図ニ随心ニ背候儀無御座渡世致出精毎日儲候鳥目は母江相渡親子睦敷相暮罷在候段奇特成儀ニ付、享和元酉年九月青　下野守殿御城代之節相達候上、先役水野若狭守御役所江」呼出褒置鳥目五貫文差遣申候

玉造上清水町　河内屋惣兵衛借屋
藤屋　善兵衛　戌三拾八歳
同町　同借屋　善兵衛弟
藤屋　喜兵衛　戌三拾五歳」

右両人儀母江孝行仕候由右町年寄申聞候旨惣年寄共申出候付相糺候処、善兵衛儀唐弓弦下職いたし両親を大切ニいたし罷在候処父重兵衛病死後職方不景気ニ而及困窮、善兵衛儀は当時之裏借屋江宅替いたし古傘買歩行又は按摩療治仕習聊宛之銭を儲当戌六拾八歳ニ相成候実母妙意を大切ニいたし、兼而妙意儀持病ニ積気有之ニ付食事并服薬等心を付神妙ニ介抱いたし、喜兵衛儀も別宅ニ罷在候得共善兵衛」同様妙意を大切ニいたし困窮ニは暮候得共負銀家賃等之滞も無之両人とも柔和ニ而孝心を竭候段奇特成儀ニ付、享和二戌年六月青　下野守殿御城代之節相達候上、先役佐久間備後守御役所江呼出褒置善兵衛江鳥目三貫文喜兵衛江同弐貫文差遣申候」

天満東寺町前　大和屋善蔵支配借屋
河内屋　清　七　戌弐拾八歳

右清七儀父母江孝行仕候由右町支配人并家主善蔵申聞候旨惣年寄共申出候付相糺候処、清七儀拾五歳之節養子ニ罷越生得実躰ニ而青物商売いたし養父母を大切ニいたし渡世出精罷在候処、父清七儀長々病気之処介抱無残所いたし候得共」養生不相叶相果候付葬式追善等懇ニ相営、養母かる当七拾四歳ニ相成極老故猶更大切ニいたし睦敷

相暮罷在候処困窮ニ相暮候故、一向かると相対を以実家江可立帰旨申越候得共不縁ニ而帰候得は跡ニ而かる渇命ニおよひ候而は難相済候由申聞不立帰、養子ニ罷越候節ゟ今以不相替孝心ニいたし候段奇特成儀ニ付、享和二戌年六月青　下野守殿御城代之節相達候上、先役佐久間備後守御役所江呼出褒置鳥目五貫文差遣申候」

茨木町　播磨屋善七同居悴
茂　吉　戌拾壱歳

右善七方江無宿利助と申者罷越親善七江切掛候砌、茂吉儀矢庭ニ利助江掴付不相放乍子心取留候心得ニ而親善七をかはひ利助腰ニすかり付相働邪魔いたし放不申を利助儀漸引放猶又善七江手疵為負候処同人儀は無程相果、茂吉儀は利助引放候節過チ所々江手疵負候趣利助」申之、右躰烈敷場合之儀ニ付利助勢ひニ怖可申処無其儀、殊自分之力を以親善七可助との思量可有之程之年来之者ニも無之候処、身命不惜乍子心親ニ致加勢相働所々手疵をも請候程之儀ニ候間親善七右疵ニ而相果候事とハ乍申幼年之者ニは至孝之志別而奇特之儀ニ付、享和二戌年十二月依御下知為御褒美銀三枚被下之候」

讃州塩飽島之内牛島
百姓　平右衛門　戌四拾九歳
同女房　せ　ん　戌四拾六歳
同悴太郎松事　平　吉　戌　拾八歳

右三人之者共儀父母江孝行仕候由相聞候付平右衛門」隣家并同島小前百姓共一同承引候処、元来平右衛門親死亡平三郎儀若年ゟ篤実ニ而老母を大切ニ相養生涯母之心ニ背候儀不致無妻ニ而相暮、母死後ニ至其身及老年悴并介抱可致者も無之候処、平右衛門儀讃州阿野郡小鴨村出生せん儀備前国児島郡田之浦出生之者ニ而両人とも生得実躰ものニ付平三郎隣家ニ住居いたし候利兵衛媒を以平右衛門せんを夫婦ニいたし平三郎方江養子ニ相成両人一同入家為致、勿論平三郎兼而身貧之」ものニ候処平右衛門夫婦之者申合真実ニ相稼、平右衛門儀船稼致渡世右留守中は女房せん壱人ニ而農業織績等昼夜精を出平三郎食事抔も老人之給能品を相進其身は麦之粉青菜等相交候至而麁食而已用ひ、麦藁又は山手之刈柴等倹約を以遣延し平三郎当座之身不自由無之様取計毎年毛綿弐反宛正月元日夫婦申合神棚江備其侭貯置、平三郎仏参抔いたし候節右毛綿を二三尺程宛小切ニいたし」近所之者江売払此代銭を以散銭其外之小遣ニ相渡、如何程家内小遣銭払底ニ而も平三郎当座之小遣銭事欠不申候様心配いたし、平右衛門儀は船稼之他国ニおゐて身分を相慎業躰一図ニ遂出精養父平三郎ニ不自由不為致候儀を専一ニ心を竭、一子平吉儀も自然と幼少ゟ祖父平三郎始父母ゟ之申付を正直ニ相守生立宜候付近所ニ而子供を教訓いたし候も平吉を見習候様と専申聞候程之儀ニ而家内相揃誠実ニ而睦敷」相暮候処、平三郎儀寛政七卯年十一月病死いたし右病中も平右衛門は船稼留主ニ候処せん儀看病無残所死後葬式法事之行届候儀は不及申、平右衛門夫婦并平吉ニ至迄墓参或仏壇ニ向候而も平三郎存命之節致会釈候通不相替言葉を竭朝暮悲歎いたし、同十二申年平三郎追善之ため平右衛門四国遍路いたし候砌致同道候もの始終及見候処、右巡礼之先々ニ而も存命之親を同道いたし居候様ニ独言ニ挨拶等丁寧を」竭し散銭散米等手向落涙いたし候、追孝之次第誠感心いたし候儀共ニ而稀成律儀者ニ付兼而平右衛門を加子ニ相雇候船主も人柄を見込近年沖船頭ニ取立、悴平吉儀も拾三歳之節ゟ加子人数ニ加り船中炊為働親平右衛門一同廻船ニ乗組居候処是又兼而之生立実躰ニ付当年漸拾八歳ニ相成若輩ニ候得共別ニ新造之沖船頭ニ取立親子とも当時相応之給銀助成有之、平三郎存命之砌とハ暮方も追々不自由」無之候得共家内之儀は平三郎存命之節ニ不相替銘々自身は至而之麁食麁服相用、平三郎追善而已ニ心を用小家住居候得共死亡平三郎霊位差置候一間ニ而は平右衛門夫婦は勿論平吉儀も幼少ゟ容易ニ寝臥不仕一同追孝而已不怠候始末、兼々及見候段同島之者共申合同島庄屋組頭共儀も右申立之趣無相違段申之候付、塩飽島惣浦々ニ而も兼而右行状見聞いたし候者も有之候哉と」再応承糺候処、塩飽島之儀は人家有之候島々都合十島余ニ相離有之右牛島とハ外島ゟ近き所ニ而海上三拾丁余も島間相隔有之候間平右衛門家内平日之行状慥ニ及見候者は少く候得共、平三郎以来代々実躰之人柄ニ而せん儀夫平右衛門年中多分他国稼之者ニ候処、女之身分ニ而朝暮農業万事出精いたし舅平三郎江生涯不自由不致様孝心を竭候次第、并平右衛門平吉正直者故追々身分出世いたし候風聞は兼而及承候段」塩飽島浦々庄屋共并惣島年寄共儀も申之、別而江之浦庄屋七郎兵衛佐柳島庄屋喜平太笠島浦百姓小右衛門儀は右平三郎家内之者行状兼而承候次第右隣家并同所小前之者申口同事ニ申之、七郎兵衛承候は平右衛門儀先年長崎俵物御用船之加子ニ被相雇海上上下いたし候節、俵物方役人之内大病煩候処深切ニ看病いたし、其後当表江之子島東之町播磨屋八右衛門儀は平右衛門生質を致感心沖船頭ニ召抱初而諸荷物積登候節、平右衛門」正直之取計ニ而類船とハ格別ニ運賃徳用多候付船主ゟ平右衛門江褒美之銀子差遣候処、一己ニは不致受用乗組之加子共一同江致配分又は船中ニ而も亡父霊前江供物相備存命之者ニ会釈いたし候同前ニ礼義挨拶丁寧を竭落涙いたし候付、悴平吉儀も自然と見習親平右衛門と別船ニ乗組候而も平右衛門同事ニ亡祖父江之追孝不怠候由追々風聞及承感心いたし候付、七郎兵衛儀平右衛門住居之島方江態々罷越同人女房せん江対面之上」称美之挨拶いたし候処、暫落涙之上せん答候ニは平三郎存命之節は至而困窮ニ付食事万端不任心底不足勝と存他聞恥入候儀ニ而唯今に而は畢竟平三郎丹誠故追々平右衛門親子とも廻船をも預り身持不自由ニも無之様相成候付、平三郎在世之儀一入存出残念無止時罷在候由相答至而誠実之者と相見、既右平右衛門親子之者乗組居候廻船を右類船之もの共よりは戯ニも孝心丸と称来候趣ニ取沙汰承およひ候段」七郎兵衛申之、年寄之内丸尾喜平次儀は平右衛門せん両人とも先年平三郎方江不致入家候以前召仕候処、両人とも実躰者ニ而せん儀女之儀ニ候得共身を鎊候心底聊無之食物万事すたり候儀を相厭候生得に而倹約無残所平三郎方江平右衛門一同入家いたし候後も、纔島方之内麦高三升弐合屋敷表口九間五尺裏行（ママ）六間半之小家所持之者ニ而困窮ニ相暮候処、夫婦之者昼夜稼向致出精平三郎生涯睦敷致孝養同人老衰および候迄身不自由不為致」平三郎病死之砌も平右衛門は船稼之留守中ニ候処、せん壱人引請葬式万事取計島方ニ親類も無之身貧之者ニ付少々宛は近所ゟ米銭等相施候得共一躰之儀奇特ニせん壱人ニ而致心配兼而之貧窮ニ競候而は丁寧を竭葬式法事等相営、并平右衛門夫婦とも其後年忌法事等追孝無怠当時少々身上向不自由少く罷成候付而は平三郎在世之節諸事不任心底候儀を朝暮相悔罷在、且悴平吉幼少ゟ父母之申付を相守両親江対し」申争等不致候段は兼而見聞および候得共、平吉儀も成人ニ随ひ多分船稼ニ而平右衛門一同他国いたし罷在候付、眼前ニ当時之行状見届候儀は無之候、併せん兼而噂いたし候は平吉儀最早追々年頃ニ趣候得共着類等せん仕立遣候品之外は一切自分ニ相好調候様之儀無之由吹聴いたし安堵之様子ニ聞候間都合之行跡も右ニ随ひ気随之儀は有之間敷と存候旨喜平次申之候、右之通ニ而塩飽島之儀は備前讃岐両国海上隔候離島ニ而気質」等も身軽野夫ニ付素ゟ道理ニ闇礼譲も不弁之もの多分有之、先達而当表支配ニ被　仰付候以後も間々身勝手而已之公事出入筋不相絶候付追々教諭仕猶組之者毎年為島見分差遣候都度々於島々追々教諭申聞させ一両年は公事出入筋之儀も少く罷成候仕儀ニ御座候処、右平右衛門家内之者共儀下賤之身分ニ而亡父平三郎以来代々孝心を竭別而せん儀は女之身分ニ而平右衛門他国稼之留主引請農業織績出精いたし倹約」相用貧窮之中ニ而其身は麁食を不厭舅平三郎食事万端不自由無之様取計、同人死去之節も夫平右衛門留主中殊島内ニ心添可致親類無之処壱人ニ而引請葬式法事等丁寧ニ相営平右衛門始悴平吉諸とも死亡平三郎忌日供養不怠存命之者ニ向候通礼譲を重く相営、家内向当時不自由無之様相成候而も平三郎在世ニ不相替銘々一己ニは麁食麁服相用追孝而已心掛、右ニ付平吉儀も自然と生立宜幼少之」節ゟ父母之心ニ不背一同諸事誠実ニ睦敷相暮候段奇特成儀ニ付、享和三亥年七月依御下知為御褒美平右衛門せん平吉江銀弐拾枚被下之候

長堀白髪町
大和屋喜兵衛支配借屋
佃屋　藤兵衛

右藤兵衛儀材木問屋渡世安堵ニ相続仕候段　御治世　御国恩之程難有奉存冥加之ため銀高拾貫目上ケ切ニ差出置申度候間、自然年柄ニ寄米穀損毛等有之候節乍聊右銀高御差加にも相成候ハヽ難有奉存候旨願出奇特成儀ニ付為褒美銀拾枚差遣願之通承届候段、文化元子年五月其段先役水野若狭守佐久間備後守ゟ御届申上候

（朱書）「本文取計方之儀奉伺候処右様之類は奉行了簡いたし手限ニ而相応ニ褒美差遣、其段」御届申上候様御下知之趣被仰渡候付奉承知、右之通取計其段御届申上候」

今橋弐丁目　鴻池屋　善右衛門

右善右衛門ゟ四代以前善右衛門儀身元慥成ものニ付享保十巳年ゟ摂河泉三ケ国国役銀」并其砌ゟ私共両御役所年中入用諸払銀定式臨時とも掛屋申付代々不相替相勤罷在相士之もの壱人有之候処、右相士之儀は病身或身上不如意等申立退之儀相願追々相代り候得共此者儀は先代ゟ七

拾八ケ年之間無懈怠連綿仕病気等ニ而無拠節は格別右勤方其外とも御用有之御役所江罷出候節或御用向ニ而呼出候節も不限昼夜早速出勤仕御用筋聊麁略不仕、且又外町人共江御用金被　仰付候砌度毎重モ立」上納方抽丹誠精勤仕、右御用向被　仰付候者之内御請差支申者有之候而も彼是勘弁厚志ニ世話仕出金割方等繰合いたし遣万事無滞様取計仕候故、於御役所も手数不相掛早速一同ニ御請申上候様相成候由内々及承候、尤家職両替渡世仕候得共右取引筋其外共公事出入被相手取候儀は勿論自分ゟ願出候儀も無之吟味筋引合等ニ而御役所江呼出候儀も是迄不及承、全兼而身持正敷慎方宜候故之儀と相聞其上常々花麗」不相好衣服等を始家内飲食ニ至迄心を用諸事質素を相守候付、外町人共之内ニも自然と被化相慎候者も有之趣風聞も有之、殊更摂河在々洪水之節水難之村々江私共御役所取計を以差遣候夫食此者方ニ而日々焚出申付候処、出精ニ相勤其上手前ゟ差遣施行之儀も不些享保之度飢饉又は天明年中米穀高直之節も両度共施行仕其度々申上有之、右之通累年代々不相替国役方并両御役所掛屋申付無滞引続」相勤御用金被　仰付候砌も出精仕、其上常々花麗不相好身分慎方宜并難渋之者有之節は施行仕候次第旁奇特成儀ニ付、文化元子年五月依御下知為御褒美銀弐拾枚被下之候

南新町壱丁目
河内屋新太郎下人
徳兵衛　子五拾四歳」

右徳兵衛儀主人江忠勤仕候由相聞候付承糺罷在候内、右町年寄堺屋宇兵衛儀右奇特之趣訴出候付新太郎隣家并五人組之者共一同呼出相糺候処、新太郎儀は九拾年余右丁内ニ住宅仕四代相続いたし勿論先祖之代ニは身上柄も宜暮、徳兵衛親元之儀は播州美嚢郡実楽村百姓喜兵衛と申者当表江罷出釣鐘町ニ致借宅其所ニ而致出生、徳兵衛拾弐三歳之頃ゟ右新太郎方江年季奉公ニ罷出四拾年余奉公無怠慢忠勤いたし」幼年ゟ両親をも大切ニいたし候処、母儀は先達而病死いたし其後父喜兵衛儀も病気差発候付主家之透ニは罷越介抱いたし候得共手遠ニ而は自ラ難行届ニ付、主人之借屋ニ罷在候布屋万次郎と申者徳兵衛至而懇意ニいたし候者ニ付相頼万次郎方江喜兵衛を引取貰同家ニ差置候付右入用等徳兵衛ゟ相賄、右之通手近く相成候故主人用向之隙を見合薬用は勿論朝夕給物之世話等

無残所厚介抱いたし夜分も主用片付候得は主人ニ暇を」願介抱ニ罷越深切ニ取扱看病いたし候得共養生不相叶天明七未年病死いたし候由、右主家四代先新右衛門同人悴権四郎并和州大谷村ゟ養子ニ参候三代目新右衛門追々病死いたし、右新右衛門実子当時相続人之新太郎ニ御座候処三代目新右衛門代ゟ身上不如意ニ相成、尤新太郎儀名前ニ相成候後此者儀永々出精相勤候儀ニ付別宅為致可申間通ひ勤ニいたし候様新太郎申聞候得共身上不勝手之主家ニ付、別家等仕候而は夫丈ケ之物入も」有之儀故達而辞退およひ候得共何分借屋之内江別家いたし可然旨厚申聞候付、其儀相背候儀も不本意と存任申新太郎借屋之内江名前差出独身ニ而別家いたし候得共日々主家江罷越店向以前ニ不相替心を付罷在候内、寛政元酉年大火有之新太郎居宅借屋とも不残類焼いたし素々不如意之上之儀ニ付両替渡世も難相成様罷成候処、徳兵衛儀得意先々相廻色々相頼候付得意先之者共徳兵衛主家大切ニいたし精実を」竭候段奇特之儀と一同帰伏いたし、右心底を感得意内ゟ焼跡普請銀取替貫并徳兵衛儀年来乍少々貯銀有之候を右入用ニ差出普請成就いたし候付、諸方取引先々別而気請能渡世取続相成候儀日夜相悦其恩儀を存右銀子取替候先々并外得意内江も式日礼無懈怠主家同様ニ相勤、仮令病気たりとも押而式日相勤勿論徳兵衛借宅も一同ニ致類焼候付夫ゟは又々以前之通主人方店手代ニ罷成精々倹約専いたし、召仕之下女を減徳兵衛兎角取続而已」心掛毎日未明ゟ起家内之食事拵いたし、新太郎儀門徒宗ニ而母さよ至而信者ニ付毎朝本願寺掛ケ所江致参詣候付往返とも大切ニ心添いたし、且又召仕之丁稚等は暑寒之無障様朝夕厚世話いたし式日等之節菜之物主人は不及申傍輩ニ至迄随分心を付給させ自分は麁菜を給倹約を守唯主家繁昌を而已相楽候付、追々身上持直右躰徳兵衛心労いたし候付労候而は如何ニ付責而煮焚之世話丈ケ之儀は下女ニ而も召仕可為致旨」主人より申聞候得共辞退いたし其身を不厭聊苦労之躰をも不相見、丁稚共商売方ニ相用候銭差《(ママ)》等拵候節は倶々手伝いたし遣諸事憐愍深く自身は暫時之手透有之候得は糸を繰或薬種屋ゟ薬種請取、刻等を賃仕事ニいたし右賃銭之溜を以両親之年回吊料ニいたし、主人ゟ給銀は一切不貰請先達而ゟ仕着ニ貰候物をつゞり致着用聊衣類等之好無之、日々夕方ニ相成候得は銀銭不残土蔵江入火之元万端心を付暑寒も」不厭自分は土蔵之内ニ臥候付、家内之者差留候得共得意方ゟ入込之銀子も有之候得は盗難等有之候而は得意方江申訳も無之旨申之厳重ニ相守、先年ゟ主家六七ケ度も逼塞可致程之節徳兵衛神妙ニ取計、依之渡世も無恙取続候儀を聊面ニ不出都而我意を不立右躰実意之所業ゟ自ラ主家身上持直候様相成候付、主人新太郎并同人母さよ儀神妙奇特成者之由徳兵衛心底之程感伏いたし町内之者共も感心仕罷在候旨」申之候付右徳兵衛江も相尋候処、拾三歳之節ゟ四代前新右衛門代ゟ奉公ニ罷出此節迄四拾年余相勤候主家之厚恩を存何卒商売方取続繁栄を相祈罷在候処、年来之内六七ケ度も取続難出来様相成候儀も有之彼是心配仕漸身上取直当時無恙商売いたし候得共元来愚昧之者故心底ニ存詰候程ニは行届不申候由申之、徳兵衛忠勤出精仕候次第は前書之通ニ而若年ゟ一躰之所業名聞ニ不拘主家大切ニ相勤候段奇特成儀ニ付、文化元子年」七月依御下知為御褒美徳兵衛江銀拾枚被下之候

冨島壱丁目　松屋太助支配借屋
樽屋理吉同居従弟
むめ　子弐拾歳

右むめ儀母江孝行仕候由相聞候付相糺候処、父平兵衛儀は先達而相果母つね儀も病気ニ付」大切ニ看病いたし、理吉儀は未幼年ニ付むめ儀家事万端引請世話いたし母病気全快祈祷之ため且は父追善旁夜毎ニ念仏百万遍無懈怠相勤候段奇特成儀ニ付、文化元子年十二月阿部播磨守御城代之節相達候上、先役佐久間備後守御役所江呼出褒置鳥目五貫文差遣申候」

内本町弐丁目　鮫屋吉兵衛支配借屋
和久屋　冨三郎　子拾六歳

右冨三郎儀母江孝行仕候由相聞候付相糺候処、冨三郎拾壱歳之節父孫兵衛病死いたし候処、家業差物職之儀同人弟子与之助右職相稼候を無他事心掛見習出精いたし其後母志ほ病気差発相脳（悩）候節昼夜万事ニ心を用神妙ニ致介抱次第ニ遂全快候を相悦、猶々家業精を出亡父年忌」法事等懇ニ相営古借銀をも追々済方いたし当時家賃銀等不相滞兼而孝行いたし候段奇特成儀ニ付、文化二丑年二月阿部播磨守御城代之節相達候上、先役佐久間備後守御役所江呼出褒置鳥目五貫文差遣申候」

堂島弥左衛門町　河内屋市兵衛借屋

大坂屋　　勇　助　丑五拾弐歳
并同人女房　と　み　丑　五拾歳

右両人儀主家大切ニ仕候由相聞候付承糺罷在候内右町年寄酢屋喜蔵ゟも勇助とみ奇特之趣訴出候付主人同町綿屋萬蔵并隣家五人組之者共呼出」一同相糺候処、元来右とみ儀摂州豊島郡蒋江村百姓吉右衛門娘ニ而拾四歳之節萬蔵父孫兵衛存生中下女奉公ニ罷越弐拾壱歳迄実貞ニ相勤、夫より孫兵衛親類内江弐ケ年計奉公いたし又々孫兵衛方江帰参いたし候而三ケ年計相勤候上奉公相退、勇助儀はとみ従弟ニ而親々ゟ言号いたし有之由、勇助儀は麹町天王寺屋安兵衛借屋ニ住居いたし罷在候所江とみ縁付同人儀孫兵衛方ニ幼年より奉公相勤候縁を以夫婦とも孫兵衛方江立入候処、」元来孫兵衛儀米中買并醤油商売相兼罷在候付其節ゟ勇助儀肩入奉公相勤節季毎ニ鳥目拾貫文宛貰請醤油担ひ売仕、天明八申年より弥左衛門町江引越至而実躰ニ相勤正路之取計いたし候付商ひ方諸勘定向勇助江相任セ置候処、寛政三亥年孫兵衛病気差発其節勇助とみ両人とも昼夜付添無残所介抱いたし萬蔵儀は幼若ニ付商売方之儀万端勇助江頼置死去仕候由、其後萬蔵及成長常安裏町池田屋庄兵衛娘よりを」妻ニ呼迎勇助儀とみと心を合萬蔵夫婦并萬蔵母貞正を大切ニいたし、家内之儀は貞正江任セ商売向之儀は勇助引請醤油を担ひ得意先相廻候付始終萬蔵を召連罷出、享和三亥年ゟ搗米商売相始醤油商ひ相兼無如才両人とも相勤候付、萬蔵儀も父孫兵衛申置候儀等若年之節ゟ相守実躰成者ニ付、家内睦敷家業出精追々商ひ向繁昌いたし当時借財等無之候、然処とみ儀先年下女奉公中は其身倹約仕主人ゟ貰請候給銀は在方ニ」罷在候母養育料として差遣、勇助夫婦ニ相成候後は母を引取相養居候処病気差発追々介抱いたし候得共養生不叶相果申候、猶又享和三亥年痲疹流行之節萬蔵初家内右病症ニ而打臥罷在候処勇助儀も家内ニ子供男女四人罷在是以同様ニ相煩打臥罷在候付、萬蔵方透見合立帰様子は及見候得共始終介抱は雇人いたし頼置、勇助夫婦は萬蔵方ニ昼夜罷在大切ニ介抱いたし追々遂全快候処、萬蔵妻より儀」又々大病ニ取合セ其節も勇助とみ儀昼夜介抱いたし候得共養生不叶相果申候、都而孫兵衛存生中より不怠貞実を竭主家大切ニ仕候段萬蔵并同人母貞正儀勇助とみ神妙奇特成心底之程感伏いたし町内之者共迄も感心仕罷在候付右勇助とみ呼出相尋候処、とみ儀は幼年より孫兵衛方ニ被召仕猶又勇助と夫婦ニ相成候後孫兵衛存生中勇助江諸事之儀頼置候趣難黙止何卒商売方取続繁栄を祈罷在彼是心配仕候得共」元来愚昧之者共故心底ニ存詰候程ニは中々行届不申旨申之、両人とも誠実を竭候次第は前書之通に而とみ幼少之節奉公ニ罷出候節ゟ唯今ニ至主家致大切夫婦とも元手銀等貰請主家ゟ仕分請候身分ニも無之処、無其儀厚丹誠を竭孫兵衛萬蔵二代引続致忠勤自身之子供一同痳疹煩候節も無其貪着萬蔵方ニ詰切猶又同人妻大病之砌看病等無残所いたし候始末奇特成儀ニ付、文化二丑年閏八月依御下知勇助とみ江為御褒美銀」五枚宛被下之候

天満板橋町　嶋屋藤兵衛借屋
山家屋　弥兵衛　丑三拾三歳

右弥兵衛儀親江孝心を竭職方出精家名取続罷在候由右町年寄伏見半七儀行状書付差出」候由惣年寄共申出候付相糺候処、其段無相違相聞奇特成儀ニ付文化元子年四月先役佐久間備後守御役所江呼出褒置鳥目五貫文差遣、其節は御城代阿部播磨守在府ニ付到着之上右之段申達置候、然処其後不相替孝心を竭候段相聞猶又前書半七并惣年寄ゟも其段申出候付弥兵衛隣家并家主五人組之者共呼出半七一同相糺候処、右弥兵衛儀生得至而正直者ニ而母申付候儀は不及申町内之者共申聞候儀何事ニ不寄不相背孝心不怠、元来弥兵衛」親安兵衛と申者天満空心町ニ住宅葛商売いたし相応ニ相暮罷在候処、板橋町江変宅いたし右弥兵衛母いよ儀は播州出生之者ニ而女房ニ呼迎子供男女四人出生いたし候処、三人は幼少ニ而相果弥兵衛壱人相残、安兵衛儀追々身上不如意ニ相成仕似之葛商売難相成様成行元手等無之ニ付外商売之存付も無之、其砌弥兵衛は幼若ニ罷在候付安兵衛存寄ニ而釘鍛冶職仕覚居候惣兵衛と申者を養右職取掛漸其日を相凌罷在候内、弥兵衛儀惣兵衛ゟ」追々右職習請居候処、安兵衛病気差発色々介抱いたし候得共養生不相叶相果、其後惣兵衛儀も病死いたし弥兵衛いよ両人ニ相成、いよ儀老耄之気味に而折節は不都合之儀も有之打臥居候付、起臥之介抱早速行届候様いたし度存寄ニ而間狭之居宅職方細工いたし候側近く臥らせ置、食事之節は何ニ而も好候品調為給諸事母之気ニ応候様大切ニ仕両便之取仕舞神妙ニいたし、着用物洗濯まて弥兵衛自身いたし母之着替余計ニ拵候儀不任」心底候付弥兵衛着類を母之身ニ合候様仕立直着セ、其身は継々同前之品を着し寒夜ニは自身着用之蒲団迄も母江着

セ臥らせ候付、弥兵衛儀格別之寒夜は凌兼候故一夜借賃八銭宛差出蒲団一畳借請着用いたし居候を同町ニ罷在候広島屋喜八及承右躰誠実成心底感心いたし喜八所持之蒲団一畳貸遣決而賃銭等貰候心得ニは無之旨申聞候処、全母有之候故右躰深切ニもいたし呉候事猶々母之厚恩難忘存是迄蒲団」借賃高を其後も同様ニ日々手元江除置職方無油断日夜出精いたし候得共、母之介抱ニ手数も相掛候故存候程ニ職業難行届極貧之儀ニ付養育之手当ニも可致心得ニ而乍聊貯置、且弥兵衛儀無妻之儀ニ付相応之女房呼迎倶々母之介抱為致候得は夫丈ケ弥兵衛手も透候付職方稼も行届可申旨及心添候者も有之候得共、呼取候上若母之気ニ不叶時は自然と介抱も疎ニ相成候道理と心得女房不呼迎孝養而已相竭、先達而賞美之上」差遣候鳥目五貫文も母之介抱方臨時入用之ため蒲団賃銭同様ニ備置無他事昼夜職業出精孝養無怠奇特之取計仕候段隣家并家主町内之者共迄感心仕罷在候付、御褒美之儀申上候積ニ而取調罷在候内右さよ病死いたし候付猶其後之行状為承合候処、弥兵衛儀兼々貧窮ニ而存候程ニは孝養も不行届様存深く相歎前段貯置候銭を以葬式等相応ニ相営、忌中ニは仏壇之燈明等昼夜ニも燈し心計之供養不相怠七々日」逮夜毎ニは旦那寺之伴僧を招懇ニ相吊尽七日にハ志之品懇意之方江都度々相贈近所之者も相招回向追善等執行いたし、只身貧ニ而母之吊等之儀も不任心底候儀而已及悲歎弥無他事家業出精いたし貧窮之中ニも店賃為滞候儀無之買掛等も不致候由、右躰母存命中ゟ追孝ニ至迄神妙奇特成者ニ付、文化二丑年十月依御下知為御褒美弥兵衛江銀五枚被下之候」

順慶町弐丁目　大和屋長兵衛支配借屋
伏見屋小三郎幼少代判
善兵衛同居娘　ミつ　丑拾七歳

右ミつ儀母江孝行仕候由相聞候付相糺候処、ミつ儀毛綿絞渡世いたし父喜助儀は先達而相果母いよ儀は中症ニ而不相勝候付大切ニ介抱いたし平日母之心ニ不背孝心ニいたし、五節句神事等ニも無怠相稼諸借銀等も追々為相済、親喜助年回ニ相当候節は」頼寺相招仏事相務隣家之者江は賦物等いたし懇ニ相吊候段奇特成儀ニ付、文化二丑年十一月阿部播磨守御城代之節相達候上、先役水野若狭守御役所江呼出褒置鳥目五貫文差遣申候

安治川上弐丁目
奈良屋藤兵衛支配借屋
釜屋　次郎兵衛　寅三拾六歳」

右次郎兵衛儀母ニ孝行仕候由相聞候付相糺候処、父次兵衛儀は先達而相果母まつ儀も痰症ニ而不相勝候付大切ニ介抱いたし、妹ます儀も病気ニ而膝行同前ニ相成候付次郎兵衛壱人ニ而日々母妹江服薬食事等心を付看病いたし候段奇特成儀ニ付、文化三寅年三月阿部播磨守御城代之節相達候上、先役佐久間備後守御役所江呼出褒置鳥目拾貫文差遣申候」

西高津新地四丁目　土佐屋七兵衛借屋
姫路屋定吉同居悴
佐　吉　寅拾四歳

右佐吉儀父母江孝行仕候由相聞候付相糺候処、父定吉儀は中症相煩母みよ儀は湿病ニ而不相勝候付佐吉儀日々炭壱俵宛問屋を頼現銀ニ買取持帰大小粉炭等夫々ニ撰分売歩行、昼頃には罷帰両親之容躰を相尋服薬食事等をも」心付又々翌日之荷拵をいたし、夏ニ成候得は蛍を取売歩行昼夜相働両親望之品を調家内朝夕粥を給、五節句之休日ニも一日も不相休商売出精いたし妹むめを相手ニいたし大切ニ介抱いたし候段奇特成儀ニ付、文化三寅年七月阿部播磨守御城代之節相達候上、先役水野若狭守御役所江呼出褒置鳥目五貫文差遣申候」

麹町　坪屋嘉兵衛借屋
丸太屋　松兵衛　寅三拾四歳

右松兵衛儀母江孝行仕候由相聞候付相糺候処、父新七儀は十七年以前病死いたし母とよ妹やす儀も眼病相煩弟熊次郎は湿病ニ而不相勝候付、松兵衛儀髪結日雇働いたし節季毎手間賃銭不残持帰母江相渡毎朝渡世ニ出候節帰」刻限往来道筋等迄都度々申聞置、扨又とよ儀酒を好候故調為給長夜之時分は有合候本抔読聞セ其節眼病快気祈願之ため寒中垢離を取り近村之歓喜天江百日参詣いたし都而母安心いたし候様取計家内睦敷相暮候段奇特成儀に付、文化三寅年七月阿部播磨守御城代之節相達候上、先役水野若狭守御役所江呼出褒置鳥目拾貫文差遣申候」

鍛治屋町弐丁目
明石屋三右衛門支配借屋

釘屋　六兵衛　寅弐拾七歳
并同居弟　仁兵衛　寅弐拾三歳

右両人儀母江孝行仕候由相聞候付相糺候処、六兵衛儀は先達而病死いたし母とめ儀も病気差発候付薬用介抱等無油断何卒全快いたし候様ニと存」両人とも日々寒中不相厭垢離を取身を清メ神仏江祈願を掛都而母之心ニ応候様取計孝行いたし候段奇特成儀ニ付、文化三寅年十一月松平能登守江相達候上、先役佐久間備後守御役所江呼出褒置鳥目五貫文宛差遣申候

弥兵衛町　丹波屋吉兵衛支配借屋
笠屋　市兵衛　寅四拾七歳」

右市兵衛儀父母江孝行仕候由相聞候付相糺候処、仲仕働いたし平日両親之心ニ不背渡世出精罷在候処父忠兵衛儀病気差発候付色々介抱いたし候得共養生不叶相果候付、相応ニ葬式相営年忌等をも懇ニ相弔且又母之存寄ニ而妹両人を外方江縁付為致候砌も市兵衛不勝手之内ゟ彼是心配いたし相片付、唯々母之気ニ不背孝心を竭右妹之内壱人は男子有之を残置縁付いたし候付、是又市兵衛引請養育いたし母之ためニ実孫ニ付」格別愛憐いたし候付、市兵衛儀も別而心を付懇ニ取計最早弐拾壱歳ニ相成候付市兵衛悴分ニいたし諸事母之好ニ応候様いたし孝行仕候段奇特成儀に付、文化四卯年四月松平能登守江相達候上、先役佐久間備後守御役所江呼出褒置鳥目五貫文差遣申候」

弥兵衛町　綿屋利兵衛借屋
茨木屋庄右衛門同居
庄　六　卯六拾四歳

右庄六儀主家江忠義仕候由相聞候付相糺候処、同人儀拾六歳之節ゟ同町和泉屋市兵衛方江奉公ニ罷越十ケ年余無滞実躰ニ奉公相勤候処、主人市兵衛勝手向追々不如意ニ付一ケ年計外方江日雇働ニ罷越右賃銭主家勝手向江差入其余分に而丁内ニ借宅いたし米賃搗いたし其外日雇等ニ」罷越、無妻ニ而昼夜無怠相働右溜銀を以主家借財之助合等もいたし忠義を竭候段奇特成儀ニ付、文化四卯年四月松平能登守江相達候上、先役佐久間備後守御役所江呼出褒置鳥目五貫文差遣申候

白銀町　年寄　淡路屋　太郎兵衛」

右太郎兵衛儀役儀出精相勤町内諸入用等精々減方心掛公

事出入ニ可及筋出来之節は不事立様取計万事町内之者江示方行届候段奇特成儀ニ付、文化四卯年五月松平能登守江相達候上、先役佐久間備後守御役所江呼出褒置銀壱枚差遣申候

船坂町　村上玄盛借屋
俵屋　定次郎　卯拾八歳」
并同居妹　む　め　卯拾弐歳

右両人儀継母つね存生中孝行仕候由惣年寄共申出候付相糺候処、つね儀先達而ゟ病気差発候付心を竭介抱いたし定次郎儀は石津町大和屋弥三右衛門方江通ひ勤いたし居候付、日之内は主用相弁主家に而食事之節野菜并魚類は其侭ニ而持帰母ニ進メ給させ夜分は不臥付添介抱いたし、猶又其余好候品はむめ儀乍幼若相調煮焚等いたし」服薬之儀も毛綿絞賃仕事を兼始終心を用居候処養生不叶当四月相果候、以後追考も無残所相當候仕形両人とも奇特成儀ニ付、文化四卯年六月松平能登守江相達候上、先役佐久間備後守御役所江呼出褒置鳥目拾貫文宛差遣申候

安堂寺町五丁目　吉野屋次助支配借屋
播磨屋　善兵衛　卯弐拾壱歳」

右善兵衛儀母志け江孝行仕候由相聞候付相糺候処、肴類商売いたし生得実躰成者ニ而両親之申付を不相背家内睦敷相暮罷在候処、父善助儀病気差発候付大切ニ介抱いたし候処養生不相叶相果、母志け儀も中症相煩半身不相叶候付是又看病無怠両便之取仕舞よごれ物等他人之手ニ掛不申商売ニ罷出候節は食事等取拵置、弟巳之助儀母之側を不離看病大切ニいたし候様申付孝行ニいたし候段奇特成儀ニ付、文化四卯年九月松平能登守江」相達候上、信濃守御役所江呼出褒置鳥目五貫文差遣申候

南農人町壱丁目
久宝寺屋徳兵衛借屋
升屋　儀兵衛　卯弐拾六歳

右儀兵衛儀祖母江孝行仕候由相聞候付相糺候処、両親とも先達而相果儀兵衛は米賃搗渡世いたし」罷在候得共元来虚弱ニ而人並之働も難出来困窮ニ相暮候処、平日祖母貞證申付候儀不相背同人儀当八拾八歳ニ相成候付懇意之者共江祝之餅を賦り兎角貞證心ニ応候様取計、常々隣家より外江は不罷越働ニ出候而も休之間々ニは罷帰祖母之

安否を相尋万事心を付孝行いたし候段奇特成儀ニ付、文化四卯年九月松平能登守江相達候上、信濃守御役所江呼出褒置鳥目五貫文差遣申候」

相生東之町
明石屋平兵衛借屋
河内屋　久兵衛　辰三拾歳

右久兵衛儀母江孝行仕候由相聞候付相糺候処、渋商売いたし母妙正を大切ニいたし同人儀は久々片手足不自由ニ付商ひニ出候而も時々罷帰食事等心を付或餅菓子抔調土産ニ持帰湯風呂等江は背負連行介抱万事心を竭睦敷相暮、尤女房呼迎候ハヽ働之都合も可宜旨母其外知音之」もの共も申勧メ候得共其人柄ニ寄母之気ニ不応候而は却而如何之由申之無妻ニ而相暮、只母江之孝心厚志候段奇特成儀ニ付、文化五辰年二月松平能登守江相達候上、信濃守御役所江呼出褒置鳥目五貫文差遣申候

油町三丁目
布屋徳兵衛借屋
丹波屋　与　八　辰拾九歳」

右与八儀母并亡父亡祖母存命中孝行仕候由、右町年寄山城屋六左衛門儀行状書付差出候由、惣年寄共申出候付与八隣家并家主五人組之者呼出六左衛門一同相糺候処、右与八父死亡与八儀先年ゟ油町壱丁目ニ借宅仕右町髪結渡世仕候処、享和二戌年九月ゟ病気差発其節は与吉と申拾三歳ニ罷成候得共其以前ゟ父之職方見習居候付午幼年父之代髪結働ニ罷出母らく倶々致介抱候内養生不叶翌亥年正月与八致病死候後、与吉事与八と致」改名跡髪結職渡世仕家内相育罷在候内、又々同人姉つね病気差発右介抱をも無手抜いたし遣候得共是又養生不叶同年九月相果、右之通父并姉引続不幸之砌葬送万端跡々弔をも行届懇ニ相営、其後当時之借屋江変宅いたし其節は祖母とめ七拾歳余之盲人ニ而同居いたし候処万事之世話仕与八神妙ニ取扱居候処、らく儀惣身不叶ニ相成追々重病ニ罷成候付医師掛服薬ハ勿論功能有之由及承候程之売薬をも相用ひ」毎朝早く起候而食事万端煮焚いたし弟寅吉江夫々申付職業ニ罷出、尤らく寝返りも難致両便自由不相成候付程を考折々罷帰両便為調両便したし取候布切等は夜中隣家を忍ひ致洗濯夜分も硝子細工物商ひニ辻見世差出昼夜無油断致出精、祖母とめ儀兼而酒を好候付困窮之中ゟ夜分は

少々宛酒肴取拵相進メ諸事心ニ応し候様取計居候処、文化四卯年七拾九歳ニ相成次第ニ相弱同年八月病死いたし候処葬送」吊等懇ニいたし、夜中透を見合母病気全快之祈願ニ氏神高津宮其余信仰之神仏江致参詣日々母之好候品を相尋取拵為給深切ニ致介抱候由、与八儀日々家業出精いたし右躰重病之介抱物入も有之内ゟ家賃等をも無滞相払神妙之もの故歟母らく格別之大病ニ候処、段々全快ニ趣篤と快常躰ニ罷成家内之世話も出来候付一入相悦家業出精仕候由、与八儀幼年之頃ゟ孝心を竭家業出精仕右躰之行状下賤之者ニは別而奇特成」儀ニ付、文化五辰年四月依御下知為御褒美与八江銀七枚被下之候

摂州八部郡兵庫津木戸町
綿屋五兵衛下人
武兵衛　辰四拾六歳

右武兵衛儀主人江忠義を竭候由相聞候付相糺」候処、主人五兵衛先代重左衛門手代奉公相勤両替店方実躰ニ取計候処、九ケ年以前武兵衛病気ニ而無拠重左衛門ゟ暇請父源八方江立帰候砌も重左衛門方奉公中之給銀滞之分并元手銀等も不貰請、其後病気全快之上他借銀を以元手ニいたし油商売并船乗渡世いたし父源八を相育、古主之恩儀を不忘兼々重左衛門方江立入いたし候内同人身躰追々不如意ニ相成重左衛門は名前退同人弟五兵衛江家名商売とも相譲候得共下地之借用銀多難取続取引」得意之気請悪敷相成候付、此者儀五兵衛身躰向取続之心添いたし自身之渡世相兼候而は不行届候付父源八江相談之上同人甥を養子ニ貰仕似置候渡世を引渡父源八養育之儀頼置、妻子引連元主家五兵衛方江引越奉公いたし給銀等ニ不拘却而武兵衛才覚を以銀高之調達等いたし五兵衛商売方江差入、猶又外ニも先年相勤候節馴染之取引銀主共江主家難渋之次第相歎候処、銀主共武兵衛を慥成儀と存居候付追々入銀いたし候様相成、右ニ付」てハ先達而五兵衛を相手取預銀滞済方之儀御役所江願出候者共迄自然と了簡いたし内済も出来候間、両替方は勿論毛綿類油商売とも相応ニ取続候段未主家身躰取直候程ニは不至候得共誠実之次第奇特成儀ニ付、文化五辰年四月松平能登守江相達候上、信濃守御役所江呼出褒置鳥目拾貫文差遣申候」

今橋弐丁目　真嶋隆徳借屋
池田屋忠兵衛女房

かね　辰五拾三歳

右かね儀父母江孝行仕候由相聞候付相糺候処、母みよ眼病相煩中年ゟ盲目ニ相成候付色々心を竭長々無怠介抱いたし候処養生不相叶相果候付、追善等懇ニ相営且又父善久儀実性ニは候得共最早九拾六歳ニ相成極老之事故歩行不相叶候付両便之取扱等」かね壱人ニ而取計兎角老人之心を休候様いたし、平日善久酒を好候故少々宛調置相進メ其外朝夕之起臥深切ニ致介抱食事等好之品を相進メ孝養神妙ニいたし候付、夫忠兵衛并悴亀作儀も右ニ准善久を大切ニいたし家内無申分睦敷相暮候段奇特成儀ニ付、文化五辰年七月松平能登守江相達候上、信濃守御役所江呼出褒置鳥目拾貫文差遣申候」

西高津新地五丁目
和泉屋武兵衛借屋
菱屋　次兵衛　巳拾六歳

右次兵衛母江孝行仕候由相聞候付相糺候処、父甚左衛門儀三ケ年以前病死いたし候付此者前名亀吉と申候を次兵衛と改漬豆其外諸品担ひ売いたし、母とみを大切ニいたし同人申付候儀不相背孝心ニいたし家内五人睦敷相暮候段奇特成儀ニ付、」文化六巳年正月松平能登守江相達候上、信濃守御役所江呼出褒置鳥目五貫文差遣申候

安堂寺町弐丁目下半
加納屋卯兵衛借屋
大和屋　新兵衛　巳拾六歳

右新兵衛儀父母江孝行仕候由惣年寄共申出候付相糺候処、綿賃打渡世いたし罷在候処父新兵衛」母とら両人とも病気之節服薬は勿論両便之取仕舞万端懇ニ看病いたし日々好候食事を相調相進メ諸事心ニ応候様取計罷在候処、養生不叶両親共相果候付葬式追善心を竭相営渡世無怠家内睦敷相暮候段奇特成儀ニ付、文化六巳年正月松平能登守江相達候上、信濃守御役所江呼出褒置鳥目五貫文差遣申候」

南久太郎町六丁目
聞信寺下女　き　さ　巳弐拾壱歳

右きさ儀聞信寺居宅出火之節奇特之取計仕候由相聞候付相糺候処、去辰年九月九日夜右寺出火いたし候付家内不残立退候処、右之中ニ当巳六歳ニ相成候聞信寺娘きく不

相見候付相驚きさ儀は早速立戻居宅ニ臥居候きくを抱立退候段身軽奉公いたし候者ニは奇特成儀ニ付、文化六巳年」四月松平能登守江相達候上、信濃守御役所江呼出褒置鳥目拾貫文差遣申候

古川弐丁目　兵庫屋
市左衛門　巳四拾壱歳

右市左衛門儀母江孝行仕候由相聞候付相糺候処、前名源之助と申九歳之砌養子ニ罷越候処拾四歳ニ相成」候節父市左衛門中症相煩家業之船貸渡世も難出来候付此者万事引請介抱等も養母くま諸共無残所いたし候処養生不叶相果候後、市左衛門と改名いたし平日母之申付を相守、尤是迄妻も両度呼迎候得共兎角母之気ニ不相叶候付離縁いたし其後は独身ニ而家業出精いたし罷在候処、くま儀次第ニ及老衰家事之世話も難出来候付任望為致別宅孝養無怠下女下男等迄憐愍を加家内一和いたし相暮候段奇特成儀ニ付、文化六巳年」五月松平能登守江相達候上、信濃守御役所江呼出褒置銀壱枚差遣申候

北堀江三丁目　紙屋吉兵衛借屋
堺屋　次兵衛　巳弐拾六歳

右次兵衛儀母江孝行仕候由右町年寄申聞候旨惣」年寄共申出候付相糺候処、右次兵衛儀前名岩松と申生得誠実成者ニ而幼年ゟ足袋職仕覚両親江孝行いたし罷在候処、父次兵衛儀病気ニ付母倶々大切ニ介抱いたし候得共養生不相叶相果、其節此者拾三歳ニ相成候付次兵衛と名を改家業相続いたし諸職人休日ニも不相休平日迚用向之外は猥ニ他行不致、暑寒を不厭早朝ゟ及深更候迄無怠職方出精いたし諸借銀等も無之諸事母之心ニ叶候様取計孝行ニ仕候段奇特成儀ニ付、文化六巳年五月」松平能登守江相達候上、伯耆守御役所江呼出褒置鳥目五貫文差遣申候

臼井町　大和屋喜兵衛借屋
阿波屋　平四郎　巳五拾壱歳

右平四郎儀親江孝行仕候由惣年寄共申出候付」相糺候処、平四郎儀青物担ひ売又は薪屋等江日雇ニ罷越渡世出精ニ相稼兼而養父母を大切ニいたし家内睦敷相暮罷在候処、養母くに儀病気差発候付平四郎夫婦之者昼夜介抱無懈怠食事万端心を用神妙ニ看病いたし候処、養生不相叶相果候付葬式丁寧ニ相営年回等ニは僧を招并隣家懇意之者抔

をも相招懇ニ相吊且又去辰年は養父惣兵衛八拾八歳ニ相成候付相祝、困窮ニ相暮候中ゟ過分之餅を搗懇意之先々江」相贈父相悦候を楽ニいたし候処、去冬惣兵衛足を少々計怪我いたし相痛候節も平四郎甚相歎極老之儀旁痛所平愈無覚束存候由ニ而、程隔候町方江日々罷越付薬買調帰養生為致候処追々快相成候由常々右躰孝行いたし罷在候段奇特成儀ニ付、文化六巳年七月松平能登守江相達候上、信濃守御役所江呼出褒置鳥目五貫文差遣申候」

西高津新地九丁目
小町屋卯兵衛借屋
樋口屋　勇　蔵　巳拾七歳

右勇蔵儀養祖母江孝行を竭家業出精候由、右町年寄渡海屋作次郎儀行状書付差出候旨惣年寄共申出候付勇蔵隣家家主五人組之者共呼出相糺候処、勇蔵儀幼名新三郎と申南勘四郎町銭屋利兵衛妾腹之悴ニ而寛政六寅年「二歳之節」南紺屋町鷹屋又兵衛方江不通之養子ニ貰其節は又兵衛夫婦養母きよ右新三郎都合四人暮候由、然処又兵衛儀素聟養子ニ而如何いたし候哉同年四月養母きよゟ及離縁名前相退夫ゟきよ儀按腹（ママ）渡世いたし娘やそ新三郎とも三人相暮候得共身上不如意ニ而所々致変宅候内、新三郎儀勇蔵と改名いたし拾弐歳之節松屋表町ニ借宅いたし罷在四年以来養母やそ浮種（ママ）相煩候処、乍幼少始終無怠附添致介抱候得共追々病気相重やそ儀養生不相叶相果長病之儀」に付弥増困窮ニ迫り右町内ニも難罷在当時之卯兵衛借屋江致変宅、其後養祖母きよ儀も段々老年ニおよひ最早七拾壱歳ニ而病身ニ相成候付四五年以来は家業之按腹（ママ）も難出来様相成候処、勇蔵儀一躰柔和成生質ニ而品々手仕事相覚組糸或提灯之下職当時ニ而はしべ箒を重ニ家業ニいたし、猶又町内小使等ニも被相雇日夜右躰ニ心掛致出精候故哉当時ニ而は借金も不致家賃銀等も聊滞無之、きよ食事之儀は同人好候品相調用事ニ而外江」出候節ニは食物等祖母手元ニ差置罷出参候先々にて食事等いたし候節菜之物給不申持帰相進メ且きよ儀少々酒を好候故毎夜調為給諸事申ニ随ひ罷在、同人以前は相応ニも暮候哉日用賄之品を調ニ出候儀をいたし兼候様子ニ付勇蔵乍幼年右之趣も相察朝夕差支無之様自身取調、其上平日祖母江仕向ケ之様子尊敬は勿論近辺之ものニ出合候節之会釈万端誠ニ丁寧ニいたし候付祖母儀勇蔵所行実心ニ有之候段毎々隣家之者共江も」相咄悦罷在候由、且又勇蔵実父儀去ル寅年致病死候節勇蔵儀血脉之者ニ付何卒実家江立戻相続いたし候様致度段きよ方迄実家ゟ頼参候儀有之候処、勇蔵儀承之実家江立帰候儀は身（ママ）分ニ取候而は大慶ニは候得共誠幼年ゟ養祖母之世話ニ而成人いたし候恩儀を不贈（ママ）今更実家江立戻候儀は不承知之旨申張養祖母江も相咄候処、右実家江立戻候儀は甚迷惑之旨申聞候付無拠右相談相断候由、殊養母病気之節も」乍幼年聊無懈怠差添末期迄介抱いたし其後は養祖母ニ篤く仕へ家業出精いたし孝養を竭、家持之実家相続人無之呼戻度旨相談有之節も貧窮之身分ニ而冨家をも不羨及断弥孝行無怠慢相仕候始末神妙奇特成儀ニ付、文化六巳年十一月依御下知為御褒美勇蔵江銀五枚被下之、養祖母江老養扶持として一日米五合宛一生之内被下之候」

立売堀南裏町
都川屋徳兵衛支配借屋
縫屋　新　助　巳弐拾三歳

右新助儀母江孝行仕候由相聞候付相糺候処、前名萬吉と申拾四歳之節父新助病死いたし候付此者新助と名を改縫物職いたし早朝ゟ夜半迄も家業出精仕自分は麁食麁服いたし父之忌日ニは懇ニ相吊、平日母つる申聞候儀何事ニよらす不相背」孝心いたし候段奇特成儀ニ付、文化六巳年十二月松平能登守江相達候上、信濃守御役所江呼出褒置鳥目五貫文差遣申候

右は寛政元酉年ゟ文化六巳年迄孝行奇特成もの取調候処書面之通御座候　以上

文化六巳年十二月

平賀信濃守
斎藤伯耆守」

摂州河州在々水難人江施行物差出奇特之取計仕候者共褒置御褒美被下候書付

平賀信濃守
斎藤伯耆守

大坂三郷
六百拾三町

銀弐百拾五枚

年寄
月行司　共

楢村屋鋪外新建家場
四ヶ所

「支配人共」

摂州八部郡兵庫津

金百疋宛　出在家町組頭　岩間屋兵右衛門

宮之前町年寄　貝屋　市左衛門

干鰯屋仲間惣代　瓜屋　徳左衛門

生魚問屋中 京積荷主中　組合惣代　六軒屋源左衛門」

銀六枚　東川崎町　樽屋　次右衛門

鍛冶屋庄左衛門

住吉屋宗左衛門

島上町　山田屋与三左衛門

山田屋七兵衛

渡海屋善五郎」

木戸町　瓜屋　忠七

川崎町　傳法屋源兵衛

布屋　定七

北宮内町　藤縄屋金兵衛

團庫屋久兵衛

同所拾町」　弐拾人

同所拾八町　七拾九人

摂州武庫郡西宮

銀壱枚　町方　百姓　茂兵衛

浜方　年寄　市郎兵衛」

金五百疋　薩摩堀中筋町　鎊屋次郎兵衛

木村周蔵御代官所

摂州兎原郡住吉村

金弐百疋宛　吉田屋喜平次

梶木町　千草屋惣十郎

同町　升屋平右衛門」

高麗橋壱丁目　三井八郎右衛門

尼崎町壱丁目　鴻池屋市兵衛

玉水町　加嶋屋十郎兵衛

金百疋宛　平野町三丁目　雲林院玄純借屋

雲林院玄仲」

唐物町弐丁目下半　信濃屋勘四郎

肥後島町　山家屋権兵衛

内平野町弐丁目　米屋　長兵衛

平野町弐丁目　茨木屋安右衛門」
同町　米屋　喜兵衛
農人橋材木町　粉川屋伊兵衛
堂島新地中弐丁目　播磨屋仁三郎
長堀白髪町　佃屋　藤兵衛」
道頓堀久左衛門町　藤　屋　佐　助
玉水町　加嶋屋安兵衛
浄国寺町　河内屋与兵衛
南久太郎町弐丁目　升屋　傳兵衛」
南勘四郎町　佐野屋喜右衞門
天満樋之上町　大根屋小兵衛
今橋弐丁目　鴻池屋庄兵衛
北浜弐丁目　塩屋孫左衛門」
江戸堀壱丁目　加嶋屋五兵衛
尼崎町弐丁目　米屋　伊太郎
江戸堀三丁目　傳法屋五左衛門
新靭町　吹田屋六兵衛」
和泉町　鴻池屋栄三郎
新難波中之町　鍵屋　忠四郎
高島町　大和屋源左衛門

堂島新地中弐丁目
　徳屋六郎兵衛借屋　豊嶋屋市郎兵衛」
錦町壱丁目　天満屋弥左衛門
船町　加嶋屋作五郎
北久宝寺町弐丁目　紀伊國屋清左衛門
内淡路町壱丁目　炭屋利兵衛借屋
　小西屋徳兵衛」
本町三丁目　柏屋　次兵衛
釣鐘町　船橋屋六郎兵衛
新戎町　田中屋重兵衛同家母　く　め
新靭町　吹田屋平兵衛」
南渡辺町　藤屋新右衞門
船町　加嶋屋　幸　七
江戸堀三丁目　平野屋四郎五郎
農人橋材木町　米屋武右衛門」
伊勢町　茶屋吉右衛門
船越町　釘　屋　定　助
北久太郎町弐丁目　日和佐屋卯兵衛
船町　加嶋屋徳兵衛」

新靭町　須磨屋弥右衛門借屋
奥野鴻二
南久宝寺町壱丁目　松味敬蔵
永井日向守御預所
河州若江郡菱江村　庄屋　要助
片桐主膳正領分
同州同郡吉田村　庄屋　源蔵」
石原庄三郎御代官所
摂州八部郡二ツ茶屋村　木屋藤左衛門
池田仙九郎御代官所
河州河内郡今米村　九兵衛
永井日向守御預所
摂州東成郡天王寺村　助三郎
同村　兵庫屋源蔵」
豊後町　小泉隆昌
金五百疋宛
今橋弐丁目　鴻池屋善右衛門
内平野町弐丁目　米屋平三郎
代判　伊兵衛
玉水町　加嶋屋久右衛門」

大川町　加嶋屋作兵衛
和泉町　鴻池屋又右衛門
金弐百疋宛
高麗橋三丁目　三井元之助
代判　喜三郎
長堀茂左衛門町　和泉屋吉次郎
代判　仁右衛門」
吉野屋町　辰巳屋久左衛門
今橋弐丁目　鴻池屋善五郎
金百疋宛
同所壱丁目　天王寺屋五兵衛
立売堀四丁目　近江屋休兵衛」
高麗橋三丁目　油屋彦三郎
安土町弐丁目　炭屋安兵衛
代判　嘉兵衛
島町弐丁目　大黒屋源兵衛
永井日向守御預所
河州茨田郡　下島村」
銀三拾枚
篠山十兵衛御代官所
摂州西成郡　江口村
新家村

三番村
下新庄村
天王寺庄

仙石弥兵衛知行所
同州同郡
南大道村
西大道村」

土井大炊頭殿領分
同州同郡
北大道村
大道新家村
上新庄村

右衛門督殿領知
同州同郡
南方新家村
柴　島　村

池田仙九郎御代官所
河州河内郡
植付村」
善根寺村
日下村
横小路村
池島村
六万寺村
客坊村
切川村
出雲井村
額田村
芝　村

日下村之内
布市分」

池田仙九郎御代官所
曽我熊之助知行所
曽我又兵衛知行所
入組
同州同郡
水走村

片桐主膳正領分
同州同郡
吉田村

曽我熊之助知行所
加藤勝兵衛知行所
入組
同州同郡
松原村」

狩野探信知行所
同州同郡
客坊村

小林新次郎知行所
同州同郡
豊浦村

石河甚太郎知行所
同州同郡
市場村

永井日向守御預所
同州若江郡
都塚村」
東弓削村
荒本村

小堀縫殿御預所
同州同郡
小若江村

池田仙九郎御代官所
同州同郡
上若江村
下若江村
西郡村

土岐山城守領分
同州同郡
八尾木村」
刑部村

松原孫太夫知行所
同州同郡
松原孫太夫知行所
石丸帯刀知行所
入組
同州同郡
永井日向守御預所
同州丹南郡
同御預所
摂州東成郡
同御預所
河州渋川郡
同御預所
同州讃良郡

中野村
友井村
寺内村
上小坂村
中小坂村」
七ヶ村
天王寺村
南平野町
北平野町
竹渕村
植松村」
太子堂村
鞍作新家村
渋川村
久宝寺村
南鞍作村
亀井村
鞍作村
六ヶ村
秦　村」
太秦村

石原庄三郎御代官所
摂州八部郡
同御代官所
同州川辺郡
池田仙九郎御代官所
河州丹北郡
戸田大学知行所
同州同郡
木村周蔵御代官所
摂州兎原郡

下田原村
上田原村
小路村
岡山村
砂東村
砂西村
神戸村
走水村」
二ツ茶屋村
弐拾三ヶ村
北切畑村
南切畑村
川辺郡
東瓜破村」
津堂村
住吉村
小野新田
熊内村
岩屋村
味泥村
鍛治屋村」
畑原村

大石村
生田村
石屋村
水車新田
河原村
筒井村
新在家村
御影村
拾ヶ村」

同御代官所
同州武庫郡
八ヶ村

土岐山城守領分
河州志記《ママ》郡
西弓削村
沢田村
沼村
西太田村
東太田村
南老原村」
南木本村
平野郷

土井大炊頭殿領分
摂州住吉郡
庄屋　善右衛門

永井日向守御預所
河州若江郡菱江村

小堀縫殿御預所
同州同郡本庄村
庄屋　和五郎」

同州同郡木戸村
庄屋　友之丞
年寄　七右衛門

銀八枚

同州同郡庄之内村
百姓　嘉兵衛
同　仁兵衛
同　徳兵衛
庄屋　麻七」
百姓　吉右衛門
同　増次郎

同州同郡東郷村
庄屋　甚右衛門
年寄　庄右衛門
同　庄兵衛
同　祐篤」
定助

同州同郡成法寺村
庄屋　八十八
年寄　小右衛門
同　与三兵衛

同州同郡今井村
庄屋　庄右衛門
年寄　弥右衛門」
同　吉兵衛

同州同郡西郷村
庄屋　五郎右衛門
年寄　九郎右衛門
同　権右衛門
同　平右衛門
同　源左衛門」
同　長右衛門
百姓　市右衛門

同州同郡別宮村
庄屋　甚右衛門
百姓　三右衛門

同州同郡八尾庄村
庄屋　政次郎」
百姓　源右衛門
同　善右衛門
同　重　助
同　七兵衛
同　弥　助
同　次右衛門

同州同郡中田村」
庄屋　十郎兵衛
年寄　七右衛門
百姓　勘右衛門
同　兵　助

池田仙九郎御代官所
同州同郡山本新田
支配人　清兵衛」

同州同郡宝持村
庄屋　勘右衛門

同州同郡近江堂村
庄屋　三左衛門

同州同郡西郡村之内新家
弥兵衛
久左衛門

土岐山城守領分
同州同郡寺内村
谷村　啓　蔵
森　惟之進

池田仙九郎御代官所
同州同郡御厨村
庄屋　浚兵衛

同州同郡高井田村
新　七」

永井日向守御預所
同州茨田郡諸福村
年寄　徳右衛門
百姓代　弥左衛門
年寄　佐　助
同　庄左衛門
同　友右衛門」
同　与兵衛
百姓　佐兵衛
同　吉兵衛
同　仁右衛門

同州同郡北十番村
百姓　清兵衛

同州同郡平池村
与次兵衛」

篠山十兵衛御代官所
同州同郡泥町村
大塚屋傳兵衛

永井日向守御預所
同州讃良郡御供田村
佐兵衛　藤兵衛　次左衛門
忠兵衛」　甚兵衛　惣右衛門
半右衛門　清兵衛　政次郎
孫　助　与兵衛　次兵衛
この」　伊兵衛　新兵衛
（原文横一列）

同州同郡三箇村之内押廻
惣左衛門　甚左衛門
孫左衛門　百　姓
（原文横一列）

同州同郡灰塚村
佐右衛門」与次兵衛　甚五兵衛
兵右衛門　善　六　常右衛門
五右衛門　忠左衛門　次郎兵衛
源右衛門」久右衛門　清兵衛
庄兵衛　太郎右衛門　三郎兵衛
七郎兵衛　安右衛門　与兵衛
伊右衛門」又兵衛　新十郎
（原文横一列）

石原庄三郎御代官所
摂州東成郡大今里村
利兵衛

同州同郡片江村　源右衛門　源左衛門
伊右衛門　彦右衛門」
（原文横一列）

同州同郡本庄村　年寄　藤兵衛
名張屋善七

同州同郡猪飼野村　権右衛門　茂右衛門
丈右衛門　藤兵衛
（原文横一列）

篠山十兵衛御代官所
同州同郡中川村」　清左衛門　勘　助
力　蔵　善兵衛
（原文横一列）

木村周蔵御代官所
同州同郡中道村　鍵屋　甚兵衛

篠山十兵衛御代官所
同州西成郡浜村　徳兵衛」
善左衛門

同州同郡橋寺村　真十郎

右衛門督殿領知
同州同郡北長柄村　作右衛門

同州同郡薬師堂村　九郎兵衛

同州同郡高畑村　年寄　傳左衛門」

篠山十兵衛御代官所
同州同郡上福島村　平野屋喜兵衛
米屋新蔵
臼屋万吉
中嶋屋与兵衛

同州同郡北野村　奥村屋茂兵衛

池田仙九郎御代官所
河州河内郡今米村」　武右衛門　三郎平
孫次郎
（原文横一列）
同州同郡川中新田　定　平
同州同郡水走村　武平次
池田仙九郎御代官所
竹中求馬知行所　入組
同州同郡芝村　市郎兵衛」
池田仙九郎御代官所
小堀縫殿知行所　入組
同州同郡神並村　紋次郎　儀兵衛　六兵衛
利兵衛　平兵衛　七右衛門
（原文横一列）
片桐長兵衛知行所
同州同郡吉田新家村　庄　屋」
年　寄
百　姓
庄屋　与三左衛門
永井日向守御預所
同州丹南郡岡村　庄屋　伊左衛門
百姓　次兵衛
稲葉丹後守領分
同州渋川郡西足代村　麻右衛門」

褒置

石原庄三郎御代官所
摂州川辺郡猪渕村　庄屋　十右衛門
次右衛門　源右衛門
小兵衛　佐兵衛
（原文横一列）
池田仙九郎御代官所
河州丹北郡長原村　年寄　萬右衛門」
玉造稲荷社　社家四人惣代
神主　高村市正
平野郷　大念仏寺役者　成　功　院
堀江　和　光　寺
并　先　住」
八丁目東寺町　拾壱ヶ寺
小橋寺町　拾弐ヶ寺
右惣代月番　本　覚　寺
生玉寺町
同中寺町　弐拾弐ヶ寺惣代　妙法寺」
八丁目寺町
同中寺町　三拾ヶ寺惣代　誓福寺
大坂西寺町　弐拾弐ヶ寺惣代　大覚寺
天満寺町　弐拾ヶ寺惣代　幡龍寺」

西高津町　自性院

東本願寺　当表掛ケ所輪番　勝福寺

施行物御門主ゟ被差出候

西本願寺　当表掛ケ所役僧　大琳寺

右同断

興正寺　当表掛ケ所留守居　光明寺」

施行物興正寺ゟ被差出候

寺嶋　藤右衛門

褒置

山　村　与　助

大坂三郷諸株之内

唐薬問屋仲間

大坂質屋仲間

三郷銭屋仲間

三組古手仲間

江戸積鉄釘問屋仲間

江戸堀米仲間」

右仲買之内

紹屋　藤三郎

吉松屋万右衛門

灘屋　七兵衛

今津屋次兵衛

久左衛門米仲買

同所出店

毛　綿　仲　間」

積問屋七軒

江戸組毛綿仕入

問屋弐拾六人

塩魚干魚鰹節

塩　魚　問　屋

株元三町

塩　魚　問　屋

海部堀拾四人組

京飛脚屋仲間」

帆　屋　仲　間

天満市場問屋仲買

銅　吹　屋

銅器物商人
道頓堀御前町
同宗右衛門町

南栄組三拾八人

茶　屋　仲　間」

古町茶屋年寄四人

南久宝寺町ゟ長堀迄
堺筋通弐番組　唐荒物仲買
古金古道具仲間之内
建具商売　三拾壱人
銅器物商人之内　五　人
江戸廻積問屋　八軒仲間」
油粕中次問屋　拾七軒
本屋仲間
漆屋仲間
笠問屋仲間五軒
船場絹布仲買
本町三丁目四丁目之内
住吉講古手屋」
長堀薪問屋七軒
糖問屋
同仲間
網屋古組九人
生蠟晒蠟仲買仲間
道頓堀薪問屋八人
十二浜之内　道修町浜仲仕」

堀江古株茶屋
三郷上菓子五組之内　西横堀西組合
三塩組合問屋弐拾人
三郷上菓子五組之内　長堀南組合
勧進小船仲間
呉服仲買小売屋ヲホコ組と唱候組合
弐拾六人」
鎊職太子講組合
木櫛商売人仲間
揖木帆柱仲買
薬種仲買仲間
瀬戸物店商人仲買
鍋釜仲間三拾五人
堀建樽建伝法組其外地名前　廻　船」
土船仲間
本両替仲間
絹布見世物屋と唱候　仲　間
船手鍛冶職仲間
上町組通日雇　請負仲間
三郷家請人仲間」

油仲買仲間
安治川組薪仲買
三郷酒屋
長堀組薪仲買
安治川組薪問屋
布仲買問屋
海部堀川町　浦屋町　塩魚仲買仲間」
鉄仲買仲間
京都上河源蔵　当所門弟
天満昆布屋
白粉株仲間
三郷上菓子屋五組之内
船場上町　天満堂島　組合
砂糖漬物屋拾壱軒」
木綿問屋拾七軒
新靭町　新天満町　塩魚干魚鰹節仲買
新靭町同仲仕共
三郷竹屋仲間
江戸組木綿仕入積問屋
大坂相撲取共

布真綿仲間」
北浜壱丁目　大和屋喜八郎
同所弐丁目　高池屋松次郎
同町　塩屋六左衛門借屋
荒物屋弥兵衛
同町　泉屋吉左衛門借屋
葉守屋新右衛門」
同町　奈良屋忠右衛門借屋
尼崎屋重兵衛
同町　大文字屋徳蔵借屋
松原屋弥兵衛
過書町　河内屋武兵衛借屋
大和屋小三郎」
大川町　肥前屋八郎兵衛
同町　淀屋　清兵衛
梶木町　尼崎屋市右衛門
同町　播磨屋九郎兵衛」
同町　天王寺屋伊右衛門
同町　尼崎屋七右衛門
同町　天王寺屋清八

今橋壱丁目　天王寺屋五郎左衛門」
同町　山本三次郎
同町　平野屋五兵衛
同町　平野屋又右衛門
同町　堺屋七左衛門」
今橋弐丁目　紙屋次兵衛
同町　真　嶋　隆　徳
同町　紙屋九右衛門
尼崎町壱丁目　鴻池屋伊兵衛」
同町　高池屋八左衛門
同町　河内屋勘四郎
同町　井筒屋平次郎
同町　天王寺屋六右衛門」
同町　千草屋久左衛門
同町　筒井屋新太郎
同町　河内屋八郎兵衛借屋
天王寺屋長右衛門
高麗橋弐丁目　伊豆蔵屋傳蔵」
同町　紙屋　つ　き
高麗橋三丁目　鴻池屋和五郎

同町　油屋　太右衛門
同町　苧屋　吉右衛門
同家伯父　宗　愚」
本靭町　泉屋彦右衛門借屋
伏見屋利兵衛
伏見町　廣嶋屋勘三郎
同町　加賀屋次左衛門
呉服町　佐渡屋新十郎」
同町　升　屋　彦　七
道修町五丁目　日野屋松次郎借屋
京屋　弥三郎
平野町壱丁目　炭屋　彦五郎
淡路町壱丁目　尾張屋太助借屋
河内屋与次兵衛」
淡路町弐丁目　金屋　吉右衛門
瓦町壱丁目　近江屋仁右衛門
瓦町弐丁目　小西屋　喜　八
同町　岩井屋彦兵衛借屋
加賀屋　与　吉」
同町　桜井屋八郎兵衛

同町　鍵屋　庄右衛門
三郎右衛門町　浄　國　寺
同町　糸物屋好三郎」
津村中之町　大黒屋清兵衛
同町　河内屋太三郎
津村西之町　河内屋平右衛門借屋
紙屋　彦三郎
備後町壱丁目　袴屋　勘兵衛」
備後町弐丁目　灰屋久右衛門借屋
大坂屋利右衛門
備後町四丁目　漆屋　次郎兵衛
同町　木屋　半兵衛
同町　中井屋　喜助」
安土町壱丁目　河内屋　喜助
同町　廣屋徳右衛門
同町　鉄屋　十兵衛
上魚屋町　井筒屋庄右衛門」
同町　萬屋　安兵衛
同町　野田屋卯右衛門
安土町弐丁目　綿屋　庄兵衛

安土町三丁目　吉野屋儀兵衛」
同町　大和屋佐兵衛
同町　堺屋　新兵衛
南渡辺町　堺屋　善兵衛
同町　堺屋忠兵衛借屋
美濃屋佐兵衛」
七郎右衛門町　加嶋屋弥兵衛
同町　天王寺屋弥七
同町　天川屋又三郎借屋
河内屋忠右衛門
同町　萬屋　久左衛門」
浜町　堺屋　佐兵衛
長浜町　多田屋嘉兵衛
五幸町　河内屋伊兵衛
久保島町　和泉屋与助」
常安町　尼崎屋太左衛門
同町　尼崎屋太左衛門借屋
高津屋　善　助
玉水町　嶋屋　市兵衛
同町　嶋屋市郎兵衛」

土佐堀弐丁目　豊後屋次郎兵衛
船町　助松屋忠兵衛
斉藤町　米屋　佐兵衛
同町　加嶋屋市兵衛借屋
加嶋屋周次郎」
江戸堀弐丁目　姫路屋弥七借屋
雑喉屋小三郎
同町　播磨屋源兵衛
同町　油屋　源兵衛
江戸堀三丁目　菱屋弥三右衛門」
同町　平野屋六兵衛
同町　塩屋　仁兵衛
同町　木屋市郎右衛門
同町　誉田屋与一郎」
同町　綿屋市右衛門
同町　佐渡屋弥三郎
同町　大和屋六右衛門
同町　藤屋新之助」
同町　田辺屋勝九郎
同町　平野屋小兵衛

同町　湊　輪　鹿　助
同町　倉橋屋甚七」
江戸堀五丁目　近江屋五郎兵衛
同町　大庭屋次郎左衛門
同町　船宿池田屋仁兵衛方
船頭　市右衛門
玉沢町　相模屋又市」
同町　永井三郎兵衛
同町　明石屋庄右衛門借屋
明石屋平兵衛
同町　檜皮屋十兵衛
麹町　吉川屋武助」
同町　鱗形屋与兵衛
櫂屋町　天満屋平右衛門
同町　河内屋伊右衛門借屋
讃岐屋六兵衛
山田屋　灰屋　利兵衛」
茶染屋町　大津屋利右衛門
家根屋町　紀伊國屋又兵衛
同町　柏屋宗兵衛借屋　日高屋喜兵衛

坂本町　布屋心覚」
小右衛門町　灰屋藤兵衛
同町　池田屋四郎兵衛
石津町　中河原屋忠右衛門
同町　塩屋弥三兵衛」
京町堀四丁目　平野屋安五郎
京町堀五丁目　伊丹屋志か
瀬戸物町　伏見屋孫兵衛
同町　天満屋喜兵衛借屋
嶋屋善兵衛」
海部堀川町　吉屋傳右衛門
同町　三笠屋孫右衛門借屋
木屋清五郎
新靭町　中村屋弁吉借屋　鷲屋七兵衛
同町　油屋清右衛門」
信濃町　大和屋七右衛門借屋
尼屋平七
同町　播磨屋清次郎
同町　伏見屋安次郎
油掛町　久々知屋庄吉借屋

天満屋又兵衛」
岡崎町　和泉屋源太郎
奈良屋町　多田屋傳兵衛
同町　堺屋五郎兵衛
同町　多田屋傳兵衛借屋
和泉屋喜兵衛」
同町　福嶋屋五郎兵衛
釘屋町　村屋萬助借屋
和泉屋佐右衛門
宮川町　中嶋屋源兵衛
同町　松野屋彦兵衛」
桑名町　小西徳十郎
江之子島東町　新宮屋権兵衛
戎島町　筑前屋新五兵衛
同町　苫屋久兵衛」
寺島町　山田屋九兵衛借屋
鳥嶋屋清兵衛
油町弐丁目　渋屋安右衛門
元伏見坂町　大黒屋弥七借屋
大升屋徳松

同町　大坂屋官蔵同家　権十郎」
同町　銭屋徳兵衛借屋　泉屋源兵衛
同町　平野屋宇兵衛借屋　紙屋小次郎
日本橋弐丁目　平野屋市郎兵衛
同町　天王寺屋庄右衛門」
同町　三浦屋半兵衛借屋
大和屋久兵衛
同町　栄屋徳次郎借屋
備後屋長右衛門
京橋三丁目　山城屋孫兵衛
京橋四丁目　堺屋源兵衛」
同町　兵庫屋市郎兵衛
京橋五丁目　山田屋佐次郎
京橋六丁目　河内屋庄兵衛
同町　灘屋利右衛門」
島町壱丁目　山城屋孫右衛門
同町　米　屋　喜　助
内平野町　日野屋松次郎
釣鐘町　嶋屋庄兵衛」
近江町　長濱屋喜右衛門

同町　深江屋伊兵衛
同町　光吉三郎右衛門
内平野町弐丁目　小山屋吉兵衛」
同町　長濱屋伊兵衛
同町　池田屋嘉七
同町　明石屋又三郎
同町　北國屋宇兵衛借屋
米屋弥三兵衛同家　智　専」
同町　小松屋作兵衛借屋
奈良屋喜兵衛
同町　安売屋嘉右衛門借屋
菱屋伊兵衛
大沢町　津國屋十右衛門
内淡路町壱丁目　小西勘兵衛」
内淡路町三丁目　升屋新右衛門
豊後町　日野屋専助借屋　廣屋又兵衛
松屋町　政田屋周助借屋　大和屋市蔵
谷町弐丁目　大和屋尚太郎」
谷町三丁目　片木甚右衛門
粉川町　紙屋利右衛門

同町　鴻池屋七郎兵衛
駿河町　木村屋源兵衛」
丸葉町　河内屋権兵衛借屋
大和屋正七
八尾町　綿屋庄右衛門借屋
大和屋六兵衛
同町　泉屋喜右衛門借屋
河内屋勘兵衛
北堀江壱丁目　小嶋屋吉兵衛借屋
阿波屋与兵衛」
北堀江三丁目　河内屋平兵衛
同町　河内屋平兵衛借屋
名草屋平兵衛
北堀江五丁目　岡田屋四郎兵衛借屋
綿屋卯兵衛
橘通六丁目　野田屋傳兵衛」
北浜弐丁目　塩屋庄次郎
今橋弐丁目　平野屋孫兵衛
尼崎町弐丁目　鍵屋龍三郎
高麗橋壱丁目　升屋九右衛門出店」

平野町弐丁目　綷屋善左衛門
江戸堀五丁目　佐渡屋弥三兵衛家守
佐渡屋喜兵衛
同町　帯屋与三兵衛
同町　木屋清左衛門借屋
灘屋清右衛門」
玉沢町　虎屋権兵衛
京町堀五丁目　阿波屋伊兵衛
両国町　越後屋弥兵衛
海部堀川町　天満屋太郎兵衛」
同町　平野屋清兵衛
同町　綿屋八兵衛
尼崎町壱丁目　鴻池屋重助
玉沢町　布屋七兵衛」
海部町　久々知屋次兵衛
釣鐘町　京屋佐兵衛
大沢町　津國屋十右衛門
本町弐丁目　天王寺屋平兵衛」
本町三丁目　柏屋久兵衛
同町　扇屋与兵衛

南本町壱丁目上半　柏屋勘兵衛
同町　柏屋勘太郎」
同町　播磨屋太右衛門
同町　日和佐屋平兵衛借屋
日野屋久左衛門
柏　屋　勘　助
南本町壱丁目下半　川崎屋善兵衛借屋
南本町弐丁目　山城屋重次郎」
南本町三丁目　藤屋権兵衛
南本町四丁目　木津屋長兵衛
北久太郎町三丁目　小西屋利兵衛借屋
信濃屋善助
北久太郎町五丁目　大和屋源右衛門」
同町　帯屋権兵衛
同町　堺屋彦右衛門
南久太郎町弐丁目　大和屋彦助借屋
小山屋吉兵衛
南久太郎町三丁目　菱屋新右衛門」
同町　銭屋久兵衛借屋　河内屋伊兵衛
北久宝寺町壱丁目　油屋重次郎

北久宝寺町弐丁目　鍵屋次郎兵衛
同町　備前屋三郎兵衛」
北久宝寺町三丁目　播磨屋清兵衛
同町　布屋伊兵衛
北久宝寺町四丁目　塩屋新之助
同町　冨田屋忠助借屋　綿屋忠兵衛」
同町　塩屋新之助借屋　冨田屋忠助
北久宝寺町五丁目　小橋屋兵之助
南久宝寺町弐丁目　八百屋小兵衛
同町　金屋六兵衛」
南久宝寺町三丁目　丸屋伊兵衛
同町　平野屋甚之助
同町　平野屋嘉七借屋　大塚屋嘉兵衛
源左衛門町　播磨屋仁兵衛」
茨木町　大坂屋嘉兵衛
同町　吉野屋藤一郎
同町　高津屋九兵衛借屋　大坂屋市松
同町　平野屋庄助借屋
大和屋伊兵衛」
同町　高津屋九兵衛借屋　錺屋利兵衛

同町　高津屋九兵衛
同町　吉野屋藤一郎借屋
熊野屋五兵衛
同町　中屋宇兵衛借屋
播磨屋久兵衛」
博労町　河内屋善兵衛
同町　大坂屋庄兵衛
同町　奈良屋四郎兵衛
順慶町壱丁目　池田屋次兵衛借屋
高田屋庄八」
順慶町弐丁目　紀伊國屋伊兵衛
同町　光　圓　寺
同町　金屋徳兵衛借屋　綿屋又右衛門
順慶町五丁目　柏原屋清右衛門」
同町　堂内屋弥七借屋　井筒屋藤兵衛
同町　大和屋利右衛門
同町　柏原屋与左衛門
安堂寺町弐丁目上半　紅粉屋忠兵衛」
安堂寺町弐丁目下半　菱屋太兵衛
同町　和泉屋太郎兵衛

安堂寺町三丁目　近江屋三郎兵衛
同町　上田屋佐兵衛借屋
平野屋清兵衛」
安堂寺町五丁目　河内屋平右衛門
同町　亀屋吉左衛門
北勘四郎町　亀屋　う　た
南勘四郎町　銭屋太兵衛」
塩町弐丁目　銭　屋　弥　助
同町　八幡屋源助
塩町三丁目　小橋屋嘉兵衛
同町　小橋屋四郎右衛門」
車町　西川屋八兵衛
長堀橋本町　布屋次右衛門借屋
紀伊國屋久兵衛
同町　北國屋五左衛門借屋
播磨屋七右衛門
長堀次郎兵衛町　松葉屋新助」
同町　松葉屋三右衛門
同町　平野屋武兵衛
同町　綿屋喜兵衛

長堀平右衛門町　堺屋与三兵衛借屋
近江屋市左衛門」
長堀宇和島町　雑喉屋三郎右衛門
同町　雑喉屋虎五郎
同町　雑喉屋藤右衛門
同町　雑喉屋喜助」
長堀冨田屋町　薩摩屋佐一郎
長堀白髪町　平野屋清左衛門
同町　岩田屋孫兵衛
同町　志方屋六兵衛」
同町　大津屋三郎右衛門
同町　敷屋　喜一郎
同町　新宮屋長兵衛
長堀高橋町　播磨屋市郎兵衛」
出口町　河内屋七兵衛
同町　岩田屋喜兵衛
百間町　淡路屋七兵衛
同町　阿波屋与吉郎」
薩摩堀納屋町　大津屋吉兵衛
薩摩堀東之町　福嶋屋重三郎

立売堀壱丁目　檜皮屋忠兵衛借屋
三田屋与兵衛
立売堀弐丁目　木津屋周蔵」
立売堀三丁目　佃屋藤兵衛借屋
播磨屋　源助
立売堀四丁目　八百屋仁兵衛
立売堀西之町　吉屋権右衛門
立売堀南裏町　柏屋宇右衛門借屋
河内屋善兵衛」
同町　宇和嶋屋喜兵衛借屋
嶋屋徳兵衛
立売堀中之町　備前屋源兵衛借屋
姫路屋源兵衛
阿波橋町　銭屋藤兵衛
中橋町　土井屋寛造」
帯屋町　應　因　寺
日向町　萬屋次兵衛
同町　河内屋太兵衛借屋
冨田屋忠兵衛
讃岐屋町　八百屋四郎兵衛借屋

廣嶋屋十助」
同町　播磨屋清助
同町　天野屋五右衛門家守
八百屋四郎兵衛
高間町　亀屋孫兵衛
同町　堺屋新兵衛」
同町　吉野五運
同町　備前屋亀助
九之助町弐丁目　江内屋喜一郎
同町　江内屋藤兵衛借屋
江内屋吉兵衛」
大宝寺町　増屋林兵衛借屋
都賀屋直七
同町　毛綿屋佐右衛門
炭屋町　川崎屋市兵衛
周防町　八幡屋源次郎」
南毛綿町　升屋利右衛門
菊屋町　清水屋卯兵衛借屋
大坂屋清五郎
白銀町　淡路屋太郎兵衛

同町　北村屋太次郎」
山崎町　淡路屋小兵衛
同町　丸屋市郎兵衛
南紺屋町　有馬屋伊兵衛
同町　今津屋七郎兵衛」
同町　奈良屋喜右衞門
木挽町北之丁　松屋清兵衛
木挽町中之丁　吉文字屋源十郎
木挽町南之丁　播磨屋久七借屋
京屋喜助」
同町　榎並屋作兵衛借屋
姫路屋平兵衛
同町　河内屋庄兵衛
南笠屋町　山田屋忠兵衛
同町　銭屋奥次郎」
同町　伊丹屋喜右衞門
綿袋町　大津屋藤兵衛
岩田町　三雲屋儀助借屋　三雲屋幸助
石灰町　銭屋佐兵衛」
同町　木屋喜右衞門

高津町　播磨屋源右衛門
卜半町　和泉屋佐兵衛
玉屋町　紙屋利助借屋
大鹿屋藤右衛門」
南竹屋町　竹屋喜右衛門
同町　綿屋源兵衛
西高津町　毛綿屋四郎兵衛借屋
紀伊國屋庄助
道頓堀宗右衛門町　大和屋次兵衛」
同町　河内屋六兵衛
同町　泉　屋　由　男
同町　足代屋長左衛門
同町　河内屋庄兵衛」
同町　冨田屋市左衛門
同町　河内屋作兵衛
同町　住吉屋利右衛門借屋
平野屋長蔵
同町　同借屋　岸部屋弥三郎」
同町　大和屋新兵衛借屋
伊丹屋庄五郎
同町　高砂屋平左衛門借屋
大坂屋儀兵衛
同町　炭屋太兵衛借屋　炭屋　利八
御前町　井筒屋勘助」
同町　貝塚屋半兵衛
同町　森田屋新七
同町　岸本屋庄助
布袋町　山田屋八郎兵衛借屋
大和屋三郎兵衛」
同町　天王寺屋金蔵
道頓堀久左衛門町　米屋　善兵衛
同町　明石屋弥兵衛
道頓堀九郎右衛門町　橘屋九右衛門借屋
大和屋七兵衛」
同町　津國屋九兵衛
新戎町　木屋五兵衛借屋
戎屋　武兵衛
同町　田中屋重兵衛
北新町三丁目　阿波屋半兵衛借屋
明石屋利兵衛」

同町　同借屋　大和屋利兵衛
南新町壱丁目　堺屋　宇兵衛
大津町　河内屋伊助
小倉町　鉄屋　甚兵衛」
同町　大和屋新兵衛借屋
堺屋　佐兵衛
錫屋町　吉野屋五兵衛
同町　大和屋七兵衛
農人橋弐丁目　平野屋嘉兵衛」
南農人町弐丁目　河内屋清兵衛
同町　塩屋　宇兵衛
同町　古　林　立　庵
藤森町　播磨屋久兵衛」
内久宝寺町　山田屋半兵衛
南瓦屋町　亀屋　次兵衛
柏原町　三木田屋利兵衛
鈴木町　大和田屋善兵衛」
同町　大坂屋善助
上本町壱丁目　鉄屋惣右衛門
同町　山田屋弥吉

上本町弐丁目　美濃屋安兵衛」
札之辻町　河内屋留八
同町　山田屋新右衛門
玉造祢宜町　大和屋猪三郎
同町　平野屋三右衛門」
玉造門前町　金屋　伊三郎
同町　永田屋源右衛門
南堀江三丁目　大和屋嘉助
南堀江五丁目　金屋彦右衛門借屋
淡路屋権四郎」
同町　大黒屋仁兵衛借屋　和泉屋重助
同町　淡路屋太郎兵衛
同町　湊　屋　太　七
幸町四丁目　佐野屋徳兵衛」
西高津新地壱丁目　布屋　吉兵衛
西高津新地三丁目　松屋　宗助
同町　明石屋新平借屋　京屋　喜七
西高津新地五丁目　堺屋　藤兵衛」
西高津新地七丁目　樫木屋儀兵衛
瓢箪町　上村屋平兵衛借屋

明石屋　甚蔵
同町　扇屋　四郎兵衛
同町　槌屋　利三郎」
同町　扇屋　三郎兵衛
同町　吉田屋庄右衛門借屋
扇屋　儀兵衛
同町　堺屋与三松借屋　堺屋　清吉
佐渡島町　和泉屋甚兵衛」
同町　播磨屋与兵衛
同町　伏見屋宇三郎借屋
播磨屋安兵衛
同町　住吉屋喜太郎
同町　高嶋屋作左衛門」
松原町　京屋弥兵衛借屋
大和屋吉兵衛
北久太郎町弐丁目　信濃屋七兵衛
南久宝寺町壱丁目　和泉屋宇右衛門
同町　穂積屋三郎兵衛」
南久宝寺町弐丁目　小山屋忠兵衛
金沢町　小堀屋武兵衛

順慶町壱丁目　村上屋清八借屋
堺屋　安兵衛
順慶町四丁目　山城屋三郎兵衛借屋
油屋弥右衛門」
長堀茂左衛門町　増田屋利兵衛
高橋町　錺屋太兵衛借屋
播磨屋藤兵衛
清兵衛町　對馬屋卯兵衛
同町　池田屋太右衛門」
立売堀西之町　和泉屋市兵衛
権右衛門町　米　屋　平　蔵
炭屋町　阿波屋甚兵衛借屋
繪　屋　泰　助
尾張坂町　播磨屋源次郎」
瓢箪町　松屋徳兵衛借屋
真砂屋半九郎
玉造中町　天王寺屋惣兵衛
南久宝寺町弐丁目　和泉屋庄兵衛借屋
和泉屋嘉平次
南米屋町　市場屋伴作支配借屋

伊勢屋　源蔵」
鈴木町　木村屋安兵衛
天満弐丁目　河内屋三右衛門
今井町　粉川屋五郎左衛門
天満八丁目　檜皮屋伊兵衛借屋
和泉屋伊右衛門」
同町　萬屋長兵衛借屋　和泉屋勘助
市之町　池田屋市右衛門
天満拾丁目　吉野屋九右衛門
又次郎町　大和屋利右衛門家守
大和屋喜兵衛」
典薬町　高津屋与兵衛
同町　高津屋平兵衛
壷（カ）屋町　檜皮屋平兵衛
魚屋町　魚屋　みつ」
同町　鯉屋　十兵衛
堀川町　八幡屋喜兵衛
天神筋町　嶋屋文右衛門
地下町　今津屋政吉借屋　今津屋金蔵」
宮之前町　加嶋屋善七借屋
船橋屋　梅吉
同町　船橋屋佐兵衛
同町　山本屋利兵衛借屋
大和屋林兵衛
同町　若狭屋源右衛門借屋
紅粉屋　定七」
伊勢町　加茂屋源次郎
南木幡町　米屋喜兵衛借屋
大和屋仁兵衛
小島町　八幡屋久右衛門借屋
綿屋　与兵衛
天満船大工町　備前屋久蔵」
同町　肥前屋新兵衛
天満砂原屋敷　銅屋　嘉助
堂島永来町　塩屋平兵衛貸地
河内屋伊兵衛
堂島新船町　河内屋八左衛門」
安治川上弐丁目　苫屋嘉右衛門
安治川南壱丁目　大和屋仁右衛門借屋
大和屋藤兵衛

安治川南三丁目　近江屋林兵衛
堂島新地壱丁目　笠屋宗七借屋
天王寺屋幸助」
堂島新地弐丁目　播磨屋新兵衛借地
俵屋　新　助
同町　新庄屋熊蔵借屋　萬屋　平兵衛
同町　奈良屋藤兵衛借屋
大庭屋次郎吉
同町　美濃屋清兵衛借地
大和屋　弥七」
堂島新地三丁目　堺屋　善　蔵
同町　米屋三右衛門
同町　米屋　喜兵衛
堂島新地中壱町目　播磨屋庄三郎借屋
阿波屋喜八」
同町　河内屋長兵衛
同町　大和屋源兵衛
同町　天王寺屋藤八借屋
瀧屋　鹿之助
堂島新地中弐丁目　河内屋傳兵衛借屋
平野屋八郎右衛門」
同町　吉文字屋久米蔵借屋
大和屋　利助
堂島新地北町　堺屋　善兵衛
同町　池田屋太郎兵衛借屋
塚口屋久兵衛
同町　播磨屋次助借屋　冨田屋市兵衛」
堂島新地裏町　天王寺屋庄兵衛
同町　堺　屋　太　助
同町　天王寺屋庄兵衛借屋
大和屋吉兵衛
御池通三丁目　鋪屋冨三郎借屋
鞍馬屋弥兵衛」
御池通五丁目　鍋　屋　藤　七
曽根崎新地弐丁目　河内屋　岩蔵
曽根崎新地三丁目　伊豫屋嘉兵衛借屋
嶋屋　佐兵衛
船津町　阿波屋又右衛門」
臼井町　加田屋新右衛門
難波新地壱丁目
同　弐丁目

同　　三丁目　　　　年寄　丸屋　清七
堂島新地中弐丁目　　　升屋　丑之助
同町　長崎屋清八借屋　豊嶋屋安五郎」
堂島新地弐丁目　　　西村屋喜右衛門
堂島新地中三丁目　　　伏見屋喜兵衛
淡路町弐丁目　　　　天満屋久兵衛
同町　　　　　　　　伊賀屋幸助」
南勘四郎町　　　　　河内屋藤右衛門
尼崎町壱丁目　天王寺屋六右衛門借屋
　　　　　　　　　　　　林　泰　仙
高麗橋三丁目　神崎屋才兵衛借屋
　　　　　　　　　　　西　山　省　斉
瓦町弐丁目　　　　　高　安　丹　山」
新天満町　　　　　　柴　田　正　筕
南勘四郎町　　　　　亀屋　源兵衛
神崎町　鴻池屋七郎兵衛借屋
　　　　　　　　　　小　川　検　校
百貫町　伊勢屋平助借屋
　　　　　　　　　　岡　嶋　随　仙」
茨木町　　　　　　　土　井　見　益

尾上町　　　　　　　津　田　織　江
白銀町　　　　　　　石　上　丹　蔵
又次郎町　　　　　　大和屋市右衛門」
天満七丁目　淡路屋久兵衛借屋
　　　　　　　　　　室　田　蒿　庵
御池通五丁目　銭屋甚右衛門借屋
　　　　　　　　　　本　多　玄　仲
天満臼屋町　　　　　七　條　勇　蔵
南久太郎町三丁目　　水原　重五郎」
茨木町　　　　　　　渡辺　虎之助
道修町壱丁目　　　　小西吉右衛門
道修町弐丁目　　　　小　西　宗　助
北久太郎町壱丁目　　大和屋利兵衛」
同町　　　　　　　　山口屋吉兵衛
堂島新地三丁目　　　大坂屋吉兵衛
宮川町　丹徳寺借屋　本庄屋清兵衛
内平野町　日野屋作右衛門借屋
　　　　　　　　　　日野屋宇兵衛」
釣鐘上之町　　　　　澤上江屋小三郎
徳井町　　　　　　　大和屋佐兵衛

北久太郎町弐丁目　坂東屋善右衛門
同町　象牙屋六三郎」
呉服町　鍵屋九兵衛借屋
堺屋　藤三郎
瓦町壱丁目　太刀屋九兵衛
江戸堀五丁目　木屋清左衛門
本靭町　和泉屋彦右衛門」
船町　升屋七右衛門
北久太郎町弐丁目　日和佐屋三之助
北久宝寺町三丁目　小山屋作兵衛
安堂寺町壱丁目　綛屋　長兵衛」
宗右衛門町　阿波屋次兵衛借屋
紀伊國屋兵助
立慶町　柏屋市兵衛借屋
油屋長右衛門
同町　菊屋庄右衛門借屋　播磨屋平次
桜町　和泉屋政次郎」
炭屋町　豊嶋屋重兵衛借屋
大坂屋吉兵衛
天満七丁目　今宮屋十蔵家守
野田屋太兵衛
堂島新地壱丁目　俵屋喜三郎
曽根崎新地壱丁目　和泉屋長七借屋
播磨屋茂兵衛」
南堀江四丁目　豊嶋屋善次郎

右之者共儀享和二戌年七月摂州河州村々洪水込入難儀之村々江施行物差出又は奇特成取計いたし候者共一統奇特成事候、依之寺社之分は褒置其外在町之者共江は為御褒美白銀三百枚被下候間勘弁仕夫々江割合相渡候様文化元子年二月御下知之趣」御書付を以被仰渡候付、同年七月夫々申渡割合仕相渡申候
（朱書）「但寺社之外褒置候者共之儀は町内一統申合施行物仕候外ニ壱人立又は組合有之商売一株限施行物差出候付、猶又別段褒置申候」

寺嶋藤右衛門

右藤右衛門儀享和二戌年淀川筋洪水之砌」河州黙野村堤切所〆切御普請之節人足多分差出為相働其外内郷村々并市中迄も水押入可申場所相防出精いたし候段奇特之事ニ

付、文化元子年三月依御下知為御褒美銀七枚并人足為手
当銀五拾枚被下之候

右之通御座候　以上

文化六巳年十二月

平賀信濃守
斎藤伯耆守」

（表紙）　（157—401・90—13）

畿内　六
摂津
和泉
丹波　播磨　遠江
武蔵　下野　安房
続編孝義録料　十三

孝行奇特者書上
九鬼和泉守家来
江口久右衛門

九鬼和泉守領分
摂津国有馬郡広野村
百姓　若右衛門　当未三十六歳

右若右衛門儀常々実貞ニ而農業不怠出（マヽ）情仕母七拾六歳ニ相成候処、孝心を尽し候段相聞候ニ付紀之上、去午十月廿一日為褒美鳥目三貫文差遣申候」

同人領分
同国同郡大川瀬村
百姓　清左衛門

右清左衛門儀常々行状も宜村方其外江寄特成趣相聞候付相糺候処相違無之ニ付、当未二月七日為褒美鳥目三貫文差遣申候」

同人領分
同国同郡東末村
百姓　梅　蔵　当未三十七歳

右梅蔵儀先々孝心深貞実之者ニ而諸事寄特成趣相聞候ニ付糺之上、為褒美当未三月二日鳥目三貫文差遣申候」

同人領分
同国同郡三輪町
町人保兵衛忰　佐兵衛

右佐兵衛儀常々行状宜家業出情仕諸事寄特之趣相聞候付糺之上、当未八月二日町方役人共迄誉遣申候

同人領分
同国同郡市原村」
百姓　常　八　当未四十八歳

同人弟　甚　蔵　当未三十七歳
右常八甚蔵儀農業出情仕母七拾六歳ニ相成候処、両人共至而孝心を尽し候趣相聞候之間相糺候処相違無之ニ付、当未八月二日為褒美鳥目五貫文差遣申候」

同人領分
同国同郡簾村
百姓徳左衛門忰　源　蔵　当未二拾一歳
右源蔵儀貞実ニ而家業出情之上孝心之趣相聞候付糺之上、当未八月二日為褒美鳥目弐貫文差遣申候」

同人領分
同国同郡深谷村
百姓平兵衛忰　忠左衛門
女　房　当未二拾四歳
右忠左衛門女房儀両親江孝心を尽し候段相聞候付糺之上、当未八月二日為褒美鳥目三貫文差遣申候」

同人領分
同国同郡寺村
百姓太郎兵衛妹　婦　し　当未四十三歳
右婦し儀母八拾壱歳ニ罷成長病ニ而罷在候ニ付何方江も縁付不仕諸事懇ニ孝心を尽し候趣相聞候ニ付糺之上、当未十一月廿二日為褒美鳥目三貫文差遣申候、右母は当四月廿五日死去仕候」

同人領分
同国同郡同村
百姓　惣右衛門　当未五十五歳
右惣右衛門儀母八拾七歳ニ相成候処諸事孝心を尽し其上寄特之趣相聞候間相糺候処相違無御座候ニ付、当未十一月廿一日為褒美鳥目三貫文差遣申候」
右者去午十二月御達ニ付取調候処前書之通御座候　以上
文化八未年十二月
九鬼和泉守家来
江口久右衛門」

摂津国孝行人行状書
保科能登守家来
大出清太夫

保科能登守領分
摂津国川辺郡戸之内村

百姓　武右衛門後家
志け　当巳五拾壱歳
持高四石壱斗壱升余　男子　九左衛門　当巳弐拾五歳」
妻　当巳弐拾四歳
孫男子　岩松　当巳　弐歳

右武右衛門後家志け儀貞実成者ニ而姑江孝心之趣村方ゟ訴出候付相糺候処、同郡推堂村百姓與左衛門妹ニ而弐拾六年」以前、天明四辰年当村九左衛門方江妻ニ呼入申候処九左衛門病死仕候付、同国豊島郡勝部村百姓次右衛門甥武右衛門後夫ニ呼入申候処、是も病身ニ付拾九年以前寛政三亥年不縁ニ相成、其后後家にて年罷寄候姑を大切ニ仕、其上幼少之忰を致養育、尤困窮成百姓之儀御座候得は人をも得雇ひ不申女」之儀ニ御座候得共屎抔自身ニ荷ひ運ひ少々之田地致耕作并縄筵等相稼、亦は日用ニ被雇渡世仕老年之姑を大切ニ仕罷在候段相違無御座候付、寛政七卯年四月為褒美青銅三貫文差遣申候、其後姑は翌辰年五月七拾六歳ニ而相果、当時家内四人暮ニ御座候」

同人領分
摂津国川辺郡桑津村

持高拾壱石弐斗七升余　年寄　孫右衛門　当巳五拾四歳
妻　当巳四拾四歳」
男子　弥市郎　当巳　拾八歳
女子　くま　当巳　拾五歳
同　もよ」　当巳　拾歳
同　けん　当巳　三歳

右孫右衛門儀貞実成者ニ而両親江孝心之趣村方ゟ訴出候付相糺候処、父は七八年以前病死仕候、此父孫右衛門老病にて永々短気ニ相成候得共一向」相背候事も無之、夜半ニ而も見廻至而大切ニ仕、其後女房子供御座候得共母ニ随ひ家内睦敷、農業等も専ニ仕村方之人請随分宜実躰者ニ御座候、従先年書上之儀御沙汰も御座候得共年寄役相勤罷在候故指扣申出無之候得共度々御触も御座候事故此度訴出候旨申聞候、父存生之内并母江も」同様孝行之趣相違無御座候付寛政七卯年四月為褒美青銅弐貫文差遣、猶更村役人をも相勤候付村方之示にも相成可申と別段為褓《(ママ)》美酒料青銅三拾疋差遣申候、其後母は享和二戌年十一月七拾歳ニ而病死仕、当時六人暮ニ而御座候」

同人領分

摂津国有馬郡塩田村

無高　百姓　勘　助　当巳四拾四歳

妻　当巳四拾壱歳」

女子　せ　ん　当巳弐拾壱歳

同　く　ま　当巳　拾八歳

同　た　津　当巳　拾四歳」

男子　松之助　当巳　七歳

母　当巳八拾弐歳

右勘助儀貞実成者ニ而両親江孝心之趣従村方訴出候付相糺候処、右勘助之亡父勘助儀拾八年程跡ニ五ヶ年之間」中風相煩候処、聊父之存意ニ不相背食事等は不及申両便之世話其外何事ニ不寄永々之間介抱不怠、亦候右母拾弐年以前午年ゟ中風相煩手足一向不相叶候得共、勘助儀孝心故家内一統和順仕致介抱、是亦父之勘助同様万事母之申条違背不仕、素困窮ニ相暮候得共食物等は」任望取拵相進申候、或は折々村内之山川抔致眺望度旨申聞候得は勘助背負ひ、孫ニ弁当を為持所々江罷越母を慰め申候、且亦農業大切ニ出精其外日雇稼ニ罷出候節は母江相尋差図を請、万事母之心ニ相叶候様取計甚以孝心之趣相違無御座候間、享和二戌年十一月為褒美米弐俵差遣」申候、尓今孝道無怠相聞候、当時家内七人暮ニ御座候

同人領分

摂津国豊島郡轟木村

持高三石壱斗余　百姓　勘兵衛　当巳　四拾歳」

妻　当巳弐拾弐歳

弟　清次郎　当巳三拾弐歳

妹　志　ほ」

母　当巳六拾六歳

右勘兵衛儀老母江孝心之趣従村方訴出候付相糺候処、父勘兵衛儀弐拾三年以前未年病死仕兄弟共未幼少之時ゟ母之手にて相育、万事母之気ニ随ひ農業出精仕候、然処九ヶ年以前酉年母中風差発起臥難相成難渋仕候処」右三人之子供申談介抱仕誠寒暑之無厭食事等も母之好ニまかせ相進メ看病不怠、殊ニ暑之時分ニは昼休ミとて相休候節も宿江罷帰母之様子を窺其中行水等為致三人互ニ心を付申候、別而清次郎儀は若キ者ニ御座候得共夜遊ひ等ニは決而出不申、両便之掃除等致遣し夜々ニは惣身撫さすり仕」三ヶ年ニ相成候得共少も介抱相替儀無之段相違無御座候ニ付、享和三亥年十二月為褒美兄弟両人江米弐俵指遣候之処、其後迚も孝道

無懈怠趣ニ而当時家内四人暮ニ御座候、尤妹志ほ事は昨辰
年同村内江縁組仕候」

保科能登守領分
摂津国有馬郡上津下村
持高壱石四斗四升余　百姓　市郎左衛門　当巳五拾九歳
妻　当巳　五拾歳
喜與七　当巳　五拾歳」
妻　当巳三拾壱歳
喜与七悴　岩　松　当巳　拾六歳
同　巳之助　当巳　拾三歳
同　馬之助　当巳　八歳」
同女子　な　津　当巳　五歳

右市郎左衛門儀貞実成者ニ而父母江孝心之趣従村方訴出候
付相糺候之処相違無御座候間、寛政三亥年四月為褒美米三
俵差遣候段同年孝子行状書上候通ニ而其后妻を迎候得共」
弥以孝道無懈怠趣ニ相聞候間、亦候寛政七卯年六月為再褒
美青銅三貫文差遣申候、母は同年八月七拾九歳ニ而相果、
当時家内八人暮ニ御座候

同人領分
摂津国能勢郡長谷村」
持高壱石壱斗四升余　百姓　傳左衛門　当巳五拾八歳
妻　当巳三拾九歳
女子　ま　つ　当巳　拾歳
男子　冨次郎　当巳　八歳」
同　重太郎　当巳　四歳

右傳左衛門儀貞実成者ニ而養父江孝心之趣従村方訴出候付
相糺候之処相違無御座候付、寛政三亥年四月為褒美米弐俵
差遣候段同年孝子行状書上候通ニ而弥以孝道無怠農業実躰
ニ相働候趣相聞候付、寛政七」卯年六月為再褒美青銅弐貫
文差遣申候、養父事は享和二戌年病死仕候、当時家内五人
暮ニ御座候

同人領分
摂津国川辺郡戸之内村　永次方借宅住
無高　百姓　太郎右衛門」
養子　平次郎　当巳四拾壱歳
妻　当巳三拾三歳
女子　み　よ　当巳　拾三歳

男子　新　蔵　当巳　五歳」

右太郎右衛門儀貞実成者ニ而同家叔母江孝心之趣従村方訴出候付相糺候処相違無御座候付、寛政三亥年四月為裸（ママ）美米壱俵差遣候段同年孝子行状書上候通ニ而、叔母は翌子年十月七拾五歳ニ而病死仕候得共至而情実ニ有之寄特者之趣相聞候付、為再褒美寛政七卯年四月青銅五拾疋差遣申候、右太郎右衛門も」去辰年九月六拾壱歳ニ而死去仕当時家内四人暮ニ御座候

同人領分
摂津国川辺郡戸之内村
持高五石壱斗五升余　百姓　市十郎　当巳四拾四歳」
妻　当巳三拾八歳
養女　わ　さ　当巳　拾七歳
同　い　さ　当巳　拾五歳」
男子　亀　松　当巳　拾三歳

右市十郎儀貞実成者ニ而父母江孝心之趣従村方訴出候付相糺候処相違無御座候付、寛政三亥年四月為褒美米壱俵差遣候段同年孝子行状書上候通にて、打続孝道無怠家業無油断」致出精候趣相聞候付、寛政七卯年為再褒美青銅壱貫文差遣申候、其後母は寛政十一未年十月六拾歳ニ而病死、父は同十二申年七月六拾七歳ニ而病死仕、当時家内五人暮ニ御座候

同人領分
摂津国川辺郡桑津村
持高壱石五斗四升余　百姓　作十郎」
妻　当巳三拾九歳
女子　こ　ま　当巳　拾九歳
男子　三九郎　当巳　拾三歳」
作十郎弟　利　八
妻　当巳四拾五歳
男子　熊　蔵　当巳　拾六歳
女子　こ　の　当巳　拾四歳」
男子　甚　蔵　当巳　拾弐歳
同　吉　松　当巳　拾歳
同　他　蔵　当巳　六歳

右作十郎弟利八儀貞実成者ニ而母江」孝心之趣従村方訴出候付相糺候処相違無御座候付、寛政三亥年四月為褒美米壱俵差遣候段同年孝子行状書上候通ニ而打続親兄弟睦敷御座

候趣相聞候間、寛政七卯年四月為再褒美青銅壱貫文差遣申候、其後利八儀文化五辰年十一月五拾歳ニ而病死仕母も相果、作十郎儀も文化四卯年」八月五拾三歳ニ而病死仕、当時家内六人暮ニ御座候

同人領分
摂津国川辺郡酒井村
持高四石壱斗九升余　百姓　市十郎事　市左衛門」
初次郎事　市左衛門　当巳弐拾三歳
弟　藤蔵　当巳　弐拾歳
同　與吉　当巳　拾五歳」
弟　市松　当巳　拾弐歳
市十郎妻　母　当巳四拾三歳

右市十郎儀貞実成者ニ而父母江孝心之趣従村方訴出候付相糺候処相違無」御座候付、寛政三亥年為褒美米壱俵差遣候段同年孝子行状書上候通ニ而其後両親江不相替致孝行候、同人改名市左衛門江寛政七卯年四月為再褓《（ママ）》美青銅壱貫文差遣申候、其後父市左衛門儀は寛政七卯年九月八拾九歳にて致病死、母は文化三寅年十一月七拾七歳ニ而病死仕、当時家内五人暮ニ」御座候

右之通御座候　以上
文化六巳己年十一月
保科能登守家来
大出清太夫」

摂津国 丹波国　領分之内孝人并奇特之者訳書 永井飛騨守家来 高橋弥太夫

永井飛騨守領分
摂州島下郡八町村
持高七石八斗四升八合　百姓　弥七　当未五拾三歳

右弥七儀平日農業無油断致出精候趣村方より訴出候付相糺候処、若年ゟ農業出精仕稲作は勿論其外諸色作物人に勝れ骨折農業出精奇特之ものに付」文化四卯年為賞美組頭申付候、猶又其後も不相替農業出精仕、前々は下作等仕居候処身上向も追々宜相成買付等仕、当時持高ニ而手作仕老母江も素直に仕へ、家内六人睦敷相暮奇特之者ニ付、文化七午年十一月為褒美米壱俵とらせ候」

同人領分

摂州島上郡梶原村
持高壱石九斗九升五合
百姓　次　六　此者文化七午年病死仕候

右次六儀親ニ孝行之趣村方より訴出候付相糺候処、天明六午年次六弐歳之時親孝助病死仕母次六并姉共三人相暮」其後、次六十四歳之年姉縁付致母と両人相暮万端母之申条不相背、幼年ゟも心懸宜成長に随ひ母を大切ニ仕居候之処、拾ヶ年已前母疳症之病気差発両三年も相煩候得共次六壱人にて人雇も不仕行届介抱仕、快方ニ相見へ候得共折々差発候節も不相替」大切に介抱仕候、父孝助時代は余業薬種小商ひ仕候得共父相果候後困窮仕少々宛合薬商ひ仕居候処追々及困窮家徳も薄候故、往々医者ニ相成可申心得ニ而母全快之後親類之医師方江日々に通ひ夜分は罷帰母へ孝心に相仕へ、死去前両三年は」医師方江引越折々罷帰母之安否相尋奇特ものニ候得共、文化七午年十月五日病死仕候付母くのへ米弐斗とらせ候

同人領分
摂州島上郡梶原村
持高弐斗七升
百姓　彦兵衛　当未弐拾歳」

右彦兵衛儀親に孝行之趣村方より訴出候付相糺候処、男女五人兄弟ニて幼年より身持宜敷両親を大切にいたし弟妹共江も睦敷、其上農業出精仕家内多にて困窮之上母親七ヶ年以前より病気ニ取合候得共介抱行届、父茂右衛門平日酒を好候得共困窮者」之儀日々給候儀も出来兼候処、右彦兵衛農業之手透に縄なひ等仕其価を以日々為給余力も有之時は書算も心掛万事両親申条を不相背奇特成ものに付、文化七午年十月為褒美米壱俵とらせ候」

同人領分
摂州島上郡成合村
持高弐斗九升
百姓権兵衛　母　い　そ　当未六十五歳

右いそ儀親に孝行之趣村方より訴出候付相糺候処、いそ儀京都ゟ出生之侭養ひ十九歳之時、実子」権兵衛夫婦ニ仕家内四人暮にて両親夫江貞実に仕へ候処、養父宗林七十弐歳ニ而天明二寅年八月病死仕、夫権兵衛文化六巳年剃髪宗仙と致改名跡目同人甥喜市と申者養子ニ仕、同人孫りよと申もの同居仕、いそ義幼年ゟ両親申条」不相背大切に相仕へ、以前は身上向相応に相暮候処、追々及困窮十ヶ年計以前ゟ

必至と困窮仕候得共賃仕事等いたし其価を以給物等好に応し不相替為給、夫宗仙三ヶ年已前七十五才ニ而病死仕、右病中并老年之養母両人之介抱」困窮之中行届、女之手業ニは奇特成者ニ付当未年四月為褒美米壱俵とらせ候、同年七月養母貞林九拾三才ニ而病死仕候

同人領分
摂州島上郡大塚町
持高四石五斗弐升八合　百姓　丈　助　当未三十二歳」

右丈助儀親に孝行之趣村方より訴出候付相糺候処、常々実躰成者ニ而両親大切ニ相仕へ候処母拾四ヶ年已前病死仕、丈助兄弟五人之内姉儀文化四卯年縁付仕、当時父孫兵衛并に兄弟四人相暮親孫兵衛六ヶ年以前ゟ足痛之由申之農業一切不仕」気侭ニ暮居候、乍併植付後日々一度宛野見廻り仕田面之修理等悴共江不精出精を申付、猶其上家用之儀は丈助へ相任せ一切不相構悴共ゟ大切ニ養ひ候様申付候処、丈助儀父孫兵衛申付を不相背大切ニ仕候付、弟妹共も同様ニ見習ひ大切ニ致孝養候、尤夏中」は丈助始兄弟共昼は稲作草取いたし、夜分ゝニ作方水入いたし一日之休日ニは半日宛農業ニ罷出暑之時分計相除ヶ其余夜分は兄弟共打寄、縄なひわらし等之手業仕候、夜遊等一切不仕勿論酒抔一切給不申、万事親申条を相守」農業出精仕当時は身代向相応ニ相成り兄弟睦敷相暮、丈助柔和之生付ニ而村内気受も宜敷弟共も同様ニ村方若輩之者見習へき奇特之者に付、文化七午年十月為褒美米壱俵とらせ候、同年十二月親孫兵衛年六十三歳ニ而病死仕候」得共唯今に至不相替農業出情仕候

同人領分
丹州桑田郡東掛村
持高四斗九升七合　百姓　な　つ　当未四拾七歳

右なつ親に孝行之趣村方ゟ訴出候付」相糺候処、幼年ゟ両親へ大切に仕へ父重右衛門明和九辰年五月六十五歳にて病死仕、兄岩之助相続仕親子三人暮居困窮者ニ付、岩之助儀は余業ニ木挽働なつ義は日雇働等仕兄弟両人にて母を大切ニ仕居候処、なつ義年頃ニも相成世話人も有之」候得は縁付可仕様母申之候付、其意随ひ寛政九巳年九月同領摂州島下郡銭原村佐次兵衛方江縁付仕候得共毎々母を見舞ニ罷越候、然ル処兄岩之助享和二戌年五月四十八歳にて病死仕、母壱人ニ相成困窮之上老年におよひ壱人暮之儀甚不」安心

ニ存夫佐次兵衛江相願相対之上同年九月致離縁、四才ニ相成候娘なを佐次兵衛方ニ預置罷帰、日之内は日雇働夜分ハ賃仕事仕其価を以孝養いたし、文化二丑年二月娘なを呼帰し母之少用を為聞日々働ニ罷出候、同年十月より母病気ニ取合候ニ付」働ニ罷出候而も毎々母之様子見に罷帰候、巳年八月より母病気ニ而足立不申候得は、両便其外給物等之世話行届介抱仕孝心之致方ニ付為褒美文化七午年十月米弐俵とらせ候、右母とよ当未年七月七拾九歳ニ而病死仕候」

文化八未年十二月

永井飛騨守家来
高橋弥太夫」

一橋領知 和泉国 播磨国 遠江国　村々孝行奇特者書付 武蔵国 下野国 郡奉行 木城貞右衛門 同 野田　吉五郎

和泉国泉郡府中村

持高五拾弐石六斗　百姓　真　作　死失

右真作儀平日農業之間ニ医道心懸ヶ居村他村困窮之もの病気之節は罷越脉躰相考薬差遣施薬ニいたし又は夫食ニ差支当日凌兼候程之者有之節は、米麦致合力且村内」槙尾川通普請所之儀、先年は村方一同引請普請仕立候得共不行届田畑川欠ニ相成其上入用も多相掛り候処、真作儀村方江申談普請之儀自分引請或は自分入用を以川通江竹木植立、其後は多分之川欠等も無之実意之取計他村迄も及見聞奇特之者ニ付、寛政五丑年為褒美銀三枚差遣候」

和泉国泉郡今在家村

持高三石四斗三合　百姓　文次郎　当午四拾五才

右文次郎儀幼少之節ゟ農業致出精弐拾六ヶ年以前父文次郎相果候処、右病中農業ゟ罷帰夜伽介抱不怠死後年回仏事等困窮之内ゟ夫々相営、母儀眼病相煩候得は農業手繰」いたし母ニ附添薬用介抱ニ種々心を尽し、且壱人之兄病身ニ而世事営兼候をも是又大切ニいたし農業之間ニは百姓並之縄俵は勿論糸をもつむき、母兄之衣類洗濯等迄自分ニ而いたし遣し孝貞之致方他村迄も相聞奇特成者ニ付、寛政七卯年ゟ文次郎一生之内年々米五俵宛差遣候」

播磨国多可郡堀村

持高六石壱斗四升七合　　片岡喜右衛門　死失

右喜右衛門儀宝暦二申年ゟ四拾七ヶ年庄屋役相勤候内、村方取治年貢納方等諸事滞候儀無之第一　公訴を相慎百姓共之内借金等之儀身上不相応之儀は決而不為致候故自出入立候儀も無之、若他所ゟ」掛り合候儀有之候節は同人義実意ニ致世話深切ニ先々江掛合相済し、勤役中　公訴等ニ相成候儀無之、村内ニ而も争論ヶ間敷儀一切無之貞実之勤方奇特之者ニ付、寛政九巳年喜右衛門子孫迄苗字差免為褒美銀五枚差遣候

播磨国印南郡細工所村

持高弐百弐拾五石五斗　　玉田重太夫　死失」

右重太夫儀数年庄屋役相勤身元相応之処質素相守村内取納宜、小前百姓共年貢未進ニ而も有之節は助合遣候ニ付、自百姓実意ニ伏し公事出入等一切無之隣村迄も重太夫教ニ伏し、農業相励ミ質素之風儀他村迄押移実儀之勤方奇特之ものニ付、文化三寅年其身一代苗字帯刀差免申候」

遠江国榛原郡福岡町

持高壱石九斗六升六合七夕

廻船問屋　太郎兵衛女房　ま　し　当午五拾才

右まし儀夫太郎兵衛は入聟ニ而廻船問屋株相続いたし、両親并子供四人まし弟壱人有之候処、不仕合打続持船も追々之難破船等ニ而困窮およひ所持之田畑質入等ニ致候而も取続方無之、夫太郎兵衛は」為稼拾六ヶ年以前江戸表江罷出跡両親子供之扶助は女房まし并弟取賄、成人之子供両人も江戸表江奉公ニ差出、父儀は老衰行歩不相叶母儀も中風之症ニ而起臥共自由不相成子供両人之内壱人は盲目壱人は幼年之処、まし壱人ニ而老父母之介抱不怠近所之者抔手伝候而も老人之気ニ叶ひ不申、其上食事等ニ好有之候得は弟と申合難渋之内ニも好物之品調相進メ次第ニ老衰愚痴」多候を少も老人之気ニ不違朝夕愛敬を尽し候趣孝行奇特之者ニ付、為褒美享和三亥年銀三枚差遣候

武蔵国葛飾郡佐間村

持高壱斗弐升五合　　百姓　市郎兵衛　当午五拾壱才

右市郎兵衛儀小高困窮之身分ニ而平日老母江孝行実儀を尽し隣村迄も及見聞候程之儀ニ而寄特之者ニ付、寛政十一未年

為褒美銀三枚差遣候

下野国芳賀郡大谷高根沢村

持高百拾壱石八斗九合　源右衛門　死失

右源右衛門儀数年名主役実躰ニ相勤村方取治宜候ニ付、右村方ゟ道法壱里半余隔り候塩谷郡前高谷村壱村病難ニ而悉く及困窮村役可勤躰之ものも無之程ニ相成候ニ付、源右衛門江兼帯名主」申付候処自分村之用透ニ昼夜之無差別行通ひ深切ニ致世話、三四ヶ年之内村柄立直り取締も宜罷成殊ニ兼帯中聊ニ而も給分等不申請成丈ヶ日帰りニ致費を厭ひ遣候心底奇特之ものニ付、寛政六寅年為褒美銀壱枚差遣候

下野国芳賀郡下大羽村

持高三拾弐石八斗四升九合

名主　元右衛門　当午三拾九才」

右元右衛門儀八ヶ年以前他村ゟ下大羽村前名主元右衛門方江養子ニ罷越引続名主役ニ相成候処、其節迄は右村方至而不取締ニ有之農業不精ニ而年増荒地出来困窮募り年貢納方も差滞候処、当元右衛門名主役ニ相成候以来不宜仕癖も連々厚教諭いたし候故、一同帰伏ニ随ひ農業相励耕作出精いたし候ニ付一両年違作之年も外村程ニは不相痛畢竟元右衛門」精力故困窮も立直候段奇特之ものニ付、文化六巳年為褒美銀三枚差遣候

下野国塩谷郡上高根沢村

持高弐拾五石壱斗八合

百姓　吉郎兵衛　当午四拾九才

右吉郎兵衛儀平日質朴成者ニ而農業出精いたし不宜願筋申勧候もの有之候節一切取敢不申」万事御法度之趣堅相守貞実奇特成者ニ付、文化六巳年為褒美鳥目三貫文差遣候

右之通御座候　以上

文化七午年二月

郡奉行
木城貞右衛門
同
野田吉五郎」

文化六巳己年
親孝行之者行状書付
十一月
大坂御船手
能勢伊豫守

大坂御船手

能勢伊豫守知行所
摂州能勢郡地黄村
無高下作仕并筆結渡世仕候
百姓　万兵衛　当巳三拾弐歳
右万兵衛儀孝心之旨村役人共ゟ訴出候ニ付相糺候処、万兵衛壱人之老母江孝心を尽シ候処拾ヶ年前ゟ老母病気ニ而腰抜両足立不申、昼夜大小用之自由も叶ひ不申難儀仕候処、右万兵衛常々一人孝心ニ仕、農業内職渡世之間老母ニ食事」介抱両便之世話迄行届怠慢気色無御座拾ヶ年余一夜も外出不仕、夜分老母之伽を仕色々噺を聞し誠睦敷事無此上孝養行届候事相違も無御座候ニ付、文化四卯年六月十一日為褒美万兵衛江青銅壱貫文差遣申候

同人知行所
房州朝夷郡沓見村
持高五石壱斗壱合　百姓　重　蔵　当巳弐拾弐歳」
右重蔵儀孝行之旨村役人共ゟ訴出候ニ付相糺候之処、重蔵儀幼少之時分より能心さし相見拾五歳之頃ゟ常々孝行之様子ニ有之候、尤父傳蔵儀ハ重蔵七歳之節病死致し八拾弐歳之祖母五拾歳之母共家内三人ニ而罷在候処、重蔵儀貧窮ニ付右両人之者養育之ため無拠同村伯父助八と申者方江奉公ニ罷出居候処、去ル卯年春ゟ秋ニ至候迄母眼病相煩候故奉公之間ニも夜分共度々隣家江も隠蜜（ママ）ニ参養育致し候、然ル処母眼病追々差重り候を重蔵至而相歎居所ゟ三里余も有之候岡本村と申所之不動尊江罷越昼夜断食致し、母眼病全快之程相祈候」様子隣家之者及承能キ心懸ニ候得共、至而甚暑之時分ニ候故重蔵身分之程難計伯父并隣家之者罷越召連罷帰候、尤日数八日程断食仕候、右様之孝心相違も無御座候ニ付、当巳三月重蔵江為褒美青銅三貫文差遣申候

右之通御座候　以上
文化六己巳年十一月
大坂御船手
能勢伊豫守」

（表紙）　（157—401・90—14）

畿内　七
摂津　播磨
続編孝義録料　十四

（朱書）「摂津
播磨」
孝行奇特人行状書
松平遠江守家来
藤田東吾

摂津国河辺郡尼崎城下
中在家町商人　嘉兵衛妻　信

右信儀七ケ年已前嘉兵衛方江嫁参常々舅幸助江貞実ニ相事
候処幸助儀長々病気ニ取合候処、信儀昼夜深切ニ介抱仕」
困窮之中ニ而朝夕之給物等色々品を替調相進め其上幸助病
気平愈《（ママ）》為心願信好物之多はこを相止め城下内寺方江百日之
間日参仕候由、尤悴嘉兵衛儀も孝心ニ介抱仕候得共別而娠
信儀深切介抱仕幸助儀厚相悦ひ罷在甚貞実奇特者之段寛政
二戌年十一月町内より訴出候ニ付弥無怠孝心ニ」相事候哉
再応為相糺候内、信儀病気ニ取合寛政三亥年十一月病死仕
候

播磨国赤穂郡上郡村
持高壱斗弐合　大工　利三郎　当巳六拾三歳

右利三郎父重大夫儀は三拾六年已前致病死」其節幼少之兄
弟五人母諸共常々家内睦敷相暮、利三郎儀母江孝心ニ相事
兄弟共追々致成長夫々ニ養子縁付遣候得共何れも困窮者故
母より色々致世話遣候得共利三郎より母江対し一言差図ケ
間敷儀決而不申、殊ニ夏冬之衣類着替申度節も母江相尋若
兄弟共江貸置候而間ニ合不申候而は母心遣ひ可仕と存」母
より時々出置候衣類を着し左も無之候ハヽ、時分不相応之衣
類其侭着し罷在候、尤妻を迎へ候様致世話候者有之候而も
却而母心遣可致と申不致承引万事母致安心候様のミ心懸至
而孝心寄特者之段村方ゟ訴出候ニ付相糺候処相違無御座候
ニ付、寛政三亥年十月為褒美米三俵遣之母存命中年々」米
壱俵充遣之候旨申渡候

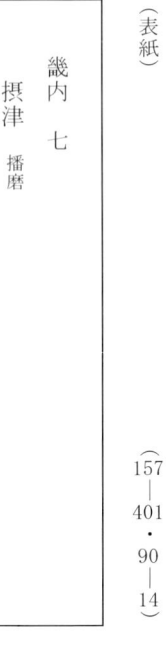

播磨国赤穂郡高田宿村

持高弐石三斗三升四合　百姓　清右衛門　丑三拾五歳

右清右衛門父市助儀は三拾三年已前清右衛門二才之節病死仕姉壱人有之、幼少之子供を母」致養育追々成長仕候ニ随ひ右清右衛門儀常々母を大切ニ仕候処、母儀も及老年風与病気ニ取合中風之症ニ而手足共不相叶臥居候処昼夜共別而大切ニ介抱仕万事母之心ニ随ひ暑寒之手宛等行届、其外貧窮之中ニ而給物等色々相調進め長々之病中無残所介抱仕、母も病中」なから相悦ひ罷在至而孝心奇特者之段村方ゟ訴出候ニ付相糺候処相違無御座候付、寛政五丑年五月為褒美米弐俵遣之候、母存命中年々米壱俵充遣之候旨申渡候、同年十午年清右衛門病死仕候

播磨国完粟（ママ　宍粟　以下同）郡東塩野村」

持高弐斗三升八合　百姓　清　助　当巳三拾八歳

右清助儀は同村八郎右衛門弟ニ而幼年之砌ゟ至極実躰柔和成ものニ付三ケ年已前養子ニ仕其後養父母申付候儀万事心ニ無逆事甚孝心ニ相事候、一躰纔成る百姓ニ而甚困窮之者ニ付農業之外ニ」日雇稼をいたし夜分ハ藁細工を仕右之代を以父母之給物等相調何ニ而も宜品は父母江為給自分は粟稗麦蕎麦之類有合之麁食を給へ昼夜無怠相稼、多はこ抔も宜葉は父母江為給自分は悪敷葉を給候様仕候、母儀は盲人ニ相成候処父母共夜中便用等之手宛も行届他江」働ニ参居候而も食餌之時分ニは罷帰父母之給物を拵あたへ申候、其後妻呼迎候得共家内多ニ而は両親江之手宛も難行届不孝ニ相成候と申無程致離縁一人ニ而甚深切ニ父母之介抱仕候故、養父母も実子にても不及孝心之致方と泪を流し悦ひ罷在至而孝心奇特者之段村方ゟ訴出候付」相糺候処相違無御座候付、寛政五丑年十月為褒美米弐俵遣之候、両親之者存命中年々米弐俵充遣之候旨申渡候

播磨国完粟（ママ）郡宝村

持高弐石八升八合　百姓　清右衛門　当巳四拾四歳」

右清右衛門父六兵衛儀は拾五年已前病死仕清右衛門拾五歳より百姓相続仕幼年之砌ゟ至極実躰正直成ものニ而母江常々孝心ニ相事候所、母儀及老年病気ニ取合中風之症ニ而歩行不相叶其上致老耄無差別色々無理を申候得共少も心ニ逆ひ不申、殊両便之通し一向覚不申候処昼夜甚大切ニ介抱仕」困窮之中ニ而給物等色々心付為給自分ハ麁食を給へ農

業無怠出情仕候ニ付、女房無之候而は母之介抱行届申間鋪哉と親類より致世話女房呼迎候得共年若之者ニ付介抱行届兼候故無間も致離縁夫ゟ清右衛門一人ニ而長々之病中無怠大切ニ介抱仕、別而常々農業無油断出情仕年々収納」米無滞相納篤実之行状有之至而孝心奇特者之段村方より訴出候ニ付相糺候処相違無御座候ニ付、寛政六寅年十一月為褒美米弐俵遣之候、尤母存命中米壱俵充可遣候処同年九月ニ病死仕候

摂津国河辺郡尼崎城下」宮町

商人八兵衛妻　久　米　当巳六拾七歳

右久米夫八兵衛儀拾三年已前ゟ致乱心渡世も難相成候処、久米儀常々貞実ニ相事店ニ而少々之菓子を商ひ又ハ賃仕事等仕右八兵衛病気養生第一ニ介抱仕灸治抔」仕候節は色々気分をすかし灸治を進め申候、其外衣類等迄見苦敷無之様取扱女之手稼を以地子銀等無滞相納昼夜無怠深切ニ介抱仕甚貞実奇特者之段町内より訴出候ニ付相糺候処相違無御座候ニ付、寛政七卯年二月為褒美米弐俵遣之候」

播磨国完（ママ）栗郡野々上村

持高八斗七升五合

百姓利兵衛後家　い　そ　当巳七拾四歳

右いそ夫利兵衛儀は一躰入夫ニ而已前は相応之百姓ニ而持高も多分ニ有之、いそ儀は常々母を孝心ニ相事夫利兵衛心ニ随ひ家内睦敷」暮罷在候処、利兵衛儀風与病気ニ取合長々相煩ひ去ル卯年病死仕候、并悴磯五郎と申者も其已前ニ相果相残候ものハ百歳ニ相成候母と老年之いそ女計ニ而農業等難仕追々及困窮候得共、いそ儀少々充之賃仕事を仕昼夜母之側を不離大切ニ介抱仕孝行を尽し、食餌等は口中ニ合候品を為給好ニ」任せ粥抔を為給候節は冷候品ハ不為給へ幾度にても暖め為給、衣類等は新き品は得拵へ不申候得共古き品ニ而も和らか成物を着せ自分は綴を着し其上麁食を給へ万事母不自由無之様心懸大切ニ介抱仕至而孝心奇特者之段村方ゟ訴出候ニ付相糺候処相違無御座候付、寛政八辰年五月為褒美」米三俵遣之候、尤母存命中年々米壱俵充遣之候旨申渡候

摂津国河辺郡尼崎城下　中在家町

商人　藤　七　当巳五拾弐歳

右藤七父源七儀は二拾八年已前病死仕兄」藤七と申者家名

致相続居候処、右兄藤七儀も孝心奇特者ニ而弟江常々孝行之道を相教候処、此者七年已前病死仕候ニ付弟藤蔵儀藤七と致改名仕来候肴商売仕日々大坂江商ひニ罷越甚世話敷渡世之中ニ而母江孝行を尽し、宿元ニ罷在候節は母之心を慰め商ひニ罷出候度々」留守中母を大切ニ心付候様女房江申付置罷帰候得は直様母之機嫌を伺ひ、食餌等之儀は母と一同ニ給候様心懸大坂より罷帰候節は母之心ニ叶ひ候品を手土産ニ遣し候、且又実父三拾三回忌ニは五ケ年も間有之候夫迄母存命之程難計由相歎候ニ付昨年取越年回之志相勤母之心を相休」、猶又近辺之者参候節母申候ニは致長命悴娵之世話ニ成気之毒抔と申候ニ付色々気分をなだめ一日なり共長命を祈り申候間重而左様之咄合無用と母之致安心候様申聞し、其外平日孝心之取始末篤実之行状有之至而孝心奇特者之段町内より訴出候ニ付相糺候処相違無御座候ニ付、寛政八辰年十二月為褒美白銀五枚遣之候

摂津国河辺郡尼崎城下　中在家町
漁師　市郎兵衛　当巳六拾四歳
同人妻　わ　さ　当巳五拾四歳」
享和元酉年三月病死仕候　同人弟　甚　六

右市郎兵衛父市郎兵衛儀は拾二年已前病死仕、其後兄弟之者とも仕来候手繰網漁を致渡世セ話敷家業之中ニ而右三人之者共母を大切ニ孝行を尽し申候、母儀拾三四年已前より盲人ニ相成候上及老年立居も」不自由ニ相成候処、折々寺江致参詣度と申候節は兄弟申合致送迎大切ニ相事申候、別而家業等も致出情候、娵わさ儀も姑江大切ニ相事姑寺江参居候得は子供を抱常々好ミ候給物を持参仕用事等相達候、且又兄弟之もの漁ニ罷出候節は不罷帰内は夜中迄致手仕事居候故姑〻も休候様と」申聞候得共兄弟之衆沖ニ被居候事を思ひ候得は心ならす不相休と申、暁方ニ相成候得は両人之者とも手宛ニ湯抔を涌置、其外幼少之子供江も教方宜候故近辺之子供と常々口論等もいたさす若年之娘を致相手家業之手繰網を拵罷在、猶又近辺ニ仏事有之志之品々致到来候得は」子供江は不遣先母江為給候様心懸都而家内八人之者衣類見苦敷無之様取繕其外平日篤実之行状有之、右躰家内睦敷相暮別而三人共母江孝行を尽し至而孝心奇特者之段町内より訴出候ニ付相糺候処相違無御座候ニ付、寛政八辰年十二月為褒美右三人之者共江白銀拾枚遣之候」右市郎兵衛儀網船ニ乗組漁業罷出候処沖間ニおゐて網子之者共他所網船之者共と及口論市郎兵衛始網子之者共多分手疵を負

ひ候処、市郎兵衛始末取計向宜無難ニ為相済候段奇特ニ付、
享和三亥年十二月為褒美鳥目壱貫文遣之候」

摂津国河辺郡西難波村

無高　百姓平六悴　佐　助　当巳四拾八歳
同人妻　津　ゐ　当巳　四拾歳

右佐助儀実父平六并継母江常々孝行を」尽し同村庄屋徳蔵方ニ奉公相勤居候処、常々無私実躰相勤村役普請等ニ而も甚致出情相働主人徳蔵心ニ相叶不便を加へ召仕徳蔵所持田地之内五反余為致分作置候処、収納米無滞相納其上両親江孝心ニ相事徳蔵方ニ奉公仕候内毎月五日充暇を貰候段極め置農業無怠致」出情、主人之用事相仕廻候得は夜分は宿江罷帰毎夜深更迄草鞋を作り右之代銭を母江相渡家内養育之為致助力候、毎度先庄屋新六と申者村内夜廻ニ罷出佐助深更迄致仕事候を及見致感心褒美遣之候、且又父平六常々酒を好候故日々為給候、尤佐助義酒を好物候得共父子共給候」而は末々父江為給候儀も相成間敷哉と心付廿二三歳之頃ゟ致禁酒平日家内睦敷相暮、女房津ゐ義も両親之者江孝心ニ仕候ハ全く佐助常々申聞方行届申候、其外常々取始末篤実之行状有之主人江無私相勤両親江は孝行を尽し至而実躰孝心奇特之段村方ゟ訴出候付相糺候処相違無御座候付、」寛政九巳年四月為褒美上田壱反調料遣之候

播磨国赤穂郡上村

持高弐斗五升六合　百姓　安五郎　当巳四拾歳

右安五郎儀両親之者江常々孝心ニ相事」万事両親之心ニ無逆事農業等出情仕年々収納米等無滞相納家内睦敷相暮居候之処、父佐七郎儀及老年病身ニ相成母きよ儀も六年巳前ゟ病気ニ取合一両年は手足とも不相叶両便とも乍臥仕候処、手宛等も行届両親介抱長々無怠深切ニ仕其外朝夕給物衣類等困窮之中ニ而手宛行届」平日農業之隙ニ山ニ而柴薪を伐出し近村江売参右之代銭を以両親養育仕罷在候故、女房無之候而は両親之介抱も行届間敷候ニ付女房呼迎候様近辺之者とも相進候得共、困窮之中江他人を呼取候而は却而両親之者心遣ひ可仕と申承引不仕、両親長々介抱壱人ニ而昼夜深切ニ相事甚孝心」奇特者之段村方ゟ訴出候ニ付相糺候処相違無御座候ニ付、寛政十二申年十一月為褒美米弐俵遣之候、両親之者存命中年々米弐俵充遣之候旨申渡候

摂津国武庫郡道意新田

持高壱石　　百姓」　嘉兵衛　当巳五拾二歳
右嘉兵衛生得実躰成者ニ而常々母江大切ニ相事家内之者并村方之者ニ至まて睦敷仕別而年来農業無怠致出情収納米性合宜入念無滞相納其外篤実之行状有之、甚孝心奇特者之段村方より訴出候ニ付相糺候処相違無御座候ニ付、寛政」十二申年十二月為褒美米弐俵遣之候

播磨国完（ママ）粟郡伊和村
持高三斗四升四合　　百姓　久太郎　当巳五拾五歳
右久太郎父権七儀は二拾二年已前病死仕母はつ儀存命罷在候処、右はつ若年之砌」毒虫ニさゝれ疵口より腐込片足落片足ニ相成常々歩行不自由ニ御座候処、久太郎儀母を大切ニ仕孝心ニ相事申候、一躰困窮之ものニ御座候得は平日農業山稼等致出情収納米無滞相納其外母朝夕之給物衣類等迄困窮之中ニ而手宛行届昼夜無怠深切ニ介抱仕、寺方ニ仏事有之節は母を」負ひ送迎仕候、然ル処はつ儀去秋毒鼠ニかまれ右之毒気ニ而大病ニ相成両便之取扱も世話多ニ御座候間女房を呼迎候様相進候得共、困窮之中江女房呼取候而は母江之孝行届間敷と申承知不仕候、万事母之安心仕候様心懸申候故母も悦ひ罷在至而孝心奇特者之段村方ゟ訴出候ニ付相糺候処」相違無御座候付、寛政十三酉年二月為褒美米壱俵遣之候、尤母存命中年々米壱俵充遣之候段申渡し候

播磨国完粟郡岩野辺村
持高四升三合　　百姓　九　蔵　当巳五拾九歳
右九蔵父甚助儀は二拾四年已前病死仕」母はつ存命ニ罷在常々母江孝心ニ相事申候、一躰纔成百姓ニ而甚困窮者ニ御座候得は平日農業山稼等出情仕薪等を近村江売ニ参右之代銭を以母之衣類食物等迄不自由ニ無之様心懸大切ニ介抱仕、当年母八拾八歳ニ相成候故相応之心祝ひもいたし母も常々孝心ニ事候を悦ひ申候、至而孝心寄特者」之段村方より訴出候付相糺候処相違無御座候付、享和元酉年五月為褒美米壱俵遣之候、尤母存命中年々米壱俵充遣之候段申渡し候

摂津国河辺郡尼崎城下　市庭町」
紺屋　市郎右衛門下人　太兵衛　酉八拾歳
右市郎右衛門儀は紺屋渡世仕下人太兵衛儀は同所中在家町灘屋傳兵衛悴ニ而享保二拾一辰年三月拾五歳之節当時市郎右衛門四代先市郎右衛門時代ニ年季奉公ニ罷越」其後親傳兵衛夫婦共相果候、然るニ又々二代目市郎右衛門ニ仕へ罷

在候処、右市郎右衛門病死仕候而跡男子幼少御座候故色々心付家内取締并染物得意先抔走廻り随分無透間相勤罷在候内、右男子段々成長ニ付三代目市郎右衛門と改名為致娵を貰ひ請自分は不相替被召仕居候処、右三代目市郎右衛門心付候哉」太兵衛事手前召仕とハ乍申幼少ゟ世話ニ相成家名無滞継候、太兵衛儀段々年配ニも及候得は其段申聞近辺ニ而借屋を借受大坂屋と家号を分遣し候上妻を呼迎せ太兵衛は其侭相勤候内右之妻病死仕候、然ル処三代目市郎右衛門儀又候病死仕候、依之太兵衛彼是致心配主人親類中江相談」仕早速後家江当時市郎右衛門入夫仕唯今家名相続仕罷在候、右太兵衛儀主人四代之間被召仕当時八拾歳ニ而不相替実躰相勤至而貞実寄特者之段町内ゟ訴出候付相糺候処相違無御座候ニ付、享和元酉年八月為褒美米弐俵遣之候、文化六巳年正月病死仕候」

摂津国河辺郡杭瀬村

持高弐石弐斗壱升四合

百姓　新右衛門　当巳六拾四歳

右新右衛門儀若年之砌ゟ生得実躰ニ而万事慎ミ深農業等出情仕其上母江孝心ニ相事拾四年已前妻を呼迎候処、母之心ニ不相叶離縁仕其後再縁之儀村内ゟ相進候得共」又々母之心ニ不相叶時は不孝ニ可相成哉と申承引不仕無妻ニ而相暮、昼夜不怠母江孝行を尽し日々食餌等先母江為給へ其後自分食餌仕候、村役ニ而他所江罷出候節は留守中母之給物其外入用之品々不自由無之様拵置罷帰候節は聊ニ而も土産之品相調母江遣し、何方江振舞ニ参候而も母」好物之品は持帰母江遣し別而極老之母故暑寒之手宛等手も入候処、取始末行届万事壱人ニ而無残所孝心ニ介抱仕母も甚悦ひ罷在其外常々篤実之行状有之者ニ候得共困窮者御座候付、村内ニ而も誠実を感し少々ツヽ致助力遣至而孝心奇特者之段村方ゟ訴出候ニ付相糺候処」相違無御座候付、享和三亥年正月為褒美銀五枚遣之候、尤母存命中年々米壱俵充遣之候段申渡し候

摂津国河辺郡杭瀬村

持高弐拾七石七斗壱升八合三夕

百姓　長九郎　当巳四拾七歳」

右長九郎儀若年之砌ゟ万事慎深く農業等無怠致出情其上父長左衛門江常々孝行を尽し日々食餌等麁末無之様心付見改相進め寝起等ニ至迄無残所介抱行届、妻其外之者江も父を

致大切候様精々申聞、妹そよ儀も父江甚孝心ニ相事申候は長九郎常々申付方宜故と」相聞へ長左衛門義も孝心之段相悦罷在甚孝心奇特之段村方ゟ訴出候付相糺候処相違無御座候ニ付、孝心篤実之行状寄特之段享和三亥年正月申渡し候

右同人妹　そよ

文化四卯年六月病死仕候

右そよ儀生得実躰ニ而父長左衛門江孝行を尽し兄長九郎江も万事無麁略相事」其外家内隣家之者迄常々睦敷仕、女手業農業等も無怠相稼其上父之起臥并食物等迄朝夕心付無残所孝心ニ介抱仕候、尤縁付之儀相進候而も何卒一日成共長く老父之介抱仕度と申縁付之儀承引不仕専ら孝行を尽し若き女之手本ニも可相成者と村中ニ而も感心」仕候由、父長左衛門も両人之者共孝心ニ相事候段厚相悦ひ罷在至而孝心誠実之行状奇特者之段村方ゟ訴出候ニ付相糺候処相違無御座候ニ付、享和三亥年正月為褒美銀七枚右兄弟之者江遣之候、尤父長左衛門存命中年々米壱俵充遣之候段申渡し候」

摂津国河辺郡南野村

持高弐石八斗弐升九合

百姓　庄左衛門　当巳三拾九歳

同人弟　巳之助　当巳三拾六歳

右両人之者共両親存生之内常々孝心ニ相事候処父庄左衛門儀拾七年已前病死仕候、」病症は小便不通之症ニ而甚致難義候付種々療養手を尽し無怠致介抱候得共難症ニ而小水聊も不通至而苦痛之躰ニ相見へ候ニ付、右両人之者共代ゝニ右病人之小水を吸出し心を砕き大切ニ致介抱候得共養生不相叶致病死候、其後益母江大切ニ孝行を尽し候処母儀も難症之腫物相発」是又服薬食餌等迄無残所致介抱候得共養生不相叶去戌七月致病死候、別而巳之助儀は尼崎城下内ニ永々致奉公至而実躰ニ相勤主人之心ニも相叶其外常々兄弟睦敷農業専ら致出情収納米無滞相納万事篤実之行状有之至而孝心奇特者之段村方ゟ訴出候ニ付相糺候処」相違無御座候ニ付、享和三亥年正月為褒美白銀七枚右両人之者江遣之候

摂津国河辺郡別所村

持高弐石壱斗六升七合

百姓　三郎兵衛　当巳四拾三歳

右三郎兵衛儀若年之砌より両親江孝心ニ」相事候処父三郎兵衛は拾一年已前病死仕候、右病中ニも無残所孝心ニ介抱仕候、母は存命罷在候得共六ケ年已前ゟ眼病相煩ひ色々為

致養生候得共三ケ年已前ゟ盲人ニ相成候故別而心付、寝起は勿論飲食或ハ寺方仏事有之母致参詣度と申候得ハ何時ニ而も手を引雨天之節は背ニ負ひ送迎」仕万事母之心ニ叶ひ候様取扱、妻志ゆん江も常々申付方行届志ゆん儀も孝心ニ相事家内近所之者迄も睦敷仕平日農業無怠出情仕候、然ル処妹やすと申者大坂江為嫁候処長病ニ而難渋いたし居候ニ付去戌年ゟ三郎兵衛方江引取為致別宅是又無残所致養生遣し、母も其段厚悦ひ罷在誠実之行状孝心」奇特者之段村方ゟ訴出候ニ付相糺候処相違無御座候ニ付、享和三亥年十一月為褒美上田壱反調料遣之候、尤母存命中年々米壱俵充遣之候段申渡し候

右同人妻　志ゆん

右志ゆん儀夫三郎兵衛常々申付を相守家内」睦敷相暮姑江孝心ニ相事候段奇特之旨申渡之候、文化五辰年四月病死仕候

摂津国河辺郡別所村

百姓伊兵衛下人　久兵衛　当巳五拾四歳」

右久兵衛儀は同国武庫郡西宮久保町丹波屋小兵衛悴ニ而三拾六年已前拾五歳之節伊兵衛方江拾ケ年季ニ相極奉公ニ罷越年季之内無滞相勤、年季明候ニ付暇遣候段主人申聞候之処、唯今暇申受罷帰候而は子供衆は未幼年ニ付定而農業等手支可申候間今暫可相勤と申候ニ付主人伊兵衛甚悦ひ任其意」年来不便を加へ召仕罷在候、尤給金等相極候儀も無之候得共西宮ニ母存命罷在候ニ付年分ニ拾匁廿匁ツヽ両三度も主人ゟ申受母江遣之、其外自分入用聊も借受不申常々農業無怠村役人足ニ遣し候而も致出情相勤、其外悪事ケ間敷儀一切不仕主人并隣家之者西宮母兄弟江も睦敷仕篤実之行状」有之者ニ而主人伊兵衛厚悦ひ罷在至而貞実奇特者之段村方ゟ訴出候ニ付相糺候処相違無御座候ニ付、享和三亥年十一月為褒美銀三枚遣之候

摂津国河辺郡尼崎城下　築地町

医師」　田辺慎常　当巳五拾五歳

右慎常儀は同所風呂辻町出生ニ而弐拾弐年已前築地町江致転宅罷越常々医業出情仕病家ゟ頼来候節は先方貧福之無差別療治致遣候儀は常々之事ニ而、如何程貧窮ニ而見苦敷病家たりとも又町内に行倒之非人等有之申遣候而も」早速罷越無疎略療治相加へ、其様子甚貞実ニ取計都而見廻之儀迄も貧家之乞を不待手離ニ相成候迄は見廻等も不怠療用差支

候得は夜ニ入候而も見廻、勿論富家貧家之致差別候而見廻候様成儀とハ決而不相見、困窮人之儀は兼而薬礼不申請候存込と相見へ病家ニより候而は何程」療治仕候而も貧窮ニ而其日之賄方ニ差支候而は薬功も不相見候由ニ而少々充金銭或ハ米薪等相送、又は高直成薬種類は病家ニ而別段可相調事毎事有之事ニ候得共貧家ニ而は乍存其儀不及力ニ旨及見候得は慎常方ニ而右高直成薬種相調為致服薬候事共毎々及承申候、左候而も右代銀等乞候儀は」曽而無之猶又暑寒共ニ貧家之病人着用向蚊帳或は蒲団之類又寒気之砌は炭等迄も心付内々差遣し候儀も有之由、白米等遣候儀数度之事故家内之手前如何敷存候節は搗米屋江慎常内々ニ而直ニ頼ニ罷越五升三升ツヽ何れへ遣し呉候様相頼手当致し遣代銀は慎常方ゟ内々ニ而」相払置候事も毎度有之由、其外困窮之病家薬礼等得不致候者は甚以多人数之事ニ而此儀は一向かそへかたく其薬礼も得不致もの重而病人有之節頼来候而も下地之事は何とも不心懸趣ニ而心能く家内替る／＼之病人幾度ニ而も無薬礼ニ而無疎意服薬等差遣し、長病ニ而夥敷薬種相用」一向謝礼不致候而も無謂慎常ゟ断申薬不遣抔と申儀一切不仕、右様之儀は兼而施薬と致覚悟何卒医術之功ニ而病苦を助遣し度由申居候事共毎度及承申候、尤服薬等夥敷申請薬礼等一切不仕候もの未病気癒兼有之候得共慎常江薬礼等も仕兼候間及断候得は任其意候得共、近辺江罷越候」節は又々見廻何れ之医者ニ而も相頼候哉と聞合右薬礼等得不致候故気之毒ニ存服薬断貰ひ不申由ニ相聞へ候得は又々相診服薬為持遣し、続而見廻薬礼之事ニ而服薬断候得は不苦候間何程ニ而も薬は遣し可申間無心遣緩々致養生候様呉々も申聞、再応療治相加へ助けニ相成候儀とも数多」有之由、尤若き者共不心得之儀有之を及聞候得は近辺知る辺之者江呉々申聞取鎮め町内ニ故障争論仕もの有之節頼ニ罷越候得は右躰繁多之中も不顧世話仕争論相止めさせ候事共も数多有之由、此儀も全く実事を以て取扱候故平和ニ相納候事と相聞へ候、猶相頼候ものも平常実躰成を見込相頼候と」相見へ申候、且又慎常平日之行状甚篤実奇特者之段町内ゟ訴出候ニ付相糺候処相違無御座候ニ付、享和三亥年十二月為褒美月毎ニ三人扶持充遣之候

「播磨国赤穂郡上郡村」

夫持高三石九升七合

百姓久五郎妻　りせ　当巳三拾二歳

右りせ儀は五ケ年已前久五郎方江嫁参常々家内睦敷相暮舅

太次兵衛江貞実ニ相事申候処、太次兵衛儀も及極老病身ニ相成歩行等も不自由ニ相成候ニ付万事心ニ相叶候様昼夜とも甚深切ニ致介抱至而」貧窮之中ニ而給物等色々取拵相進め申候、夫久五郎儀も孝心ニ致介抱候得共別而りせ儀は貞実ニ相事太次兵衛儀も厚悦ひ罷在貞実孝心奇特者之段村方ゟ訴出候付相糺候処相違無御座候ニ付、享和三亥年十二月為褒美米壱俵遣し候、太次兵衛存命中年々米壱俵充遣之候段申渡し候」

摂津国河辺郡尼崎城下別所町

商人　新右衛門　当巳四拾一歳

同人弟　伊　助　当巳三拾五歳

右新右衛門父新助儀は弐拾年已前病死仕母は存命ニ罷在弟伊助儀は城下之内江」年季奉公ニ遣置、新右衛門儀若年ゟ魚商ひ出情仕常々母江孝心ニ相事申候、姉かん義は大坂江為嫁置候処致乱心拾五六年已前新右衛門方江呼取色々為致養生候得共快気不仕、母儀もかん病気を苦ニ仕弐三年已前ゟ母も致乱心かん諸共家内をあらし理非之無差別打擲抔いたし甚難渋仕候、何卒両人共」為致全快度種々為致養生氏神江も心願等懸候得共快気不仕、何分拾六七年之病気ニ而物入等多く一躰身薄き者ニ付甚及困窮申候、弟伊助儀も年季之内ニ付格別之助力も得不仕其上年季明申候故暇を貰ひ罷帰少々ツヽ助力仕新右衛門共々昼夜無怠手を尽し病人之心ニ随ひ厚」介抱仕、其上女房并伊助江も申聞是又貞実ニ介抱仕何れも至而孝心ニ相事篤実之行状甚奇特者之段訴出候ニ付相糺候処相違無御座候ニ付、文化元子年四月為褒美銀三枚充遣之候、尤母存命中年々米壱俵充遣し候段申渡し候」

摂津国河辺郡尼崎城下宮町

樽職人治兵衛悴　熊　蔵　当巳二拾八歳

同人次男　平兵衛　当巳二拾五歳

同人三男」友　七　当巳　二拾歳

右治兵衛儀は樽職人ニ御座候処右三人之悴共常々両親江孝心ニ相事、別而平兵衛儀ハ拾三歳ゟ尼崎城下之内樽屋江年季奉公ニ罷越実躰相勤主人之心ニ相叶拾五歳ゟ壱人前之仕事を相極置其余は手間仕事を夜分仕右手間賃は不残両親江相渡申候、」母儀は五年已前ゟ相煩ひ痰症ニ而惣身いたミ家内之取始末難相成候、治兵衛儀も次第ニ及老年其上去々戌年十月ゟ病気ニ取合打臥罷在渡世難出来候処、平兵衛儀主人仕事相仕廻候得は毎夜不怠罷帰万事無残所大切ニ介抱仕、猶又近年は樽職日々ニ弐人前相働壱人前之手間賃を以父母之」養育并病中物入等相払、諸事両親安心仕候様取計候ニ付両親之者も右三人之者とも至而孝心ニ介抱仕候段厚悦ひ罷在候、熊蔵儀は尼崎城下之内菓子屋江昼夜被雇罷越実躰ニ相働右賃銭は不残親江相渡自分入用は少々ツヽ親ゟ受取常々両親江孝心ニ相事、両親之者病中ニも働之手透ニは病気之」様躰尋ニ罷越無怠孝道を心懸申候、友七儀は若年之者ニ候得共両親之介抱并給物等取始末実躰ニ相事少しニ而も手透有之候得は青物を売ニ罷出両親養育之致助力無怠孝道を心懸申候、右三人之者共睦敷申合両親之者江至而孝心ニ相事奇特者之段町内ゟ訴出候付相糺候処相違無御座候付、」文化元子年四月為褒美平兵衛江白銀五枚熊蔵友七江白銀三枚遣之候、尤両親存命中年々米壱俵ツヽ遣之候旨申渡し候

摂津国兎原郡野寄村

持高五石余　百姓弥三五郎悴」　宗十郎　当巳弐拾四歳

右宗十郎父弥三五郎若年之砌ゟ常々農業出情仕母江孝心ニ相事候処、母儀も病死仕其後妻を呼迎右宗十郎出生仕候処、生得実躰成者ニ而成長ニ随ひ常々両親江孝心ニ相事農業出情仕万事両親之申付候儀心ニ無逆事別而悪事ケ間敷義」一切不仕何方江用事ニ而罷越候共両親之差図を受罷越常々七人之家内睦敷相暮、右宗十郎孝心之儀両親も甚悦ひ罷在至而孝心奇特者之段村方ゟ訴出候付相糺候処相違無御座候ニ付、文化二丑年十月為褒美白銀弐枚遣之候、尤両親存命中年々米弐俵充遣し候旨申渡し候」

摂津国兎原郡野寄村

持高弐石余　百姓太郎兵衛悴　忠五郎　当巳四拾三歳

右忠五郎幼年之砌実父太郎兵衛病死仕当時太郎兵衛義は継父ニ御座候処常々両親江孝心ニ相事申候、母儀は長々相煩ひ」罷在候処昼夜無油断大切ニ介抱仕朝夕之給物等取扱は勿論夜分抔は冷候儀を嫌ひ申候故自分之暖ミを以母を暖遣し長々之病中無残所大切ニ介抱仕候得共無程病死仕候、其後継父太郎兵衛江別而大切ニ仕常々酒を好候故日々相調遣し其上起臥之介抱甚行届常々妻江も孝道を申聞せ」候ニ付妻も貞実ニ相事家内睦敷相暮農業無怠致出情、継父太郎兵衛儀も両人之者共孝心ニ相事候段厚悦ひ及老年候得共農業

等手伝仕至而孝心奇特者之段村方ゟ訴出候ニ付相糺候処相違無御座候付、文化二丑年十月為褒美白銀三枚遣之候、尤太郎兵衛存命中年々米壱俵充遣之」候之旨申渡し候

右者故遠江守忠告代申渡之」

播磨国赤穂郡高山村

持高四斗八升六合

百姓市右衛門悴　佐　助　当巳五拾三歳

右佐助儀両親存命之内孝心ニ相事一躰貧窮之者ニ候処農業出情仕家内睦敷相暮申候、最早両親共及極老起臥等不」自由成候故妻呼迎候様村内之者相進め候得共他人を交候而は若両親之心ニ相叶申間敷哉と申承引不仕壱人ニ而昼夜無怠介抱仕、別而給物等は心ニ相叶候品々を調進め何事も両親之心ニ随ひ大切ニ取扱申候ニ付両親も甚悦ひ罷在至而孝心奇特者之段村方より訴出候ニ付相糺候処相違無御座候付、文化」三寅年為褒美米壱俵遣之候、両親存命中年々米弐俵充遣し候旨申渡し候

摂津国河辺郡大西村

養父持高壱石六斗五升五合

百姓九兵衛養子　弥兵衛　当巳弐拾六歳」

右弥兵衛儀は摂津国西成郡十三村百姓清兵衛と申者之悴ニ候処、右九兵衛と所縁有之弥兵衛幼年ゟ預置追々致成人候ニ付永々致養育候厚恩を不忘九兵衛夫婦之者を父母之如く大切ニ相事農業致出情其外昼夜手稼等仕或は当分奉公等仕九兵衛渡世之致助力遣候、九兵衛儀も纔成百姓ニ付農業」之間ニは駄賃牛を追ひ致渡世候処九兵衛牛を追ひ罷出候節帰候時分も牛之取始末ハ弥兵衛深切ニ仕万事無怠相働候ニ付近年は相応相暮九兵衛為ニも相成候ニ付致養子候之処、実父清兵衛儀も難渋ニ相成去ル寅八月ゟ九兵衛方江同家ニ引取大切ニ取扱其外常々之行状宜至而孝心奇特者之段」村方ゟ訴出候ニ付相糺候処相違無御座候ニ付、文化四卯年四月為褒美銀弐枚遣し候、養父母存命中年々米壱俵充遣之候旨申渡し候

摂津国河辺郡荒牧村

持高四石三斗三升　百姓」　金兵衛　当巳四拾一歳

右金兵衛儀は父勘右衛門事教西之妻連れ子ニ而御座候、追々成長仕継父実母江常々孝心ニ相事申候、一躰纔之百姓ニ付酒造稼を仕家内睦敷相暮居候処九年已前ゟ母病気ニ取合

四年之間金兵衛并妻諸共病中無残所大切ニ介抱仕候得共」養生不相叶病死仕候、其後継父教西江別而大切ニ孝行を尽し貧窮之中ニ而朝夕給物等取扱も行届何方江罷越候而も帰候節は少々たり共土産之品を継父江遣し外々江稼ニ罷越候節は留守中大切ニ心付候様妻江申付、尤遠近ニ不拘折々罷帰継父之機嫌を伺ひ夜分抔は手足を撫遣し寒気之砌は」其身之陽気を以暖め遣し無怠大切ニ相事申候ニ付、村方ニ而も渡世為助力村下役申付置至而孝心篤実之行状有之奇特者之段訴出候ニ付相糺候処相違無御座候ニ付、文化四卯年為褒美白銀三枚遣之候、継父存命中年々米壱俵充遣之候旨申渡し候」

摂津国武庫郡西新田村
大持高壱石壱斗九升四合
百姓　太郎兵衛妻　みゑ　当巳四拾三歳
同人悴　大工　勝兵衛　当巳二拾三歳

右みゑ儀二拾年已前太郎兵衛方江縁付参」常々姑江孝心ニ相事夫太郎兵衛江貞実仕其外家内之者江深切を尽し一統睦敷相応ニ相暮居申候処、太郎兵衛儀不斗病気ニ取合其上弟惣兵衛と申者病身ニ相成殊ニ致老耄何之弁も無之小児之如くニ相成無利非道を申候得共姑之歎きを察深切ニ致介抱遣候、然ル処老母并幼少之子供計ニ而次第ニ」及困窮候得共みゑ儀昼夜無怠手稼等仕家内之者を致養育自分は麁服を着し麁食を給へ色々致艱難姑之心に随ひ病人之介抱無残所大切ニ仕罷在候内、悴勝兵衛儀致成人伯父甚兵衛と申者江随ひ大工職相覚へ無怠家業致出情母諸共相稼家内之者致養育罷在候、惣兵衛儀も当十一月病死仕候、」病中両人之者深切ニ致介抱呉候段乍夢中厚悦ひ相果申候、右両人共常々孝心貞実之行状有之至而奇特者之段村方ゟ訴出候ニ付相糺候処相違無御座候ニ付、文化四卯年十二月為褒美みゑ江白銀三枚勝兵衛江白銀弐枚遣之候、尤太郎兵衛并同人母存命中年々米弐俵充遣之候旨申渡し候」

摂津国河辺郡別所村
津る悴　日雇稼　寅　枩　当巳拾八歳

右寅松儀若年候処母は後家業にて糸仕事又は洗濯等ニ被雇参候而其日を暮候ニ付寅枩は中在家町畠中屋甚右衛門方江」被雇候而少々充賃貰申候而母江相渡親子睦敷渡世仕罷在候処、此度母病気ニ付賃仕事も出来兼難儀仕候ニ付右寅松存候は少々之賃貰ひ候而は親子業ひ兼申候ニ付右畠中屋甚右衛門方江断申夫ゟ米屋江米賃踏ニ参候而其日々ニ踏賃貰ひ罷帰母望之品々相調介抱仕候、又塩諸荷物浜上ケ頼来候」得は草鞋もはき不申早速素足にて罷越浜上ケ仕賃申受母を養育仕候、年若ニ御座候得共衣類は母之為着候を見苦敷候而も少も不足不申酒等飲不申一切外江遊ひニ罷出候儀も不仕、猶又友達抔付合も不仕常々内ニ居候而他ゟ頼来候と浜上ケ何事ニ而も銭もふけ之儀一図ニ仕候而夜分は母之傍ニ」付添随分母江心を付睦敷罷在候、隣家之者共も見請候而実躰成者と存互ニ申合候由若輩者ニ御座候得共平日荒き詞一言承不申孝心奇特成者と近所之者共も感心仕候、至而孝心奇特成者之段訴出候ニ付相糺候之処相違無御座候ニ付、文化四卯年十二月為褒美米弐俵遣之候、尤母存命中年々」米壱俵充遣之候旨申渡し候

摂津国武庫郡今北村

持高壱斗弐升四合

百姓　彦右衛門　当巳四拾一歳

同人妻　す　て　当巳三拾三歳」

右彦右衛門若年之砌父彦右衛門病身ニ而渡世難相成難渋ニ付拾歳ゟ年季奉公ニ罷出右給銀を以家内取続居候処、父彦右衛門弐拾五年已前病死仕愁傷之中ニ而母江力を付け昼は主人之奉公大切ニ相勤夜分ハ自分之致手稼右代銭并給銀等ニ而母を致養育聊も心ニ無逆事朝暮相事、其後」年季明罷帰都而悪事ケ間敷儀は一切不仕万事慎深く家業孝道専ら相勤候之処八年已前ゟ母眼病相煩ひ種々致養生候得共終ニ盲人ニ相成候、常々寺参并村内江参度と申候節は背ニ負ひ連行諸事手当行届、妻すて儀も昼夜姑を大切ニ仕暑寒之手宛寝起等ニ至迄厚く心付養子」和七儀も両親之申付相守乍若年農業致出情諸事質素ニ相働右妻子迄孝行ニ相勤睦敷相暮、常々母も厚相悦ひ右彦右衛門篤実之行状有之至而孝心奇特者之段村方ゟ訴出候ニ付相糺候処相違無御座候ニ付、文化六巳年五月為褒美白銀三枚遣之候、尤母存命中年々米壱俵充遣之候旨申渡し候」

右者当主遠江守忠寶代申渡之」

摂津国武庫郡上瓦林村

持高七拾七石八斗五升

大庄屋　市兵衛　当巳七拾七歳

右市兵衛儀五拾四年已前宝暦六子年庄屋役申付四拾五年已前明和二酉年大庄屋役申付文化五辰年三月願ニ付退役申付

都合五拾三年実躰相勤居村并組下村々取計向」宜為ニも相成奇特者ニ付、安永六酉年十二月為褒美金三百疋遣し候、其後天明四辰年正月松木三拾本遣し候、寛政九巳年四月及老年候ニ付退役願出候処是迄勤方宜ニ付組下村々ゟ差留之儀願出候ニ付、猶又遂吟味候処相違無之候間退役願差留為褒美白銀三枚遣之候」

右者故遠江守忠告代申渡之

其後文化五辰年三月願ニ付退役申付白銀三枚遣之候

右者当主遠江守忠寶代申渡之」

摂津国兎原郡中野村

持高三石五斗八合　　庄屋　四郎右衛門

右四郎右衛門儀数拾年庄屋役実躰相勤」村方取計向宜相聞候ニ付天明五巳年為褒美金三百疋遣し候、寛政六寅年八月願ニ付退役申付候、尤五拾二年無怠致出情相勤候段奇特ニ付米弐俵并酒遣之候

播磨国赤穂郡野桑村

持高弐石三斗五升壱合

庄屋」　太兵衛　当巳六拾七歳

右太兵衛儀は篤実成者ニ而三拾七年庄屋役実躰ニ相勤村方取計宜候所同郡井野上村不取締ニ而可及離散申出候ニ付、右太兵衛江庄屋兼帯取締申付置候処弐拾年余兼帯相勤段々取計方行届村方為ニも相成甚奇特者ニ付、寛政二戌年十一月為褒美米三俵」遣之候、同五丑年六月兼帯庄屋願ニ付差免又々米壱俵遣之候、其後享和三亥年又候兼帯庄屋申付文化二丑年十一月願ニ付両村庄屋役差免金三百疋遣之候

播磨国赤穂郡西野山村

持高拾壱石弐升七合　　庄屋」　平右衛門

右平右衛門儀数年庄屋役実躰相勤同国同郡正福寺村庄屋兼帯申付置候処取計宜其外組内出入等之節取扱宜相聞奇特者ニ付、寛政三亥年九月為褒美米弐俵遣之候

摂津国河辺郡梶ケ島村」

持高三拾五石三斗五升三合七夕　　庄屋　源左衛門

右源左衛門儀数拾年庄屋役実躰相勤村方取締も宜為ニも相成候ニ付寛政三亥年為褒美米弐俵遣之候、其後同十一未年三月及老衰候ニ付退役相願候処差留金三百疋遣之候、同十二申年六月迄五拾年無怠致出情」相勤候願ニ付退役申付金

弐百疋并酒遣之候

摂津国兎原郡中村

持高弐拾壱石六斗五升八合　　庄屋　太兵衛

右太兵衛儀三拾九年庄屋役実躰相勤村方取計向宜相聞奇特ニ付、寛政五丑年五月」為褒美金三百疋遣之候

播磨国赤穂郡奥矢野中之村

持高九石五斗一升六合　庄屋　孫太夫　当巳六拾九歳

金坂村

持高四石六斗九升八合　庄屋」平兵衛　当巳七拾八歳

右孫太夫儀　御先料ゟ引続四拾年庄屋役相勤、平兵衛儀は二拾七年相勤両人共退役相願候得共勤方宜奇特者ニ付願之趣差留、寛政七卯年十二月為褒美金弐百疋遣之候

摂津国兎原郡郡家村」

持高弐拾四石三斗壱升壱合

庄屋　本　次　当巳四拾八歳

右郡家村之儀は一躰水掛り悪敷村方ニ而度々及旱魃候処、庄屋本次工夫を以田地は勿論外村々用水之差構不相成様底井溝を拵候処不絶出水もいたし旱魃之節は別而用水ニ相成其上村方取計向宜為ニも」相成奇特者ニ付、寛政八辰年十二月為褒美酒肴遣之候

摂津国河辺郡杭瀬村

持高六拾五石四斗五升一合三夕　　庄屋　弥一兵衛

右弥一兵衛儀庄屋役三拾年実躰相勤」奇特者ニ候処、寛政十一未年三月願ニ付役義差免為褒美金弐百疋遣之候

摂津国兎原郡野奇（寄）村

持高三拾五石六斗八升三合　　大庄屋　与左衛門

右与左衛門儀宝暦九卯年小庄屋申付安永四未年」大庄屋申付、寛政十一未年十月迄都合四拾二年実躰相勤居村并組下村々取計宜奇特者ニ候処、病身ニ付退役相願候間差免為褒美白銀三枚遣之候

播磨国完粟（ママ　宍粟）郡河崎村

持高三拾弐石八斗弐升　　庄屋」太右衛門

右太右衛門儀数年庄屋役実躰相勤村方并組内出入等之節取扱宜相聞奇特者ニ付、寛政十一未年十二月為褒美米弐俵遣

之候

摂津国河辺郡大物村

持高百石壱斗六升三合

大庄屋」源十郎　当巳六拾三歳

右源十郎儀三十九年大庄屋役実躰相勤居村并組下村々取計も宜候ニ付塚口組跡大庄屋兼帯申付置候処是又取計宜奇特者ニ付、享和二戌年十二月為褒美金三百疋遣之候

摂津国河辺郡大西村」

持高六拾二石七斗六升　庄屋　佐兵衛　当巳六拾六歳

右佐兵衛儀篤実成者ニ而数年庄屋役実躰相勤村方万事取計も宜為ニも相成候趣相聞候、然ル処同国同郡尾浜村元来困窮之上村方不取締ニ付追々及難渋候ニ付右佐兵衛江庄屋兼帯取締申付候処、取計方」甚行届奇特ニ付、享和三亥年正月為褒美金弐百疋并酒遣之候

右者故遠江守忠告代申渡之

其後文化四卯年五月又々酒遣之候、同六巳年五月願ニ付兼帯庄屋差免米弐俵遣之候

右者当主遠江守忠寶代申渡之」

播磨国赤穂郡上郡村

持高弐拾五石壱斗壱升六合　大庄屋　助右衛門

右助右衛門儀大庄屋役并居村小庄屋兼帯数年実躰相勤奇特者ニ付、享和三亥年七月為褒美白銀三枚遣之候、願ニ付役義差免申候」

播磨国完栗（ママ）郡安賀村

持高八石六斗壱升弐合　庄屋　與右衛門

右与右衛門儀三拾六年庄屋役実躰相勤候処、願ニ付役義差免文化元子年十月為褒美金弐百疋遣之候

右者故遠江守忠告代申渡之」

摂津国兎原郡中野村

持高弐石七斗八合　庄屋　四郎右衛門　当巳四拾一歳

右四郎右衛門亡父四郎右衛門庄屋相勤候内ニ村支配山荒所江松木植付置致生木候処、当四郎右衛門無怠致見廻追々生立永久之益ニも相成候は全四郎右衛門父子之取計宜故と」甚奇特之儀ニ付、文化三寅年八月為褒美米三俵并酒肴遣之候

摂津国兎原郡高羽村
持高拾石弐斗七升弐合三夕
元庄屋　三右衛門　当巳五拾三歳
右三右衛門儀年来庄屋役実躰相勤」常々村方為をも相考村
支配山之内樹木生立之致主法追々致生木永久之益ニも相成
候段甚奇特之致方ニ付、文化三寅年八月為褒美米弐俵遣之
候

摂津国河辺郡塚口村
持高五拾三石三斗九升六合
百姓」四郎右衛門　当巳三拾六歳
右四郎右衛門儀生得実躰成者ニ而年来農業致出情年々収納
米無滞相納殊ニ米性并仕立方宜甚奇特者ニ付、文化三寅年
八月為褒美米弐俵遣之候

摂津国武庫郡西大島村」
持高廿三石五斗七升八合　庄屋　弥一兵衛
同国兎原郡森村
持高九石四斗一升四合　庄屋　利兵衛
右両人之者共数年役義実躰相勤候処、病身ニ相成退役願出
候得共勤方宜相聞候ニ付願之趣」差留、文化四卯年四月為
褒美金弐百疋充遣之候

摂津国武庫郡小松村
持高五石弐升七合　百姓　孫十郎
西新田村
持高弐拾八石五斗弐升三合　百姓　喜兵衛　当巳八拾一歳
持高拾六石四斗一合　孫右衛門　当巳五拾八歳
持高拾三石弐斗六合　孫三郎　当巳五拾七歳
右四人之者共生得実躰成者ニ而農業無怠相働年々収納米無
滞相納殊ニ米性并仕立方宜甚奇特之者共ニ付、文化四卯
年」七月為褒美米弐俵充遣之候

摂津国兎原郡原田村
持高七石三斗五升五合　年寄　善大夫　当巳七拾三歳
右善大夫儀数年実躰相勤候処及老年其上病身ニ付退役願出
候得共是迄永々至極」律儀相勤奇特者ニ付願之趣差留、文
化四卯年七月為褒美酒遣之候

播磨国完栗（ママ）郡下野村
持高六拾弐石八斗六升八合　大庄屋　順　蔵
右順蔵儀年来役義実躰相勤殊ニ組下」村々難渋之砌は度々
致助成遣村々為ニも相成領主之苦労も薄く甚奇特成者ニ候、
然ル処病身ニ付退役相願候得共願之趣差留、文化四卯年八
月為褒美金五百疋其上酒遣之候

播磨国赤穂郡宇治山村」
持高三拾四石三斗壱升四合　庄屋　久兵衛
右久兵衛儀三拾二年庄屋役実躰相勤奇特者ニ付、文化五辰
年八月為褒美金弐百疋遣之願ニ付役義差免申候」
右者当主遠江守忠寶代申渡之」

摂津国武庫郡津門村　百姓共
右は当秋作方宜候ニ付冥加米差出候段奇特ニ付、享保十八
丑年九月為褒美右百姓共江米七俵并酒肴遣之候

摂津国兎原郡之内」　六箇村　百姓共
右は当秋作方宜候ニ付冥加米差出候段奇特ニ付、元文二巳
年閏十一月為褒美右村々百姓共江酒肴遣之候

摂津国河辺郡別所村」　百姓共
右は当秋作方宜候ニ付冥加米差出候段奇特ニ付、延享三寅
年八月為褒美右百姓共江酒肴遣之候
右者故遠江守忠喬代申渡之」

摂津国武庫郡西宮町
同国河辺郡別所村　百姓共
右は当秋作方宜候ニ付冥加米差出候段奇特ニ付、寛延四未
年八月為褒美右百姓共江酒肴遣之候
右者故遠江守忠名代申渡之」

摂津国河辺郡杭瀬村
持高拾六石弐斗九升一合九夕　百姓　孫右衛門父　道　理
右道理儀壮年之砌は身薄き百姓ニ候処、農業無怠致出情及
老年相応之百姓ニ罷成候は全く領主之厚恩之儀と存収納」
米之外ニ冥加米差出候段奇特ニ付、明和七寅年八月為褒美

金百疋遣之候

播磨国赤穂郡之内　　六箇村　　百姓共

右は当夏甚旱魃仕候処百姓共水播致出情」相応之取実も有之候ニ付収納米之外ニ冥加米差出候段奇特ニ付、明和七寅年十二月為褒美右村々百姓共江酒肴遣之候

播磨国多可郡津万井村　　百姓共

右は当秋作方宜候ニ付冥加米差出候段」奇特ニ付、安永元辰年十二月為褒美右百姓共江金百疋遣之候

播磨国多可郡之内　　五箇村

同　国赤穂郡之内　　弐箇村」

百姓共

右当秋作方宜候ニ付冥加米差出候段奇特ニ付、天明五巳年十一月為褒美右村々百姓共江酒肴遣之候

播磨国赤穂郡之内　　拾壱箇村」

同　国完粟（ママ）郡之内　拾三箇村

百姓共

右は当秋作方宜候ニ付冥加米差出候段奇特ニ付、寛政三亥年四月為褒美右村々百姓共江酒肴遣之候」

播磨国赤穂郡之内　　三拾壱箇村　百姓共

右は当秋作方宜候ニ付冥加米差出候段奇特ニ付、寛政五丑年十一月為褒美右百姓共江酒肴遣之候」

播磨国多可郡西島村　　百姓共

右当秋作方宜候ニ付冥加米差出候段奇特ニ付、寛政九巳年十二月為褒美右百姓共江酒肴遣之候

摂津国兎原郡之内」　　六箇村　百姓共

同郡高羽村

持高拾石弐斗七升弐合三夕

庄屋　三右衛門　当巳五拾三歳

同郡八幡村

持高七石九斗六升七合

庄屋」市郎兵衛

右は当秋作方宜候ニ付冥加米差出候段奇特ニ付、寛政十午年八月為褒美右百姓共江酒肴遣之候

摂津国兎原郡之内　三箇村」　百姓共
同国八部郡之内　坂本村　百姓共

右は当秋作方宜候ニ付冥加米差出候段奇特ニ付、寛政十二申年九月為褒美右村々百姓共江酒肴遣之候」

播磨国赤穂郡之内　三拾壱箇村　百姓共

右は当秋作方宜候ニ付冥加米差出候段奇特ニ付、享和三亥年為褒美右村々百姓共江酒肴遣之候

摂津国河辺郡東難波村」
持高七拾石七斗一升　百姓　文右衛門

右文右衛門儀及老年候迄無滞百姓相続仕悴江世を相渡隠居仕候は是迄領主之厚恩故と存豊年と申ニは無之候得共収納米之外ニ冥加米差出候段奇特ニ付、享和三亥年十月為褒美酒肴遣之候」

播磨国赤穂郡之内　四箇村
同郡矢野中野村
持高拾五石五斗七升八合
年寄　八郎兵衛　当巳七拾九歳

右は当秋作方宜候ニ付冥加米差出候段奇特ニ付、文化二丑年十二月為褒美右村々」百姓共江酒肴遣之候

播磨国多賀郡下野間村　百姓共

右下野間村之儀は明和六丑年故遠江守領知ニ被　仰付候砌至而難渋之村方ニ而村内之者多分他国江稼等ニ罷出百姓相続難仕候段訴出候付」農道具肥手料遣し其外相応之致手宛遣し外々江参居候者共為呼戻百姓相続申付置候処、其後百姓共農業無怠致出情近年ニ至候而は相応之村柄ニ相成申候は全く領主之厚恩と存右村方高札場抜き戸いたし立派ニ取繕、毎年正月ニは神酒鏡餅を備へ村中之者致拝礼同月十六日ニ」村中之者打寄右品々を披き申候由、然ル処当巳ノ夏は旱魃仕外村々難渋仕候得共右下野間村之儀は毎度水掛場所普請村方ニ而得不仕候場所は致普請等遣置候付、旱魃之難儀薄く相応之取実有之候は全く領主之是又厚恩と百姓一統相悦ひ収納米之外ニ冥加米差出申候、尤も右冥加米」船ニ而相送候而は足ニ而も踏候間俵末ニ相成候と申、山越ニ姫路江罷出本海道江相廻り尼崎江致歩行持相納申候、右躰領主之旧恩を不忘村方一和仕農業無怠致出情冥加米等差出候段甚奇特之者共ニ御座候ニ付、寛政九巳年十月為褒美米

六俵并酒肴遣之候」

右者故遠江守忠告代申渡之

右之通御座候　以上

文化六己巳年十二月

松平遠江守家来
藤田東吾㊞」

奇特人行状書

松平遠江守家来
岩本初平左衛門

摂津国武庫郡浜田村
庄屋　治左衛門

右之者儀村方取計向宜甚篤実成者ニ付、延享三寅年二月五日為褒美米弐俵遣之候」

摂津国兎原郡石屋村
庄屋　才兵衛

同国同郡平野村
庄屋」源太夫

右両人普請所手入常々心懸宜奇特成者ニ付、延享三寅年二月六日為褒美米壱俵宛遣之候

右者故遠江守忠喬代申渡之

摂津国武庫郡」西新田村　番人市兵衛　女房

右女房儀泉州音岡村佐兵衛と申者酒ニ酔西新田村田の中江転ひ込居候処、右佐兵衛道連播州印南郡大塩村六右衛門と申者佐兵衛」腰ニ巻居候銀子入候うちかへ解持居候ニ付、右女房相咎村方江連帰候始末宜候付、宝暦十三未年五月廿一日為褒美鳥目五百文遣之候

右者故遠江守忠名代申渡之

摂津国河辺郡尼崎城下中在家町」

油屋　庄右衛門
鯛屋　吉右衛門
鰹屋　市兵衛
梶　久右衛門
鉛屋　治兵衛」
鉛屋　治郎右衛門
鉛屋　三郎右衛門
山本屋　善右衛門

宮町
鯛屋　久右衛門」
油屋　清　八

築地町
明石屋　伊兵衛
明石屋　甚兵衛

摂津国武庫郡小松村
巻上下一具　庄屋　武兵衛」
酒肴　年寄
右同断　百姓共
右村方農業格別致出情奇特成者共ニ付、明和八卯年十月十
一日為褒美右之通遣之候
摂津国武庫郡段之上村
同国兎原郡」田辺村
同国河辺郡東富松村
巻上下一具　大庄屋　瀬口伊左衛門
袴地一下宛　庄屋共
羽織地一反宛　年寄共」
酒壱樽宛　惣百姓共
右村々百姓共農業格別致出情奇特成者共ニ付、明和八卯年
十二月十九日為褒美右之通遣之候
摂津国兎原郡　都賀庄　小村者共」
右之者共数年収納米仕立等入念相納村方致一和取計向も宜

鯛屋」　伊左衛門
油屋　幸右衛門
升屋　嘉兵衛
阿波屋　清　蔵
別所町　小豆嶋屋　治兵衛
舩屋　伊兵衛
風呂辻町　涌田立朴
米屋　新右衛門」
米屋　久右衛門
大物町　野村屋　平右衛門
松屋　長兵衛
小部屋　徳兵衛」
右二十四人之者共去寅年尼崎飢人共江施行米差遣候段奇特
ニ付、明和八卯年五月廿日為褒美酒肴遣之候
摂津国河辺郡
鴻池村
荒牧村
荻野村」
右三箇村女共農業甚致出情相働候ニ付、十五才ゟ四十才迄
之女共江為褒美明和八卯年十月十一日綿壱斤宛遣之候

奇特成者共ニ付、寛政六寅年二月三日為褒美酒肴遣之候

摂津国武庫郡　上瓦林村
同　国河辺郡　荻野村」
摂津国兎原郡　津知村

右三箇村百姓共当夏旱魃ニ付破免も可相願程之難渋之処、井戸を掘昼夜水掻いたし相働候故破免も不相願不出来之場所江も融通ニ及ひ村方致一和取計候段奇特ニ付、寛政六寅年十一月廿二日為褒美酒肴遣之候」

摂津国河辺郡南野村
金二百疋　庄屋　吉右衛門
金百疋宛　年寄　武右衛門
常右衛門
万右衛門」

右之者共当夏旱魃之砌甚致出情取計向宜村方致一和奇特成者共ニ付、寛政六寅年十一月廿二日為褒美右之通遣之候

摂津国河辺郡
同　国武庫郡
同　国兎原郡
七拾六箇村　大庄屋共五人

右之者共儀当夏旱魃之砌組下村々末々之者迄水掻致出情行届候は常々申付方宜奇特成者共ニ付、寛政六寅年十一月廿二日為褒美金五百疋宛遣之候

右三郡　七拾六箇村」
米千七百四拾俵　惣百姓共

前文之通旱魃之砌昼夜水掻致出情収納米無滞相納候段奇特ニ付、為褒美右之通遣之候

摂津国武庫郡段之上村
酒　庄屋　新右衛門」
銀壱両　年寄　九郎右衛門
米五俵　惣百姓共

右之者共村方樋并堤筋普請等心付取計向行届其外村方致一和奇特成者共ニ付、享和三亥年十二月三日為褒美右之通遣之候

右は故遠江守忠告代申渡之」

摂津国河辺郡西川村　庄屋　九郎右衛門

右之者三拾年余庄屋役相勤篤実成者故村方為ニも相成一村之者共致一和役人申付を相守農業等致出情候段村方ゟ訴出候ニ付」相糺候処相違無御座候、然処右九郎右衛門病気ニ付退役願出候得共今暫致保養相勤候様申付為褒美文化七午年金二百疋遣之、悴浅次郎江庄屋役見習申付候

摂津国武庫郡下瓦林村　庄屋　仁兵衛」

右之者三拾年余庄屋役相勤篤実成者ニ而村方致一和役人申付を相守農業等致出情奇特成者之段訴出候付相糺候処相違無御座候、然処病気ニ付退役相願候故差免為褒美文化七午年金二百疋遣之候

摂津国兎原郡小路村」　庄屋　吉五郎

右之者三拾年余庄屋役相勤篤実成者ニ而村方為ニも相成候段訴出候付相糺候処相違無御座候、然処病気ニ付退役相願候故差免為褒美文化八未年金二百疋遣之候

播磨国赤穂郡」野桑村　庄屋　太兵衛

右之者及老年候迄庄屋役相勤篤実成者ニ而村方為ニも相成組内出入并取扱等行届奇特者之段訴出候ニ付相糺候処相違無御座候ニ付、文化七午年三月十八日為褒美金二百疋遣之候」

播磨国赤穂郡上郡村　大庄屋　竹内儀作

右之者組内村々去午年収納米取立方致出情組内拾五箇村致一和収納米定之日限ゟ早く相納組下村々取計向宜篤実成者ニ付、」文化八未年正月十八日為褒美金弐百疋遣之候

播磨国赤穂郡　上郡組　拾五箇村　庄屋／年寄／惣百姓」

右村々収納米致出情定之日限ゟ早く相納候儀は村方致一和及融通相納候段奇特ニ付、文化八未年正月十八日為褒美酒二駄干魚百五拾枚遣之候

播磨国赤穂郡岡村　庄屋　常右衛門」

右之者三拾六年庄屋役相勤村方為ニも相成奇特者之段訴出候付相糺候処相違無御座候、然処病気ニ付退役相願候間差免、為褒美文化八未年二月廿三日金二百疋遣之候

播磨国赤穂郡釜出村」

庄屋　文左衛門

右之者三拾一年庄屋役相勤村方為ニも相成奇特成者ニ付、

文化八未年五月廿七日為褒美金二百疋遣之候

右之通御座候　以上」

文化八未年十二月

松平遠江守家来

岩本初平左衛門」

編者紹介

菅野　則子（すがの　のりこ）

1939年：東京都に生まれる
1962年：東京女子大学文理学部卒業
1964年：東京都立大学大学院修士課程修了
　　　　一橋大学経済学部助手・帝京大学文学部教授を経て
現　在：博士（史学）

主要著作

『村と改革――近世村落史・女性史研究――』三省堂　1992年
『江戸時代の孝行者』吉川弘文館　1999年
『官刻孝義録』（校訂）東京堂出版　1999年
『江戸の村医者』新日本出版社　2003年
『備前国孝子伝』（校訂）吉川弘文館　2005年
『文字・文・ことばの近代化』同成社　2011年

（題字は著者）

続編孝義録料　第一冊

二〇一七年九月七日　発行

編　者　菅　野　則　子
発行者　三　井　久　人
整版印刷　富士リプロ㈱
発行所　汲　古　書　院
〒102-0072 東京都千代田区飯田橋二-五-四
電　話　〇三（三二六五）九七六四
F A X　〇三（三二二二）一八四五

第一回配本（全七冊）

ISBN978 - 4 - 7629 - 4221 - 1　C3321